Gleitschirmfliegen

Über dem Lac d'Annecy, Frankreich

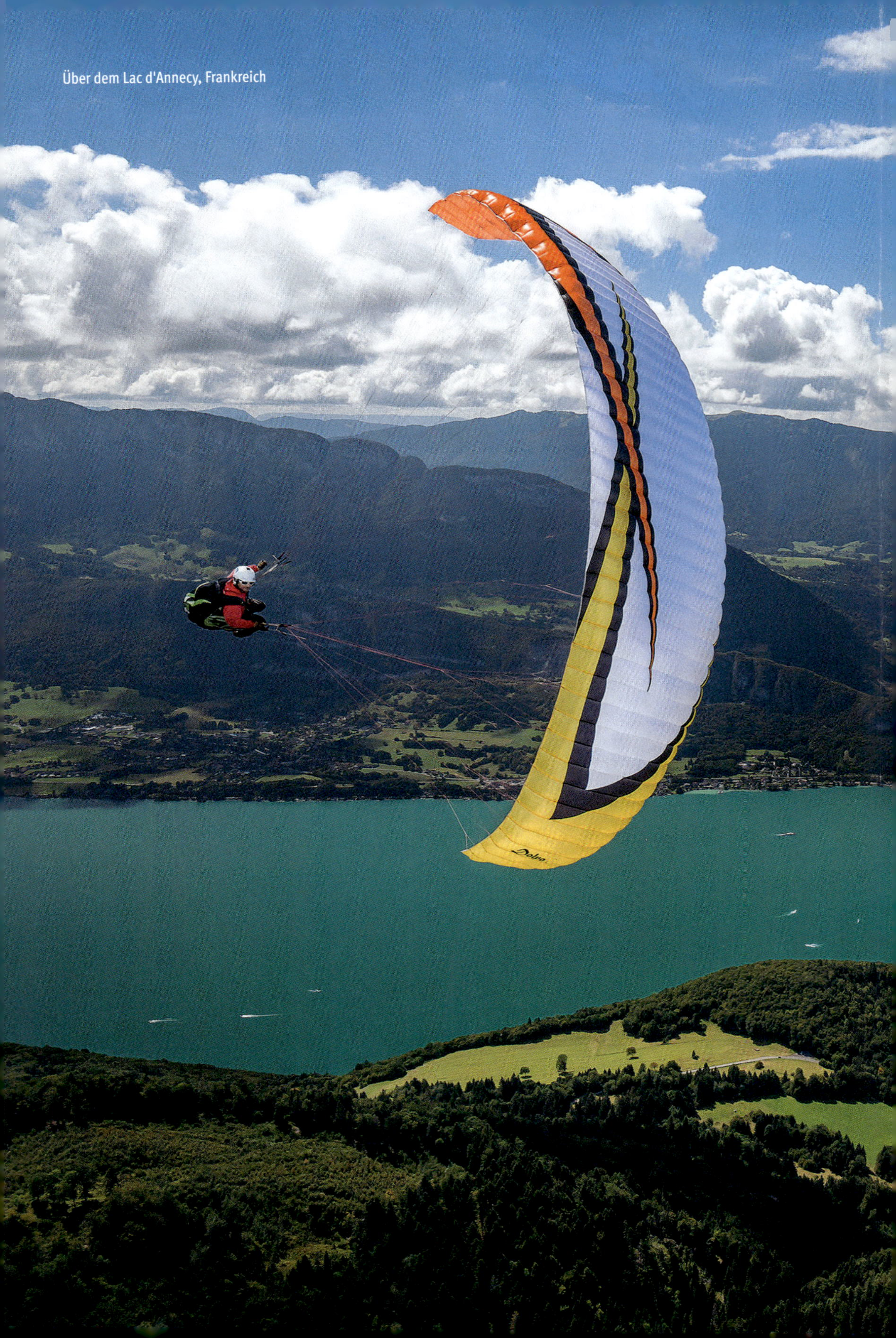

OUTDOORPRAXIS

Toni Schlager

GLEITSCHIRMFLIEGEN

PRAXISWISSEN FÜR ANFÄNGER UND PROFIS

Ausrüstung, Flugtechnik und Streckenfliegen

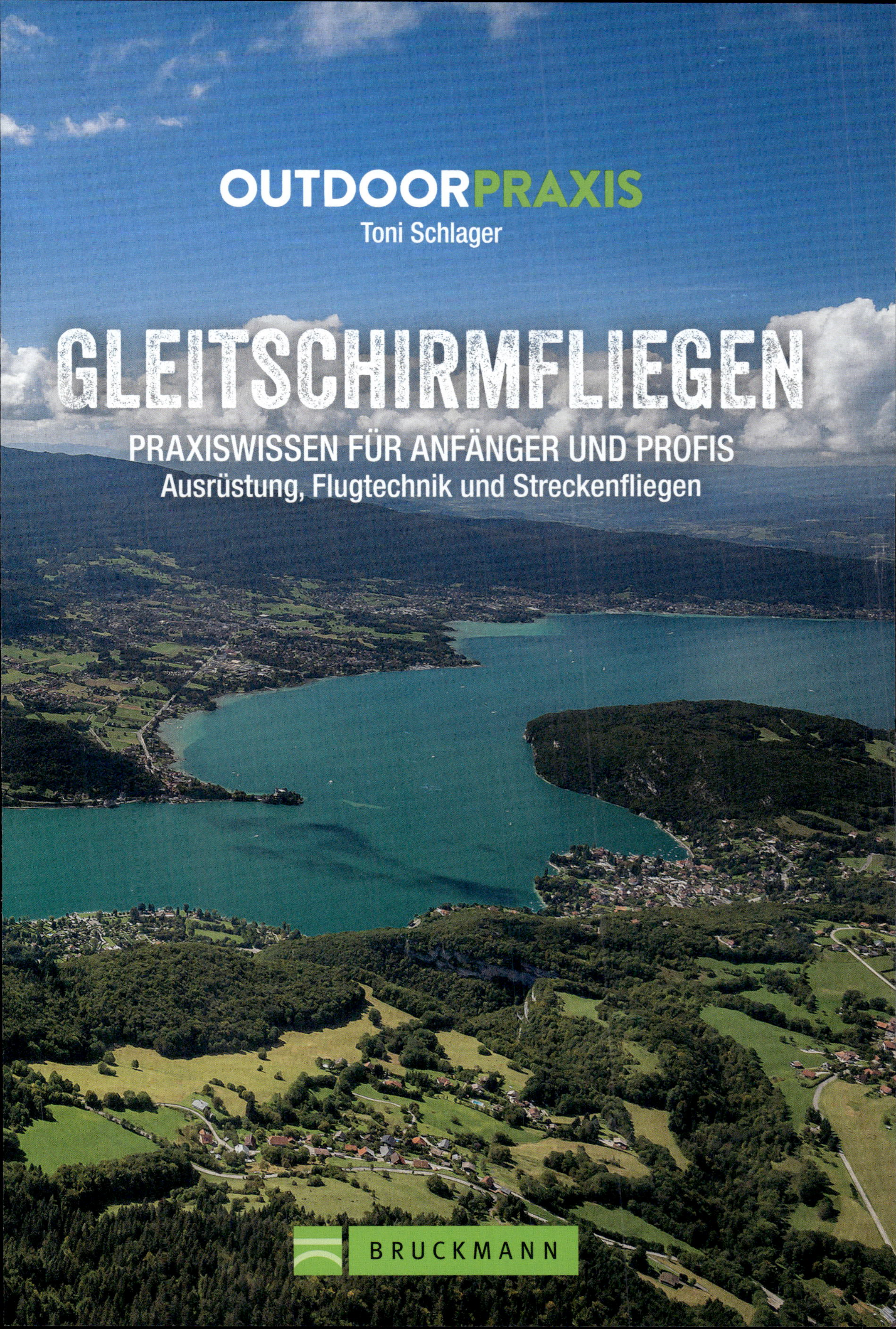

BRUCKMANN

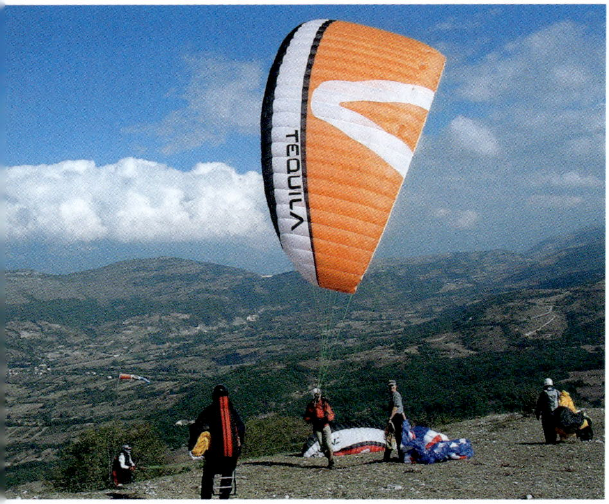

Fliegen in Spanien. Klein verpackbar, ist der Gleitschirm das ideale Fluggerät auf Reisen.

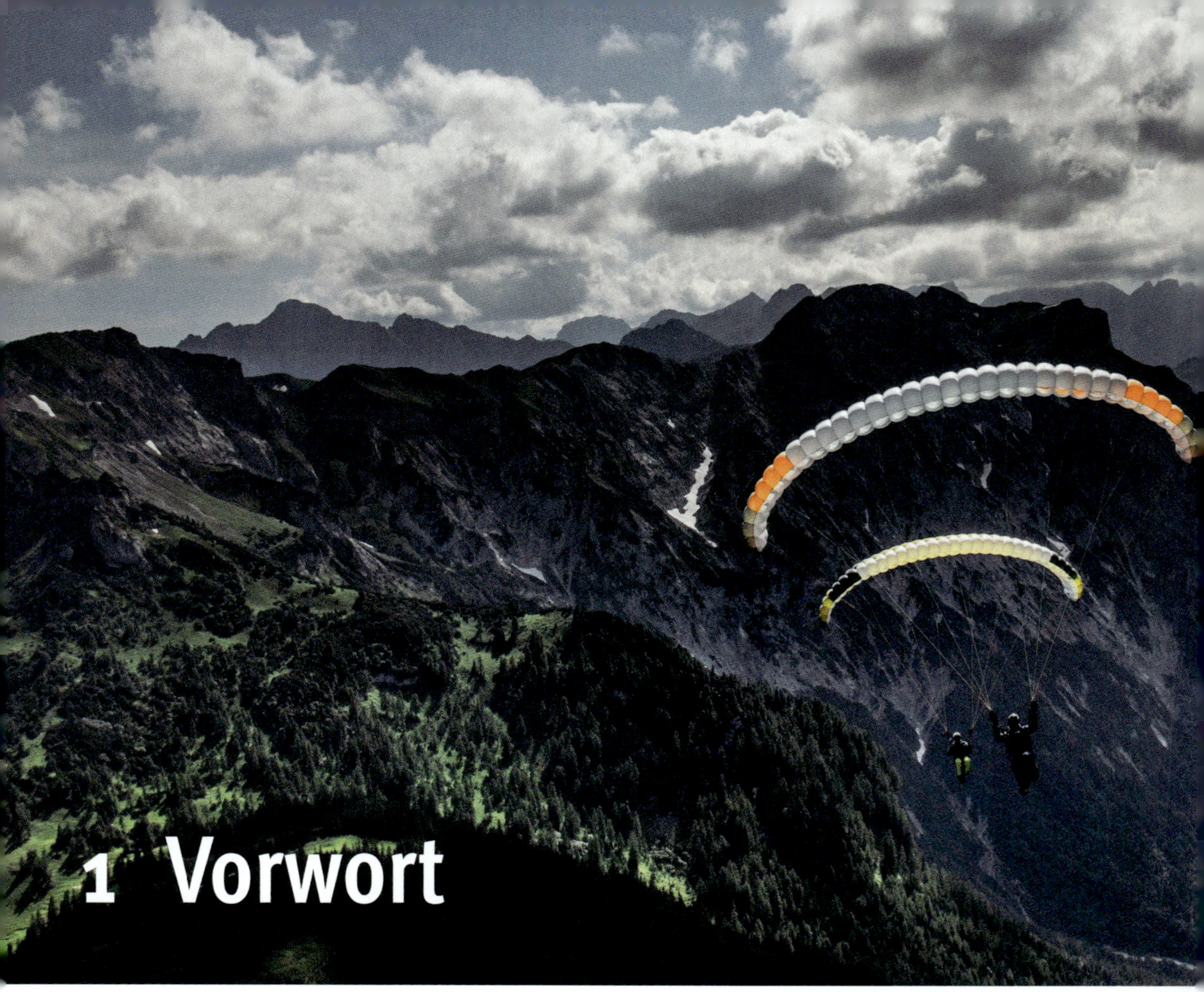

1 Vorwort

Die Intention des Buches

Gleitschirmfliegen – als der Boom vor über 30 Jahren abenteuerlich begann, konnte sich kaum jemand vorstellen, dass diese wunderschöne Flugsportart die ganze Welt begeistern und zu einem dauerhaften Trend werden würde.

Was macht die Faszination aus? Natürlich ist fliegen zu können ein Menschheitstraum – wie mühsam ist es, zu Fuß zu gehen, wenn im Vergleich einfach durch die Luft geglitten werden kann? Eine Autofahrt durch oder über eine Gebirgskette, das bedeutet viele Kilometer auf und ab mit nicht endenden Kurven und Serpentinen. Vögel fliegen einfach darüber hinweg, nutzen die Thermik, und wenn man ihnen länger zuschaut, wie sie im Wind spielen, dann meint man, zu sehen, wie viel Freude sie am Fliegen haben.

So geht es auch vielen Gleitschirmfliegern. Freude haben am Fliegen! Einfach in der Luft sein. In der Luft bleibt der Alltag zurück, der Kopf wird frei und es entsteht ein kaum zu beschreibendes Gefühl, Teil einer anderen Dimension zu sein. Nicht wenige haben wegen der Fliegerei mit dem Gleitschirm oder mit einem Delta den Wohnort und auch den Beruf gewechselt – nur um möglichst oft in die Luft zu kommen. Gleich den Snowboard-, Surf- oder Kletterfreaks wird der Sport zur Berufung und gibt bei vielen dem Leben eine Richtung, einen

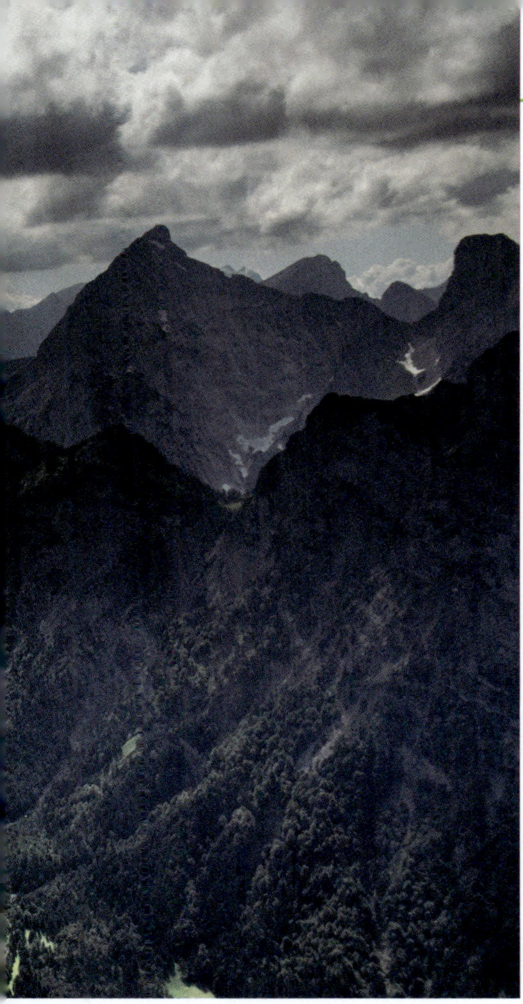

Wie ein Vogel zu fliegen, ist dank des Gleitschirms für uns Menschen zur erlernbaren Realität geworden.

Sinn. Gleitschirmfliegen kann zur lebenslangen Leidenschaft werden.
Das scheinbare Nichts, die Luft zu erobern, sie lernen zu beherrschen – welch wunderbares Fluid Luft doch ist. Ein Stück Stoff, zu einer Tragfläche zusammengenäht, trägt uns Menschen. Genial!
Doch sind wir Menschen mit dem Instinkt von Fußgängern ausgestattet, der uns in der Luft wenig hilft. So bleibt es unserem Intellekt, sich der neuen, unsichtbaren Umgebung anzupassen. Dass dies gut gelingt, zeigen weltweit die vielen Tausend Gleitschirmflieger aller Altersstufen. Gefährlich, viel zu gefährlich sagen die einen, supereinfach die anderen. Die Wahrheit liegt in der Mitte. Es gilt, alle Sinne einzuschalten, sich mit Aerodynamik, dem Wetter, der Flugtechnik, den lokalen Eigenheiten eines Fluggebietes und vor allem mit der eigenen Risikobereitschaft auseinanderzusetzen. Sicher Gleitschirm fliegen bedeutet, sich wie ein Fußgänger am Boden der Tatsachen, also des Erlernten und der gemachten Erfahrungen, zu bewegen. So gelingt es auch Fußgängern, wie Vögel zu fliegen.
Das Buch ist als Lehrbuch und Praxisbuch für alle gedacht, die sich für das Gleitschirmfliegen interessieren. Angehende Piloten können sich während der Ausbildung vorbereiten und dabei später immer mal wieder nachschlagen, vor allem, wenn eine längere Flugpause eingetreten ist. Zwischen den Kapiteln sind immer wieder Pilotenabenteuer eingeflochten. Diese Abenteuergeschichten dienen dazu, das Gelernte zu reflektieren und die beschriebenen Flugsituationen selbst zu beurteilen. Im Internet finden sich unzählige Aufzeichnungen von tollen, aber auch eher abschreckenden Flugsituationen, die ebenfalls unter dem Blickwinkel stehen sollen: Wie würde ich reagieren? Wie war die Ausgangssituation des Flugtages im Hinblick auf Wetter, Fluggelände, Fluggerät und Pilotenerfahrung?
Gleitschirmfliegen ist ein Erfahrungsprozess, der immer wieder Training braucht. Dabei darf Training nicht Mühe sein, sondern viel Spaß machen. Auch am Boden beim Groundhandling. Bewegt euch, Geist und Körper wollen in die Welt des Fliegens eingebunden werden, wie bei einer Yoga- oder Fitnessstunde.

Viel Spaß!
Toni Schlager

2 Einleitung

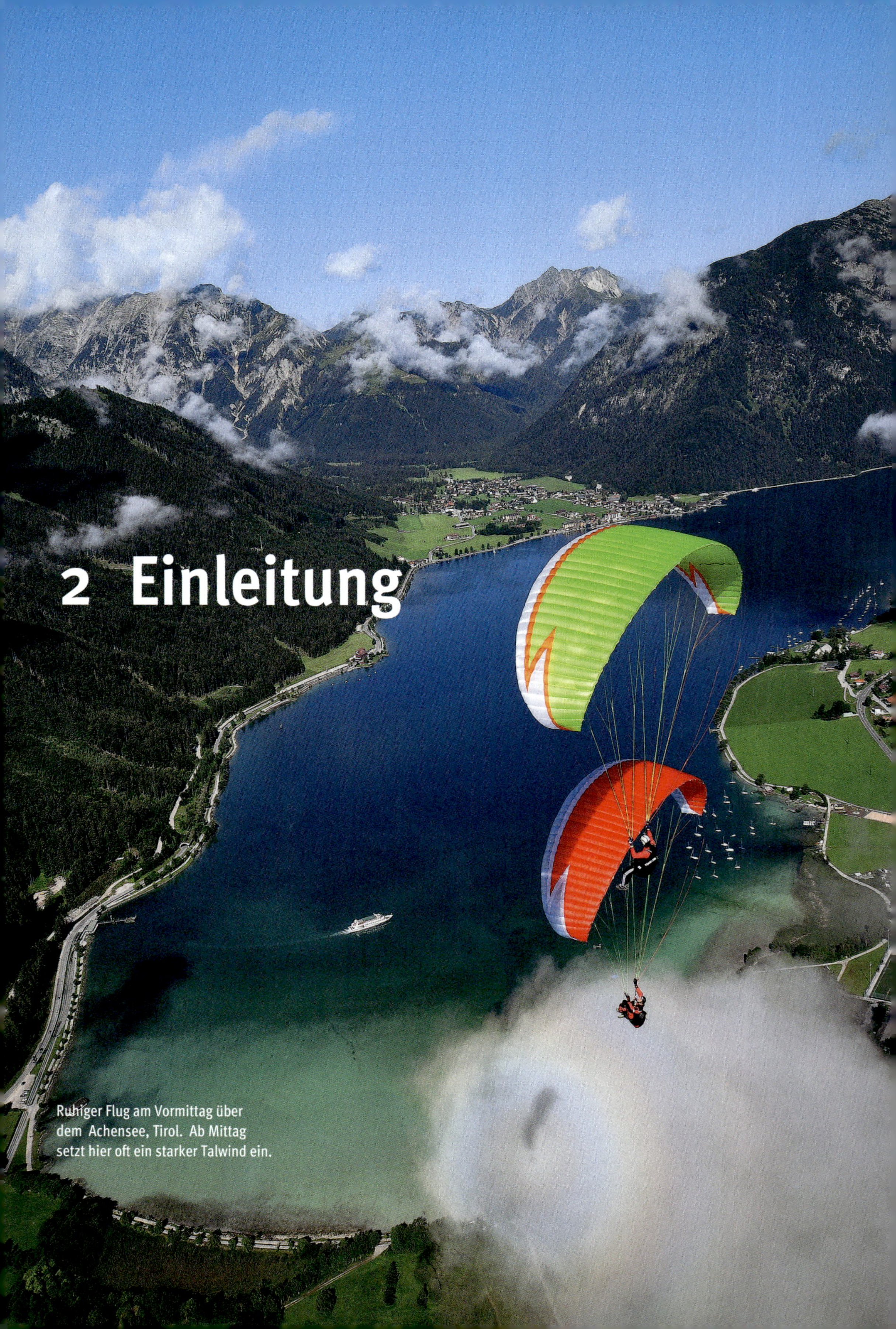

Ruhiger Flug am Vormittag über dem Achensee, Tirol. Ab Mittag setzt hier oft ein starker Talwind ein.

2.1 Was ist Gleitschirmfliegen?

Der Gleitschirm (Paragleiter, Gleitsegel) ist ein leicht zu beherrschendes fußstartfähiges Fluggerät ohne eigenen Antrieb. Der Urtraum der Menschen, wie ein Vogel vom Boden abzuheben und selbst zu fliegen, ist durch Gleitschirmfliegen für jeden gesunden Menschen auf einfache Weise möglich geworden. Dabei zeichnet sich der Gleitschirm durch sein geringes Gewicht und die kleinen Packmaße auch als idealer Reisebegleiter aus. Gleitschirmfliegen eröffnet Erlebniswelten, die über normale Sportarten hinausgehen. Sport und Natur begegnen sich auf harmonische Weise. Die Faszination der Vogelperspektive begeistert und fesselt Frauen wie Männer gleichermaßen. Ob Alt oder Jung, alle haben Freude am Fliegen und der Auseinandersetzung mit Wind, Wetter und den speziellen Eigenheiten der Aerodynamik des Gleitschirmes.

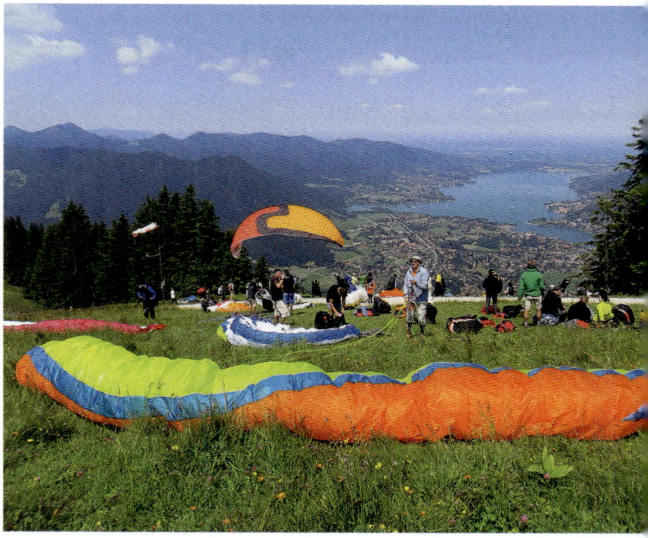

Startplätze wie hier am Wallberg, Oberbayern, sind ideal.

2.2 Wer kann Gleitschirm fliegen?

Gleitschirmfliegen ist ein Sport für alle. Für das Erlernen sind keine besonderen sportlichen Begabungen notwendig, doch sind allgemeine Fitness, eine stabile psychische Verfassung und eine gute Motorik von Vorteil. Luft ist grenzenlos, jedoch sind wir keine Vögel und haben auch nicht deren Flugerfahrung. Deshalb ist Selbstdisziplin, gute Ausbildung und der Respekt vor den Elementen notwendig. Die Fluglizenz kann mit 16 Jahren erworben werden.

Eine fundierte Ausbildung gehört zum Gleitschirmfliegen!

Dieses Buch soll die fachkundige Ausbildung begleiten, aber nicht ersetzen. Neben Theorie und Flugpraxis ist auch das rechtzeitige Erkennen von Gefahrensituationen Bestandteil der Ausbildung, um Unfälle zu vermeiden. Im Buch werden auch der Vollständigkeit halber viele Manöver vorgestellt, die für den regulären Flugbetrieb keine Bedeutung haben und deshalb den Profis vorbehalten bleiben. Dabei sind auch die jeweiligen nationalen Bestimmungen zu beachten.

Das Buch ist mit großer Sorgfalt und nach bestem Wissen und Gewissen zusammengestellt, jedoch wird ausdrücklich darauf hingewiesen, dass für den Inhalt und eventuelle Folgen keinerlei Haftung über-

> **INFO**
>
> Aktuelle Infos zu Ausbildung und Flugschulen gibt es bei den Verbänden:
> www.dhv.de, www.aeroclub.at, www.shv-fsvl.ch

nommen werden kann. Gleitschirmflieger fliegen auf eigene Verantwortung.

2.3 Geschichte und Entwicklung des Gleitschirms

Der Wunsch des Menschen, aus größerer Höhe zu springen und sich nicht gleich zu Tode zu stürzen, ist schon sehr alt. Aus dem 14. Jahrhundert ist überliefert, dass chinesische Zirkusartisten mit einer Art Sonnenschirm von höheren Türmen sprangen. Leonardo da Vinci zeichnete 1495 eine fallschirmähnliche Konstruktion. Der Kroate Faust Vrancic, der als Erfinder des Fallschirms gilt, sprang im Jahr 1597 wohl als erster Mensch mit dem Fallschirm von einem 87 m hohen Glockenturm in Bratislava. Dank der Entwicklung des Ballons war es 1797 dem Franzosen André-Jacques Garnerin möglich, aus 400 m den ersten Fallschirmsprung zu wagen. Zu Beginn des 20. Jahrhunderts erfand die deutsche Luftfahrt-Pionierin Käthe Paulus den zusammenfaltbaren Fallschirm, der noch heute von Gleitschirmfliegern benutzt wird, jedoch nur als zusätzlich mitgeführter Rettungsschirm für Notfälle.

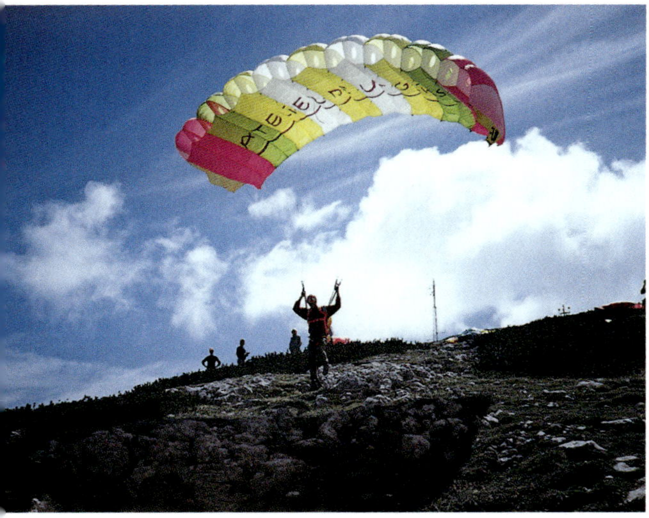

Geschichte: 1985 begann der Gleitschirmboom. Großzellige Schirme, Hängegurtzeug, meist ohne Helm und Rettungsschirm. GS-Fliegen galt als supereinfach und sicher und war in allen Kreisen absolut »in«.

Vom Fallschirm zum Gleitschirm

Nach dem 2. Weltkrieg wurde der Fallschirm als Sportgerät entdeckt. Wagemutige sprangen aus dem Flugzeug, um nach kurzem Freifall den Fallschirm zu öffnen und sicher zu landen. Manko war neben der hohen Sinkgeschwindigkeit die unzureichende Steuermöglichkeit der runden Fallschirme. Der Nasa-Ingenieur Francis Rogallo entwickelte deshalb 1948 eine als »Rogallo-Schirm« bekannt gewordene »flexible Tragfläche in Dreiecksform, die nur aus Stoff und Schnüren besteht«. Neben dem Rogallo-Schirm ließ er sich auch seine Idee für einen steuerbaren Fallschirm »mit offenen Stoffröhren, die parallel nebeneinander angeordnet durch den Fahrtwind aufgeblasen eine Tragfläche bilden«, patentieren. Die praktische Umsetzung erfolgte jedoch erst im Jahr 1964 durch den Kanadier Domina Jalbert, der, nach Freigabe des Rogallo-Patentes, einen Flugzeugflügel mit Profil aus Segeltuch nachbaute. Die Konstruktion, die er Parafoil nannte, wurde jedoch nur bei Flugzeugabsprüngen genutzt.

Als Ur-Gleitschirm wird der von Dave Barish 1965 entwickelte »Sailwing«, ein einflächiger, 5-bogiger »Gleitschirm«, bezeichnet. Der Amerikaner Barish, sein Sohn und ab 1966 auch Dan Poynter versuchten zusammen, die neue Sportart in Skigebieten und auf Skischanzen bekannt zu machen. Aber erst durch die Veröffentlichung des Parachute Manuals von Dan Poynter 1972 begann Slope Soaring/ Gleitsegeln vermehrt Anhänger zu finden. Wenig später versuchten sich auch in Europa die ersten Fallschirmspringer wie Hans Ostermünchner oder Michael Melzer als Bergflieger. Hartmund Huber flog von der Sprungschanze in Kitzbühel und 1973 starteten Volker Rademacher und Heinz Fischer mit dem 5-zelligen Parasled vom Tegelberg bei Füssen.

Gleitschirmfliegen als eigenständige Sportart

In den 80er-Jahren fanden vor allem die Bergsteiger Gefallen an der neuen Flugsportart. Konnte doch damit der anstrengende Abstieg vom Berg gegen ein abenteuerliches Flugerlebnis getauscht werden. So flogen 1977 Piloten mit Flächenschirmen vom Säntis in der Schweiz. 1983 gab es in Mieussy/Frankreich die ersten kleinen Wettkämpfe im Bergfliegen, dem späteren Gleitschirmfliegen. Um der wachsenden Nachfrage gerecht zu werden, wurden ab 1985 die Produktionskapazitäten von Surfsegelfirmen genutzt. Über die Schweiz schwappte die Begeisterungswelle Ende 1986 nach Österreich und Deutschland. Gleitschirme mit Flugleistungen um Gleitzahl 3 (zurückgelegte Strecke : Höhenunterschied) und einem minimalen Sinken um 3 m/s ermöglichten abenteuerliche Flüge. Im April 1987 wurde Gleitschirmfliegen in Deutschland gesetzlich erlaubt. Die Entwicklung explodierte. Schon Ende 1987 war die Flugleistung um die Gleitzahl 4 bei einem minimalen Sinken von gut 2 m/s erreicht, längere Flüge mit einigen Stunden waren nun möglich. 1988 flog Jean Marc Boivin vom Mount

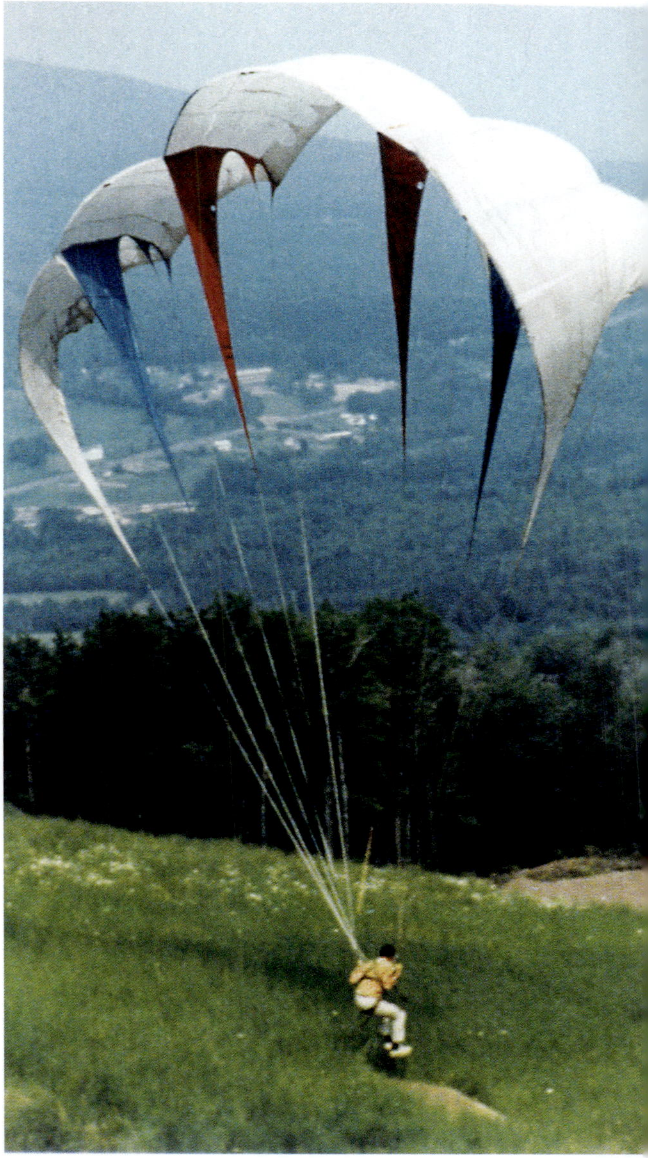

Der Ur-Gleitschirm »Sailwing« von Dave Barish, 1965

Everest. Gleitzahl 5 und ein minimales Sinken bei ca. 1,7 m/s wird ab 1988/89 Standard, jedoch ist die Fluggeschwindigkeit mit etwa 35 km/h noch bescheiden.

Gleitschirmfliegen wird Trendsport. Allerdings sorgen Unfälle und sogar Todesfälle, bedingt durch die wachsende Zahl

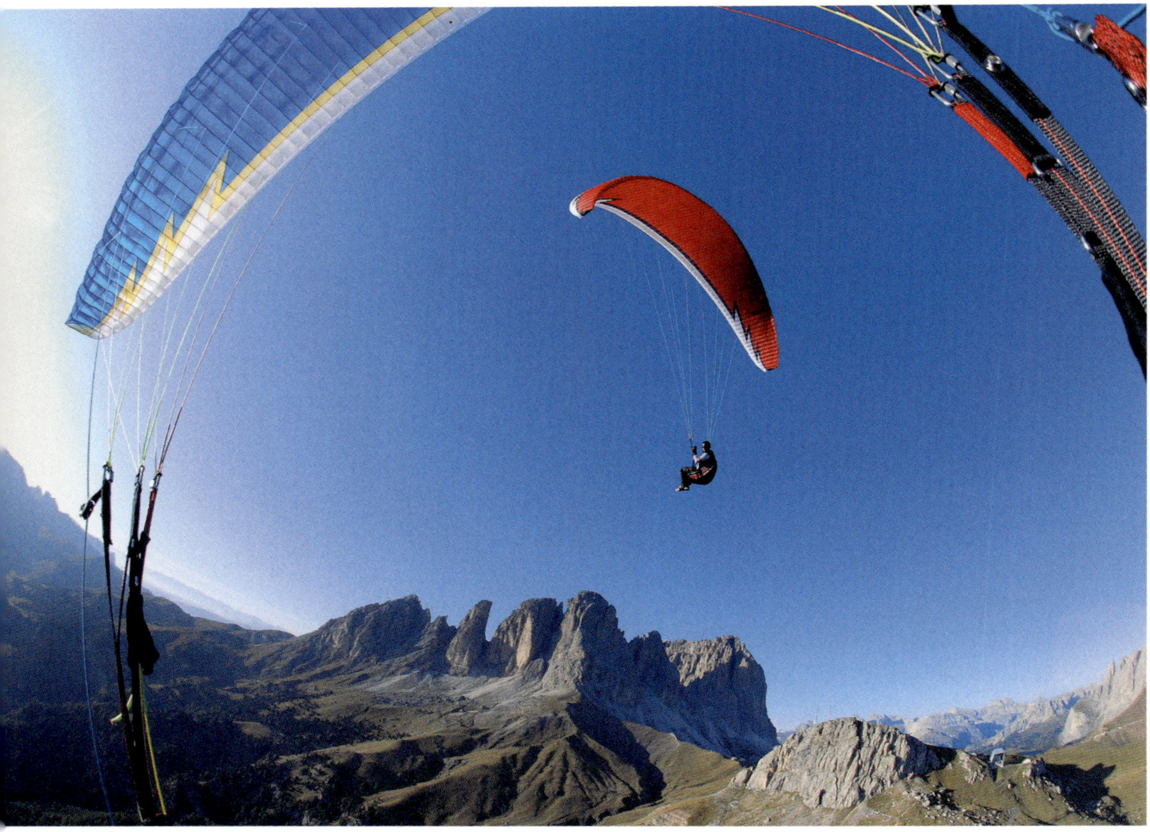

In den Dolomiten auf Streckenflug

der Piloten, die oft unzureichend ausgebildet und mit unsicherem Fluggerät unterwegs sind, für Negativschlagzeilen. Die Verbände der Länder entwickeln umfangreiche Prüfverfahren für die Fluggeräte. Durch die Einführung von qualifizierten Ausbildungsrichtlinien entwickelt sich der junge Flugsport wieder positiv. Anfang 1989 wird eine Gleitschirmliga gegründet, nationale und internationale Wettbewerbe gewinnen an Bedeutung. Neue Konstruktionen mit schlankeren Profilen und die elliptische Schirmform erlauben eine weitere Leistungssteigerung bei ansprechender Fluggeschwindigkeit. Das Streckenfliegen wird immer interessanter.

Streckenflüge von 100 km und mehr mit dem Gleitschirm

Am 17.12.1989 sind Sepp Gschwendtner und Uli Wiesmeier in Namibia auf Rekordjagd. Uli Wiesmeier überfliegt als Erster die 100 km, jedoch ohne Dokumentation. So wird Sepp Gschwendtner mit 91 km Weltrekordhalter. Xavier Remond steigert 1990 auf 149 km. Dominik Müller überquert mit 100 km Strecke den Alpenhauptkamm. Um die Streckendistanzen weiter zu erhöhen, muss neben der Gleitleistung, die nun bei Gleitzahl 7 liegt, vor allem die Geschwindigkeit erhöht werden. Trimmsysteme bringen weitere Leistungssteigerungen. Ende 1991 gelingt Andrew Smith sein legendärer 231-km-Flug in Namibia. Geschlossene Aufgaben, wie ein Ziel-Rückkehr-Flug von Xavier Remond und ein Zielflug von Chris Müller mit 150 km, werden populär. Im Flachland wird an der Winde geschleppt. Gleitschirmflieger sind in den Tourismuszentren herzlich willkommen, sowohl als Attraktion am Himmel wie auch als Umsatzträger für Bergbahnen, Hotels und Gaststätten. Die kleine Gruppe der Bergsteiger gewinnt am Biwakfliegen Freude. Zu Fuß auf den Berg, so weit fliegen, wie es geht, übernachten und weiter fliegen. 1993 durchbricht Pierre Bouilloux die 100-km-Marke für Dreiecksflüge und erreicht 132 km. Der Engländer Robbie Whittal stellt den Höhenweltrekord auf mit 4526 m. Gleitschirmfliegen wird immer populärer. 1995 stellt Kat Thurston den Damenweltrekord auf mit 285 km. Pierre Bouilloux nähert sich den Weltbestleistungen der schnelleren Drachenflieger an: Er fliegt ein FAI-Dreieck mit 166 km. 1997 durchbricht Godfrey Wenness in Australien mit 335 km die 300er-Marke auf der freien Strecke. Die Konstrukteure optimieren mithilfe von leistungsfähiger Software und einem inzwischen reichen Erfahrungsschatz das Zusammenspiel von Profil, Segelspannung und dem Leinensystem. Weniger Leinen ermöglichen Fluggeschwindigkeiten bis über 50 km/h. Im Streckenflugparadies bei Zapata, Texas, werden 2002 von Will Gadd in 10 h 38 min 403 km Flugstrecke zurückgelegt. Chrigel Maurer schafft in Europa 323 km. 2005 knackt Julien Dauphin bei Paris erstmals die 300-km-Marke im europäischen Flachland. Die Leistungsentwicklung verlangsamt sich, die Gleitleistung liegt nun gut über Gleitzahl 8. 2007 fliegen gleich drei Brasilianer über 461 km, Streckenfliegen begeistert weltweit immer mehr Piloten. Im thermisch aktiven Frühjahr 2011 sind 200 km fast normal, im Juli 2014 fliegen Thomas Walder und Bernhard Peßl magische FAI-Dreiecke mit über 300 km. Im Oktober 2015 wird der 2008 von Nevil Hullet in Südafrika geflogene Weltrekord mit über 502 km von drei Brasilianern um 12 km überboten. Doch schon am 13. Oktober 2016 gelingt es wiederum drei flugbegeisterten Brasilianern, mit dabei wieder Donizete Lemos, den Weltrekord im Streckenflugeldorado Tacima, Brasilien, auf 564 km zu schrauben. Der Oktober 2019 hat Weltrekordpotenzial. Fast alle Rekorde werden innerhalb weniger Tage mehrfach überboten. Die Brasilianer Marcelo Prieto, Rafael de Moraes Barros und Rafael Monteiro Saladini liegen letztendlich mit 588,2 km am 10. Oktober 2019 an der Spitze. Bemerkenswert ist die Leistung der Schweizerin Yael Hargelisch, die ebenfalls in Brasilien 2 Tage später am 12.10.2019 von der Schleppwinde weg den Frauenweltrekord

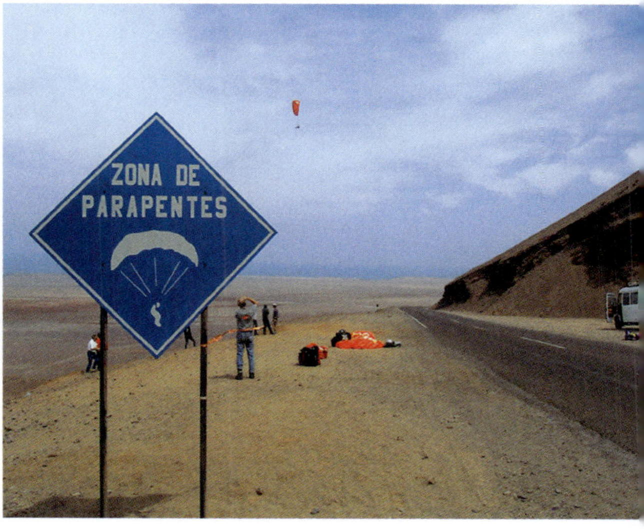

Gleitschirmfliegen in Peru an der Panamericana

auf 552,4 km geschraubt hat. Im Juni des Jahres 2021 stellen Jouni Makkonen mit 503 km in Finnland den Europarekord und Sebastien Kayrouz in Texas mit 613 km den Weltrekord auf, der immer noch gültig ist. Nur wer zum richtigen Zeitpunkt am richtigen Ort ist, hat noch Aussicht auf einen neuen Weltrekord. Neben dem Streckenfliegen gibt es eine weitere Disziplin, das Acro-Fliegen. Aus ersten Anfängen, wie dem spektakulären ersten Looping von André Bucher im Jahr 1992, entstand eine ganz eigene Acro-Flugszene. Profipiloten, wie z. B. die spanischen Rodriguez-Brüder, der Österreicher Mike Küng oder das Safty-Acro-Team, stoßen mit spektakulär anzusehenden Flugfiguren wie SAT, Rückwärtsloop, Helikopter, Tumbling oder Mc.Twist auf größeres Publikumsinteresse. Allerdings ist diese Form des Fliegens so anspruchsvoll, dass sie den Profis vorbehalten bleibt. Wegen der hohen Risiken ist in einigen Ländern der Acro-Flug nur begrenzt erlaubt, wird jedoch auf hohem Niveau sehr professionell praktiziert. Eigentlich zuerst nur als Vorbereitung für den Flug gedacht, hat sich das Groundhandling, also die Beherrschung des Gleitschirmes auf dem Boden, als interessante und sehr sportliche Spielart etabliert. Be-

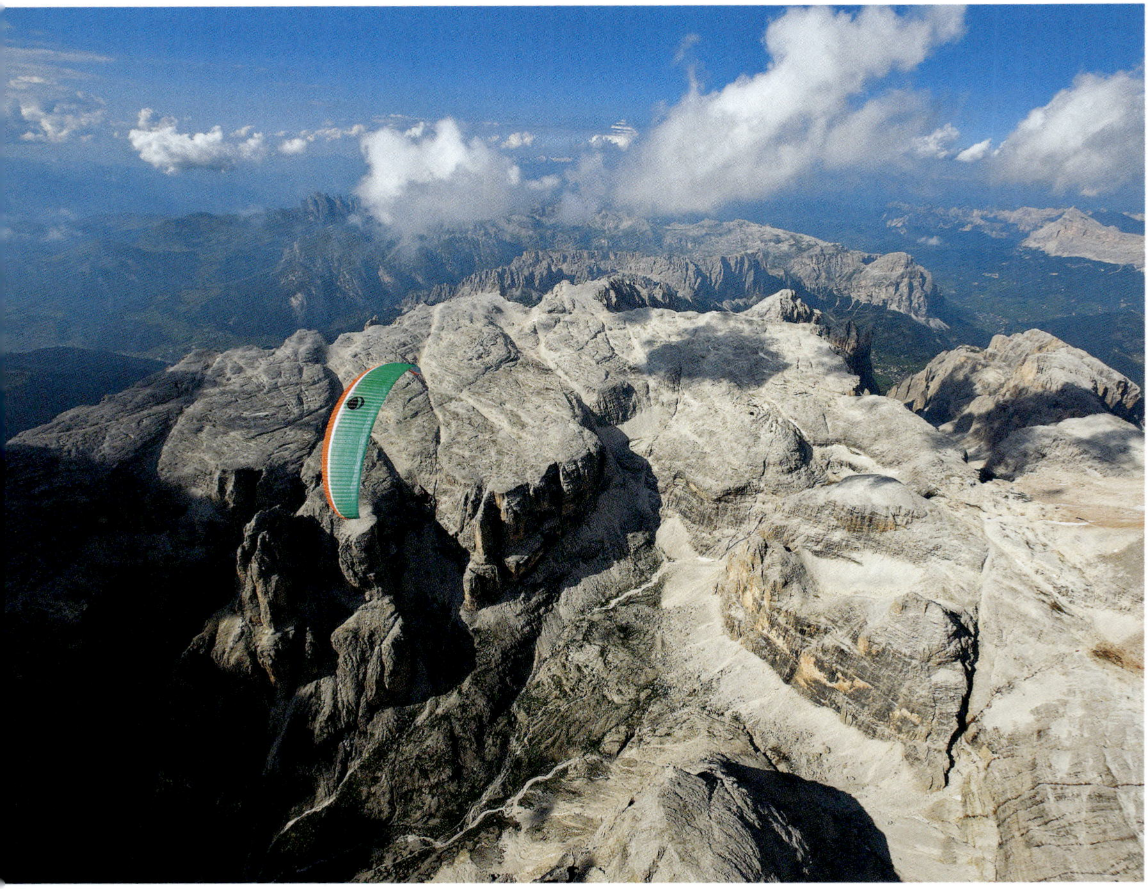

Dreiecksflug bei guten Thermikbedingungen in den Dolomiten, Italien

sonders beliebt ist hier das Spiel mit dem Gleitschirm an Sanddünen, bei denen es schon mal in die Luft gehen darf. Beim Waaga flying wird knapp über den Sand geflogen und leichtfüßig durch den Sand gepflügt. Hohe Beweglichkeit und absolutes Schirmgefühl ermöglichen glücklichste Gleitschirmmomente. Gleitschirmfliegen mit seinen vielen Facetten begeistert immer wieder aufs Neue. An Regentagen darf die Faszination auch beim Surfen nach tollen Actionfilmen ausgelebt werden. Auch das ist Flugvorbereitung.

Aktuelle Infos zu Rekorden: www.xcontest.org, www.dhv-xc.de, www.fai.org

Gleitschirmfliegen – ein Sport mit Zukunft

Gleitschirmfliegen ist eine unkomplizierte, einfach zu erlernende und vor allem sichere Flugsportart. Die gute Ausbildung, große Sicherheitsreserven, professionell betreute Fluggebiete, interessante Fortbildungskurse und attraktive Gleitschirmreisen fördern die Beliebtheit und Akzeptanz des Gleitschirmsportes auf der ganzen Welt.

Aktuelle Infos, Adressen und Links im Anhang.

2.4 Gleitschirmfliegen und Umwelt

Gleitschirmfliegen ist ein sehr naturnaher und umweltfreundlicher Sport. Jedoch nutzen wir, wie bei allen Outdoorsportarten, natürliche Freiräume und dringen auch in den Lebensraum von Tieren und Pflanzen ein. Außerdem werden die Interessen von Bauern, Forstwirten, Jägern und Naturschützern berührt. Deshalb ist es wichtig, auf das richtige Verhalten und den schonenden Umgang mit der Natur zu achten.

Dank der Aufklärungsarbeit von Gleitschirmverbänden und der aktiven Betreuung der Fluggebiete durch Vereine ist die Sportart Gleitschirmfliegen nur noch selten in Interessenskonflikte aus dem Umweltbereich verwickelt. Der überwiegende Teil der Piloten fliegt meist in regional begrenzten »Lieblingsfluggebieten«. Dort ist durch offizielle Start- und Landeplätze und die meist klar ausgewiesenen Flugzonen der Flugbetrieb so geregelt, dass es zu keinerlei Konflikten mit der Umwelt kommt. Der restliche Luftraum wird an thermisch aktiven Tagen, die einen Streckenflug erlauben, genutzt. Aber selbst hier gibt es kaum Konflikte mit der Umwelt. Dies bestätigen auch umfassende Studien, die teilweise im Auftrag der Verbände erstellt wurden. Somit kann zusammenfassend gesagt werden, dass der Gleitschirmsport im Wesentlichen keine nennenswerte Beeinträchtigung für die Umwelt ist.

Vegetation an Start- und Landeplätzen

Start- und Landeplätze unterliegen durch den Flugbetrieb besonderer Beanspruchung. Auf viel benutzten Startplätzen kann es deshalb je nach Untergrund, Hangneigung und Bodenfeuchte zu Trittschäden kommen. Um eine Bodenerosion zu verhindern, werden solche Startplätze meist mit Befestigungen und Gittermatten versehen. Besonders nach Regen oder der Schneeschmelze kann die Vegetationsschicht sehr schnell zerstört werden. Deshalb ist an Startplätzen mit bereits vorgeschädigten Stellen möglichst ein versetzter Startplatz zu wählen, der beim

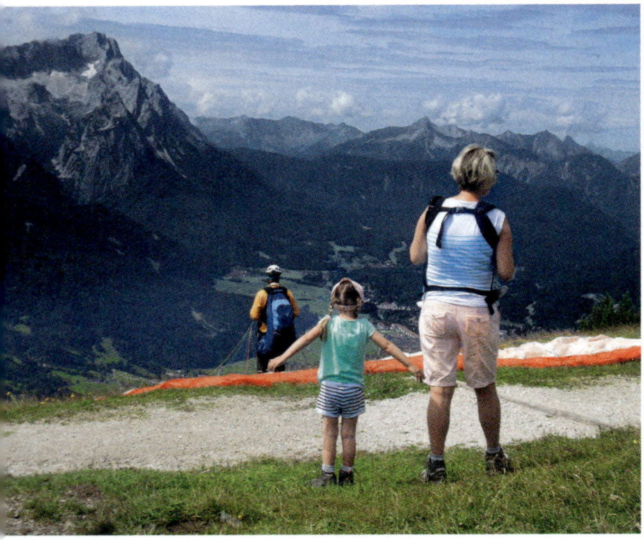

Gleitschirmfliegen begeistert Piloten und Zuschauer. Hier warten sie auf die thermische Ablösung am Wank bei Garmisch.

Schirmauslegen entsprechend vorsichtig zu begehen ist. Auch Landeplätze, vor allem feuchte Moor- oder Streuwiesen, sind sensibel. Es gelten die gleichen Verhaltensweisen wie am Startplatz. Die Gleitschirme sind an dafür ausgewiesenen Plätzen oder auf trockeneren Flächen zusammenzulegen.

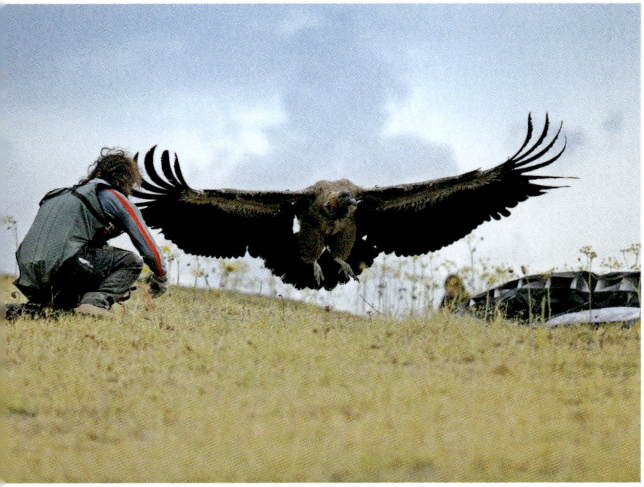

Angelo d'Arrigo mit seinem Condor am Start

Streckenfliegen und Außenlandung

In weniger beflogenen Gebieten sind Tiere mit der Silhouette des Gleitschirmes noch nicht vertraut. Deshalb bitte ausreichend Abstand zum Boden halten. Kommt es zu einer Außenlandung, ist je nach Jahreszeit und den räumlichen Bedingungen darauf zu achten, dass kein Flurschaden entsteht. Deshalb nicht in hochstehende Wiesen, angebaute Äcker oder in Viehweiden landen. Ist dies nicht zu vermeiden, soll wenigstens der Trittschaden in Grenzen gehalten werden. Der Außenlandeplatz ist deshalb auf dem kürzesten Weg zu verlassen. Der Schirm kann zur Not auch auf einem Feldweg gepackt werden. Ist ein Schaden offensichtlich, ist es üblich, sich beim Bauern zu entschuldigen.

Naturschutzgebiete

Meist gelten für Natur- und Vogelschutzgebiete und Nationalparks gesonderte Bestimmungen im Hinblick auf Outdooraktivitäten. Für Gleitschirmflieger ist es deshalb unerlässlich, sich bei Flügen in Schutzzonen über die jeweiligen Bestimmungen zu informieren. Oft besteht ein Start- und Landeverbot und das Überfliegen kann eingeschränkt sein.

Wildtiere, Feinderkennung und Gewöhnung

Wildtiere können durch das plötzliche Auftauchen eines Gleitsegels in geringer Höhe erschreckt werden. Auch wenn Wildtiere sehr wohl zwischen **Raubvogel-** und Gleitschirmsilhouetten unterscheiden können, wirkt bei zu großer Nähe der Gleitschirm als Bedrohung. Fühlen sie sich bedroht, flüchten sie, was in der nahrungsarmen Zeit mit erhöhtem Energie-

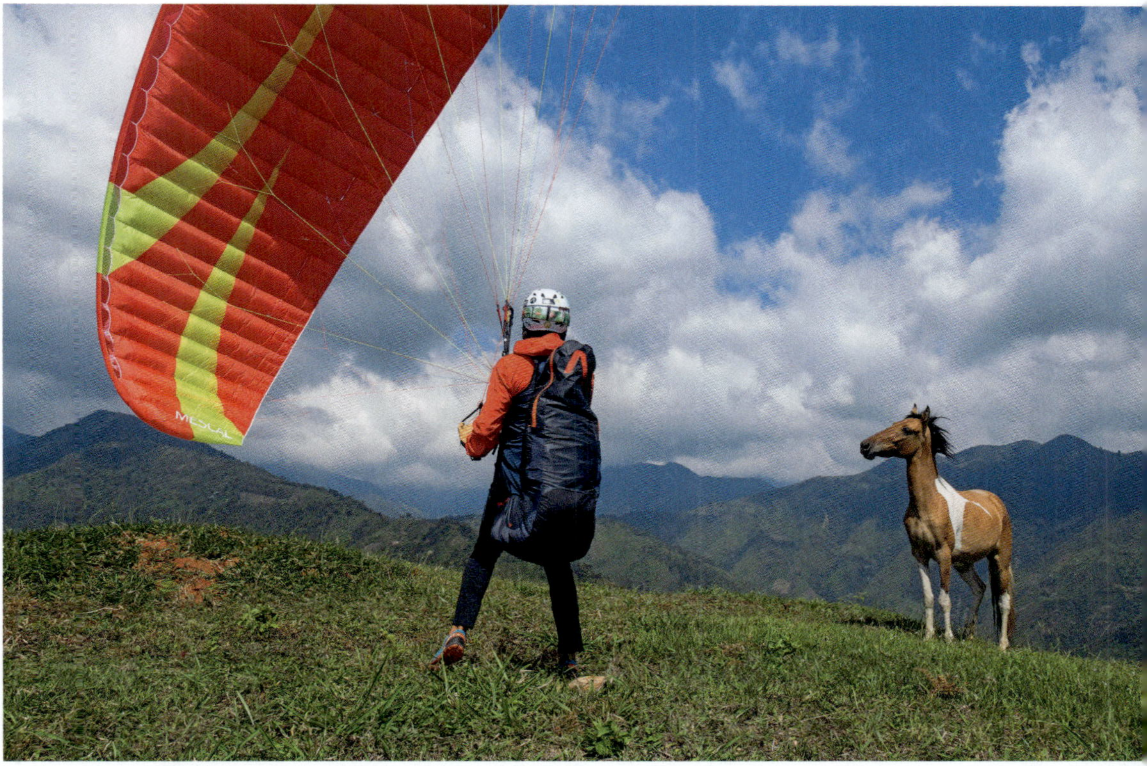

In Fluggebieten sind Tiere bereits bestens an Gleitschirmflieger gewöhnt und sehen diese nicht mehr als Bedrohung, sondern zeigen sich sogar neugierig.

verbrauch verbunden ist. Deshalb muss der Gleitschirmflieger besonders über Gelände, das den Tieren keine Deckung wie Wald, Sträucher oder Latschen bietet, auf eine ausreichende Flughöhe von ca. 150 m achten. Ist Wild zu sehen, empfiehlt es sich, weiterzufliegen. Interessant ist, dass in intensiv beflogenen Gebieten die Tiere an den Flugbetrieb gewöhnt sind. Sie lassen sich auch beim Äsen kaum stören. Flughöhen von 50 bis 100 m gelten hier als ausreichend.

Vogelbrut- und Aufzuchtzeiten

Vögel und Gleitschirmflieger kreisen oft in harmonischer Koexistenz im selben Thermikbart. Jedoch kann es zur Brut- und Aufzuchtzeit zu unangenehmen Situationen für den Gleitschirmflieger kommen, wenn er zufällig einem Brutbereich zu nahe kommt. Die Brut- und Aufzuchtzeit für Felsenbrüter (Steinadler, Uhu, Wanderfalke und Kolkrabe) wie auch Wiesenbrüter (Kiebitz, Uferschnepfe oder Brachvogel) liegt zwischen März und Mai. Wer in dieser Zeit als Gleitschirmflieger im Vorbeiflug an einem Nistbereich oder einer Nistwand aufgescheuchte Vögel oder sogar ein Gelege bemerkt, sollte den Nist- und Brutbereich sofort verlassen und mindestens 300 bis 500 m Abstand halten. Dies ist lebenswichtig für das Gelege, das ohne die zurückkehrenden Vogeleltern schnell auskühlen würde.

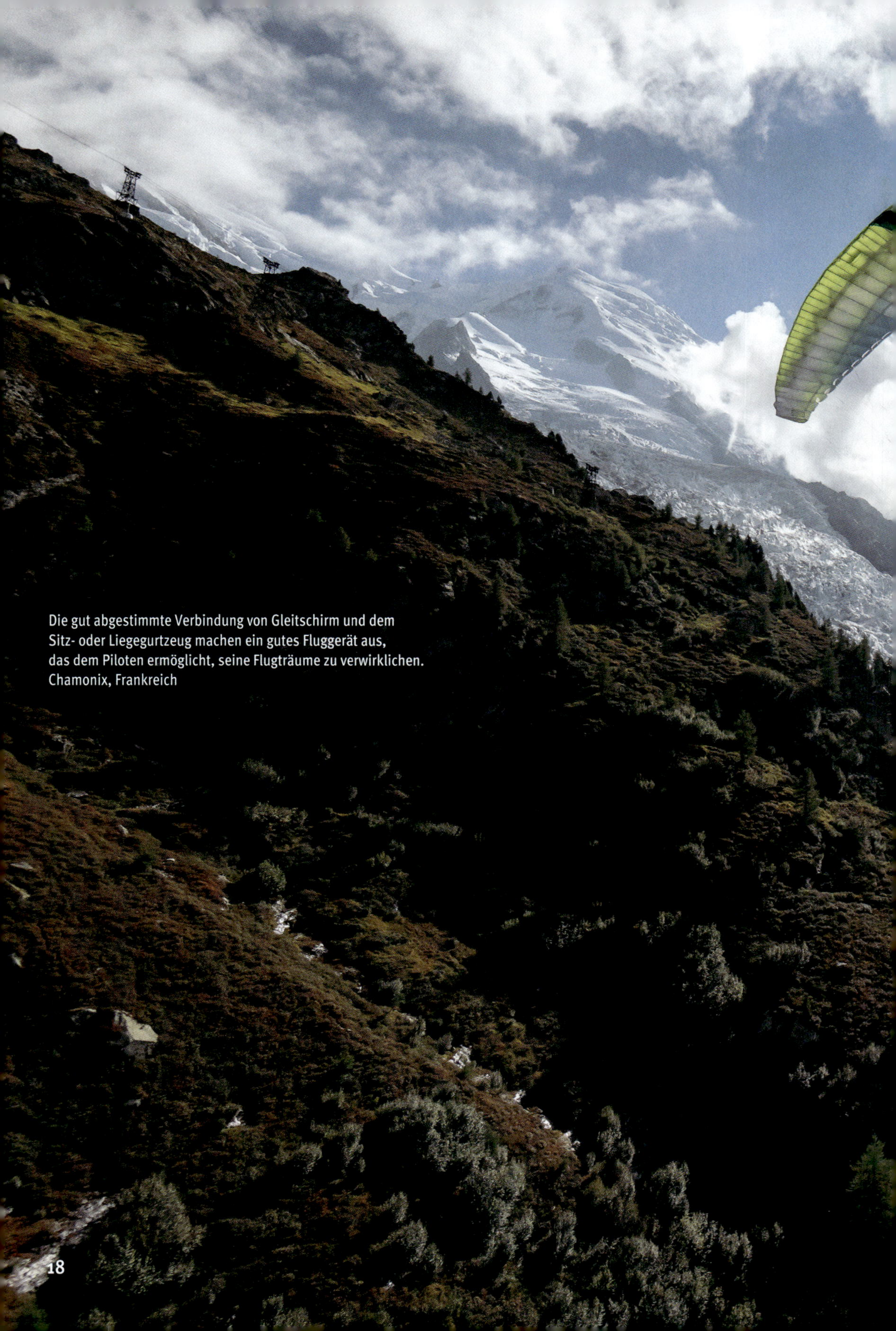

Die gut abgestimmte Verbindung von Gleitschirm und dem Sitz- oder Liegegurtzeug machen ein gutes Fluggerät aus, das dem Piloten ermöglicht, seine Flugträume zu verwirklichen. Chamonix, Frankreich

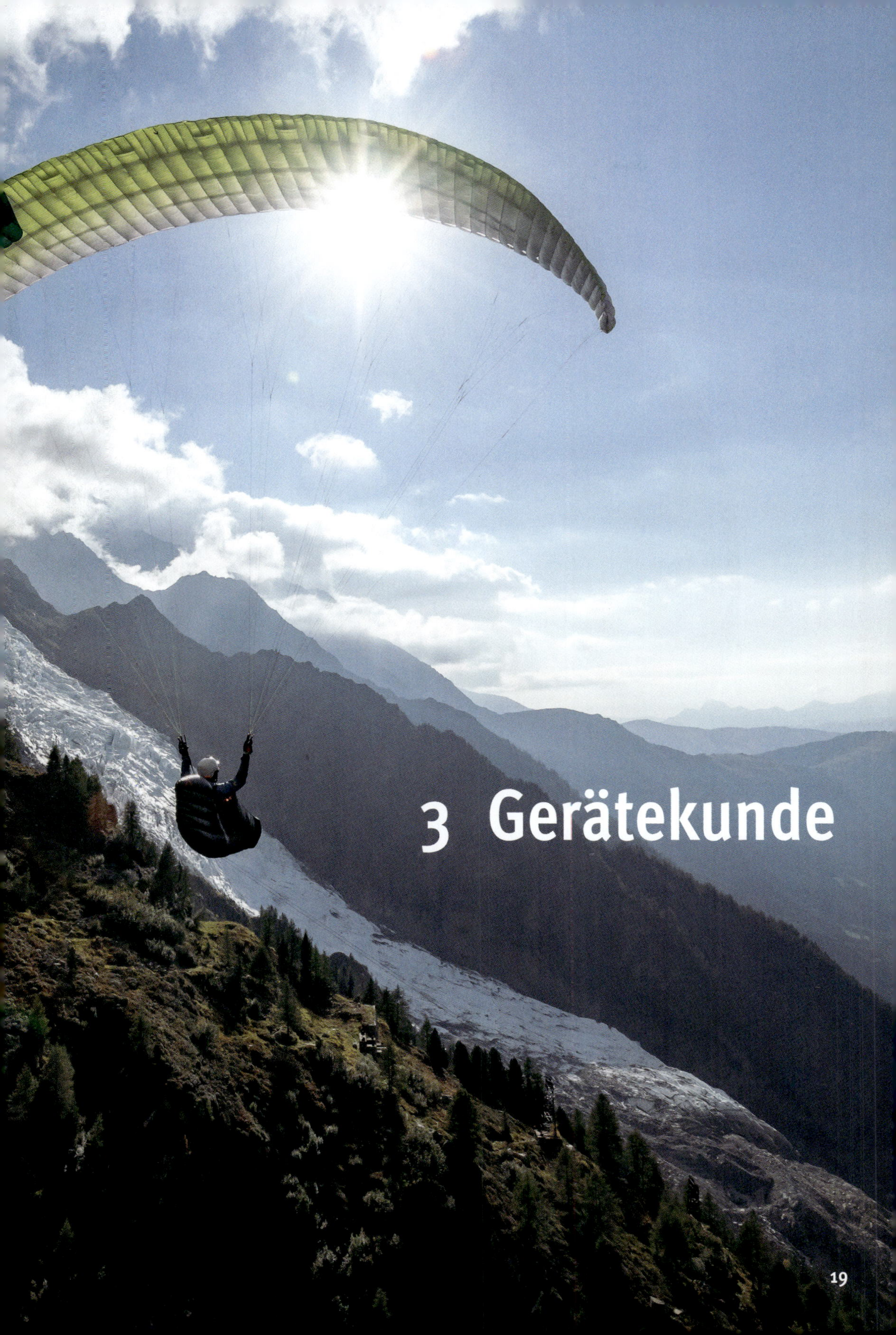

3 Gerätekunde

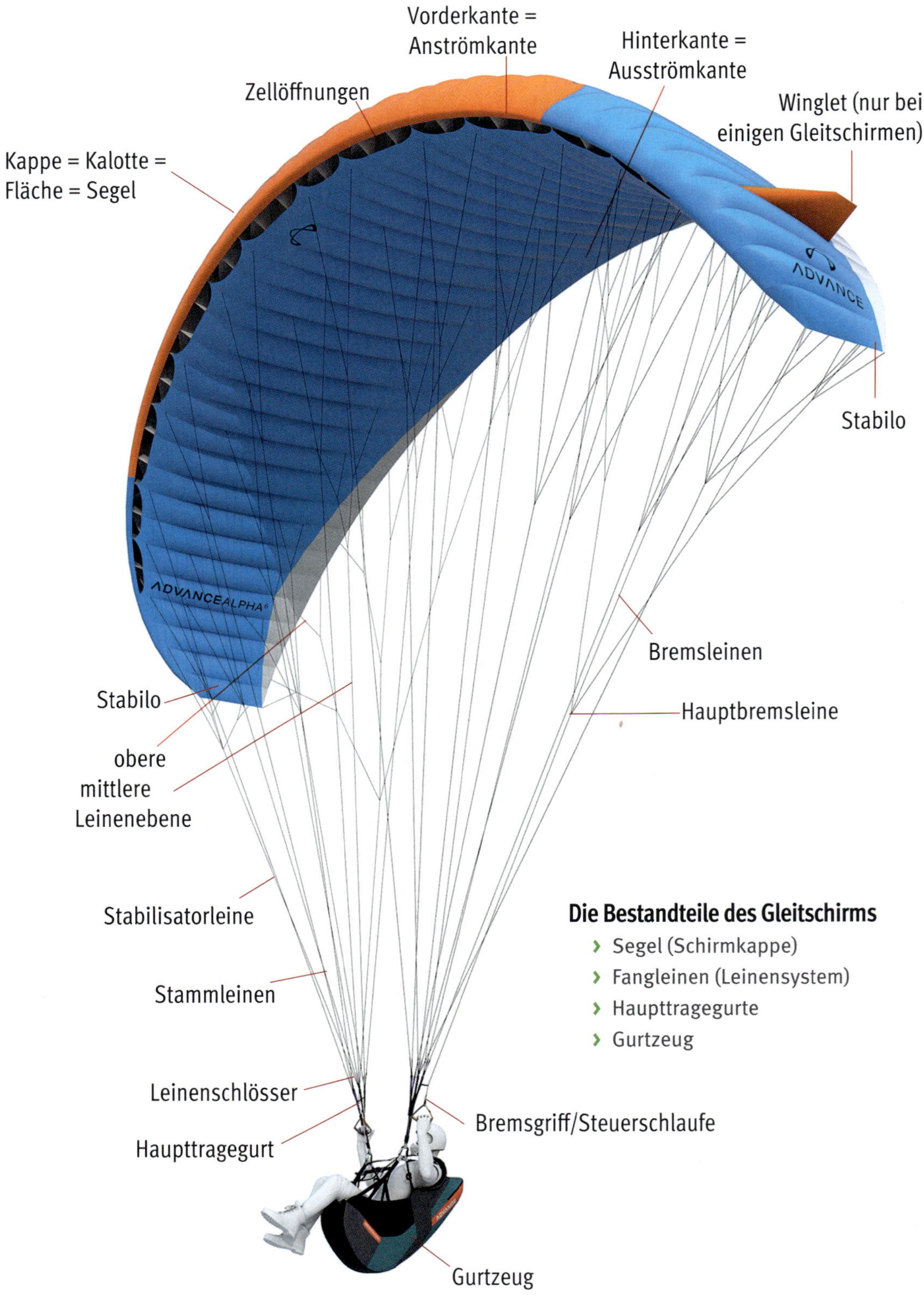

Die Bestandteile des Gleitschirms

- Segel (Schirmkappe)
- Fangleinen (Leinensystem)
- Haupttragegurte
- Gurtzeug

Der Gleitschirm ist auf den ersten Blick sehr einfach gebaut. Er besteht im Wesentlichen aus dem elliptischen Segel, das in Form und Profil eine vorne geöffnete Tragfläche darstellt und den Gleitflug möglich macht. Das Leinensystem mit den Fangleinen und die Haupttragegurte stellen die Verbindung zwischen Pilot und Segel dar. Das Pilotengewicht wird durch die Vielzahl der Leinen gleichmäßig auf das Segel übertragen, es erhält auf diese Weise eine stabile Fluglage. Das Gurtzeug ist über die Haupttragegurte mit den Fangleinen verbunden und ermöglicht dem Piloten ein bequemes Sitzen auch bei längeren Flügen.

3.1 Segel (Gleitschirmkappe)

Das Gleitschirmsegel besteht aus Ober- und Untersegel, die durch senkrecht stehende Zellwände miteinander verbunden sind. Das Profil erhält das Segel durch seine profilförmig zugeschnittenen Zellwände. An den **Zellwänden** (tragende Rippen) sind Flares (Verstärkungen) angebracht. Daran werden die **Fangleinen** aufgehängt. Die Zelle untergliedert sich in **Kammern**, die durch senkrechte oder diagonale **Zellzwischenwände** (Rippen) das Profil stabilisieren.

Das Segel ist eine Tragfläche, die sich erst durch die anströmende Luft ausbildet. Die Luft strömt durch die **Zellöffnungen** an der **Eintrittskante** in das Segel ein. Durch den so entstehenden Überdruck, den **Staudruck**, füllt sich das Segel. Die **Zellöffnungen** sind je nach Gleitschirmtyp unterschiedlich groß und mehr oder weniger tief heruntergezogen. Sie bilden dabei die **Profilnase**, die, oft zusätzlich verstärkt, über die komplette Eintrittskante läuft. Im Segel sorgen **Druckausgleichsöffnungen (Crossports)**, die sich in den Zellwänden befinden, für den gleichmäßigen Druckausgleich. So können auch geschlossene Zellen, die sich meist am Außenflügel befinden, befüllt werden. Zudem kann sich das Segel beim Starten schnell und gleichmäßig füllen.

Der unmittelbare Bereich des Außenflügels wird als **Stabilisator (Stabilo)** bezeichnet. Der Stabilo gibt dem Segel im Flug Richtungsstabilität, verringert den induzierten Widerstand (siehe Kapitel 4, Abschnitt 4.1) und verbessert den Auftrieb. Die **Hinterkante (Ausströmkante)** ist kom-

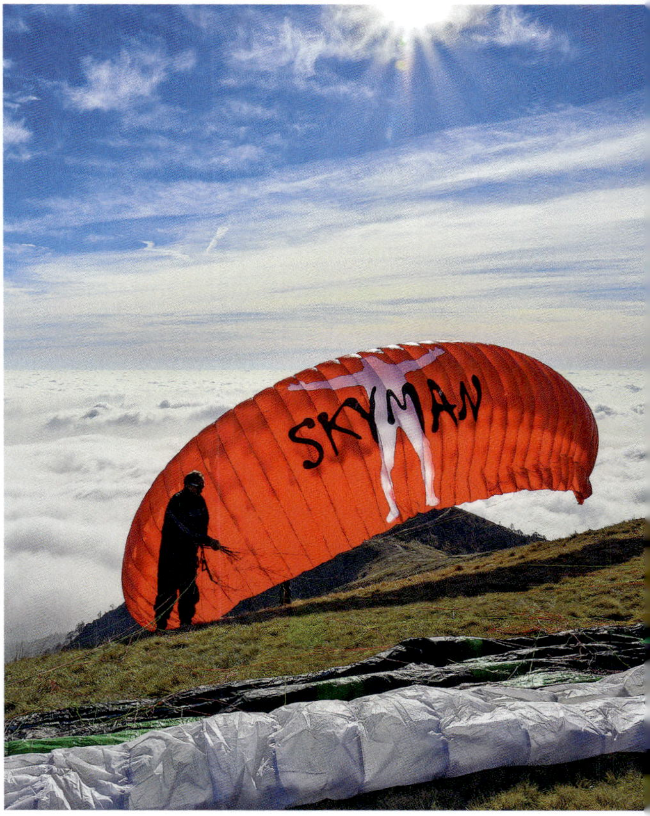

Beim Start wird aus einem Tuchknäuel eine Tragfläche.

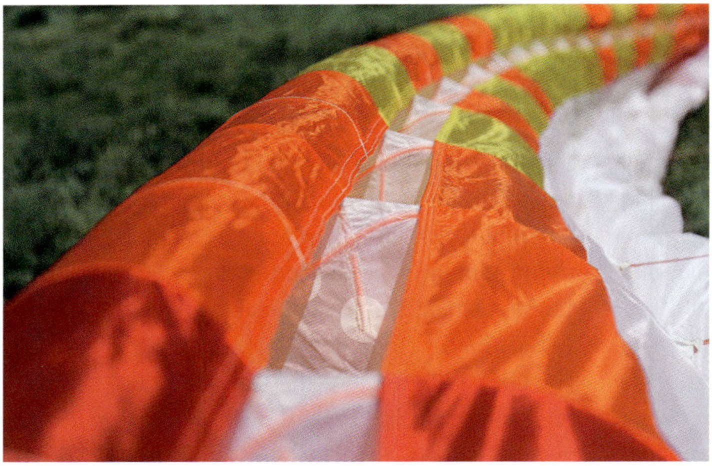

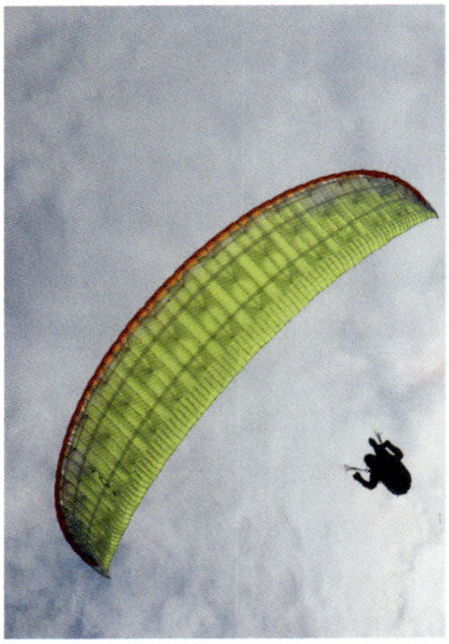

Links: Eintrittskante eines Gleitschirms mit Einblick ins Innenleben. Rechts: Im Gegenlicht zeigen sich Profil, Zellwände, Diagonalrippen, Eintrittskante und sogar die Crossports.

plett geschlossen und teilweise mit Naht- oder Querbändern zur Stabilität oder auch zur Dämpfung der Eigenschwingungen des Segels versehen.

3.2 Fangleinensystem

Die **Fangleinen**, die in den **Tragegurten** zusammengefasst sind, bilden die Verbindung zwischen Segel und Pilot. Dabei haben die Fangleinen die Aufgabe, das durch den Segelschnitt vorgegebene Segelprofil möglichst formstabil und faltenfrei wiederzugeben. Durch die Anordnung und die Länge der Fangleinen werden die Segelwölbung, der Anstellwinkel und die Trimmung bestimmt. Das Pilotengewicht kann so gleichmäßig auf die Gleitschirmkappe verteilt werden. Um dies zu erreichen, sind 300 bis 450 m hochfeste und vor allem dehnungsarme Fangleinen mit 0,5 bis 2 mm Durchmesser notwendig. Sie erzeugen trotz des geringen Durchmessers einen erheblichen Luftwiderstand. Gesteuert wird mit den **Steuerleinen**, die mit den verzweigten **Bremsleinen** ein bewegliches System darstellen.

Aufbau des Fangleinensystems

Das Fangleinensystem ist in die horizontalen Leinenebenen und die vertikalen Leinenstockwerke aufgeteilt. Dabei besitzen die linke und rechte Flügelhälfte jeweils eine identische Leinengeometrie. An der Segelunterseite ist jede **tragende Zellwand** an 4 bis 5 Fangleinen aufgehängt. Die Fangleine direkt an der Eintrittskante wird als **A-Leine**, die darauffolgenden als **B-**, **C-** und, falls vorhanden, als **D-Leine** bezeichnet. Liegt der Gleitschirm ausgebreitet, sind die quer zum Segel laufenden **Leinenebenen** A, B, C und eventuell D gut zu sehen. Um den **Luftwiderstand möglichst gering zu halten**, werden die Leinen in bis zu drei verschiedenen **Leinenstockwerken** meist paarweise immer weiter zusammengefasst. Das oberste Stockwerk (**Galerieleinen**) mündet in das mittlere Stockwerk (**Gabelleinen**) und bündelt sich im unteren

Stockwerk (**Stammleinen**). Die Stammleinen laufen, nach rechter und linker Flügelhälfte getrennt, in den Leinenschlössern der Tragegurte zusammen. Die farbliche Trennung der Leinenebenen erhöht die Übersicht bei den Startvorbereitungen.

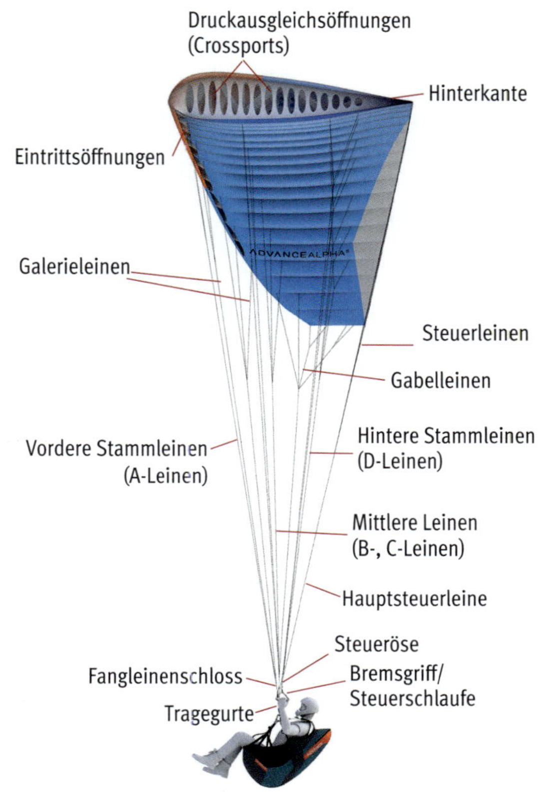

3.3 Steuerleinen

Die **Steuerleinen** bilden ein unabhängiges, flexibles System, das die exakte Steuerung des Gleitschirmes ermöglicht. An den jeweiligen äußeren Segelhinterkanten sind mehrere Steuerleinen befestigt, die spinnenartig in der linken und rechten **Hauptsteuerleine** zusammengefasst werden. Die dickere Hauptsteuerleine läuft hinter der letzten Leinenebene frei und ist durch die **Steueröse/Steuerrolle** am hinteren Haupttragegurt geführt. Danach ist die frei laufende Steuerleine mit einem Knoten an der **Steuerschlaufe** (**Bremsgriff**) befestigt. Der Pilot hält beim Flug die Hände in den **Steuerschlaufen**. Durch Zug an der Steuerschlaufe wird die Hinterkante des Außenflügels heruntergezogen. Durch die Profiländerung im entsprechenden Außenflügel wächst der Widerstand und der Gleitschirm steuert in die entsprechende Richtung.

Grundeinstellung der Steuerleinen

Die Steuerleinen sind ab Werk so eingestellt, dass ein Leerweg (Bremsleinenvorlauf) von ca. 5 bis 15 cm vorhanden ist. Im Flug ist die Bremsleine also absolut frei! Nur kann es je nach Armlänge, Körpergröße und Gurtzeug notwendig sein, die Steuerleinenlänge anzupassen. Dabei wird der Steuerleinenknoten etwas gelockert und die Leine auf die gewünschte Länge nachgeschoben. Danach muss unbedingt geprüft werden, ob noch ausreichend Leerweg bzw. nicht zu viel Leerweg vorhanden ist (Schirm am Boden aufziehen). Beim Flug mit Trimmgeschwindigkeit, ohne Bremse, muss die Segelhinter-

WICHTIG

Steuerleine zu kurz: Der Schirm fliegt langsamer. Gefahr von stabilem Trudeln oder Sackflug, besonders bei thermischen Bedingungen, Gegenwind und im beschleunigten Zustand.
Steuerleine zu lang: Die Bremse greift spät und nicht wirkungsvoll, der Pilot muss die Bremsleinen wickeln.

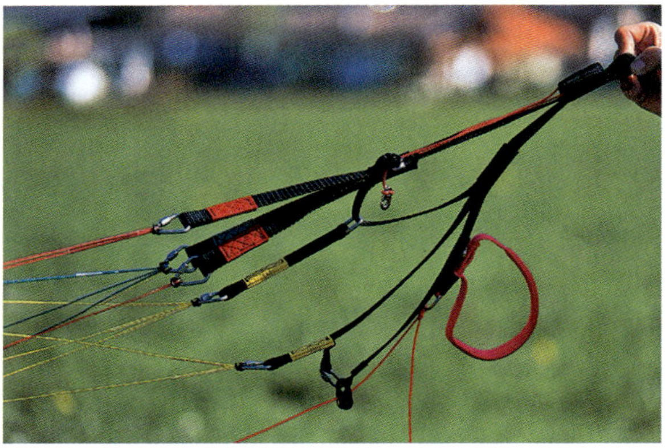

Haupttragegurt mit einfachem Speedsystem und dem Bremsgriff

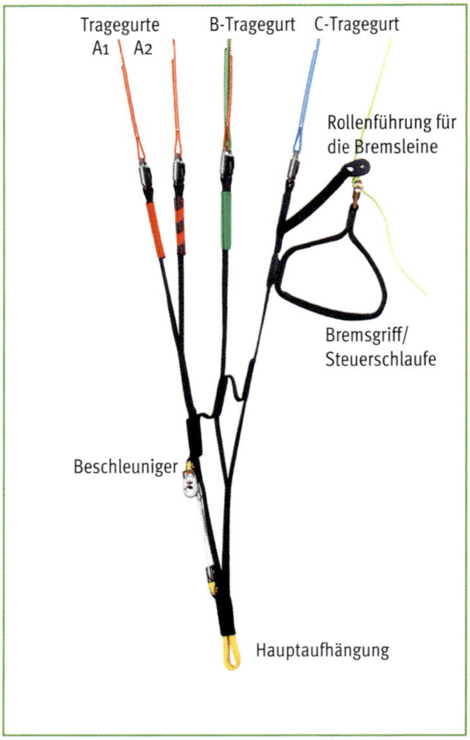

kante frei, also gerade sein. Jedoch soll die Bremse nach ca. 5 cm Leerweg greifen. Für Steuerleinenknoten und Steuerleineneinstellung die Betriebsanleitung beachten. Bei neuem oder fremdem Schirm die Steuerleineneinstellung auf der Wiese kontrollieren (Schirm aufziehen und Steuerleinenspiel prüfen).

3.4 Haupttragegurte

Der Haupttragegurt verbindet Gurtzeug und Gleitschirm. Die **Leinengruppen** der linken bzw. der rechten Flügelhälfte werden jeweils am linken und rechten Haupttragegurt aufgehängt. Die Haupttragegurte werden mit **Karabinern** in den **Aufhängepunkt** am Sitzgurtzeug eingehängt. Vom Aufhängepunkt des Sitzgurtes gabelt sich der Haupttragegurt in 3 bis 5 Tragegurte auf. Sehr verbreitet sind Tragegurte mit 4 Gurten. Die Tragegurte werden hier als **»vorderer Tragegurt« (A-Gurt),** die nachfolgenden als **B-Gurte** und **»hinterer Tragegurt«** **(C-Gurt)** bezeichnet. Die Fangleinen der Leinenebenen A1, A2, B, C und, falls vorhanden, D sind in Leinenschlössern zusammengefasst und gegen Verrutschen gesichert. Am hinteren Haupttragegurt befindet sich die **Steueröse/Steuerrolle,** durch welche die Steuerleine geführt ist. Am Ende der Steuerleine ist die Steuerschlaufe (Bremsgriff/ Steuergriff) festgeknotet. Die Steuerschlaufe kann mit Klettband, Magnet oder Druckknopf fixiert werden, damit sich die Steuerleine beim Packen nicht verheddert.

3.5 Beschleunigungssystem (Speedsystem)

Das Beschleunigungssystem verändert durch ein dem Flaschenzugprinzip ähnliches System die Trimmung des Gleitschirmes. Wird das Speedsystem betätigt, verändert sich der **Anstellwinkel** und es kommt dadurch zu einer **Geschwindig-**

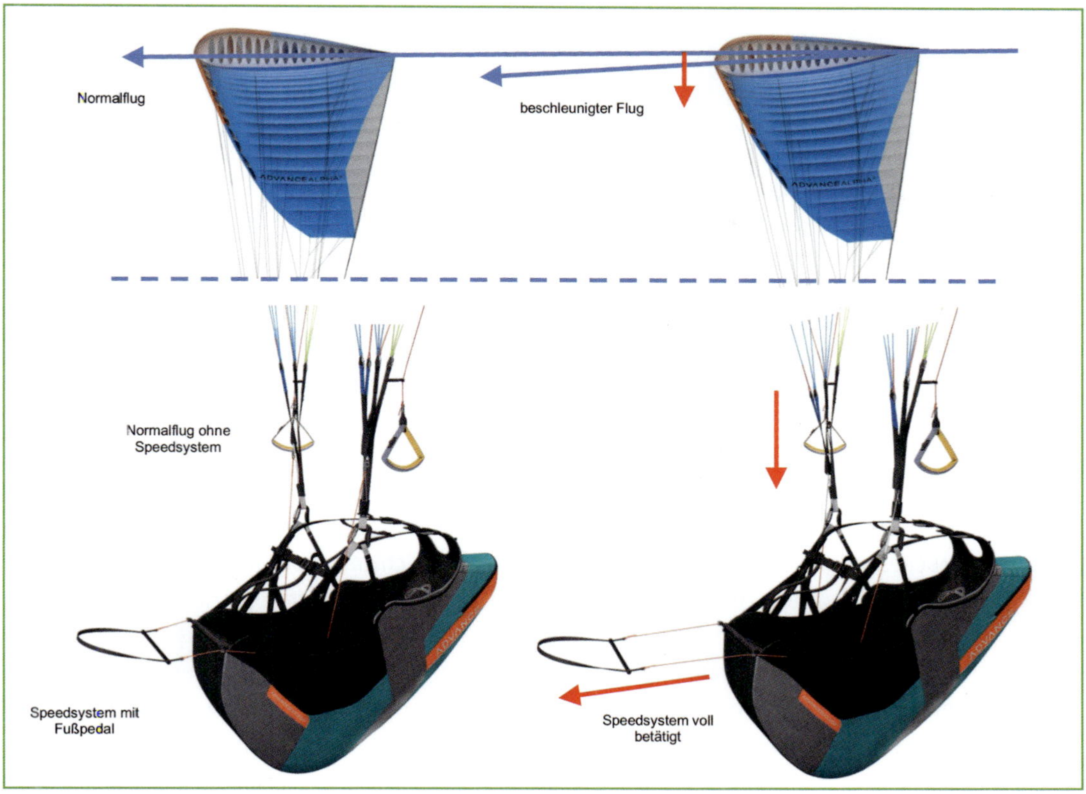

keitserhöhung. Das Speedsystem ist in die Haupttragegurte integriert. Um das System benutzen zu können, wird es mit dem Fußbeschleuniger, der sich am Gurtzeug befindet, verbunden. Der Beschleuniger besteht aus einer Querstange für die Fußauflage und der linken und rechten Beschleunigerleine. Die Leinen werden über Rollen, die sich am Gurtzeug befinden, zum Beschleunigungssystem am Haupttragegurt geführt und mit einem Haken (**Brummelhaken**) ein- bzw. ausgehängt.

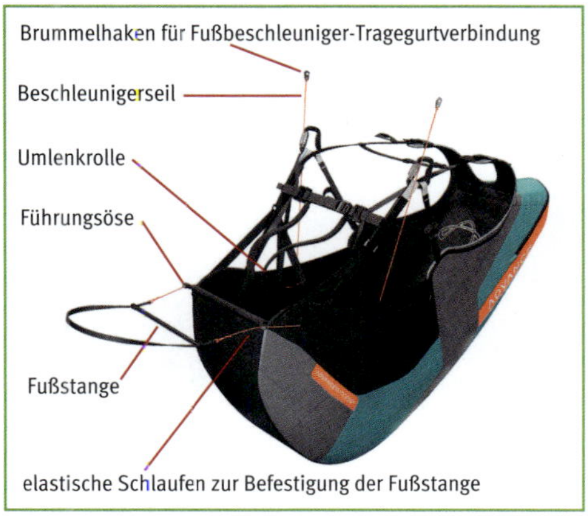

Der Geschwindigkeitszuwachs beträgt bis zu 15 km/h, jedoch wird dadurch die Flugstabilität geringer und das Segel wird in Turbulenzen anfälliger.

Funktionsweise des Beschleunigungssystems

Damit es zu einer Geschwindigkeitserhöhung des Gleitschirmes kommen kann, muss sowohl das Profil verflacht als auch der Anstellwinkel verkleinert werden. Dazu werden je nach Schirmtyp meist die

WICHTIG

- Das Beschleunigungssystem erst bei ausreichender Höhe ab wenigstens 100 Meter über Grund benutzen.
- Klapper in beschleunigtem Flugzustand können sehr heftig und impulsiv ausfallen.
- Kein Landeanflug mit Speedsystem.
- Bei starken Turbulenzen nicht voll beschleunigt fliegen.
- Die Bremsgriffe nicht loslassen, aktiv fliegen.

vorderen Tragegurte verkürzt. Dies bewirkt durch die damit verbundene Veränderung der Fangleinengeometrie eine deutliche Geschwindigkeitszunahme, wenn der Beschleuniger durchgedrückt wird. Dabei kann der Kraftaufwand trotz Flaschenzugprinzip (doppelte Umlenkung) doch noch beträchtlich sein. Der Geschwindigkeitszuwachs wird vor allem für Talquerungen und auf Streckenflügen genutzt.

In turbulenter Luft steigt jedoch das Risiko von Einklappern. Die Art der Trimmung ist eng mit dem Schirmtyp und den Anforderungen an die Trimmung verbunden. Deshalb die Herstellerangaben beachten.

3.6 Zulassung, Wartung und Pflege von Gleitschirmen

Gleitschirme werden durch die Musterprüfung auf Festigkeit und Flugtauglichkeit geprüft und in Sicherheitskategorien eingeteilt. Die Kategorien (Klassen) reichen von extrem sicher und gutmütig eingestuften Schirmen bis hin zu eher kritischen, aber sehr leistungsorientierten Schirmklassen, die ein besonderes Pilotenkönnen erfordern. Zugelassene Gleitschirme sind mit einer Plakette versehen. Darauf sind unter anderem die Seriennummer, das Prüfdatum, die Klasse, das Flugge-

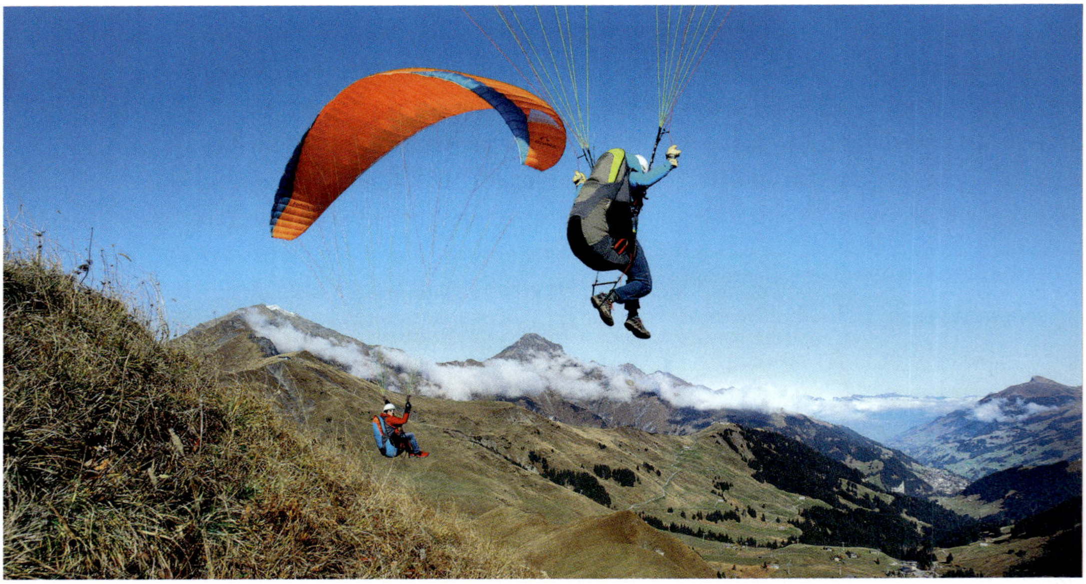

Der Pilot hat nach dem Start mit dem rechten Fuß das Beschleunigungssystem bereits vom Gurtzeug gelöst und wird es gleich etwas nach vorne drücken, um den linken Fuß auf die Stange setzen zu können. Der rechte Fuß folgt. Somit ist das Speedsystem einsatzbereit.

wicht (Pilotengewicht), die Größe, die Eignung von Gurtzeug und ein Beschleunigungssystem angegeben.

Risiko Längenänderung im Fangleinensystem

Das Fangleinensystem ist für die exakte Ausformung des Gleitsegelprofils, den Anstellwinkel, die Kappenkrümmung und die Trimmung verantwortlich. Die exakte Leinenlänge ist für die Betriebstüchtigkeit des Gleitschirmes wichtig. Somit kann jede Längenänderung von einzelnen bzw. von ganzen Leinenebenen gravierende Auswirkungen auf das Flugverhalten haben.

Es kommt trotz hochfester Leinenmaterialien auch bei ordnungsgemäßem Gebrauch nach einiger Zeit zu kleineren Längenänderungen. Dies liegt daran, dass die vorderen Fangleinenebenen A und B durch höhere Belastung eher gedehnt werden, während die weniger belasteten C-, D- und, falls vorhanden, E-Leinenebenen sich im Laufe der Zeit eher verkürzen. Deshalb ist eine Überprüfung der Leinenlängen im Rahmen der routinemäßigen Nachprüfung notwendig. Wenn man als Pilot erste Zweifel am Flugverhalten hat, sollten unbedingt die Leinenlängen kontrolliert werden (siehe Betriebsanweisung/Leinenplan). Werden die Toleranzgrenzen, die bei maximal +/–5 mm liegen, überschritten, muss die entsprechende Leine gegen eine **Originalersatzleine** ausgetauscht werden.

Die richtige Trimmung ist entscheidend für die Flugtauglichkeit eines Schirmes. Verändert sich der Anstellwinkel, ist verzögertes Startverhalten, Sackfluganfälligkeit, geringere Trimmgeschwindigkeit und schwammiges Fluggefühl sofortiger Anlass, den Schirm überprüfen zu lassen.

WICHTIG

- Schnellabstieg und extreme Flugmanöver erzeugen eine erhöhte Fangleinenbelastung (Steilspirale, B-Stall ...).
- Massive Einklapper/Stall bewirken unkontrollierte Lastspitzen beim Öffnen.
- Intensiver Windenschleppbetrieb kann die vorderen Fangleinen längen.
- Feuchtigkeit und Schlamm beim Auslegen können die hinteren Leinen verkürzen, z. B. durch eingelagerte Schmutzpartikel.

Lufttüchtigkeits-Check (Zwei-Jahres-Check)

Materialien sind der Alterung und dem Verschleiß unterworfen, was zu einer Materialermüdung und einer Änderung der Flugeigenschaften führen kann. Gleitsegel altern und Flugeigenschaften können sich im Laufe der Zeit verändern. Deshalb gibt der Hersteller im Betriebshandbuch vor, nach welchen Zeitintervallen, Flugstunden und

WARTUNG

- Das Segel und die Leinen nicht über den Boden schleifen; Nähte sind schnell durchgescheuert; auch Schnee kann wie Schmirgelpapier wirken.
- Fast alle Materialien sind UV-anfällig. Das Segel nicht unnötig in der Sonne liegen lassen oder in der Sonne trocknen.
- Ist der Gleitschirm nass, das Segel ein bis zwei Tage in einem trockenen Raum ausbreiten, bis die Feuchtigkeit auch aus dem Gewebe des Tuches und den Leinen verschwunden ist.
- Den Gleitschirm lichtgeschützt bei normaler Luftfeuchte lagern. Zu große Trockenheit und Feuchtigkeit schaden den Materialien.
- Benzin- und Lösemitteldämpfe greifen die Materialien des Gleitschirms an.
- Fest sitzende Verunreinigungen mit Schwamm und Wasser lösen. Leichte Erdspuren verschwinden meist bei weiterem Gebrauch von selbst.
- Nach Salzwasserkontakt sofort in reichlich Süßwasser wässern und trocknen.

welcher Anzahl der Flüge ein Gleitschirm auf Lufttüchtigkeit überprüft werden muss. Üblich ist bei normaler Flugaktivität der »Zwei-Jahres-Check«. Der Check wird am besten von einer autorisierten Fachwerkstatt durchgeführt. Geprüft werden hierbei die Beschaffenheit des Tuches, der Leinen, der Nähte, der Haupttragegurte und der Schäkel. Das Gleitsegel wird neu vermessen und der Anstellwinkel überprüft. Erfüllt der Gleitschirm die Bedingungen der Nachprüfung nicht, erlischt die Zulassung. Aktuelle Infos über zugelassene Fluggeräte, Gurtzeuge und Rettungsschirme:
Die Herstelleradressen und aktuelle Sicherheitmeldungen bei den Verbänden:
www.dhv.de, www.aeroclub.at
www.shv-fsvl.ch

Pflege/Instandhaltung

Gleitschirme benötigen besonders beim Segelauslegen und nach der Landung eine **pflegliche Behandlung**. Von Zeit zu Zeit sind das Tuch und die Nähte an Segel, Leinen und Gurtzeug zu kontrollieren, hervorstehende Fadenenden mit einem Feuerzeug abzubrennen. Dadurch entsteht ein dickes aufgeschmolzenes Ende, das ein weiteres Aufziehen der Naht verhindert. Kleine Risse können, wenn sie nicht gerade in tragenden Teilen vorkommen, mit selbstklebendem Reparaturtuch (Ripstoptape) geklebt werden. Dabei muss der Flicken mindestens 2 cm über den Riss überstehen. Sind Leinen beschädigt oder größere Risse im Segel, den Schirm von einer **Fachwerkstätte** reparieren lassen. Zeigt das Segel ein eigenartiges Flugverhalten, Segel prüfen und die Fangleinen nachmessen (Herstelleranweisung in der **Betriebsanleitung** beachten). Metall und Kunststoffteile, Rollen, Schäkel, Schnellglieder und Karabiner auf Beschädigungen, Abnutzung und Haarrisse hin untersuchen.

FUNKTIONSKONTROLLE

- Segel auslegen und auf vollständige Vernähung überprüfen.
- Fangleinennähte überprüfen und nachsehen, ob die Fangleinen richtig in die Fangleinenschlösser eingehängt sind.
- Überprüfen, ob die Bremsleinen frei laufen und die Handschlaufe fest verknotet ist.
- Segel aufziehen, Profil, Leinensymmetrie und Steuerleinenspiel auf Auffälligkeiten überprüfen. Die Hinterkante des Segels darf dabei nicht angebremst sein. Die Steuerleinen müssen leicht durchhängen.
- Steuerleinen durchziehen. Das Segel muss stark angebremst sein und nach hinten abkippen. Als Grobeinstellung sollen die Steuerleinen in Brusthöhe etwa 50 % Bremse bewirken.
- Startverhalten am Boden prüfen. Erst danach kleine Flüge am Übungshang folgen lassen. Hierbei kontrollieren, ob der Schirm bei 0 % Steuerleinenzug ungebremst fliegt und die Bremse rechtzeitig greift.

Funktionskontrolle bei neuen Segeln

Wer sich einen neuen Gleitschirm kauft, ist verpflichtet, das Segel und die Steuerleineneinstellung nochmals selbst vor dem ersten Flug zu prüfen. Details sind dem jeweiligen Handbuch zu entnehmen.

3.7 Gurtzeug

Das Gurtzeug hat die Aufgabe, dem Piloten während allen Phasen des Gleitschirmfliegens, also Start, Flug und Landung, ein gutes **Flug- und Sicherheitsgefühl** zu vermitteln. Es soll für lange Flüge bequem sein und Schirmreaktionen sehr fein auf den Piloten übertragen. Dabei sind die auf den Piloten abgestimmte **Gurtzeuggröße**, die Sitzbrettbreite und -tiefe sowie die **Aufhän-**

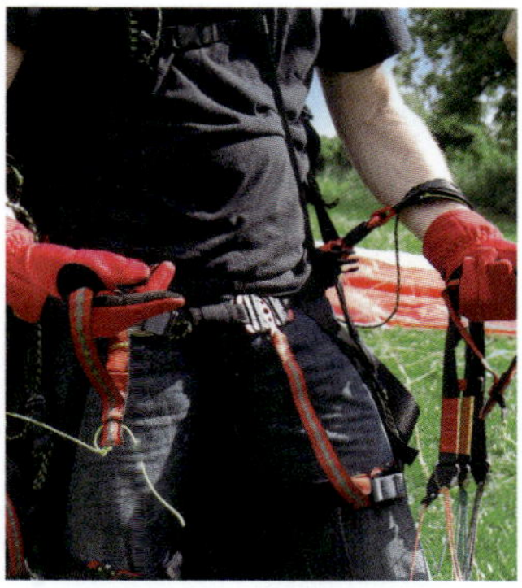

Sollte der Pilot doch einmal vergessen, die Beinschlaufen zu schließen, ist er durch den zusätzlichen Gurt vor dem Herausfallen aus dem Gurtzeug gesichert.

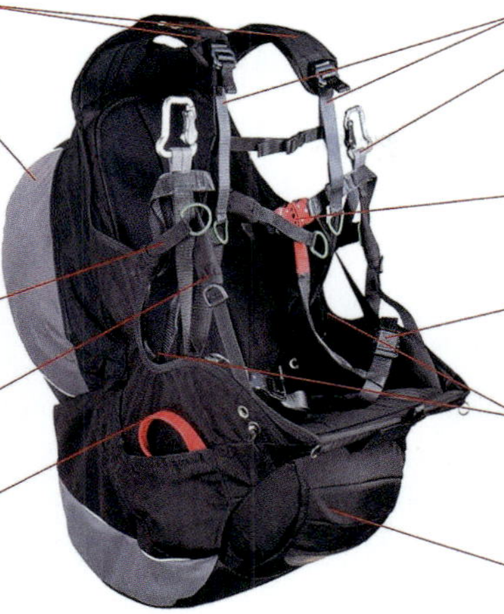

geposition entscheidend für das sichere Zusammenspiel zwischen Gleitschirm, Gurtzeug und Pilot. Für einige Gleitschirme ist nicht jedes Gurtzeug zugelassen (Kompatibilität und Zulassung beachten).

Im Laufe der Zeit gab es ganz unterschiedliche Richtungen im Gurtzeugbau. Während die Franzosen anfangs oft mit extrem kippeligem Gurtzeug, bei dem die Tragegurte teilweise direkt am Sitzbrett befestigt waren, flogen, war in Deutschland und Österreich das Gurtzeug oft extrem unsensibel und durch massive Kreuzverspannungen blockiert. Heute ist man wieder auf dem goldenen Mittelweg. Die meisten Gurtzeuge lassen genug Freiheit für dosierte **Körpersteuerung,** ohne dabei gleich die Trimmung zu verändern. Für den Anfänger und Gelegenheitsflieger erscheinen Gurtzeuge mit **hohem Aufhängepunkt** (Abstand Sitzbrett zu Karabiner) oft sicherer. Dabei ist im Kurvenflug kaum Unterstützung durch Gewichtsverlagerung möglich.

Der versierte Pilot kommt mit feinfühligeren Gurtzeugen mit **niedrigerem Aufhängepunkt** besser zurecht. Viele Gleitschirme können damit durch Körpereinsatz (**Gewichtsverlagerung**) ideal in der Thermik geflogen werden. Das Handling wird besser, aber man fühlt sich vor allem bei ruppigen Flugbedingungen nicht so sicher. Einige Gurtzeuge bieten deshalb zusätzlich einstellbare Verspannungen, die neben dem Stabilisierungseffekt bei

CHECKLISTE GURTZEUG

- Sind Gurtzeug und Gleitsegel kompatibel?
- Ist der Rettungsschirmauslösegriff gut erreichbar?
- Kann ein eventuell bereits vorhandener Rettungsschirm verwendet werden?
- Sind alle wichtigen Schnallen in jeder Sitzposition bedienbar?
- Lässt sich das Gurtzeug auf die Körpergröße einstellen?
- Passen die Sitzbrettbreite und Sitzbretttiefe? (Kontakt- und Druckgefühl)
- Soll überwiegend aktiv, also mit Körpereinsatz, geflogen werden?
- Will ich als Gelegenheitspilot eher ein sicheres Fluggefühl?
- Hoher oder niedriger Aufhängepunkt?
- Soll die Ausrüstung auch länger getragen werden? (Gewicht)
- Ist der Fußbeschleuniger gut zu bedienen? (Fixierung, Erreichbarkeit)
- Entspricht der Rückenprotektor dem aktuellen Sicherheitsstandard?
- Sind die Aufhängekarabiner geprüft und zugelassen?

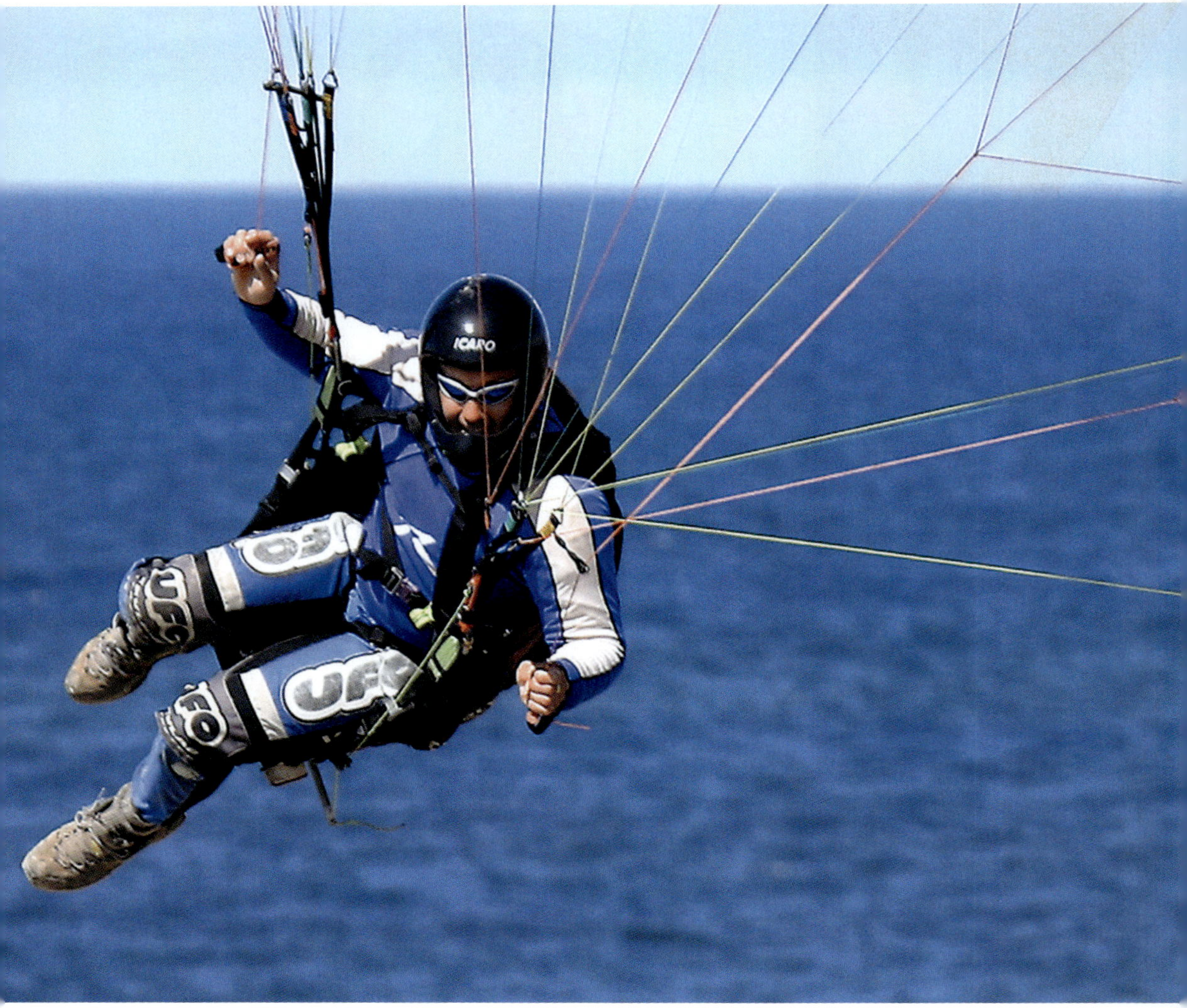

starken seitlichen Einklappern das seitliche Abkippen des Piloten verhindern sollen. Deshalb sollte das Gurtzeug nicht nur nach optischen Gesichtspunkten, sondern vor allem nach den persönlichen Bedürfnissen ausgewählt werden.

Effektive Kreuzverspannungen können das Handling stark verschlechtern und sind mit vielen Gleitschirmen nicht kompatibel (erhöhtes Sicherheitsrisiko).

WICHTIG

Das Gurtzeug muss zu Körpergröße und Gleitschirm passen. Hersteller und Handbuch geben darüber Auskunft, Flugschulen helfen bei der Anpassung. Zugelassene Gurtzeuge unter: www.dhv.de, www.aeroclub.at, www.shv-fsvl.ch

Aufbau Gurtzeug

Ein Sitzgurtzeug besteht im Wesentlichen, wenn man nur die tragenden Gurte ohne Verkleidungen betrachtet, aus einem festen **Aufhängepunkt**, der durch

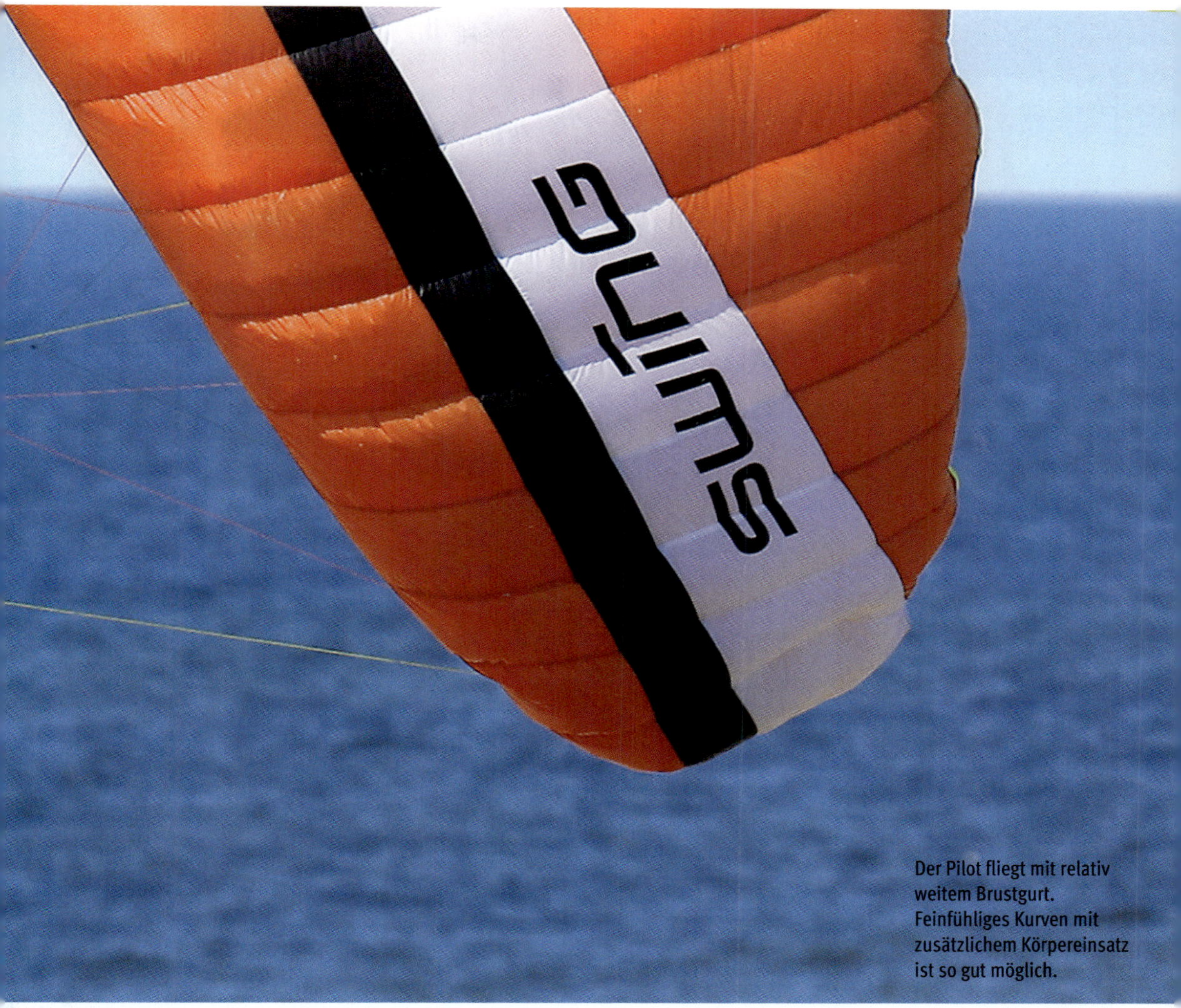

Der Pilot fliegt mit relativ weitem Brustgurt. Feinfühliges Kurven mit zusätzlichem Körpereinsatz ist so gut möglich.

die Gurte und das **Sitzbrett** eine Schaukel mit sehr kurzer Achse bildet. Der Pilot stabilisiert durch sein Eigengewicht und das verstellbare **Rückenteil** seine Sitzposition. Werden **Schultergurte** und **Seitenfixierungen** gelockert, kippt der Pilot nach hinten. Das Gurtzeug kippt also leicht um den Aufhängepunkt. Ist der Abstand zwischen Sitzbrett und Aufhängepunkt größer (hoher Aufhängepunkt) fällt die Kippbewegung entsprechend geringer aus. **Brustschnalle,** Seitenfixierungen und vor allem die **Beingurte** sollen leicht bedienbar sein. Sichere Schnallen und eine zusätzliche Sicherung, die das Herausfallen (**Herausfallschutz**) des Piloten bei nicht geschlossenen Bein- und Brustgurten verhindern, sind wichtig. Für einen eventuellen Fußbeschleuniger sollten Umlenkrollen in der Nähe des Aufhängepunktes und an der Sitzbrettvorderkante angebracht sein. Die meisten Sitzgurtzeuge besitzen Taschen für die **Erste-Hilfe-Ausrüstung,** Kleinutensilien

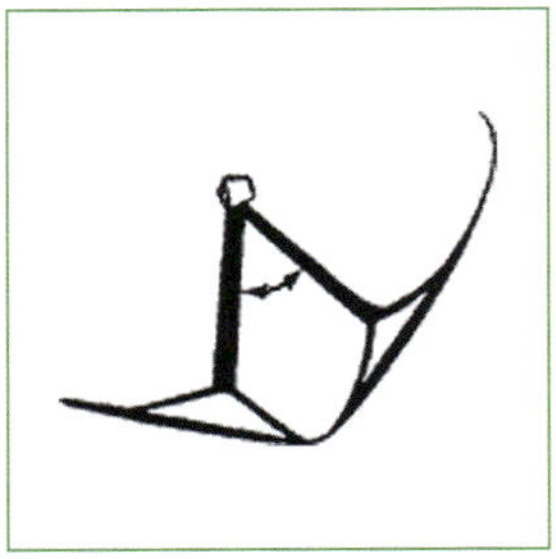

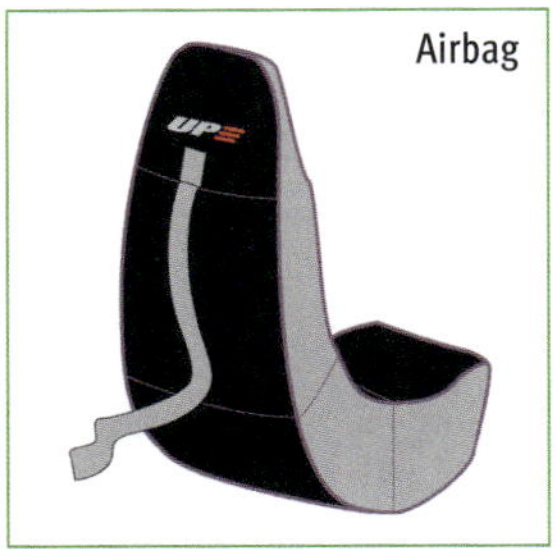

Links: Schematische Darstellung vom Gurtzeug. Der Sitz pendelt je nach Einstellung um die Aufhängepunktachse und erhält damit einen anderen Sitzneigungswinkel.

und die **Rettungsschnur,** die mitgeführt werden muss. Staufächer für den Packsack sind vorhanden.

Viele Gurte integrieren einen Wasserballastsack mit Trinksystem für Streckenflüge. Das Wasser kann während des Fluges auch abgelassen werden. Das Rettungsgerät lässt sich ebenfalls integrieren oder auch außen seitlich oder vor dem Piloten anbringen. Dabei ist zwingend darauf zu achten, dass Rettungsgerät und Gurtzeug in allen Bauteilen kompatibel sind (Kompatibilitätsprüfung). Es gilt zu prüfen und zu üben, ob die schnelle Auslösung des Rettungssystems in allen Fluglagen sichergestellt ist. So kann ein Rettungsgerätehandgriff, der im Ernstfall nicht zu greifen ist, den Tod bedeuten.

Vor dem ersten Flug Gurtzeug in einer Aufhängevorrichtung einstellen (Sitzgurt-Grundeinstellung), die Bedienung üben und den Rettungsgriff für den Notfall fassen lernen!

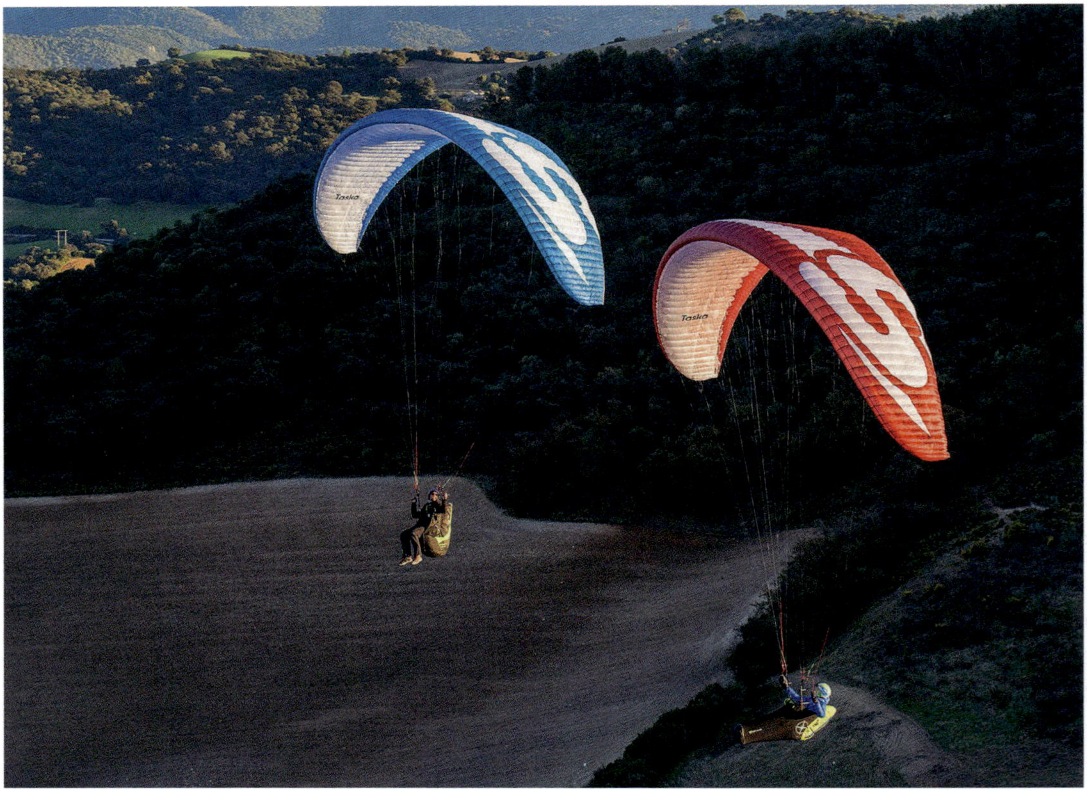

Gut sichtbar die unterschiedlichen Sitzpositionen der Piloten im Sitzgurtzeug und Liegegurtzeug. Letztendlich bleibt es Geschmackssache. Beginner und Gelegenheitsflieger starten besser mit einem einfacher zu handhabenden Sitzgurtzeug.

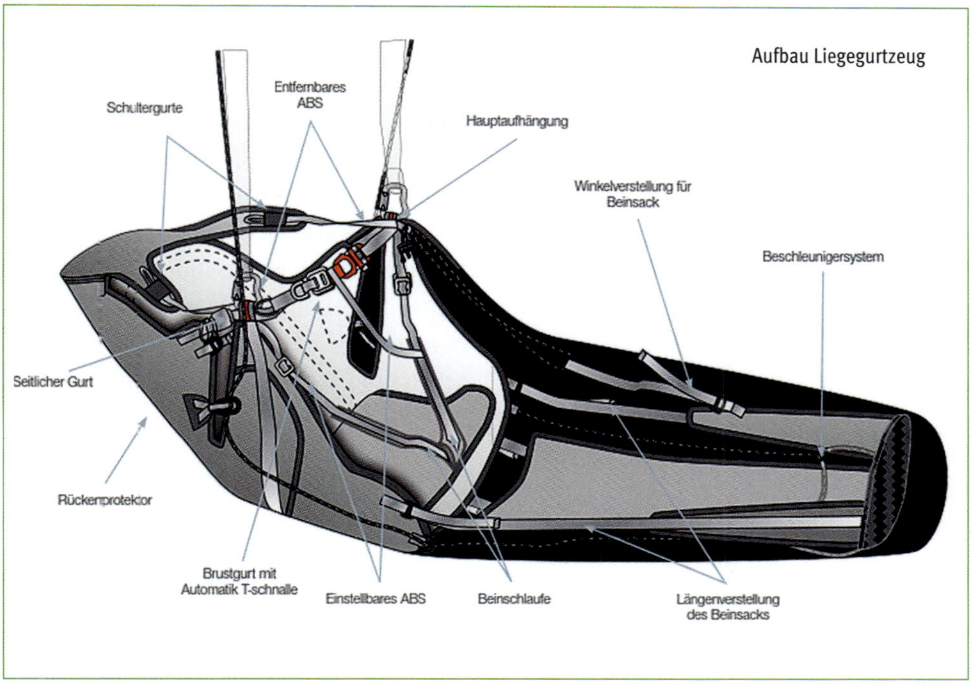

Sitzpositionen

› **Reguläre Sitzposition:** Wie in einem bequemen Stuhl sitzend, der leicht nach hinten gekippt ist, hat man einen sehr guten Überblick und fühlt sich auch bei turbulenten Flugbedingungen sicher. Die Arme sind dabei leicht angewinkelt und halten die Steuerschlaufen. Diese Sitzposition ist auch für längere Flüge ausreichend bequem und vermittelt gutes Fluggefühl. Je nach Aufhängepunkthöhe, Sitzbrettbreite und mehr oder weniger weiter Brustgurteinstellung kann mit dem Körper gut gesteuert werden. Das Rückenteil wird mit den Seitenfixierungen druckfrei eingestellt. Wird ohne Beschleunigungssystem geflogen, unterstützen viele Piloten den Kurvenflug aktiv mit verlagerten oder überschlagenen Beinen.

› **Liegeposition (Supine Lage):** Herrschen einigermaßen ruhige Flugbedingungen vor, ist die Liegeposition vor allem bei längeren Streckenflügen und Talquerungen bequem und aerodynamisch günstig. Oft wird hier zusätzlich das Beschleunigungssystem genutzt, um den Füßen eine bequeme Abstützung zu geben.

Das Gurtzeug so einstellen, dass auch aus der Liegeposition leicht in die aufrechte Sitzposition gewechselt werden kann, um sicher landen zu können.

› **Aufrechte Sitzposition:** Der Pilot sitzt dabei aufrecht leicht nach vorne geneigt. Das Gewicht ist mehr auf der vorderen Sitzbretthälfte. Diese Sitzposition wird kurz vor der Landung eingenommen. Dabei sind die Beine ausgestreckt und bereit für die Landung. Einige Piloten benutzen sie auch in der Thermik. Dabei werden die Bremsleinen mit den Armen leicht nach hinten unten geführt, um z. B. beim »Kurbeln im Thermikbart« einen konstant kräftigen Steuerdruck geben zu können, ohne dass die Arme zu sehr ermüden. Im Flug sind die Füße zur Stabilisierung oft überhakt.

Rücken-/Seitenprotektor

Im Notfall schützen Rückenprotektoren vor Verletzungen bei einem Aufprall auf den Rücken. Es gibt Hartschaumprotektoren, Permanent-Airbags in Kammernbauweise, Staudruck-Airbags und Pressluft-Airbags, die entweder fest im Gurtzeug eingebaut sind oder als Zubehör dem Gurtzeug angebaut werden können. Protektoren müssen regelmäßig auf ihre Funktion hin überprüft werden und für das Gurtzeug zugelassen sein. Seitenprotektoren bieten zusätzlichen Schutz.

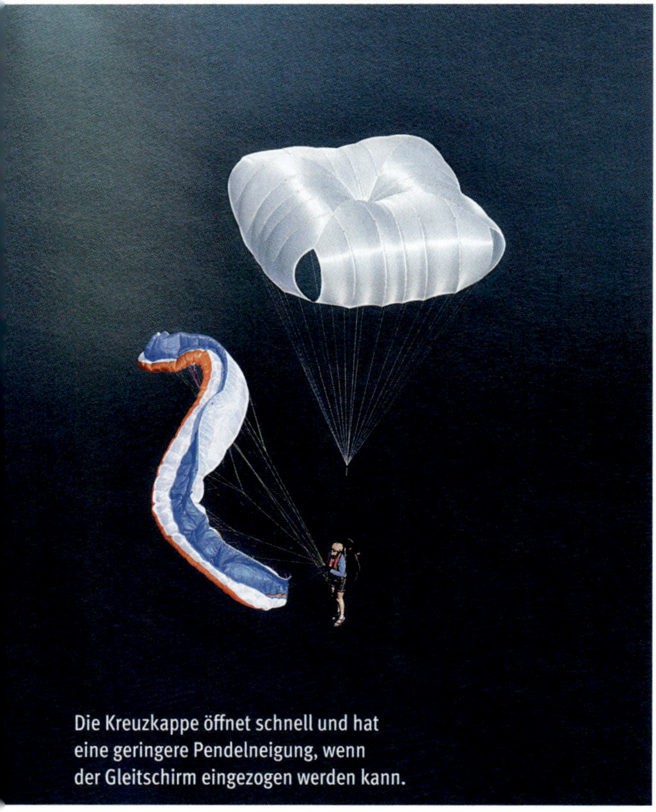

Die Kreuzkappe öffnet schnell und hat eine geringere Pendelneigung, wenn der Gleitschirm eingezogen werden kann.

Spezialgurtzeuge

› Das **Integralgurtzeug** für Streckenflieger ist ein Gurtzeug, das zusätzlich mit einem aerodynamisch günstigen Fußsack ausgestattet ist. Er bietet optimalen Wind- und Kälteschutz. Das Fliegen damit ist gewöhnungsbedürftig. Bei Gefahrensituationen und vor der Landung muss der Pilot rechtzeitig die Füße aus dem Fußsack nehmen.

› **Leichtgurtzeuge** sind extrem gewichtsoptimierte Sitzgurtzeuge für Bergsteiger oder Fernreisende, die auf geringstes Gewicht und kleinstes Packmaß Wert legen. Die Gurtzeuge, mit oder auch ohne Brett ausgestattet, sind ausreichend bequem und extrem klein packbar, entsprechen jedoch nur mit Protektor und Rettungsschirm den üblichen Sicherheitsnormen.

3.8 Rettungsschirm

Beim Gleitschirmfliegen ist für den Notfall, wie z. B. bei Zusammenstößen und extremsten Flugzuständen, ein Rettungsschirm mitzuführen. Der Rettungsschirm

WICHTIG

Der Rettungsschirm wird nur in Notsituationen ausgelöst:

› beim Zusammenstoß mit anderen Luftfahrzeugen;

› bei Defekten am Segel, die ein sicheres Landen unmöglich machen;

› in Flugsituationen, bei denen der Gleitschirm nicht mehr unter Kontrolle gebracht werden kann;

› bei gefährlichen Rotationen (Steilspiralen, Trudeln) unmittelbar über Grund.

(Rettungsgerät) ist dabei am Sitzgurtzeug befestigt und muss im Ernstfall aktiv durch den Piloten geöffnet werden. Da der Gleitschirm ein sehr sicheres Fluggerät ist, kommt es in der Praxis nur äußerst selten zu einer Rettungsschirmöffnung.

Aufbau Rettungsschirm (Rundkappe)

Der **Rettungsschirm** besteht aus der **Kappe,** den **Fangleinen,** einer **Domleine** und der **Verbindungsleine.** Die Kappe ist aus leichtem Fallschirmstoff, der in Bahnen zusammengenäht die runde Form ergibt. Die am Kappenrand (Basis) angebrachten Fangleinen laufen an der Verbindungsleine zusammen. Durch eine Mittelleine (Domleine) wird die Kappenmitte (Scheitel) etwas herabgezogen. Vorteil dieser Konstruktion ist die schnelle und sichere Öffnung, schnelle Bremswirkung bei relativ geringem Sinken und wenig Pendelneigung. Details wie Doppelkappe und zusätzliche Öffnungen optimieren den Rettungsschirm.

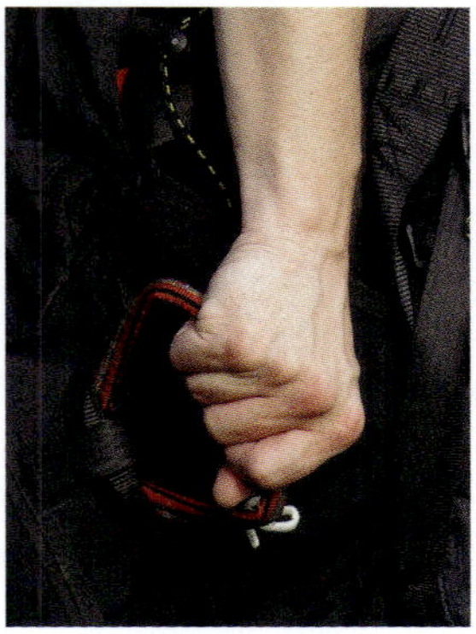

Den Auslösegriff in jeder Situation blind greifen zu können, ist im Ernstfall lebenswichtig. Also regelmäßig üben.

Unten: Im Notfall hilft der Rettungsschirm, hier eine Rundkappe.

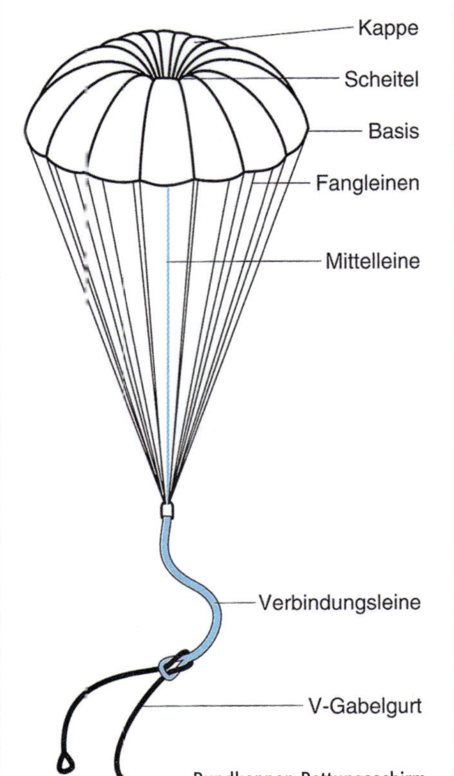

Rundkappen-Rettungsschirm

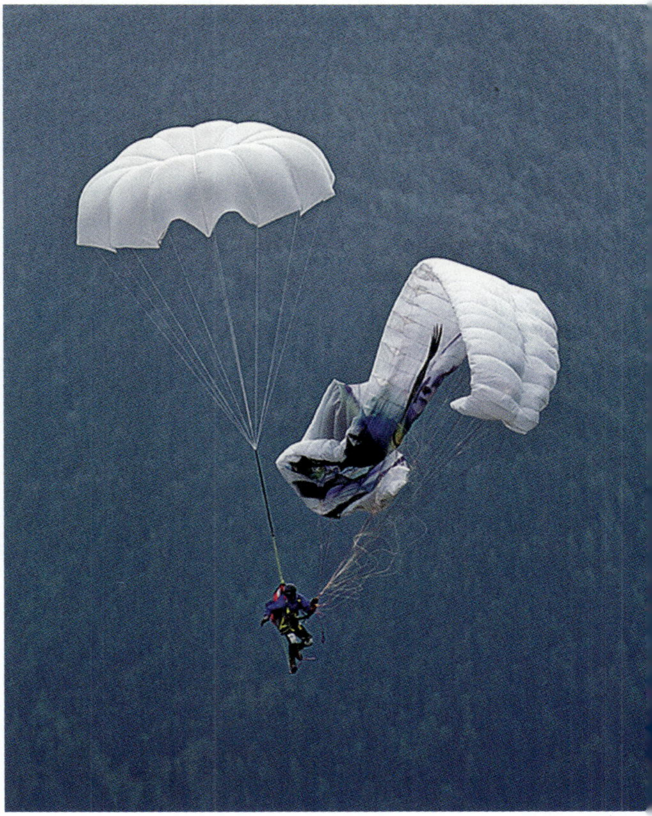

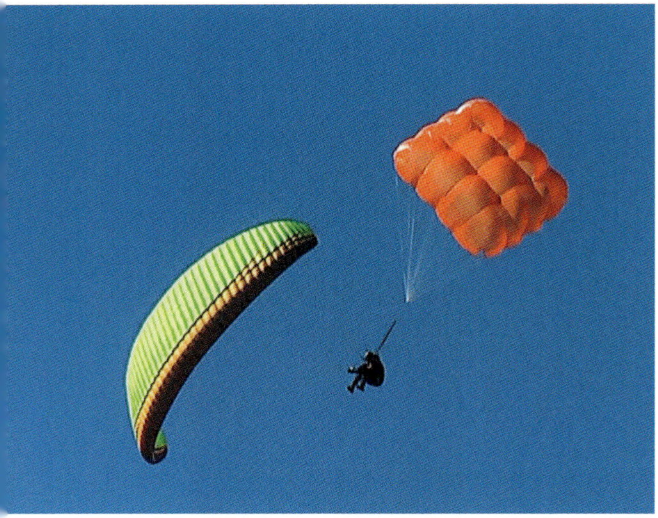

Oft bleibt keine Zeit, den Gleitschirm noch einzuziehen. Dadurch gibt es eine Scherenstellung. Trotzdem bringt der Rettungsschirm den Piloten sicher auf den Boden zurück.

Der Rettungsschirm wird in den Wurfsack (Innencontainer) gepackt. Am Innencontainer ist ein Handgriff (Auslösegriff) befestigt. Die Verbindungsleine des Rettungsschirmes ragt aus dem Innencontainer heraus, um mit der Rettungsgeräteaufhängung des Gurtzeuges durch ein Schraubglied oder direkte Einschlaufung verbunden zu werden. Der Innencontainer mitsamt Rettungsschirm wird zur sicheren Aufbewahrung in den Außencontainer (Verpackungssack) verpackt. Der Auslösegriff wird in sicherer Griffnähe des Piloten angebracht.

Je nach Gurtzeug kann ein integrierter Außencontainer oder ein separater Außencontainer benutzt werden. Separate

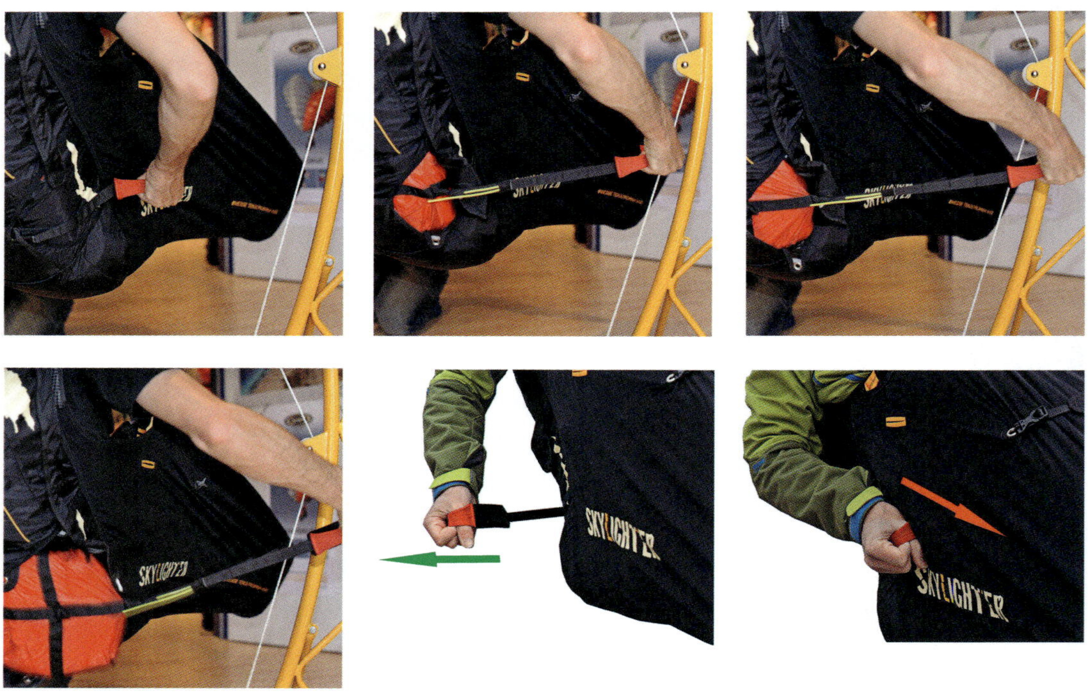

Auslösung Rettungsschirm: Damit ein Rettungsschirm schnell öffnet, muss dieser beherzt gezogen und in einer Bewegung vom Piloten weggeschleudert werden. Dies funktioniert jedoch nur, wenn Gurtzeug und Rettungsschirm optimal angepasst sind. Dabei ist die Länge des Verbindungsstückes vom Handgriff zum Innencontainer mit entscheidend. Es sollte immer die kürzestmögliche Einstellung gewählt werden, um ein gutes, kraftvolles Werfen des Systems zu ermöglichen. Gleichzeitig muss aber dennoch eine zuverlässige Auslösung aus dem Gurtzeugcontainer gewährleistet sein. Der Auslösesplint des Griffes darf keinesfalls blockieren. Details sind in den jeweiligen Betriebsanweisungen zu finden.

Außencontainer werden individuell im Seiten- oder Brustbereich am Gurtzeug angebracht.

Auslösung des Rettungssystems

Die Auslösung erfolgt durch kräftigen Zug am **Rettungsschirmgriff (Auslösegriff)**. Dazu wird der Handgriff gefasst und mit voller Kraft nach außen gezogen. Sobald der Wurfcontainer frei ist, wird der Schirm schräg nach außen weggeschleudert. Die Verbindungsleine spannt sich und öffnet dabei den Innencontainer. Der Rettungsschirm wird herausgezogen und entfaltet sich selbstständig. Bereits nach 30 m Höhenverlust setzt die **Bremswirkung** des Rettungsschirmes ein. Bei ausreichender Flughöhe kann versucht werden, das Gleitsegel flugunfähig zu machen. Dazu können Haupttragegurte oder auch Fangleinen eingezogen werden. Eine Steuerung ist nicht möglich, außer es wird ein steuerbares **Rogallo-Rettungssystem** oder eine slipfähige Kreuzkappe verwendet.

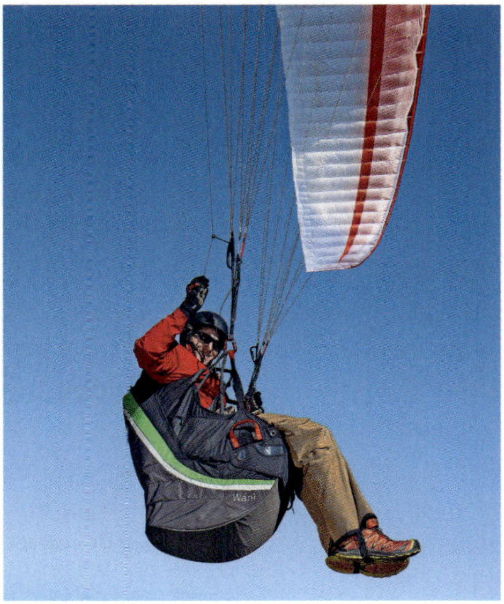

Gut erreichbarer Rettergriff

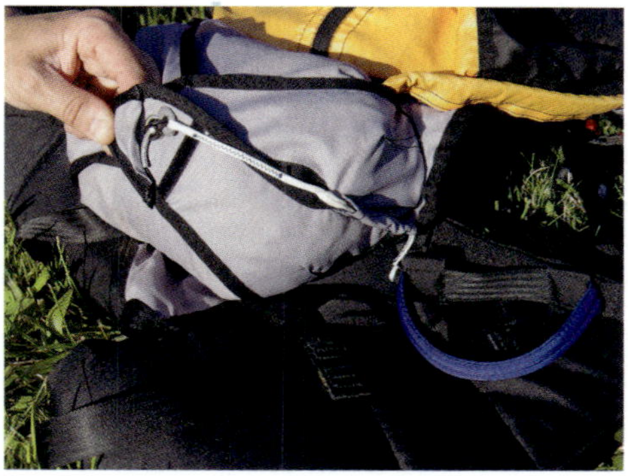

Rettungsschirm und Gurtzeug müssen zusammenpassen. Regelmäßig den Auslösesplint prüfen (K-Prüfung).

Die **Notlandung** erfolgt mit einer lebensrettenden Sinkgeschwindigkeit von 5 bis 7 m/s. Aufrechte Körperhaltung und die Fallschirmspringer-**Landefalltechnik** (siehe Kapitel 10.5) mindern das **Verletzungsrisiko**.

Wartung des Rettungssystems/Packen

Der Rettungsschirm muss in regelmäßigen Abständen – gemäß den Herstellerangaben (Betriebsanleitung) – **gepackt** werden, auch wenn das Gerät nicht geöffnet wurde. Bei zu langen Packintervallen kann z. B. das Tuch verkleben. Der Rettungsschirm ist deswegen besonders vor Feuchtigkeit, UV-Strahlung und Chemikalien zu schützen. Der Sicherungssplint des Außencontainers und der Auslösegriff sind regelmäßig auf den richtigen Sitz zu prüfen.

Kompatibilität von Gurtzeug und Rettungssystem

Gurtzeug und Rettungssystem sind eigenständige Bauteile, die erst bei richtiger Verbindung die volle Sicherheit gewähren. Da die Anbringung des Rettungssystems nicht genormt ist, sind die **richtige Verbindung** und die **einwandfreie Funktion** des **Auslösemechanismus** zu überprüfen

(K-Prüfung, Kompatibilitätsprüfung). Details sind in den Betriebshandbüchern von Gurtzeug und Rettungsgerät beschrieben.

3.9 Materialien

Alle flexiblen Materialien im Gleitschirmbau bestehen aus **Kunststofffasern.** Die Eigenschaften der Fasern und ihr Einsatz im Gleitschirmbau sind hier beschrieben.

› **Polyamid (z. B. Nylon):** Polyamid ist ein sehr elastisches Material, das seine Eigenschaften lange behält. Polyamid ist besonders für Gleitschirmtücher geeignet. Da Polyamid hygroskopisch ist, d. h. die Faser nimmt Wasser auf, werden die Tücher spezialbehandelt. Polyamid ist UV-strahlungsempfindlich. Die Faser verliert durch Sonnenlicht langsam an Festigkeit.

› **Polyester (z. B. Dralon):** Die Faser ist im Gegensatz zu Polyamid nicht hygroskopisch und sehr dimensionsstabil. Polyester ist unempfindlicher gegen UV-Strahlungen. Polyesterfasern sind nicht sehr elastisch. Wird Polyester stark beansprucht und überdehnt, wird die Faser geschwächt (über 50 % Festigkeitsverlust) und bleibt deformiert.

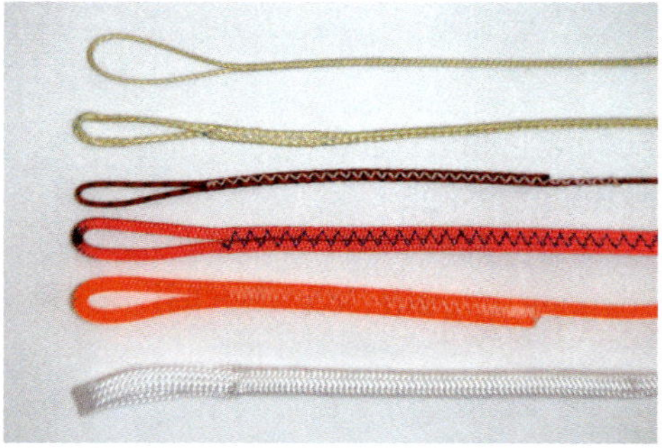

Von u. nach o.: Dicke gespleißte Rettungschirmleine, Bremsleine, Fangleine, genähte Galerieleine, dicke und dünne Wettkampfleine gespleißt

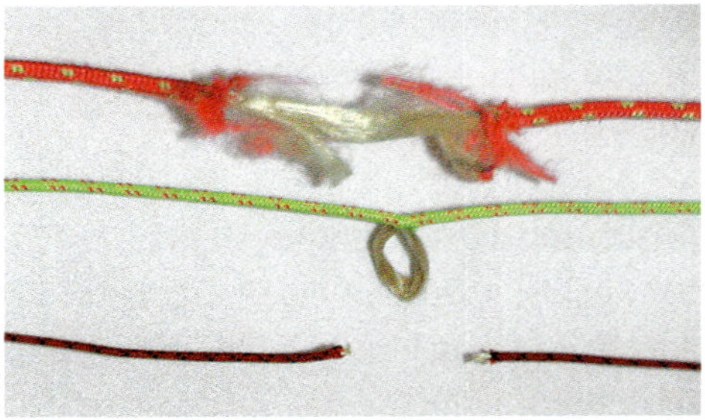

Beschädigte Leinen müssen sofort ersetzt werden.

› **Aramid (z. B. Kevlar, Twaron, Technora):** Aramid besitzt hohe Festigkeit, ist sehr leicht, dehnt sich nicht, ist nicht UV-strahlungsanfällig und nimmt keine Feuchtigkeit auf. Aramid ist relativ starr und kann bei häufigem starkem Knicken brechen. Aramid wird als Kraftfaser für Fangleinen verwendet.

› **Polyethylen – HPPE (z. B. Dyneema, Spectra):** HPPE ist die Abkürzung für Hochmodulpolyethylen. Das Material wird für Leinen verwendet, da es hohe Festigkeit aufweist und sich kaum dehnt. Die Knickfestigkeit ist relativ hoch.

Tuch

Das Tuch besteht aus Polyester- oder Polyamidfasern und wird aus Längsfäden (Kette) und Querfäden (Schuss) gewoben. Bei Ripstop- und Double-Ripstop-Tüchern sind in gewissen Abständen dickere Fäden eingewoben, die ein Weiterreißen der Tücher bei Beschädigungen verhindern. Das Gleitschirmtuch soll UV-geschützt, formstabil, reißfest, wasser- und winddicht sowie robust sein. Deswegen werden die Tücher noch mit *Silikon* oder *Kunstharz* ausgerüstet. Das Tuch wird dabei besprüht, getaucht oder gewalzt (*kalandriert*) und erhält so eine dauerhafte Beschichtung. Die Tücher haben ein Gewicht von 27–50 g/m².

Fangleinen

Die Fangleinen bestehen aus HPPE, Aramid oder Polyester. Die Fangleine muss sehr stabil sein und darf sich auch bei Feuchtigkeit nicht dehnen oder verkürzen. HPPE- oder Polyesterleinen sind vorgereckt (gestreckt). Dünne Fangleinen haben zwar weniger Luftwiderstand, besitzen jedoch geringere Festigkeit. So werden Galerieleinen von 0,5 bis 1,3 mm, Stammleinen um die 0,8 bis 2,1 mm und Bremsleinen mit ca. 2 mm Durchmesser verwendet. Die Bruchlast beträgt je nach Durchmesser zwischen 40 und 360 daN.

Gurte (Flachbänder)

Für die Sitzgurte und die Haupttragegurte werden Flachbänder verwendet, die aus Polyester oder Polyamid bestehen. Gurte haben eine große Festigkeit. Eine Schwachstelle bilden die Nähte, die Kontrastfarben haben sollen, um Scheuerstellen gleich zu entdecken.

Nähte (Faden)

Der Faden für die Nähte besteht aus elastischem Polyamid. Die Nähte sind dadurch dauerhafter und fester. Die Nähte am Gleitschirm werden mit geradem Stich in Doppelnaht oder in Zickzackstich genäht. Beim geraden, sehr engen Stich wird das Tuch durch Perforation geschwächt und reißt leicht ein. Deswegen wird nur der weite gerade Stich oder die Zickzackvernähung, bei der die Festigkeit sehr hoch ist, in der Segelherstellung verwendet.

Beschläge und Karabiner

Die Beschläge sind rostfrei. Fangleinenschlösser (*maillons rapides*) müssen wie alle Schäkel und Karabiner einen Prüfstempel besitzen, der die Bruchlast angibt. Die Hauptkarabiner **(Aufhängekarabiner)**, die Gurtzeug und Gleitschirm verbinden, sind gegen ungewolltes Öffnen gesichert. Die **Bruchlast** beträgt mindestens 2000 kg. Durch die ständigen Be- und Entlastungen ist zusätzlich sehr hohe **Dauerfestigkeit** notwendig, um Ermüdungsbrüche zu vermeiden. Diese Kriterien erfüllen nur spezielle **Gleitschirmkarabiner** (Zulassungsbestimmungen beachten).

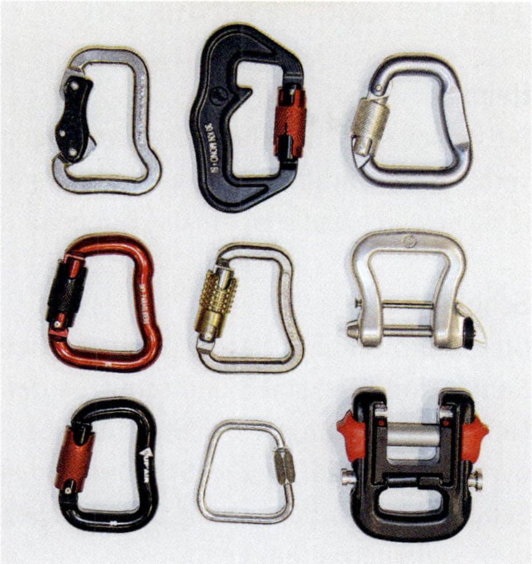

Verschiedene Karabiner zur sicheren Verbindung von Haupttragegurt und Gurtzeug

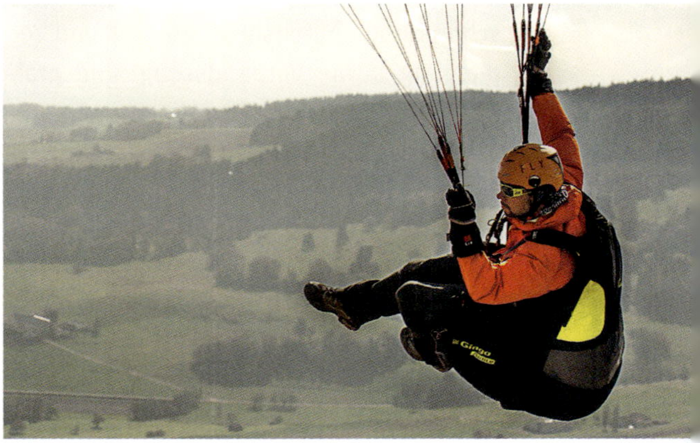

Die richtige Ausrüstung gehört zum Flugspaß.

3.10 Persönliche Ausrüstung

Helm

Dieser soll Kopf- und Gesichtsverletzungen verhindern. Ohröffnungen lassen Windgeräusche durch und steigern das Fluggefühl.

Schuhe

Gleitschirmschuhe haben eine griffige Sohle, sind knickstabil und schützen den Fuß vor Verletzungen bei Start und Landung. Ösen sind für die Schnürung des Schuhs besser, da sich an Schnürhaken die Fangleinen verhängen.

Kleidung

Ein **Overall** mit entsprechender Unterkleidung bietet idealen Schutz vor Fahrtwind. Dazu gehören auch leichte **Handschuhe**. Bei längeren Flügen in den Übergangszeiten und im Winter ist wärmere Kleidung nach dem Zwiebelprinzip in mehreren Schichten von Vorteil. **Sturmhaube** und isolierte Handschuhe, eventuell sogar mit Wärmer, ergänzen die Ausrüstung.

Gleitschirmrucksack/Schnellpacksack

Der Gleitschirmrucksack fasst die komplette Ausrüstung. Zusätzliche Außentaschen für Kleinutensilien, Getränk und Verpflegung sowie Verbandszeug sind praktisch. Wird die Ausrüstung kaum getragen, genügen einfache Schnellpacksäcke. Für längere Aufstiege sind breite Schultertragegurte und ein atmungsaktives, gepolstertes Rückenteil angenehm. Bei Wendegurtzeugen ist der Packsack schon integriert.

Trinksystem

Das Trinksystem mit **Trinkschlauch** wird im Gurtzeug verstaut. Ausreichendes Trinken fördert die Konzentration und ist damit ein Sicherheitsaspekt.

Urinalkondome

Urinalkondome werden für Streckenflüge verwendet. Sie bestehen aus Silikon oder Latex. Frauen verwenden Windeln.

3.11 Sicherheitsausrüstung

› **Selbstsicherungsschlinge:** Für die Selbstsicherung bei Baumlandungen oder in Absturzgelände eignet sich eine mindestens 150 cm lange Bandschlinge mit einem Schraubkarabiner.

› **Rettungsleine:** Eine ca. 2 mm starke und mindestens 30 m lange Leine mit einem Bleigewicht. Sollte es zur Notlandung in absturzgefährdetem Gelände oder auf einem Baum kommen, kann damit ein Bergungsseil heraufgezogen werden. Das Mitführen der Rettungsleine ist Pflicht.

› **Signalpfeife:** für Notsituationen, um mit dem **alpinen Notsignal** (siehe Kapitel 17.1) auf sich aufmerksam zu machen.

› **Erste-Hilfe-Set:** für die Soforthilfe am Unfallort (siehe Kapitel 17.3).

› **Handy/Notfallsender:** mit Notruffunktion.

› Rauchzeichen für Notlagen: In Italien, Dolomiten ist seit 2019 Rauchfackelpflicht. Je eine rote und eine grüne Rauchfackel sind mitzuführen. Das kann auch in anderen Fluggebieten Sinn machen. Rot – Hilfe notwendig. Grün – keine Hilfe notwendig, der Pilot kommt selber klar. Verkauf ab 18 Jahren.

› Selbstrettungsausrüstung: In abgelegenen Gebieten kann bei Streckenflügen eine Selbstrettungsausrüstung sinnvoll sein. Dazu gehört ein belastbares, wenigstens 6 mm starkes Seil mit gut 30 m Länge, 2 Bandschlingen, die im Ernstfall je in der linken und rechten Sitzgurtaufhängung eingehängt werden. In beide Enden kommt ein HMS-Karabiner, in das das Seil mittels Halbmastwurf eingehängt wird. Nun kann abgeseilt werden. Einfach ist das nicht und muss vorher geübt werden. Mehr Infos dazu bei den Alpenvereinen, die auch Kletterkurse anbieten.

3.12 Fluginstrumente/ Variometer/GPS

Das Fluginstrument ist meist ein Kombiinstrument und integriert je nach Leistungsumfang verschiedene Mess- und Auswertefunktionen. Die wichtigsten Informationen für den Piloten sind die Flughöhe (**Höhenmesser**) und die Steig- oder Sinkgeschwindigkeit (**Variometer**). Weitere Funktionen können ein **Geschwindigkeitsmesser**, der **Barograf** und das **GPS** sein.

Variometer (Vario)

Variometer zeigen akustisch und optisch an, mit welcher Vertikalgeschwindigkeit man pro Sekunde (m/s.) sinkt bzw. steigt. Das Kernstück ist ein hochsensibler **Drucksensor**. Wird der aktuelle Luftdruck mit den Vorwerten verglichen, ergibt sich die Steig- bzw. Sinkgeschwindigkeit. Der **Steigton** (BiipBiipBiip ...) ist ein unterbrochener Piepston, der bei zunehmenden Steigwerten (BipBipBip ...) schneller und höher piepst. Der **Sinkton** (Böööhhhh ...) ist ein Dauerton, er klingt bei stärkerem Sinken tiefer. Damit können Aufwindzonen und Thermikbärte lokalisiert werden.

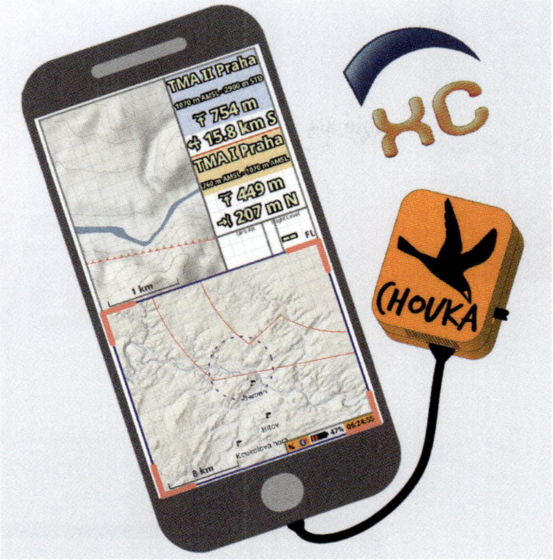

Ein Tablet oder Smartphone wird zusammen mit einem externen Bluetooth-Vario zum Fluginstrument.

Höhenmesser/Barograf

Der Höhenmesser zeigt dem Piloten die aktuelle Höhe über dem Meeresspiegel (**QNH**) an. Zusätzlich kann auch die Höhe über dem Lande- oder Startplatz bzw. der eingegebene Höhenwert angezeigt werden (Höhendifferenzanzeige **QFE**). Kann das Gerät zusätzlich die Höhenwerte speichern, ist das Höhenprofil des Fluges später am PC abrufbar (**Barogramm**). Das Gerät ist damit zugleich ein Barograf. Mit FAI-Zulassung können Rekordflüge und XC-Streckenflüge dokumentiert werden.

Fahrtmesser (Flügelradsensor)

Um die Fahrtmessfunktion des Fluginstrumentes nutzen zu können, ist ein Flügelradsensor notwendig, der unter dem Piloten frei hängt und durch ein Leitwerk im Fahrtwind gehalten wird. Der Fahrtmesser kann jedoch nur die Fluggeschwindigkeit (**Airspeed**) anzeigen. Die Geschwindigkeit über Grund ist nur mit dem GPS zu erfassen.

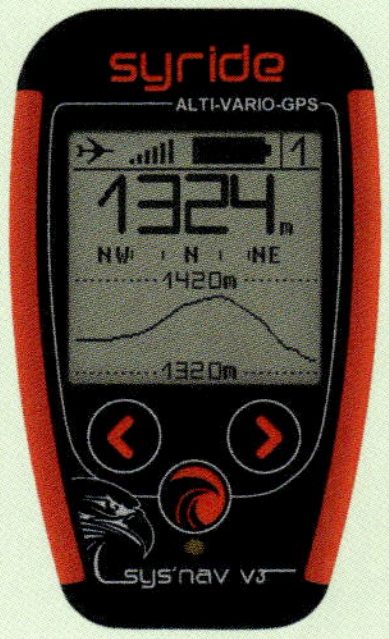

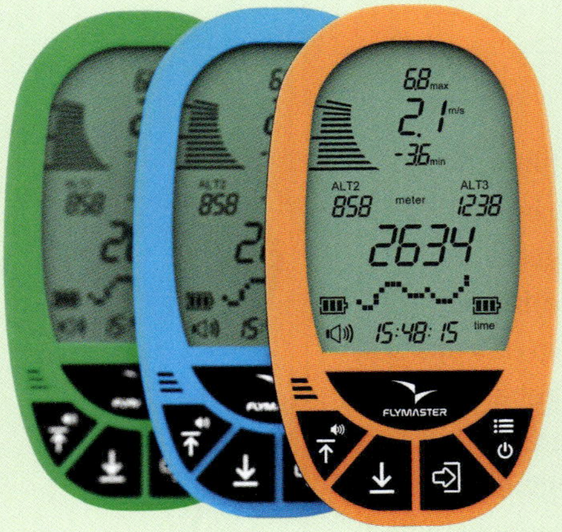

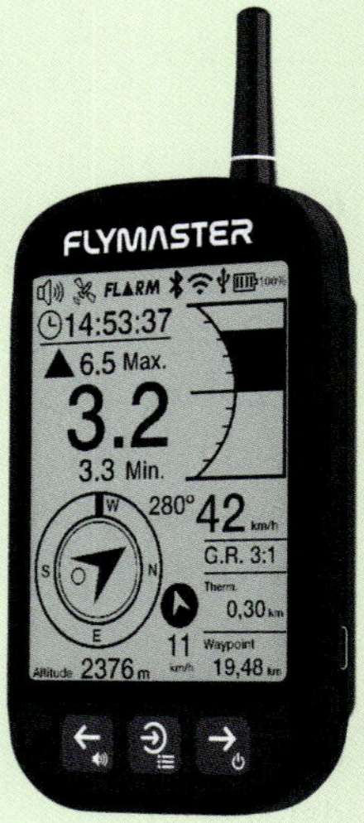

Varios sind so individuell wie die Piloten.
Vom rein akustischen bis zum Multifunktionsgerät mit GPS.

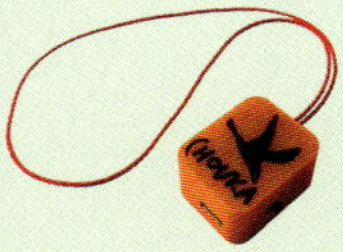

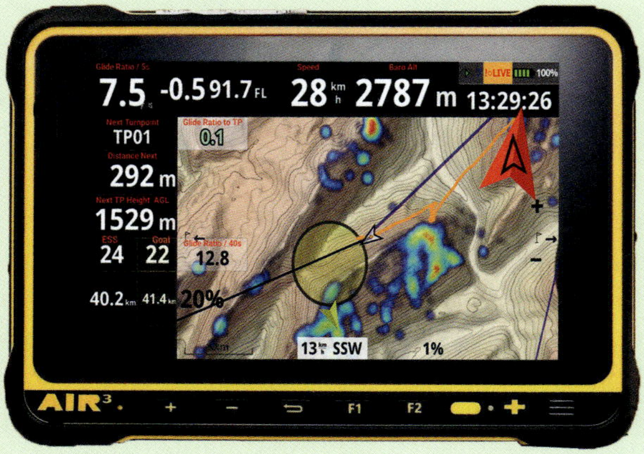

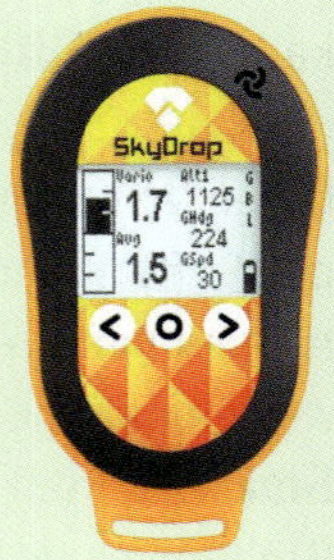

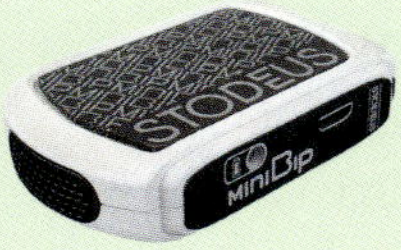

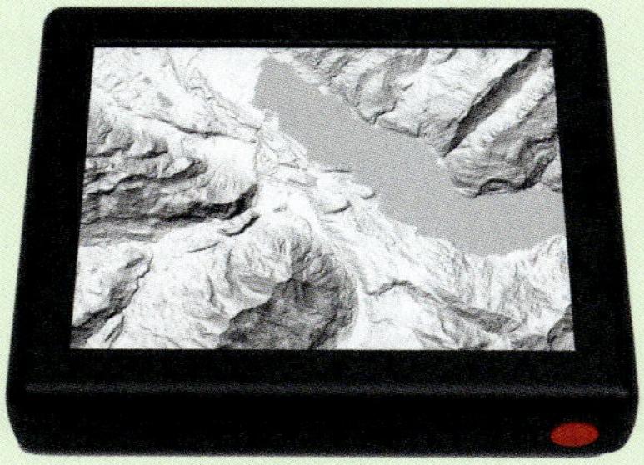

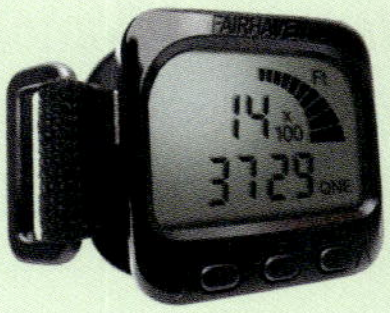

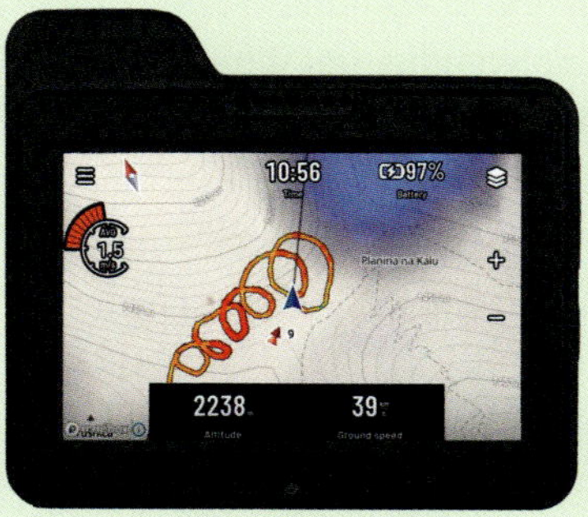

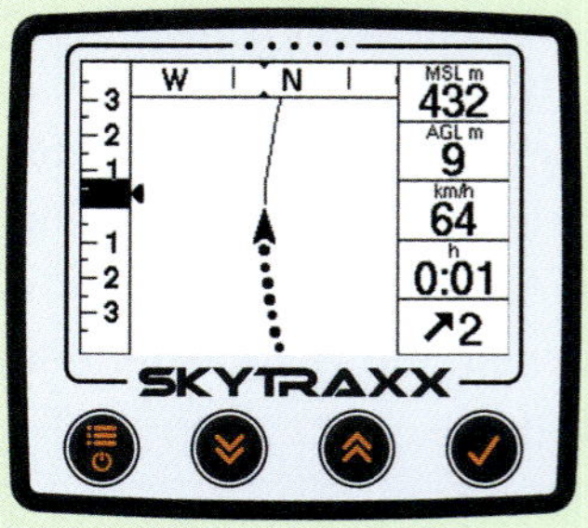

GPS (Global Positioning System)

Das **GPS-Gerät** wird zur **Navigation** und zur **Dokumentation** verwendet. Das Gerät speichert die zweidimensionalen Positionsdaten (Track) und die Flughöhe in einem Zeittakt. Dadurch kann später die Flugroute über Grund angezeigt und ausgedruckt werden. Wird die dreidimensionale Ansicht (Tracklock) des Fluges in eine **3D-Landkarte** eingebunden, wird der Flug zum multimedialen Erlebnis. Zum Navigieren wird die digitale Landkarte des Fluggebietes im GPS gespeichert. So kann während des Fluges die **Flugposition** direkt am **Display** abgelesen werden. Die Daten von externen GPS-Geräten können per **Software** mit den Fluggerätedaten zusammengefasst werden.

Smartphone/Tablet

Die Geräte eignen sich durch das eingebaute GPS in Verbindung mit einem Bluetooth-Variometer auch für die Flugnavigation und zusätzlich profitieren sie auch von Fliegerapps wie Flyme, XCSoar, XCTrack, Windfinder, Windyty, Kompass etc. Besonders ist beim Kauf auf die Lesbarkeit des Displays, die Akkukapazität und das Temperaturverhalten bei Kälte zu achten.

Funkgerät/Handy

Verbreitet sind die lizenzfreien PMR- und LPD-Handfunkgeräte. Deren Reichweite beträgt ohne Hindernisse ungefähr 4 km. Funkgeräte werden bei der Höhenflugschulung wie auch auf Streckenflügen eingesetzt. Für den Notfall ist ein Handy mit gespeicherten Notrufnummern sehr wichtig! Flug- und Amateurfunk sind lizenzpflichtig.

Kollisionswarnungs- und Kommunikationsmodul FANET für Varios

FANET/FLARM vernetzt Fluginstrumente untereinander. Luftfahrzeuge verschiedenster Art können sich auch ohne unmittelbaren Sichtkontakt gegenseitig »sehen« (Anzeige auf dem Fluginstrument) und so Kollisionen vermeiden. Thermikflieger können sich gegenseitig beobachten und Informationen über z. B. die Lage der Thermik, deren Stärke oder den Windversatz austauschen. Piloten können im Flug Informationen z. B. über aktuelle Windwerte am Landeplatz erhalten. Auch Live-Tracking ist möglich.

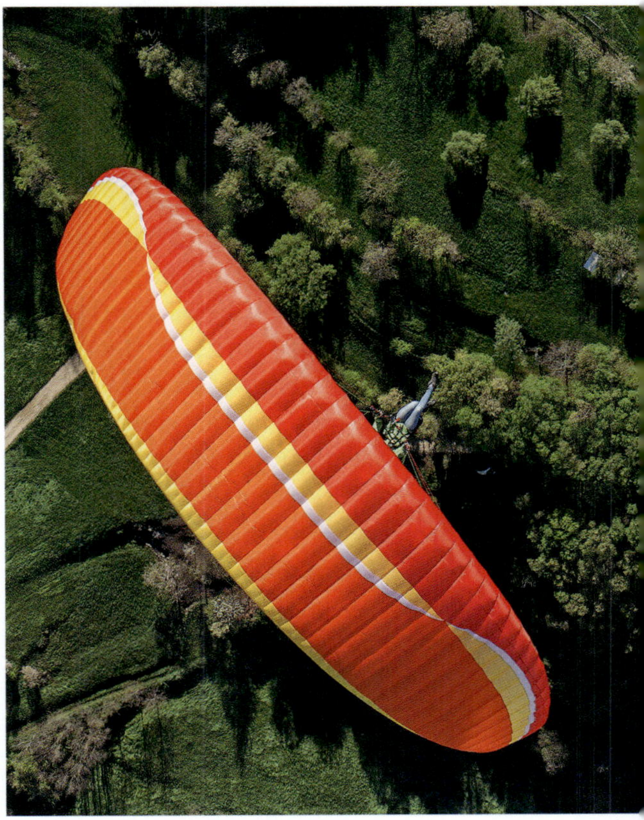

Ohne Windanzeiger wie Rauch, Windsack oder Fahnen erhält der Pilot vom GPS seine Fluggeschwindigkeit über Grund.

Schnupperkurs

Seit Wochen freue ich mich auf das Schnupperwochenende. Ich will es endlich ausprobieren, dieses Gleitschirmfliegen. Es soll leicht sein, in die Luft zu kommen, unkompliziert und für jeden einigermaßen sportlichen Menschen erlernbar sein.
Wir treffen uns im Schulungsraum der Flugschule. An den Wänden sind tolle Flugfotos zu sehen, teilweise hängen die Piloten in der Steilkurve, da sehe ich besser erst gar nicht hin. Einer hängt an einem Rettungsschirm über einem See. Puh, so etwas will ich nicht erleben.
Unsere Truppe besteht aus netten Leuten, die wie ich in die Luft wollen. Gespannt hören wir den Worten des Fluglehrers zu. Wir würden an diesem Wochenende alles Grundlegende zum Gleitschirmfliegen lernen. Könnten danach entscheiden, ob Gleitschirmfliegen ein Sport für uns sei. Und das Wichtigste für mich: Mario, der Fluglehrer, verspricht uns, dass wir an diesem Wochenende in die Luft kommen werden. Er erklärt uns, wie so ein Gleitschirm überhaupt fliegt und wie man steuert. Dann wird ein kurzer Film gezeigt, in dem es vor allem um den Start und die Landung geht. Es schaut einfach aus. Unsere Spannung steigt, als wir vom Fluglehrer die Ausrüstung erklärt bekommen und mit einem großen Sack den Raum verlassen.
Bald stehen wir am Fuß einer leicht abschüssigen Wiese, dem Übungshang. Mario, der Fluglehrer, packt eine Ausrüstung aus. Alles liegt am Boden, wir dürfen alles anfassen, stellen Fragen. Er erklärt und zeigt uns nun die Praxis: Mit dem Helm auf dem Kopf das Gurtzeug anziehen. Wichtig sei es, alles in Ruhe und sehr genau nach Vorschrift zu machen. Lebenswichtig, sagt Mario. Gar nicht einfach, mit dem Gurtzeug herumzulaufen. Es gibt an einem Heuschober eine Stange mit Tragegurten, an denen wir uns zur Übung einhängen, erstes Probesitzen, Gurtzeug anpassen. Danach legen wir das Gurtzeug ab und sollen den Schirm auf der flachen Wiese gegen den Wind aufziehen. A-Gurte in der einen Hand, die hinteren Tragegurte in der anderen Hand. Der leichte Wind hilft, bei den Ersten steigt der Schirm. Nach einer Weile gelingt es immer besser, den Schirm über sich zu halten. »Unterlaufen und beweglich bleiben«, ruft Mario. Auf und ab steigen die Schirme, kippen seitlich ab, werden korrigiert. Danach ist Mittagspause. Wir plappern drauf los, erster Erfahrungsaustausch.
Am Nachmittag wird es ernst, Gurtzeug und Schirm werden verbunden. Laufübungen mit dem Schirm. Wieder steigen die Schirme in die Luft, der Schirm steht über uns. So entwickeln wir ein Gefühl für den Moment, der uns später zum Abheben bringt. Hier auf dem Boden müssen wir laufen, bis wir außer Puste sind. Kaum bleibt man stehen, sofort überholt der Gleitschirm und fällt nach vorne über. Passiert es, ruft Mario: »Bleib in Bewegung, kontrolliere den Schirm!« Oder er ruft: »Den Schirm unterlaufen!« oder »Weniger anbremsen!«. Bald klappt es ganz gut und wir dürfen an den unteren, noch flachen Teil des Übungshanges. Hier kommt bei der gleichen Übung schon Zug auf das Gurtzeug, der Schirm will uns in die Luft tragen. Wir üben, bis das Aufziehen und der Startlauf souveräner werden.
Pause und Besprechung, Lob vom Fluglehrer. Einige sind mit den Kräften am Ende.

Es ist Zeit, aufzuhören, sich auf den nächsten Tag zu freuen und mit einer Idee in das Bett zu gehen, bald in der Luft zu sein.

Pünktlich um 9 Uhr stehen wir am Hang. Wiederholung der Rituale, wir sprechen über Wind und Wetter, überprüfen die Ausrüstung, üben den Startcheck, üben einige Male am flachen Hang, ohne abzuheben. Endlich geht es einige Meter höher, wir starten wieder, der Schirm fängt an, unser Gewicht zu tragen, die laufenden Füße berühren nur noch leicht den Boden. Da ist der Moment, auf den ich so lange gewartet habe, ein Freudenschrei verlässt meine Kehle, ja, ich fliege! Knapp über dem Boden fliege ich und vor lauter Freude vergesse ich, zu laufen, als der Boden wieder mein ist. Es überschlägt mich mit einem Lachen im Gesicht. Ich bin begeistert, bin geflogen, war ein Vogel. Am Hang ist Begeisterung. Schnell den Schirm aufgenommen und wieder hinauf zum Start. Diesmal denke ich an das Auslaufen nach dem kurzen Hüpfer. Das nächste Mal noch etwas bremsen, der Schirm setzt mich langsamer auf den Boden zurück.

Mittagspause. Mario achtet darauf, dass wir uns vor Begeisterung nicht übernehmen und überfordern. Nach der Pause durchlaufen wir nochmals alle Stationen der letzten Stunden. Wiederholung der Rituale, die zu unserer Sicherheit beitragen. Der Startcheck ist immer ernst zu nehmen, sonst wird Gleitschirmfliegen gefährlich, erklärt der Fluglehrer. Wieder steigen wir einige Meter weiter den Hang hinauf. Start, diesmal sind bereits einige Meter mehr Luft unter unseren Füßen. Nun ist es ein richtiger Flug, wir sollen schon mal leicht steuern. Links gezogen, links geflogen, ebenso rechts. Nur leicht, der Schirm folgt artig. Glücklich beenden wir im Schulungsraum unser Schnupperwochenende, Feedbackrunde. Alle sind begeistert. Seinen Traum vom Fliegen hat einer verwirklicht, ist abgehoben und damit glücklich. Doch die meisten wollen wie ich möglichst bald die Ausbildung absolvieren und richtige Gleitschirmpiloten werden.

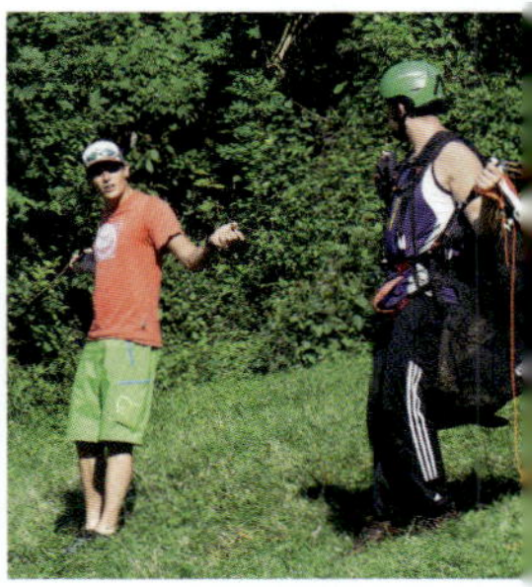

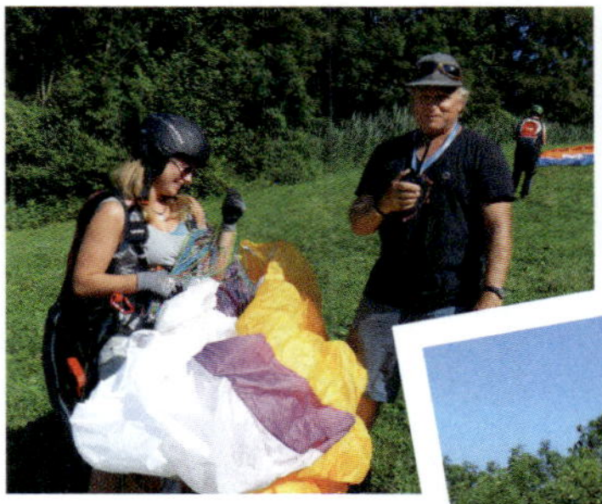

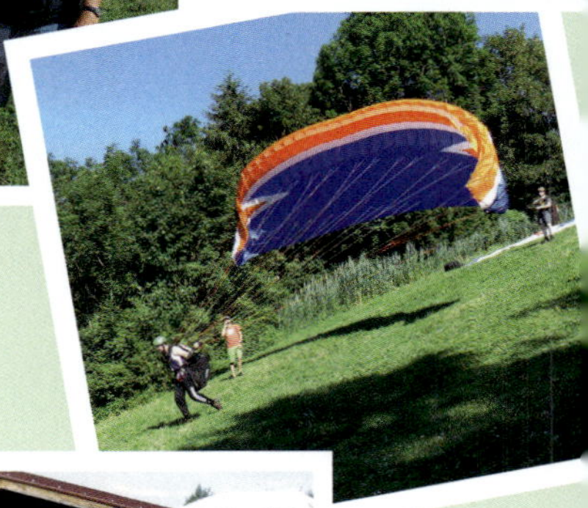

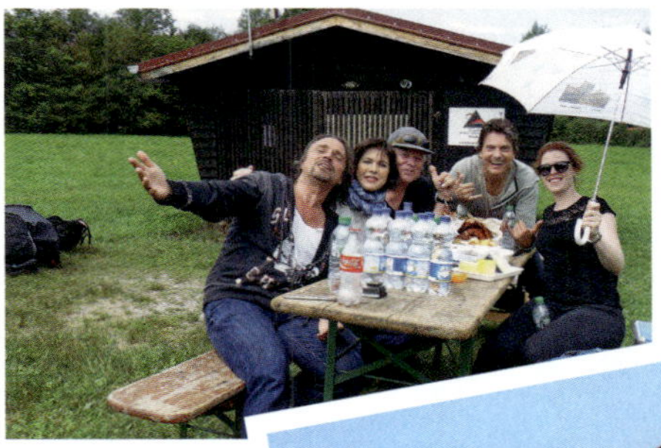

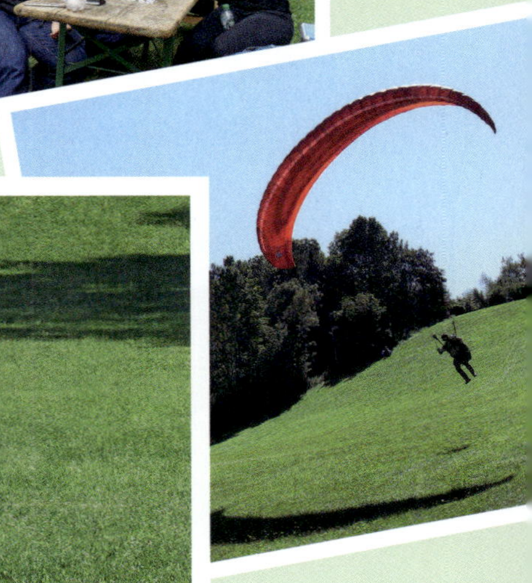

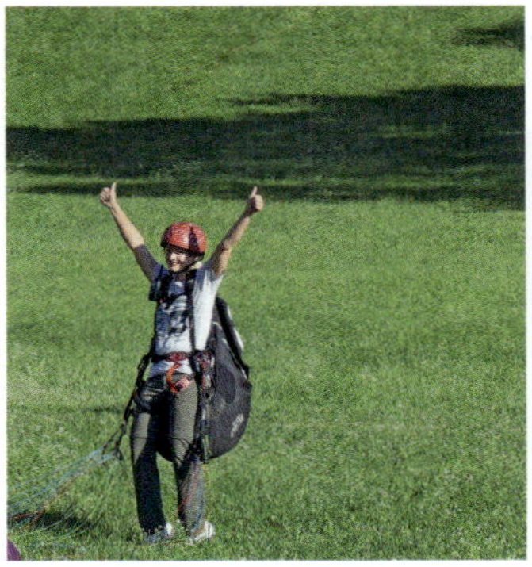

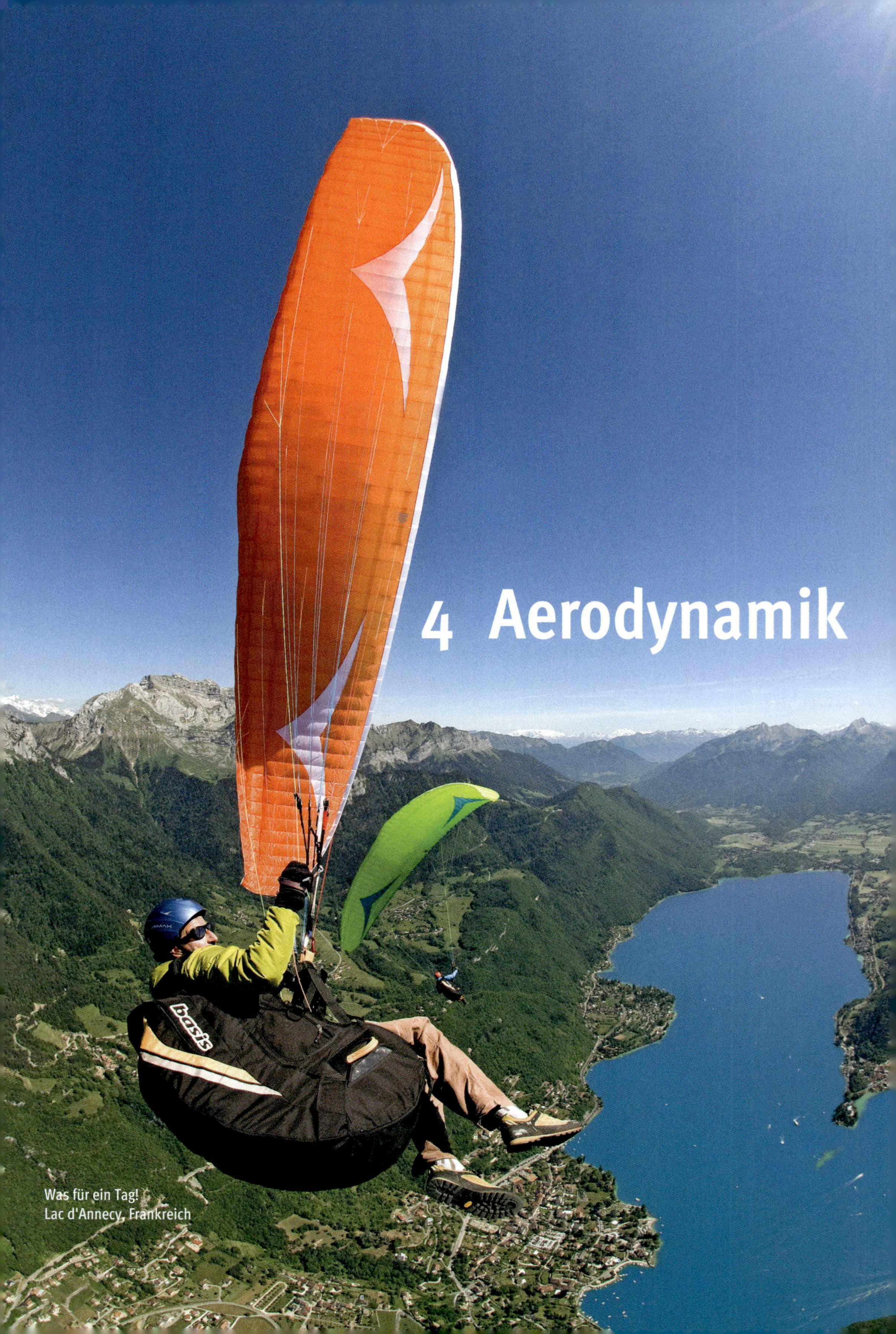

4 Aerodynamik

Was für ein Tag!
Lac d'Annecy, Frankreich

Vernähte Stoffbahnen und Leinen bringen ein oder sogar zwei Piloten sicher in die Luft. Die Aerodynamik erklärt, warum Gleitschirme fliegen. Sie ist Teil der Strömungslehre und beschreibt das Strömungsverhalten von Gasen bei der Umströmung von festen Körpern. Die Phänomene der Aerodynamik setzen sich zusammen aus Sog, Vortrieb, Auftrieb und Luftwiderstand.

4.1 Grundlagen der Aerodynamik

Erdanziehung

Springt ein Fallschirmspringer aus dem Flugzeug, beschleunigt ihn seine Gewichtskraft mit 9,81 m/s^2 nach unten. Mit zunehmender Fallgeschwindigkeit wächst der Luftwiderstand und wirkt beim senkrechten Fall genau entgegengesetzt der Gewichtskraft. Die Fallgeschwindigkeit wächst nur so lange, wie der Luftwiderstand kleiner als die Gewichtskraft ist. Schon nach etwa 7 s ist die Fallgrenzgeschwindigkeit des menschlichen Körpers von ca. 55 m/s (ca. 198 km/h in X-Haltung) erreicht.

$\mathbf{F_G = m \cdot g}$

F_G = Gewichtskraft [N, veraltet: kp]
m = Masse [kg]
g = Erdbeschleunigung [9,81 m/s^2]

Luftwiderstand

Der Luftwiderstand ist eine der Bewegungsrichtung entgegengesetzte Kraft, die ein bewegter Körper durch die um ihn herumströmende Luft erfährt. Der Luftwiderstand lässt sich dabei durch die Form und Größe des Körpers bestimmen. Wird die Angriffsfläche eines frei fallenden Gegenstandes vergrößert, steigt der Luftwiderstand. Bei einem Rundkappenfallschirm ist bei 5 bis 7 m/s Sinkgeschwindigkeit die Erdanziehung mit der Kraft des Luftwiderstandes ausgeglichen.

$\mathbf{F_w = c_w \cdot [\frac{\rho}{2} \cdot v^2] \cdot A}$

F_W = Kraftausübung durch Luftwiderstand [N]
c_w = Widerstandsbeiwert (abhängig von Körperform)
ρ = Luftdichte [kg/m^3]
v = relative Geschwindigkeit des Gleitsegels gegenüber Luft [m/s]
$(\frac{\rho}{2} \cdot v^2)$ = Staudruck [N/m^2 bzw. kp/m^2]
A = geometrische Fläche [m^2]

Die Formel sagt aus:

› Der Widerstand steigt linear mit der Fläche.

› Der Widerstand sinkt linear mit dem Luftdichteabfall z. B. in größerer Höhe. (Jedoch dabei nicht direkt linear dem Luftdruckabfall!)

› Der Widerstand steigt quadratisch zur Geschwindigkeit.

› Der Widerstand hängt von der Form ab.

Am Gleitschirm wirkende Widerstandsarten

Da beim Gleitschirm nicht nur der idealisierte Flügel betrachtet werden kann, setzt sich der Gesamtwiderstand, den es bei der Optimierung von Gleitsegeln so niedrig wie möglich zu halten gilt, aus drei wesentlichen Einzelgrößen zusammen.

› **Formwiderstand:** Wird verursacht durch die auftriebserzeugende Profilform der Kappe. Der Formwiderstand ist vom Anstellwinkel abhängig. Er wächst mit steigendem Anstellwinkel.

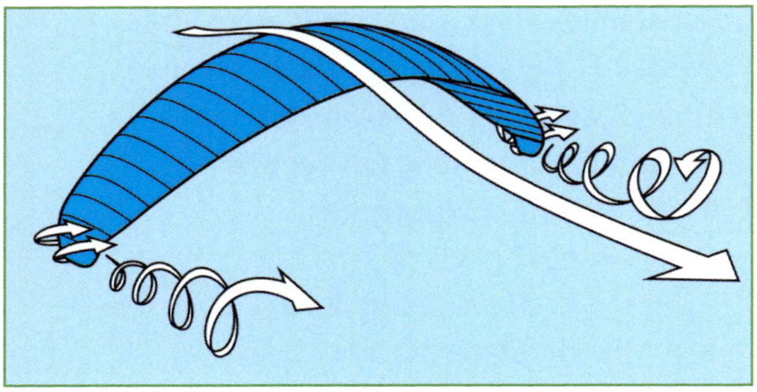

Induzierter Widerstand (Randwiderstand): An den Flügelrändern gleichen sich Sog und Druck aus und bilden kreisförmige Ausgleichsströmungen. Nach hinten pflanzen sie sich in Wirbelzöpfen fort.

C_W-WERT (WIDERSTANDSBEIWERT)

Kleiner c_w-Wert: geringer Luftwiderstand
Großer c_w-Wert: großer Luftwiderstand
0,05 Tropfenform
0,08 Flugzeugtragflügel
0,25 optimaler Pkw
0,35 Halbkugel
0,45 Kugel
0,70 unverkl. Motorrad
0,87 stehender Mensch
0,80 Lkw
1,40 Fallschirm

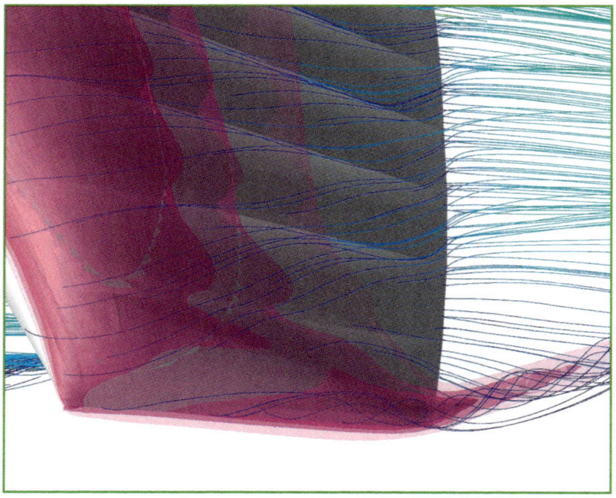

Die Simulation zeigt die Luftströmung, den Randwirbel und in Violett den Auftrieb am Flügel.

› **Randwiderstand (Induzierter Widerstand):** Der Druckausgleich vom Untersegel zum Obersegel verursacht in den Randbereichen und besonders am Stabilisator starke Widerstände, die sogenannten Turbulenzen oder Wirbelzöpfe.
› **Restwiderstand:** Alle Teile, die nicht an der Auftriebswirkung beteiligt sind, verursachen erheblichen Widerstand. Dies sind der Pilot, die Tragegurte und Fangleinen.
› Zusätzlich wirkt an den Grenzflächen Gleitsegel/Luft der **Reibungswiderstand** und der sich aus allen Widerstandsarten bildende **Interferenzwiderstand.**

4.2 Auftrieb

Der Gleitschirm fliegt dank des Auftriebs. Erzeugt wird der Auftrieb erst durch die besondere Konstruktion des Gleitschirmes. Die Abstimmung von **Profil, Anstellwinkel, Flügelstreckung** und **Flächenbelastung** ist entscheidend für den Auftrieb.

Profil und Strömung

Das Profil des Gleitschirms erzeugt bei der Bewegung den tragenden Auftrieb. Ohne Auftrieb würde, wie bei einem Fallschirm, nur der Luftwiderstand wirken (stabiler Sackflug). Das Segel des Gleitschirms besitzt ein asymmetrisches Profil. Das Profil teilt eine laminare Luftströmung (unverwirbelte Strömung) in die obere und untere Luftströmung. Durch die Ablenkung der Luftteilchen nach unten (die Luftteilchen werden wie z. B. Billardkugeln vom Flügel weggestoßen, da sie nicht durch den Flügel hindurch können) entsteht auf der Segeloberseite ein star-

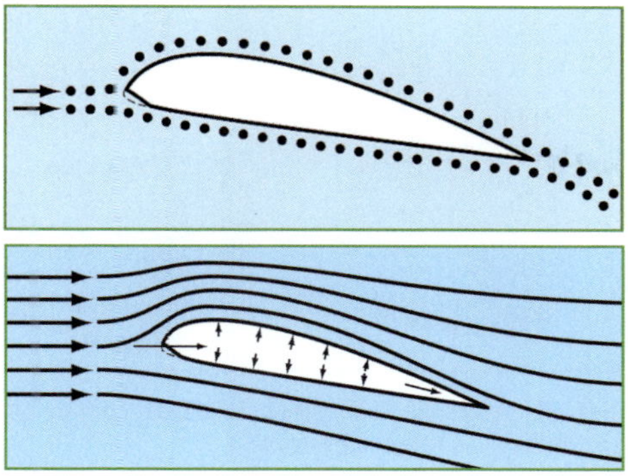

Oben: Angeströmtes Profil – auf dem Obersegel haben Luftteilchen einen längeren Weg zurückzulegen, sie bewegen sich schneller, dünnen sich aus und verursachen einen Sog. Durch den Anstellwinkel verdichten sich die Teilchen am Untersegel, sie verursachen Druck von unten.

Unten: Der **Staudruck** formt das Profil des Gleitschirms. In der laminaren Strömung wird er annähernd wie ein starrer Flügel umströmt.

ker Sog (Druckmangel) und auf der Segelunterseite Druck. Das Profil wird also nach oben gesogen und zugleich nach oben gedrückt. Es entsteht der Auftrieb und der Gleitschirm fliegt. Vereinfacht kann in der Physik gesagt werden, dass ein Gleitschirm fliegt, weil er im Flug Luftteilchen nach unten stößt. In der Praxis haben bauchigere und stark gekrümmte Profile eher gutmütige Flugeigenschaften. Jedoch sind Leistung und Geschwindigkeit geringer. Schlanke und flach gekrümmte Profile haben meist bessere Leistung und sind reaktionsschneller, aber auch sensibler.

Anströmgeschwindigkeit am Profil

Die **Gesetzmäßigkeit von Bernoulli** (pstat. + q = *konstant, statischer Druck + dynamischer Druck (Staudruck) = konstant*) sagt aus, dass sich durch die Veränderung der Anströmgeschwindigkeit auch die Druckwerte ändern.

- Höhere Geschwindigkeit: Es reduziert sich der Druck = größere Sogwirkung am Obersegel.
- Geringere Geschwindigkeit: Es vergrößert sich der Druck = größere Druckwirkung am Untersegel.
- Die Sogwirkung am Obersegel ist meist doppelt so groß wie die Druckwirkung auf der Unterseite. Zusammen ergeben sie den Auftrieb.
- Zwei Drittel des Auftriebs werden am Obersegel, ein Drittel am Untersegel erzeugt.

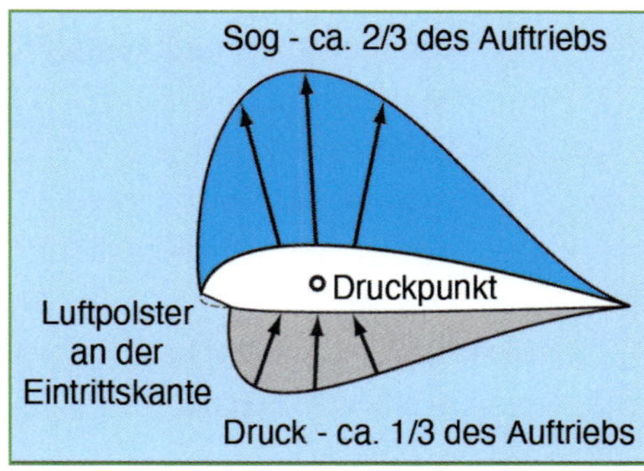

Ideale Druckverteilung am Flügel: Die Sogwirkung am Obersegel ist ungefähr doppelt so stark wie die Druckwirkung am Untersegel.

Auftriebsformel

Die Auftriebsformel sagt aus, dass höhere Geschwindigkeit und eine größere Fläche den Auftrieb erhöhen. Der Auftrieb vergrößert sich linear zur Flächenzunahme, zur Dichteerhöhung und quadratisch zur Geschwindigkeit.

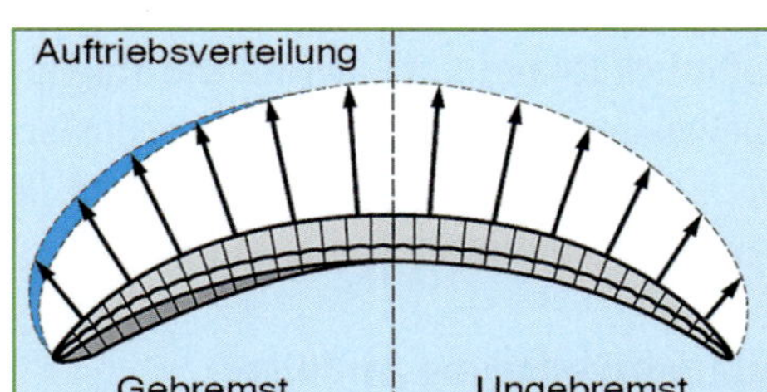

Die **Auftriebsverteilung** über dem Schirm ist ellipsoid. In angebremstem Zustand wird in den angebremsten Außenbereichen der Auftrieb erhöht.

Mit der Auftriebsformel erklärt sich auch der **Bodeneffekt** bei der Landung. Durch die Komprimierung der Luft zwischen Segel und Boden steigt die Luftdichte. Der Auftrieb wird größer. Die Landung wird dadurch weicher.

Auftrieb $F_A = C_A \cdot (\frac{\rho}{2} \cdot v^2) \cdot A$

F_A	= Kraftausübung durch Auftrieb [N, veraltet: kp]
C_A	= Auftriebsbeiwert (abhängig von Profilform und Anstellwinkel)
ρ	= Luftdichte [kg/m³]
v	= relative Geschwindigkeit des Gleitsegels gegenüber Luft [m/s²]
$(\frac{\rho}{2} \cdot v^2)$	= Staudruck [N/m² bzw. kp/m²]
A	= projizierte Fläche

4.3 Gleitschirmflügel

Tragflächenausbildung durch Staudruck

Strömt laminare Luft auf das Gleitschirmprofil, bildet sich an der Profilnase ein **Staudruckpolster**. Die Staudruckluft *(ramair)* strömt dabei durch die Öffnungen in der Eintrittskante der Kappe und füllt die Zellen des Gleitschirms. Es bildet sich damit die **stabile Tragfläche** des Gleitschirmes aus. In der Kappe herrscht nun ein höherer Luftdruck (**Staudruck**), der für die Tragflächenausbildung des Segels notwendig ist. Der Staudruck $(= \cdot v^2)$ beträgt bei 30 km/h Fluggeschwindigkeit etwa 0,4 hPa.

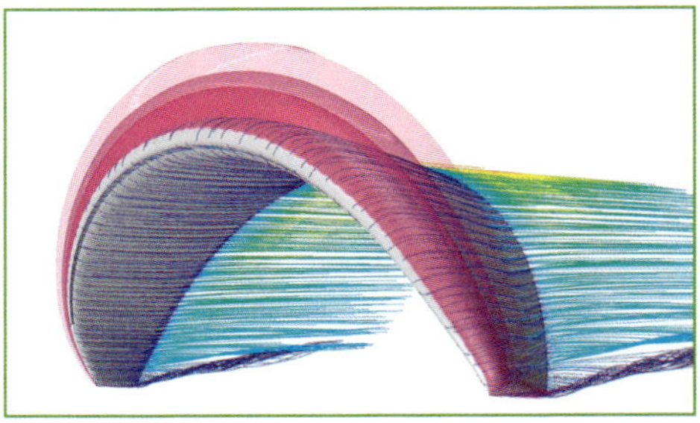

Die Linien zeigen die Strömung am Flügel, der Auftrieb ist am Obersegel in Violett dargestellt.

Auftriebsverteilung am Flügel

Der größte Auftrieb wird im vorderen Drittel des Gleitschirmprofils erzeugt. Der Auftrieb nimmt zu den Flügelseiten jedoch immer ab und erreicht im Idealfall eine halb elliptische **Auftriebsverteilung** über der Flügelbreite. Eine höhere Streckung vergrößert den **effektivsten Auftriebsbereich** der Mitte. Der leichte Bremseinsatz erhöht durch die Anstellwinkelveränderung im Außenflügel den Auftrieb (geringstes Sinken).

Streckung des Gleitschirms

Die Streckung ist das Verhältnis der Flügelspannweite zur durchschnittlichen Profiltiefe. Bei geringer Streckung ist die Flügeltiefe bis in die äußeren Zellen hoch. Der Schirm ist stabiler, hat jedoch etwas geringere Flugleistung. Ist die Streckung größer, wird die Flügeltiefe zu den Stabilisatoren hin weniger. Der Schirm wird somit im Randbereich anfälliger für Einklapper. Die Flugleistung ist durch den größeren Auftriebsbereich besser.

$$\text{Streckung} = \frac{(\text{Spannweite})^2}{\text{Fläche}}$$

Flächenbelastung des Gleitschirms

Das Verhältnis von Startgewicht (Pilot, Ausrüstung und Gleitschirm) zur projizierten Flügelfläche ergibt die Flächenbelastung in Kilogramm pro Quadratmeter. Eine hohe Flächenbelastung bewirkt ein stabileres Flugverhalten. Der Schirm ist dabei schneller, wendiger und hat etwas größeres Sinken. Bei geringer Flächenbelastung sinkt die Stabilität und die Fluggeschwindigkeit nimmt etwas ab. Deshalb wird meist mit etwas größerer Flächenbelastung geflogen (zulässiges Pilotengewicht beachten!).

$$\text{Flächenbelastung} = \frac{\text{Startgewicht G}}{\text{projizierte Fläche}}$$

4.4 Flugmechanik

Die Flugmechanik beschreibt das Verhalten und das Zusammenwirken des Gesamtsystems. Hier werden der stationäre **Geradeausflug**, der **Kurvenflug** und einige **Flugmanöver** beschrieben.

Der stationäre Geradeausflug ($F_{TL} = F_G$)

Die durch die Erdanziehung erzeugte **Gewichtskraft** (F_G) wirkt senkrecht nach unten. F_G ist hier das Startgewicht, also Gleitschirm, Ausrüstung und Pilot. Fliegt der Gleitschirm mit einem passenden **Anstellwinkel**, so entsteht durch die Anströmung eine Auftriebskraft. Diese **Auftriebskraft** (F_A) steht senkrecht zur Bewegungsrichtung und ist im stationären Geradeausflug schräg nach oben und vorne gerichtet. Dadurch wird der Gleitschirm nach oben und nach vorne gezogen. Durch die Umströmung des Gleitschirms entsteht aber auch **Widerstand** (F_W). Dieser wirkt entgegen der Bewegungsrichtung. Dem Vortrieb wirkt der **Widerstand** (F_W) entgegen. Er bremst das Gleitsegel und wirkt in Strömungsrichtung (den Vortrieb kompensierend). Durch das Profil des Flügels wird senkrecht zur Strömungsrichtung der Auftrieb (F_A) erzeugt. Er wirkt hauptsächlich nach oben, leicht vorwärts gerichtet. Beide Komponenten, Auftrieb und Widerstand, bilden die senkrecht nach oben gerichtete **Totale Luftkraft** (F_{TL}). Sie kompensiert die Gewichtskraft.

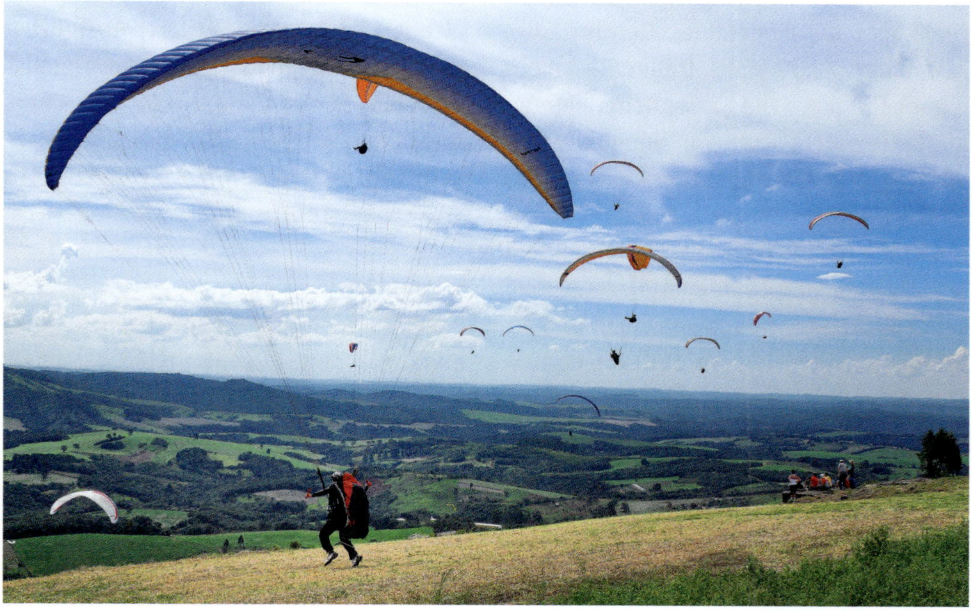

Auch in Mittelgebirgen herrschen oft gute Flugbedingungen, erfordern jedoch sehr präzise Thermikausnutzung, um nicht zu früh zu landen.

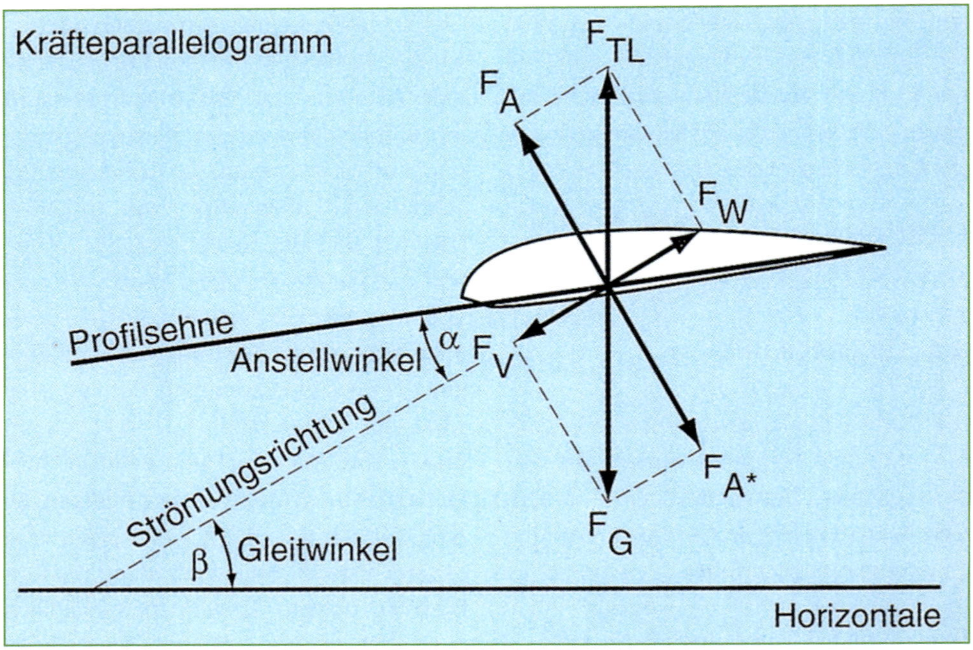

Das Kräfteparallelogramm im stationären Geradeausflug: α = Anstellwinkel, β = Gleitwinkel, F_V = Vortrieb, F_G = Gewichtskraft, F_{A^*} = Auftriebsgegenkraft, F_A = Auftrieb, F_{TL} = Totale Luftkraft, F_W = Widerstand

Im stationären Geradeausflug müssen sich alle Kräfte kompensieren, damit das Gleitsegel mit konstanter Geschwindigkeit fliegt. Andernfalls treten Beschleunigungen auf. Die abwärtsgerichteten Kräfte (Gewichtskraft mit Komponenten Vortrieb und Auftriebsgegenkraft) setzen im Schwerpunkt an. Die aufwärtsgerichteten Kräfte (Totale Luftkraft mit Komponenten Auftrieb und Widerstand) setzen im Druckpunkt an. Vereinfacht lassen wir hier für den stabilen Flug den Druckpunkt und Schwerpunkt zusammenfallen (normalerweise befindet sich der Schwerpunkt in Pilotennähe).

Verkleinert man den Anstellwinkel, kann der Druckpunkt hinter den Schwerpunkt wandern. Das bedeutet ein Drehmoment und damit Vortrieb. Der Schirm fliegt schneller (z. B. durch das Speedsystem), jedoch kann die Eintrittskante bei Strömungsstörungen leichter einklappen. Wandert der Druckpunkt durch Anstellwinkelvergrößerung vor den Schwerpunkt, wird der Schirm langsamer und dabei sackfluganfälliger (z. B. durch stärkere Dehnung der vorderen Fangleinen). Ein druckpunktstabiles Profil wäre ideal.

Kurvenflug ($F_{TL} = F_{KG}$)

Beim Kurvenflug wird die Gewichtskraft durch die **Zentrifugalkraft** (F_Z) verstärkt. Aus den beiden Komponenten Gewicht (F_G) und Zentrifugalkraft (F_Z) ergibt sich die **Kurvengewichtskraft** (F_{KG}).

Damit die Totale Luftkraft den Gewichtszuwachs kompensieren kann, müssen der Auftrieb und der Widerstand in der Kurve zunehmen. Dies kann aber nur unter Energieverlust geschehen. Da das Gleitsegel nur Energie aus Höhenverlust beziehen kann, baut es speziell in Kurven vermehrt Höhe ab. Auf der gebremsten Seite des Schirms wird etwas mehr Auftrieb und viel mehr Widerstand erzeugt. Als Folge verlangsamt sich dort die Geschwindigkeit gegenüber der ungebremsten oder weniger gebremsten Seite. Das Segel erfährt eine Richtungsänderung, Zentrifugalkräfte entstehen, die den Piloten nach außen drücken. Die gebremste Seite senkt sich ab und bleibt zurück. Der Pilot beschreibt dabei eine Kurve.

Die Zentrifugalkräfte setzen die Segelbelastung stark herauf. Bei einer Steillage von 60° wächst die Belastung gegenüber dem Geradeausflug auf das Doppelte an.

$$F_Z = m \cdot v^2/r$$

F_Z = Zentrifugalkraft [N]
m = Masse [kg]
v = Geschwindigkeit [m/s]
r = Kurvenradius [m]

Die Formel sagt aus:

› Je kleiner der Kurvenradius, desto größer die Zentrifugalkraft.

› Je höher die Masse, desto größer die Zentrifugalkraft.

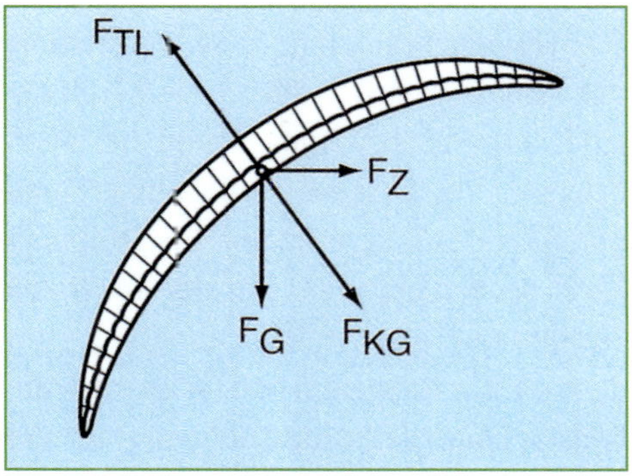

Das Kräfteparallelogramm im stationären Kurvenflug:
F_{TL} = Totale Luftkraft, F_G = Gewichtskraft, F_{KG} = Kurvengewichtskraft, F_Z = Zentrifugalkraft

› Die Zentrifugalkraft steigt quadratisch zur Geschwindigkeit.

› Das Kurvengewicht ist also größer als die normale Gewichtskraft.

4.5 Flugverhalten

Durch die flexible Kappe und die besondere Schwerpunktlage sind die genauen Phänomene während des Fluges nur schwer im Detail zu erklären und sind kaum untersucht. Deshalb sollen die vereinfachten Erklärungen nur einen Überblick geben. Bei der Umströmung eines Profils sind zwei Punkte für das Flugverhalten sehr interessant:

› **Der Tote Punkt (Stagnationspunkt)** befindet sich auf der Profilnase im Schnittpunkt mit der *Profilsehne*. Es ist der Punkt, an dem sich die Strömung teilt. An diesem Punkt ist die Strömungsgeschwindigkeit null. Beim offenen Gleitsegel befindet sich dieser Punkt imaginär auf der Staudrucknase.

› Der **Umschlagpunkt** bezeichnet den Punkt am Profil, ab dem die laminar anliegende Strömung turbulent, also verwirbelt wird. Ab diesem Punkt wird kein Auftrieb mehr erzeugt. Beim Gleitschirm liegt dieser Umschlagpunkt sehr weit vorne, und die turbulente Schicht nimmt zum Profilende beachtliche Dicke an. Dies erklärt, warum der Auftrieb am Obersegel relativ weit vorne erzeugt wird und der hintere Flügelteil des Obersegels kaum zur Auftriebserzeugung beiträgt.

Geschwindigkeitssteuerung/Bremsen

Die Bremsen des Gleitschirms wirken ziemlich komplex – sie verändern nach außen zunehmend den Anstellwinkel der einzel-

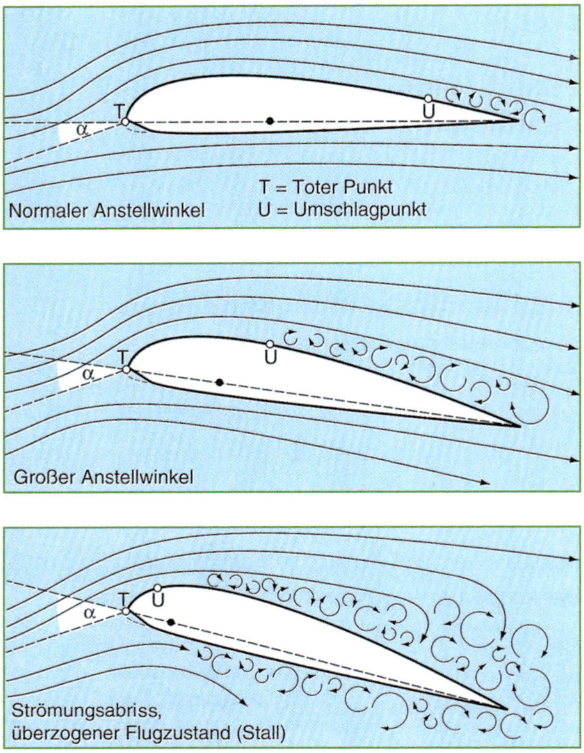

Oben: Normal angestelltes Profil: **Der Umschlagpunkt,** an dem die laminare Strömung in Turbulenz übergeht, befindet sich relativ weit hinten.

Mitte: Angebremster Schirm mit großem Anstellwinkel: Der **Umschlagpunkt** wandert weiter nach vorne.

Unten: Überzogener Flugzustand: Der Umschlagpunkt ist an die vordere Profilkante gewandert. Am Obersegel und am Untersegel liegt turbulente Strömung an.

nen Zellen, verändern zugleich das Profil und auch die Segelkrümmung und bewirken kurzfristige **Staudruckänderungen.** Aufgrund der aeroelastischen Segelstruktur hat dies auch wieder Folgen für das Profil.

Bleiben die Steuerleinen locker, gleitet das Segel mit **Höchstgeschwindigkeit.** Der Anstellwinkel α ist relativ klein. Die Strömung liegt bis zu einer großen Profiltiefe an, und der Umschlagpunkt befindet sich verhältnismäßig weit hinten. Bremst man das Gleitsegel an, vergrößert sich der Anstellwinkel α, und das Profil verstärkt seine Krümmung.

Dabei ändern sich Auftrieb und Widerstand. Das beste Gleiten wird meist ohne Bremse erreicht. Geringfügig mehr Bremse erhöht den Widerstand, der Auftrieb nimmt dabei noch etwas zu, bis der Punkt des geringsten Sinkens erreicht ist. Damit ist auch der maximale Auftriebsbeiwert erreicht.

Hier liegt die Strömung noch weitgehend am Segel an, obwohl der Umschlagpunkt schon etwas weiter nach vorne gerückt ist. Bei weiterem Anbremsen wird das Verhältnis immer mehr zugunsten des Widerstands verschoben. Der Anstellwinkel α wird immer steiler, und der Umkehrpunkt wandert zunehmend nach vorne. Der Auftriebsbereich wird immer schmaler, bis kein Auftrieb mehr vorhanden ist. Dann hat man seinen Flugzustand überzogen und einen **Strömungsabriss (Stall)** herbeigeführt. Die Vorwärtsgeschwindigkeit ist jetzt null bei extremem Sinken.

Löst man daraufhin schlagartig die Steuerleinen, kommt es zu schnellem Vorschießen der Kappe und raschen Druckwechseln. Ruckartige Bremsbetätigung kann das Segel zudem leicht aufschaukeln.

Die **Flügelschränkung,** eine Verdrehung des Flügels in sich zu einem kleineren Anstellwinkel nach außen, bringt bei Flugzeugen eine bessere Querstabilität und gutmütigeres Flugverhalten. Die Strömung kann dann nicht mehr auf der gesamten Flügelbreite gleichzeitig abreißen, sondern reißt verlangsamt von innen nach außen ab. Beim Gleitschirm dagegen läuft die Schränkung in die andere Richtung, seine Außenzellen sind eher steil angestellt. Die Schränkung ist auch nicht von gleicher

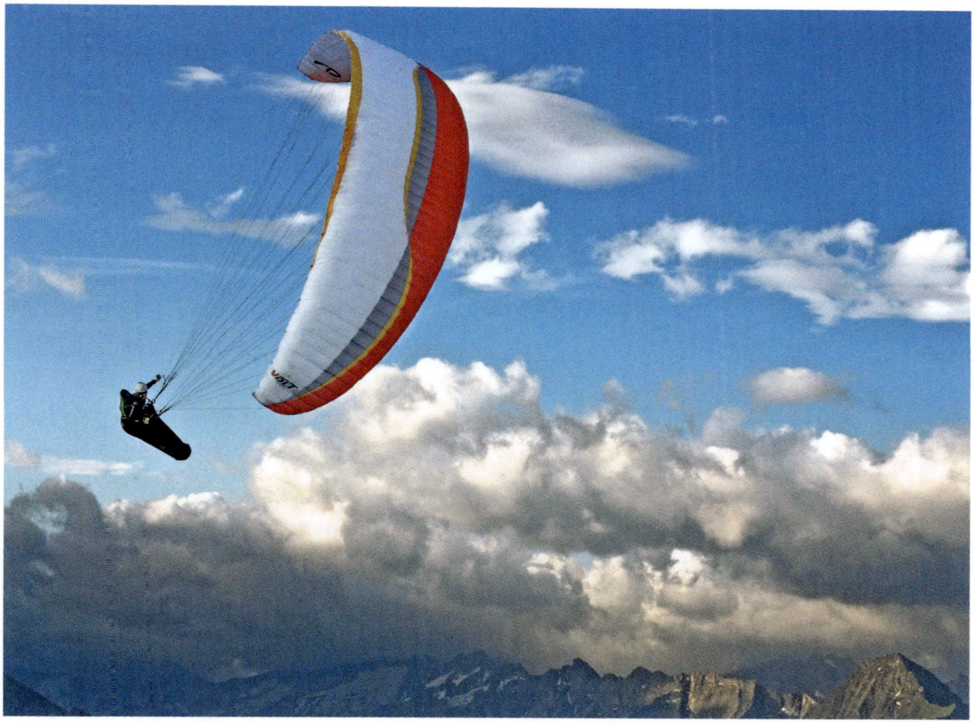

Kurvenflug: Durch den rechten Steuerleinenzug wird über die Bremsleinenspinne die Hinterkante des Segels verändert.

Bedeutung für die Querstabilität, weil der Schirm durch seinen extrem tief liegenden Schwerpunkt gut stabilisiert ist. Aber sie ist die Ursache, dass die Strömung von außen nach innen abreißt und die Schirme leichter trudeln. Trudeln kann bei langsam geflogenen Manövern eintreten, z. B. wenn bei schon gezogenen Bremsen einseitig noch mehr gebremst wird.

Geschwindigkeiten des Gleitschirms

› **Eigengeschwindigkeit:** Fliegt ein Gleitschirm ungebremst, spricht man von der Eigengeschwindigkeit (**Trimmspeed/Air Speed**) des Gleitsegels. Die Eigengeschwindigkeit wird auch als Strömungs- oder Fluggeschwindigkeit bezeichnet. Sie ist unabhängig von der eigentlich vorherrschenden Luftgeschwindigkeit. Entscheidend ist, mit welcher Geschwindigkeit die Strömung am Segel anliegt, mit welcher Geschwindigkeit also die Luftteilchen an der Tragfläche vorbeiströmen. Dabei ist es egal, ob Rücken- oder Gegenwind vorherrschen.

› **Höchstgeschwindigkeit:** Darunter versteht man die maximal erfliegbare Geschwindigkeit, meist unter Einsatz des Beschleunigungssystems.

› **Startgeschwindigkeit:** Geschwindigkeit, bei der das Gleitsegel mit dem Piloten abhebt.

› **Mindestgeschwindigkeit:** Darunter versteht man die Geschwindigkeit, bei der ein Gleitschirm gerade noch fliegbar ist und noch Auftrieb erzeugt wird. Dazu wird die Bremse relativ stark betätigt, das Profil wird im Randbereich höher angestellt.

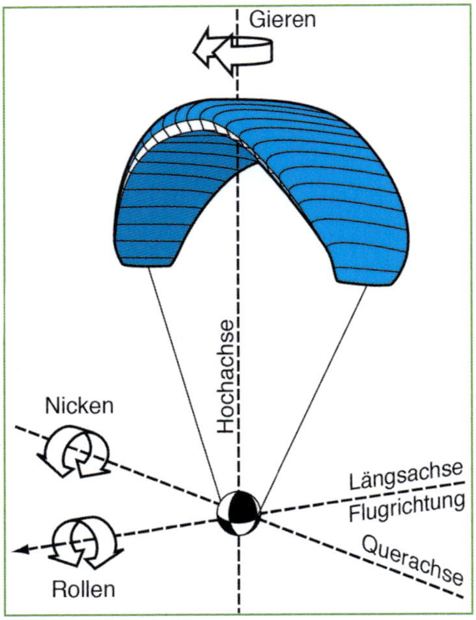

Die **Drehachsen** des Gleitschirms: **Querachse:** Der Schirm nickt, Pilot pendelt vor und zurück.
Längsachse: Der Schirm rollt, Pilot pendelt seitlich.
Hochachse: Der Schirm giert, Pilotendrehung.

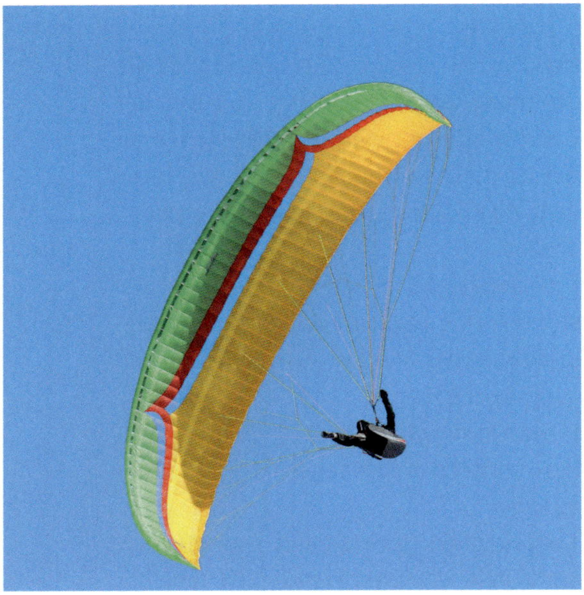

Leichter Kurvenflug. Durch die angebremste rechte Hinterkante erhöht sich der Widerstand. Die linke Seite ist ungebremst und fliegt schneller. Deshalb beschreibt der Gleitschirm eine leichte Kurve nach rechts. Deutlich sichtbar sind die leicht lose hängenden Bremsspinnenleinen.

› **Abreißgeschwindigkeit:** Die Geschwindigkeit, bei der die Strömung am Segel abreißt. Sie wird erreicht, wenn die Mindestgeschwindigkeit durch zusätzliches Bremsen unterschritten wird.

Pendelstabilität

Aerodynamisch stellt der Gleitschirm einen instabilen Flügel dar. Er wäre flugunfähig, wäre er nicht durch einen derart **tief liegenden Schwerpunkt** stabilisiert. Eilt das Segel voraus, wird es durch den nach vorne pendelnden Piloten sofort wieder »eingeholt«. Sowohl der Pilot wie auch das Segel pendeln stetig um einen gemeinsamen Schwerpunkt, der nahe beim Piloten liegt. Sobald sich beide aus ihrer Ausgangslage herausbewegt haben, wirken rückstellende Drehmomente. Diese Form der Stabilisierung bringt allerdings die Möglichkeit und das Problem des Aufschaukelns mit sich. Bei starken Bremsmanövern aus voller Fahrt kippt das Segel schlagartig nach hinten ab. Dabei kann sich kurzzeitig sogar eine Strömungsumkehr ergeben, die Kappe ist versucht, rückwärts zu fliegen. Auch diese Situation, der **dynamische Stall**, wird durch den zurückfallenden Piloten wieder »aufgefangen«. Alle ruckartigen Steuerbewegungen können starkes Pendeln verursachen!

Kurvensteuerung

Aus dem Geradeausflug mit Trimmgeschwindigkeit wird durch **einseitiges Herabziehen** der hinteren Segelkante die **Kurve** eingeleitet. Dadurch werden auf der angebremsten Seite der Anstellwinkel und der Widerstand erhöht. Die Geschwindigkeit nimmt dabei auf der angebremsten Flügelseite ab. Da die ungebremste Flü-

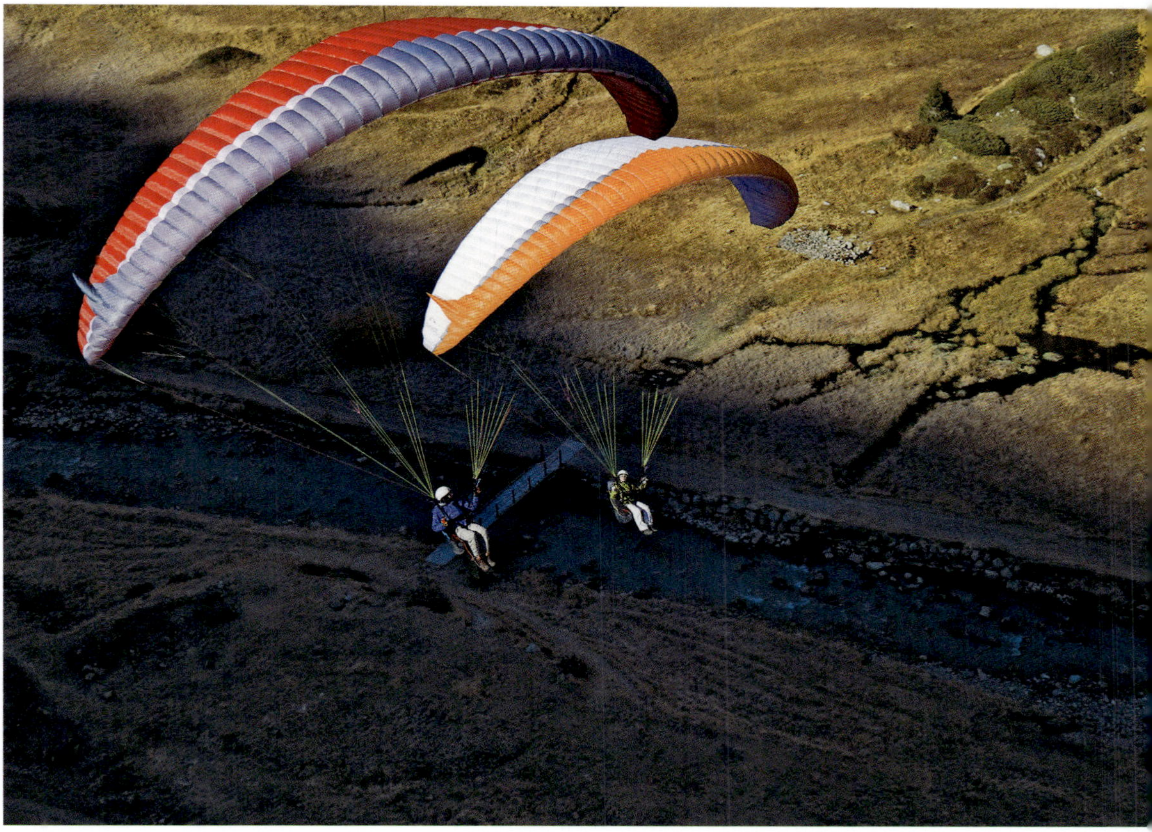

Ein Gleitwinkelflug ist nur bei ruhigen Flugbedingungen möglich. Gerade bei einem neuen Schirm ist es interessant, das geringste Sinken und das beste Gleiten zu ermitteln und die Steuerleinen optimal einzustellen (© M. Scheel/azoom.ch).

gelseite schneller ist, dreht die Kappe. Es entsteht ein **Drehmoment** (Giermoment). Der Neigungswinkel ist dabei gering, da auf der angebremsten Seite zusätzlicher Auftrieb entsteht. Wird durch Gewichtsverlagerung, also durch seitliches Verlagern des Pilotengewichts, gekurvt, wird dabei die entsprechende Segelhälfte herabgezogen. Dadurch entsteht ebenfalls das Drehmoment, doch bleibt die Kappe noch flacher und damit aerodynamisch günstiger. Deshalb werden große Kurven oft mit Körpersteuerung geflogen und für engere Kreise durch leichtes Anbremsen unterstützt.

4.6 Geschwindigkeitspolare

Die Geschwindigkeitspolare zeigt, wie sich die beiden Geschwindigkeiten, *Fluggeschwindigkeit* und *Sinkgeschwindigkeit*, zueinander verhalten. Sie ist für den Piloten ein Hilfsmittel, die *Flugcharakteristik* eines Schirmes zu ermitteln. Sie ist vom Schirmtyp und vom Pilotengewicht abhängig.

Mit Fluggeräten, die eine Polarenfunktion besitzen, können in Verbindung mit einem Flügelradsensor Polare erstellt werden. Betrachtet man die Polarengrafik, lässt sich am oberen Scheitelpunkt der Kurve die

Geschwindigkeit des **geringsten Sinkens** ablesen. Für den Punkt des **besten Gleitens** zieht man eine Gerade durch den Nullpunkt, die die Polare berührt. Dieser Berührungspunkt stellt das beste Gleiten dar. Die Polare wird zum wertvollen Hinweis, um die schirmspezifischen Bremsstellungen mit den jeweiligen Leistungen zu paaren. Allen Punkten lässt sich die **Gleitzahl** zuordnen. Die Gleitzahl ergibt sich aus der Fluggeschwindigkeit geteilt durch die zugehörige Sinkgeschwindigkeit.

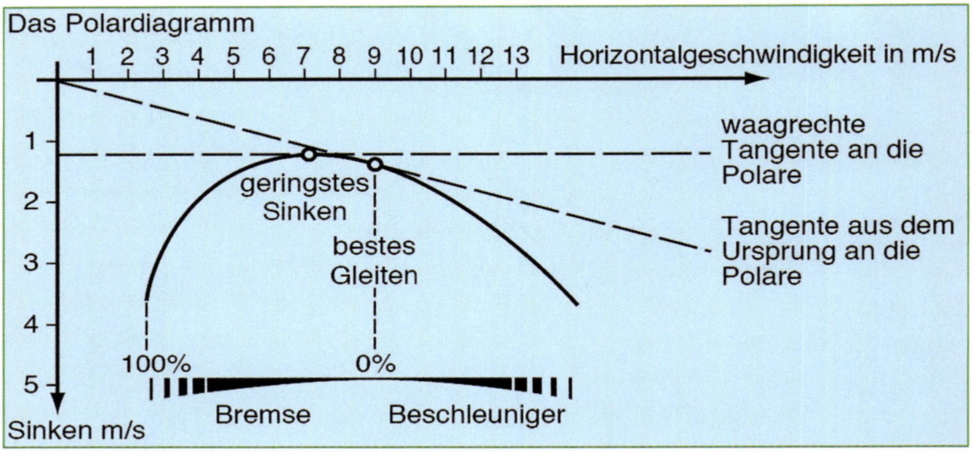

Geschwindigkeitspolare: Die Geschwindigkeitspolare entsteht aus der Paarung Horizontalgeschwindigkeit–Sinkgeschwindigkeit. Die waagrechte Tangente gibt den Punkt des geringsten Sinkens, die Tangente durch den Ursprung das beste Gleiten an.

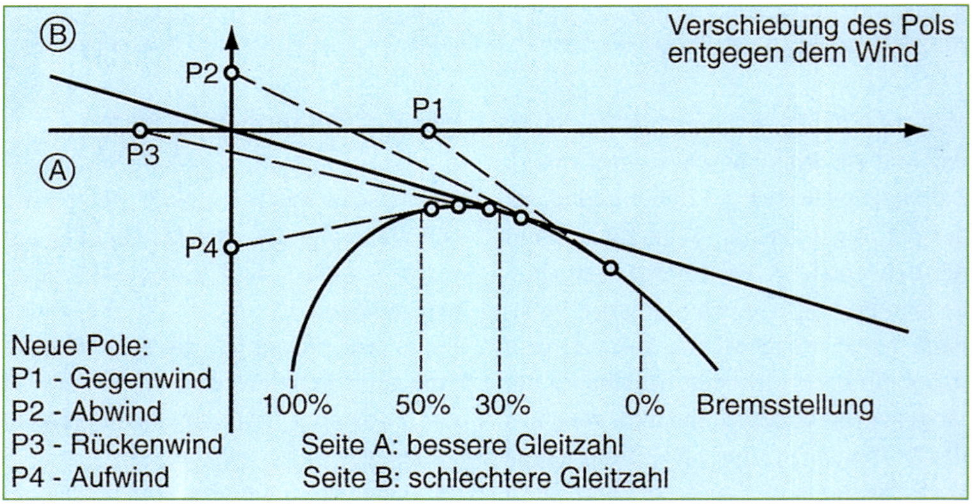

Gleitzahlmaximierung unter Windeinfluss: Das beste Gleiten verändert sich unter Windeinfluss. Es lässt sich aus der Polare auch bei Gegenwind, Rückenwind, Abwind oder Aufwind ermitteln, indem man den Pol (durch den die Tangente läuft) auf den Koordinaten entgegen dem Wind verschiebt. Beispielsweise verschieben wir den Gegenwind auf der y-Achse (waagrechte Achse) um seinen Betrag nach rechts, der Abwind wird auf der x-Achse (senkrechte Achse) nach oben verschoben. Die neuen Berührungspunkte zeigen uns das beste Gleiten unter den jeweiligen Bedingungen an.

4.7 Gleitzahl ε, Gleitverhältnis E und Gleitwinkel γ

Flieger sprechen umgangssprachlich von z. B. einer »Gleitzahl 9«. Damit ist jedoch das **Gleitverhältnis E** von 9 gemeint. Es wird als Leistungsmerkmal für Gleitschirme verwendet und gibt an, wie weit ein Gleitschirm gleiten kann. Ein **Gleitverhältnis E** (üblicherweise Gleitzahl genannt) von 9 (9:1) bedeutet, dass der Gleitschirm, Windstille vorausgesetzt, bei 1 m Höhenunterschied 9 m weit gleitet.

$$\text{Gleitverhältnis E} = \frac{\text{zurückgelegte Strecke}}{\text{Höhenunterschied}}$$

$$\text{Gleitzahl } \varepsilon = \frac{\text{Höhenunterschied}}{\text{zurückgelegte Strecke}}$$

Die Gleitzahl lässt sich auch aus dem Verhältnis von Auftrieb zum Widerstand berechnen. Ein hoher Widerstand begrenzt also die Gleitleistung des Segels.

$$\text{Gleitzahl } \varepsilon = \frac{\text{Auftrieb}}{\text{Widerstand}} \qquad \frac{F_A}{F_W}$$

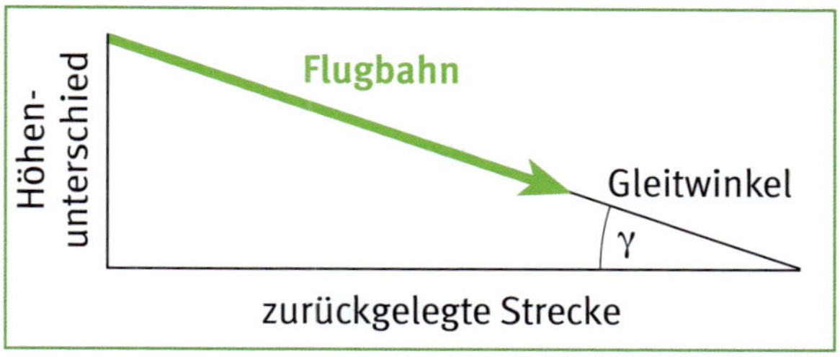

Gleitwinkel γ

Will man wissen, welchen **Gleitwinkel γ** die Flugbahn des Gleitschirms gegenüber dem Boden hat, nimmt man den arctan der Gleitzahl ε. Bei einem Gleitverhältnis E von 9 beträgt die Gleitzahl ε (Kehrwert vom Gleitverhältnis E 1:9) 0,111… Daraus ergibt sich ein Gleitwinkel γ von 6,34 Grad.

Gleitwinkel γ = arctan der Gleitzahl ε
Gleitzahl ε = tan des Gleitwinkel γ

Beispiel (s. Kasten unten):
Herstellerangabe: Gleitzahl 9
Wie weit fliege ich bei Windstille von einem Flugberg mit 400 m Höhenunterschied?
Wie lautet der Gleitwinkel?

Gegeben: Gleitverhältnis E = 9
Gesucht: Gleitzahl ε, zurückgelegte Strecke, Gleitwinkel γ

Aufgabe	Formel	Rechnung	Ergebnis
Umrechnung Gleitverhältnis E in Gleitzahl ε	Kehrwert von Gleitverhältnis E	Kehrwert von 9 = 1/9	= 0,111…
Ermittlung der Strecke aus Gleitzahl ε	Gleitzahl ε = Höhenunterschied/ zurückgelegte Strecke	$0{,}111\ldots = \frac{400\text{ m}}{x}$ $x = \frac{400\text{ m}}{0{,}111\ldots}$	= 3600 m = 3,6 km (Flugstrecke bei Windstille)
2. Möglichkeit: Ermittlung der Strecke aus Gleitverhältnis E	Gleitverhältnis E = zurückgelegte Strecke/ Höhenunterschied	$\frac{x}{400} = 9$ $x = 400 \cdot 9$	= 3600 m = 3,6 km
Gleitwinkel γ	arctan der Gleitzahl ε	arctan von 0,111…	= 6,34 Grad

5 Meteorologie

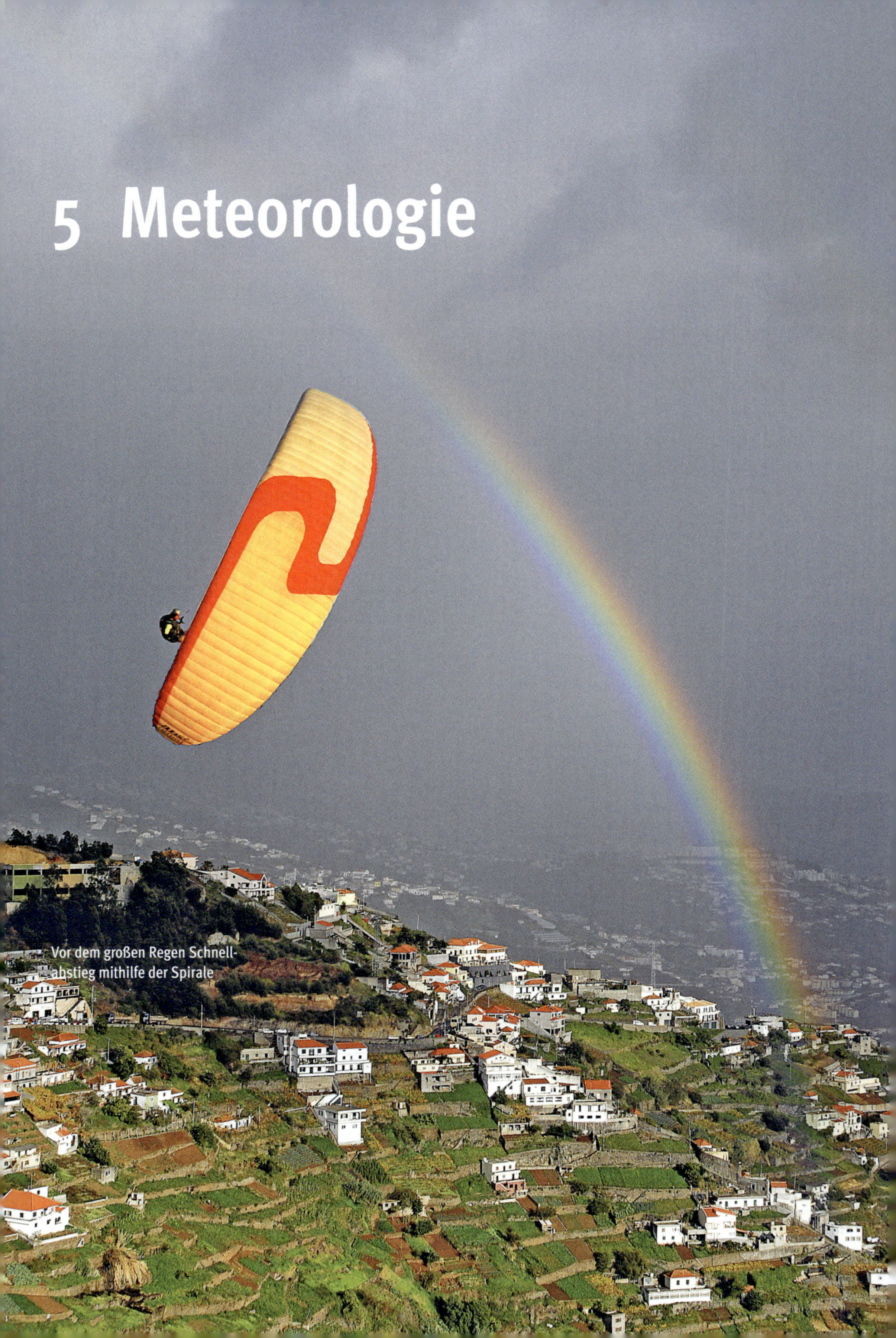

Vor dem großen Regen Schnellabstieg mithilfe der Spirale

Vor einem Flug stehen meist Fragen wie: Welches Flugwetter herrscht? Woher kommt der Wind? Wie stark ist er? Wie ist die Temperaturschichtung? Wann ist der Thermikbeginn? Sie zeigen, wie wichtig das Thema Wetter für Gleitschirmflieger ist.

5.1 Die Atmosphäre

Die Erdatmosphäre umgibt die Erde. Die äußeren Grenzschichten reichen bis zu 1000 km in das All. Für das Flugwettergeschehen ist jedoch hauptsächlich die unterste Schicht, die Troposphäre, wichtig. Sie reicht in Europa bis 11 000 m hoch und wird durch die **Tropopause** begrenzt, die keine Feuchtigkeit passieren lässt. Der Wassergehalt im Zusammenspiel mit den vorherrschenden Temperaturdifferenzen ist für unser Wettergeschehen verantwortlich. Das Wasser tritt dabei in seinen Aggregatzuständen fest, flüssig und gasförmig auf. Die Energie zur Erwärmung der Luftmassen liefert die Sonne.

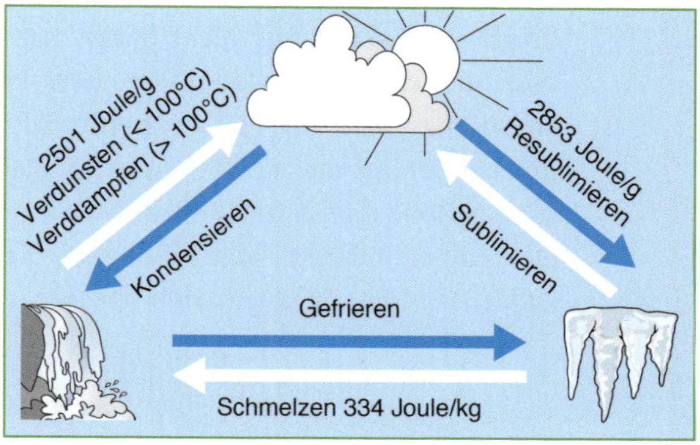

Energiemengen für den Wechsel von Aggregatzuständen

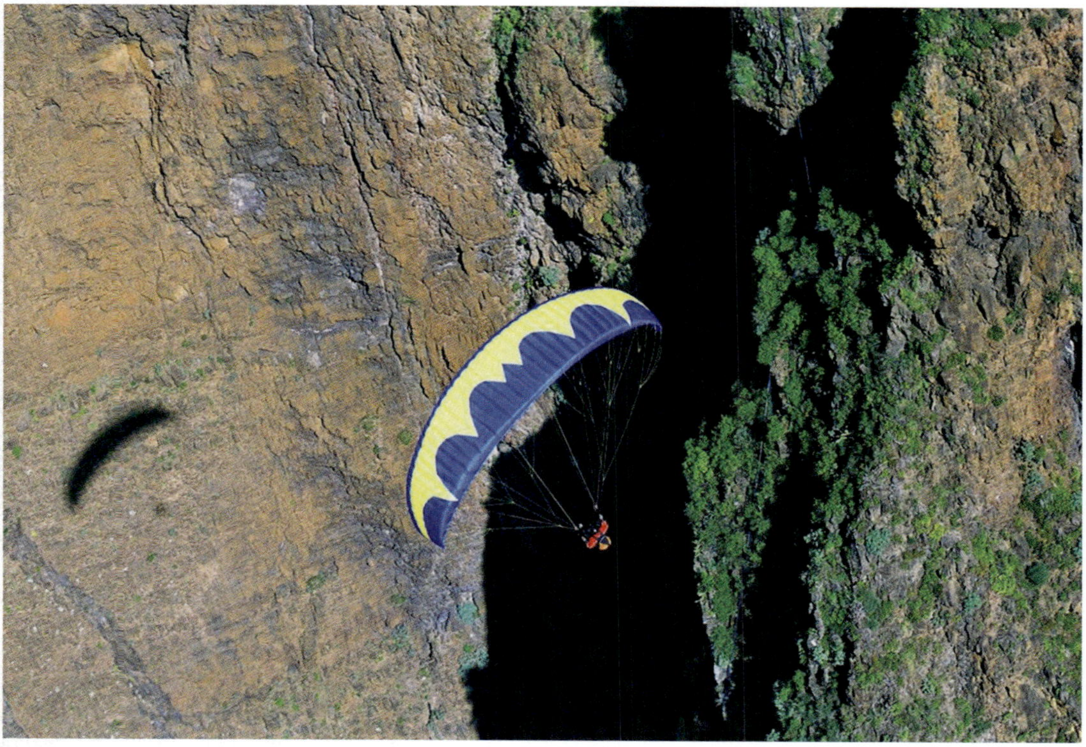

Soaren am Hang mit ausreichendem Sicherheitsabstand

5.2 Physikalische Grundbegriffe

Luftdruck

Der Luftdruck bezeichnet den Druck, den das Gewicht der Lufthülle auf die Erdoberfläche ausübt. Die Maßeinheit für den Luftdruck ist das Hektopascal (hPa). Der Luftdruck ändert sich im Verhältnis zum Druck auf Meereshöhe nicht linear, sondern degressiv. In tiefen Lagen bewirkt eine Höhenänderung von 8 m eine Luftdruckänderung um ein Hektopascal. Bei 5500 m Höhe über Normalnull bewirkt erst eine Höhenänderung von 16 Metern die Luftdruckänderung um ein Hektopascal.

$$p = \frac{F}{A} \quad \text{Druck [Pa]} = \frac{\text{Kraft [N]}}{\text{Fläche [m}^2\text{]}}$$

Der Luftdruck nimmt mit der Höhe degressiv ab und halbiert sich alle 5500 m.

Temperatur

Die Temperatur ist das Maß für den **Wärmeenergieinhalt**. Maßeinheit ist Grad Celsius (°C) oder Kelvin (K) als absolute Temperatur (°C +273).

Die Lufttemperatur nimmt im Mittel bei zunehmender Höhe um 0,65 °C pro 100 m ab.

Temperaturgradient

Mit zunehmender Höhe nimmt die Temperatur ab. Diese Änderung ergibt den negativen **Temperaturgradienten**. Der theoretische Temperaturabfall tritt in der Praxis nur selten ein. So kann, je nach Wetterlage, die Temperatur in bestimmten Höhenstufen konstant bleiben = **Isothermie** oder sogar mit der Höhe ansteigen. Es liegt dann eine Temperaturumkehrung = **Inversion** vor. Sie wirkt für aufsteigende Luftmassen wie ein **Sperrfilter**. Steigt die Temperatur vom Boden her an, um in einer bestimmten Höhe wieder abzufallen, liegt **Bodeninversion** vor.

Dichte

Die Dichte ist die Masse der Teilchen in einer bestimmten Volumeneinheit. Die Dichte **verringert** sich bei **höherer Temperatur** und **vergrößert** sich bei **tieferer Temperatur**, das bedeutet, dass die gleiche Masse bei höherer Temperatur ein größeres Volumen einnimmt.

$$\rho = \frac{m}{V} \quad \text{Dichte} = \frac{\text{Masse [kg]}}{\text{Volumen [m}^3\text{]}}$$

Hohe Dichte = Abkühlende Luft zieht sich zusammen → schwerer.
Geringere Dichte = Erwärmende Luft dehnt sich aus → leichter.
In der Höhe fällt der Luftdruck bei kalter Luft schneller ab als bei warmer Luft.

ABNAHME VON LUFTDRUCK UND TEMPERATUR MIT DER HÖHE

Höhe über NN in m	Druck in hPa	Temperatur in °C
10 000	264	−50,0
9 000	307	−43,0
8 000	355	−37,0
7 000	410	−30,0
6 000	472	−24,0
5 000	540	−17,5
4 000	617	−11,2
3 500	658	−7,8
3 000	701	−4,7
2 500	748	−1,3
2 000	793	+1,7
1 500	845	+5,0
1 000	898	+8,3
500	955	+11,5
0	1013	+15,0

Die Dichte ist zusätzlich abhängig von der Luftfeuchtigkeit. Bei gleichem Druck ist eine feuchte Luftmasse leichter als eine trockene. Wasser (H_2O) ist gegenüber Stickstoff (N_2) oder Sauerstoff (O_2) ein leichteres Molekül. Wenn dies nicht so wäre, würde die feuchte Luft am Boden bleiben und ständig Nebel und Wolken bilden.
Feuchte Luft ist leichter als trockene Luft.

Luftfeuchtigkeit

Der gasförmige Wassergehalt der Luft ist die Luftfeuchtigkeit. Luft nimmt **Wasserdampf** auf. Kann kein Wasserdampf mehr aufgenommen werden, spricht man von **Sättigung** = 100 % Luftfeuchtigkeit. Darüber kondensiert der Wasserdampf. Die kleinen Tröpfchen werden als **Wolken** und **Nebel** sichtbar. Beträgt die Luftfeuchte z. B. 60 % wird die Luft als **ungesättigt** bezeichnet, da noch 40 % Feuchte aufgenommen werden können.

Relative Luftfeuchte:

Die Luftfeuchtigkeit ist **abhängig** von **Druck** und **Temperatur**. So kann Luft bei höherer Temperatur, aber auch bei geringerem Druck mehr Wasserdampf (Feuchtigkeit) aufnehmen. Wenn man von der Luftfeuchtigkeit spricht, ist deshalb üblicherweise die **relative Luftfeuchtigkeit** gemeint. Sie wird mit einem Hygrometer gemessen.

$$\text{Relative Feuchte} = \frac{\text{Absolute Feuchte}}{\text{Maximale Feuchte}} \cdot 100$$

Taupunkt

Der **Taupunkt** ist der Temperaturwert, der im Moment der ersten Kondensation, also beim Übergang vom Wasserdampf zu Wassertröpfchen, gemessen wird. Die Temperatur, die bei der Sättigung von Luft gemessen wird, ist die Taupunkttemperatur. Dabei gibt es einen Temperaturunterschied zur tatsächlichen Lufttemperatur. Diese Differenz wird als Taupunktdifferenz bezeichnet. Ist der Wert klein, befindet sich die Luft näher an der Kondensationsgrenze. Dabei gilt, je geringer die Taupunktdifferenz ist, umso größer ist die Wahrscheinlichkeit von Nebel- und Wolkenbildung.

Adiabatischer Temperaturgradient

Wird komprimierte Luft aus einer Druckluftflasche sehr schnell abgelassen, kühlt die Luft durch die Entspannung (Druckminderung) stark ab. Der gleiche Effekt kommt zum Tragen, wenn warme Luftmassen in größere Höhen steigen. Die Luftmassen kühlen mit zunehmender Höhe ab. Diese durch den Druckwechsel erzeugten Tem-

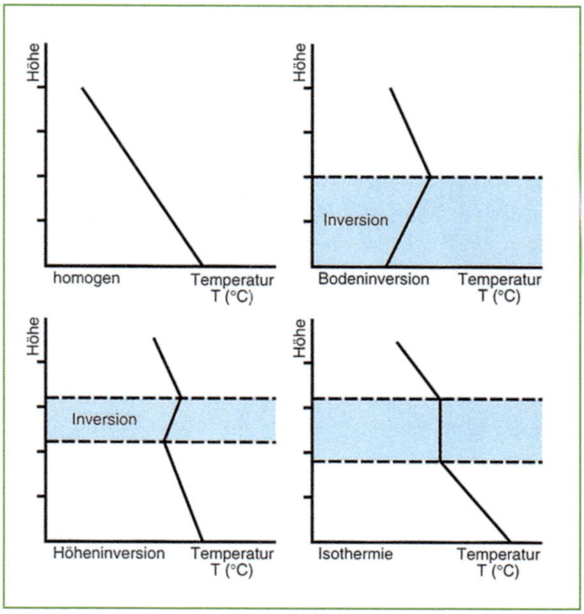

Der Temperaturverlauf bei verschiedenen Luftschichtungen. Normal fällt die Temperatur mit der Höhe, bleibt sie gleich, spricht man von **Isothermie**, steigt sie an, von **Inversion**.

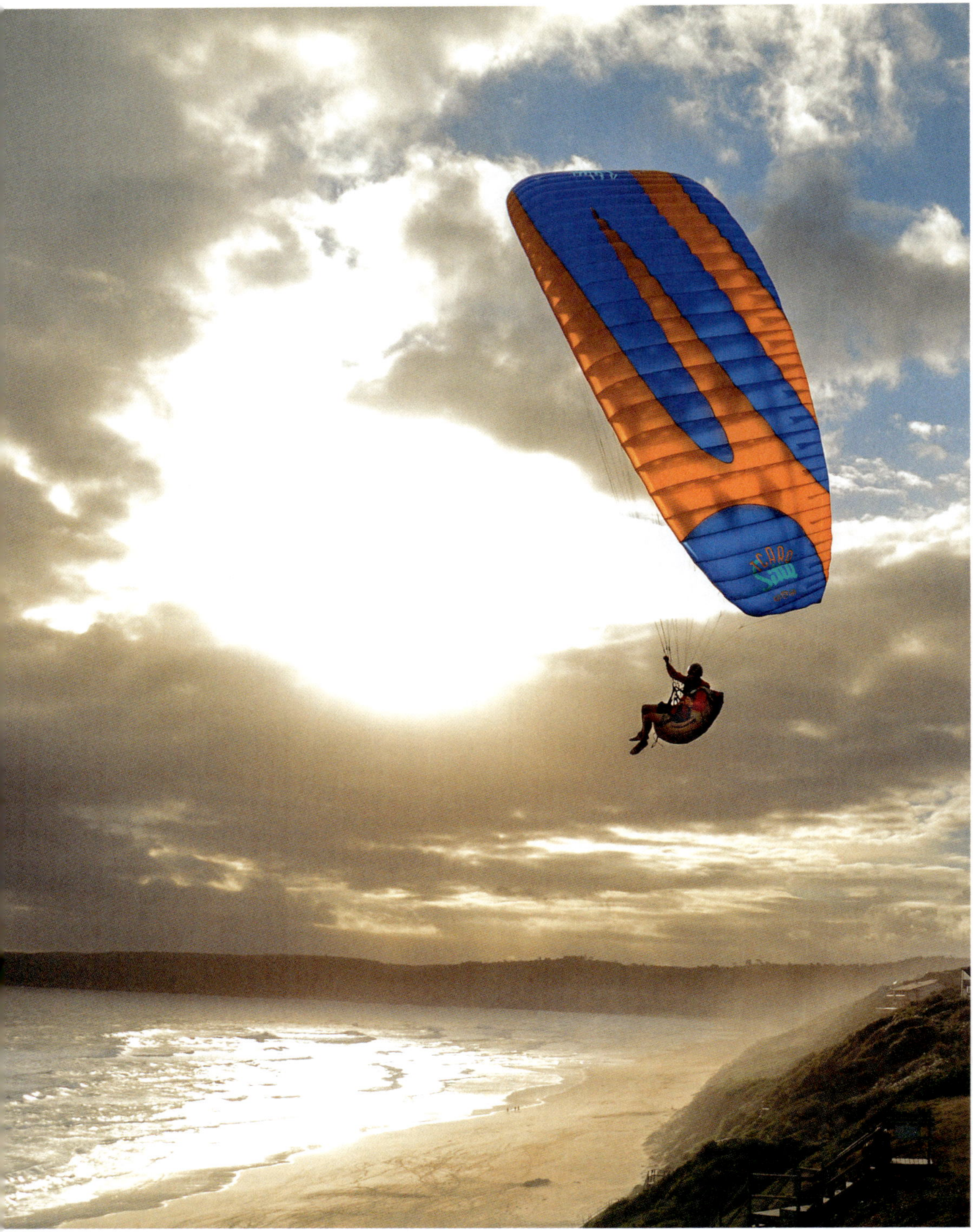

Die Steilküste drückt den laminaren Wind vom offenen Meer nach oben und ermöglicht das Soaren im Aufwindband.

peraturänderungen werden als adiabatischer Temperaturgradient bezeichnet.
Dabei verhält sich trockene und feuchte Luft unterschiedlich. Da durch das Abkühlen auch das Sättigungsvermögen der Luft sinkt, wird durch die Kondensation Energie frei, die gegen die Abkühlung durch den Druckverlust wirkt. Man unterscheidet hier zwischen dem trockenadiabatischen und feuchtadiabatischen Temperaturgradienten.

Trockenadiabatischer Temperaturgradient: *1 °C/100 m.*
Feuchtadiabatischer Temperaturgradient: *0,65 °C/100 m.*

Labile und stabile Schichtung

Das Verhalten eines Luftpakets ist von der Schichtung der Atmosphäre abhängig und verhält sich dabei unterschiedlich. Ist die Schichtung **stabil**, so wird das Luftpaket nach einer Verschiebung in seine Ausgangslage zurückgedrängt. So hindern bei Inversion höher gelegene wärmere Luftschichten ein kälteres Luftpaket am Aufsteigen (Smoglage). Ist die Schichtung **labil**, so wird ein einmalig aus seiner Ausgangslage gebrachtes Luftpaket weiter von dieser entfernt.
Ebenso bleibt bei starkem Temperaturabfall in der Höhe ein aufsteigendes Luftpaket wärmer als die Umgebungsluft und wird immer weiter nach oben getrieben (»Überentwicklung«, z. B. hoch aufschießende Gewitterwolken). Ist die Schichtung **indifferent**, bleibt das Luftpaket in seiner verschobenen Lage, da die Umgebungsluft die gleiche Dichte und Temperatur aufweist.

Labilisierung: *Kaltluft wird in der Höhe zugeführt.*
Stabilisierung: *Warmluftzufuhr in der Höhe.*

Internationale Standardatmosphäre ICS

Dies sind von der ICAO festgelegte Durchschnittswerte, die als Basis für Messungen dienen.

Höhe	= Meeresniveau = 0 m
Druck	= 1013,2 hPa
Temperatur	= 15 °C
Luftfeuchtigkeit	= 0 %
Luftdichte	= 1,225 kg/m³
Temperaturgradient	= 0,65 °C

5.3 Globale Zirkulation (globales Wetter)

Das globale oder auch planetarische Zirkulationssystem sorgt auf der Erde für die unterschiedlichen Klimazonen. Ursache ist die Erddrehung, die schräg gestellte Achse und damit verbunden die mit der geografischen Höhe abnehmende Sonneneinstrahlung. Am Äquator herrscht ein stabiler Tiefdruckgürtel (**äquatoriale Tiefdruckrinne**).

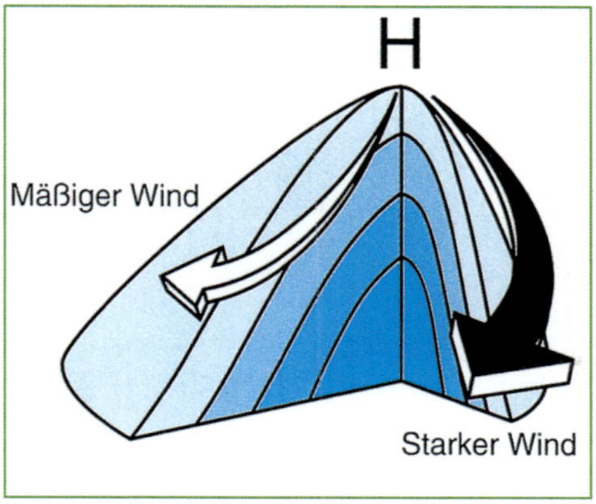

Hoch (H): Der Druck nimmt in einem Hochdruckgebiet von unten nach oben ab, ebenso vom Zentrum zu den Rändern. Das Hoch bildet einen »Berg« dichterer Luft. Je steiler er ist (je enger die Isobarenabstände auf der Wetterkarte), umso heftigere Winde wehen. Je flacher er ist (je weiter die Isobarenabstände), umso mehr schläft der Wind ein.

Als Folge der starken Einstrahlung gibt es dort überwiegend nur aufsteigende Luftmassen und eine höhere Ausdehnung der Troposphäre. Die Luftmassen sinken auf der Höhe der Rossbreiten in stabilen Hochdruckgürteln wieder herab. Beim Absinken nehmen sie jegliche Luftfeuchtigkeit auf. Dadurch entsteht der weltumspannende Trockengürtel. Als Ausgleichsströmungen über dem Boden ergeben sich die Passatwinde aus östlichen Richtungen (SO- bzw. NO-Passat), weil sie der Erddrehung etwas hinterherhinken. Sie treffen in der **innertropischen Konvergenzzone (ITC)** in Äquatornähe wieder zusammen, steigen auf (Tiefdruckgürtel), beladen sich mit Wasserdampf aus dem Meer und regnen sich über dem Tropengürtel wieder ab. Der Kreislauf ist geschlossen. An den Polkappen verursachen die niedrigen Temperaturverhältnisse ein **polares Hoch**. In den gemäßigten Breiten entsteht der **Westwindgürtel** mit seinen sich abwechselnden **Hoch- und Tiefdruckgebieten**. Der Westwindgürtel trennt die Tropen von den Polen. Es bildet

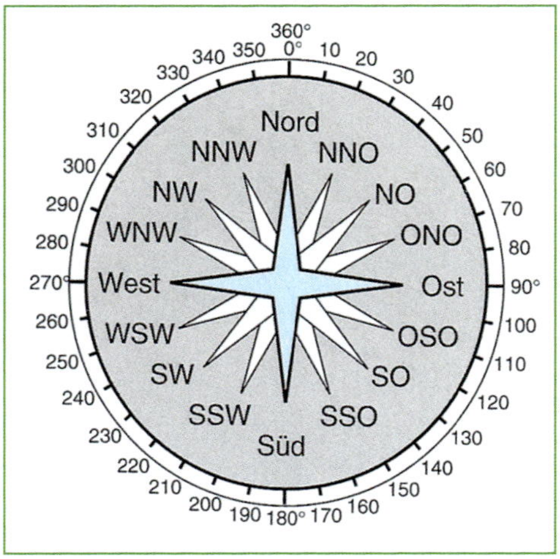

Windrose: Der Wind wird nach der Richtung benannt, aus der er weht. Zur exakten Beschreibung wird er in Grad angegeben: Nord (0°, 360°), Ost (90°), Süd (180°), West (270°).

sich so die **Polarfront**. Die Hochdruckgebiete driften äquatorwärts, die Tiefdruckgebiete polwärts. So werden die Tropen klimatisch von den Polen getrennt.

Globale Luftströmungen/Wind

Das globale Windsystem ist der Motor für unser Klima. Es transportiert mit seinen Luftströmungen unvorstellbare Mengen an Wasser und Energie. Wind und Wetter sind dabei untrennbar miteinander verbunden. Die direkten Auswirkungen erleben wir als Gleitschirmflieger in Form des lokalen Wind- und Wettergeschehens.

Die großflächigen Windzirkulationssysteme und Windströmungen entstehen durch den Einfluss von Sonneneinstrahlung (**Druckgradient**), Erddrehung (**Corioliskraft**) und Bodenreibung der Luft (**Reibungskraft**). Es gibt dabei Windsysteme mit unterschiedlichen Ausdehnungen bis hin zu kleinflächigen, lokalen Windsystemen wie das Berg- und Talwindsystem. Winde haben dabei unterschiedliche Stärken. Die Himmelsrichtung, aus der der Wind weht, gibt die **Windrichtung** in Grad an, z. B. Südwind = 180°.

Druckgradient

Durch die Sonneneinstrahlung werden auf der Erde großräumige Luftmassen aufgeheizt. Diese bilden dadurch Zonen mit unterschiedlichem Luftdruck aus. Es entstehen die **Hochdruck-** und **Tiefdruckgebiete.** Zwischen diesen herrscht ein *Druckgefälle,* der **Druckgradient.** Da sich unterschiedliche Druckzonen ausgleichen wollen, entstehen die Winde, die auch als **dynamische Winde** oder **Druckwinde** bezeichnet werden. Großräumige Winde sind Luftströmungen vom Hoch zum Tief.

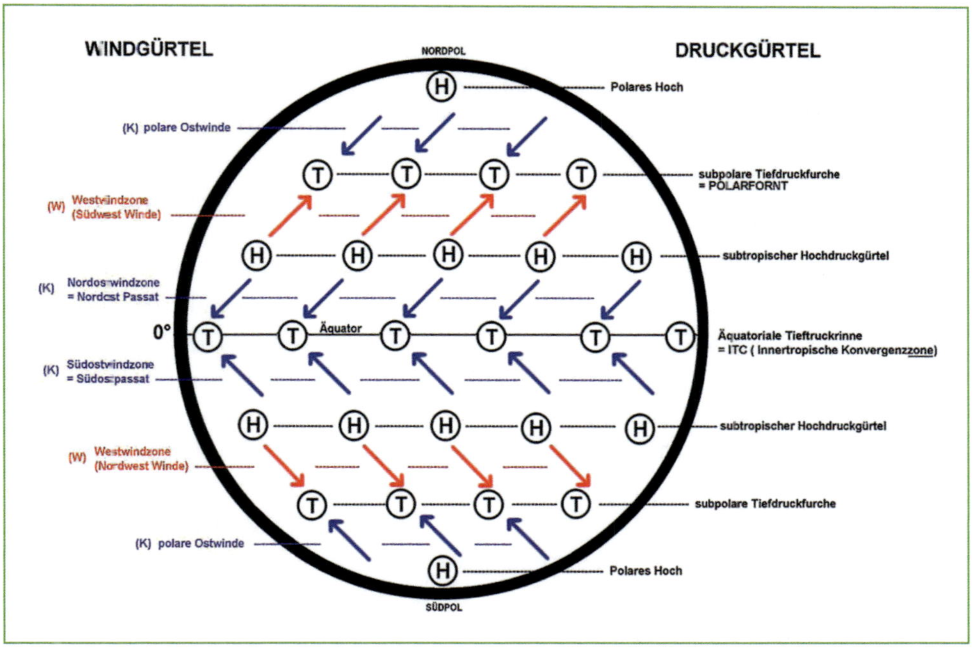

Winde wehen durch den Druckunterschied vom Hoch zum Tief.

Corioliskraft

Unter dem Begriff **Corioliskraft** versteht man die »**ablenkende Kraft der Erdrotation**«. Sie ist eine Scheinkraft, die auf jede sich bewegende Masse wirkt. Bewegen sich Luftmassen (durch den Luftdruckunterschied) auf der Nordhalbkugel von Nord nach Süd (Nordwind), laufen sie wegen ihrer Trägheit der Erdrotation hinterher.

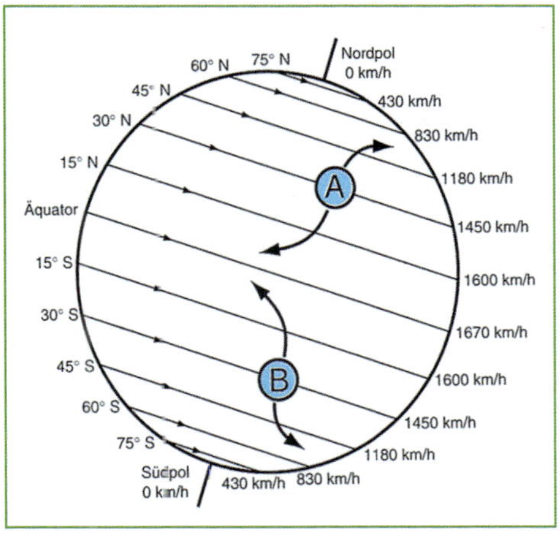

Die breitenabhängige **Geschwindigkeit der Erddrehung.** Weil die Erddrehungsgeschwindigkeit zu den Polen hin stark abnimmt, erfahren Luftmassen, die sich nördlich oder südlich bewegen, eine Ablenkung (**Corioliskraft**).

So wird aus einem Nord- ein Nordost-, dann ein Ostwind (s. Grafik Corioliskraft). Der Druckunterschied vom Hoch zum Tief wird also wegen der ablenkenden Corioliskraft nicht direkt ausgeglichen. Dieser Effekt trägt zur Wetterbildung bei. Je höher die Windgeschwindikeit, desto stärker die Windablenkung durch die Corioliskraft.

Nordhalbkugel:	*Rechtsablenkung des Windes*
Südhalbkugel:	*Linksablenkung des Windes*

Reibung

Die Rauigkeit der Erdoberfläche bewirkt eine bremsende Wirkung auf die Luftströme. Die Bremskraft nimmt zum Boden hin stark zu.

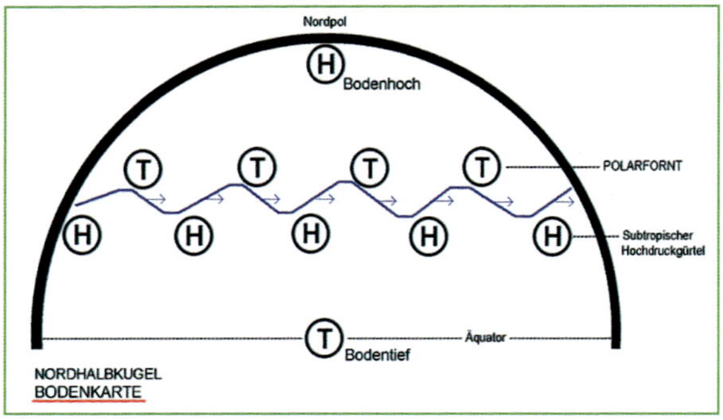

Der Jetstream: Durch die Temperaturunterschiede zwischen den Subtropen und den Polen mäandriert der Jetstream (Strahlstrom, blau dargestellt). Auf der Nordhalbkugel wird der Effekt durch kontinentale Hindernisse (z. B. Himalaja) verstärkt. Es entstehen die Rossby-Wellen, die zusätzlich untere Luftschichten mitreißen und so Zyklone (T) ausscheren lassen.

Herrschen am Boden Windgeschwindigkeiten von 15 km/h, sind in 500 m Höhe schon 30 km/h zu erwarten (Verdoppelung). Zusätzlich erfährt die Windrichtung durch die Corioliskraft eine Rechtsablenkung um 15°. In 1500 m Höhe hat sich die Windgeschwindigkeit schon verdreifacht (45 km/h) und ihre Rechtsablenkung auf 30° erhöht. Ab 1500 m Höhe wird der Einfluss der Reibung allmählich unmerklich. Das Windprofil ist die grafische Darstellung. Die Windgegensätze werden bei stabiler Schichtung größer und bei labiler Schichtung kleiner.

500 m über Grund:
Verdoppelung der Windgeschwindigkeit, Rechtsdrehung um 15°.
1500 m über Grund:
Verdreifachung der Windgeschwindigkeit, Rechtsdrehung um 30°.

5.4 Tiefdruck

Jetstream und Frontensystem

Für unser Wetter sind die schnellen Wechsel von durchlaufenden Hoch- und Tiefdruckgebieten wetterbestimmend. Wie schon beschrieben, entsteht das Tief durch die Abgrenzung von drei großräumigen globalen Luftmassen. Dies sind die zwei Kaltluftgebiete um die Polkappen und ein Warmluftgebiet, das vom Äquator bis hin zu den mittleren Breiten reicht. Warm- und Kaltluft grenzen in der **Polarfront** aneinander. Die Polarfront bleibt nur deshalb dauerhaft bestehen, weil die unterschiedlich temperierten Luftmassen nicht frontal aufeinanderstoßen, sondern durch die Corioliskraft so weit abgelenkt werden, dass sie mehr oder weniger parallel aneinander vorbeigleiten.

So bewegt sich nun die Polarluft an der Polarfront nach Westen und die Warmluft nach Osten. Es entstehen dadurch große Temperatur- wie Druckunterschiede. Somit ist eine sehr starke Gradientenkraft wirksam, die in Verbindung mit der wirkenden Corioliskraft einen sehr starken Westwindstrom, den **Jetstream**, entstehen lässt. Mit seinen gewaltigen Windgeschwindigkeiten von über 500 km/h ist er für die Entstehung unseres Wetters mit verantwortlich.

Der Jetstream strömt an der mäandrierenden Grenze zur Polarfront entlang. Dabei werden an den ausbauchenden Reibungsflächen zur Polarfront Luftmassenteile mitgerissen. So können sich Teile des wärmeren Luftstroms über den kälteren schieben bzw. die kälteren Strömungen die wärmeren unterströmen. Die mitgerissenen Luftmassen bilden großräumige Wirbel mit bis zu 3000 km Durchmesser. Diese Wirbel sind die **Tiefdruckgebiete.** Dabei entstehen zwei **Fronten:**

Östlich des Zentrums schiebt sich die **Warmfront** in flachem Winkel über die polaren Kaltluftmassen. Westlich unterströmt die Kaltluft als **Kaltfront** die Warmluft. Da sich die Kaltfront schneller als die Warmfront bewegt, wird der Warmluftsektor immer kleiner. Wenn sich beide Fronten vereinen, ist die **Okklusionsfront** geboren. Dabei verliert das Tief in zwei bis fünf Tagen so weit an Intensität, dass Warm und Kalt praktisch ausgeglichen sind.

Luftströmung vom Hoch zum Tief (Nordhalbkugel)

Auf Satellitenbildern sind die großflächigen Wirbel von Tiefdruckgebieten sehr gut zu sehen, die durch den Jetstream auf die Reise gebracht werden. Dabei wird wiederum durch die Corioliskraft der Luftstrom nach rechts abgelenkt. Der Luftstrom wird auf eine Kreisbahn um das Hoch gebracht und umkreist das Hoch im Uhrzeigersinn. In Bodennähe wird der Luftstrom durch die Bodenreibung abgebremst, dadurch nimmt der Einfluss der Corioliskraft ab. So kann der Druckgradient wirken. Der bodennahe Luftstrom wird vom Zentrum des Tiefdruckgebietes angesaugt. Durch die Überlagerung von Reibung, Corioliskraft und dem Druckgradienten beschreibt der Luftstrom beim Übergang vom Hoch ins Tief eine leichte, spiegelverkehrte

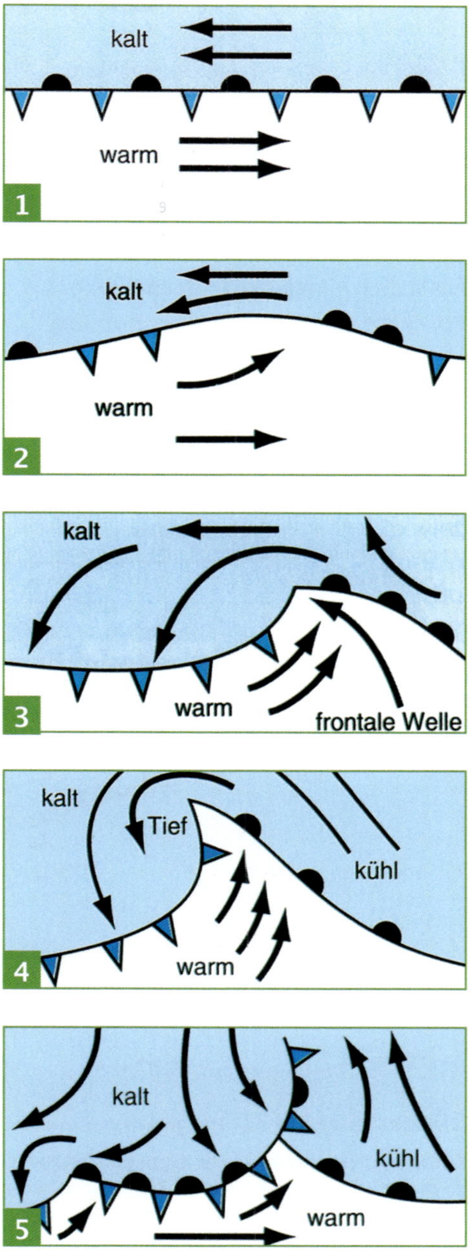

Entstehung eines Tiefs (von oben nach unten):

1 Die **Polarfront** bezeichnet die Grenzfläche zwischen feuchter Warmluft äquatorialen Ursprungs und polarer Kaltluft. Sie verläuft erdumspannend in den gemäßigten Breiten, und weil beide Luftmassen gegenläufig aneinander vorbeistreichen, kommt es immer wieder zu gegenseitigem Eindringen und Überlagerungen mit großräumigen Wirbelbildungen **(Zyklonen = Tiefs)**.

2 Warme Luft hat die Tendenz, auf die Kaltluft aufzulaufen und sie zu überschichten. Im Gegenzug unterwandert die Kaltluft die äquatoriale Warmluft. Es kommt zu leichten Störungen und Ausbauchungen an der Polarfront.

3 Ausbildung von **Warmfront** (Halbkreissymbol) und **Kaltfront** (Keile). Die Luftströmungen schließen sich zu einem großräumigen Wirbel (Zyklon).

4 Die Kaltfront läuft deutlich schneller als die Warmfront und engt den dazwischenliegenden **Warmluftkeil** zunehmend ein.

5 **Okklusionsfront:** Vom Kern des Tiefs beginnend schließt sich zunehmend der Warmluftkeil, d. h., die Kaltfront hat die gesamte Warmluft über die vor ihr liegende Kaltluft aufgeschoben. Die Warmluft wird nunmehr durch beide Kaltluftmassen vom Boden abgehoben und immer mehr in die Höhe verfrachtet.

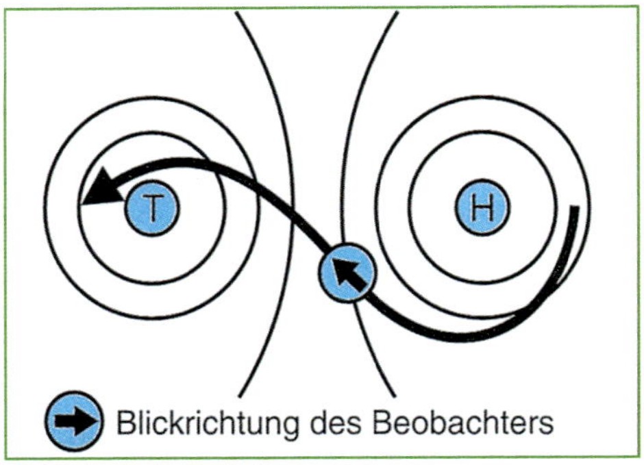

Hoch-Tief-Lage: Stellt man sich mit dem Rücken zum Wind, befindet sich vorne links das Tief, rechts hinten das Hoch.

S-Kurve. Jedoch spielt der Jetstream als Initialzündung für die Entstehung des Tiefs zusätzlich eine entscheidende Rolle.
Rücken zum Wind: vorn links das Tief, hinten rechts das Hoch.
Diese Faustregel gilt für die Nordhalbkugel. Jedoch nur, wenn die Hauptwindrichtung nicht durch lokale Luftströmungen abgelenkt wird, wie z. B. in Alpentälern.

FLUG PRAXIS

Vor dem langsamen Herannahen einer Warmfront lassen sich durchaus Flüge durchführen. Sie werden erst durch die sinkende Wolkenbasis und Niederschläge eingeschränkt. Keine thermische Aktivität.

Warmfront

Durch das Aufgleiten der Warmluft auf die Kaltluft entsteht eine **Warmfrontfläche,** deren Schnittlinie mit dem Erdboden als **Warmfront** bezeichnet wird. Die Warmluft gleitet äußerst flach auf (Gleitzahl von 1:100). Die Warmluft wird durch den Hebevorgang abgekühlt und kondensiert. Es bilden sich Wolken. In großer Höhe, bei ca. 8000 bis 12 000 m Höhe, entstehen als Vorboten einer Warmfront die **Cirren** (Eiswolken). Durch den flachen Aufgleitwinkel und die langsame Geschwindig-

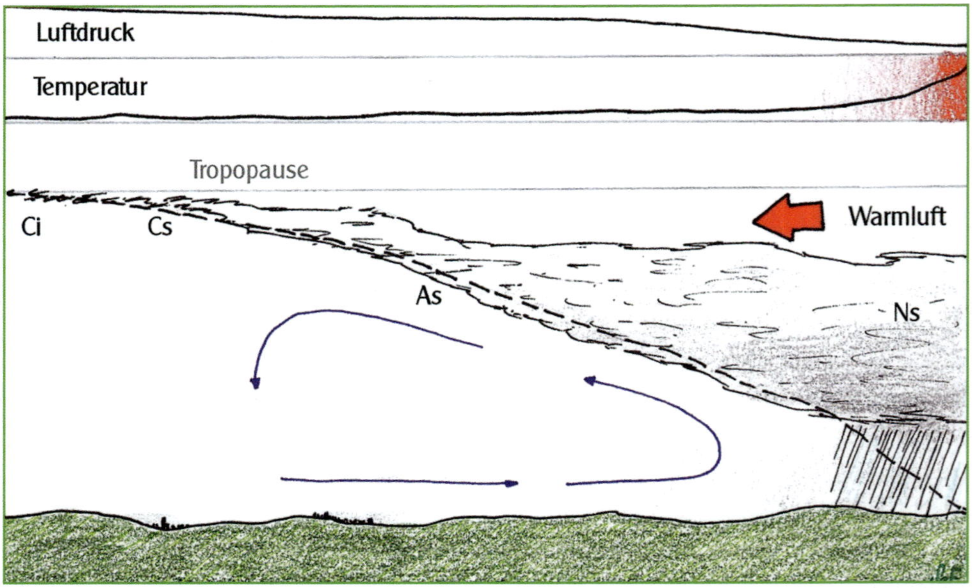

Warmfront: In einem sehr flachen Neigungswinkel gleitet die Warmluft auf die Kaltluft auf. Die Warmfront kündigt sich durch Cirren (Ci) an. Diese verdichten sich mehr und mehr zu Schichtbewölkung (Cs = Cirrostratus, As = Altostratus). Sie sinkt zunehmend ab und geht in bis zu mehrtägigen Regen über (Ns = Nimbostratus). Man beachte den typischen Temperatur- und Luftdruckverlauf einer Warmfront.

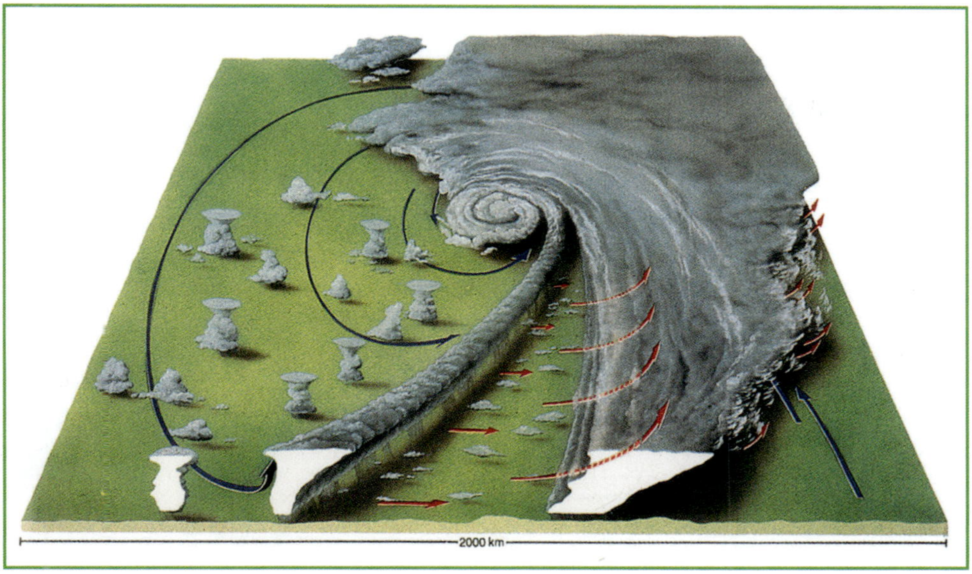

Ein **Tief (Zyklon)** mit Warmfront (rechts) und Kaltfront (links). Beide schließen ein Zwischenhoch ein. Hinter der Kaltfront kommt Rückseitenwetter auf.

keit von 15 bis 40 km/h ist bereits ein bis zwei Tage vorher die Warmfront zu erkennen. Die Bodenfront mit ihren unmittelbaren Wetterauswirkungen ist noch 800 bis 1000 km entfernt. Die Cirren verdichten sich zum **Cirrostratus**, einem hoch liegenden Wolkenschleier. Der jetzt sichtbare **Halo**, ein Ring um Sonne und Mond, ist ein typisches Wetterzeichen für eine Warmfront. Im weiteren Verlauf bildet sich Schichtbewölkung (**Stratus**) aus, deren Wolkenbasis zunehmend absinkt. Zunächst befinden sich noch die Schichtwolken **Altostratus** in den mittleren Höhen. Sie gehen dann immer mehr in **Nimbostratus** über (flächendeckende Bewölkung mit Dauerregen). Warmfronten können durch den flachen Aufgleitwinkel für bis zu 3 Tage Dauerregen und Schlechtwetter mit sich bringen.

› **Luftdruck:** Der Luftdruck nimmt ab, je näher die Warmfront heranschreitet, da immer weniger Kaltluft von mehr Warmluft überlagert wird. Nach Durchzug stabilisiert sich der Luftdruck.

› **Temperatur:** Sie bleibt weitgehend konstant. Nach Durchzug der Warmfront gibt es einen raschen Anstieg.

Kaltfront

Die Kaltfront kommt viel stürmischer daher und schiebt sich mit 30 bis 60 km/h in den Warmluftsektor. Dabei wird die Warmluft wie ein Keil von der Kaltfront unterströmt. Durch die höheren Windgeschwindigkeiten kann die Kaltluft jedoch auch in grö-

FLUG PRAXIS

Vor der Kaltfront kein Flug, starke Böen. Zügig landen, sich sofort vom Schirm trennen und den Schirm einpacken. Starke Böen können den Schirm mitreißen. Das Rückseitenwetter ist fliegbar, mitunter Thermik.

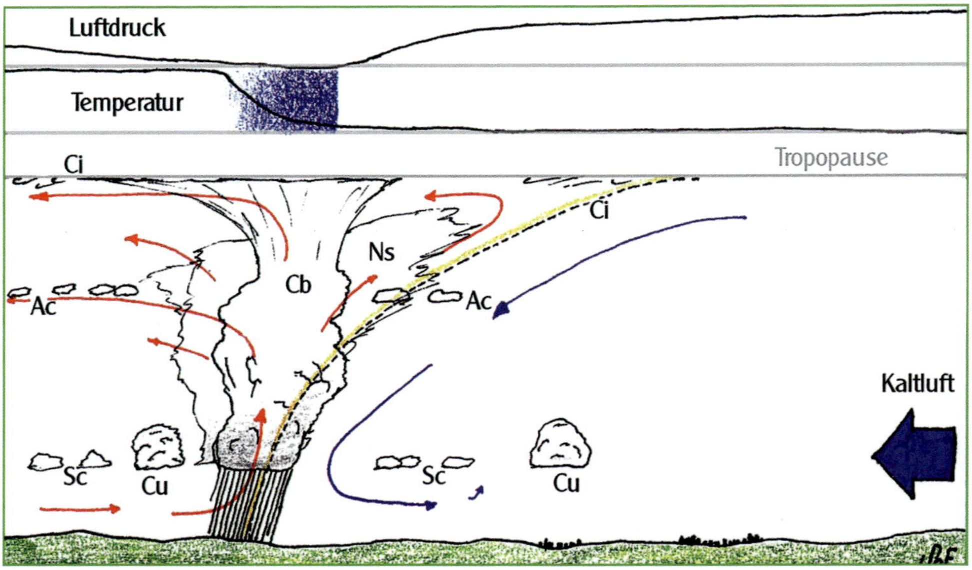

Kaltfront: Ein Kaltluftkopf dringt in Warmluftmassen ein. Die Schichtung wird labilisiert, heftige Frontgewitter sind die Folge (Cu = Cumulus, Cb = Cumulonimbus). Interessant ist der Vergleich des Temperatur- und Luftdruckverlaufs der Kaltfront mit dem Verlauf einer Warmfront und einer Okklusionsfront (S. 69).

ßeren Höhen in die Warmluft einbrechen. Diese Einbruchsfläche der Kaltfront kann dabei eine Art Kaltluftkopf vor sich herschieben. Da die Kaltfront wesentlich steiler als die Warmfront verläuft, sind starke vertikale Umschichtungen die Folge. Charakteristische Vorboten der Kaltfront sind Haufenwolken (**Cumulus**). Sie befinden sich unmittelbar vor der Front und überraschen durch das schnelle Auftreten und die unmittelbaren heftigen Windbedingungen. Der mäßige Südwestwind des Warmluftbereichs springt auf Nordwest und wird stark böig. Heftige Böenwalzen eilen bis zu 20 km den Frontgewittern voraus. Durch diese Entfernung ist die Front oft noch nicht zu erkennen, jedoch sind die Turbulenzen schon in voller Stärke zu spüren. Den ersten starken Vorboten folgt meist ein Frontgewitter (**Cumulonimbus** = Gewitterwolken), das nur wenige Stunden dauert. Es kann neben Gewitter auch starken Regen und sogar Hagel mit sich bringen. Da das Wetterband mit 80 bis 150 km Breite sehr schmal ist, klingen Gewitter und Regen schnell ab. Es folgt meist wechselhaftes **Rückseitenwetter** mit wechselnden sonnigen Abschnitten und Schauer bei noch böigem Wind.

› **Luftdruck:** Mit dem Eintreffen der Kaltfront entsteht starker Luftdruck, der anschließend wieder schnell abnimmt.

› **Temperatur:** plötzlicher Temperaturrückgang, dann gleichbleibend niedrige Temperatur. Beim Rückseitenwetter durch sonnige Abschnitte Temperaturschwankungen.

Okklusionsfront

Bei der Entstehung der Okklusionsfront wird der Warmluftbereich der Warmfront durch die schnell wandernde Kaltfront zunehmend eingeengt und von der Kaltluft unterwandert. Die Kaltfront läuft auf den

Kaltluftkeil auf, über den sich sonst die Warmluft mit der Warmfront aufschiebt. So sind jetzt drei verschieden temperierte Luftmassen an der Front beteiligt (= Okklus – Warmluft, die Kaltluft der Kaltfront und der Kaltluftkeil). Der Warmluftbereich ist von dem Kaltluftbereich nun vollständig unterwandert und wird in die Höhe gedrückt. Je nach Aufbau und den Temperaturunterschieden bildet sich die Warm- oder Kaltfrontokklusion, das Temperaturgefälle kann jedoch so gering sein, dass die Unterscheidung schwerfällt.

Kaltfrontokklusion:

Im Sommer, also zur Flugsaison, überwiegt bei uns der Kaltfrontokklusionstyp. Er entsteht, wenn am Boden die kalten Luftmassen der Kaltfront den geringfügig wärmeren Kaltluftkeil unterwandern. In

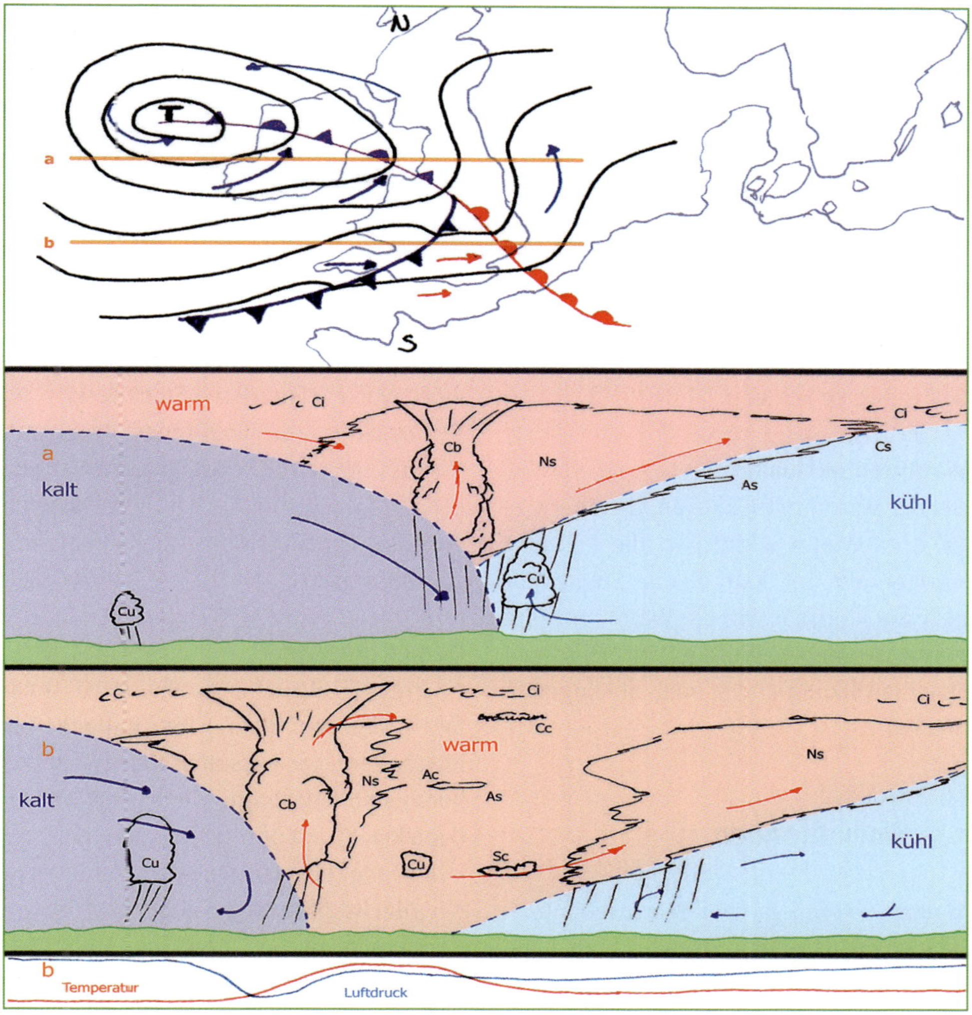

Oben: Kaltfrontokklusion: Auf der Bodenwetterkarte sind die Schnitte a und b eingezeichnet. In Abteilung a und b sind die entsprechenden Höhenschnitte mit Temperaturunterschieden und Wolkenformen dargestellt. Unten: Unter Abb. b ist das Temperatur- und Luftdruckprofil zu erkennen.

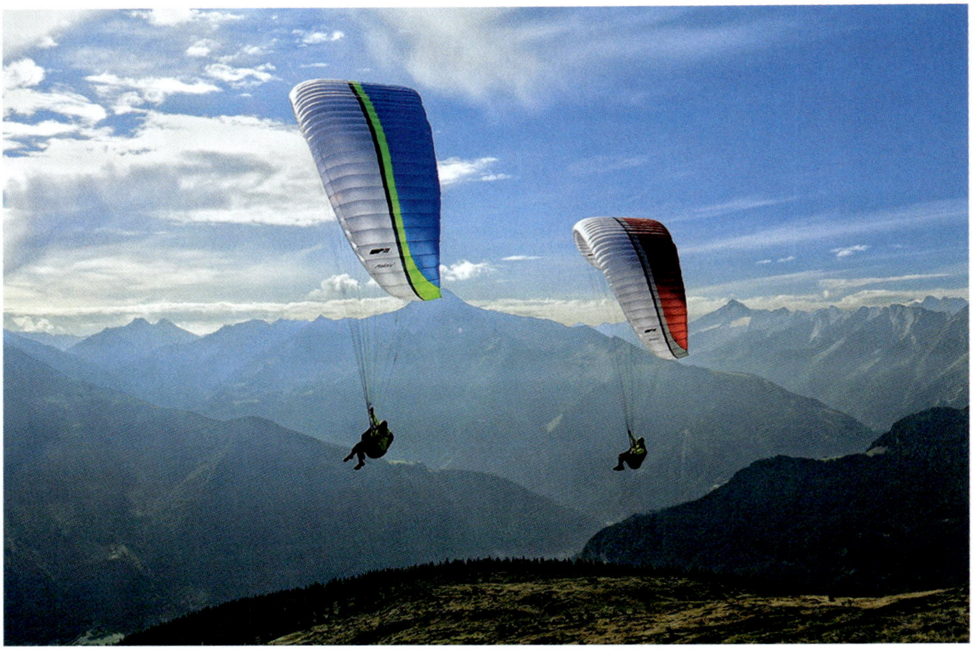

Die Flügelaußenseite wird von der am Südhang aufsteigenden Thermik nach oben gedrückt.

Folge entstehen starke Quellbewölkung und teilweise Schauer.

Warmfrontokklusion:
Bei der Warmfrontokklusion, die überwiegend im Winter auftritt, ist die Kaltfront wärmer als der Kaltluftkeil. So verhält sich die Kaltfront wie die Warmfront und gleitet auf den Kaltluftkeil auf. Es folgen Quellbewölkung und schnell abklingende Schauer.

5.5 Wolkenformen

Wolken werden in drei Stockwerke aufgeteilt. Im untersten Stockwerk sind die Wasserwolken, im mittleren Stockwerk finden sich die Mischwolken aus Wassertröpfchen und Eiskristallen und im oberen Stockwerk trifft man auf die Eiswolken.

Nomenklatur:
Alto-: Wolke im mittleren Stockwerk.
Stratus, Strato-: schichtförmiges Aussehen.
Nimbus, Nimbo-: Wolke, die sich abregnet.
Cumulus, Cumulo-: Wolke mit haufenförmigem Aussehen.

Oberes Stockwerk

› **Cirren (Ci):** Bestehen aus feinsten Eiskristallen, sind sehr dünn, haben einfeder- bis büschelförmiges Aussehen. Wirken feststehend, sind jedoch die schnellsten Wolken (>100 km/h), in 8000–12 000 m Höhe.
– Bei fallendem Luftdruck und zunehmender Feuchtigkeit, aus SW bis NW: Warmfront binnen maximal zwei Tagen.
– Bei Schönwetterlagen unregelmäßig verteilt: keine Änderung.
– Aus O, kaum bewegend oder auflösend: Wetterbesserung.

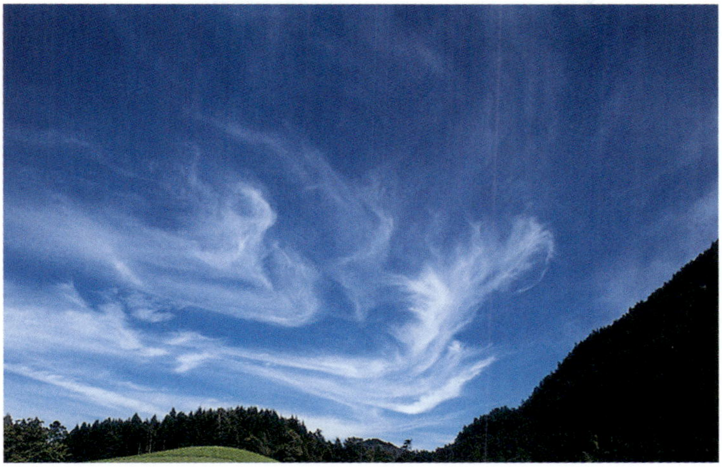

Cirruswolken im Vorfeld einer Zyklone zeigen das Ende einer Schönwetterperiode an.

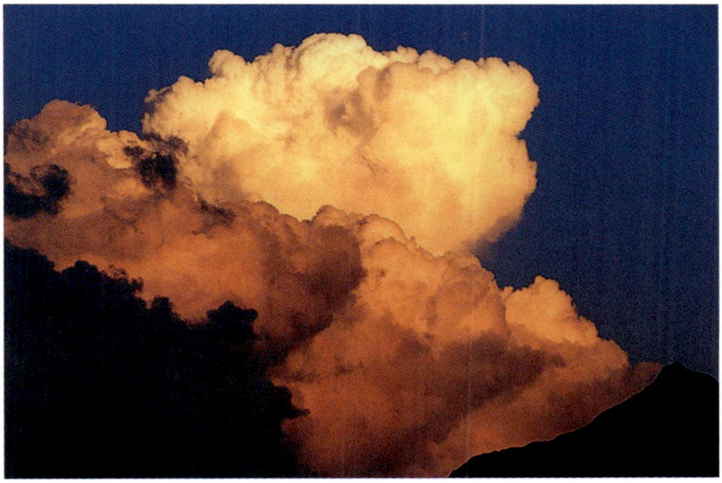

Cumulonimbus – Gewitterwolke in hohem Entwicklungsstadium, kurz danach gab es kräftige Schauerniederschläge.

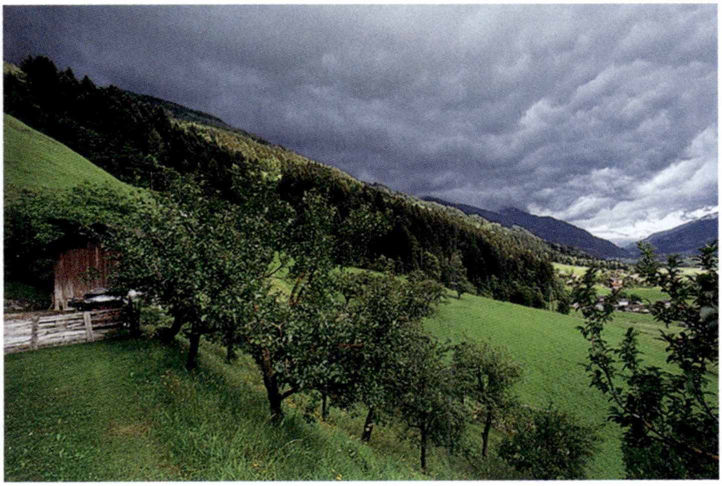

Nach Schönwetter greift eine Okklusion mit Kaltfrontcharakter auf das Fluggebiet über.

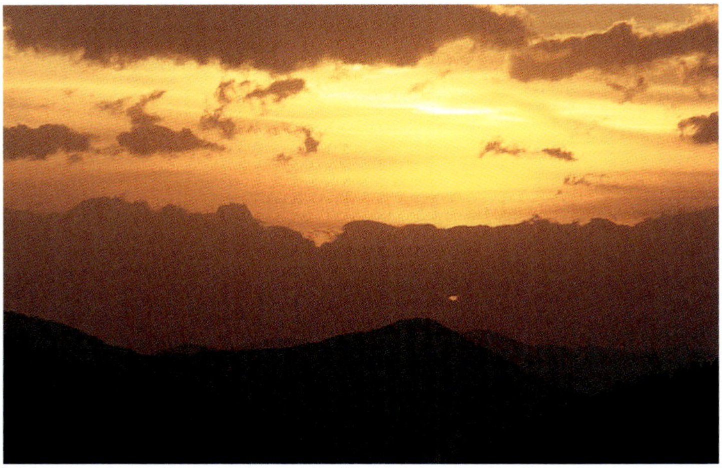

Föhn ohne deutliche Wellenausbildung ist schwer zu erkennen.

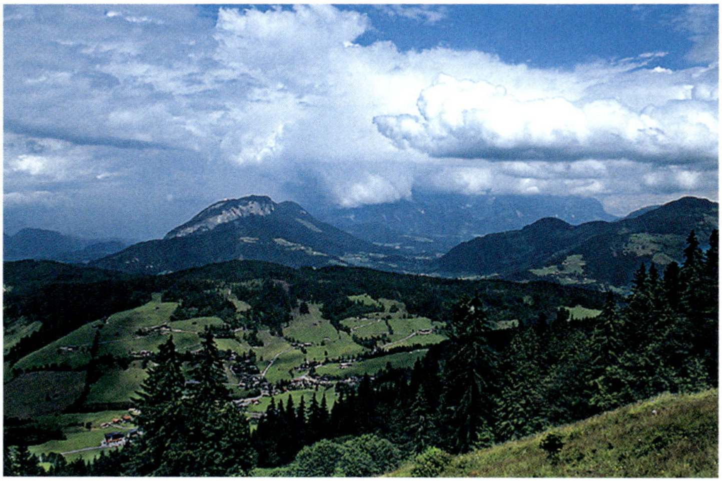

Eine Kaltfront am Alpennordrand dringt in das Gebirge vor.

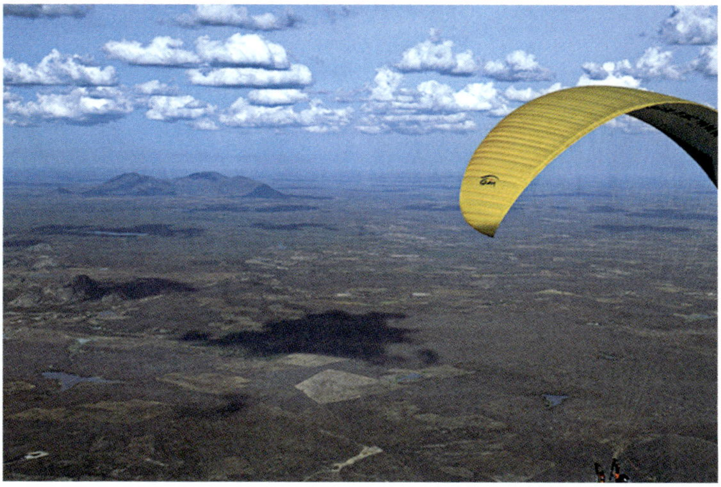

Solche Cumuluswolken bedeuten ideales Streckenflugwetter; hier sogar Weltrekordwetter in Zepalta, Texas.

› **Cirrocumulus (Cc):** Federwolken, die zu leichten Haufen akkumuliert sind. Kleine weiße Flocken oder Bällchen aus feinsten Eiskristallen. In 6000–10 000 m Höhe.
– Aus W, schnell aufziehend: schlechtes Wetter.
– Im Sommer vor Gewittern, am häufigsten bei Föhn.

› **Cirrostratus (Cs):** milchiger Eisschleier, wie leichter Nebel. Haloerscheinungen: kreisförmiger, leicht gefärbter Beugungs- und Brechungsring um die Sonne oder den Mond, 6000–8000 m Höhe. *Klassischer Schlechtwetteranzeiger.*

› **Kondensstreifen:** Art künstliche Cirruswolke aus feinen Eiskristallen in 7000–9000 m Höhe.
– Schnelle Auflösung im Hoch: keine Wetteränderung.
– Verzögerte Auflösung, ausbleibende Auflösung unter Verbreiterung, schnelle Abdrift: starker Höhenwind NW bis SW. Wetteränderung.

Mittleres Stockwerk

› **Altocumulus (Ac):** grobe Schäfchen, teilweise walzen- bis schuppenförmig angeordnet, Wasserwolken, bisweilen Mischwolken, 3000–6000 m Höhe.
– Nur wenn wellenförmig angeordnet: *sichere Gewitterwarnung.*

› **Altostratus (As):** graublaue konturlose Schicht, lässt Sonne schwach durchdringen, 3000–6000 m Höhe.
– Sonne zunehmend verhüllend: *anrückende Warmfront.*

› **Nimbostratus (Ns):** mächtige Schlechtwetterwolke, einförmige graue bis weißliche Färbung, 2000–5000 m Höhe.
– Lange Regen- und Schneefälle.

Unteres Stockwerk

› **Stratus (St):** Hochnebel, maximal feiner Sprühregen, kann tagelang anhalten. Wenige Meter bis 2000 m Höhe.

› **Stratocumulus (Sc):** niedrige Schichthaufenwolke, sehr häufig. In Walzen oder Ballen mit dunkler Basis. 500–2000 m Höhe.
– Stabiles, trübes Wetter ohne große Niederschlagsneigung. Stabil.

› **Cumulus (Cu):** niedrige Quellwolke. 500–6000 m Höhe.

Stockwerkübergreifend

› **Cumulonimbus (Cb):** Gewitterwolke. 500–15 000 m Höhe.

Oberes Stockwerk:
Eiswolken, über 6000 m.
Mittleres Stockwerk:
Mischwolken, ab 2500 m bis ca. 6000 m.
Unteres Stockwerk:
Wasserwolken bis ca. 2500 m Höhe.

5.6 Lokale Luftzirkulation (lokales Wetter)

Als Gleitschirmflieger bewegen wir uns im Bereich der lokalen Luftzirkulationen. Dazu gehören das Talwindsystem wie auch die Thermik. Die Aerodynamik am Gleitschirmflügel zeigt, wie sich laminare Luftströmungen an Profilen verhalten. Streicht der Wind über die Erde und deren Geländestrukturen, ergeben sich ähnliche Effekte. Sind die Oberflächen der Erde sanft gewellt, gleichen sich die Strömungslinien des Windes im Wesentlichen verwirbelungsfrei an den Untergrund an. Dies ist dann die **laminare Strömung.**

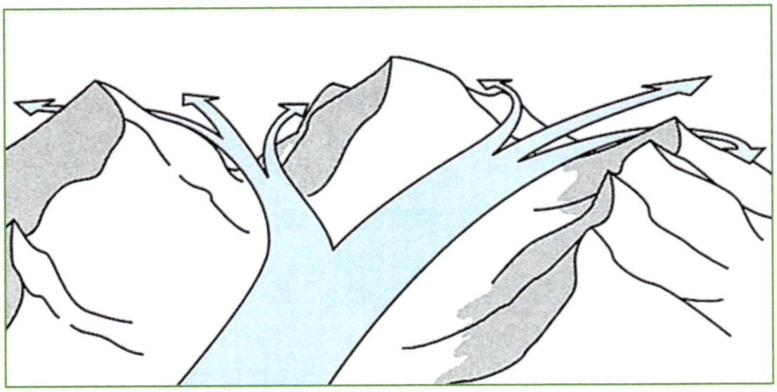

Orografische Windablenkung: In engen Tälern kommt es zu einer Düsenwirkung. Berge können eine Windablenkung bewirken. Der Gleitschirmflieger findet deshalb am Startplatz oft andere Windrichtungen als die Hauptwindrichtung vor.

Größere Unebenheiten der Erdoberfläche wie Berge, Hügelketten oder Taleinschnitte stören die Luft in ihrem gleichförmigen Strömungsfluss. Es entstehen **Turbulenzen.** Dies ist verwirbelte Luft, die ähnlich wie das Wasser je nach Hindernis und Strömungsgeschwindigkeit unterschiedlich große Wirbel ausbildet. Dabei bilden sich mit zunehmender Windgeschwindigkeit immer längere und großräumigere Verwirbelungen und Rotoren aus. Diese **turbulenten Strömungen** sind für Gleitschirmflieger risikoreich.

Turbulenzen und Strömungen

Gleitschirmflieger fliegen in der Regel im Luv, also auf der dem Wind zugewandten Seite. Leeflugsituationen bringen fast immer erhöhte Risiken.

Luv = windzugewandte Seite
Lee = windabgewandte Seite

› Bodenturbulenz

Streicht Wind über den Boden, entstehen Turbulenzen, die mit der Windgeschwindigkeit und mit dem mehr oder weniger ausgeprägten Relief der Landschaft zunehmen.

› Leeturbulenz

An Hindernissen wie Hügeln, Bergrücken oder auch Bäumen und Häusern bilden sich auf der windabgewandten Seite (= Lee) Leeturbulenzen. Die Turbulenzen

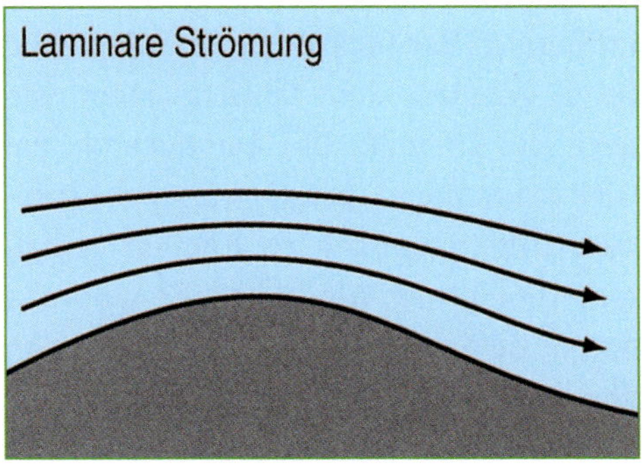

Laminare Strömung: Strömungsbänder verlaufen in mehr oder weniger parallelen Bahnen, ohne miteinander zu verwirbeln. Die Luft befindet sich in einem gleichmäßigen Strömungsfluss.

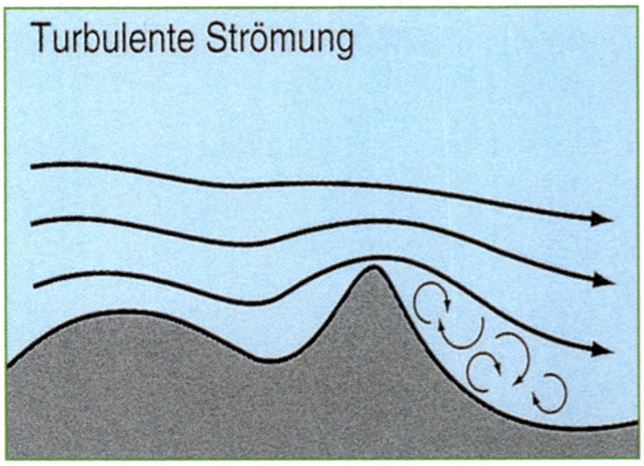

Turbulente Strömung: Die gleichmäßige Strömung wird gestört und in sich verwirbelt. Solch eine Turbulenz wird meist durch Hindernisse ausgelöst (Leeturbulenz) und ist in ihrer Richtung völlig unberechenbar.

Der Pilot nutzt das Aufwindband der Hangkante, muss jedoch aufpassen, nicht in das Lee zu geraten.

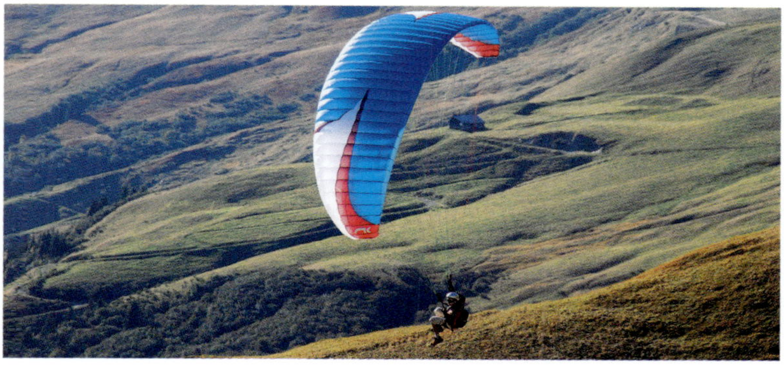

wachsen mit zunehmender Windgeschwindigkeit und können **Wirbelschleppen** von mehreren Hundert Metern ausbilden. Bei starkem Wind bilden sich an Graten Leewalzen aus. Diese großen Wirbel erzeugen auch Aufwindkomponenten, die fälschlicherweise mit Aufwind verwechselt

WICHTIG

- Generell die Luvseite von Hindernissen anfliegen.
- Luvseitig von Bergen starten.
- Leeseite meiden, Gefahr.
- Auf die Zugrichtung der Wolken achten.
- Am höchsten Punkt des Grates nach den echten Windverhältnissen sehen.

werden können. Deshalb auf die gesamte Wettersituation achten.

Bei zweifelhaften Verhältnissen kein Start!

Leewalzen laufen nicht nur horizontal, der Verlauf ist abhängig von der Hangausrichtung und der Hangneigung. An senkrechten Felskanten, steilen Taleinschnitten oder abrupten Talerweiterungen können Leewalzen als **Seitenwalze,** also vertikal laufend, ausgebildet sein.

› Windscherungen

Dies sind meist schlecht erkennbare Turbulenzen, die auftreten, wenn Luftströmungen sich entgegengesetzt bewegen und dabei sich reibend, parallel aneinander vorbeiströmen. Es entstehen dadurch

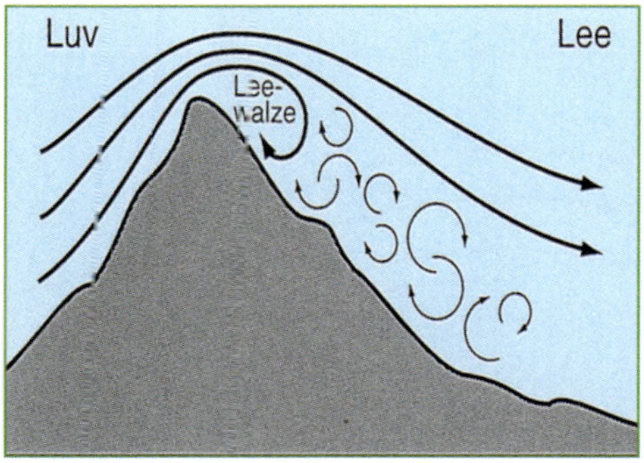

Luv – Lee: Das Luv ist die windangeströmte Bergflanke, das Lee beschreibt die windabgewandte Bergseite. Während sich luvseitig meist laminare Aufwindbänder formieren, können leeseitig heftige Turbulenzen entstehen oder sich großräumige Leerotoren oder Leewalzen bilden.

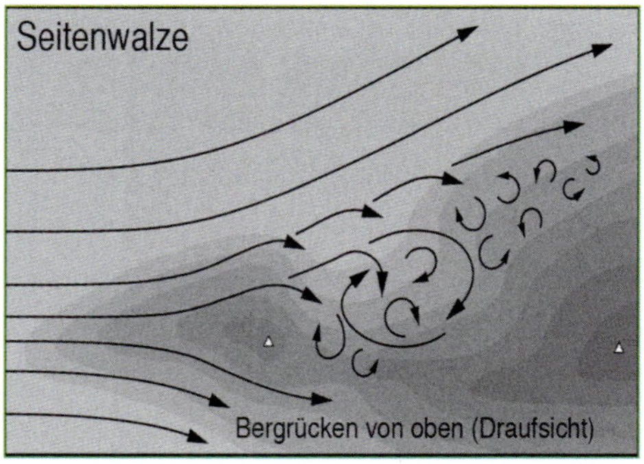

Seitenwalze: Je nach Geländeform und Orientierung können Walzen alle Neigungen bis zur Vertikalen einnehmen.

WICHTIG

Windscherung bei:
- Thermik durch Auf- und Abwinde.
- Störung des Talwinds von Aufwindsystemen (durch Thermik).
- Unterschiedlich ausgerichtete Horizontalströmungen bei Inversionslage.

starke Turbulenzen. Es gibt vertikale wie horizontale Windscherungen, deren Stärke von den jeweiligen Windgeschwindigkeiten abhängt.

› **Düsenwirkung**
Verengt man ein Bachbett, so wird man feststellen, dass das Wasser an der Engstelle schneller fließt. Analog verhalten sich Luftströmungen. Verengen sich schroffe Gebirgstäler, herrschen an der Engstelle erheblich höhere Windgeschwindigkeiten (*Passwind*). Auch Baumreihen, Häuserfronten etc. können ähnliche Effekte haben. Selbst einseitige Engstellen, etwa Berggrate, erhöhen die Windgeschwindigkeit und vergrößern Turbulenzwirkungen. Wird ein Tal weiter, verringert sich der Staudruck und der Wind lässt nach.

› **Windgeschwindigkeit:**
Sie wird in Knoten (kn) aber auch in m/s oder km/h angegeben und mit Flügelradsensoren oder Anemometern gemessen.
Faustformel für die Umrechnung:
(km/h:2) + 10 % ’kt/s
(km/h:4) + 10 % ’m/s

Dynamische Winde

Durch Berge und Hügel werden globale Winde abgelenkt und der Haupthangrichtung entsprechend nach oben gerichtet. Es entstehen also Aufwinde auf der **Luvseite** (windzugewandte Seite).
Dies sind die **dynamischen Hangaufwinde.** Auf der windabgewandten Seite (**Leeseite**) entstehen Abwinde und Turbulenzen. Die besten Hangaufwinde bilden sich bei gleichmäßig ansteigendem Gelände mit möglichst großem Höhenunterschied. Je breiter die Massive sind, desto besser.
Kegelförmige Berge veranlassen Luftströmungen, seitlich auszuweichen und sich zu teilen. Sie bilden so gut wie keine nutzbaren Aufwindkomponenten. Je steiler die Hangneigung, desto stärker ist die Aufwindkomponente. Jedoch sind die Aufwindbänder dabei auch enger. Mit dem Gleitschirm sind diese überwiegend lami-

WINDERKENNUNG AUS DEM FLUG

- Staub- und Heustaubfahnen von Straßen, Feldern und Wiesen.
- Pollenflug von Bäumen.
- Wasseroberflächen von Seen (glatt = Windstärke 0, kleine Kräuselwellen = 1, kleine Wellen = 2, weiße Schaumkronen = 4, brechende Wellen = 6).
- Vögel und deren Flugverhalten.
- Rauch von Feuerstellen und aus Kaminen.
- Wolken und Wolkenfetzen.
- Fahnen, Baumwipfel, fliegendes Laub.

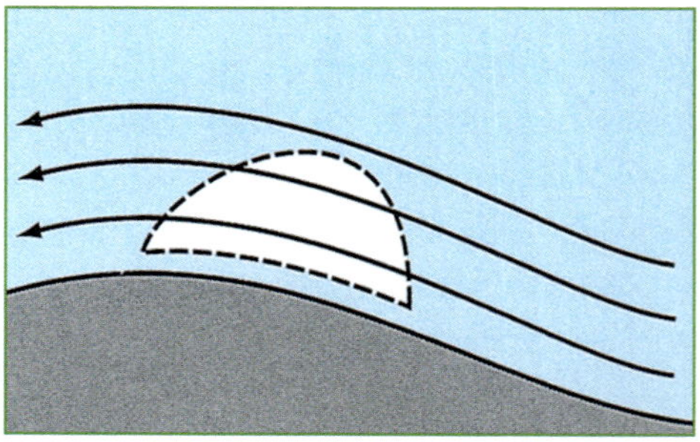

Ein breites, aber schwaches **Aufwindband** bildet sich luvseitig bei Hangkanten oder Bergen mit geringer Neigung aus. Je flacher das vorgelagerte Gelände ist, desto besser kann sich das Aufwindband ausbilden.

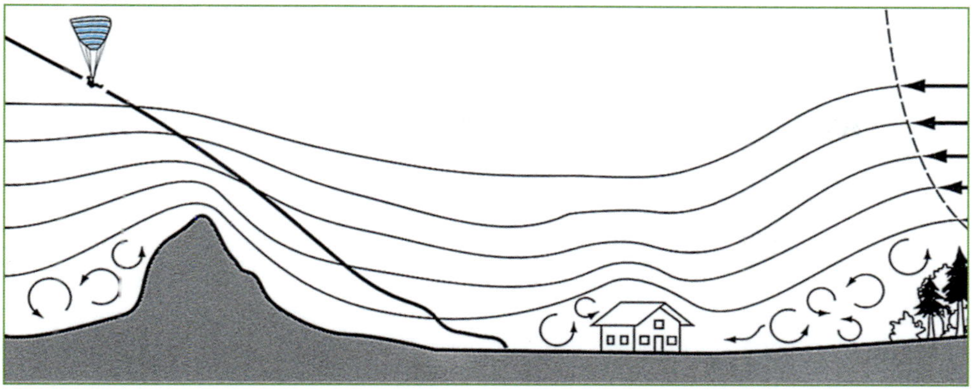

Bodengrenzschicht und Leeturbulenzen: Der Windgradient zeigt, dass unmittelbar über der Erdoberfläche die Windgeschwindigkeit durch die Reibung geringer ist als in den darüberliegenden Schichten. Hinter Waldkanten und Hindernissen bilden sich Leewirbel aus, die sehr lange Wirbelschleppen nach sich ziehen. Der Gleitschirmflieger soll deshalb möglichst weit entfernt von Hindernissen und nur luvseitig vor Hindernissen landen.

naren Hangaufwinde sehr gut zu nutzen (**Soaring**).

Bei stärkeren dynamischen Aufwinden kann die Aufwärtskomponente so stark sein, dass sie größer wird als die Sinkgeschwindigkeit des Gleitsegels. Ideale Aufwindbänder findet man an den Steilküsten oder an langen Hangkanten der Mittelge-

Windstärke in Beaufort	Bezeichnung	Windgeschwindigkeit m/s	km/h	kn	Beschreibung	Staudruck in Pa
0	Stille	unter 0,3	unter 1	< 1	Windstille, Rauch steigt senkrecht empor	0
1	leiser Zug	0,3–1,5	1–5	1–3	Kaum spürbar auf der Haut, Rauch treibt in Richtung des Windes. Windflügel stehen noch still	0–1,5
2	leichte Brise	1,6–3,3	6–11	4–6	Bewegt Laub, gute Windfahnen zeigen die Richtung an, Luftzug deutlich im Gesicht spürbar	1,6–7
3	schwache Brise	3,4–5,4	12–19	7–10	Blätter und dünne Zweige bewegen sich, Wind streckt einen Wimpel	7,1–18
4	mäßige Brise	5,5–7,9	20–28	11–15	Hebt Staub und loses Papier, bewegt Zweige und kleine Äste	19–40
5	frischer Wind	8,0–10,7	29–38	16–21	Kleine Laubbäume beginnen zu schwanken, Schaumkämme auf Binnenseen, Wind im Gesicht unangenehm	41–74
6	starker Wind	10,8–13,8	39–49	22–27	Starke Äste in Bewegung, Wind pfeift in Telegrafenleitungen, aufgespannte Regenschirme bereiten Probleme	75–123
7	steifer Wind	13,9–17,1	50–61	28–33	Ganze Bäume in Bewegung, beim Gehen erhebliche Behinderung	124–189
8	stürmischer Wind	17,2–20,7	62–74	34–40	Bricht Zweige von Bäumen, erhebliche Behinderung beim Gehen im Freien	190–278
9	Sturm	20,8–24,4	75–88	41–47	Kleinere Schäden an Häusern, Rauchkappen und Dachziegel werden herabgeweht	279–386
10	schwerer Sturm	24,5–28,4	89–102	48–55	Bäume werden entwurzelt, bedeutende Schäden an Gebäuden	387–524
11	orkanartiger Sturm	28,5–32,6	103–117	56–63	Sehr selten im Binnenland, schwere Sturmschäden	525–690
12	Orkan	32,7 und mehr	118 und mehr	≥ 64	Schwerste Verwüstungen, auf See, an der Küste und auf Bergstationen, sehr selten im Binnenland	≥ 691

Beaufortskala der Windgeschwindigkeiten: hellgrüne Fläche (Windstärke 0 bis 3): optimale Verhältnisse; mittelgrüne Fläche (Windstärke 4): bei laminaren Verhältnissen für den Geübten geeignet; dunkelgrüne Fläche (Windstärke 5 bis 12): zu starker Wind

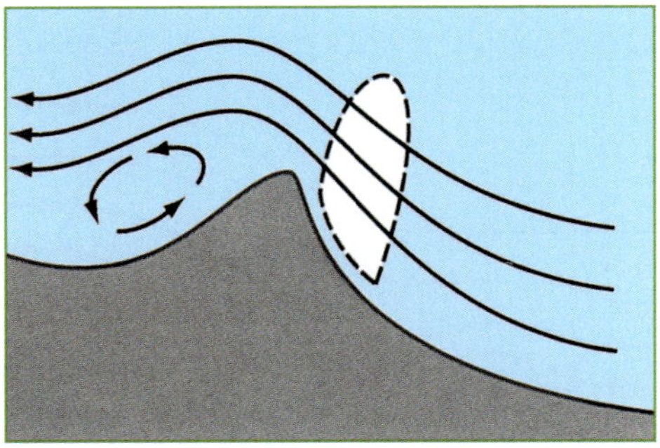

Ein schmales, aber starkes **Aufwindband** bildet sich bei steilen Hängen aus. Zu beachten ist der Rotor hinter der Hangkante: gefährlich beim Kippenstart.

birge. Selbst Abraumhalden werden von Gleitschirmfliegern zu stundenlangem **Hangsoaring** genutzt.

Je stärker der Hangaufwind, umso mehr Abstand zum Hang ist mit dem Gleitschirm einzuhalten.

Hinter dem Aufwindband befindet sich meist eine turbulente Abwindzone (Leewirbelbereich der Hangkante).

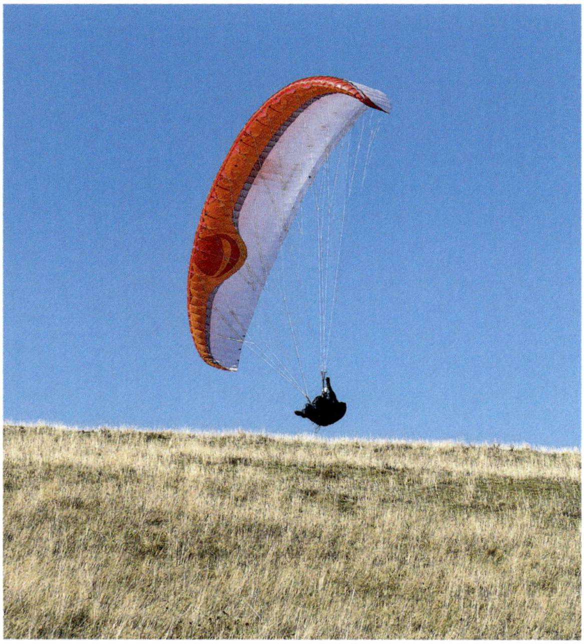

Dynamischer Hangaufwind an hindernisfreien Wiesenrücken erlaubt hangnahes Fliegen. Hier in Castelluccio, Italien.

Thermische Winde

Dies sind Winde, die durch den Temperaturunterschied der Luft zustande kommen. So werden lokale Luftmassen durch Sonneneinstrahlung aufgeheizt und dadurch zum Aufsteigen gebracht. Kalte Luft wird angesaugt, dabei entsteht lokaler Wind. Somit entstehen lokale, thermisch bedingte Windsysteme, die nicht wesentlich von der Corioliskraft beeinflusst werden.

In Bodennähe weht der thermische Wind von Kalt nach Warm.

› See- und Landwindzirkulation:

Durch die großen Temperaturunterschiede und die stark unterschiedliche Speicherfähigkeit von Sonnenenergie zwischen Wasser und Boden gibt es ein eigenes See- und Landwindsystem. Wasser wirkt als Wärmespeicher, während sich das Land schneller aufheizt, aber genauso schnell wieder abkühlt. Tagsüber steigt die erwärmte Luft über dem Land auf, über dem Wasser kühlt sie ab und sinkt aufgrund der höheren Dichte hinunter. Deshalb ergeben sich Ausgleichsströmungen: In Bodennähe weht der **Seewind** (vom See zum Land), in der Höhe weht Landwind. So ist der Kreislauf geschlossen.

Tag = Seewind, Nacht = Landwind

In der Nacht kehren sich die Strömungen um, jetzt ist das Wasser wärmer als das Land. Die Luft steigt nun über dem Wasser auf und sinkt über dem Land ab. So entsteht der Landwind. Auch an größeren Seen gibt es diesen Effekt. Jeder regelmäßig wehende Wind hat hier seinen eigenen Namen.

› Gebirgswindzirkulation:

Dies ist überwiegend eine thermische Zirkulation. Durch den Gegensatz von trocke-

Seewind herrscht tagsüber, weil die Sonne das Land stärker erhitzt als das Wasser. Ein Hitzetief über dem Land bedeutet, dass die Luftmassen aufsteigen. Abkühlung über Wasser bewirkt, dass sie absinken. Ausgleichsströmungen lassen in Bodennähe Seewind, in der Höhe Landwind entstehen.

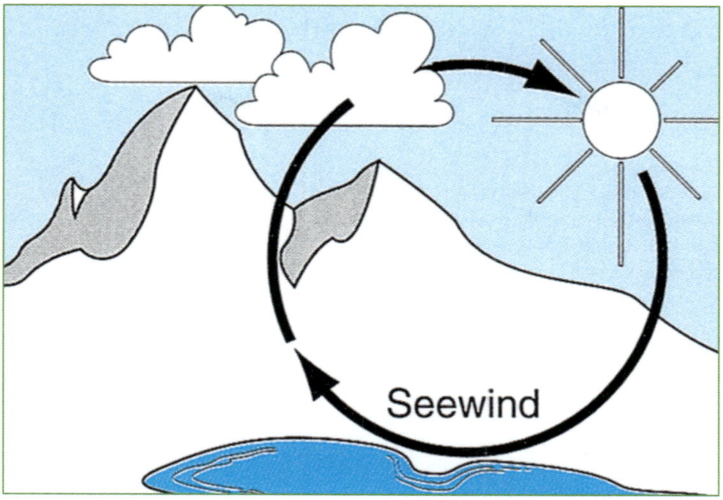

Landwind herrscht nachts, weil das Land schneller auskühlt als das Wasser. Das bedeutet Absinken der Luftmassen über dem Land. Erwärmung über dem Wasser bewirkt ihr Aufsteigen. In Bodennähe entsteht Landwind, in der Höhe Seewind.

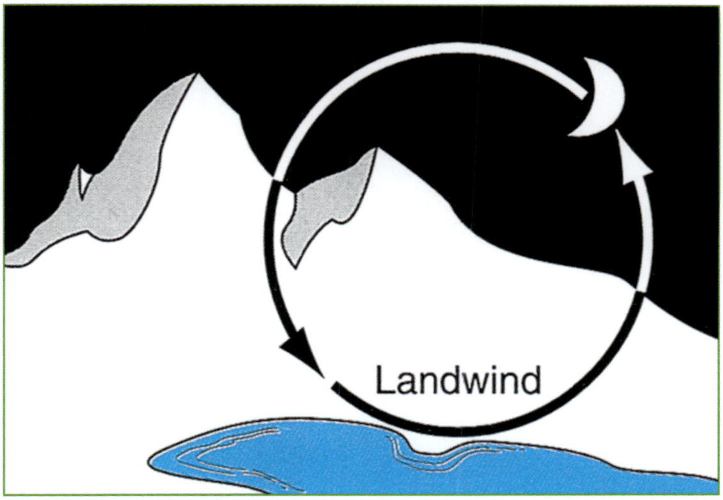

nen und sonnenüberströmten Hängen und den immer feuchten Talböden entsteht eine Windzirkulation. Sie ist beeinflusst von der Stärke der Sonneneinstrahlung, dem Temperaturunterschied, der Luftfeuchte und von der Höhe des Reflexionsgrades.

› Funktionsweise der Gebirgswindzirkulation:

Tags heizen sich die Hänge auf, es entsteht **Hangaufwind.** Über dem kälteren Tal sinkt die Luft wieder ab. Es ergibt sich der Kreislauf vom Tal zum Hang, dann weiter aufwärts, in der Höhe wieder zum Tal und dort abfallend. Nach Sonnenuntergang kühlen sich die Luftmassen schneller ab als der Talgrund.

Die Strömungsmuster kehren sich am Abend deshalb um: Über dem wärmeren Tal steigt die Luft auf und strömt in der Höhe zu den Bergen, um als **Hangabwind** über die Hänge ins Tal herunterzuströmen. Dies wird als **Abend-** oder **Umkehrthermik** bezeichnet.

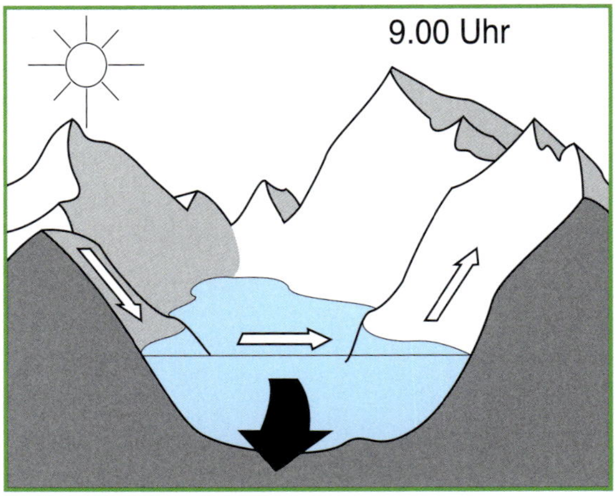

Berg- und Talwindsystem im Nord-Süd-Tal:

9.00 Uhr: Oft **Bodeninversion** mit Kaltluftsee, talauswärtiger Wind. Die Osthänge erwärmen sich immer mehr, es entsteht ostseitiger Hangaufwind. Westseitig infolge Abschattung noch Hangabwind. Über der Inversion stellt sich eine West-Ost-Strömung ein und schürft zunehmend den Kaltluftsee aus.

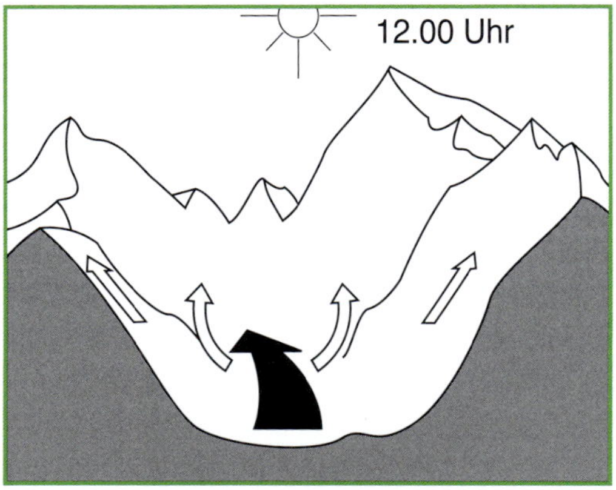

12.00 Uhr: Auch die Westhänge werden nun erwärmt. Die Bodeninversion hat sich aufgelöst. Allseits thermische Aufwinde. Talwind zum Druckausgleich.

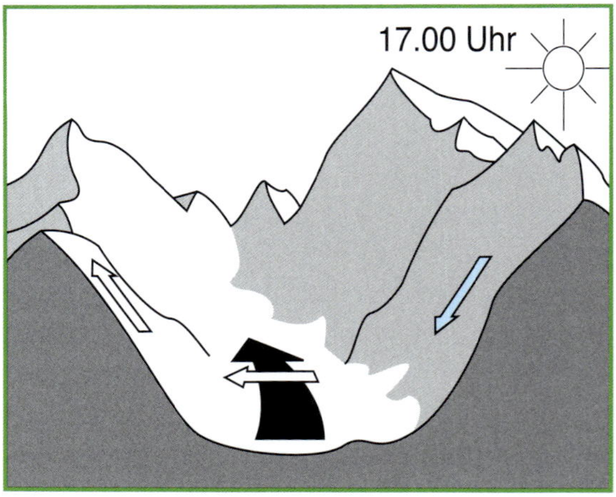

17.00 Uhr: An den beschatteten Osthängen stellt sich Abwind ein, während an den Westhängen noch Aufwind herrscht. Dies führt zur Ost-West-Strömung, der Talwind schwächt ab und wird überlagert.

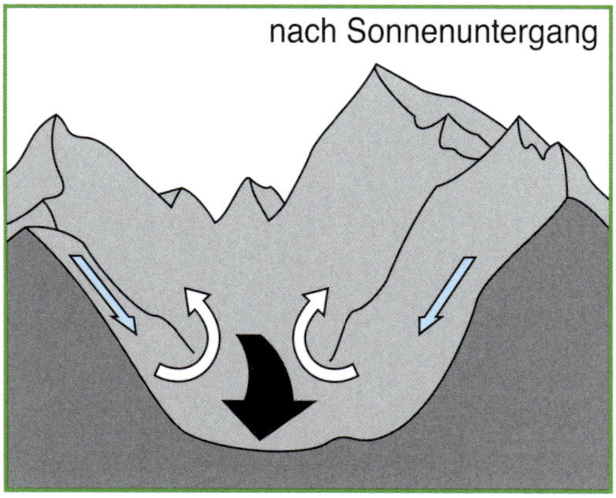

Nach Sonnenuntergang und **nachts:** Über der feuchten Talmitte lässt sich noch **Abend- oder Umkehrthermik** finden, während sich an allen Hängen Abwinde eingestellt haben. Sie vereinigen sich mehr und mehr zum talauswärtigen Bergwind. Er weht die ganze Nacht.

Die Umkehrthermik kann auch schon am Nachmittag beginnen und dabei Rückenwind am Startplatz erzeugen. Je nach Talausrichtung gibt es unterschiedlich starke Gebirgswindzirkulationen. In einem **West-Ost-Tal** wird der Südhang durch die Einstrahlungsintensität immer stärker aufgeheizt als der Nordhang. So kommt es zu Verschiebungen im Zirkulationsmuster, die auch jahreszeitlich schwanken. Es kann auch zu einer einfachen Zirkulation kommen, bei der die Luft am Südhang aufsteigt und am Nordhang absinkt. Der Tagesablauf im **Nord-Süd-Tal** kann wie folgt verlaufen: Im Talgrund bildet sich durch die nächtliche Ausstrahlung ein »Kaltluftsee«. Durch eine Inversionsschicht über dem Kaltluftsee wird am Morgen die lokale Zirkulation im Talgrund unterbunden. So zirkuliert die Luft oberhalb der Inversionsschicht, wenn die Osthänge von der aufgehenden Sonne erwärmt werden, während der Westhang noch im Schatten liegt. Bei Blickrichtung nach Norden stellt sich ein Strömungskreislauf im Uhrzeigersinn ein. Die Aufheizung des Bodens ist noch schwach, sodass der Wind innerhalb des Kaltluftsees wie in der Nacht talauswärts strömt (= **Bergwind**). Der Kaltluftsee wird jedoch durch die in Ost-West streichenden Winde langsam aufgezehrt und verschwindet im Laufe des Vormittags. Bis zum Mittag haben sich auch die Westhänge so aufgeheizt, dass die thermischen Aufwinde an allen Flanken stark zugenommen haben und eine Sogwirkung talaufwärts einsetzt (= **Talwind**). Nachmittags schattet sich die Ostseite zunehmend ab, es stellen sich leichte Abwinde ein. Der Talwind schwächt sich auch wieder ab und wird zunehmend von einer West-Ost-Strömung überlagert. An den Westhängen und Südwestflanken findet man jetzt noch gute Thermik. Nach Sonnenuntergang kühlen die Flanken deutlich schneller aus als der Talgrund. Die dadurch entstehende Abendthermik lässt sich gut nutzen. Mit zunehmender Abkühlung verstärkt sich im Tal die talauswärts fließende Strömung (Bergwind). An den Berghängen herrscht **Hangabwind** vor. In der Praxis kommt es durch das unterschiedliche Relief von Tälern zu sich überlagernden Zirkulationsmustern und damit verbundenen Ausgleichsströmungen. Diese lokalen Eigenheiten sind für Gleitschirmflieger nur durch gute Erfahrung zu erkennen.

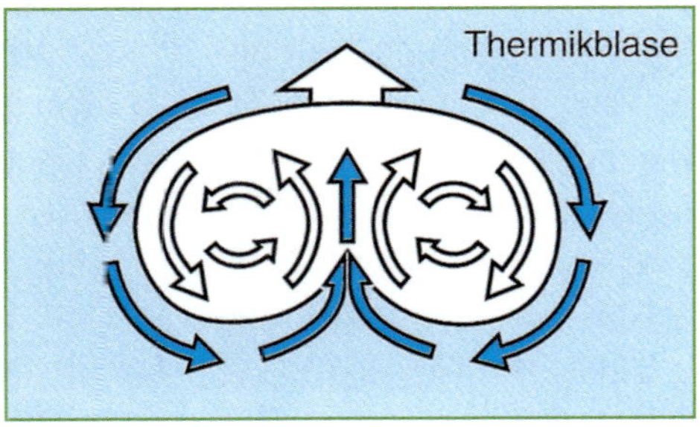

Die Thermikblase muss man sich wie einen ringförmigen **Wirbel** vorstellen. Von oben und von unten her vermischt er sich mit der umgebenden Kaltluft und vergrößert sich zunehmend.

5.7 Entstehung von Thermikblasen und -bärten

Wie schon unter 5.6.beschrieben, versteht man unter **Thermik** eine aufsteigende Luftbewegung infolge Erwärmung. Die Voraussetzungen für Thermik sind geschaffen, wenn sich eine Luftmasse um ca. 2 °C gegenüber der Umgebungsluft aufgeheizt hat. Nun ist der Dichteunterschied so groß, dass die wärmere Luft die käl-

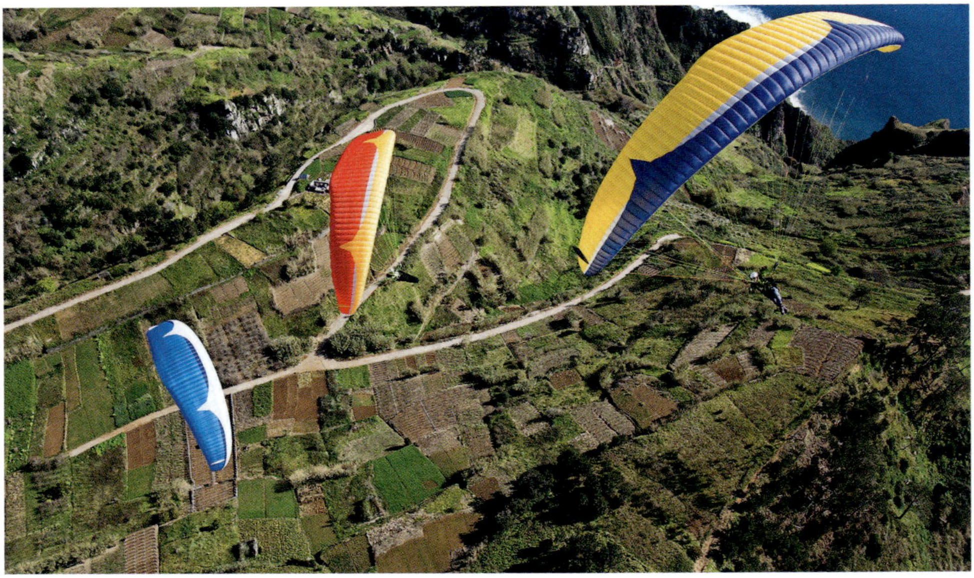

Gleitschirmfliegen auf Madeira: Thermik gefunden, zentriert und nun Höhe gewinnen

tere durchströmen kann. Die Erwärmung der Luft durch die Sonne erfolgt indirekt durch die Erwärmung des Erdbodens. Dabei hängt die Erwärmung der bodennahen Luftschichten von der Abstrahlungsintensität des Untergrundes ab.

Thermikblase (Konvektion)

Durch den aufgeheizten Boden bildet sich eine bodennahe, flache Heißluftschicht. (*superadiabatische Schicht*). Dabei hängt die Stärke der Schicht und somit die Möglichkeit, aufsteigende Blasen auszulösen, vor allem von drei Faktoren ab:

- Einstrahlungsintensität
- Art des Untergrunds
- Turbulenz

Mit zunehmender Temperaturerhöhung sinkt die Dichte der Luft. Dadurch wird die aufgeheizte Luft leichter. Es steigt der Auftrieb. Es bildet sich eine Warmluftbeule, die zur Blase wird. Je mehr sich die Blase nach oben ausdehnt, umso mehr Kaltluft verdrängt sie. Die Kaltluft sinkt an den Blasenrändern ab und unterwandert die Blase. Dabei bleibt diese Beule durch die Reibung wie eine Seifenblase am Boden haften bis die Aufheizung so groß ist, dass die Blase sich selbstständig ablöst. Jedoch kann die Heißluftblase auch vorzeitig durch einen zusätzlichen Impuls abgelöst werden. Der Impuls kann durch einen Windstoß oder Schallwellen ausgelöst werden. Die abgelöste Thermikblase ist ringartig ausgebildet. In einer schmalen Region um das Blasenzentrum konzentriert sich der Aufwind. Er kann dabei doppelt so schnell wie die gesamte Thermikblase aufsteigen. Dieses Zentrum wird auch als **Thermikkern** bezeichnet. An den Rändern von Thermikblasen befinden sich schwache, meist großflächigere Abwindzonen. Dabei ist die Luftmenge der Aufwärts- und Abwärtsbewegungen im Verhältnis etwa gleich. Für Piloten gibt es also nur im Thermikblasenbereich gute Steigwerte.

An ihrer Basis saugt die Thermikblase Umgebungsluft an und durchmischt sich auch von oben her. Unter dem Zentrum sinkt infolgedessen die Temperatur mit geringerem Steigen. So bildet sich eine Schleppe mit Sogwirkung aus. Durch die aufgenommene Luft vergrößert sich die Blase ständig, wobei die Temperatur geringer wird. So kann eine Thermikblase in 300 bis 600 m Höhe über Grund einen Durchmesser von 200 bis 600 m

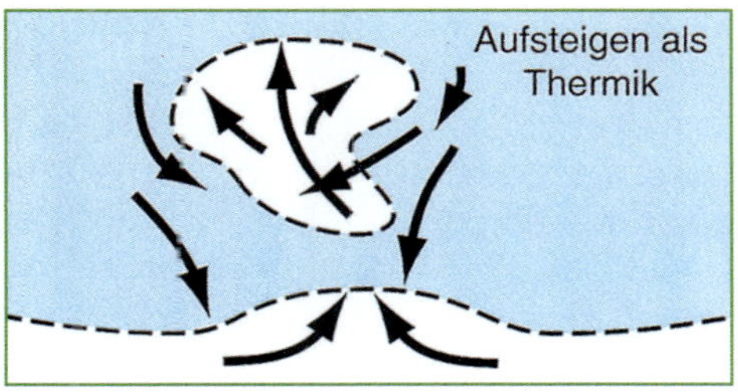

3 Entweder schnüren die vordringenden Kaltluftkeile die Thermikblase ab, oder Erschütterungen und Windstöße verhelfen ihr zur **Ablösung.** Durch Ansaugen von umgebender Kaltluft zieht sie eine mindertemperierte Schleppe nach sich.

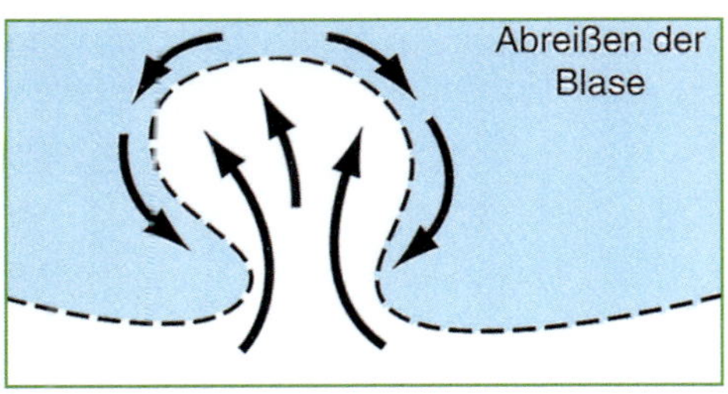

2 Der **Auftrieb** nimmt bei weiterer Erwärmung zu, und in einer starken Ausbauchung zieht die Heißluftschicht nach oben. Kaltluftkeile unterwandern die Thermikblase seitlich.

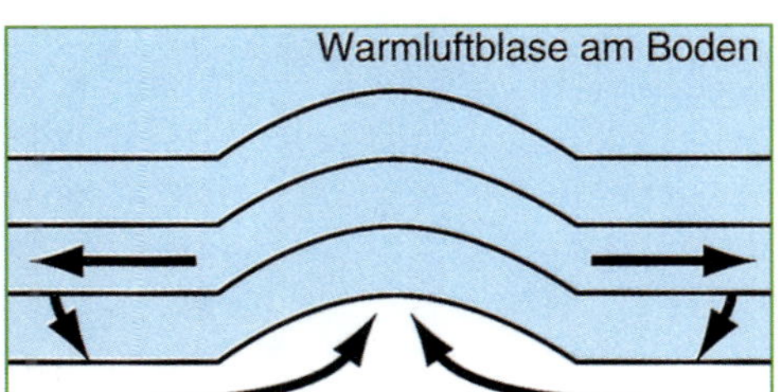

1 Die bodennahe **Heißluftschicht** verringert mit der Erwärmung zunehmend ihre Dichte und beult sich nach oben aus.

bekommen. Wird das Temperaturgefälle zwischen der Thermikblase und der Umgebungsluft zu klein, stoppt die Aufwärtsbewegung. Dies ist vor allem bei schwacher Thermik oder **stabiler Schichtung** der Fall. Fällt jedoch die Temperatur der Umgebungsluft mit der Höhe stark ab, sodass die Blase weiter wärmer und somit spezifisch leichter ist, steigt die Thermikblase weiter auf (**labile Schichtung**). Erreicht die Thermikblase in größerer Höhe die Taupunkttemperatur, beginnt die gesättigte Luft allmählich zu kondensieren und es bilden sich wattig wirkende Quellwolken. Weiterer Auftrieb wird durch die nun frei werdende *Kondensationswärme* erzeugt. Dem Aufstieg wird jedoch oft durch Sperrschichten (Inversionen) oder Isothermien ein Ende gesetzt.

Blauthermik

Wird in der Höhe das Temperaturgefälle der aufsteigenden warmen Luftmassen und der Umgebungsluft noch vor dem Kondensationsniveau sehr klein, entstehen keine sichtbaren Quellwolken. Der Himmel bleibt blau. Deshalb wird diese Thermik als Blauthermik bezeichnet.

Thermikbart

Durch die entstehenden Wirbel und die Sogwirkung einer aufsteigenden Thermikblase ist der Weg für weitere, folgende Thermikblasen erleichtert und somit vorgegeben. Bei gut ausgebildeten und bodennahen Heißluftschichten sowie optimalen Thermikvoraussetzungen kann wie durch einen Kanal ständig oder pulsierend Heißluft aus der Umgebung angesogen werden. Es entsteht ein **Thermikbart.** Wie bei der Thermikblase nimmt die Ausdehnung vom Boden aus nach oben hin zu. Dabei kann sich der Durchmesser verdoppeln. Zusätzlich kann ein großflächigeres Aufwindgebiet entstehen, wenn sich mehrere Bärte zusammenschließen. Dabei bleiben die Thermikkerne meist erhalten. Dies erklärt auch, warum in einer größeren Aufwindzone oft Zonen mit deutlich stärkerem Steigen zu finden sind. Bei uns übliche Thermikbärte (Schläuche) können Durchmesser von 30 bis 300 m haben, wobei der Thermikkern deutlich kleiner ausfällt und die Ausdehnung mit zunehmender Höhe steigt.

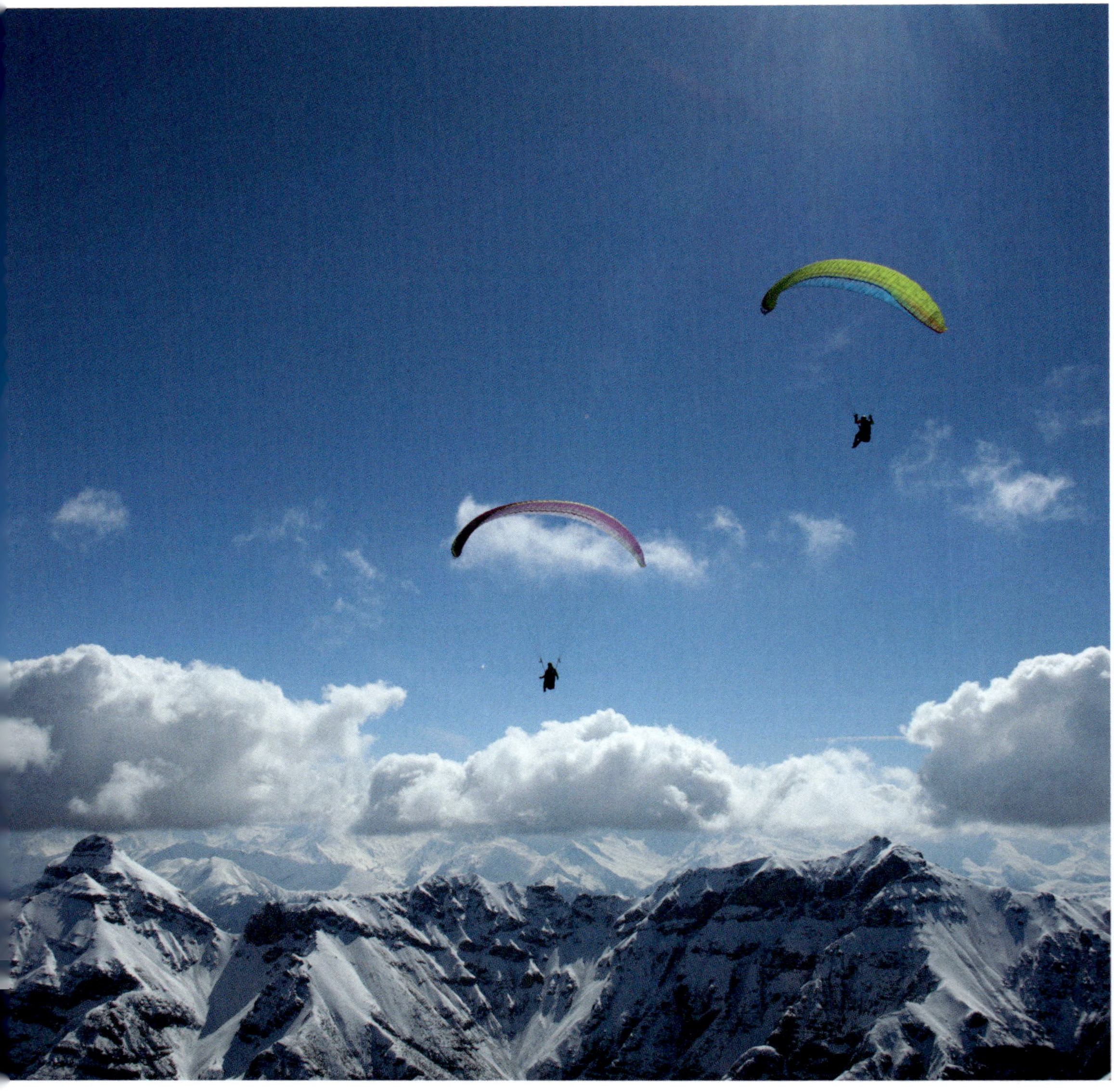

Aufsteigende Thermik zeigt sich in Form von wunderschönen Cumuluswolken. Für Gleitschirmflieger bedeutet dies Streckenflugwetter. Im Frühjahr, wenn die Täler grün sind und die Berge noch voller Schnee, ist die Thermik oft sehr stark, der Flug wird dadurch sehr ruppig und erfordert die volle Schirmkontrolle.

5.8 Gewitter

Starke Thermikentwicklung bei labiler Schichtung führt oft zu anfangs kleinen Schönwettercumuli, die sich im Tagesverlauf rasch zu mächtigen Haufenwolken entwickeln. Der hohe Energieinhalt lässt die kondensierten Wassertröpfchen überwiegend vertikal nach oben schießen. Blumenkohlartige Wolkentürme entstehen.

Jugendstadium (Cumulusstadium)

Dabei kühlen die Wassertröpfchen bald bis unter die 0-°C-Grenze ab. Ab einer Höhe von meist 5000 m kommt es ab ca. –10 °C bis –15 °C zur Ausbildung von Eiskristallen. Es ist damit die **Cumulonimbus** (Gewitterwolke), eine Mischwolke aus Wassertröpfchen und Eiskristallen, entstanden. Die Wolke befindet sich im **Cumulusstadium,** solange sie wächst. Dabei wird von überall her Luft angesogen. Umliegende Wolken lösen sich auf. Im Inneren der Wolke herrschen starke Aufwinde. Der obere Teil der Wolke vereist bei Temperaturen bis zu –20 °C.

Bis zu –15 °C unterkühltes Wasser in einer Gewitterwolke kann beim Einfliegen zur schlagartigen Vereisung führen.

- *Cumulusstadium (Jugendstadium: Entwicklung bis zur Vereisung)*
- *Reifestadium (Entladung)*
- *Auflösestadium (Wolken verschwinden wieder)*

Reifestadium

Im **Reifestadium** hat die Gewitterwolke gigantische Dimensionen angenommen. Sie kann dabei schon an der Grenzschicht zur Stratosphäre (Tropopause) angestoßen sein und sich stark in der Breite ausdehnen. Dabei fasert die Obergrenze der Wolke aus und bekommt ein streifiges Aussehen. Es kommt zu einer ambossförmigen Ausbildung. Dabei bilden sich in der Wolke nun auch Abwinde mit hohen vertikalen Windgeschwindigkeiten um die 30 m/s, wobei auch bis 85 m/s erreicht werden können. Es entstehen starke Reibungen zwischen den Aufwind- und Abwindzonen. Die Wassertropfen werden im Aufwind größer. Beim Herunterfallen jedoch zerplatzen sie wieder durch den Luftwiderstand. Werden die Wassertropfen in die oberen, vereisten Wolkenzonen katapultiert, kann es durch das ständige Auf und Ab zur Bildung von Graupen- und Hagelkörnern kommen, indem jedes Mal eine neue Vereisungsschicht dazukommt. Ist die Wolke sehr reif, kommt es innerhalb weniger Sekunden zum **Wolkenbruch** oder zum **Hagelschlag.** Sehr große Regentropfen sind dabei meistens geschmolzene Hagelkörner. So besitzt jede Gewitterwolke Hagelkörner mit einem Durchmesser von 2 bis zu 10 cm. In der Regel regnen sich jedoch Gewitterwolken ab, ohne dass es dabei gleich Hagel gibt.

Im Wolkeninneren herrschen starke elektrostatische Aufladungen mit einem in 3 bis 4 km Höhe reichenden negativen Ladezentrum und einem bis in 6 km Höhe reichenden positiven Ladezentrum. Im mittleren Bereich an der Grenzschicht herrscht hef-

GEFAHREN DURCH GEWITTER

- Im Vorfeld stark böiger Wind.
- Starke Sogwirkung in die Wolke.
- Bei Wolkenkontakt Vereisung, Erfrierungen und Ersticken.
- Blitzschlag und Hagelschlagrisiko.
- Starke Turbulenzen im gesamten Luftraum.
- Sichtbehinderung durch Regen und absinkende Wolkenbasis.

tiger Ladungsausgleich durch Blitze mit starker Blendwirkung. Bei starken wolkenbruchartigen Niederschlägen bildet sich ein aus der Wolke herausschießender Kaltluftkeil, der als **Böenwalze** der Gewitterfront vorauseilt. Mit Windgeschwindigkeiten von 60 bis maximal 100 km/h eilen sie dem Gewitter bis zu 30 km voraus und stellen somit für Gleitschirmflieger eine Gefahr dar. Über dem Kaltluftkeil der Böenwalze führt Warmluft zur Gewitterwolke hin. Dadurch kommt es in einem Bereich von 300 Höhenmetern zu starken Windscherungen und mächtigen Turbulenzen.

Auflösestadium

Im Auflösestadium gibt es in der Wolke nun überwiegend großflächige Abwinde. Die Wolke regnet sich dadurch ab. Innerhalb von etwa 20 Minuten sinkt der Wassergehalt auf nur noch etwa 10 %. Dadurch zerfallen die Gewitterwolken zunehmend. Es bleiben in großen Höhen Cirruswolken und weiter unten, in den mittleren Bereichen, Altocumuluswolken übrig.

Gewitterarten

› **Wärmegewitter:** Sie entstehen gerne bei sich abschwächenden Hochdrucklagen. Durch die im Hoch absinkenden Luftmassen wird das Aufsteigen von Warmluft verhindert, wodurch sich die Inversion immer weiter nach unten verlagert (**Absinkinversion**) bis in Bodennähe. Von der vorausgegangenen guten Witterung ist die Luftmasse am Boden so stark aufgeheizt, dass es zu thermischen Aktivitäten kommen kann und somit die Inversionsschicht durchbrochen wird. Die hohe Luftfeuchtigkeit über wärmespeichernden Nadelwäldern und Mooren löst dabei eine Überentwicklung aus, wenn in der Höhe Kaltluft

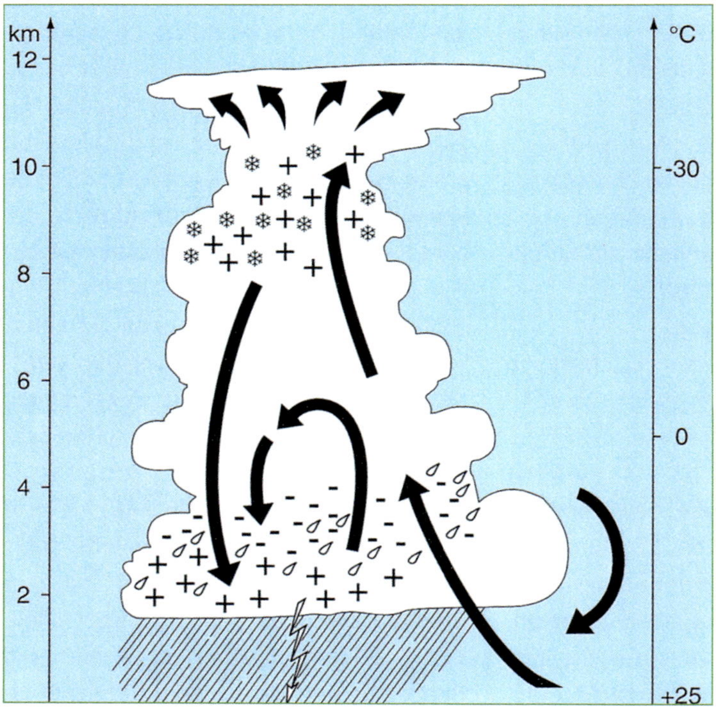

Querschnitt durch eine **Gewitterwolke** (Cumulonimbus). Die Pfeile geben Windrichtungen in der Wolke an. Extreme Scherkräfte können auftreten. Rechts unten ist die Böenwalze angedeutet. Mit Windgeschwindigkeiten bis zu 70 km/h kann sie der Wolke 20 bis 30 km vorauseilen. Die Ladungsverteilung gleicht sich durch gefährliche Blitzentladungen auch innerhalb der Wolke aus.

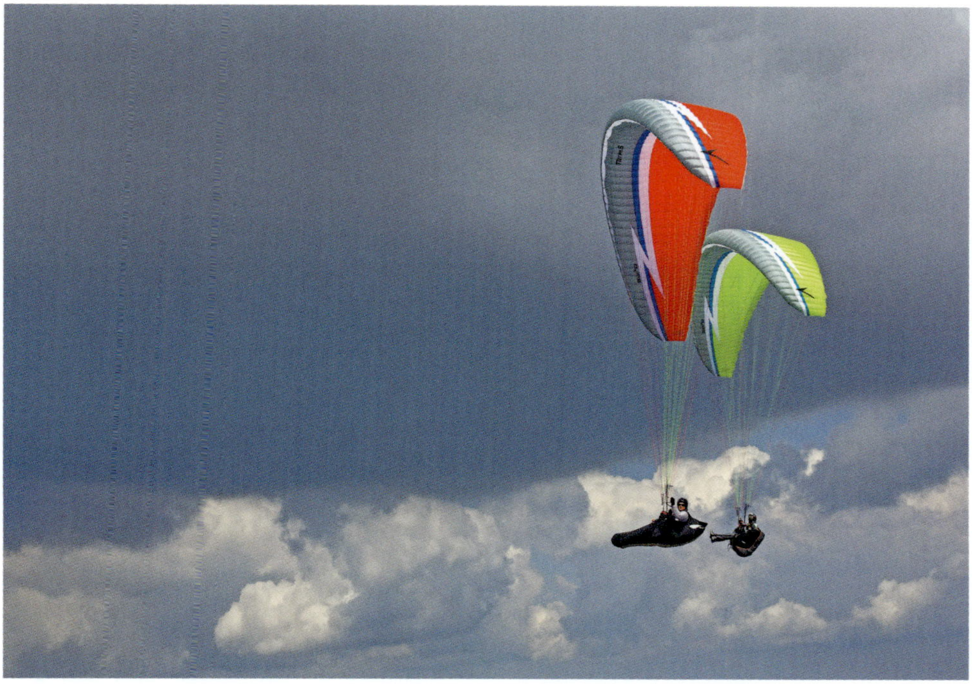

Oben: Noch herrschen gute Flugbedingungen, doch könnte sich ein Gewitter entwickeln. Unten: Schwarzer Himmel im Hintergrund, Sonnenschein und kaum Wind am Landeplatz. Das kann sich in den nächsten Minuten drastisch ändern.

zuströmt und somit die Schichtung weiter labilisiert wird (Kaltluftadvektion). Auch bei einem lokalen Hitzetief, einer Strömungsverteilung, die aufsteigende Luft begünstigt, ist die Gewitterneigung hoch.

› **Kaltfrontgewitter:** Dringt von einer Kaltfront ein Kaltluftkopf in Warmluftmassen ein, werden höhere Schichten labilisiert. So können sich sehr heftige Gewitter mit ausgeprägten Böenwalzen entwickeln, die als breite Fronten von einigen Hundert Kilometern Breite über das Land streichen. Wenn es nachts oder in den Morgenstunden gewittert, ist dies fast immer ein Kaltfrontgewitter.

› **Orografisches Gewitter:** Im Gebirge kann es zu lokalen Gewittern kommen, wenn an Bergflanken Luftmassen angehoben werden und es dadurch zu einer

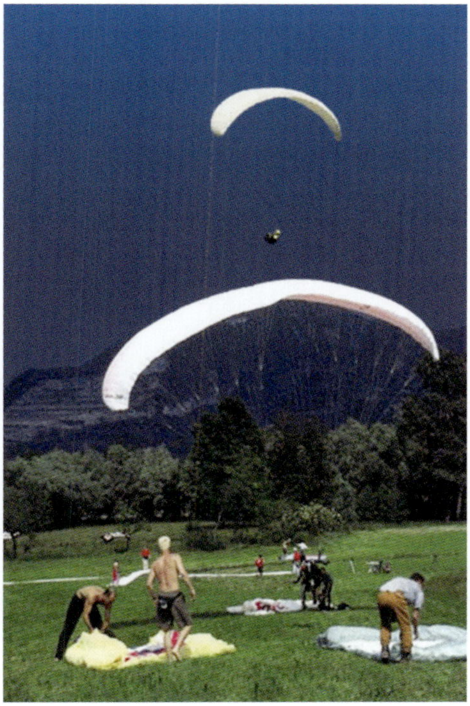

Labilisierung kommt. So steigen warme und dabei feuchte Luftmassen schnell in höhere, kalte Luftzonen und es kann sich ein Gewitter bilden.

5.9 Föhn

Bei einer Föhnlage (**Südföhn**) hat es z. B. auf der Alpensüdseite in Bozen +10 °C und in München bläst der Südwind mit 13,5 °C Wärme. Das kommt dadurch, dass ein Tief über der Biskaya bis zu den Britischen Inseln Luft aus einem Hochdruckgebiet über dem Balkan absaugt. Die angesaugte Luft muss nun auf der Alpensüdseite aufsteigen. Sie wird *trockenadiabatisch* angehoben. Dadurch kühlt die Luftmasse um ca. 1 °C/100 m ab. Erreicht die Luft in einer bestimmten Höhe ihre Taupunkttemperatur, fängt sie an zu kondensieren. Die dabei entstehenden Wolken bilden die so-

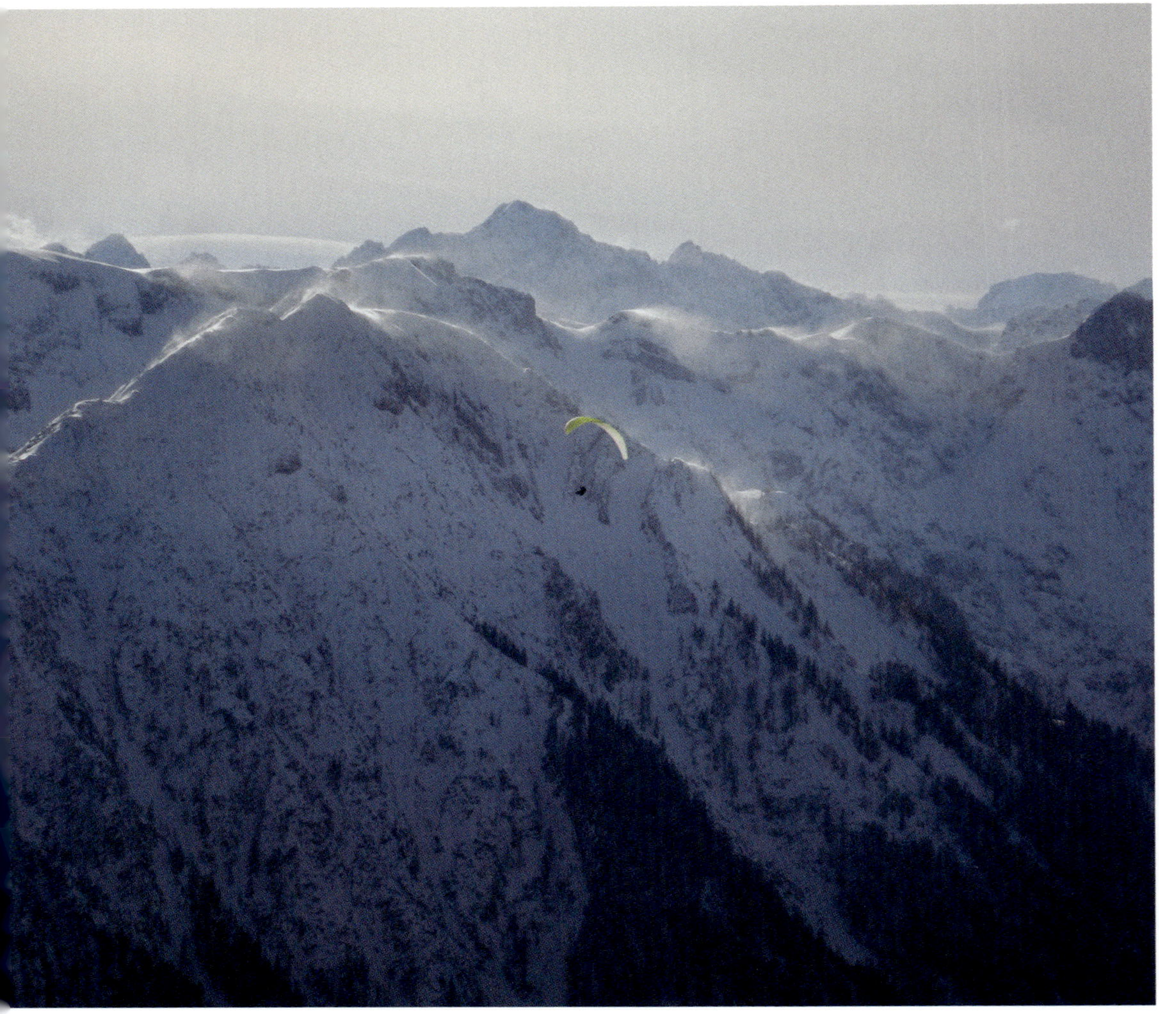

Föhn kann plötzlich stark auftreten. Der Pilot ist kurz vor der Entstehung des starken Föhns gestartet und hat nun Mühe, den Landeplatz sicher zu erreichen.

Südföhn: Von Süden steigen Luftmassen auf und bilden eine **Staubewölkung.** Beim Absinken auf der Nordseite wird die Luft abgetrocknet. Die Wolken lösen sich auf. Die Folge ist eine Temperaturerhöhung im Föhnlee.

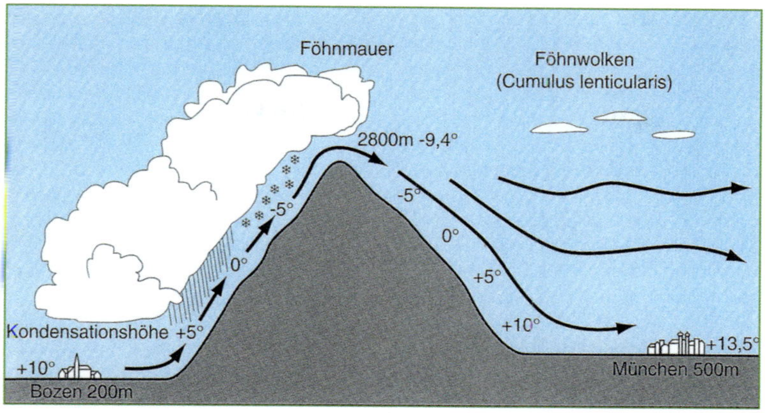

genannte **Föhnmauer**. Sie regnet sich auf der Alpensüdseite ab. In Italien (Luvseite) herrscht also Schlechtwetter.

Damit die Luftmassen den Alpenhauptkamm überqueren können, muss die Luft noch höher steigen. Jedoch verringert die frei werdende Kondensationswärme die Temperaturabnahme auf nur 0,6 °C/100 m (*feuchtadiabatischer Aufstieg*). Auf Kammhöhe wird der Kulminationspunkt erreicht. Die Temperatur der Luftmassen beträgt nun etwa –10 °C. Jetzt fällt die Luft auf der Alpennordseite ab und erwärmt sich dabei. Die fallende Luft, die durch das Abregnen auf der Alpensüdseite sowieso schon relativ trocken war, verringert dabei nochmals die Luftfeuchte. Diese föhngetrocknete Luft erwärmt sich nun trockenadiabatisch, um 1 °C/100 m. So wird aus feuchter, nur +10 °C warmer Luft der trockene 13,5 °C warme Föhnwind.

Föhnwind

Das Föhnphänomen wird von hohen, über die Alpen streichenden Windströmungen von über 50 km/h unterstützt. Dabei wird zusätzlich noch eine stabile Schichtung mit Inversion in 3000 bis 4000 m Höhe notwendig. Denn eine der wesentlichen Eigenschaften des Föhns ist, dass er diese hohen Inversionsschichten zu Schwingungen anregt. Dabei wird die Luftströmung

Föhn: Für Föhn sind hohe Windgeschwindigkeiten in der Höhe nötig. Dabei geraten die bewegenden Luftmassen leeseitig in Schwingungen und bilden Wellen. In den Wellenbewegungen können föhntypische **Lenticulariswolken** (Föhnfische) entstehen. In Bodennähe bilden sich unberechenbare starke Rotoren.

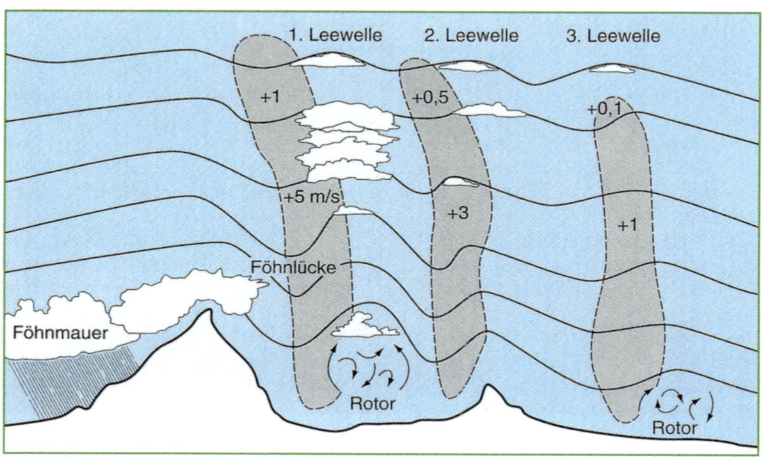

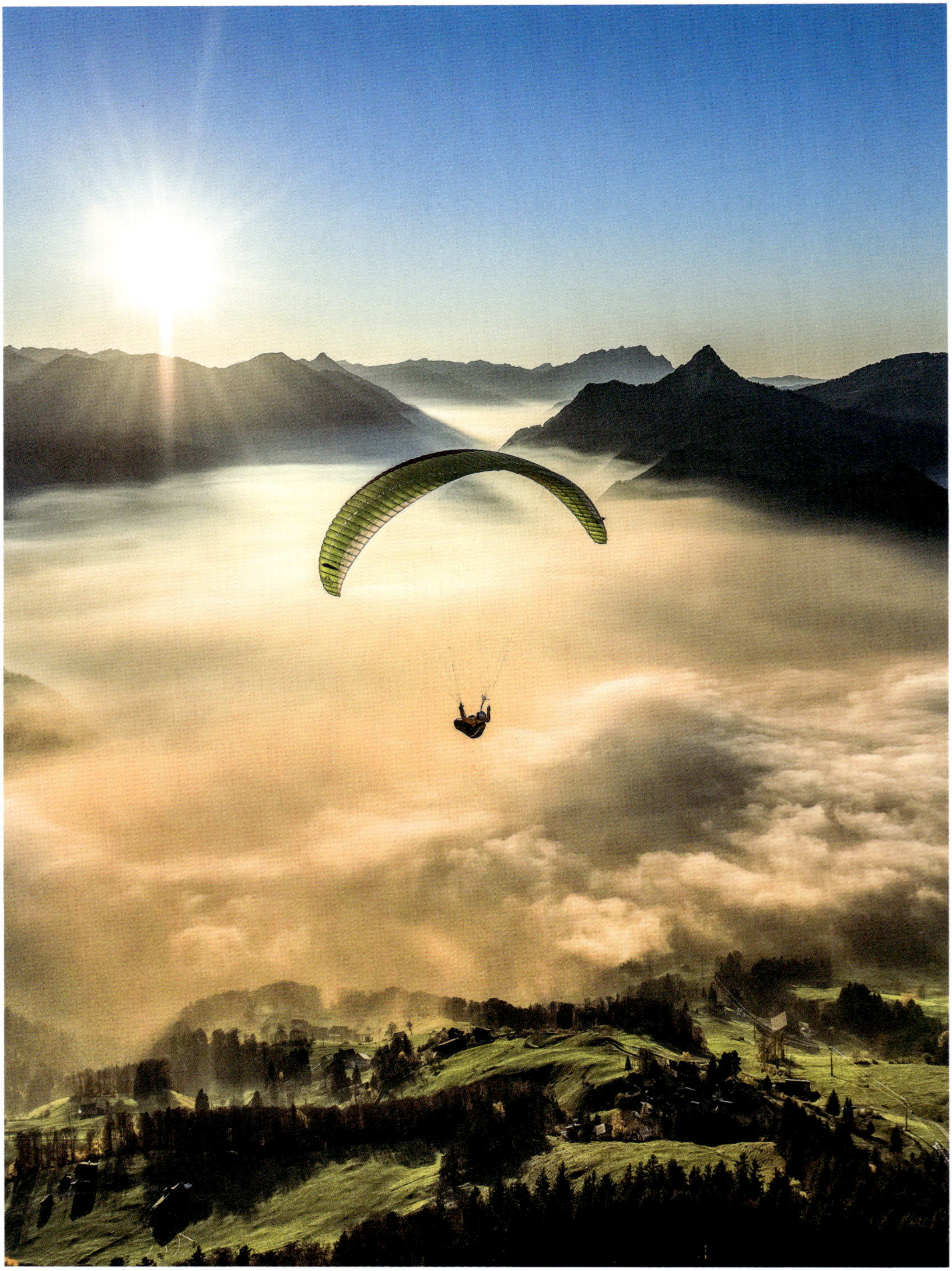

Bodeninversion. Im Tal liegt der Kaltluftsee, oberhalb ist es deutlich wärmer und gut zu fliegen.

auf dem Weg in die Wellentäler stark beschleunigt und in den Wellenkämmen, den sogenannten **Föhnlücken**, wieder verlangsamt. Die Schwingungen werden auf die höher liegenden Luftschichten bis zum Fünffachen der Berghöhe übertragen. Je nachdem wie die laminar fließenden Strömungen über die Bergrücken streichen, können sich an bestimmten Bergen oder Tälern heftige Föhnstürme einstellen. Unterhalb der Föhnwellenberge bilden sich starke und vor allem sehr große **Föhnrotoren**. Auf der Alpennordseite gibt es deshalb Zonen, in denen es bei Föhn permanent stark stürmt, während in anderen Bereichen nur ein lauwarmes Lüftchen weht. Für Gleitschirmflieger stellt der Föhn ein meist unkalkulierbares Risiko dar, da sich die Intensität und der Bereich der Turbulenzen ändern können. Es gibt jedoch lokale Gebiete, die in der Regel nicht stark oder kaum vom Föhnwind bestrichen werden.

Die Umkehrung des Südföhns ist der **Nordföhn**. Dabei ist die Temperatursteigerung nicht so gravierend, da die Ausgangstemperaturen auf der Alpennordseite meist erheblich tiefer liegen.

Bei Föhn nicht fliegen!

5.10 Inversionswetterlage

Bei stabilen Hochdruckwetterlagen, besonders im Herbst, können bodennahe Kaltluftschichten wegen der mangelnden Sonnenstrahlung nicht aufgeheizt werden. Der Untergrund kühlt in langen Nächten durch die Abstrahlung die oberen Luftschichten ab. In Verbindung mit fehlenden Winden kommt es auch zu keiner Vermischung der Luftmassen, die darüber liegen. Die oft dicke, trennende Wolkenschicht entsteht, wenn die Taupunkttemperatur erreicht wird. Oft gibt es tagelang Nebel und es kommt zu keinem Luftaustausch zwischen der kalten Unterschicht und der über den Nebelwolken liegenden Oberschicht, die untertags oft sehr warm werden kann. Befindet sich ein Fluggelände über der trennenden Wolkenschicht, sind durchaus Thermikflüge möglich.

5.11 Wetterkarte

Wetterkarten zeigen die großflächigen Druckunterschiede zwischen den Hoch- und Tiefdruckgebieten und dem damit

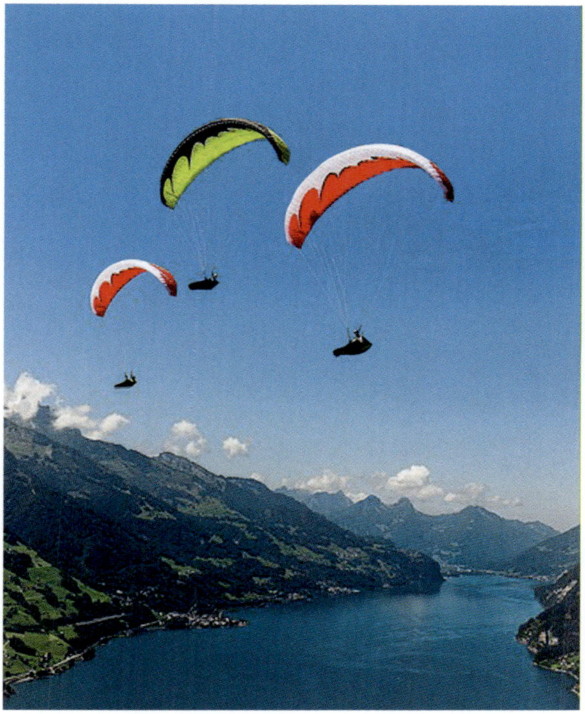

Bei großer Abflughöhe sind Talquerungen auch über den Walensee, Schweiz, kein Problem.

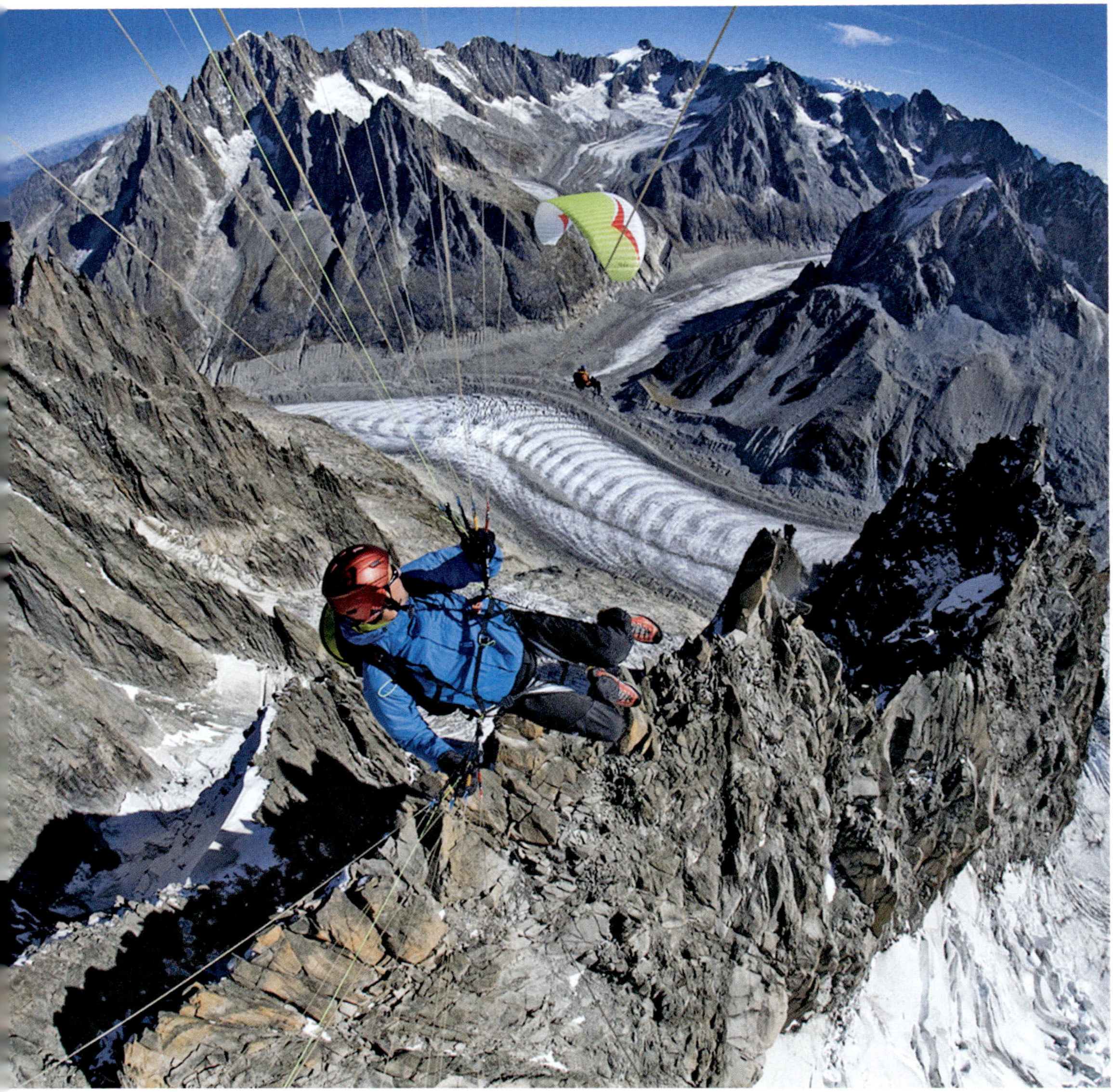

An den steilen Südhängen über den Gletschern im Mont-Blanc-Gebiet, Frankreich, herrscht bei gutem Temperaturgefälle ausreichend Thermik, um sich in solch hochalpine Regionen zu wagen.

verbundenen Frontenverlauf an. Sind die Druckunterschiedslinien (Isobaren) eng zusammen, herrscht ein großer Druckunterschied und damit einhergehend stärkere Winde. Weite Abstände lassen auf geringes Druckgefälle und damit nur leichten Wind schließen. Symbole zeigen den Wolkenbedeckungsgrad an Messstationen und den Frontverlauf an. Die Windrichtung wird mit Windrichtungspfeilen angezeigt, wobei eine zusätzliche Befiederung der Pfeile die Windstärke angibt. Wetterkarten zeigen dem Gleitschirmflieger die groben Tendenzen an und ermöglichen damit die generelle Flugplanung, in die dann noch die lokalen Wetterbedingungen einfließen.

Je enger die Isobarenabstände, umso größer das Druckgefälle → desto stärker der Wind.

Je weiter der Isobarenabstand, umso geringer das Druckgefälle → desto ausgeglichener.

5.12 Wetterlagen

Hochdrucklage

Situation: Mitteleuropa im Zentrum eines Hochs.

Wetter: schön.

Wind: kaum Wind, thermische Aktivität, mit der Alterung der Hochdruckluftmassen abnehmend.

Gefahren: häufig dunstig, Bodennebel, eventuell Wärmegewitter bei Abschwächung.

Föhnlage (Südföhn)

Situation: Tief über NW-Europa (England), Hoch über SO-Europa, Voraussetzung ist S- bis SW-Höhenströmung.

Wetter: Alpensüdseite regnerisch, Alpennordseite schön.

Wind: südliche Richtungen, extrem turbulent auf der Alpennordseite.

Gefahren: Startverbot auf der Alpennordseite, starke Turbulenzen, abrupte Windscherungen; Alpensüdseite: tiefe Wolkenbasis, schlechte Sicht.

Staulage (Nordföhn)

Situation: komplementäre Lage zum Südföhn, Hoch über NW-Europa, Tief über SO-Europa feuchte Luft aus dem Nordseeraum fließt gegen die Alpen.

Wetter: nördlich der Alpen Staubewölkung mit nach O absinkender Wolkenbasis, Regen; südlich der Alpen schön.

Wind: auf der Alpensüdseite stark turbulenter Wind aus nördlichen Richtungen.

Gefahren: auf der Alpensüdseite starke Turbulenzen, nordseitig gegen O schlechtere Sicht.

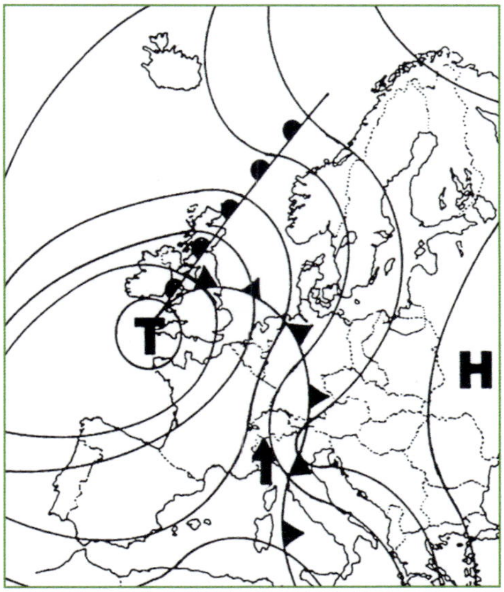

Oben: Föhnlage (Südföhn); unten: Staulage (Nordföhn)

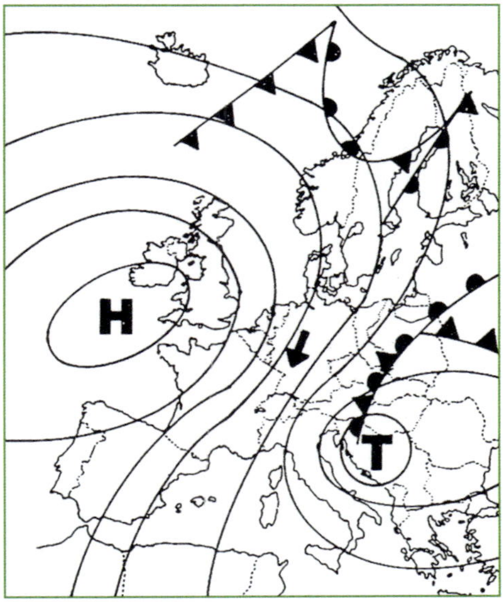

Westwindlage

Situation: Eine voll entwickelte Polarfrontwelle zieht mit Tiefdruckgebieten über Mitteleuropa; häufig mehrere Tage bis zu einer Woche anhaltend; feuchte Atlantikluft fließt nach Mitteleuropa.

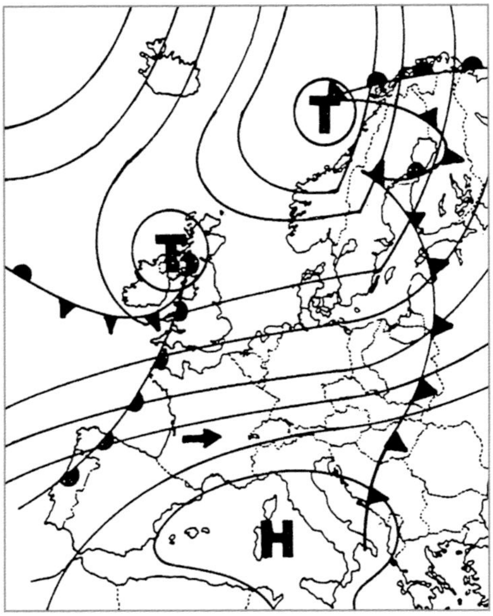

Oben: Westwindlage; unten: Bisenlage

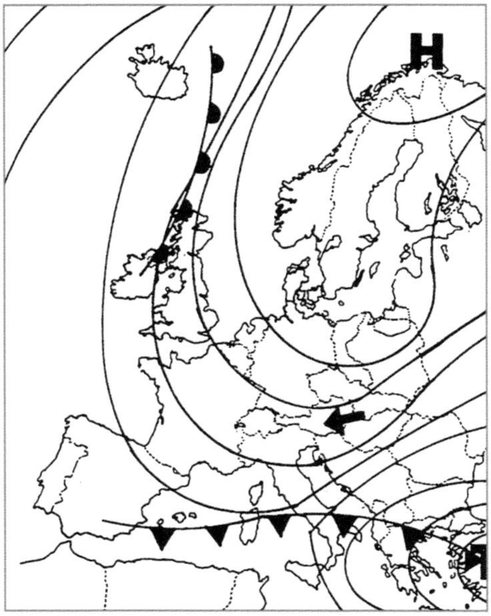

Wetter: wechselhaft.

Wind: westliche Richtungen, bei Frontendurchlauf böig.

Gefahren: starke Böen bei Kaltfrontdurchgang, im Frontenbereich tiefe Wolkenbasis, schlechte Sicht, auf Rückseite gute Flugbedingungen.

Bisenlage

Situation: Über dem Mittelmeer liegt eine Tiefdruckzone, über dem nördlichen Europa ein Hoch; nördlich ziehen die Polarfronten an diesem Hoch vorbei, ohne Mitteleuropa zu berühren; mit der Oströmung wird Kontinentalluft herangetragen.

Wetter: Sommer: trockenes, schönes Wetter; Winter: Warme, trockene Luft ist durch eine Inversionsschicht von einer sehr feuchten getrennt – geschlossene Hochnebeldecke über der Inversion.

Wind: O- bis NO-Strömung, starker Wind in Bodennähe, besonders in der Westschweiz an Heftigkeit zunehmend – Turbulenzen!

Gefahren: Turbulenzen, besonders in der Westschweiz! Hochnebel mit teilweise schlechter Sicht.

Flachdrucklage

Situation: geringe Druckgegensätze in Mitteleuropa, weite Isobarenabstände in der Wetterkarte.

Wetter: Schönwetter mit Quellwolkenbildung, ideale Thermikbedingungen, Gewitterneigung!

Wind: fast kein Wind; nur in Nähe von Wärmegewittern Böen.

Gefahren: jäh einsetzende Böen in Gewitternähe, Blitzschlag.

Beobachtungen am Startplatz

Lehrbuchmäßig soll der Wind am Startplatz genau von vorne kommen, etwas Wind, aber nicht zu stark bitte. Doch nun steht man als frischgebackener Gleitschirmflieger in Fiesch im Wallis an einem Startplatz und der Wind kommt schräg von der Seite. Ich schaue den anderen Piloten zu, sie sind, zumindest der Ausrüstung nach zu schließen, erfahrene Piloten. Was ich jedoch beobachten kann, wirkt nicht bei allen so souverän. Teilweise kippt der Schirm stark seitlich ab, dreht aus dem Wind, einige Schirme klappen sogar ein. Es gibt öfters einen Startabbruch und noch mehr gewagte Starts, bei denen der Schirm trotz der schon bedrohlich weit vorgeschossenen Kappe nicht einklappt und so gerade noch den Piloten, der zumindest gut seinen Lauf beschleunigt hat, in die Luft trägt. Einige Schirme schaukeln stark, tauchen auch etwas weg und beruhigen sich erst nach einigen Metern weiter draußen in der Luft.

Was soll ich tun? Solch ungünstige Startbedingungen hatte ich noch nie. Der Windsack schwankt zudem mal mehr, mal weniger. Ich bin verunsichert und habe ein flaues Gefühl im Magen. Mit der Zeit kann ich beobachten, dass es Piloten gibt, die sehr wohl gut starten, es wirkt fast spielerisch. Ohne Hektik gehen sie zum Startplatz, legen den Schirm aus, sind bald startbereit und irgendwie scheinen sie zu spüren, wann der richtige Startzeitpunkt gekommen ist. Egal ob Rückwärts- oder Vorwärtsstart, diese Piloten kommen gut weg. Der Start wirkt gelungen und sicher.

Mir ist alles ungeheuer, mir erscheint, der Wind legt sogar noch zu, so beschließe ich, zu warten und zuzusehen. Dazwischen wieder ein Pilot, dem der Schirm nun schon zum dritten Mal seitlich abkippt, obwohl er gegensteuert. Leinenchaos und vermutlich auch Stress hat dieser Pilot. Da, wieder ein toller Start. Was ist anders, frage ich mich. Ja, das Unterlaufen

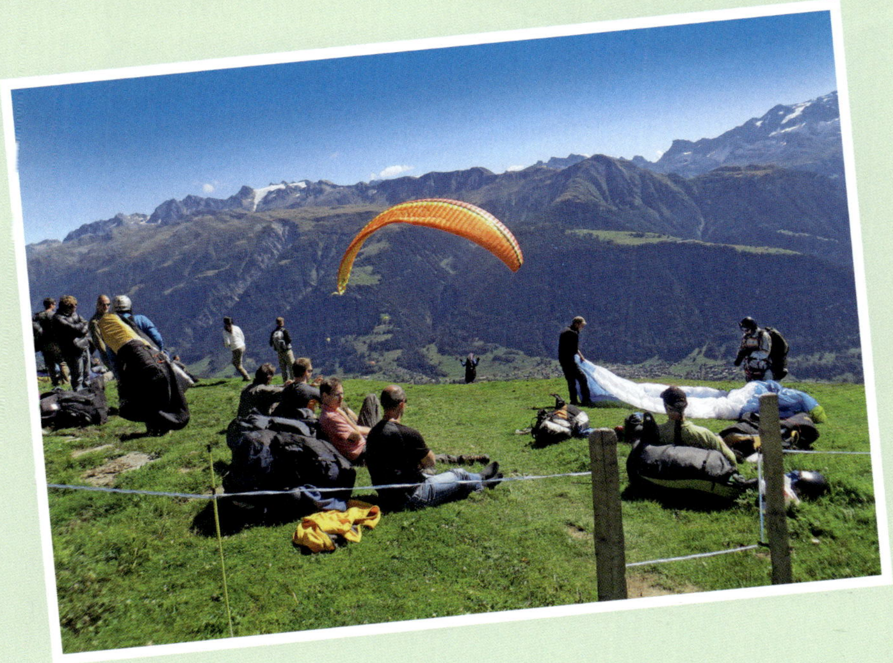

der Kappe könnte es sein. Ich beobachte weiter. Nun fällt mir auf, dass die Bewegungen, die Schritte und der ganze Körper bei den Gutstartern irgendwie zusammenpassen mit dem Schirm, sie bilden eine Einheit, die harmoniert. Es scheint am Zusammenspiel zu liegen. Die Laufrichtung, die Länge der Schritte und der Einsatz der Steuerleinen, der richtige Startimpuls. Es wirkt feinfühliger, ja es scheint mir, der Schirm will fliegen und der Pilot tut nicht mehr oder weniger, als dem Gleitschirm genau dies zu ermöglichen.

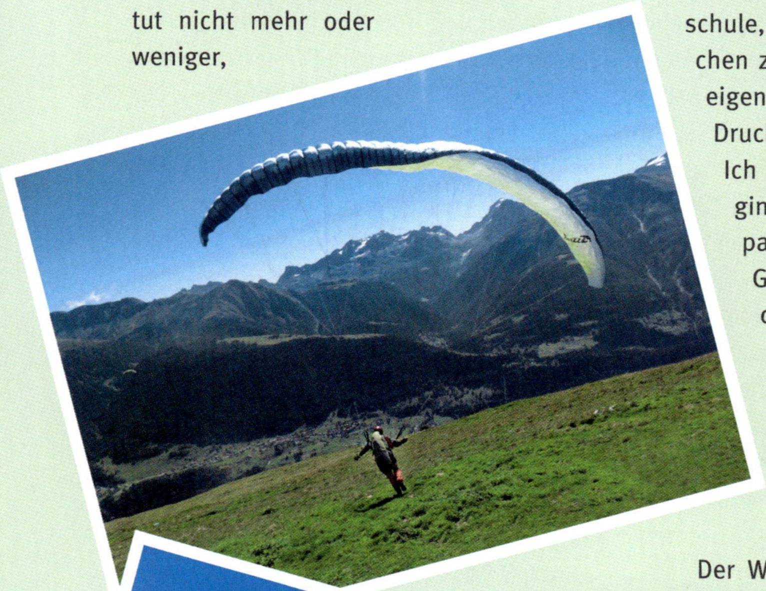

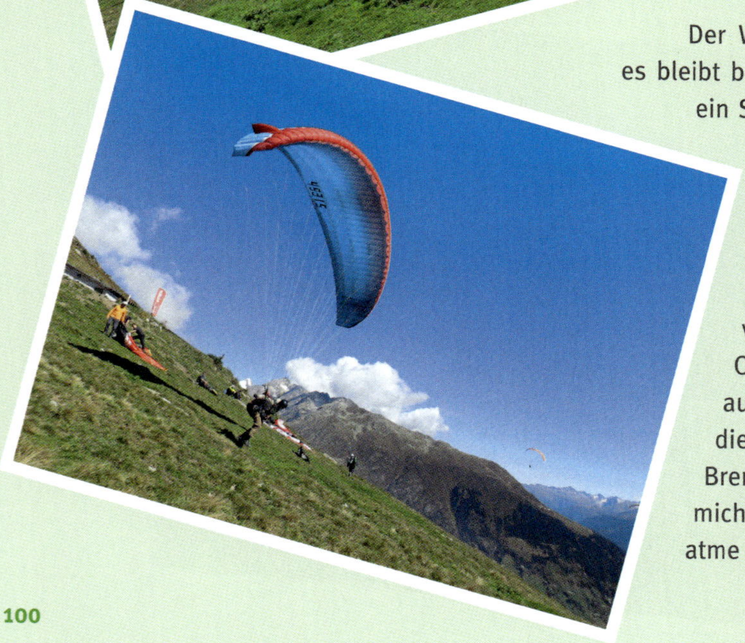

Der Schirm muss seine Sache gut machen können. Gleitschirme fliegen, wenn man sie fliegen lässt.

Es ist kein Gezerre an den Tragegurten oder an der Steuerleine, auch kein Dagegenstemmen. Zudem scheinen die versierten Piloten das Pulsen des Windes zu spüren und dies zu Hilfe zu nehmen. Wie einfach war das doch in der Flugschule, als der Fluglehrer mir das Zeichen zum Start gab. Hier ist es die eigene Entscheidung und etwas der Druck der wartenden Piloten.

Ich fasse mir ein Herz und beginne, die Ausrüstung auszupacken, nestle da und dort am Gurtzeug, überprüfe den Sitz des Helms und bewege mich mit dem Schirm unter dem Arm in Richtung Startplatz. War ich vorher noch im Abseits alleine, stehe ich nun in der losen Schlange und rücke allmählich vor.

Der Wind wird nicht stärker, aber es bleibt bei Seitenwind. Nun ist wieder ein Startplatz frei geworden. O. k., sei konzentriert, lass dich nicht hetzen, spule den Start wie gelernt ab, du kannst es, mache den Startcheck und lass dir nötigenfalls von anderen Piloten helfen. O. k., es geht los. Den Schirm auslegen, die Leinen sortieren, die Tragegurte liegen bereit, die Bremsspinne ist frei. Ich stelle mich nochmals hinter den Schirm, atme und prüfe den Startraum.

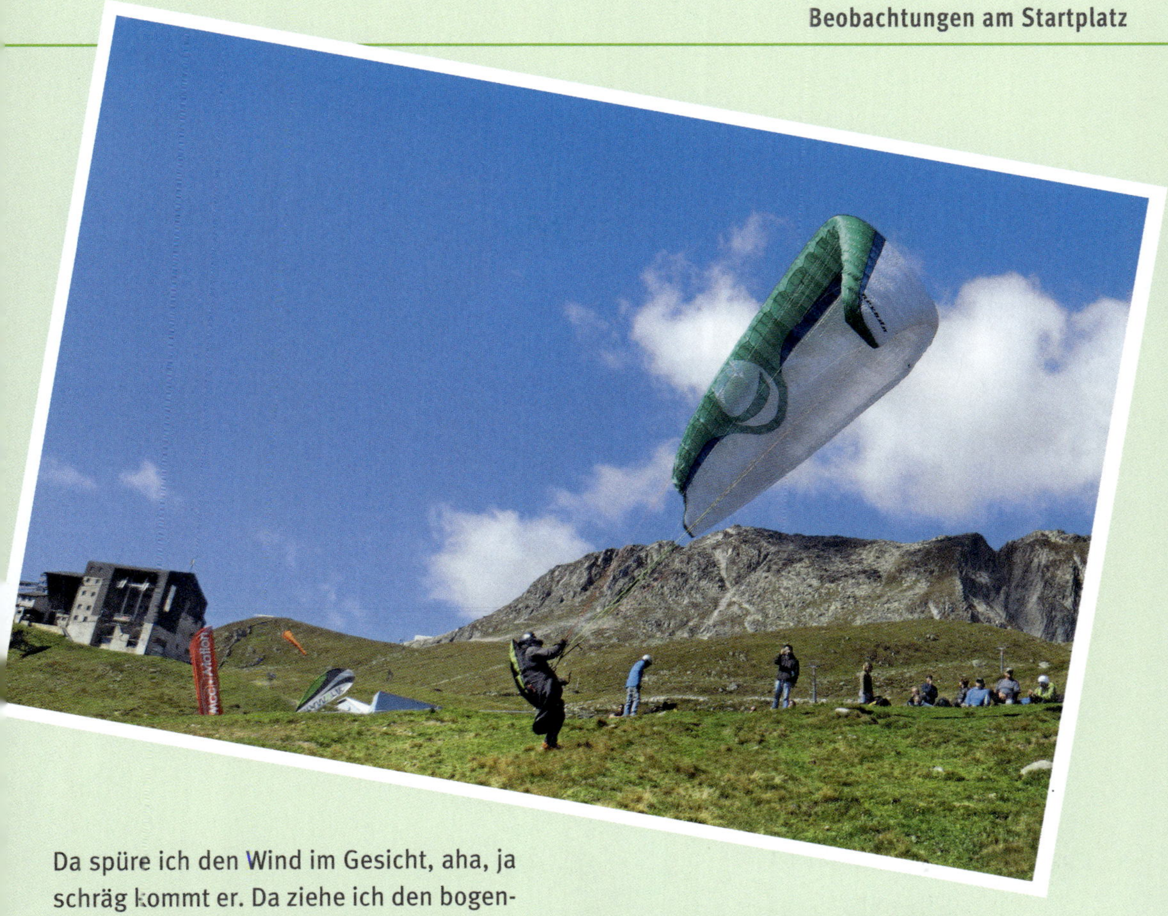

Da spüre ich den Wind im Gesicht, aha, ja schräg kommt er. Da ziehe ich den bogenförmig ausgelegten Schirm, soweit es der Hang hergibt, etwas schräger. Nicht viel, aber es gibt mir ein gutes Gefühl, wenigstens etwas in die Windrichtung zu stehen. Gurtzeug o. k. Einhängen der Tragegurte. Startcheck, diesmal der eigene. Ich bin extrem angespannt, spüre die Blicke der anderen. Da fällt mir wieder ein: Atmen, tiefe Atemzüge, tief ausatmen. Es wird mir leichter und ich vergesse alles um mich herum, kann mich konzentrieren. Da ist der Wind wieder in meinem Gesicht, aha, da ist das Pulsen, wohl eine leichte Ablösung, die den Seitenwind etwas überdeckt und für kurze Zeit den Wind mehr in Startrichtung dreht. Zusammen mit dem leicht schräg ausgelegten Schirm sollte es genau jetzt klappen. Startlauf, der Schirm holt Luft, ich spüre den Widerstand über das Sitzgurtzeug, spüre auf einer Seite mehr Zug, instinktiv laufe ich mit dem Schirm, steuere leicht gegen, der Zug wird gleichmäßiger und ich schaue zur Kappe. Hey, sie steht gut über mir, jetzt beschleunigen, schneller laufen und einen leichten Zug der Steuerleinen zum Abhebeimpuls. Ich bin weg vom Boden, in der Luft, gewinne Höhe über Grund, da ist ein leichtes Steigen. Ich atme wieder, die große Anspannung lässt nach und ein Glücksgefühl durchströmt mich. Ich fühle mich frei und leicht. Gleitschirmfliegen hat viel mit spüren zu tun, wahrnehmen, sich aus der Hektik und den Vorstellungen ausklinken. Ich kann mich ganz auf den Flug konzentrieren, kann mich an der Umgebung erfreuen, ziehe meine Kreise freudig und konzentriert. Es ist ein Traumtag.

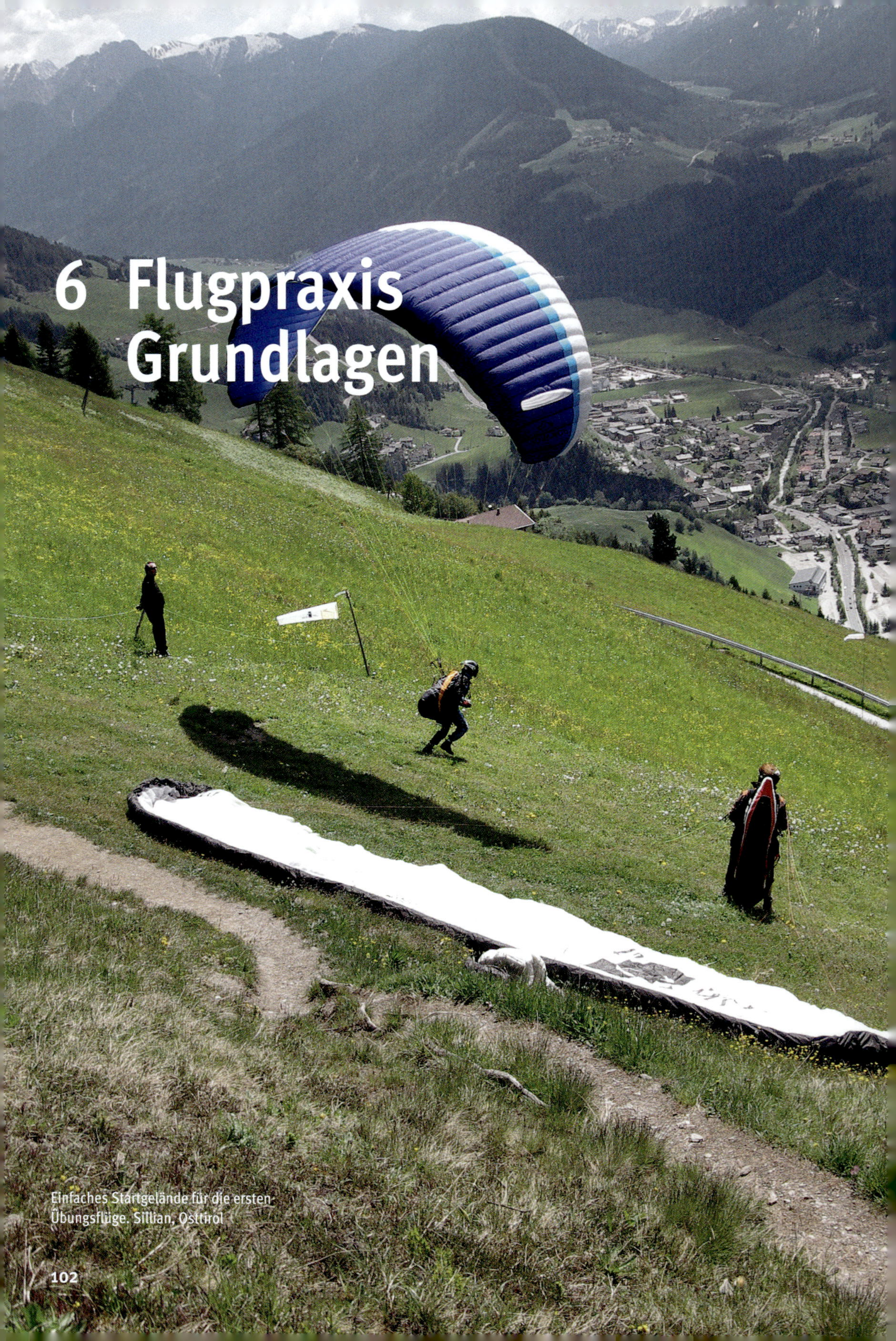

6 Flugpraxis Grundlagen

Einfaches Startgelände für die ersten Übungsflüge. Sillian, Osttirol

Dieses Kapitel darf nicht die eigentliche Praxisausbildung in einer anerkannten Flugschule ersetzen, sondern soll die Ausbildung begleiten und unterstützen.
Aktuelle Infos über geeignete und zugelassene Ausrüstung bei den Verbänden und den Flugschulen: www.dhv.de, www.aeroclub.at, www.shv-fsvl.ch

Anfängerausrüstung:

› Gutmütiger, einfach zu startender Gleitschirm, der von einem Lehrer oder Könner auf Flugtauglichkeit überprüft wurde. Auf die Zulassung achten.
› Einfach zu bedienendes Gurtzeug mit Protektor, passend für die Körpergröße.
› Rettungsschirm.
› Stabile, knöchelhohe Schuhe.
› Gleitschirmhelm.
› Schutzhandschuhe.

6.1 Startvorbereitungen

Ausrüstung auspacken und auf den Fleck legen, von dem aus gestartet werden soll. Den leeren Rucksack im Gurtzeug verstauen.
› Gurtzeug anlegen: Rettungsgerät auf festen Sitz prüfen (Verschluss, Splint, Handgriff). Erst die Beinschlaufen, dann die Brustschnalle schließen. Die Schnallen nicht zu eng anziehen, damit das Gurtzeug beim Startlauf nicht behindert.
› **Helm aufsetzen:** den Helm aufsetzen und den Verschluss zumachen.
› **Gleitschirm auslegen:** den Schirm leicht bogenförmig mit der Segeloberseite nach unten auslegen. Die Eintrittskante liegt hinten und ist über die komplette Segelbreite gut geöffnet. Darauf achten, dass keine Leine unter dem Segel liegt.

VORFLUGCHECK

Bevor man sich mit dem Gleitschirm verbindet, ist der Vorflugcheck durchzuführen:
› **Wetter/Zeit:** Sind die Wetterbedingungen für die geplante Flugdauer stabil und sicher?
› **Gurtzeug/Rettungsgerät:** Rettungsgerät vor Fehlauslösung gesichert, Gurtzeug angelegt und alle Gurte, auch die Beingurte, geschlossen? Gurte zu eng/zu weit?
› **Kappe:** Bogenförmig gegen den Wind ausgelegt? Kammern offen? Keine Leine unter dem Segel?
› **Leinen/Tragegurte:** Tragegurte unverdreht? Leinenebenen von den Bremsleinen bis zu den A-Leinen frei? Stabiloleinen frei? Leinenschlösser, Bremsleinen, Steuerschlaufenknoten, Beschleunigungssystem geprüft und eingehängt?
› **Pilot:** Alles eingepackt? Persönliche Verfassung? Bei zu großem Stress/Unsicherheit/schlechter körperlicher Verfassung ist es besser, auf den Start zu verzichten.

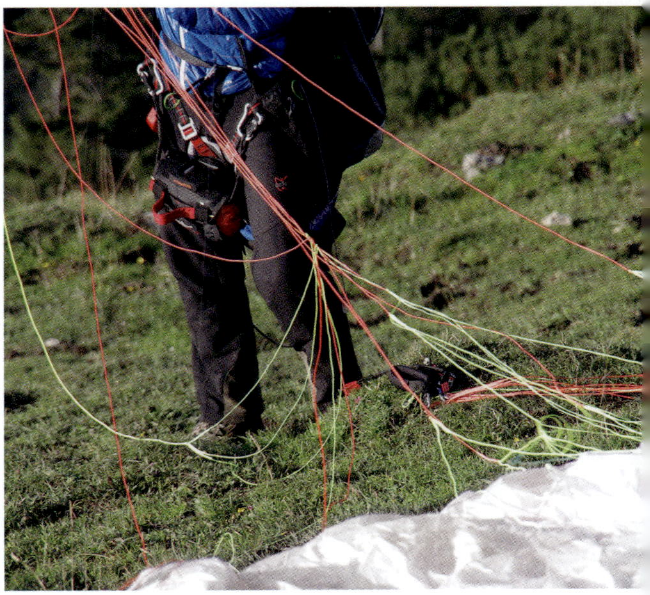

Die Fangleinen haben sich mit den Bremsleinen verhängt und sind vor dem Start frei zu machen.

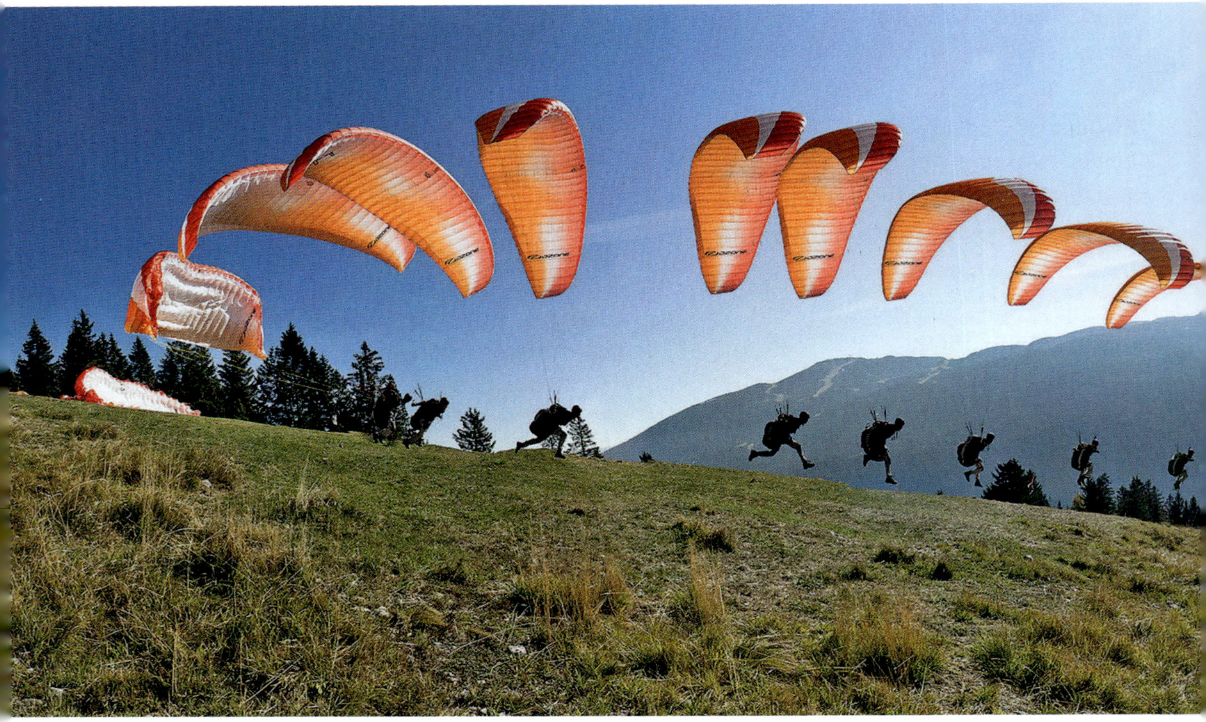

Vorwärtsstart bei wenig Wind; damit der Gleitschirm gut trägt, bedarf es bei der geringen Hangneigung einer zügigen Beschleunigungsphase bis in die Luft. Sich nie zu früh in das Gurtzeug setzen, sondern erst Sicherheitsabstand zum Boden gewinnen.

› **Leinen entwirren:** Alle Leinen müssen frei sein. Die Haupttragegurte in die Hand nehmen und damit die Leinen spannen. Zuerst die Bremsleinen, die Stabiloleinen und danach die Leinenebenen bis zu den A-Leinen ordnen. Nun die einzelnen Tragegurte trennen. Zu jedem Tragegurt müssen die entsprechenden Leinengruppen frei laufen. Die Hauptsteuerleinen mit Steuerschlaufe nochmals auf freien Lauf prüfen. *Keine Leine darf unter dem Schirm liegen. Risiko Leinenüberwurf.*

› **Gurtzeug mit dem Gleitschirm verbinden:** die Haupttragegurte so am Gurtzeug einhängen, dass der vordere Tragegurt (**A-Gurt**) vorne oben ist. Die Tragegurte dürfen nicht in sich und mit der Steuerleine verdreht sein.

› **Haupttragegurte aufnehmen:** Haupttragegurte aufnehmen und über die Oberarme legen. Die Steuerschlaufen von den hinteren Tragegurten lösen und in die Hand nehmen. Die vorderen Tragegurte ergreifen. Die Steuerleine muss frei laufen.

5-PUNKTE-STARTCHECK

1. PILOT	Bein-, Brust-, Kreuzgurte geschlossen? Karabiner geschlossen? Helm geschlossen?
2. LEINEN	Leinen frei? Tragegurte/Steuerleine unverdreht? Beschleuniger o. k.?
3. KAPPE	Kappe frei? Alle Kammern offen?
4. LUFTRAUM	Luftraum frei?
5. WIND	Richtig? (von vorne, Stärke)

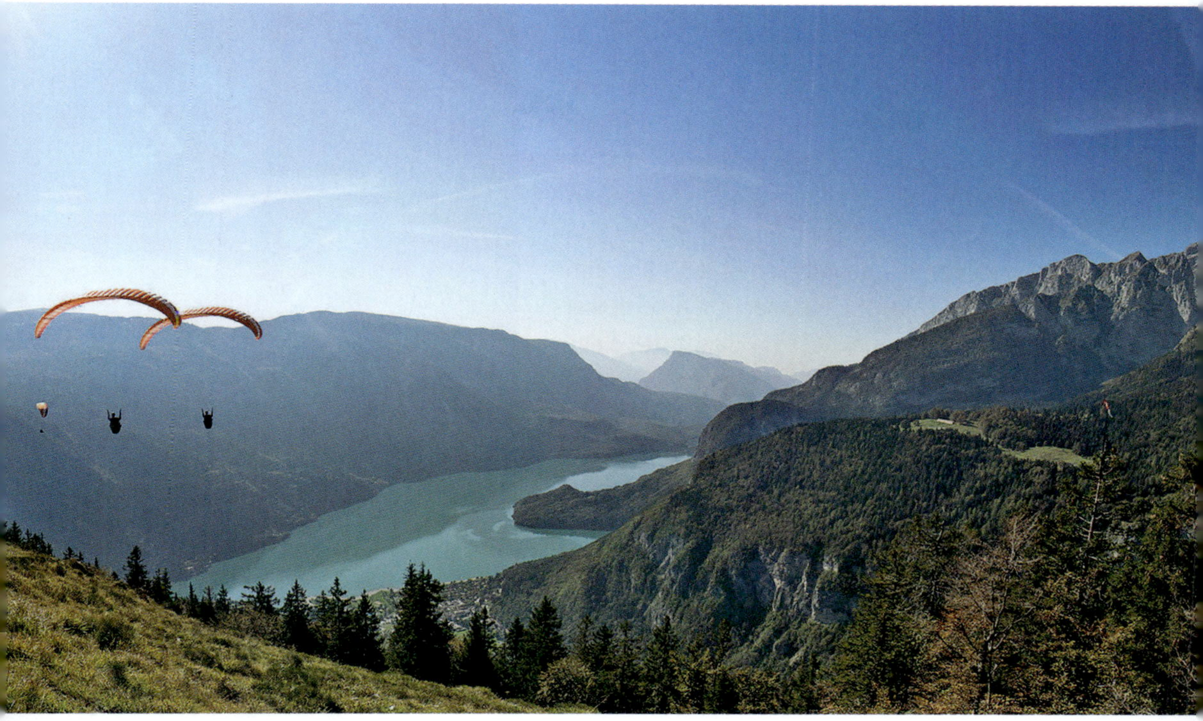

› **Startposition einnehmen (Grundhaltung):** Die Arme sind leicht seitlich nach hinten unten gestreckt. Die vorderen Tragegurte mit der Steuerschlaufe in der Hand fest fassen. Die vorderen Leinen (A-Leinen) leicht vorspannen.

6.2 Vorwärtsstart

Als Vorwärtsstart wird die Startform bezeichnet, bei der der Pilot in Startrichtung startet, also losläuft und dabei den Schirm aufzieht. Vorteil ist, dass der Pilot im Gegensatz zum Rückwärtsstart, bei dem er umgedreht zum Schirm steht, keine Ausdrehbewegung benötigt, aber dafür in der Startphase bis der Schirm über dem Piloten steht, keinen Sichtkontakt zur Kappe hat. Es gilt also, Schirmgefühl zu entwi-

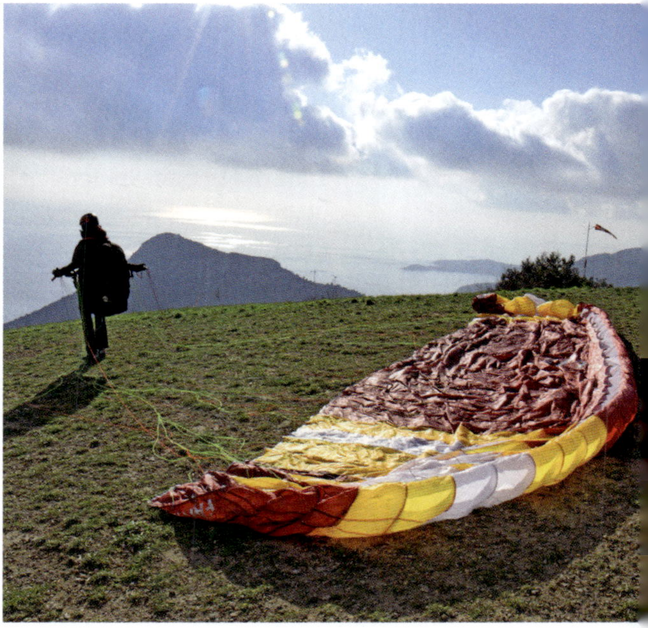

Der Pilot ist in Startposition. Das ist der Zeitpunkt, sich zu sammeln, tief durchzuatmen, alle Ablenkung durch äußere Einflüsse zu vermeiden, um ganz bei sich zu sein. Jetzt ist der 5-Punkte-Startcheck präzise abzuarbeiten.

ckeln und den Kontrollblick konsequent anzuwenden.

1 **Grundhaltung:** Der Pilot steht nach dem positiven Startcheck mit offener Armhaltung vor der Schirmmitte in Startposition. Die A-Leinen sind je nach Startverhalten und Windstärke mehr oder weniger leicht vorzuspannen. Bei sehr wenig Wind ist es besser, die A-Leinen etwas lockerer zu lassen, damit das Segel beim Aufziehen einen stärkeren Startimpuls bekommt.

2 und 3 **Aufziehen:** kräftiges Anlaufen mit seitlich nach hinten unten gestreckten Armen. Die Arme beschreiben einen Viertelkreis nach vorne oben. Der Schirm füllt sich und steigt über den Piloten. Der Druck an den Haupttragegurten wird geringer. Mit dosiertem Bremsen das Segel senkrecht über sich halten, eingeklappte Zellen durch Pumpen auf der entsprechenden Seite füllen und das Segel genau in den Wind ausrichten.

4 **Kontrollblick:** durch den Kontrollblick nach oben überprüfen, ob alle Kammern geöffnet sind und die Leinen/Steuerleinen frei laufen. Während des Kontrollblicks weiterlaufen. Erst, wenn alles o. k. ist, fällt die Startentscheidung, ansonsten konsequenter **Startabbruch** (siehe Kap. 6.3).

5 **Beschleunigen:** Startgeschwindigkeit mit großen Schritten erhöhen, bis Zug auf die Tragegurte kommt. So lange beschleunigen, bis der Schirm anfängt zu tragen.

6 **Abheben:** Dazu laufen wir weiter und unterstützen das Abheben durch leichten Steuerleinenimpuls (20 bis 40 % je nach Schirmtyp). Sobald wir in der Luft sind, langsam die Steuerleinen lösen, damit der Schirm Geschwindigkeit aufnehmen kann.

Bei jedem Start Kontrollblick.

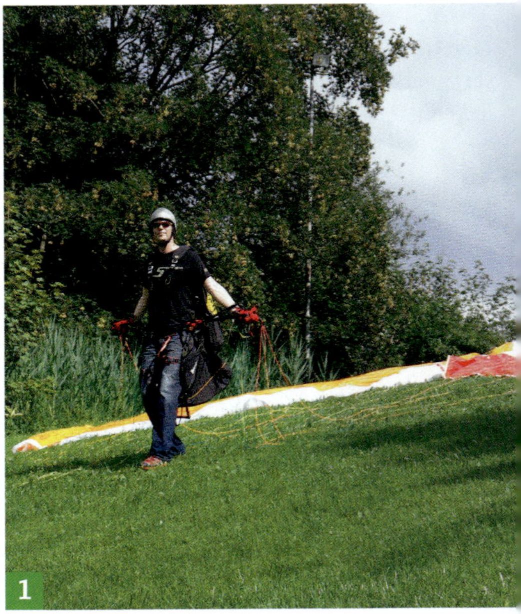

Grundhaltung

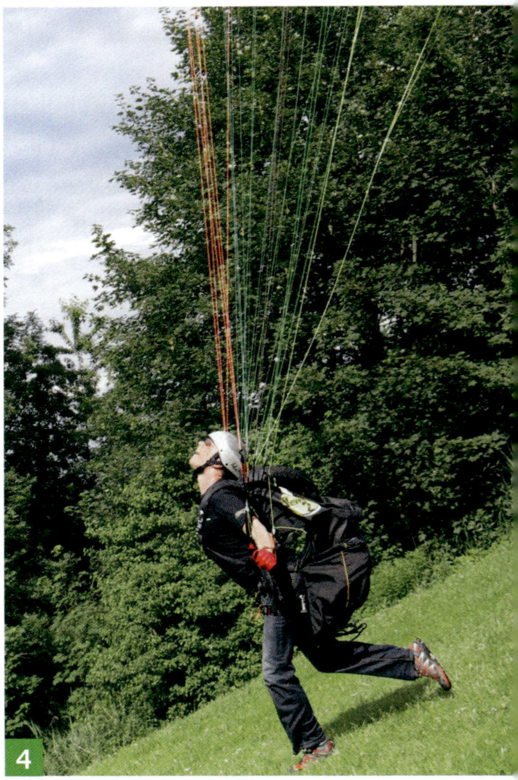

Kontrollblick

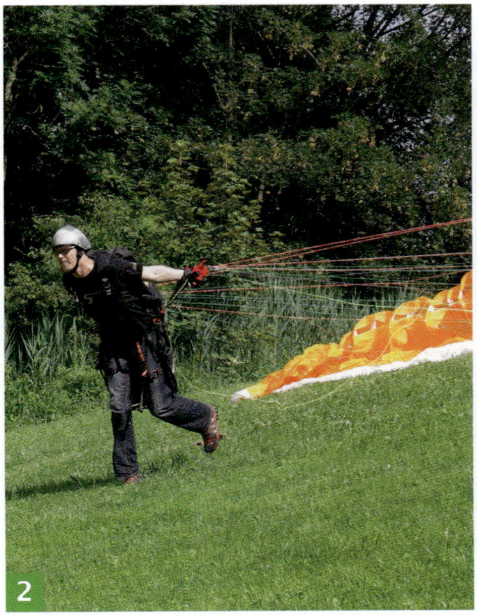

Aufziehen a

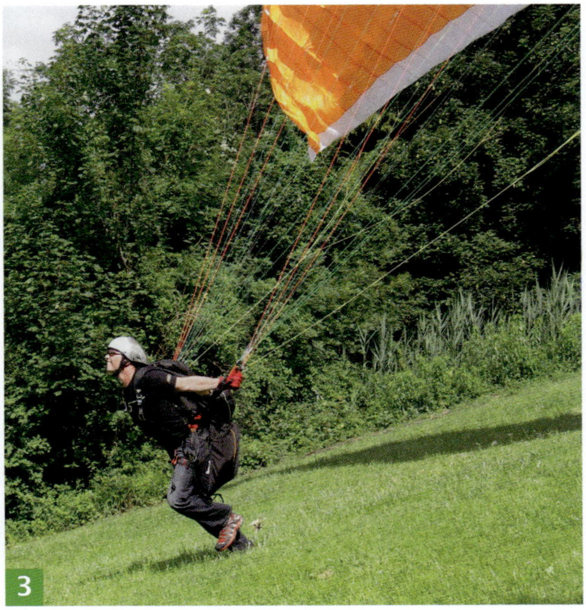

Aufziehen b

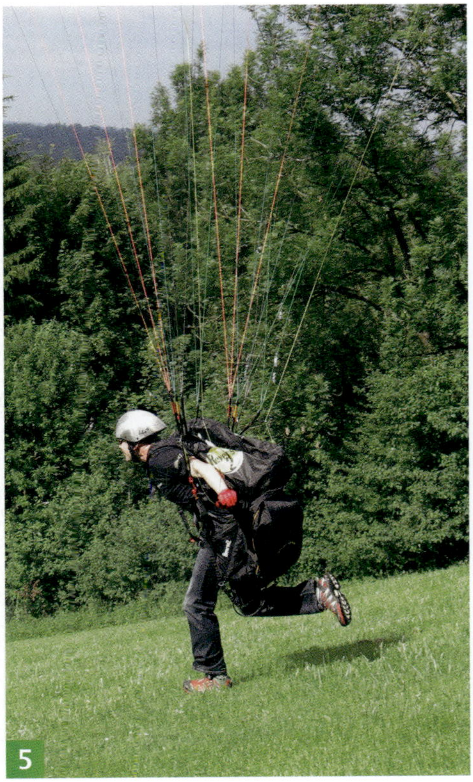

Beschleunigen

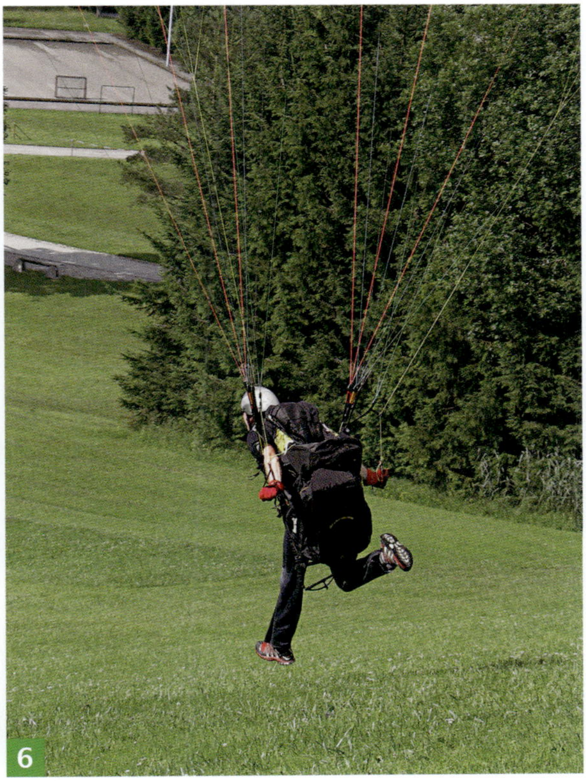

Abheben

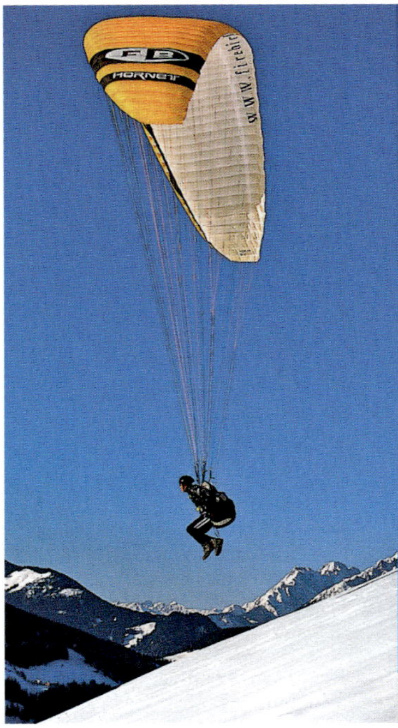

Fliegen: Leichter, beidseitiger Steuerleinenzug stabilisiert das Segel. Erst bei sicherer Flughöhe in das Gurtzeug abkippen und zurücklehnen.

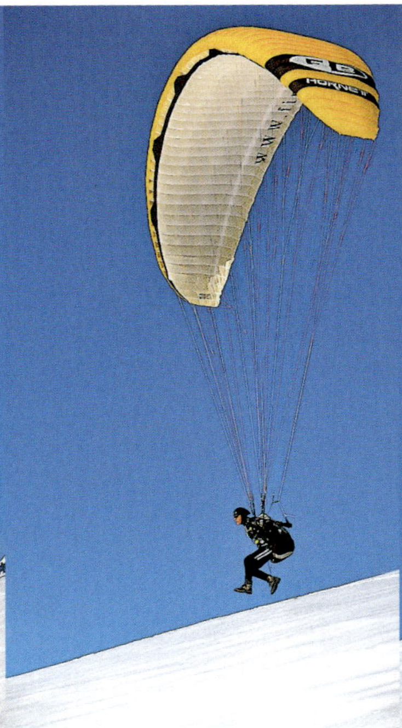

Abheben: So lange laufen, bis Luft unter den Füßen ist, nun nicht sofort in das Gurtzeug abkippen, sondern vorn bleiben und dabei ein Bein durchgestreckt halten, um bei erneutem Bodenkontakt nochmals beschleunigen zu können.

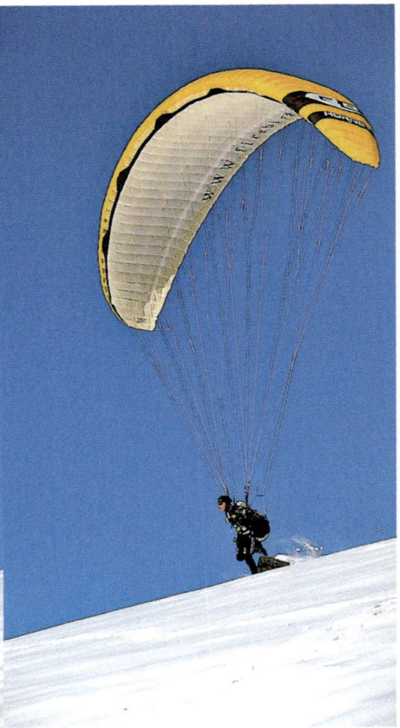

Beschleunigen: Das Segel ist komplett gefüllt, mit weit ausladenden Schritten beschleunigen.

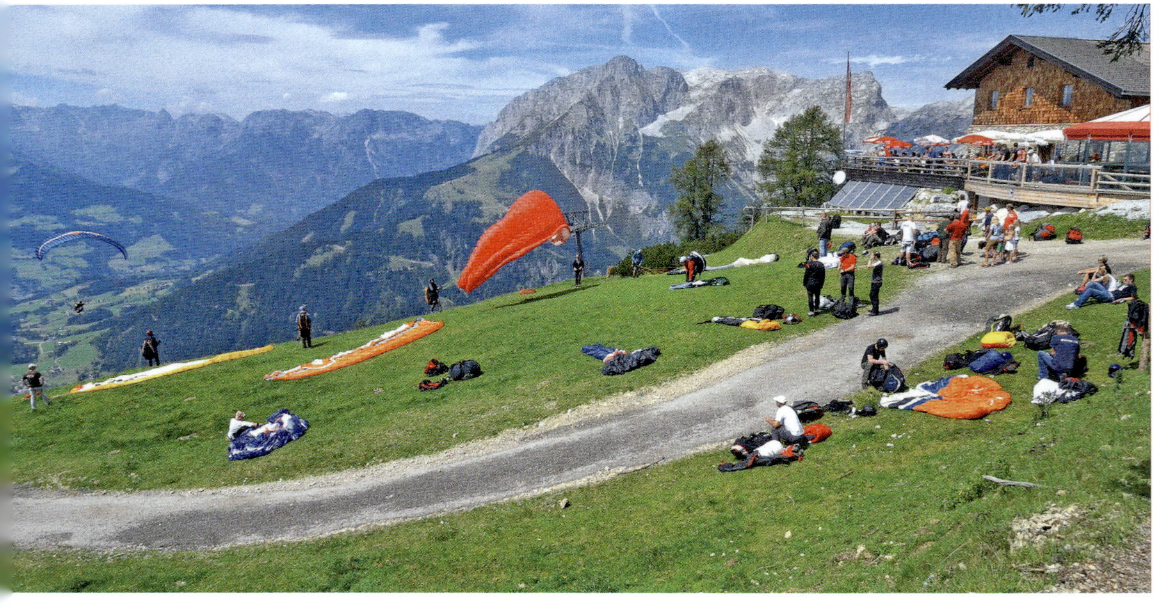

Der West-Startplatz am Büschling, Salzburger Land: Die Piloten treffen ihre Startvorbereitungen stressfrei hinter dem Startplatz.

KORREKTUREN BEIM START

Korrekturen beim Start

Fehler: Schirm klappt in der Mitte zusammen.
- Die mittleren Zellen etwas höher auslegen.

Fehler: Schirmkappe kommt nicht über den Piloten.
- Tragegurte nicht vorzeitig loslassen, länger führen.
- Bei leichteren Piloten kleineren Schirm wählen.
- Leinen vorspannen und kräftig anlaufen.
- Manche Schirme benötigen einen Startimpuls.

Fehler: Schirm kippt seitlich ab.
- Beim Start hinter die Segelmitte stellen.
- Segel genau gegen den Wind auslegen.
- Segel in Abkipprichtung schräg nach vorne unterlaufen.

Fehler: Segel klappt nach vorne ein.
- Tragegurte nicht herunterziehen, je nach Schirmtyp kann leichtes Anbremsen erforderlich sein.

Fehler: Außenkammern sind nicht gefüllt.
- Durch kurzes Anbremsen die Kammern füllen.

Fehler: Pilot pendelt nach dem Start.
- Steuerbewegungen nach dem Abheben zu abrupt.

Fehler: Pilot hebt nicht ab.
- Steuerleinen zu stark und zu früh gezogen.
- Anlauf zu langsam.
- Schirm nicht kontrolliert (Kontrollblick) und korrigiert.

Fehler: Erneute Bodenberührung nach dem Start.
- Pilot sitzt zu früh im Gurtzeug, kein durchgestrecktes Bein.
- Steuerleinen nicht gelockert.
- Rückenwind (Leeturbulenzen).

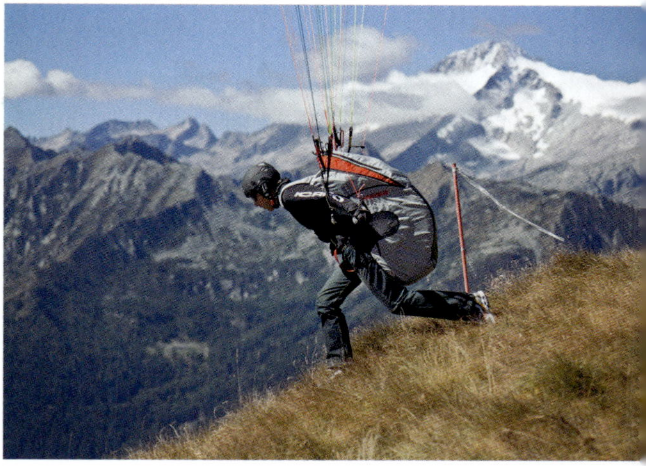

Aktive Beschleunigungsphase bei leichtem Gegenwind

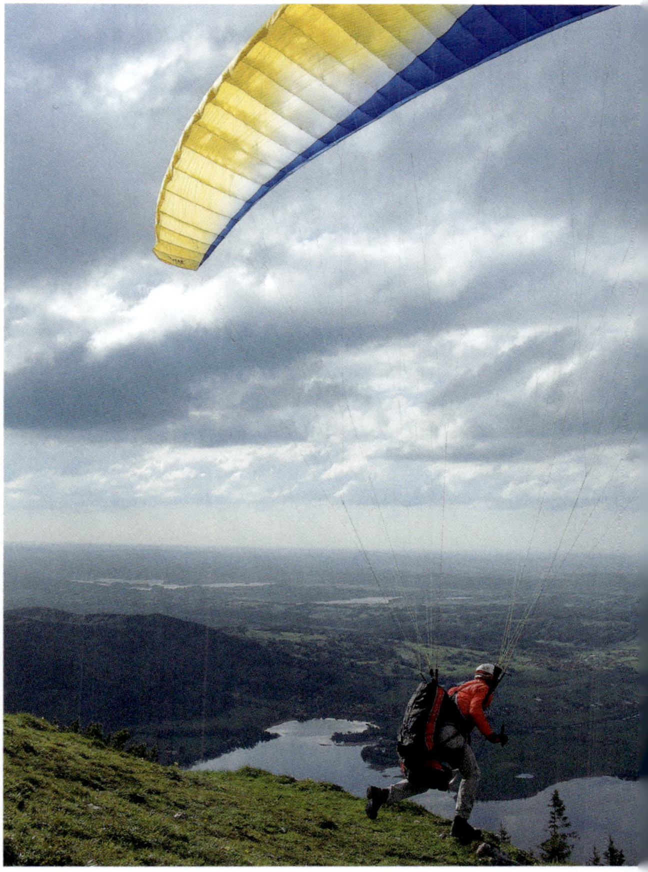

Beschleunigen, damit der Schirm trägt, und beim Abheben nicht in das Gurtzeug springen, sondern weiter in die Luft laufen.

6.3 Startabbruch

Verändern sich die Startbedingungen oder treten Fehler während des Startvorganges auf, die auf einen unkontrollierten Start hinauslaufen könnten, ist vom Piloten der Startabbruch aktiv noch vor der Beschleunigungsphase einzuleiten. Unkontrolliert, verdreht, mit Schirmverhänger oder verhängten Leinen zu starten kann lebensgefährlich werden. Der Startabbruch ist konsequent durchzuführen. Schon vor dem Start muss klar sein, wo sich auf der Startstrecke die letzte Möglichkeit für einen Startabbruch befindet und welche Art von Startabbruch das Gelände zulässt.

Fühlt sich die erste Startphase nicht gut an, ist es immer besser, einen aktiven Startabbruch durchzuführen, als einen Fehlstart zu riskieren.

Flaches Startgelände

Unmittelbar während / nach der Aufziehphase den Schirm bei keinem oder sehr wenig Wind durch beidseitigen Steuerleinenzug wieder nach hinten abfallen lassen. Bei Wind eine Steuerleine komplett durchziehen und das Segel dadurch nach hinten seitlich abkippen lassen und sich zum Schirm hin drehen. Bei stärkerem Wind noch einige Schritte auf den Schirm zugehend das Segel durch gezogene Bremsleinen am Boden halten.

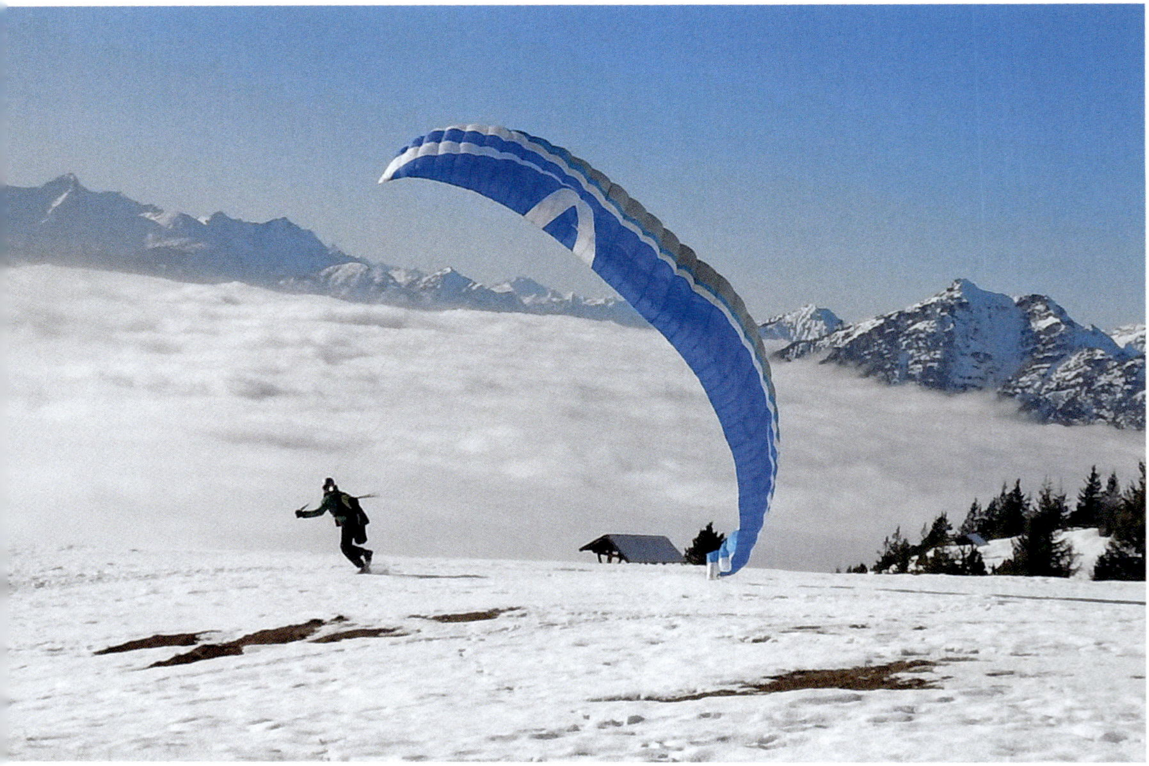

Der Pilot hat seine Startstrecke nicht genau in Windrichtung gewählt. Deshalb dreht der Gleitschirm während des Startlaufes in den Wind und kippt nach rechts ab. Ist noch genug Startstrecke, bleibt dem Piloten, den Schirm nach rechts zu unterlaufen, also in die Richtung, in die der Schirm fliegen will. Gelingt das nicht, Startabbruch.

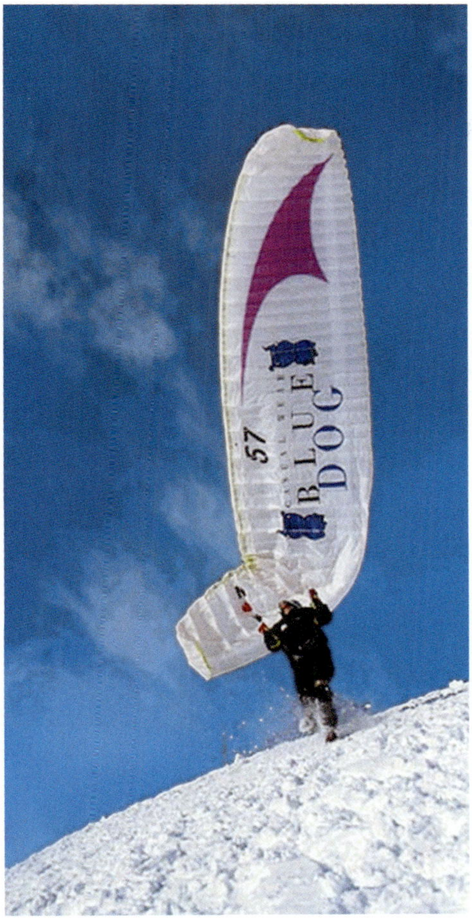

Oben: Hier hilft nur noch ein Startabbruch.

Mittel- bis steiles Startgelände

Den Schirm sofort konsequent voll zur Seite steuern und sich dabei zum Schirm hin drehen, um dem Schirm in die gleiche Richtung entgegenzulaufen, damit Druck aus dem Segel genommen wird. Mit voll durchgezogenen Bremsleinen bzw. C-/D-Tragegurten den Schirm am Boden halten. Bei stärkerem Wind oder starken Ablösungen am Startplatz gilt es, konsequent zu handeln, da das Risiko groß ist, doch abzuheben. Es besteht sonst Absturzgefahr.

6.4 Flug am Übungshang

Voraussetzung ist ein geneigter Hang, flach und hindernisfrei auslaufend. Nur bei Windstille oder leichtem Gegenwind starten.
Nach den Startvorbereitungen erfolgt der Startcheck und der Startlauf. Ist der Schirm aufgezogen und korrigiert, erfolgt der eigentliche Startlauf. Der Erfolg des Starts hängt auch von der **Anlaufgeschwindigkeit** ab. Dazu wird die Geschwindigkeit mit großen Schritten erhöht, bis Zug auf die Tragegurte kommt. Nach zwei bis drei weiteren Schritten Steuerleinen leicht durchziehen. Wir heben ab, bleiben dabei noch immer in Laufhaltung leicht nach vorn gebeugt mit einem gestreckten Bein. Jetzt können die Steuerleinen dosiert freigegeben werden. Bei sicherer Flughöhe kippen wir in das Gurtzeug und lehnen uns bequem zurück.

› **Kurvensteuerung am Übungshang:**
Die ersten Flüge am Übungshang erfordern oft schon leichte Kurskorrekturen. Dazu steuert der Pilot den Gleitschirm durch leichtes Ziehen der entsprechenden Steuerleine:
rechts gezogen = rechts geflogen
links gezogen = links geflogen

6.5 Landung

Der Landeanflug (Endanflug) erfolgt gerade **gegen den Wind**, die Steuerleinen sind leicht gezogen. Der Gleitschirm fliegt so mit der Geschwindigkeit des geringsten Sinkens. In ca. 5 bis 10 m Höhe richten wir uns voll auf. Oberkörper leicht nach vorne, Gesäß an die Sitzbrettvorderkante, Beine

Fehler: Harte Landung mit starker Vorwärtsbewegung.
- Rückenwind.
- Zu spät oder zu wenig abgebremst.

Fehler: Schirm schaukelt stark.
- Zu heftige Steuerbewegungen.

Fehler: Arme beim Bremsen nach hinten gestreckt.
- Verletzungsrisiko bei Sturz.

Fehler: Sackflug mit abrupter harter Landung.
- Zu früh und zu stark angebremst.

Fehler: Sturz auf den Rücken.
- Extremes Bremsen oder zu frühes Durchbremsen: Schirm kippt nach hinten.

Fehler: Harte Landung bei Schirmstillstand.
- Zu früh und zu hoch abgebremst.

Fehler: Landung auf dem Gesäß.
- Keine aufrechte Haltung vor der Landung.
- Keine Laufschritte nach vorne.

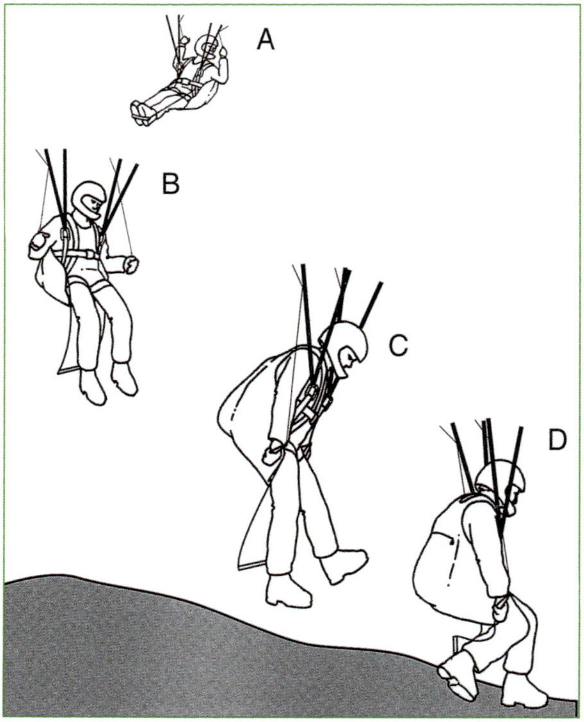

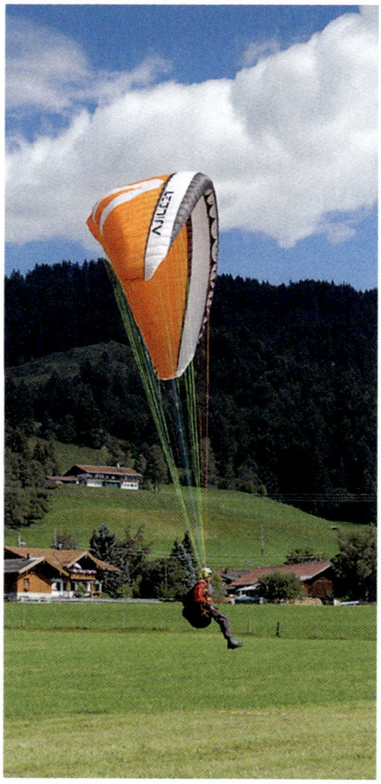

Aufrichten im Gurtzeug

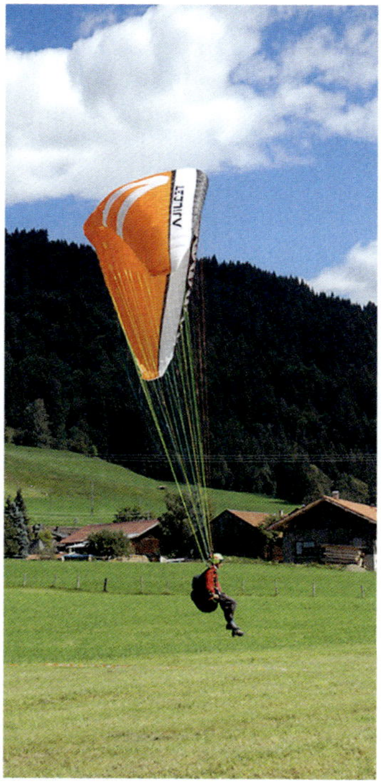

Bremsen und Landen

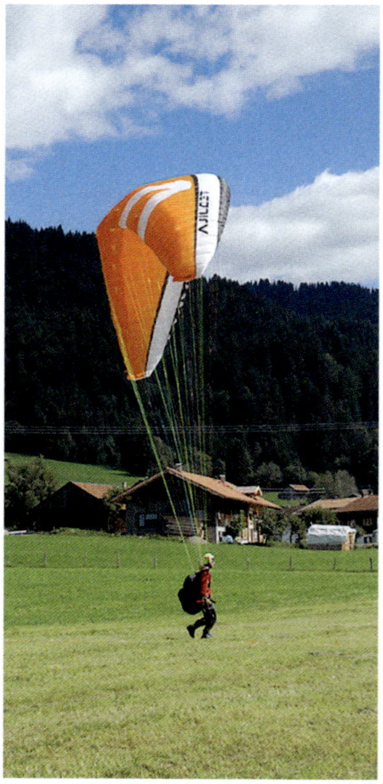

Auslaufen

laufbereit ausgestreckt. Wir sind fertig zur Landung.

Zur Landung im Gurtzeug aufrichten.

In ca. 1 bis 2 m Höhe bremsen wir mit beiden Steuerleinen dosiert, aber bestimmt den Gleitschirm stark ab (Ausflairen). Der Schirm wird langsam, und wir setzen, wenn das Landetiming optimal war, weich auf. Wurde der Schirm zu wenig abgebremst, fangen wir den Schub mit ein paar Laufschritten ab.

Grundsätzlich gegen den Wind landen.

Landung: Aus der Flugposition A bereitet man sich durch Aufrichten B und Aussteigen aus dem Beinstrecker auf die Landung vor. In ca. 1 m bis maximal 2 m Höhe werden für das Ausflairen C beide Steuerleinen stark durchgezogen. Die Landung D erfolgt so, dass man gegebenenfalls in den Knien abfedert und überschüssige Fahrt in einigen Schritten ausläuft. Wird durch einen Fehler die Landung zu hart, automatisch in den Landefall übergehen (siehe Kap. 10.5)!

6.5 Packen des Gleitschirms

Gleitschirme sind optimal nach der Packempfehlung des Herstellers (Handbuch) einzupacken.

› **Standardpackmethoden** sind wie abgebildet oder wie nachfolgend beschrieben: Das Gleitsegel liegt ausgebreitet auf dem Rücken. Die Leinen werden lose so in das Segel gelegt, dass die Haupttragegurte getrennt auf der hinteren Segelkante liegen. Ein Schutzsack für die Tragegurte verhindert dabei Tuchbeschädigungen.

› **Ziehharmonika-Methode (Zellen auf Zellen):** Von der linken und rechten Seite her wird das Segel zur Mitte eingeschlagen und dies wiederholt, bis eine schmale Bahn entsteht. Ist die Profilnase mit Mylar

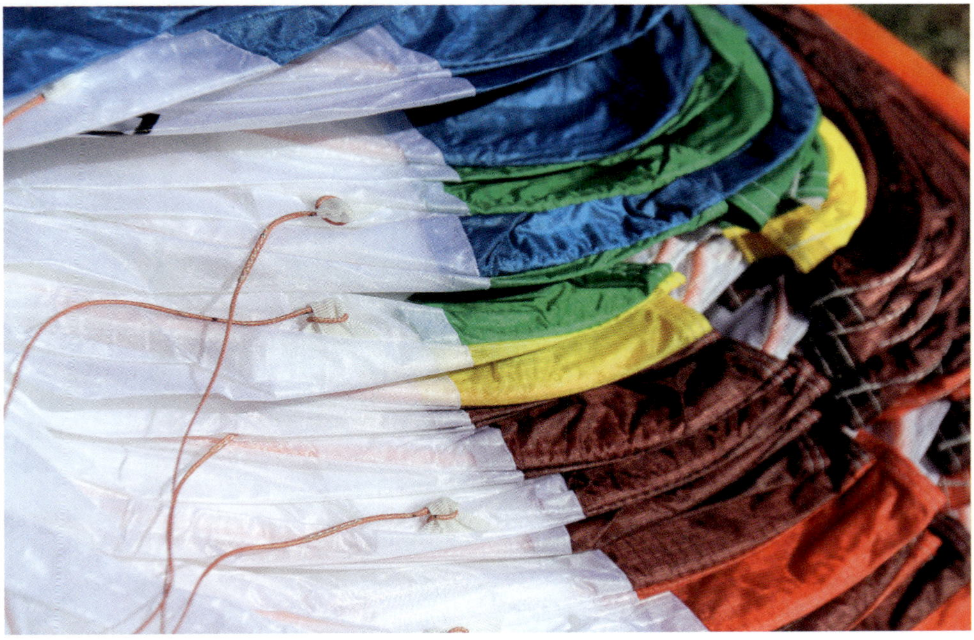

Zelle auf Zelle gelegter Gleitschirm

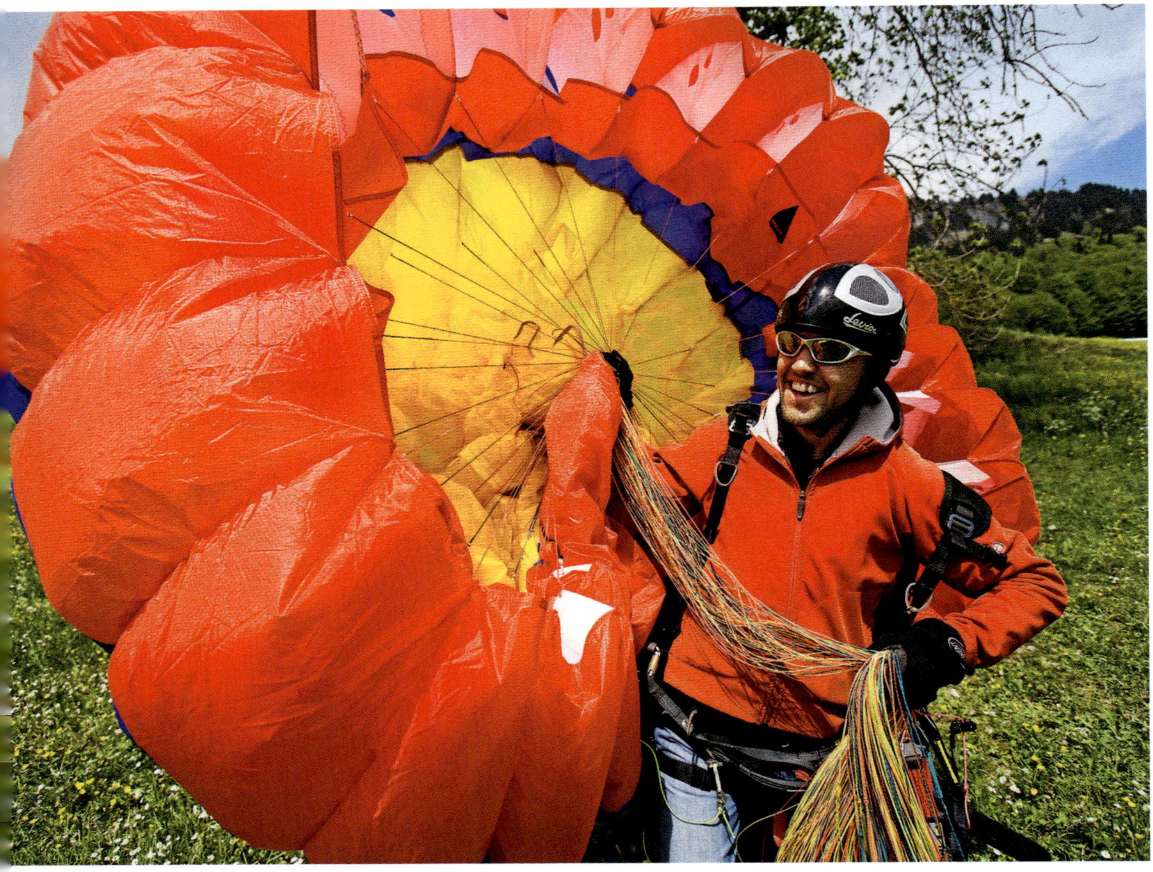

Nach der Landung Gleitschirm aufnehmen und den Landeplatz frei machen

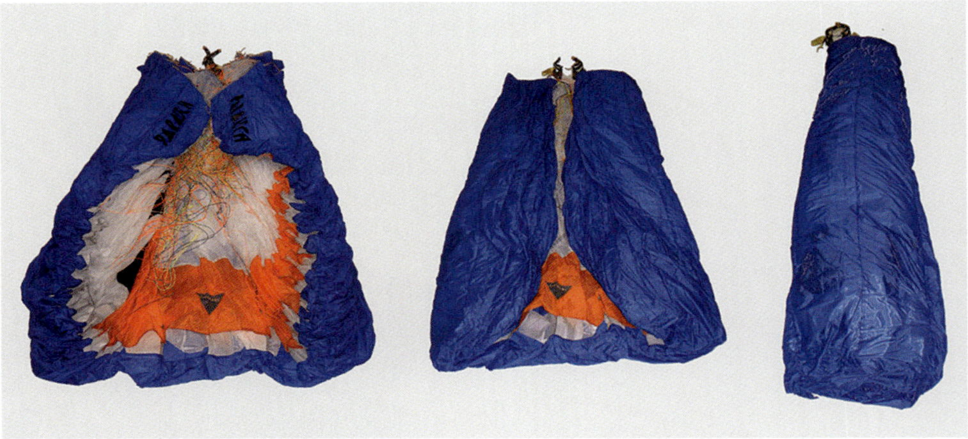

Links: Segel mit Mylar oder Stäbchen werden optimal Zelle für Zelle von beiden Seiten her aufeinandergelegt.
Mitte: Die gestapelten Segelseiten werden umgeschlagen.
Rechts: Sind die Zellen sorgfältig aufeinandergelegt, wird die Luft herausgestrichen und das Segel packsackbreit aufeinandergefaltet, um mit dem Gurtzeug im Packsack Platz zu finden.

oder Plastikstäbchen verstärkt, werden die Zellwände möglichst flach aufeinandergelegt und die Luft zur Zellöffnung ausgestrichen. Nun kann der Schirm, der als ein langes Zellbündel daliegt, der Länge nach zum Paket gefaltet werden.

› **Fächerförmiges Packen:**

1 Der Schirm wird zunächst flächig ausgelegt und danach fächerförmig zusammengeschoben. Alle Leinen liegen innen im Schirm. Danach wird Zelle auf Zelle gelegt.

2 Ebenso wird die andere Schirmhälfte zusammengelegt.

3 Das Paket wird nun auf die daneben ausgebreitete Schutzhülle gelegt. Diese wird zusammengefügt, die Haupttragegurte werden entweder auf den Schirm gelegt oder in eine separate Hülle verpackt.

4 Das Paket wird gefaltet und kann danach in einem Gleitschirmrucksack verpackt werden.

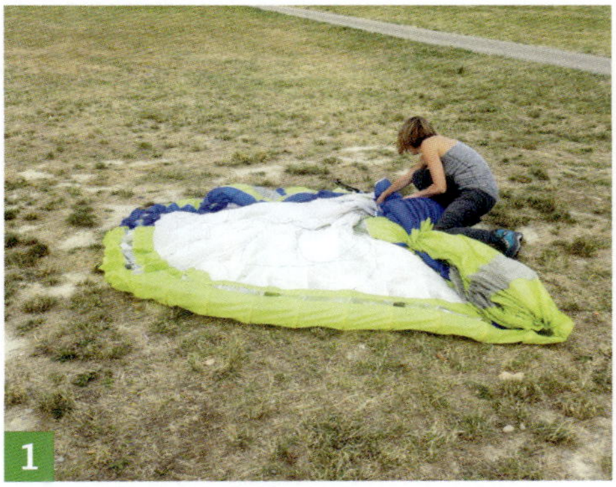
1

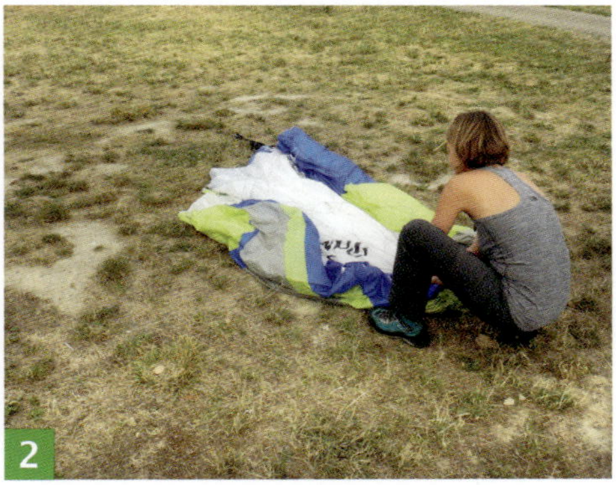
2

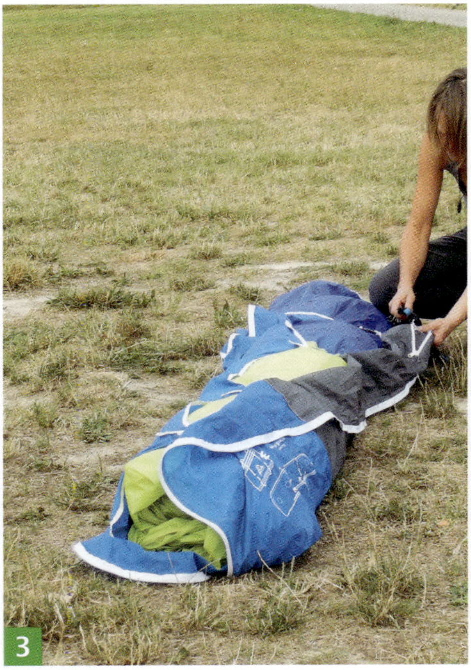
3

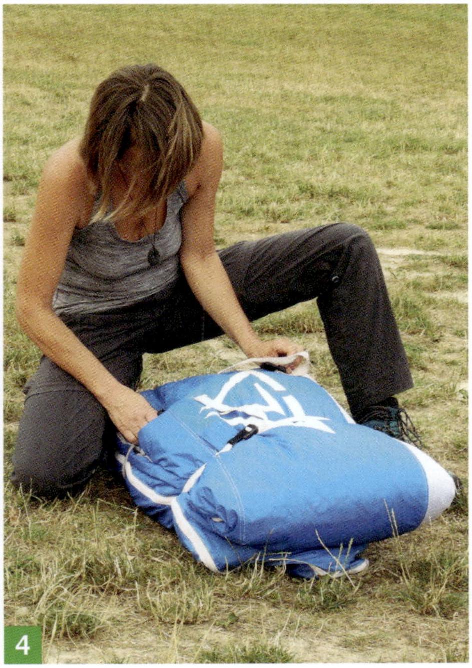
4

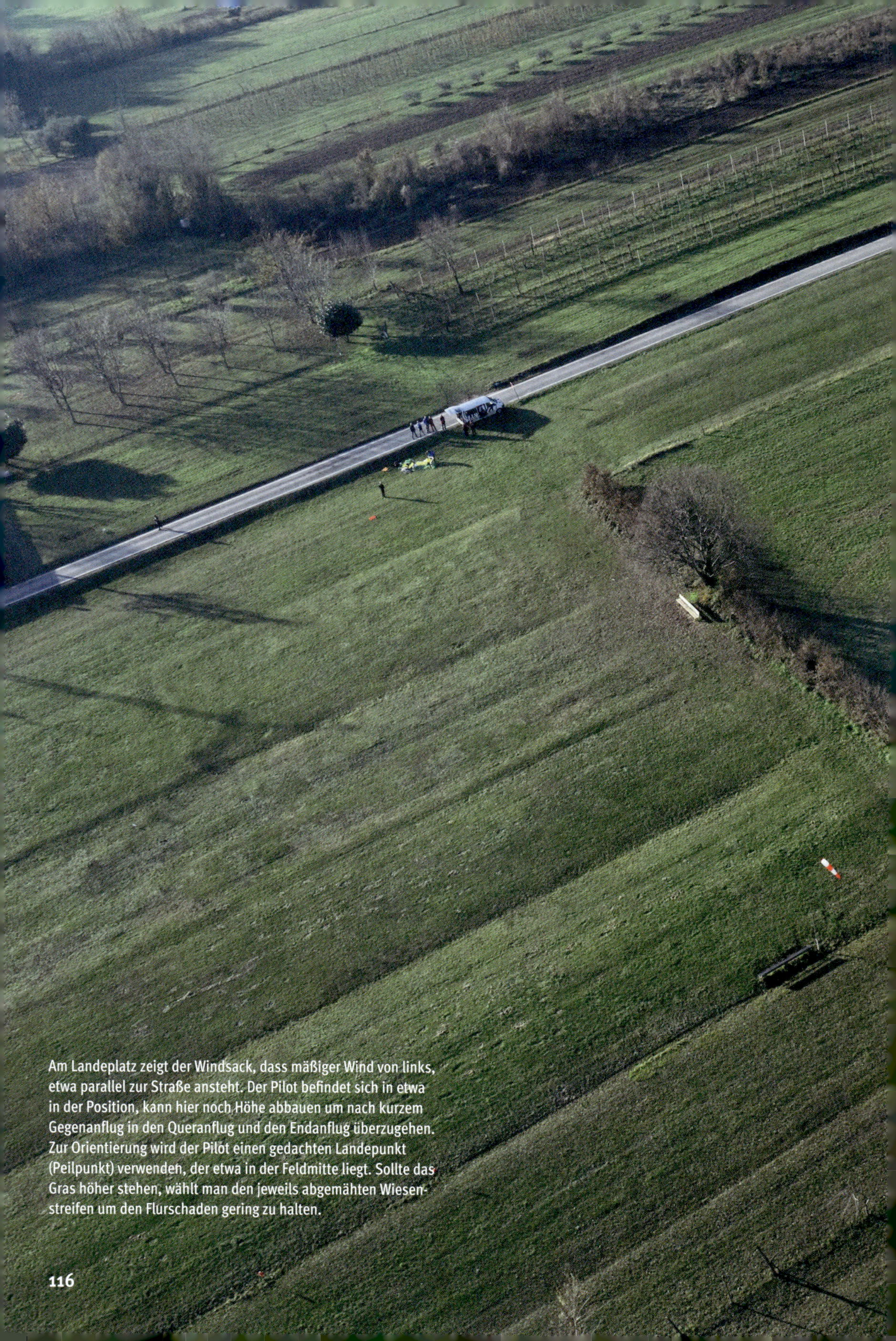

Am Landeplatz zeigt der Windsack, dass mäßiger Wind von links, etwa parallel zur Straße ansteht. Der Pilot befindet sich in etwa in der Position, kann hier noch Höhe abbauen um nach kurzem Gegenanflug in den Queranflug und den Endanflug überzugehen. Zur Orientierung wird der Pilot einen gedachten Landepunkt (Peilpunkt) verwenden, der etwa in der Feldmitte liegt. Sollte das Gras höher stehen, wählt man den jeweils abgemähten Wiesenstreifen um den Flurschaden gering zu halten.

7 Flugpraxis für Fortgeschrittene

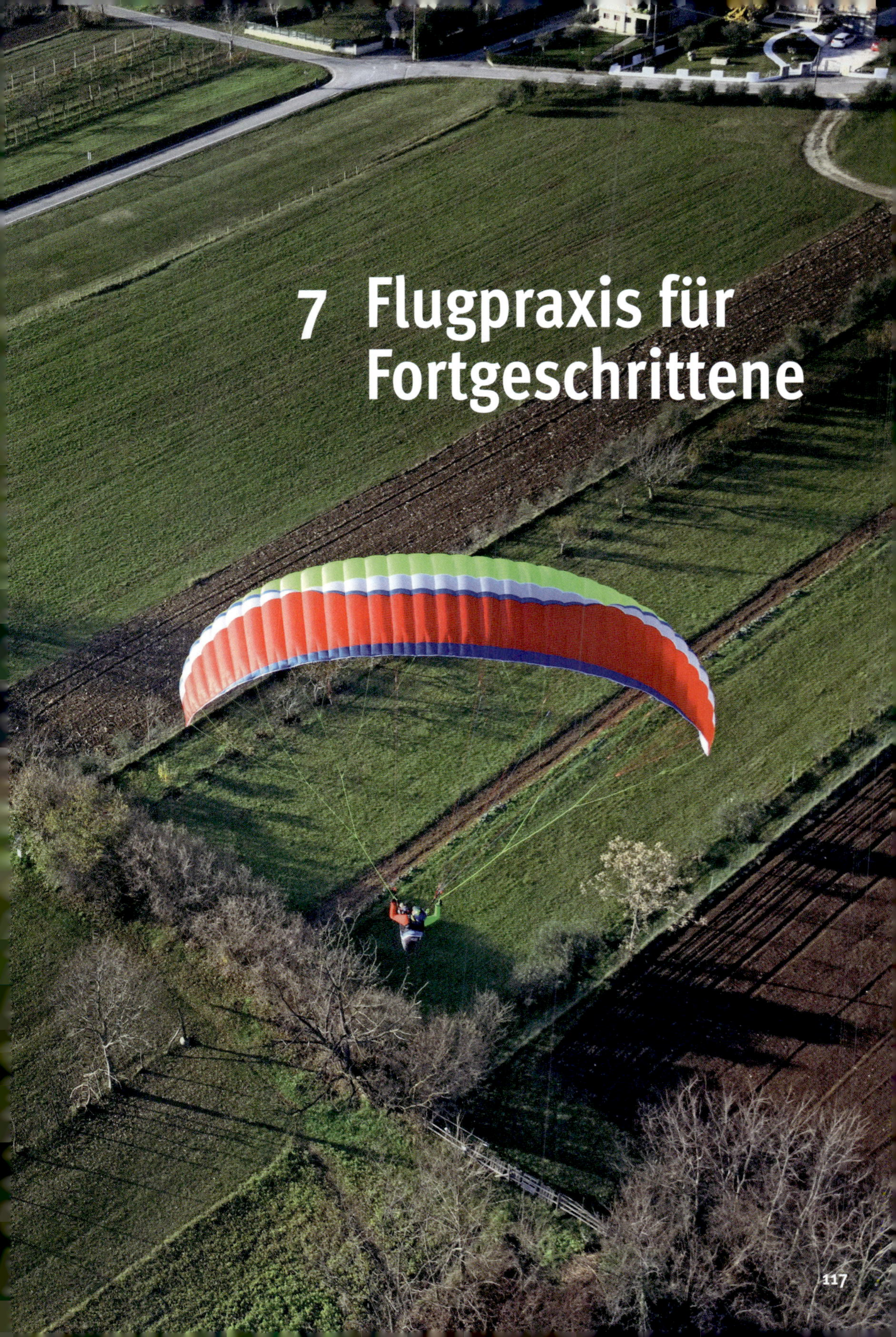

Höhenflug

Bei den kurzen Flügen am Übungshang war die Flugphase nur Nebensache. Zu kurz war die Zeit, um Manöver zu fliegen und den Flug zu genießen. Erst beim **Höhenflug** kommt man dazu, alles aus der Vogelperspektive zu betrachten. Die große Landewiese wirkt nun winzig klein, und es erscheint unmöglich, den Zielkreis auch nur annähernd zu treffen. So ist es auch die Hauptschwierigkeit, Höhe und Entfernung einschätzen zu können. Der Start erfolgt wie am Übungshang. Besonderes Augenmerk gilt jetzt auch den **Wetter- und Windverhältnissen**. Nach dem Start ist sicherer Abstand zum Hang zu gewinnen. Während des Fluges ist darauf zu achten, dass der Landeplatz auch bei Gegenwind erreicht werden kann. Sobald wir ausreichend Höhe haben, können die ersten kleinen Manöver geflogen werden.

Die Steuerleinen bei Start, Landung und allen Flugmanövern seitlich dicht am Körper führen.

7.1. Gleitflüge und Geschwindigkeitssteuerung

Die Geschwindigkeitssteuerung erfolgt durch beidseitiges Herabziehen bzw. Lösen der Steuerleinen.
beidseitig ziehen = Geschwindigkeit verringern
beidseitig loslassen = Geschwindigkeit erhöhen

Geschwindigkeit des besten Gleitens/ Ungebremster Gleitflug

Das beste Gleiten wird bei den meisten Serienschirmen im ungebremsten Gleitflug erreicht. Der Schirm legt nun die größte Strecke bei geringem Sinken zurück. So wird der beste Gleitwinkel erflogen.

Geschwindigkeit des geringsten Sinkens

Die Steuerleinen sind leicht gezogen. Die Eigengeschwindigkeit ist dadurch etwas langsamer. Durch das geringe Sinken wird die längste Flugzeit erreicht. Hangaufwind und Thermik können so am besten genutzt werden.

Minimalgeschwindigkeit

Starker Steuerleinenzug. Die Windgeräusche nehmen ab, der Schirm fliegt kurz vor dem Stallpunkt (siehe Kapitel 5, Abschnitt 7.4). Die geringe Geschwindigkeit ist sehr gefährlich. Die kleinste Turbulenz könnte einen Stall verursachen.

NICHT mit Minimalgeschwindigkeit fliegen. Stallgefahr = Unfallgefahr.

Stall (Strömungsabriss)

Wird die Steuerleine mehr als 100 % durchgezogen bzw. noch zusätzlich gewickelt, kommt es zu einem Strömungsabriss, auch Stall genannt. Ein Stall bedeutet in geringer Flughöhe, wie z. B. am Übungshang, Lebensgefahr (siehe auch Abschnitt 7.4, B-Leinen-Stall).

7.2. Kurven

Soll eine Rechtskurve geflogen werden, wird die rechte Steuerleine gezogen. Die Linkskurve wird durch Zug an der linken Steuerleine geflogen. Der Zug soll gleichmäßig und nicht zu schnell erfolgen. Auch das Lösen der Bremse soll gleichmäßig erfolgen, um unangenehme Pendelbewegungen des Gleitschirms zu vermeiden.

Sie bewirken zugleich ein größeres Sinken. In Bodennähe ist dies besonders zu beachten.
Werden kurz vor dem Landeanflug schnelle Kurven geflogen, fällt die Landeeinteilung schwerer. Landungen außerhalb des Landefeldes sind dabei sehr häufig.
rechts gezogen = rechts geflogen
links gezogen = links geflogen

Kurven aus voller Fahrt (Maximalgeschwindigkeit)

Steuerleine leicht durchziehen. Der Schirm beschreibt einen Kreis mit großem Radius. Die Zentrifugalkraft bewirkt eine stärkere Querneigung mit leichter Zunahme des Sinkens.

Kurven aus leicht angebremstem Zustand

Die kurveninnere Steuerleine wird etwas stärker durchgezogen. Der Schirm dreht flacher und durch die geringe Eigengeschwindigkeit schneller. Da der Höhenverlust (das Sinken) auch geringer ist, wird so meist beim Hangsoaring (siehe Abschnitt 8.4 Hangsoaring) und in der Thermik (siehe Abschnitt 8.5 Thermikfliegen) geflogen.

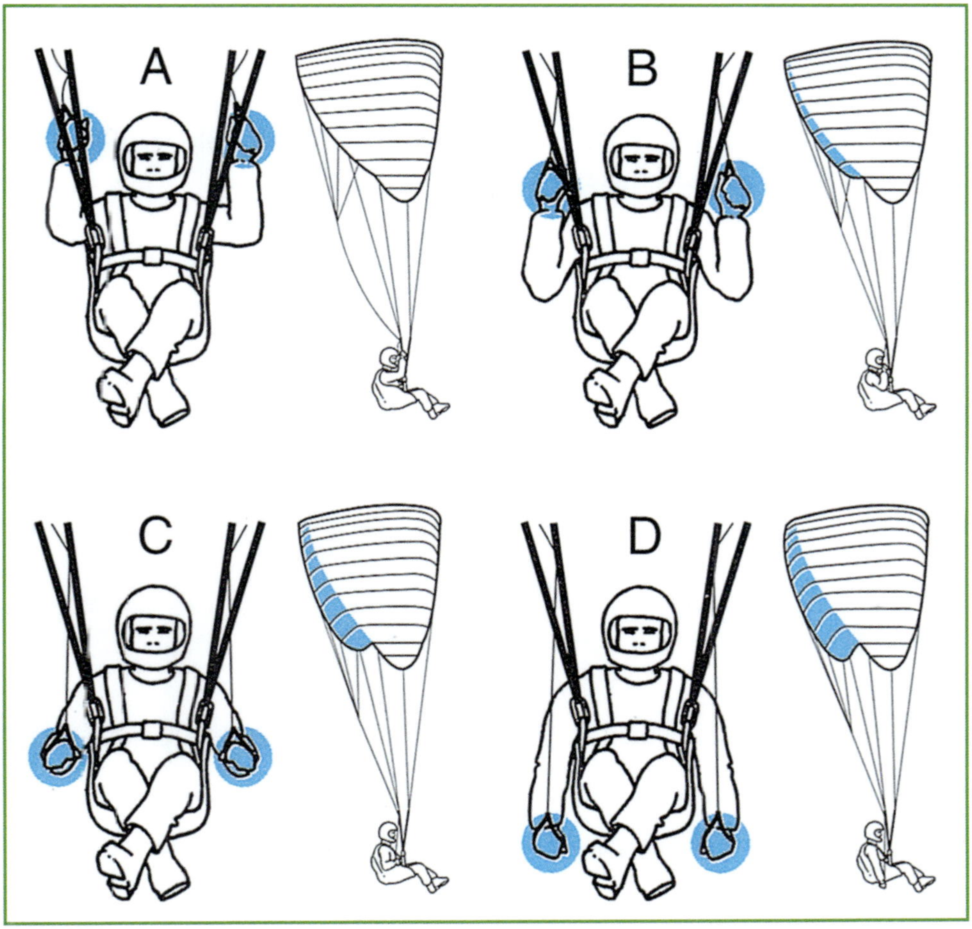

Steuerleinenpositionen: A: bestes Gleiten; **B:** geringstes Sinken; **C:** Minimalgeschwindigkeit; **D:** Stallrisiko

Kurven aus stark angebremstem Zustand

Die kurvenäußere Steuerleine wird nachgelassen. Der Schirm dreht fast auf der Stelle. Da wir im Bereich der Minimalgeschwindigkeit fliegen und dem Stallpunkt sehr nahe sind, besteht die Gefahr des einseitigen Strömungsabrisses. Solches Kurven ist risikoreich und bringt keine Vorteile.

Kurven mit Gewichtsverlagerung (Körpersteuerung)

Gurtzeuge mit niedrigerem Aufhängepunkt ermöglichen ein effektives Kurven durch **Gewichtsverlagerung**. Leichte Kurven werden durch das mehr oder weniger starke Hineinlehnen des Körpers in die gewünschte Richtung erreicht. Die Wirksamkeit wird zusätzlich durch die Brustgurtweite bestimmt. Ist der Abstand der Aufhängepunkte weiter, wird die Körpersteuerung effektiver.

Kombinierte Steuertechnik

Dies ist die Kombination von Kurven mit den Steuerleinen und zusätzlicher Gewichtsverlagerung. Durch Gewichtsverlagerung und zusätzliches Anbremsen der entsprechenden Flügelseite erfolgen besonders schnelle Richtungswechsel. Beim Kurvenflug werden die Geschwindigkeit, der Kurvenradius und die Querlage des Segels durch das Steuerleinenspiel korrigiert. Körper- und Steuerleineneinsatz verbinden sich zu einem harmonischen Steuern, dadurch werden die abrupten Steuerbewegungen weicher, gerade bei

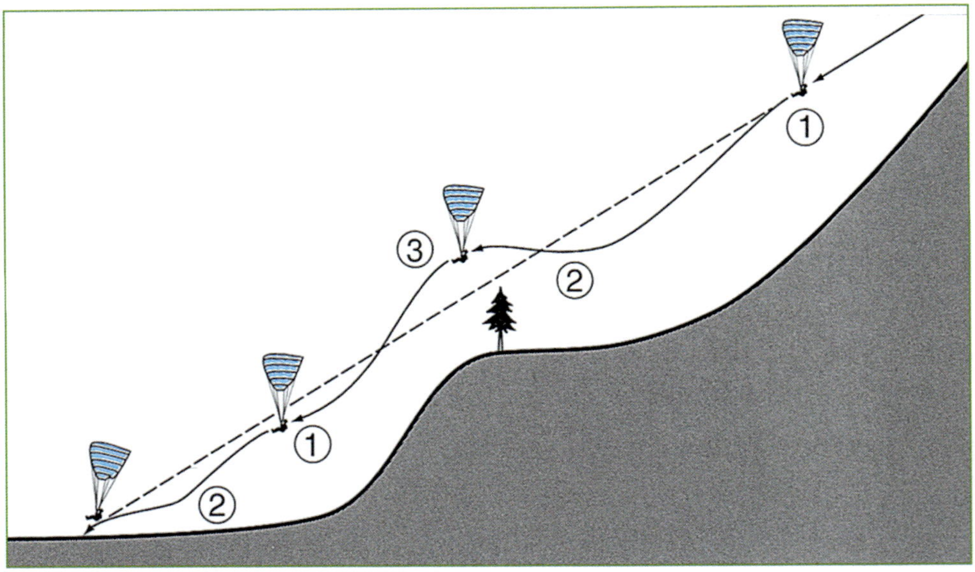

Kurzzeitige Auftriebserhöhung während des Flugs und bei der Landung:
1. Aus der Geschwindigkeit des geringsten Sinkens (leicht angebremst) wird der Gleitschirm durch Lösen der Steuerleinen beschleunigt.
2. Hat der Schirm volle Fahrt aufgenommen, kann durch kurzzeitig starkes Anbremsen der Auftrieb kräftig erhöht werden. Wird zu lange stark abgebremst, wird dadurch die Mindestgeschwindigkeit unterschritten. Es kommt zum Strömungsabriss (Stall).
3. Ist das Hindernis überflogen, werden die Steuerleinen wieder gelöst (0 % Bremse). Der Schirm holt Fahrt auf und kann kurz darauf wieder im Bereich des geringsten Sinkens geflogen werden.

WICHTIG

Bei Flugmanövern gilt: Steuerleinen nicht ruckartig betätigen, Steuerleinen immer gleichmäßig, aber nicht zaghaft ziehen und lösen, um gefährliche Pendelbewegungen zu vermeiden. Dies ist vor allem wichtig, wenn der Schirm überraschend heftig reagiert.

engen Kurven vermindert sich so die Trudelgefahr. Das Kurvensinken ist dabei durch Steuern mit der Innenbremse und gleichzeitiger leichter Spannung auf der Außenbremse sehr gering.
Keine gewagten Flugmanöver ohne ausreichende Höhe (nicht unter 200 m).
Alle Flugmanöver sollen in Richtung Landeplatz orientiert sein, um ausreichend Höhe für die **Landevolte** zu haben.

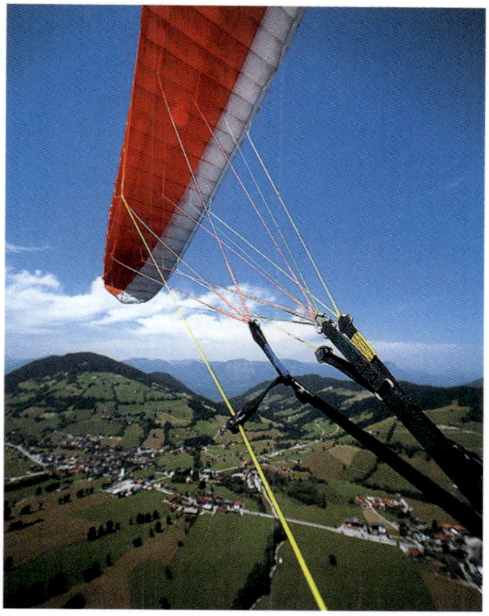

Links gezogen, links geflogen, jedoch sollen die ersten Steuerbewegungen nicht so stark ausfallen wie hier, vor allem knapp über Grund besteht Unfallgefahr.

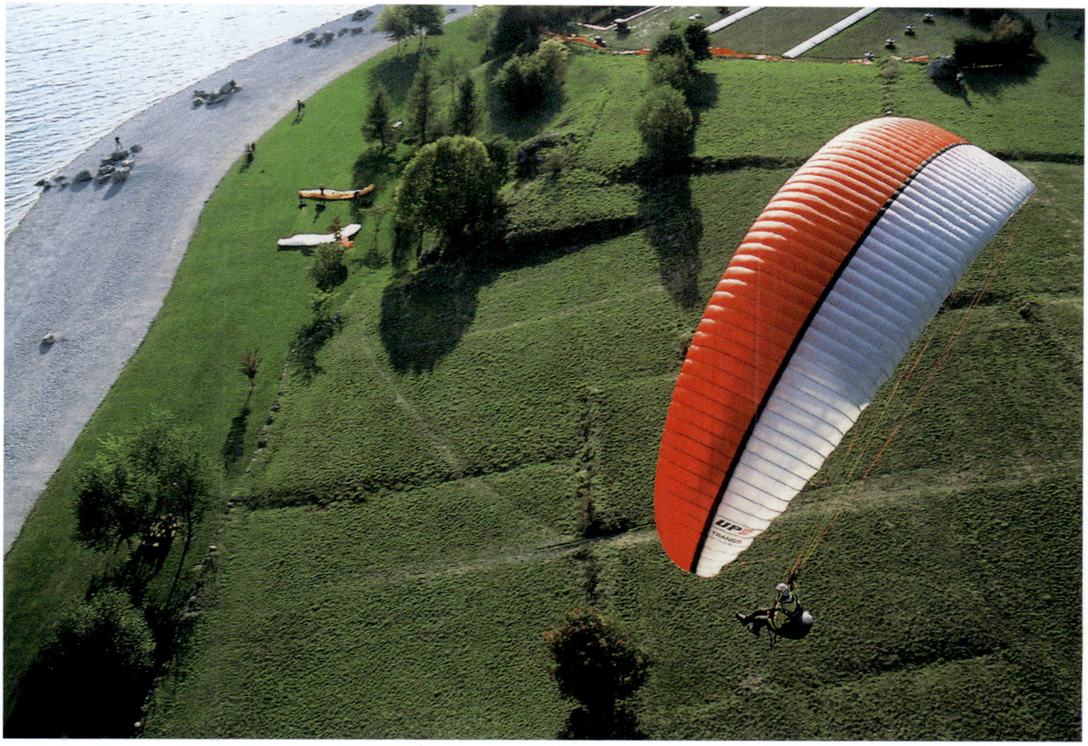

Im Landeanflug: Die Wellen am See zeigen die Windrichtung an. Der Pilot korrigiert die Abdrift im Queranflug. Gelandet wird am Strand.

7.3 Landevolte (Landeeinteilung) und Landeanflug

Eine gute Landeeinteilung ist Voraussetzung für eine sichere Landung im Landefeld. Bereits auf dem Flug in Richtung Landeplatz versuchen wir, die Windrichtung festzustellen. Idealerweise unterstützt ein GPS-Gerät, das die Fluggeschwindigkeit über Grund anzeigt. Der Windsack am Landeplatz, Flaggen oder Rauch können dabei helfen. Ohne diese Hilfsmittel kann man die Windrichtung am Boden durch Beobachten der eigenen Abdrift feststellen.

KORREKTUREN DER LANDEVOLTE, UM DEN LANDEPLATZ ZU ERREICHEN

Erscheint die Flughöhe schon im Gegenanflug gering, sodass Zweifel am Erreichen des Landeplatzes bestehen, wird vom Queranflug gleich in den Endanflug übergegangen. Dabei ist zu beachten, dass abrupt eingeleitete Kurven nur zusätzliches Sinken bedeuten. Bei zu viel Höhe wird der Queranflug zu einem weiten Bogen ausgedehnt.

Die perfekt geplante Landeeinteilung setzt eine gute Orientierung voraus. Deshalb benötigen wir als festen Orientierungspunkt für die gesamte Flugphase der Landung den Landepunkt (Peilpunkt). Durch die ständige Beobachtung (Peilung) bleiben wir gut orientiert. Die Peilung ist die Voraussetzung für eine sichere Landung und ermöglicht geplante und strukturiert geflogene Landeeinteilungen bei unterschiedlichen Flugbedingungen.

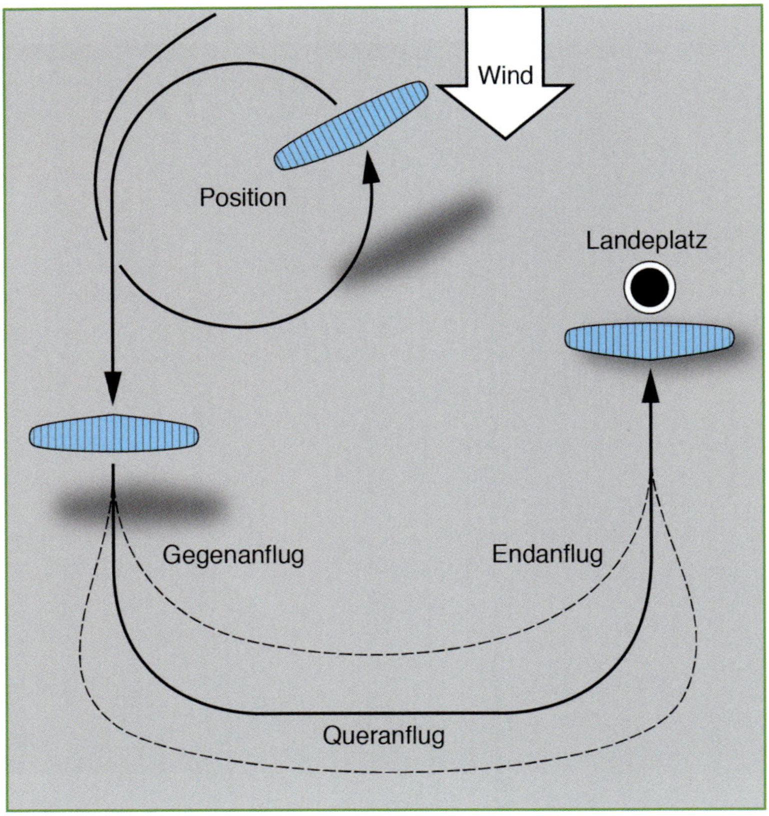

Landevolte: In der Position wird Höhe abgebaut, die Landung selbst in **Gegen-, Quer- und Endlandung** aufgeteilt. Der Gegenanflug erfolgt mit dem Wind, der Endanflug gegen den Wind. Kommt man zu kurz, schneidet man die Kurve zum Queranflug; muss man noch Höhe aufbauen, verlängert man die Kurve zum Queranflug.

Die Landevolte soll möglichst links herum geflogen werden, es sei denn, andere Piloten haben eine andere Richtung vorgegeben oder wir kommen zu tief zum Landeplatz.

Die Landevolte wird sehr leicht bis leicht angebremst geflogen. Man bleibt sozusagen immer auf Tuchfühlung mit der Kappe. Dadurch fliegt der Gleitschirm auch bei Turbulenzen in Bodennähe stabiler, und die Korrektur der Landeeinteilung ist leichter möglich.

› **Position:**

Als Position wird der Platz bezeichnet, an dem die überschüssige Höhe in Vollkrei-

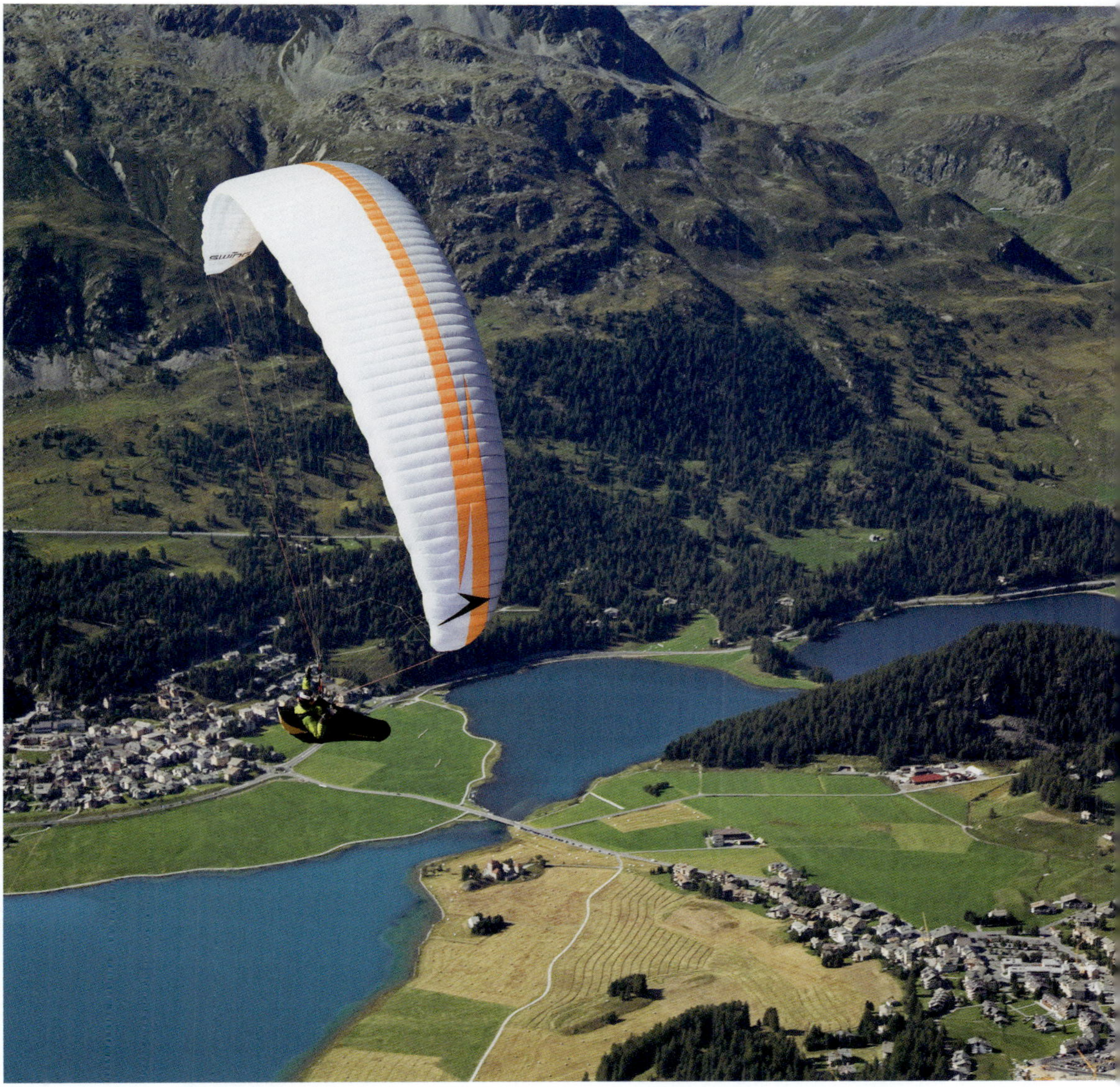

In Gebirgstälern, wie hier im Engadin, Schweiz, herrschen oft schon ab 11 Uhr starke Talwinde, die bei der Landeeinteilung berücks chtigt werden müssen.

sen abgebaut wird, bis eine Höhe von ca. 40 bis 70 m über Grund erreicht ist. Die optimale Position liegt ca. 70 bis 100 m seitlich auf der Höhe des Landeplatzes. Die Vollkreise sollen die gleiche Drehrichtung, also am besten links herum, haben, wie die gesamte Landeeinteilung. Dabei ist eine Windabdrift zu korrigieren.

› Gegenanflug:
Ist die richtige Flughöhe in der Position erreicht, gehen wir nun in den Gegenanflug über, der parallel zum geplanten Endanflug verläuft. Der Landeplatz (Peilpunkt) muss ständig sichtbar bleiben. Die Flughöhe, der Wind und die daraus resultierende Fluggeschwindigkeit werden beobachtet.

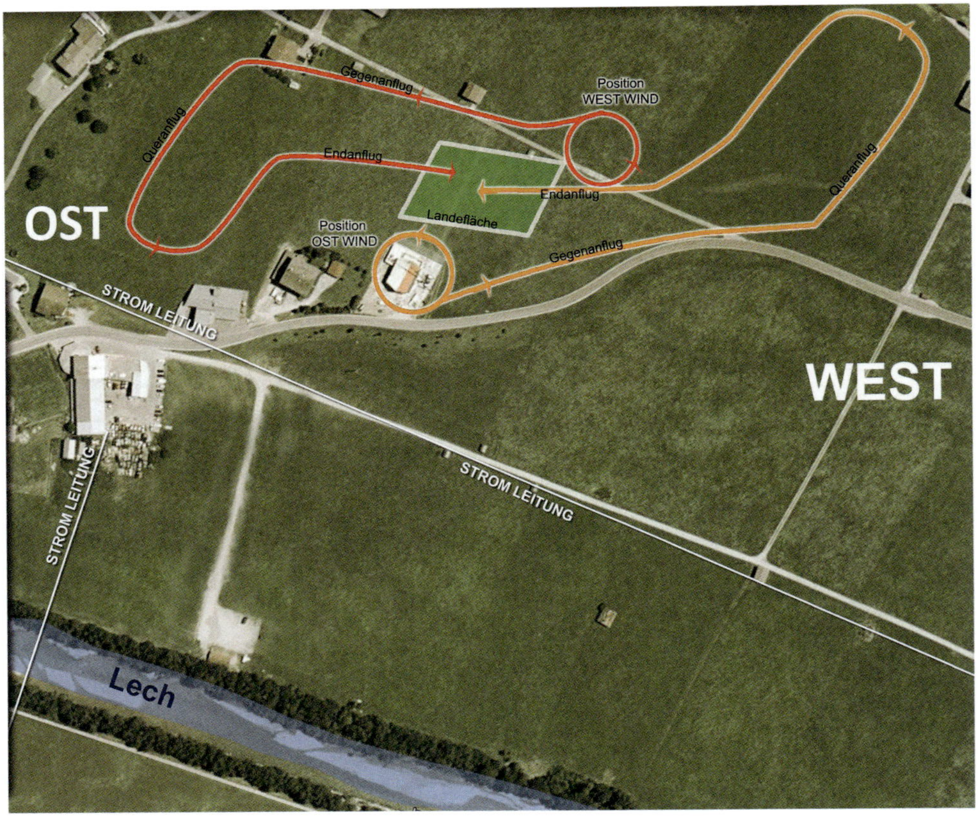

Beispiel: Landevolten für Ost- und Westwind am Landeplatz der Flugschule OnAir, Bach in Tirol. Hier bestimmt das Talwindsystem die Landerichtung.

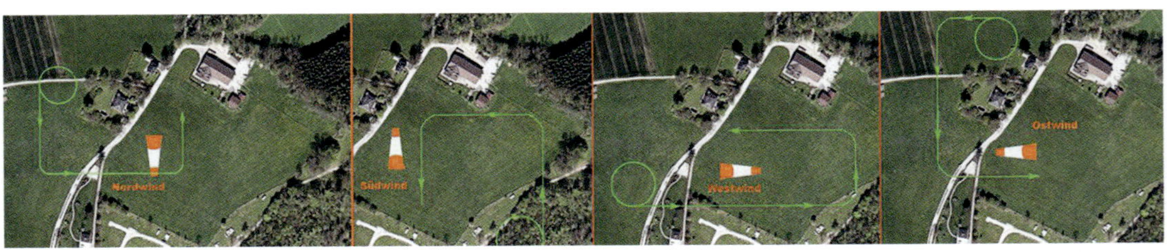

Landevolten für alle Windrichtungen am Landeplatz des 1. Drachenflieger- und Paragleiterclubs Salzburg am Gaisberg.

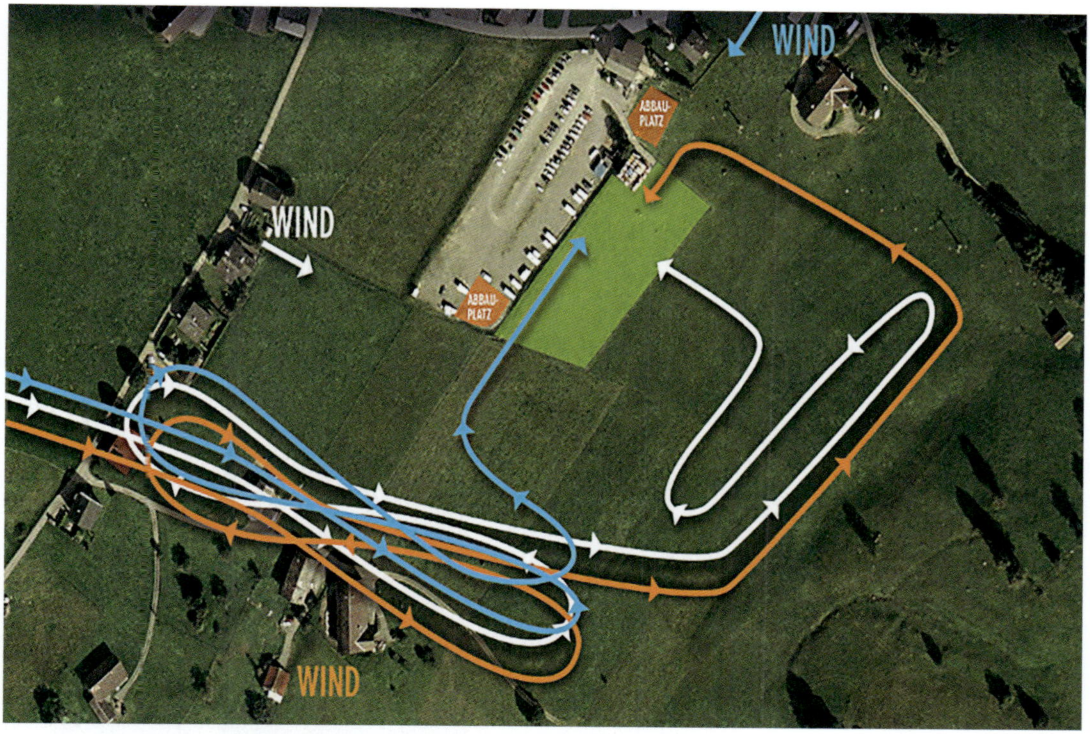

Landevolten für verschiedene Windrichtungen am Startplatz, Andelsbuch, Österreich

› **Queranflug:**
Wenn noch gut die doppelte Flughöhe vorhanden ist, die zum Erreichen des Landeplatzes benötigt wird, setzen wir zum Queranflug an. Jetzt ist auf die Windabdrift zu achten. Sind wir zu hoch, verlängern wir den Queranflug zu einem weiten Bogen. Sind wir schon sehr niedrig, müssen wir früher in den Endanflug abbiegen.

› **Endanflug:**
Ist die Flughöhe erreicht, mit der wir mit unserem Gleitwinkel zum Ziel kommen (Peilwinkel entspricht Gleitwinkel), steu-

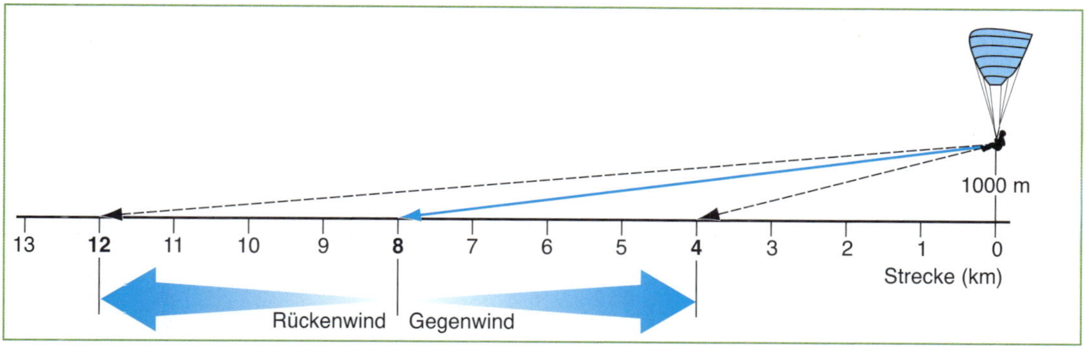

Gleitwinkelveränderung beim Flug mit und gegen den Wind: Wird mit dem Wind geflogen, erhöht sich der Gleitwinkel. Beim Flug gegen den Wind wird der Gleitwinkel geringer, die Reichweite des Gleitsegels kleiner.

1 Aus dem Queranflug in den Endanflug einschwenken in Bassano, Italien.

2 Den Schirm gegen den Wind ausrichten, die Steuerleinen mit Gefühl leicht betätigen und den Landepunkt anfliegen.

3 Im Gurtzeug landebereit aufrichten, starke Steuer- und Bremsbewegungen unterlassen. Mit den Bremsen auf Tuchfühlung sein, um auf Störungen schnell reagieren zu können.

4 Aufgerichtet und konzentriert bleiben, die Flugbahn dabei sachte genau gegen die Windrichtung ausrichten. Ziel ist die sichere Landung auf dem Landefeld und nicht das exakte Erreichen des Landepunktes.

5 Den Schirm kontrolliert leicht auf Tuchfühlung angebremst fliegen lassen und den Kurs gegen den Wind halten.

6 Kurz vor dem Bodenkontakt stark durchbremsen, die Beine sind bereit, um den überschüssigen Schwung mit großen Schritten abzufangen.

7 Stark angebremst in Laufbereitschaft aufsetzen. Auslaufen und danach den Schirm hinter sich abfallen lassen. Bei viel Wind den Schirm mit den durchgezogenen Steuerleinen oder den C-/D-Tragegurten flach auf dem Boden halten. Schirm aufnehmen und den Landeplatz freimachen. Die Landetechnik mit zügigem Anfliegen, Abfangen, Ausgleiten und Durchbremsen gilt als sicher und bewährt. Bei viel Wind wird entsprechend weniger Durchbremsen notwendig, um weich zu landen.

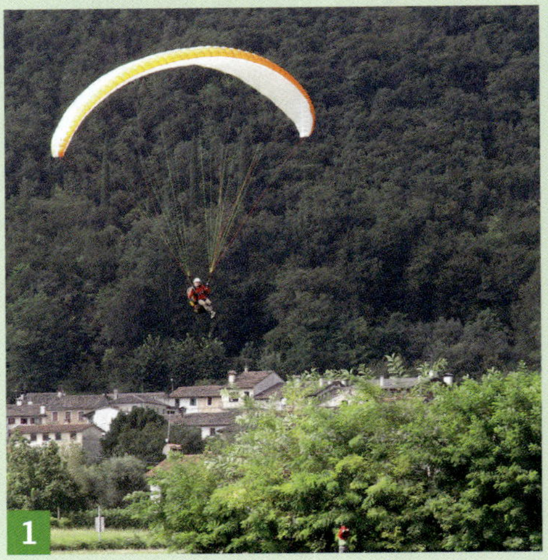
1

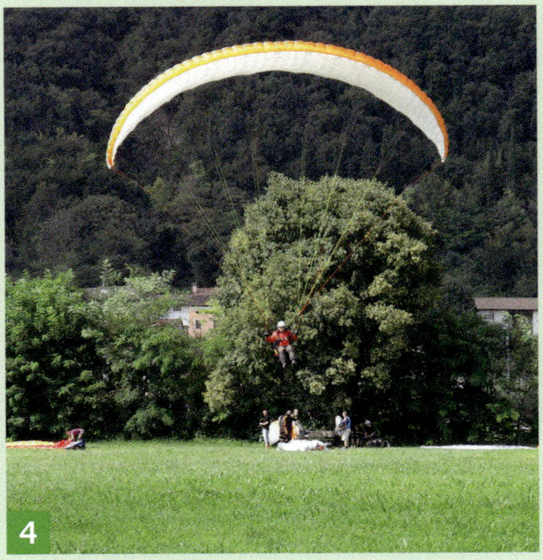
4

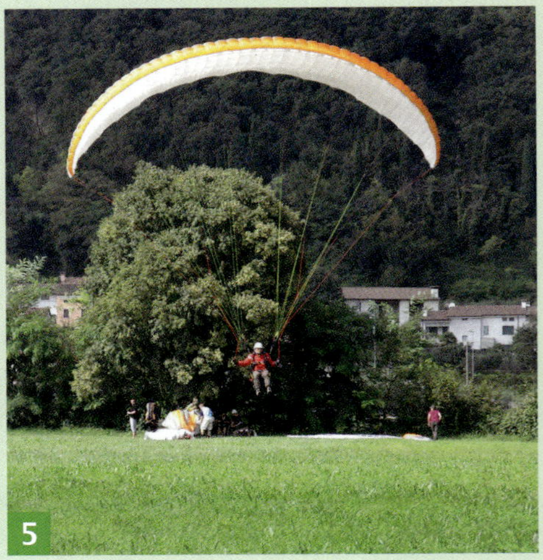
5

ern wir direkt auf den Landepunkt (Peilpunkt) zu. Starken Gegenwind unbedingt berücksichtigen und früher zum Endanflug ansetzen. Wenn wir im Endanflug sind, können wir noch mit der Geschwindigkeitssteuerung das Gleiten verbessern oder verschlechtern.

Bei stärkerem Gegenwind sind die Steuerleinen weiter zurückzunehmen, um ins Ziel zu kommen. Sind wir etwas zu hoch, hilft stärkeres, aber nicht zu starkes Anbremsen (Stallgefahr). Ist die Flughöhe deutlich zu hoch, war der Queranflug zu kurz. Der Queranflug muss weiträumiger geflogen werden. S-Kurven sind zu vermeiden, da sich der Gleitschirm stark aufschaukeln kann. Ein gezieltes sicheres Landen ist so nicht möglich. Im Endanflug richten wir uns im Gurtzeug auf und sind spätestens die letzten 5 Höhenmeter vollständig aufgerichtet bereit zur Landung. *Der Endanflug erfolgt immer gegen den Wind.*

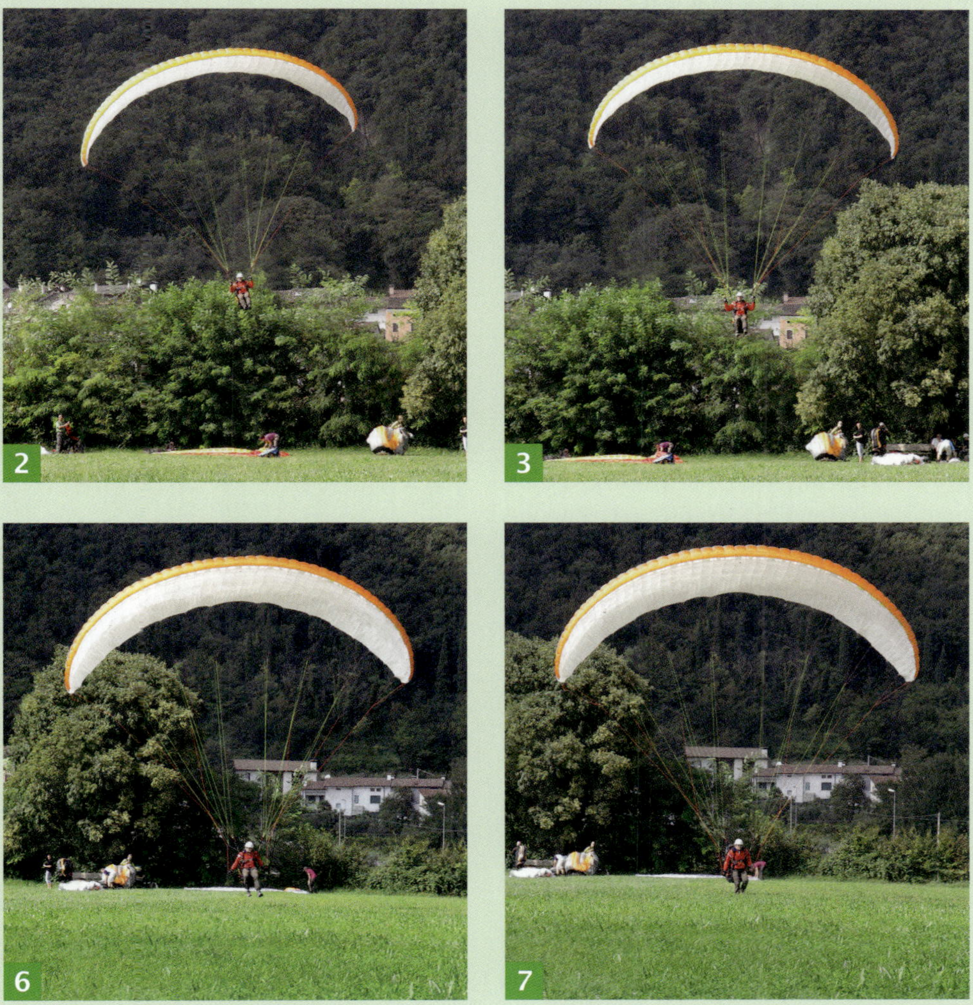

Landung bei mittlerem Wind

Die Landesituation: Pilot mit Liegegurtzeug bei mittlerem Wind um 15 km/h. Liegegurtzeuge mit Fußsack erfordern im Landeanflug die Öffnung und das Aussteigen aus dem Fußsack. Das ist nichts für Beginner.

1 Aus dem Queranflug in den Endanflug einbiegen.

2 Aussteigen aus dem Fußsack und Aufrichten zur Landung (nur bei Gurtzeugen mit Fußsack notwendig!).

3 Den Schirm laufen lassen, aber die Bremsen auf Tuchfühlung bereit halten, um notfalls den Schirm zu stabilisieren.

4 Den Schirm nur leicht anbremsen. Geschwindigkeitsreserve gegen Durchsacken behalten.

5 Der Gegenwind nimmt am Boden ab, deshalb den Schirm gleiten lassen. Die Steuerleinen kontrollieren die Fluggeschwindigkeit.

6 Nun ist die richtige Höhe zum Landen erreicht. Die Bremsen kräftig durchziehen und auslaufend überschüssige Energie abbauen.

7 Bremsen lösen, zügig zum Schirm hin drehen.

8 Den Schirm mit durchgezogener Bremse oder C-/D-Tragegurten abkippen lassen.

9 Bei mehr Wind dem Schirm mit einigen Schritten entgegenlaufen und mit C-/D-Tragegurten am Boden halten.

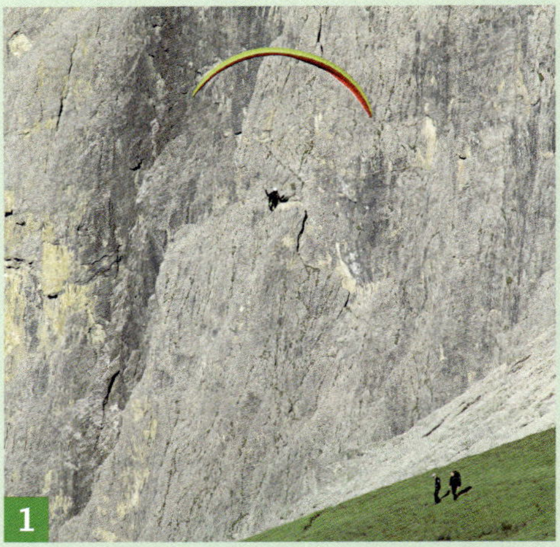
1

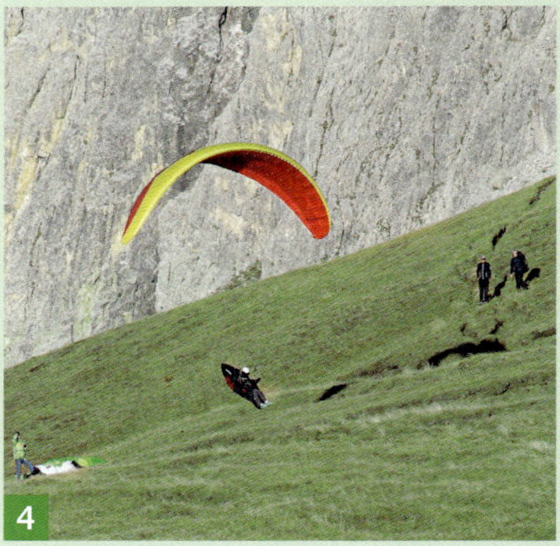
4

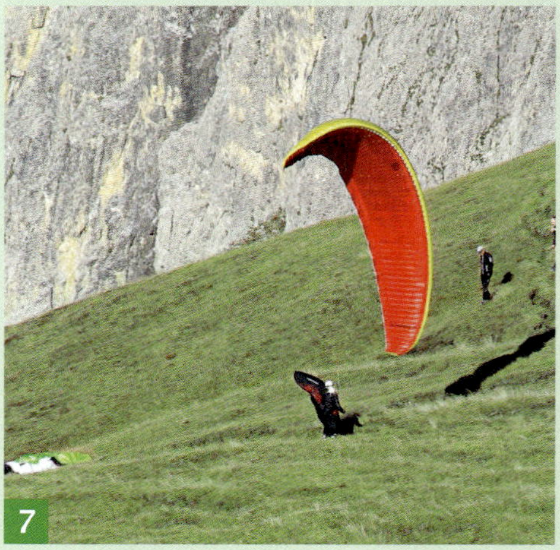
7

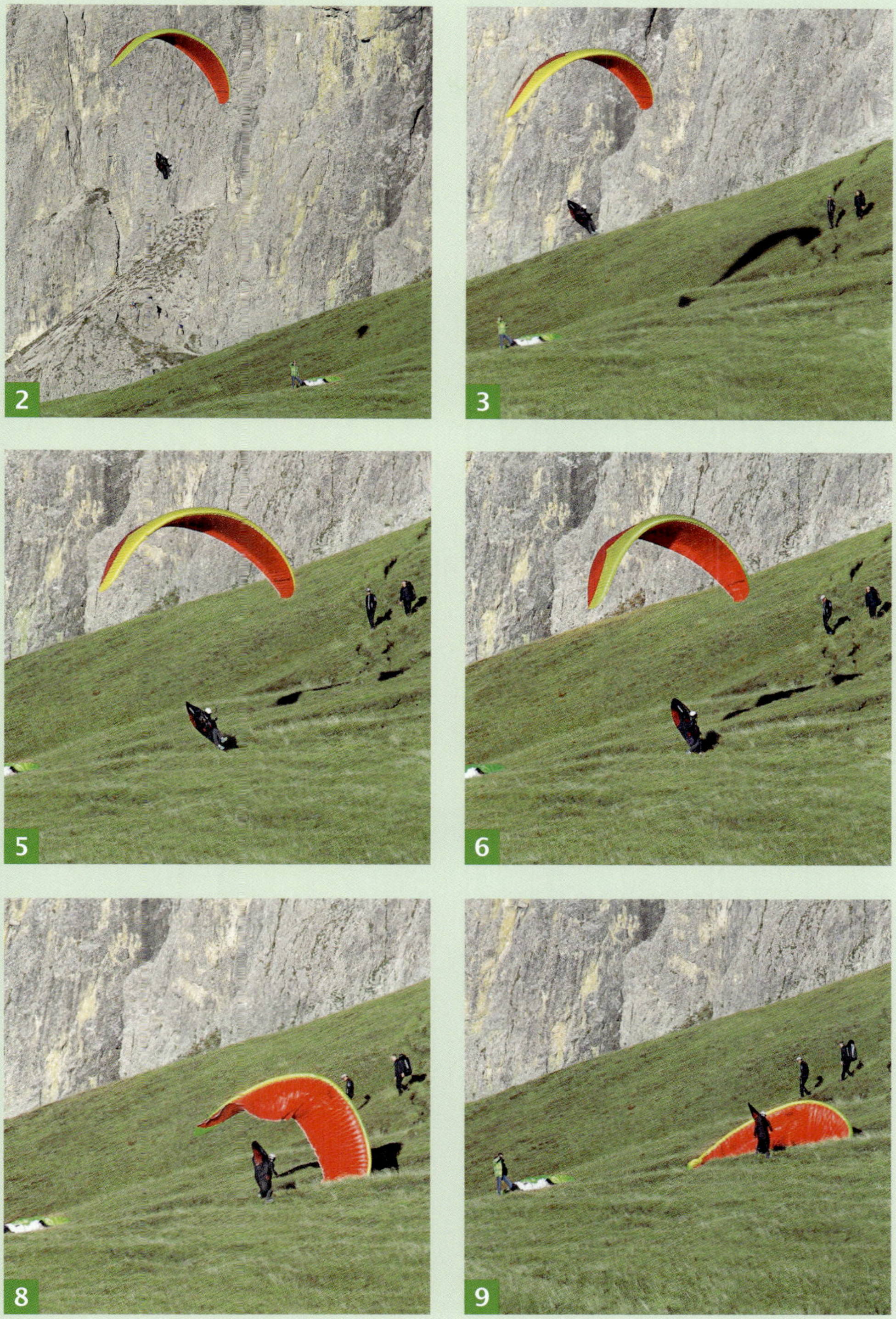

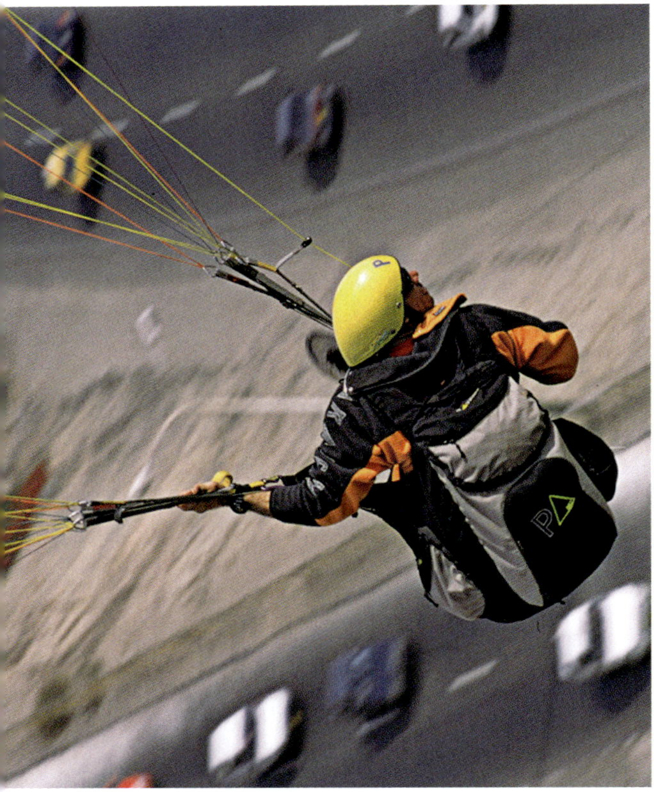

Wo soll ich nun landen? Vor dem Start sollte schon klar sein, wo gelandet werden kann, um brenzlige Situationen zu vermeiden.

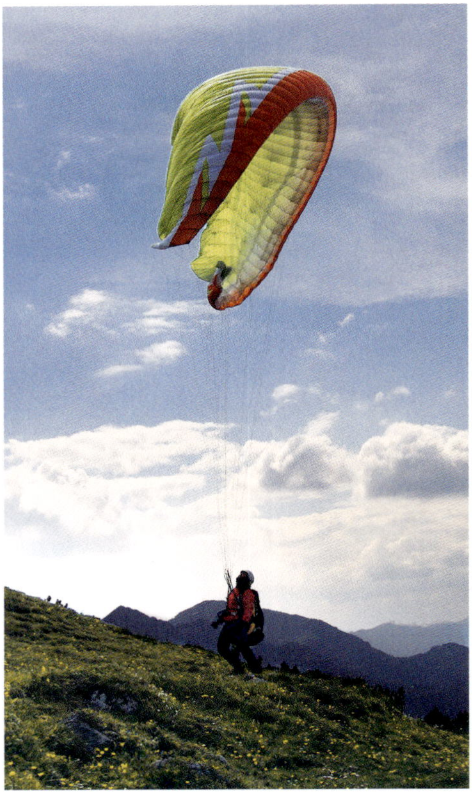

Sofort Startabbruch nach Leinenüberwurf und Verhängern durchführen.

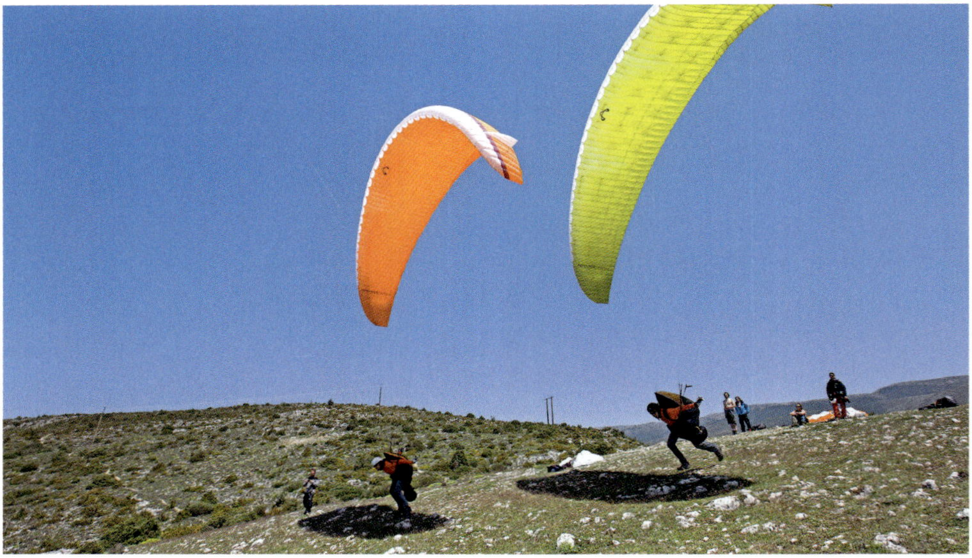

Scharfkantige Steine können beim Start leicht eine Leine beschädigen.

Ist die Flughöhe für eine Landevolte zu gering, erfolgt gleich der Endanflug gegen den Wind. Ist die Landewiese durch intensive Sonneneinstrahlung aufgeheizt, können sich Thermikblasen ablösen, die den Endanflug deutlich verlängern.
Niemals aus Panik einen Vollkreis fliegen und eine Rückenwindlandung riskieren.
Nach der Landung auslaufen, zum Schirm drehen, den Schirm zusammenraffen und den Landeplatz für weitere Piloten frei machen.

7.4. Gefahrensituationen während des Flugs

Befindet man sich in einer gefährlichen Fluglage, muss schnell abgewogen werden, ob das Segel in ausreichender Höhe wieder in den stabilen Flugzustand gebracht werden kann und damit eine gefahrlose Landung möglich ist oder ob der **Rettungsschirm** als **letzte Maßnahme** gezogen wird.

Leinenüberwurf/Verhänger

Bei einem Leinenüberwurf hat sich eine Fangleine meist schon in der Startvorbereitungsphase unbemerkt über einen Teil des Außenflügels gelegt und knotet unter Zug einige Zellen vom Außenflügel ab. In der Regel ist dies zu verhindern, wenn der Pilot den Schirm schon vor dem Start leicht aufzieht und den Schirm damit voll auffächert. Dies ist vor allem beim Vorwärtsstart wichtig, da der Pilot im Gegensatz zum Rückwärtsstart die ganze Schirmfläche erst durch den Kontrollblick sieht und den Leinenüberwurf/Verhänger sehr spät entdeckt. Im steilen, kurzen Startgelände eine unangenehme Situation.

In jedem Fall ist der Startabbruch anzuraten. Ist der Start unvermeidlich oder der Verhänger ist durch einen extremen Klapper verursacht, bleibt nur, den Schirm im Geradeausflug zu halten, um Sicherheitsabstand zum Boden zu gewinnen. Gezielte Aktionen, Überwürfe frei zu bekommen, funktionieren selten. Sind bei einem Verhänger Fangleinen nur leicht in sich verschlungen oder etwas Tuch klemmt dazwischen, kann sich der Verhänger oft selbst oder durch Zug an den entsprechenden Fangleinen lösen. Grundsätzlich wird das Flugvermögen des Schirmes negativ beeinflusst. Deshalb ist es ratsam, zielstrebig, falls notwendig leicht gegensteuernd, den nächsten Landeplatz anzufliegen. Bei der Landung nicht noch unnötig stark anbremsen, da der Schirm durch den Leinenüberwurf sowieso schon langsamer fliegt.

Fangleinenriss

Im Normalfall selten vorkommend und bei einzelnen Leinenabrissen auch nicht weiter gefährlich. Das Segel baucht zwar an der Stelle aus, ist meist bedingt flugtauglich und noch gut zu steuern. Das »Ausleinen«, also ein kapitaler Mehrfachleinenriss, kann fast nur durch extreme Beanspruchung, z. B. Test- oder Acro-Fliegen, verursacht werden. Hier gilt: Jede Spielart benötigt ausreichend dimensioniertes Material.

Tuchriss

Beim Start in scharfem Geröll kann es vorkommen, dass das Tuch aufgerissen wird, ohne dass man es sofort bemerkt. Bei Segeln aus Ripstoptuch ist ein Weiterreißen des Tuchs nur bei großer Belastung möglich. Ruhe bewahren und unnötige Flugmanöver vermeiden. Der Landeplatz ist sofort anzusteuern.

Blockierte Steuerleinen

Verwickeln sich die Steuerleinen beim Start unbemerkt, können sie während des Flugs blockieren. Auf jeden Fall muss man versuchen, blockierte Steuerleinen freizubekommen. Gelingt dies nicht, muss behelfsmäßig mit den hinteren Haupttragegurten gesteuert werden. Das Steuern mit den Haupttragegurten erfolgt wie mit den Steuerleinen, ist jedoch nicht so wirkungsvoll, da es lediglich eine Flächenverwindung des Segels bewirkt. Die Notsteuerung kann durch Gewichtsverlagerung gut unterstützt werden.

Notsteuerung:
Kurve rechts = *rechten hinteren Haupttragegurt ziehen*
Kurve links = *linken hinteren Haupttragegurt ziehen*

Sackflug

Der Sackflug wird auch als Fallschirmeffekt (franz.: *parachutage*) bezeichnet, da das Segel gleich einem Fallschirm abwärtssinkt. Der Sackflug ist ein sehr seltener Flugzustand, der in erster Linie bei Fluggeräten eintreten kann, bei denen die Luftdurchlässigkeit des Segels oder der Anstellwinkel durch Leinenlängung verändert ist. Hier wird er ausgelöst, wenn dabei zusätzlich sehr langsam, also stark angebremst, geflogen wird.

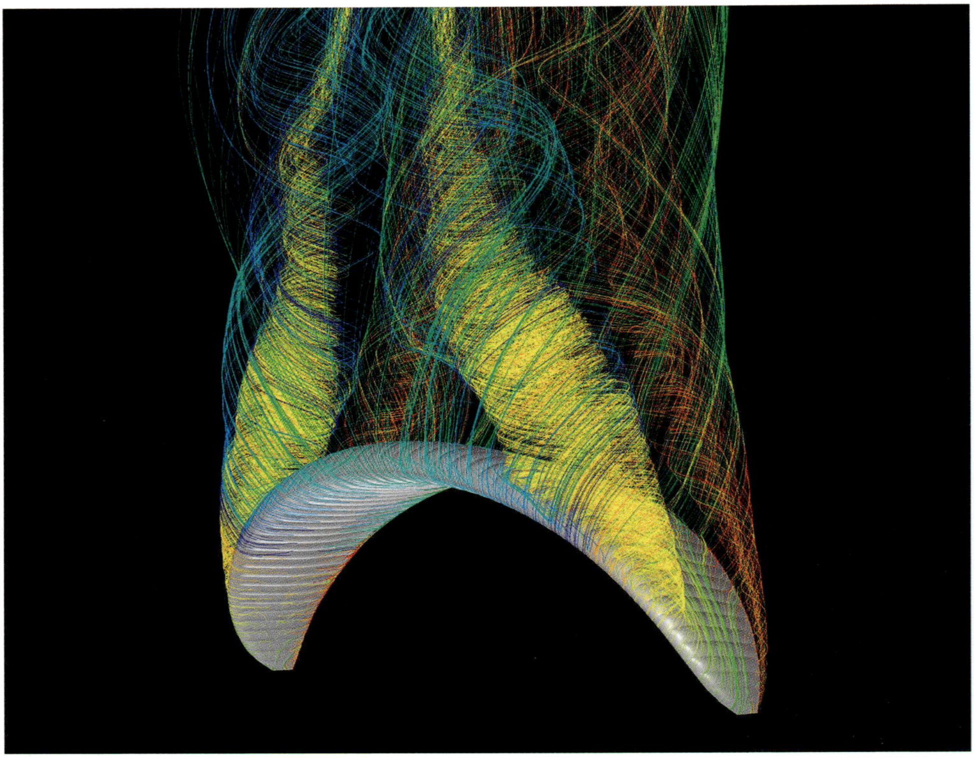

Sackflugsimulation. Der Flügel fällt senkrecht nach unten und bildet große Verwirbelungen. Ohne Vortrieb kein Auftrieb, sondern nur Verdrängung der Luftmassen.

Auch durch sehr langsames Ausleiten des B-Leinen-Stalls oder durch zu starkes, beidseitiges Anbremsen beim Öffnen der angelegten Ohren kann der Sackflug erzeugt werden. Beim Sackflug liegt keine Strömung am Obersegel an. Der Sackflug macht sich bemerkbar durch das Fehlen von Fahrtwindgeräuschen, ein schwammig aussehendes Untersegel, eine nach oben geklappte Segelhinterkante und natürlich durch starkes Sinken von 4 bis 6 m/s ohne jegliche Vorwärtsfahrt.

Ausleitung des Flugzustandes:

› Bremsen gleichzeitig freigeben.
› Fußbeschleuniger betätigen.
› A-Gurte in Höhe der Leinenschlösser nach vorne drücken oder leicht herabziehen.

Besondere Gefahr

› Zusätzliches Anbremsen, auch beidseitig, kann zum Stall führen.
› Besonderes Risiko bei der Landung im Sackflug durch Bremsen. Kappe kippt nach hinten weg und pendelt. Extremes Verletzungsrisiko.

Knapp über dem Boden ist es gefährlicher, den Sackflug auszuleiten (Stallrisiko), als im Sackflug zu landen (Landefall einsetzen).

Segeleinklapper

In Turbulenzen kann es vorkommen, dass die Segeleintrittskante teilweise oder sogar komplett einklappt. Dies ist nicht unbedingt gefährlich, man sollte aber wissen, wie man darauf reagieren muss. Ein aktiver Flugstil, also das gefühlvolle Einsetzen der Bremsen im turbulenten Auf- und Abwind, puffert die meisten Klapper ab bzw. verhindert massive Einklapper.

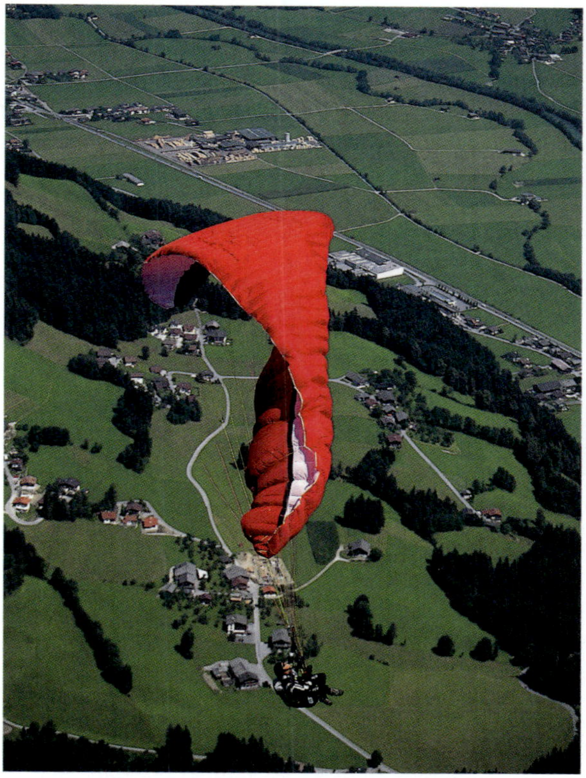

Wer in turbulenter Luft ungebremst und zusätzlich noch stark beschleunigt fliegt, braucht sich über großflächige Einklapper nicht zu wundern.

Segeleinklapper werden vor allem durch Fehlreaktionen gefährlich.

Seitliche Einklapper

Kleine seitliche Einklapper sind in turbulenter Luft häufig und ohne Gefahr, da sie selbstständig öffnen und das Flugverhalten kaum beeinflussen. Dabei ist auffällig, dass bei aktiv fliegenden Piloten die Einklapper geringer und nicht so stark ausfallen. Passives Fliegen in turbulenter Luft steigert das Risiko für größere Einklapper, auch bis zur halben Segelhälfte. Das Segel dreht dabei mit Höhenverlust weg und stabilisiert sich je nach Schirmklasse zwischen 90° und 360° selbstständig.

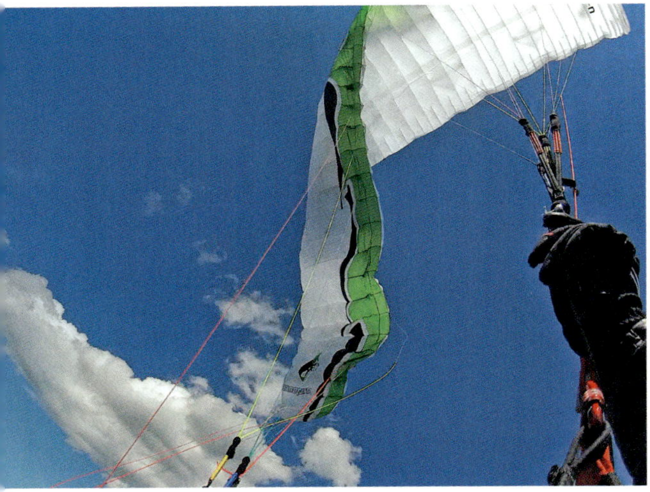

Ein großflächiger Seitenklapper, hier aus Pilotensicht, kann durch Fehlreaktionen zu großem Höhenverlust führen.

Ausleitung des Flugzustands:

› Dosiertes Gegensteuern, wenn der Schirm wegdreht (evtl. mit Körpersteuerung).

› Den stabilisierten Schirm durch leichtes Anbremsen auf der eingeklappten Seite öffnen. Wenige Modelle reagieren erst verzögert. Hier kann leichtes Pumpen unterstützen.

Besondere Gefahr

› Ohne Pilotenreaktion kann das Segel wegdrehen.

› Überreaktionen, z. B. sofortiges, starkes Bremsen, können einen Stall auslösen.

Frontale Segeleinklapper (Frontstall)

Dabei kann die Eintrittskante kurzzeitig komplett oder auch Teile davon wegklappen. Das kann vor allem in der Thermik passieren, wenn man aus einem starken Thermikbart ungebremst herausfällt bzw. in starken Turbulenzen passiv fliegt. Das Segel kann stark pendeln und dabei viel Höhe verlieren. Ein betätigter Fußbeschleuniger fördert frontale Segeleinklapper.

Ausleitung Flugzustand:

› Fußbeschleuniger sofort komplett freigeben.

› Wenn dabei der Schirm stark vorschießt, kurzzeitig anbremsen.

› Zeigt der Schirm keine Öffnungstendenz, beidseitig dosiert bremsen, bis der Schirm beginnt, sich zu öffnen.

Besondere Gefahr

› Ohne Pilotenreaktion kann das Segel wegdrehen.

› Überreaktionen, z. B. sofortiges, starkes Bremsen, können einen Stall auslösen.

In Turbulenzen sind Gleitschirme wesentlich stabiler und klappen weniger ein, wenn sie leicht angebremst geflogen werden.

Leinenverhänger

Leinenverhänger entstehen durch einen schlampig ausgelegen Schirm beim Start oder auch aus einem massiven Klapper, bei dem sich Leinen des Außenflügels verhängen und damit oft den eingeklappten Teil nicht freigeben. Bei Leinenverhängern ist der Schirm durch gefühlvolles Gegenbremsen zu stabilisieren. Der Verhänger kann eventuell durch Pumpen auf der eingeklappten Seite oder durch Ziehen der Stabiloleine gelöst werden. Lässt sich der Verhänger nicht lösen und der Schirm ist noch flugtauglich, ist direkt zur Landung oder Notlandung anzusetzen, wenn der Schirm noch steuerfähig ist. Im Extremfall kann es jedoch auch zu einer sehr schnellen, plötzlich einsetzenden Drehbewegung mit starkem Sinken kommen (Spiralsturz). Es muss das Rettungsgerät gezogen werden.

Ausleitung Flugzustand:

› Segel durch Gegenbremsen stabilisieren.

› Pilotengewicht auf die offene Seite verlagern.
› Den Verhänger durch Herabziehen der Stabiloleine lösen.

Besondere Gefahr
› Ohne Pilotenreaktion kann das Segel bei extremen Sinkwerten abspiralen.
› Zu starkes Gegensteuern kann Trudeln bewirken.

Beginnender Stall/Stall

Als beginnender Stall wird die Einleitungsphase bezeichnet, die zum Stall führt. Dabei wird mit Minimalgeschwindigkeit geflogen und in Folge die Geschwindigkeit noch weiter verringert. Das Segel wird weich, der Steuerdruck lässt also nach. Zugleich ist fast kein Fahrtgeräusch wahrzunehmen. Bis dahin ist man noch in der beginnenden Stallphase. Werden die Bremsen nun konsequent weiter durchgezogen, entleert sich das Segel und kippt mehr oder weniger radikal nach hinten ab. Das Segel schlägt und sinkt mit 6 bis 8 m/s. Je nach Gleitschirmtyp bildet das Segel eine mehr oder weniger ausgeprägte Rosette. Wegen des starken Zuges auf die Bremsleinen, der durch die steil fallende rückseitige Segelanströmung erzeugt wird, ist der Stall nur schwer stabil zu halten. Es besteht somit das Risiko der einseitigen Ausleitung.

Ausleitung des Flugzustands:
› Bei beginnendem Stall sofort Steuerleinen lösen, um den Stall zu verhindern.
› Bei abgekippter Kappe stark bremsen, bis der Schirm über dem Piloten steht.
› Zum Beenden Bremsen ca. 2 Sekunden komplett lösen. Schirm kann dabei stark Vorschießen und in Folge einklappen.

Besondere Gefahren
› Werden die Bremsen beim beginnenden Stall gehalten, kommt es zum Stall.
› Unvollständiges oder zu langsames Lösen der Bremsen beim beginnenden Stall kann Sackflug bewirken.
› Werden die Bremsen während des Abkippens freigegeben, kann die Kappe bis unter den Piloten vorschießen.
› Werden beim Ausleiten die Bremsen zu langsam gelöst, kann das Segel vorschießen.
› Wird nicht symmetrisch ausgeleitet, folgen Klapper mit dem Risiko Verhänger.

Trudeln

Unter dem Begriff »Trudeln« versteht man einen ungewollten Flugzustand, bei dem der Gleitschirm bei hoher Dreh- und Sink-

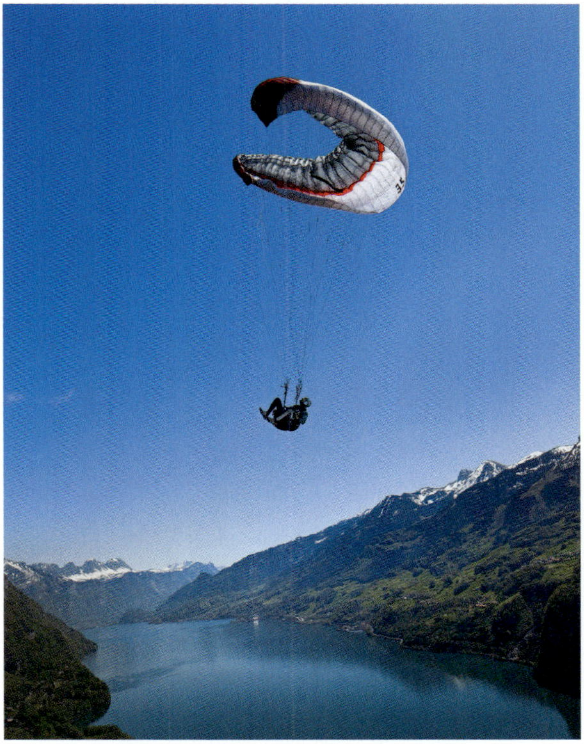

Stall beim Sicherheitstraining über dem Walensee, Schweiz

geschwindigkeit mit Beschleunigungs- und Verzögerungsphasen **unkontrolliert** fliegt. In diesen gefährlichen Flugzustand kann der Pilot kommen, wenn bei einer Steilspirale einseitig unnötig viel angebremst wird und es dadurch zu einem **einseitigen Strömungsabriss** kommt. Wird zu stark angebremst in einen Thermikbart eingeflogen und zusätzlich der Versuch unternommen, durch einseitig noch stärkeres Anbremsen und gleichzeitiges Lösen der anderen Bremse den Thermikbart zu zentrieren, kann es ebenfalls zum Trudeln kommen. Deshalb soll der Pilot allzu hektische Steuermanöver vermeiden. Lässt der Pilot dem Gleitschirm nicht genügend Zeit, auf seine eingeleiteten Steuerimpulse zu reagieren, und versucht, mit übertriebenen Steuerimpulsen ein Manöver zu beschleunigen, ist die Gefahr des Trudelns gegeben.

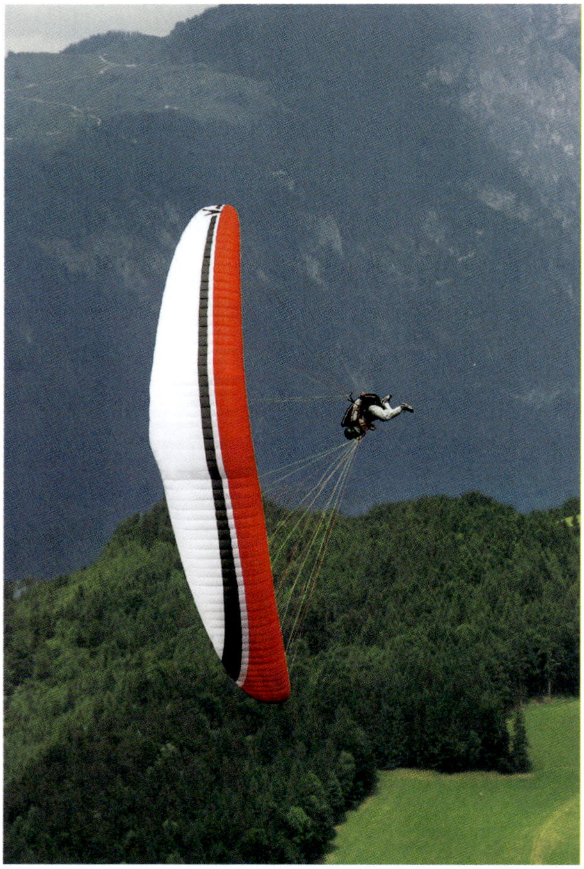

Trudeln kann durch starkes, einseitiges Anbremsen bei einer Steilspirale ausgelöst werden. Die Kappe dreht zusätzlich auf der angebremsten Seite »negativ« weg.

Egal auf welche Weise der Pilot meist ungewollt das Trudeln einleitet, der Schirm geht meist »negativ«. Die durchgebremste Segelseite dreht dabei nach hinten (»negativ«) weg. Durch die starke Abbremsung baut sich in Negativrichtung ein Profil auf, das von unten angeströmt wird. Ergebnis ist eine Negativbeschleunigung auf der einen Seite, auf der anderen Seite eine Vorwärtsbeschleunigung mit großer Rotation als Folge. Der Pilot kann regelrecht herumgeschleudert werden, die Fangleinen können dabei teilweise entlastet werden. Je länger der Flugzustand »Trudeln« anhält, umso unkalkulierbarer sind dessen Verlauf und die Ausleitung.

Ausleitung des Flugzustands:

› Bremse unmittelbar bei beginnender Drehbewegung durch Strömungsabriss noch im ersten Halbkreis (90°) freigeben.

› Ist der Zustand »Trudeln« schon erreicht, die Bremse während der Vorwärtspendelbewegung lösen, also in der Phase, in der vom Piloten schräg unten der Grund gesehen werden kann.

› Bei ausreichend Flughöhe durch einen konsequenten Fullstall ausleiten.

› Bei stabilem Trudeln ohne Ausleitemöglichkeit (geringe Flughöhe, Ausleitung funktioniert nicht) den Rettungsschirm auslösen.

Besondere Gefahren

› Zu enge Kreuzverspannungen können die Trudeltendenz erhöhen.

› Zu zaghaftes Lösen der Bremse beendet das Trudeln nicht.

› Starkes Vorschießen der Kappe mit Risikoverhänger durch Lösen der Bremse in der Rückwärts-Pendelbewegung.

› Eintwisten (Eindrehen) des Piloten.

Das Trudeln ist ein gefährlicher Flugzustand, der kaum zu kontrollieren ist. Im Zweifel den Rettungsschirm auslösen.

Wolkenberührung/Orientierungsverlust

Wolkenberührungen und Nebelflüge sind risikoreich. Es kommt schnell zu Orientierungsverlust. Stark saugende Wolken stellen eine ernste Gefahr dar. Deshalb rechtzeitig Höhenabbau, auch durch einen Schnellabstieg.

Wolkenflüge sind gefährlich.

7.5 Flug- und Vorfahrtsregeln

Sind mehrere Luftfahrzeuge in unmittelbarer Nachbarschaft, müssen die Flugregeln unbedingt beachtet werden. Die Ausweichregeln sind in der Luftverkehrsordnung festgelegt und verbindlich. Ausweichmanöver müssen rechtzeitig und deutlich eingeleitet werden, damit der entgegenkommende Pilot nicht gefährdet wird. Zusammenstöße im Luftraum sind lebensgefährlich. Deswegen sollte man in gefährlichen Situationen auch dann ausweichen, wenn das Recht auf der eigenen Seite ist. Es ist die Pflicht jedes Piloten, ständig den Luftraum um sich herum zu beobachten, damit er mit seiner Flugroute und seinen Flugmanövern niemanden gefährdet. Beachtet ein Pilot die Vorfahrtsregeln nicht, kann ihm der Befähigungsnachweis entzogen werden.

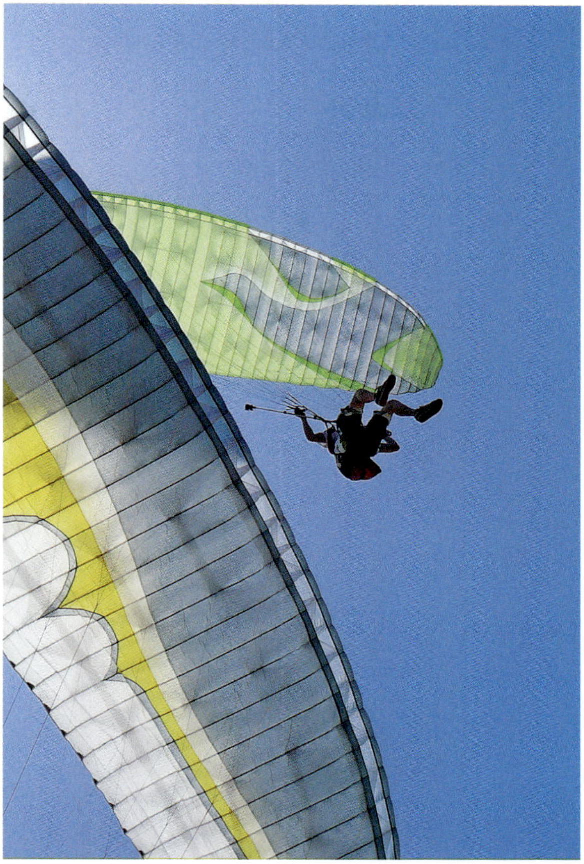

Flugregeln sind strikt einzuhalten.

Ausweichregeln im freien Luftraum ohne Hindernisse

› **Vorfahrt:** Im Flugverkehr gilt die gleiche Regel wie im Straßenverkehr: **rechts vor links.** Kreuzen sich die Flugbahnen, muss das von links kommende Luftfahrzeug ausweichen.

› **Ausweichen:** Fliegt ein Luftfahrzeug im Hangaufwind oder kreist in der Thermik, ist ebenfalls einem vom rechts kommenden Luftfahrzeug auszuweichen.

› **Überholen:** Will ein schnelleres Luftfahrzeug ein anderes überholen, muss dies auf der rechten Seite mit sehr großem Abstand geschehen. Überholen bedeutet,

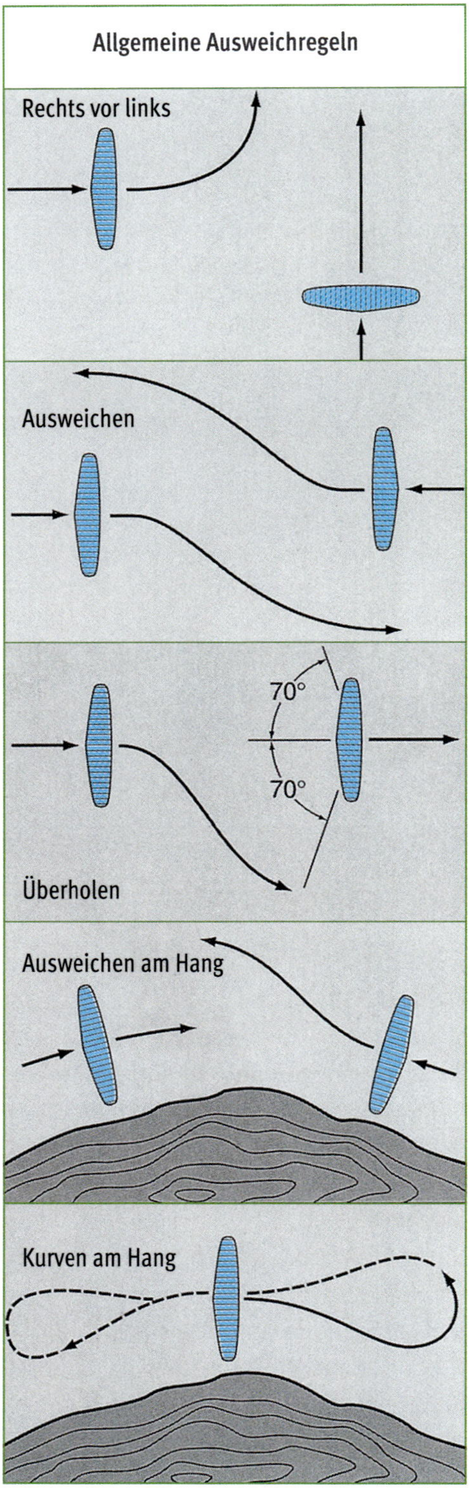

dass sich ein Luftfahrzeug in einem Winkel von weniger als 70° einem langsamer fliegenden Luftfahrzeug nähert.

› **Landung:** Befindet sich ein Luftfahrzeug im Landeanflug, ist diesem in jedem Fall auszuweichen.

› **Flughöhe:** Sind zwei oder mehrere Luftfahrzeuge im Landeanflug, müssen die Höherfliegenden den Niedrigerfliegenden ausweichen.

› **Über- bzw. Unterfliegen:** Luftfahrzeuge dürfen nur mit sehr großem Höhenunterschied über- bzw. unterflogen werden.

Ausnahmen:

› Helikopter, die einen Rettungseinsatz fliegen, haben Vorfahrt.

› Freiflugballone haben aufgrund ihrer schlechten Manövrierbarkeit Vorfahrt.

› Luftfahrzeuge, die in einer erkennbaren Notsituation sind, haben Vorfahrt.

Hangflugregeln

› **Entgegenfliegende Luftfahrzeuge:** Das Luftfahrzeug, das den Hang auf der linken Seite hat, weicht nach rechts aus. Das entgegenkommende Luftfahrzeug darf nicht über- bzw. unterflogen werden.

› **Überholen:** Ein langsam am Hang fliegendes Luftfahrzeug darf nicht überholt werden.

› **Kreisen am Hang:** Wenn zwei oder mehrere Luftfahrzeuge am gleichen Hang fliegen, darf kein Luftfahrzeug gegen den Hang kreisen. Aus Sicherheitsgründen muss immer weg vom Hang gekurvt werden.

› **Überfliegen von Graten und Hindernissen:** nie frontal, sondern immer schräg Grate und Hindernisse überfliegen, damit bei zu geringer Flughöhe seitlich abgedreht werden kann.

Thermikflugregeln

› **Ausweichen:** Fliegt ein Luftfahrzeug im Hangaufwind oder kreist in der Thermik, ist ebenfalls einem von rechts kommenden Luftfahrzeug auszuweichen.

› **Drehrichtung:** Kreist ein Luftfahrzeug in der Thermik, bestimmt dieses die Drehrichtung für alle nachher einfliegenden Luftfahrzeuge.

› **Steiggeschwindigkeit:** Das langsam steigende Fluggerät muss dem schneller steigenden Fluggerät ausweichen.

› **Flughöhe:** Das tiefer fliegende Fluggerät hat gegenüber dem höher fliegenden Fluggerät Vorfahrt.

7.6 Rückwärtsstart

Rückwärtsstart mit überkreuzten Bremsen
Die Startvorbereitungen erfolgen wie beim normalen Vorwärtsstart. Der **5-Punkte-Startcheck** ist durchzuführen. Wird der Schirm seitlich so stark gerafft, dass nur noch einige Zellen in der Mitte offen sind, füllt sich das Segel meist gleichmäßiger und schießt nicht so abrupt nach oben. Von der normalen Startstellung ausgehend, dreht man sich mit dem Gesicht zum Schirm, sodass die Tragegurte sich überkreuzen. Die Steuerleinen sind nun auch überkreuzt. Deshalb sind die kommenden Steuermanöver gegengleich auszuführen, was einiger Übung bedarf. Mit den A-Gurten wird der Schirm nun aufgezogen. Kurzes, ruckartiges Anziehen der Vorderleinen bewirkt, dass sich die Eintrittskante aufbläht und der Schirm füllt. Der Schirm schießt erheblich schneller als bei geringem Wind über dem Piloten und wird dann gegengleich mit den Steuerleinen korrigiert. Steht der Schirm schön und kontrolliert über dem Piloten, geht man langsam rückwärts und dreht sich schnell wieder um die eigene Achse. Dabei auf die Ausdrehrichtung achten. Nach ein paar Beschleunigungsschritten starten wir wie gewohnt.

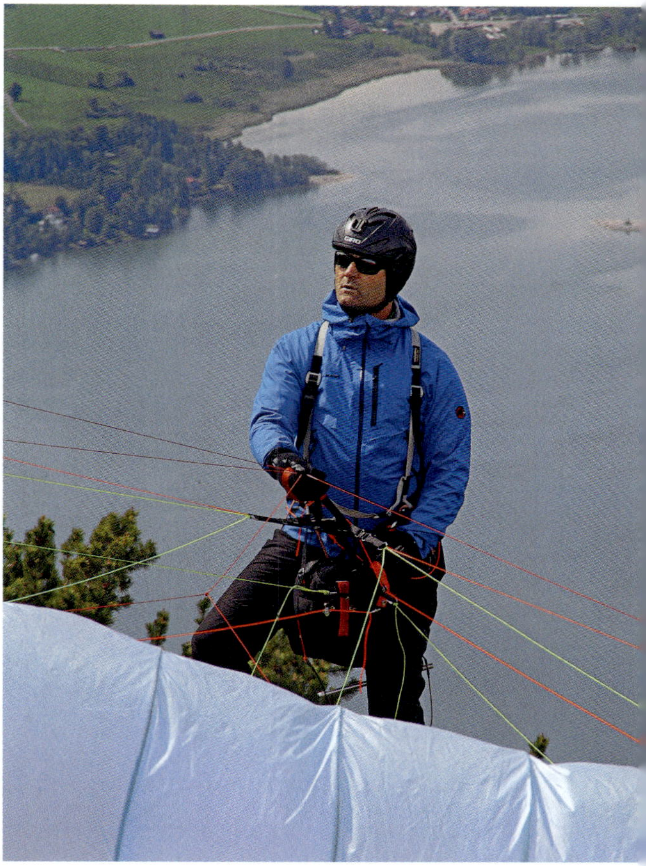

Die rechte Hand hält und führt zum Start die A-Gurte, die linke hält die Bremsgriffe und greift steuernd ein, um den Schirm in der nun folgenden Aufziehphase gefühlvoll über den Piloten steigen zu lassen.

Rückwärtsstart mit paralleler Steuerleinenführung

Wird wie vorher ausgeführt, jedoch werden nach dem Überkreuzen der Haupttragegurte die Bremsen parallel aufgenom-

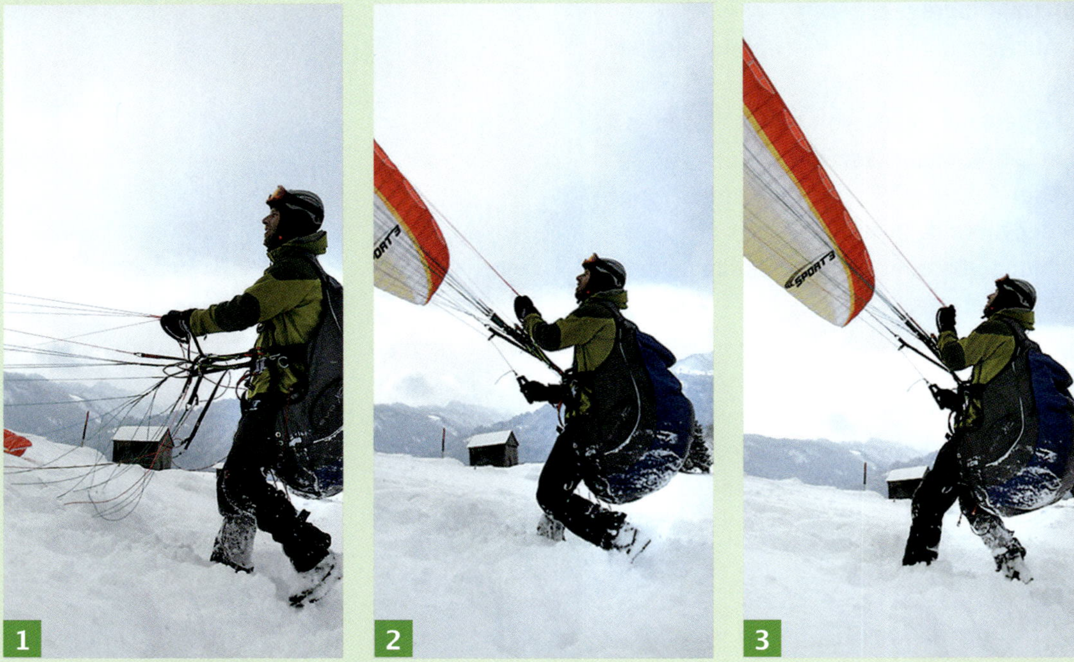

Rückwärtsstart mit überkreuzten Bremsen:
1 Startimpuls 2 Aufziehen am A-Gurt 3 Aufziehen und Korrigieren
4 Kontrollblick 5 Ausdrehen 6 Ausdrehen und Orientierung
7 Schirmkontrolle, beginnender Startlauf 8 Startlauf mit beginnender Beschleunigung 9 Beschleunigung

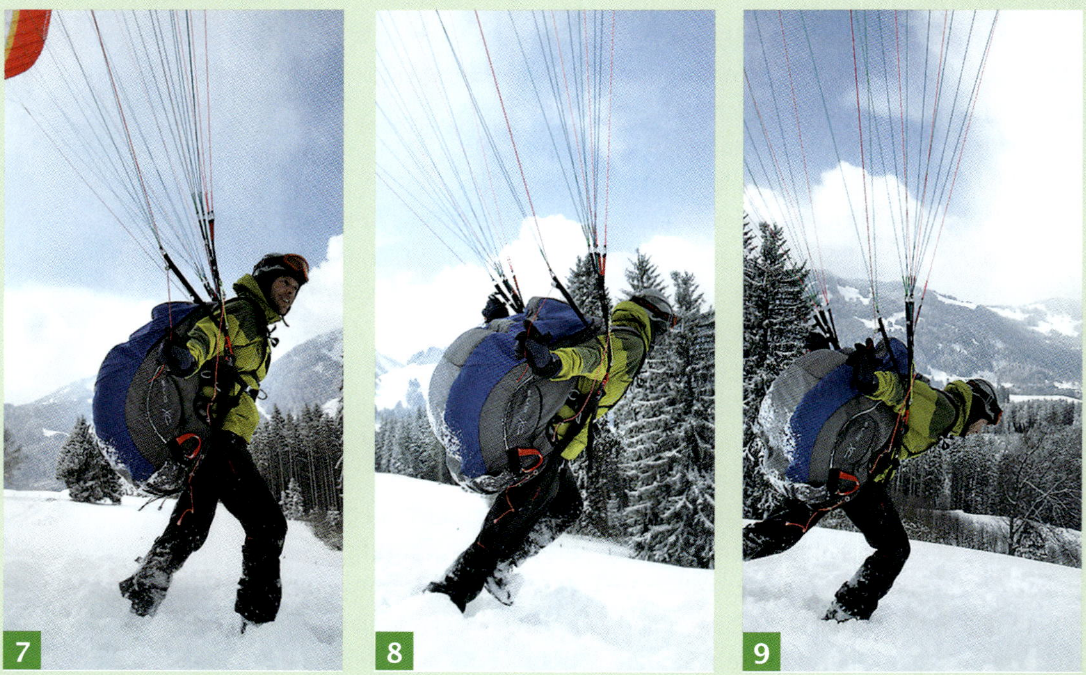

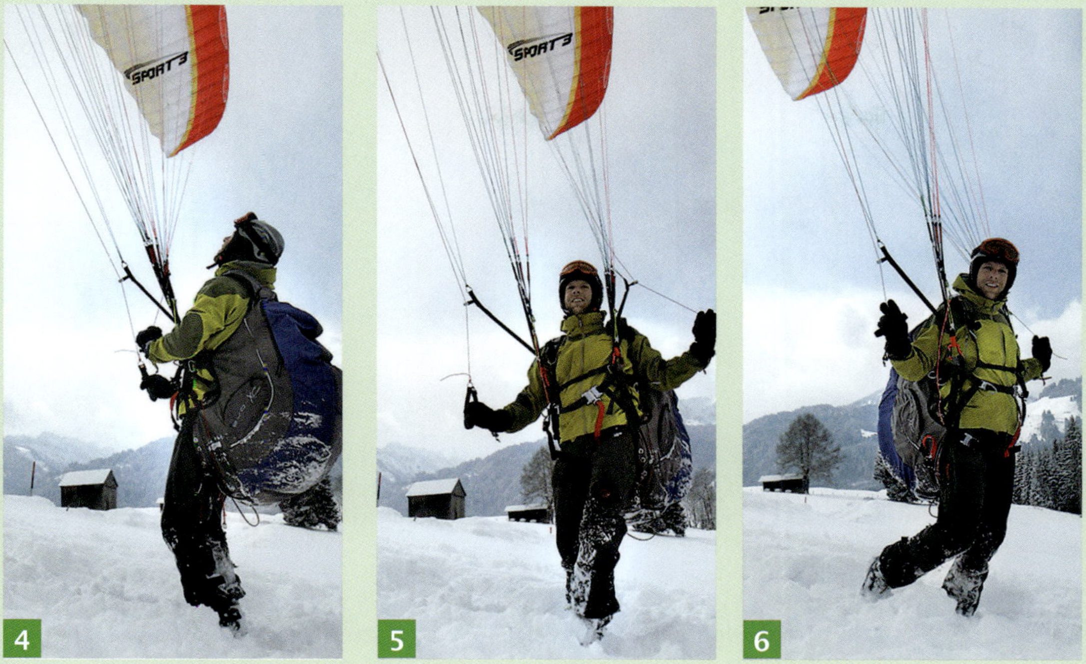

men. Dadurch ist die Schirmkontrolle wie gewohnt einfach, also nicht seitenverkehrt wie oben beschrieben. Jedoch hat diese Methode den Nachteil, dass der Pilot beim Ausdrehen die Bremsen kurz loslassen muss, um umzugreifen.

Asymmetrischer Rückwärtsstart mit überkreuzten Bremsen

Diese Startform unterscheidet sich in der Handhaltung und dem asymmetrischen Standpunkt des Piloten beim Aufziehen. Der Start selbst erfolgt bei allen Startarten etwa gleich. Asymmetrisch bedeutet hier, dass sich der Pilot nicht in der Segelmitte sondern leicht seitlich versetzt aufstellt. Je nach Wind, Startgelände und vor allem Gleitschirmmodell kann dies von einem kleinen Schritt bis zu zwei Schritten aus der Schirmmitte heraus bedeuten. Der Schritt zur Seite bewirkt, dass sich die Leinen auf einer Seite spannen. Deshalb wird der Schirm bei Zug auf der gespannten Leinenseite zuerst starten, also hochsteigen wollen.

Dies empfinden einige Piloten als Vorteil, da schon in der ersten Phase des Aufziehvorganges der Schirm kontrolliert mit der Bremse oder bei stärkerem Wind auch mit dem entsprechenden, hinteren Tragegurt (D/C) gesteuert werden kann. Die Richtung, in der man seitlich geht, ist abhängig davon, in welcher Hand die Bremse ist (Steuerhand). In der Praxis gehen Linksausdreher eher nach rechts und Rechtsausdreher nach links. Viele Piloten empfinden den Bewegungsablauf so logischer.

Ablauf:

1. Der Pilot steht fertig eingehängt mit überkreuzten Tragegurten und Bremsen in der Hand zum Segel.

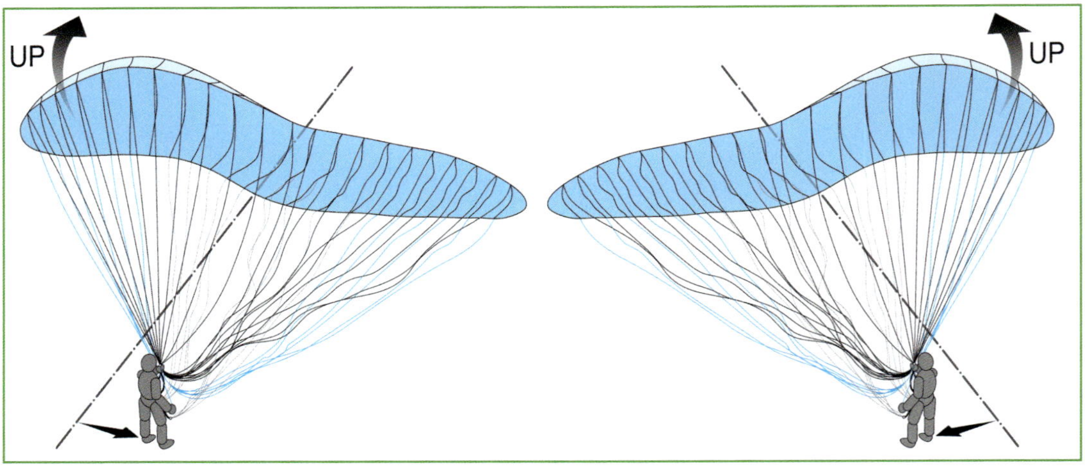

Nach rechts treten
Hält die linke Hand die A-Gurte, ist die rechte Hand die Steuerhand, deshalb nach rechts treten.

Nach links treten
Hält die rechte Hand die A-Gurte, ist die linke Hand die Steuerhand, deshalb nach links treten.

2. Eine Hand greift nun die A-Gurte beider Haupttragegurte an den Leinenschlössern. Die Bremsen bleiben dabei immer in der Hand. Folglich hat eine Hand »viel« (A-Tragegurte und Bremse) und die andere Hand »wenig« (nur die Bremse) in der Hand.
3. Nun kommt die Asymmetrie, der Schritt zur Seite in Richtung der Hand, die »wenig«, also nur die Bremse, in der Hand hat (Schritt in Richtung freie Hand).
4. Das Aufziehen erfolgt nun mit der Führungshand durch den Zug mit den A-Gurten. Der Schirm füllt sich nun asymmetrisch und steigt schräg hoch.
5. Die Steuerhand (nur Bremse) korrigiert, dass der Schirm nicht dreht, sondern sich gleichmäßig füllend nach oben steigt.
6. Das zu Anfang schräge Steigen wird durch die Steuerhand korrigiert, so begradigt sich der Schirm und steigt über den Piloten.
7. Steht der Schirm über dem Piloten, erfolgt das Ausdrehen in Startrichtung.

Ohne Bremse würde der Schirm nur auf der Zugseite steigen und eindrehen. Bei stärkerem Wind ist es von Vorteil, mit den hinteren Tragegurten (D/C) zu steuern.

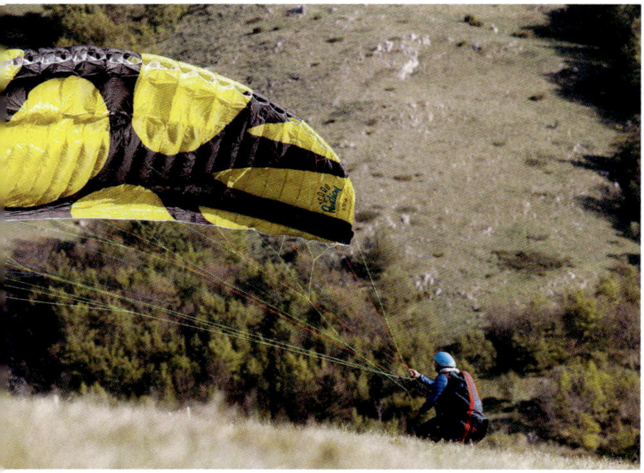

Durch den konsequenten Zug an den A-Tragegurten steigt der Schirm aus der Powerzone in die Softzone über den Piloten. Die Bremsleine in der anderen Hand korrigiert.

Führungshand:	hält A-Tragegurte und Bremse.
Steuerhand:	**steuert** mit der Bremse und greift (wenn notwendig) zusätzlich die hinteren Tragegurte D/C.

Diese Handhaltung in Verbindung mit einer Hand an den A-Gurten lässt sich auch für den geraden Rückwärtsstart gut anwenden. Es gibt viele Möglichkeiten, den Schirm rückwärts aufzuziehen.

7.7 Richtig Ausdrehen

Die Schokoladenseite feststellen und danach immer in die gleiche Richtung ausdrehen. Durch Groundhandling-Übungen bei mehr und weniger Wind Routine erlangen, um auch an heiklen Startplätzen sicher starten zu können. Falsch herum Ausdrehen ist gefährlich, da die Steuerung blockieren kann. Zum Ausdrehen von nun 360 Grad muss aktiv die Drehbewegung unterstützt werden.

UNAUSGEDREHT ABHEBEN

Kommt die Windgeschwindigkeit der Maximalgeschwindigkeit des Segels nahe, kann vom Stand weg durch leichtes Ziehen der Steuerleinen abgehoben werden. Dies geschieht bisweilen schon in der Rückwärtsstellung. Der Pilot muss zwangsläufig in der Luft ausdrehen. Dabei kann es zu gefährlichen Situationen durch Orientierungsverlust und Fehlbedienung der Steuerleinen kommen. Zu starkes Anbremsen hindert den Schirm, genug Fahrt aufzunehmen (Sackfluggefahr).

FALSCHES AUSDREHEN – EINGEDREHT ABHEBEN

Vor jedem Start und besonders vor einem Neustart nach Startabbruch mit erneutem Zurückdrehen ist der Blick auf die Überkreuzungsrichtung der Tragegurte lebenswichtig.
Die Seite, an welcher der **oben liegende Tragegurt** mit dem **Karabiner am Gurtzeug** verbunden ist, ist die **Ausdrehrichtung**.

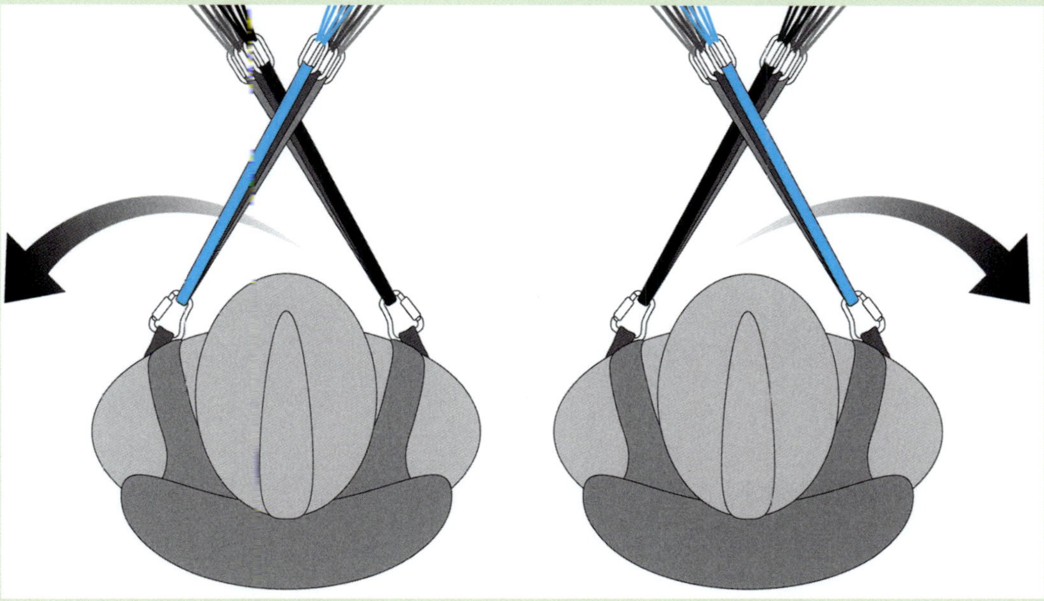

Oben liegender Tragegurt **links** am Gurtzeug befestigt – Ausdrehen nach **links**

Oben liegender Tragegurt **rechts** am Gurtzeug befestigt – Ausdrehen nach **rechts**

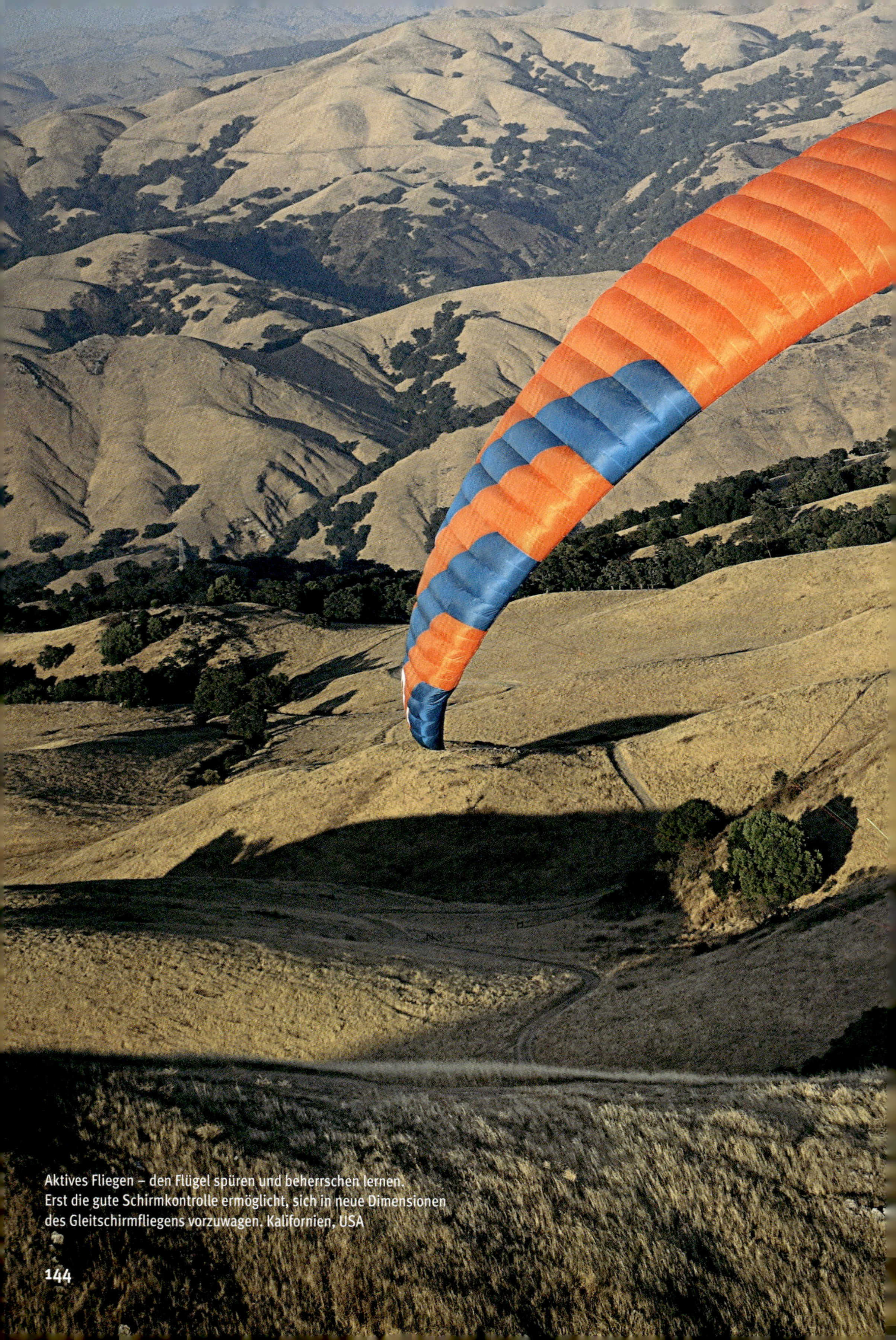

Aktives Fliegen – den Flügel spüren und beherrschen lernen. Erst die gute Schirmkontrolle ermöglicht, sich in neue Dimensionen des Gleitschirmfliegens vorzuwagen. Kalifornien, USA

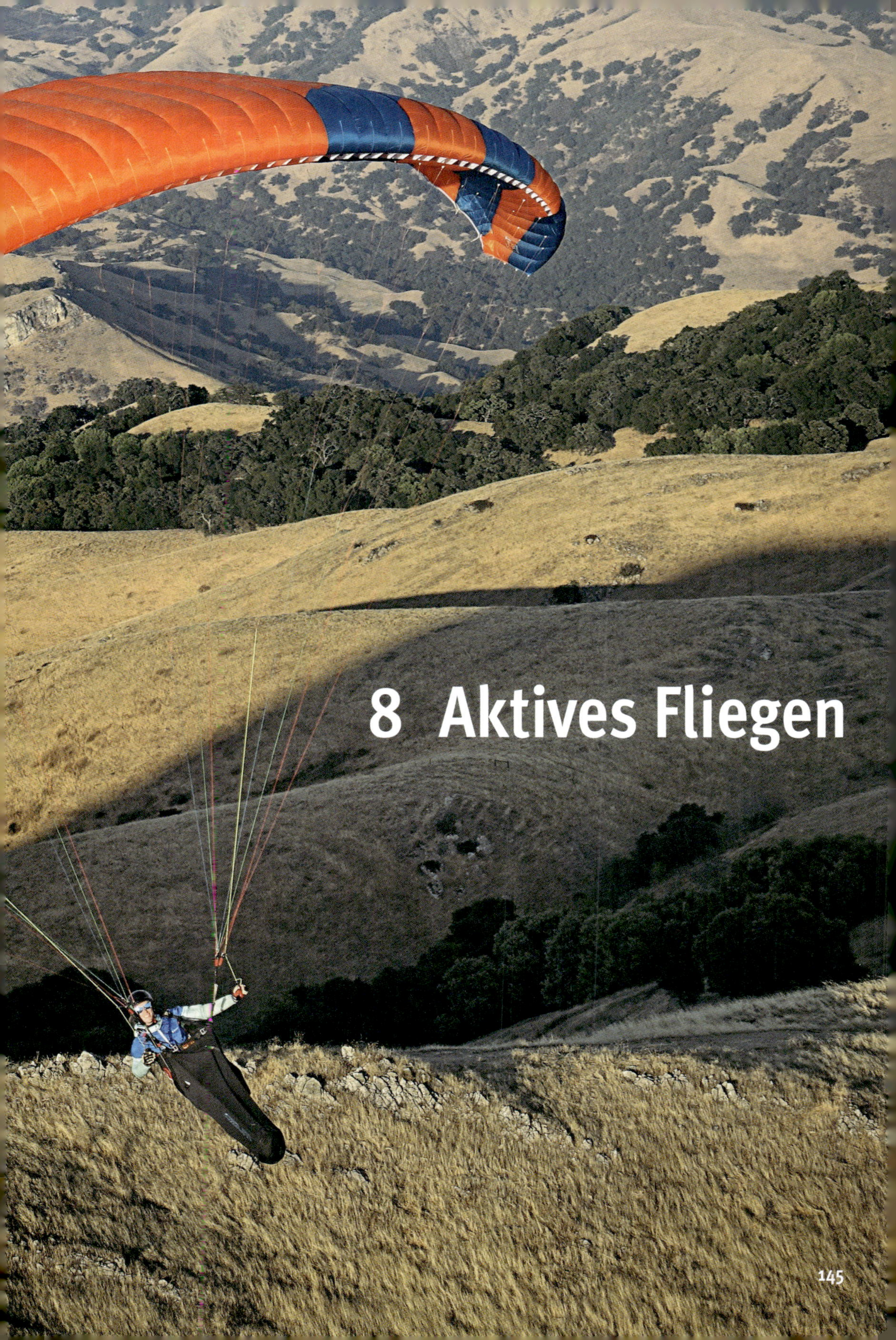

8 Aktives Fliegen

Wenn die Grundlagen des Gleitschirmfliegens beherrscht werden und sich zunehmend Flugerfahrungen ansammeln, darf man sich an weitere Spielformen des Gleitschirmfliegens herantrauen. Soaren, Thermikfliegen, auf Strecke gehen und Groundhandeln machen enorm viel Spaß. Dabei erwarten uns jedoch auch anspruchsvollere Flugbedingungen, mit denen der Pilot mit Können und Respekt umzugehen hat.

8.1 Windfenster/Powerzone

Für den Start bei Starkwind hilft die Betrachtung des Windfensters. Während die Powerzone beim Kitesurfen der Motor ist, um über das Wasser zu brausen, ist für Gleitschirmflieger diese Zone beim Start und der Landung eher ein Schreckgespenst. Gleitschirme haben viel größere Angriffsflächen und können so den Piloten gewaltig aushebeln. Deshalb benötigt man auch besondere Starttechniken und die Bereitschaft, z. B. beim Rückwärtsstart durch das Entgegenlaufen zum Schirm hin, den Druck aus dem Segel zu nehmen.

Das Windfenster: Für alle Startarten ist die Betrachtung des Windfensters von Interesse. Es zeigt klar, dass der Winddruck genau an der Stelle am größten ist, an der normalerweise der Gleitschirm frontal im Wind aufgezogen wird. Beim Cobra-Start macht man sich die Tatsache zu eigen, dass durch das schräge Aufziehen des Schirms am Rande des Windfensters der Winddruck deutlich geringer ist.

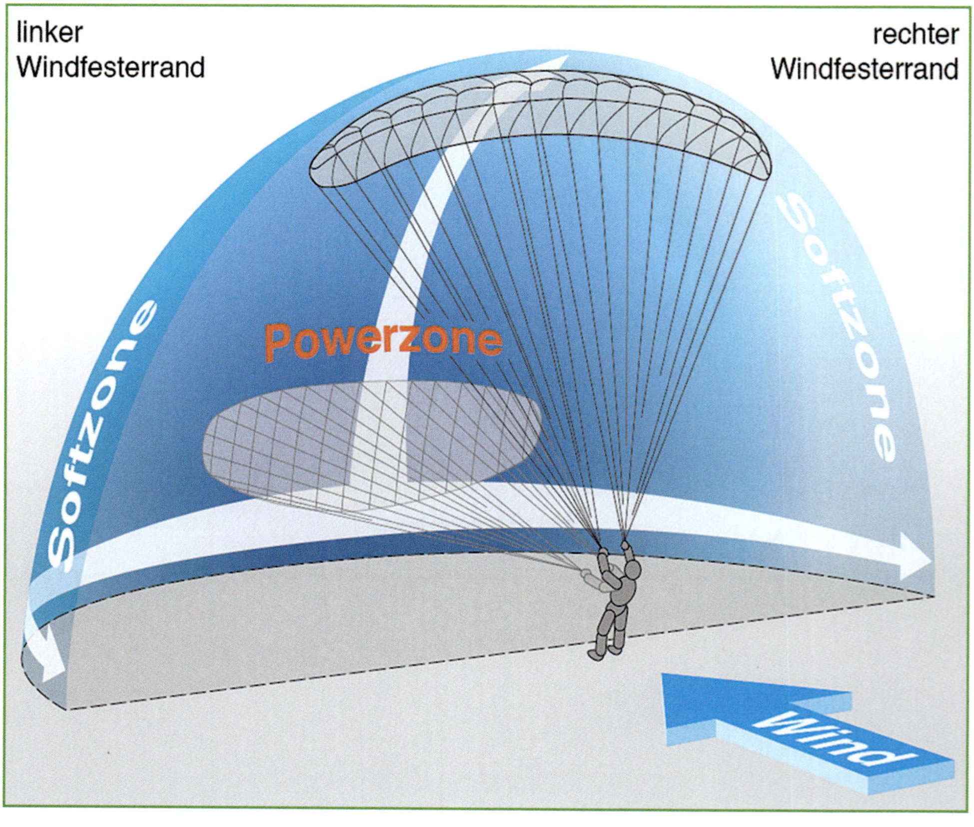

8.2 Starkwindstart/ Cobra-Start

Der Cobra-Start ist von den Kitern abgeschaut, die mit den unterschiedlichen Kräften im Windfenster spielen. Die Starttechnik erfordert Training und ein gutes Schirmgefühl, besonders bei Startplätzen, die kaum Raum zur Seite lassen. Deshalb bevorzugen viele Piloten bei kritischen Startplätzen im Gebirge eher den Rückwärtsstart, vorausgesetzt, es ist ausreichend Raum, dem Schirm entgegenzulaufen, um den Druck in der Powerzone aus dem Segel zu nehmen. Der Cobra-Start wird meist bei breiten, oft nicht tiefen Startplätzen, wie sie oft an Steilküsten oder Dünen vorkommen, praktiziert.

Den Schirm so auslegen, dass die untere Schirmhälfte unter der anderen, schlampig ausgebreiteten, zu liegen kommt. Dabei ist der obere Stabilo obenauf, damit er als Erstes beim Aufziehen gefüllt werden kann. Zum Start greift man nun, wie im Bild, mit der rechten Hand den oberen A-Tragegurt und mit der linken die Bremse des oben aufliegenden Flügels.

Nun wird die Kappe mit A aufgezogen und wechselweise mit der Bremse so korrigiert, dass der Schirm wie eine Cobra hochsteigt. Steht der Schirm vollständig senkrecht wie eine Cobra, wird der Schirm durch den konsequenten Zug mit A und der Feinkorrektur mit der Bremse oder dem hinteren Tragegurt höher gezogen. Der Schirm dreht dabei leicht in den

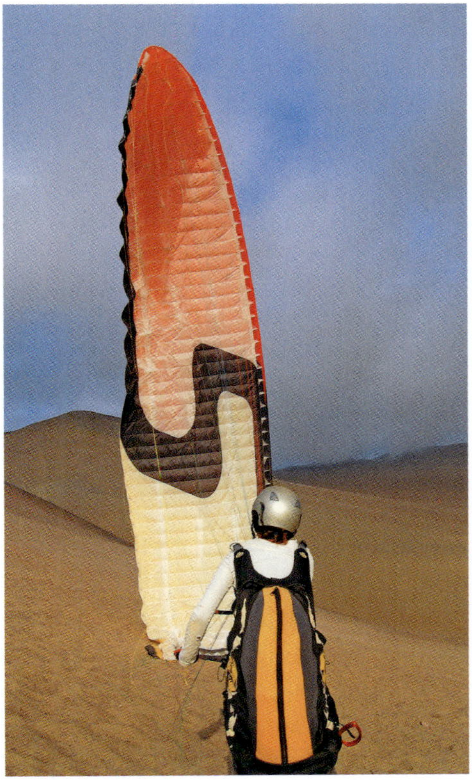

Der Cobra-Start ist ideal bei Starkwind und breitem Startplatz.

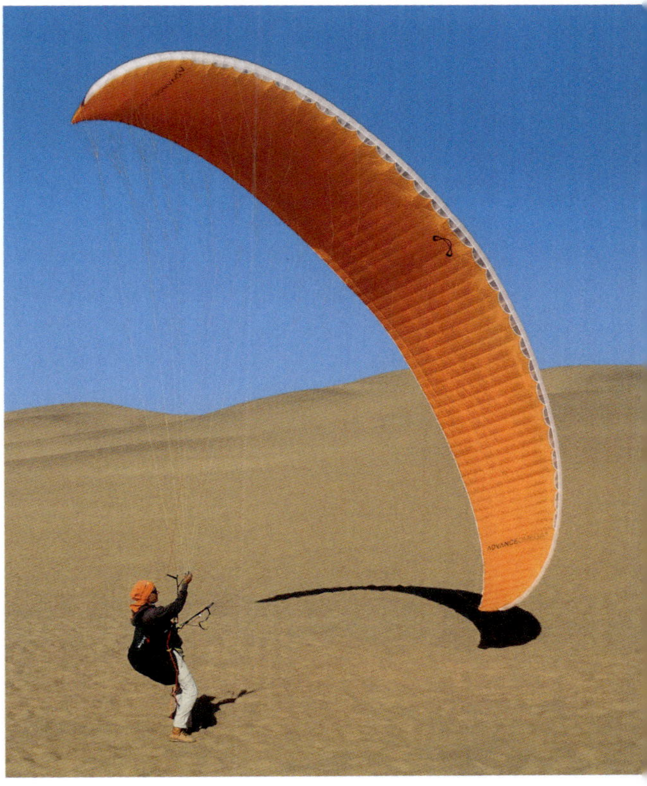

Hindernisfreies Übungsgelände für Start und Groundhandling in Namibia

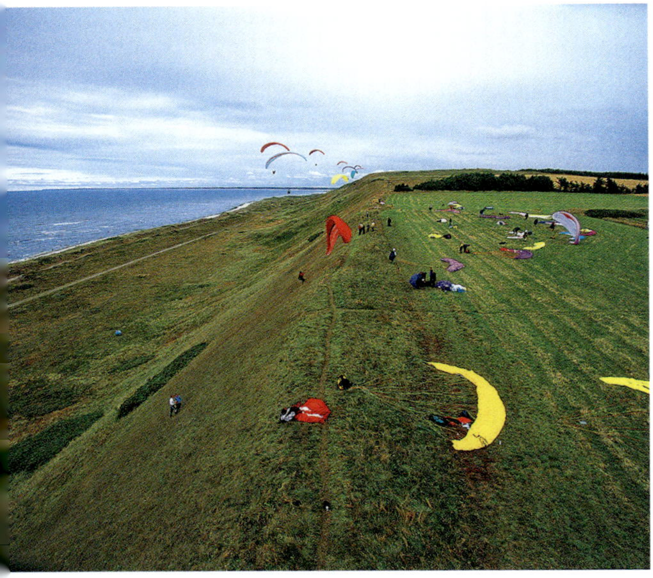

Optimales Gelände an der Nordsee zum Soaren im laminaren Aufwindband und für Groundhandling

Wind und zieht dadurch stärker. Diesem Zug gibt man mit einigen kleinen Schritten nach. Zugleich drückt man mit A den Schirm weiter nach oben. Steht der Schirm wie bei einem Rückwärtsstart über einem, folgt das Ausdrehen und Umfassen der Bremsen. Nun kann gestartet werden.
Der Cobra-Start erfordert die sichere Beherrschung des Rückwärtsstarts. Er kann ideal beim Groundhandling-Training geübt werden.

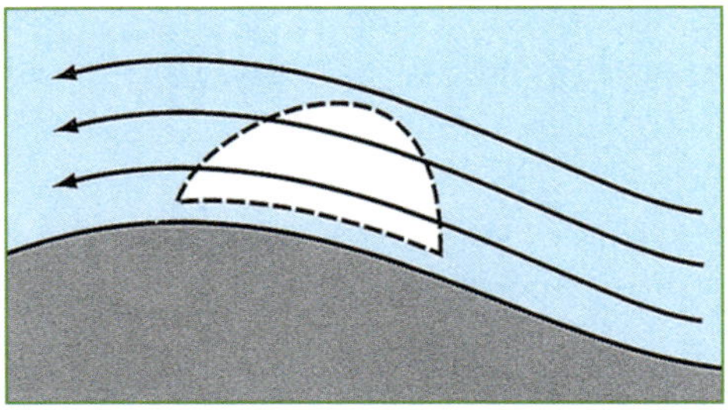

Ein breites, aber schwaches **Aufwindband** bildet sich luvseitig bei Hangkanten oder Bergen mit geringer Neigung aus. Je flacher das vorgelagerte Gelände ist, desto besser kann sich das Aufwindband ausbilden.

8.3 Dynamische Startbeschleunigung

In einigen Fällen bietet sich auch eine Variante des normalen Startlaufs in der Beschleunigungsphase an: Steht das Segel sauber über dem Piloten, beschleunigt man und legt gleichzeitig den Oberkörper nach vorne. Die Arme sind wieder seitlich schräg nach hinten gerichtet. In dieser Körperhaltung wird kräftig beschleunigt, bis man in der Luft ist. Diese Phase wird als **dynamische Beschleunigung** bezeichnet und kann ebenso nach einem Rückwärtsstart zur Beschleunigung eingesetzt werden.

8.4 Hangsoaring

Das bedeutet Hangfliegen unter Ausnutzung von dynamischem Hangaufwind. Strömt der Wind frontal gegen einen Bergrücken oder eine Steilküste, wird dieser zwangsweise nach oben abgelenkt. Es entsteht dynamischer Hangaufwind, der an Steilkanten und in Gipfelnähe am stärksten ist. Ist die Aufwärtskomponente stärker als die Sinkgeschwindigkeit des Segels, steigt das Segel.
Je nach Windstärke und Geländestruktur kann das **Aufwindband** dem Hang ein gutes Stück vorgelagert sein (50–100 m) oder unmittelbar am Hang liegen. Um Hangaufwind exakt zu erkennen und zu nutzen, ist ein Variometer unentbehrlich. Fliegt man nach dem Start vom Hang weg, wird das Aufwindband durchflogen. Man kurvt sofort ein und versucht, das Aufwindband parallel zum Hang abzufliegen und dabei die Zonen des größten Steigens ausfindig zu machen. Am

besten fliegt man dabei mit der Geschwindigkeit des geringsten Sinkens.
Der Könner dreht noch im besten Steigen, auch vor Ende des Bands, flach vom Hang weg, um sofort wieder im großen Steigen zu fliegen. Wird außerhalb des Aufwindbands gekurvt, wird unnötig Höhe verschenkt, die erst wieder erkämpft werden muss.
Trichterförmige Felseinschnitte und Kare können durch Düseneffekt dynamische Aufwinde bündeln und verstärken, aber auch für Turbulenzen sorgen. Schwach angebremst fliegen! Bei geneigten Hangaufwinden driftet man durch leichte Schrägstellung des Segels (Schirmnase etwas vom Hang weggedreht) den Hang entlang und kann so mit geringerem Höhenverlust eindrehen.
Direkt am Hang sind oft Turbulenzen, die durch Waldränder oder zerklüftete Geländestruktur hervorgerufen werden. Durch die Reibung nimmt die Geschwindigkeit zum Hang hin ab. Dadurch erfährt das Segel ein Drehmoment in Richtung Hang, weil die dem Hang abgewandte Segelseite noch in der stärkeren Aufwindzone ist.

Startplatzüberhöhung durch Hangaufwind

Ist der Hangaufwind so stark, dass über die Startplatzhöhe hinaus geflogen wird, spricht man von »Startplatzüberhöhung«. Das **größte Steigen** ist jetzt über der Abrisskante des Hanges/des Gipfelgrats zu erwarten. Da sich hinter der Abrisskante starke Leewirbel ausbilden, darf auf keinen Fall deutlich hinter die Abrisskanten geflogen werden, da sich die Leezone auch über die Grat- oder Hangkanten fortpflanzen. Ist die Horizontalwindkomponente stark ausgeprägt, wird das Aufwindband mit zunehmender Höhe auch hinter den Grat versetzt. Dies bedeutet für uns, dass unmittelbar in Grathöhe direkt auf dem Grat und davor geflogen werden kann. Ist der Wind sehr stark, fliegt man immer vor dem Hang- oder Gratverlauf, damit man nicht in das Lee abgetrieben wird. Steigt

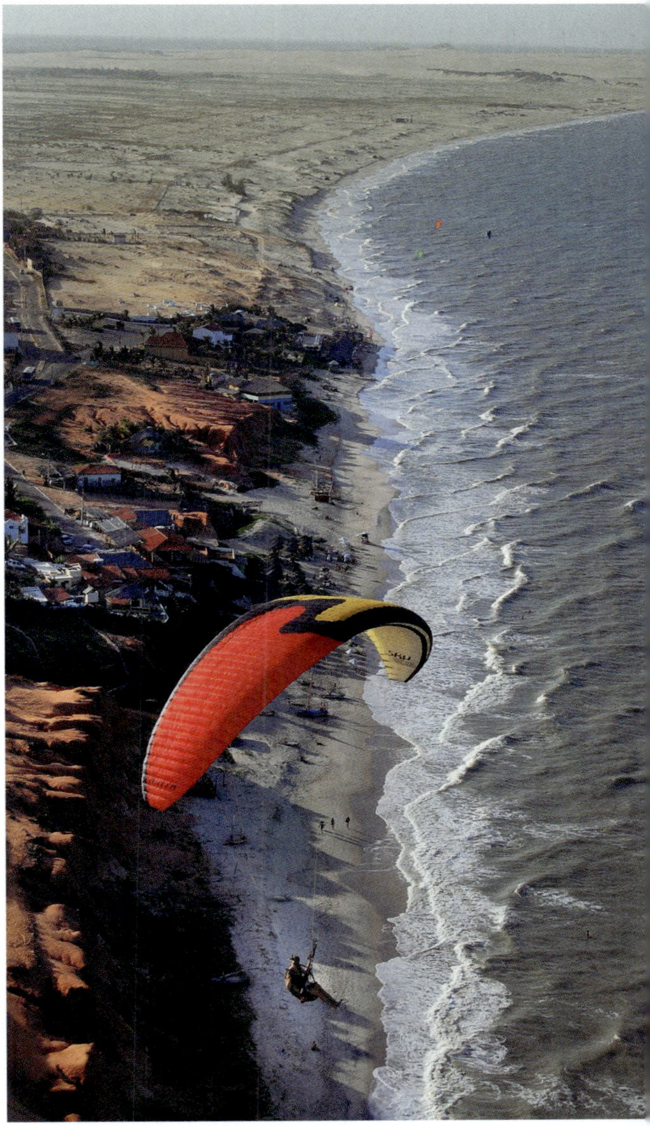

Im Aufwindband über der Küste Brasiliens, die Flughöhe ist von der Windstärke und der Form der Hangkante abhängig.

Der Abstand zum Hang muss größer werden, wenn

- der Wind stärker wird;
- starke Turbulenzen auftreten;
- der Wind böig ist;
- der Bewuchs des Hangs ungleichmäßig ist (Turbulenzen);
- der Hang stark zerklüftet ist (Turbulenzen);
- Abstufungen im Hang vorhanden sind (Turbulenzen).

man höher, kann man nun auch in dem leicht versetzten Aufwindband fliegen.
Die Kurventechnik bleibt die gleiche wie beim Hangsoaring unter der Grathöhe. Im Aufwindband wird immer gegen den anströmenden Wind gedreht und so in Achtern hin- und hergeflogen. Da die Leezone und das Aufwindband unmittelbar

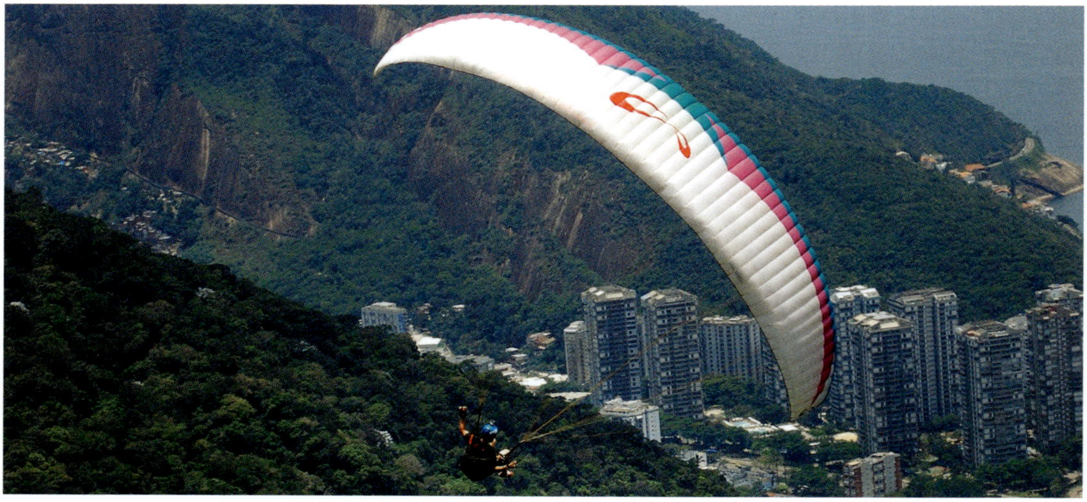

Thermik und Hangaufwind über Rio de Janeiro

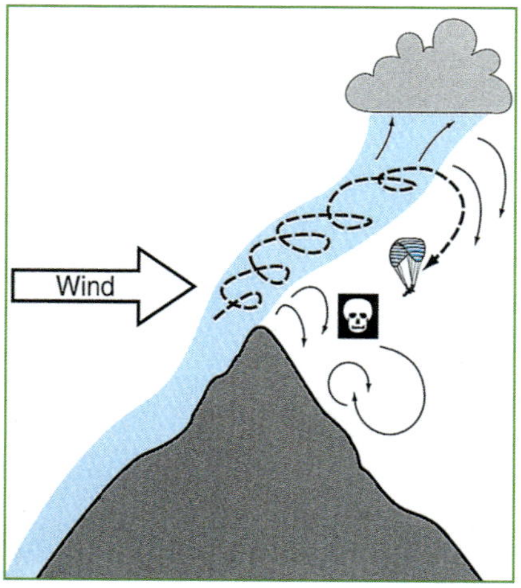

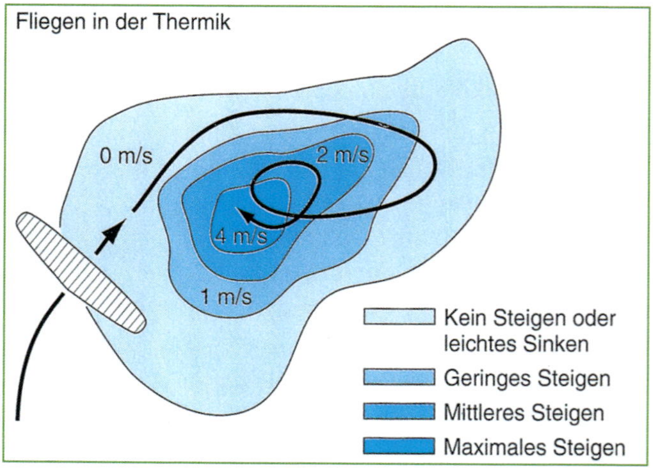

Links: **Versatz im Thermikschlauch** mit der Gefahr von Leeturbulenzen. Lebensgefahr!
Rechts: **Thermikzentrieren.** 1. Aufsuchen. 2. Identifizieren: nur vorübergehender Steigwert oder dauerhafter Aufwind. 3. Lokalisieren: sich die Lage der nächsten Steigwerte des Varios einprägen. 4. Zentrieren: Eindrehen und Engerziehen in Richtung der höchsten Steigwerte

STARTEN UND SOAREN BEI VIEL WIND

Zum Soaren am Hang oder an der Düne benötigt man viel Hangaufwind. Doch bei stärkerem Wind wird der Start für viele Piloten, die nicht gewohnt sind, bei mehr Wind zu starten, zur heiklen Angelegenheit. Wenn Platz ist, gibt es dafür eine einfache Lösung: einfach den Hang oder die Düne weiter runter gehen und den Start dort probieren. Warum? Der Wind ist dort meist deutlich schwächer und damit der Start einfacher. Zudem ist man mehr in Sicherheit. Also weiter weg vom Lee. Nun kann es sein, dass nach dem Start der Wind zum Soaren am Hang nicht ausreicht. Kein Problem, es steht nichts im Wege, sich den Weg nach oben mit dem Schirm entweder rückwärts oder vorsichtig vorwärts, aber rücklings oder seitlich laufend, hinaufzuhangeln, bis der Winddruck und die Aufwärtskomponente zum Soaren ausreichend sind.
Trägt es ausreichend, erst in tieferen Lagen hin- und hersoaren, um sich danach langsam höher zu bewegen. Gleich nach oben kann zu dem Problem führen, im starken Wind keine Vorwärtsfahrt zu haben. Landen kann man auch am Strand, auch wenn die Profis toplanden. Safety first.

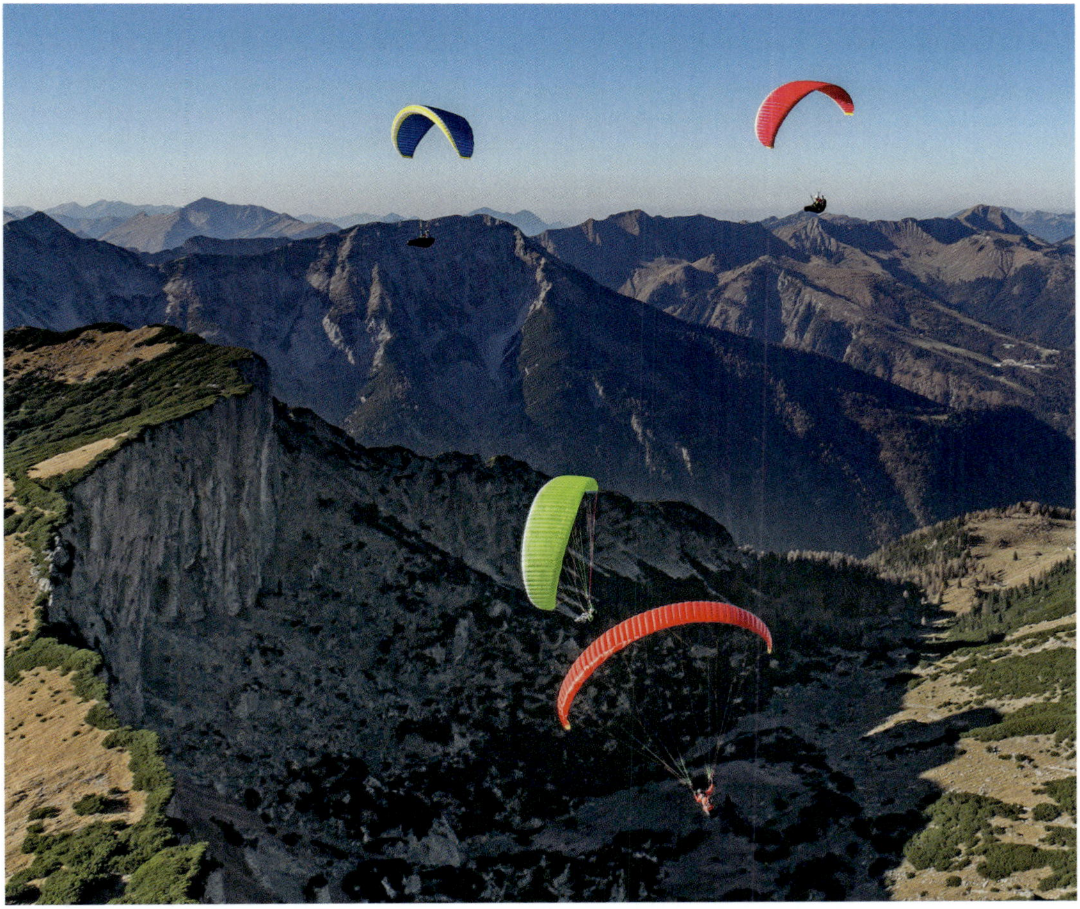

Hat ein Pilot einen Thermikbart gefunden, bleibt er nicht lange alleine. Schnell hängen sich andere Gleitschirmpiloten mit in den Thermikbart. Die Drehrichtung hat dabei der erste Pilot vorgegeben, die anderen folgen entsprechend der Vorfahrtregeln.

aneinandergrenzen, wird man beim unvorsichtigen Kurven mit dem Wind schnell in das Lee abgetrieben. Vollkreise sollen deswegen nur vor dem eigentlichen Aufwindband geflogen werden, um genug Sicherheitsabstand zur Leezone zu haben. Sind mehrere Segel im Aufwindband, sind die Hangflugregeln (siehe Abschnitt 7.5) zu beachten.

8.5 Thermikfliegen

Thermikfliegen ist die eigentliche Kunst und Faszination des Gleitschirmfliegens. Es ist berauschend, wie ein Vogel in die Höhe zu steigen, um von hoch oben die Landschaft weit unter sich ausgebreitet zu sehen.

Die Kunst ist, die Thermik, die in Blasen oder Thermikschläuchen auftritt, zu finden und wirkungsvoll für sich als lautlose Aufstiegshilfe zu nutzen (s. auch Kapitel 5.7).

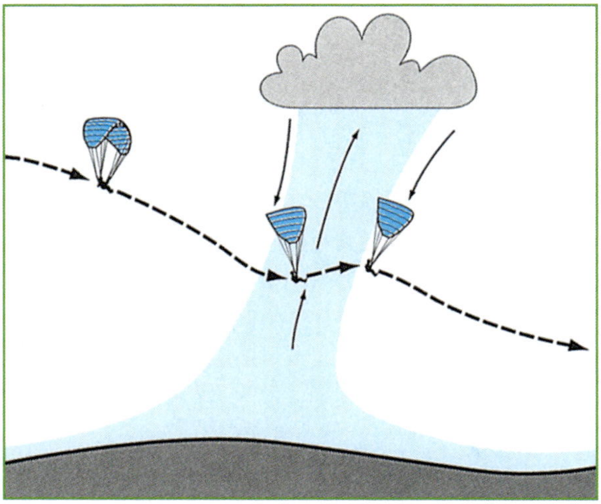

Fliegen im **Thermikschlauch:** schnelles Einfliegen, möglichst ungebremst, da vertikale Scherwirkung den Schirm nach hinten abkippen lässt. Gebremst ausfliegen, damit Schirm nicht nach vorne abkippt bzw. einklappt

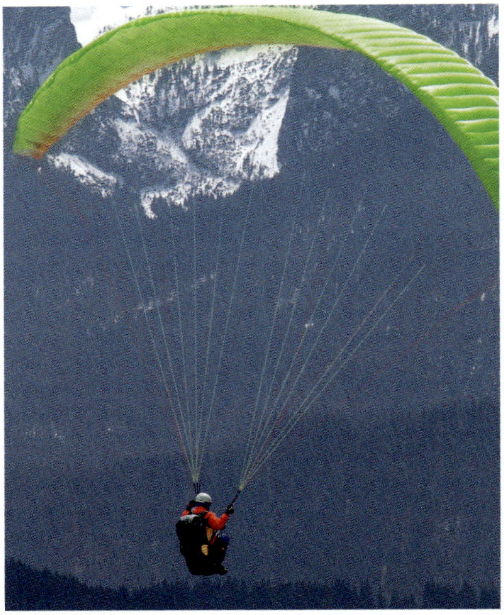

Der Pilot ist auf der Suche nach einem Thermikbart. Es herrscht ruppige, teilweise starke, aber kleinflächige Frühjahrsthermik vor.

Thermiksuchen

Dazu wird die Flugroute so gelegt, dass möglichst viele Zonen, in denen Thermik zu erwarten ist, abgeflogen werden (siehe auch Kapitel 13 Streckenfliegen). Thermikschläuche sind anfangs recht schmal, und mit abnehmender Höhe wird ihr Einstieg immer schwieriger. Wird in niedriger Höhe kein effektiver Bart gefunden, sitzt man meist schnell im Tal, ohne Anschluss zu finden. Je höher man steigt, umso weniger exakt muss zentriert werden, weil sich der Bart aufweitet.

Zentrieren eines Thermikbartes

Ist ein Thermikbart entdeckt, muss das Zentrum (Bereich des größten Steigens) lokalisiert und eingekreist (»zentriert«) werden.

Da es schwer ist, auf Anhieb exakt im Aufwind zu kreisen, hält man anfangs besser mit Achterschleifen Ausschau nach dem

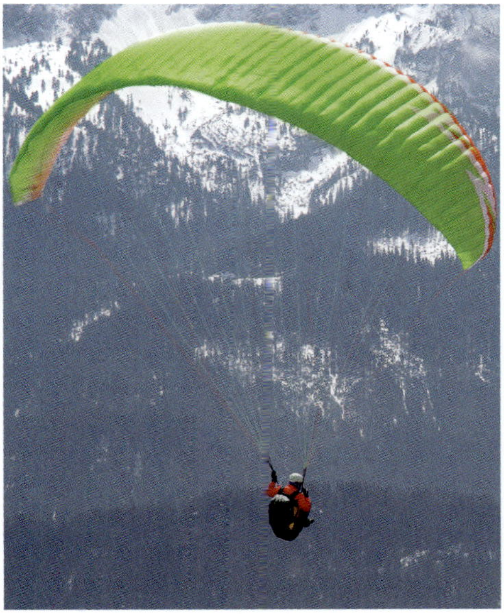

In leichter Rechtskurve Einflug in einen Thermikbart mit ca. 3 m Steigen. Der Schirm richtet sich auf, ändert den Anstellwinkel und beginnt zu steigen. Der Pilot reagiert, steuert rechts und verlagert das Körpergewicht in die Kurvenseite, um rechts in den Thermikbart einzudrehen (gleicher Kamerastandort).

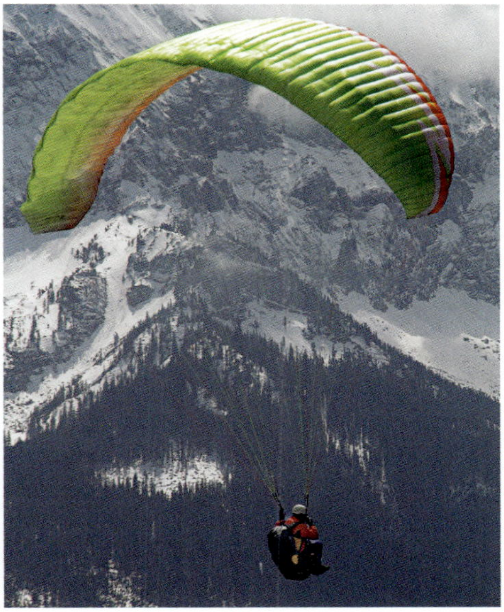

Unmittelbar stark steigend im beginnenden Rechtskreis fliegend kommt der Pilot in der kleinflächigen starken Thermik in eine Scherzone. Die rechte Schirmseite befindet sich noch im starken Aufwind, während die linke Seite bereits in turbulenter Luftmasse fliegt. Das Segel wird links weich, beginnt im Außenflügel einzuklappen.

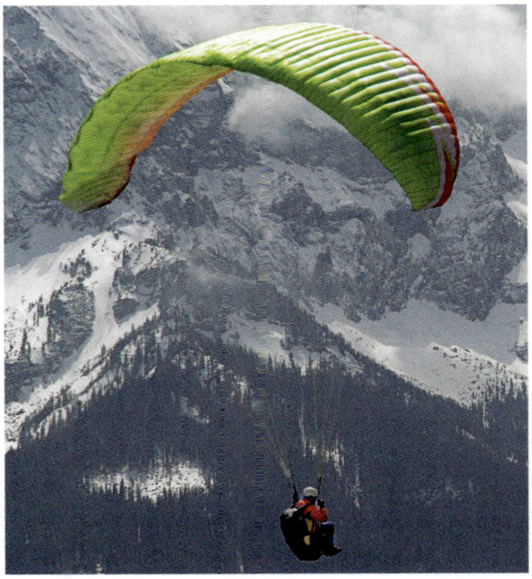

Den Bruchteil einer Sekunde später klappt die linke Flügelecke weiter ein. Der Pilot versucht, die Drehrichtung beizubehalten, um nicht ganz aus der Thermik zu fallen. Die linke Flügelseite ist weiter in der Abwindzone. Der Klapper nimmt etwas zu, beschränkt sich aber auf die äußeren Zellen, der Pilot behält die Ruhe, bremst links nur leicht an und lässt den Schirm ansonsten laufen.

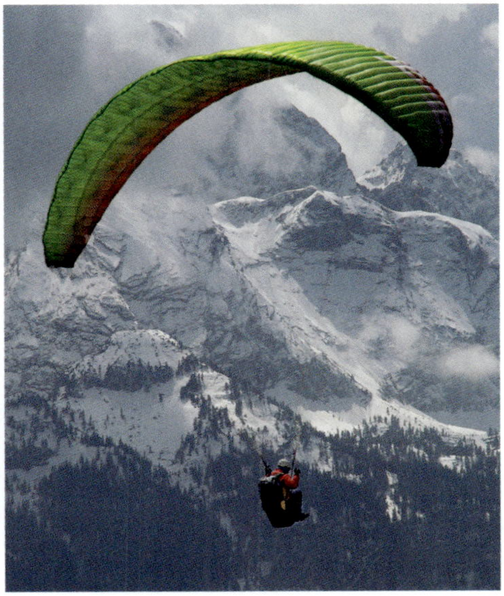

Der Klapper öffnet sich selbstständig und fliegt ganz normal weiter. Gleitschirme der unteren Zulassungsklassen sind fehlerverzeihend konstruiert. Eine leichte Klappenstörung wie hier könnte jedoch durch eine panische Überreaktion gefährlich werden.

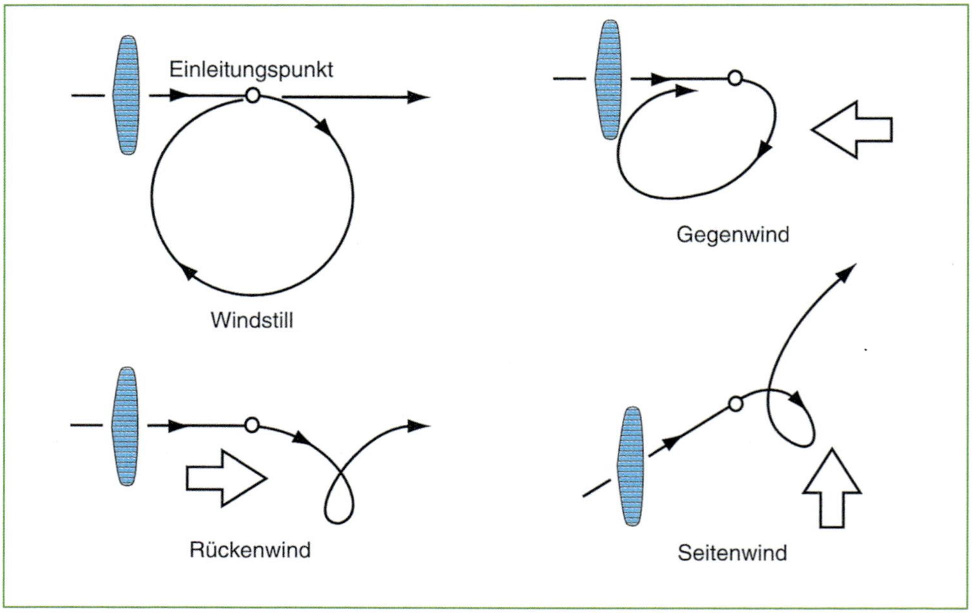

Kurvenformen über Grund: Gegenüber dem Wind dreht der Pilot normal seine Kurven, über Grund sind sie jedoch durch den Windeinfluss verzerrt. **Wichtig bei der Landeeinteilung!**

maximalen Steigen und bekommt so ein Gefühl für die Ausdehnung der Thermik und ihre Intensität. Da man dabei immer wieder aus der Thermik herausfallen kann, ist der Flug etwas ruppig.

Der nächste Schritt ist das **Einkreisen**, wenn man glaubt, das Zentrum lokalisiert zu haben. Der Vollkreis darf erst erfolgen, wenn ausreichend Sicherheitsabstand zum Hang besteht.

Das Zentrum wird möglichst flach drehend angeflogen. Der Thermikbart ist richtig zentriert, wenn die Steigwerte, die das Vario beim Kreisen anzeigt, annähernd konstant bleiben. Werden die Steigwerte auf einer Seite des Vollkreises geringer und auf der anderen Seite besser, muss korrigiert werden. Da Thermikbärte durch Windströmungen versetzt werden, ist unter Umständen dauernde Korrektur notwendig.

Fliegen in der Thermik

Geflogen wird im **Bereich des geringsten Sinkens**. Der Schirm ist dabei relativ langsam, er kann Thermik sofort in Höhe umsetzen und dreht eng und ohne viel Höhenverlust. Bei flacher Thermik gibt es große Scherkräfte zwischen den Auf- und Abwindzonen. So kann es vorkommen, dass das Segel beim Versuch, in den Bart einzufliegen, durch die starken Aufwinde nach hinten abkippt und wie an eine Art Mauer prallt. Um trotzdem in den Bart zu kommen, muss der Schirm zum Einfliegen beschleunigt werden. Im Thermikraum wird sofort wieder angebremst geflogen.

Beim Herausfliegen aus starker Thermik drückt der Abwind auf die Eintrittskante, während das Schirmende noch Aufwind erhält. Das Segel schießt nach vorne und kann komplett an der Eintrittskante einrollen, wenn nicht sofort stark beidseitig angebremst und somit der Staudruck im Segel erhöht wird. Fällt man seitlich aus dem Thermikbart, können die äußeren Zellen kollabieren.

Gleitschirme klappen in der Thermik weniger oft und fliegen in starken Turbulenzen stabiler, wenn sie aktiv geflogen werden.

Je stärker die Turbulenzen und die Thermik sind, umso größer ist die Wahrscheinlichkeit, dass die äußeren Zellen kurzzeitig einfallen oder ganze Teile des Segels einklappen. Deshalb den Sicherheitsabstand zum Hang vergrößern.

Fliegen im Hangaufwind mit Thermik

Sehr oft vermischt sich an sonnenbeschienenen Hängen der dynamische Hangaufwind mit Thermik. Beide verstärken sich gegenseitig. In Hangnähe wird zuerst mit Achterkreisen so lange Höhe gemacht, bis der Sicherheitsabstand zum Hang groß genug ist, dass der Thermikbart mit Vollkreisen zentriert werden kann.

8.6 Fliegen bei stärkerem Wind

Durch die relativ geringe Eigengeschwindigkeit des Gleitschirms sind bei höheren Windgeschwindigkeiten schnell Grenzen gesetzt. Die Windgeschwindigkeit darf in den Spitzenwerten nie über der Maximalgeschwindigkeit des Segels liegen, da man sonst rückwärts fliegt.

Ist der Wind stärker als die Eigengeschwindigkeit des Schirms, nicht starten.

Kurvenformen bei Starkwind

Je stärker der Wind, umso mehr weicht beim Kurven die Flugbahn über Grund von der Kreisform ab.

8.7 Abstiegshilfen für Könner

Ein Training der Schnellabstiege, deren Einsatz erforderlich sein kann, darf nur bei großer Flughöhe durchgeführt werden.

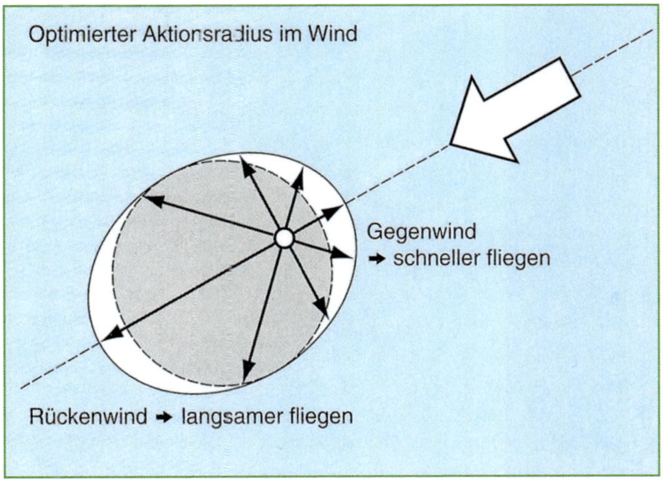

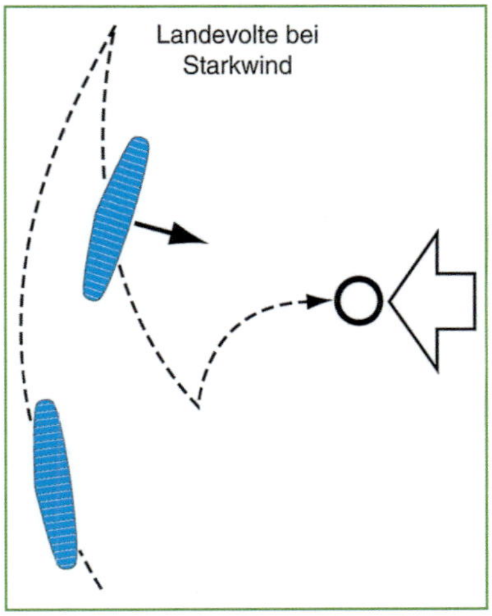

Links: **Optimierter Aktionsradius im Wind** – die Gleitzahl wird bei Rückenwind durch langsames Fliegen erhöht, bei Gegenwind durch schnelles Fliegen.
Rechts: **Starkwindlandevolte** – Gegen-, Quer- und Endanflug werden nicht mehr sauber getrennt. Nur noch die Querkomponente wird genutzt, um gegen den Wind Höhe abzubauen.

Flugschulen bieten dafür spezielle Sicherheitstrainings an.
Keine Flugmanöver in Bodennähe. Als Sicherheitsrichtlinie gelten 200 m über Grund.

Steilspirale

Einleitung: Die Steilspirale wird zum Abbau von großer Flughöhe verwendet und ist ein gern geflogenes Manöver, das vielen Spaß macht. Sie wird aus dem ungebremsten Gleitflug eingeleitet, indem eine Steuerleine langsam immer stärker durchgezogen wird. Der Gleitschirm fliegt eine Kurve, die stetig enger wird. Die zunehmende Zentrifugalkraft bewirkt eine stärkere Querneigung des Segels mit deutlich erhöhtem Sinken. Damit der Gleitschirm in der Steilspirale bleibt, muss die Steuerleine gezogen bleiben.

- Sinkwert: 8–14 m/s
- Anspruch: hoch
- Risikopotenzial: höher
- Training: notwendig

Ausleitung: Um die Steilspirale zu beenden, wird die durchgezogene Steuerleine langsam nachgelassen, wodurch die Spirale sanft ausgeleitet wird. Noch in großer

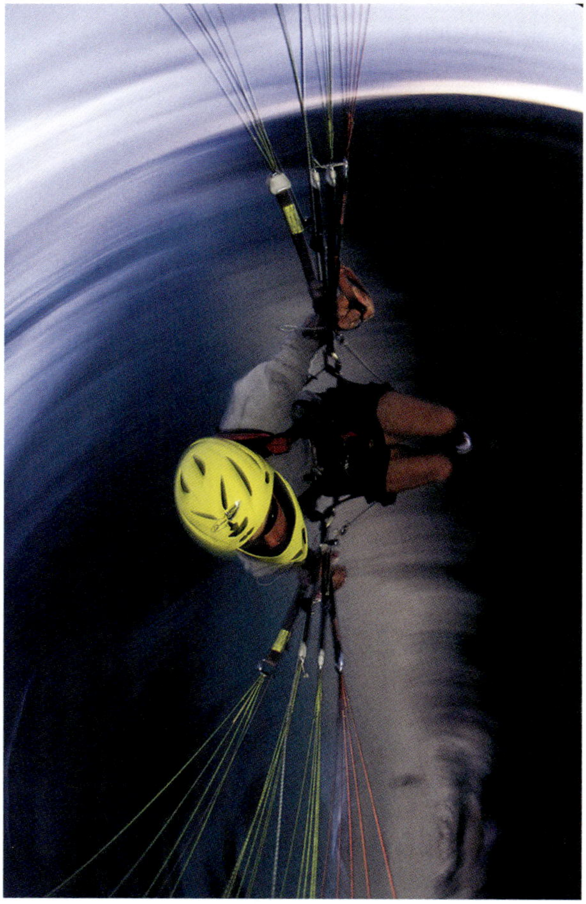

Spiralen ist toll, Fliehkräfte und Höhenverlust sind jedoch beachtlich. Deshalb Überblick bewahren und rechtzeitig über Grund ausleiten.

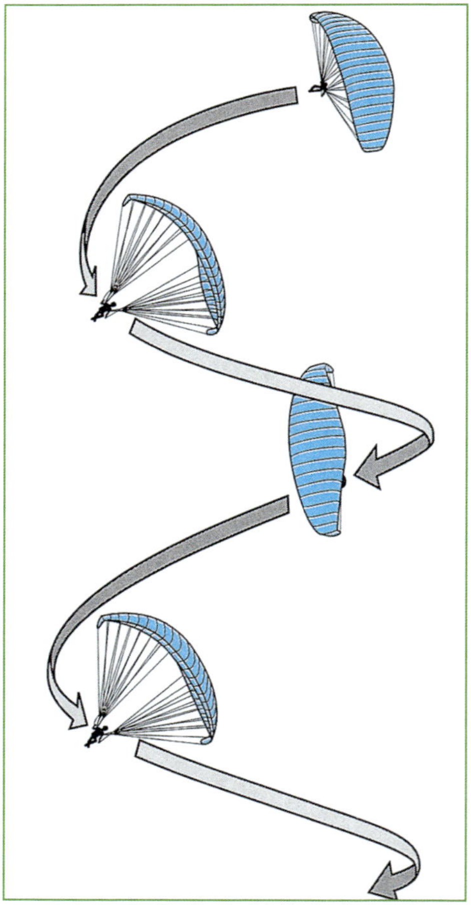

Einseitiges starkes Durchziehen nur einer Steuerleine führt zu einer Steilspirale. Dieses Manöver wird bei Gefahr als Schnellabstieg verwendet.

Höhe mit der Ausleitung beginnen.

Risiko: Einseitiger Strömungsabriss bei der Einleitung durch zu schnelles und zu starkes Bremsen. Bremse sofort lösen. Spiralen kann Orientierungsverlust, Schwindel und Blackout auslösen. Sofort ausleiten, wenn erste gesundheitliche Anzeichen auftauchen. Auch besteht bei Sinkwerten über 14 m/s die Gefahr, in die stabile Steilspirale (Spiralflug) zu kommen. Der Schirm benötigt dann einen aktiven Impuls. Gewichtsverlagerung gegen Drehrichtung und Anbremsen der Segelaußenseite. Wird jedoch zu weit gezogen, kann es zum »Trudeln«, einem unkontrollierten Flugzustand, kommen.

Abrupte Steuermanöver führen zu Überreaktionen des Gleitsegels, die nur schwer zu kontrollieren sind.

Ohren anlegen/Flächenreduktion

Einleitung: »Ohren anlegen« ist das Hereinziehen der rechten und linken Flügelseiten um zwei oder mehr Zellen. Dies bewirkt eine Verkleinerung der Schirmfläche, ohne dass ein Strömungsabriss eintritt. Dazu werden die äußeren A-Leinen heruntergezogen, bis die Flügelseiten einklappen. Der Schirm bleibt durch Gewichtskraft gut steuerbar. Durch den Beschleuniger kann das Sinken und die Geschwindigkeit erhöht werden. Mit dem Manöver »Ohren anlegen« kann sehr gut aus Gefahrenzonen wie starkem Wind oder Gewitterwolken in Gratnähe weggeflogen werden. Einige Hersteller bieten spezielle Ohrenanlege-Hilfen an.

- Sinkwert: 3–6 m/s
- Anspruch: gering
- Risikopotenzial: gering
- Training: notwendig

Ausleitung: Die festgehaltenen A-Leinen symmetrisch lösen. Die eingeklappten Flügelseiten öffnen meist selbstständig. Falls nicht, den Staudruck durch leichtes Anbremsen erhöhen.

Risiko: Bei zu viel eingeklappter Fläche Sackflugrisiko. Heftiges Herunterziehen kann Frontklapper verursachen. Zusätzliche Steilspiralen beanspruchen die Leinen bis hin zum Riss. Dieser stabile Flugzustand hat deutlich erhöhte Geschwindigkeit und erhöhtes Sinken zur Folge. Die Gleitschirme reagieren unterschiedlich, deshalb im Betriebshandbuch nachlesen.

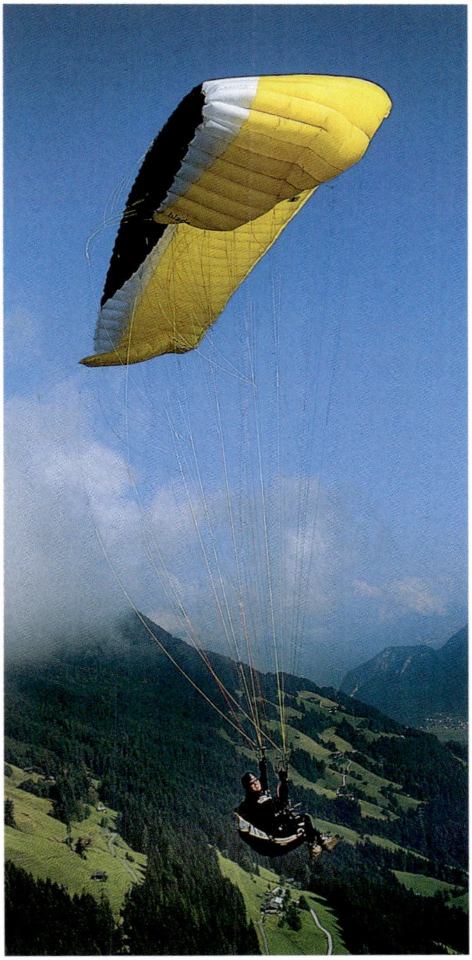

Schnellabstieg mit gut 3 m/s durch »Ohren anlegen«

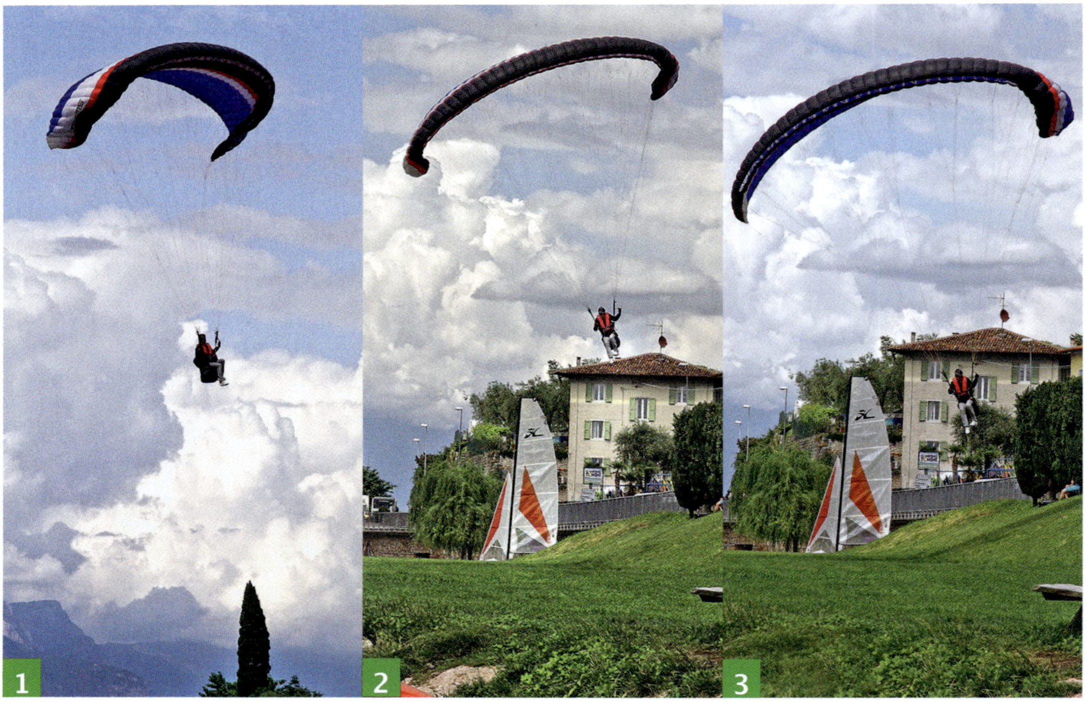

Landung/Toplandung mit angelegten Ohren bei laminaren Windbedingungen.

1 Die Einleitung erfolgt mit der äußeren A Leine, bzw. wie in der Betriebsanleitung beschrieben. Sinnvoll können angelegte Ohren sein, wenn bei kleinräumigen Landeplätzen der Endanflug zu hoch angesetzt war, wie hier am Gardasee, Italien. Voraussetzung für eine Landung / Toplandung mit angelegten Ohren sind laminare Windbedingungen. Zusätzlich muss sich der Schirm bei der Einleitung genau über dem Piloten und im Geradeausflug befinden, um Kappenstörungen zu vermeiden.

2 Durch das höhere Sinken fällt der Landeweg deutlich kürzer aus. Jedoch steigt durch die Vergrößerung des Anstellwinkels bei Turbulenzen das Sackflugrisiko. Deshalb empfiehlt sich nach der Einleitung der dosierte Einsatz des Speedsystems. So wird die Gefahr von Kappenstörungen auch bei etwas turbulenter Luft reduziert. Die Steuerung erfolgt durch Gewichtsverlagerung und ermöglicht leichte Korrekturen beim Endanflug.

3 Die letzten Meter vor der Landung werden die Ohren durch Lösen der A Leine frei gegeben um mit geringerem Sinken weich zu landen. Nötigenfalls wird durch kurzes Anbremsen das symmetrische Öffnen unterstützt. In Abb. 3 öffnet die rechte Seite etwas schneller, da der Pilot den Landeanflug wegen des leicht schräg vom See kommendes Windes mit der rechten Bremse korrigiert. Durch diesen Steuerimpuls wird zugleich die rechte Seite zügiger geöffnet. Das Zusammenspiel von Öffnung, dem weichen Lösen des Speedsystems und der unmittelbaren Landung erfordert sicherste Schirmbeherrschung.

B-Leinen-Stall

Einleitung: Da der B-Stall je nach Gleitschirm sehr unterschiedliches Verhalten zeigt, ist die genaue Anweisung in der Betriebsanweisung zu finden. Man leitet ihn ein, indem man die beiden B-Leinen-Gruppen so weit herunterzieht, bis die Strömung am Segel abreißt (je nach Typ etwa 20 cm). Da die restlichen Leinengruppen noch voll tragen, wird das Segel zwischen A- und C-/D-Leinen-Gruppen stark zusammengeschoben. Die Sinkgeschwindigkeit ist beträchtlich.

- Sinkwert: 7–10 m/s
- Anspruch: mittel
- Risikopotenzial: hoch
- Training: notwendig

Ausleitung: Durch konsequentes Nachgeben der B-Leinen nickt das Segel nach vorne und nimmt von selbst wieder Fahrt auf.

Risiko: B-Ebene nicht zu weit herabziehen, Segel kann wegdrehen. Richtige Gurte wählen. Zu langsames Ausleiten kann Trudeln oder Sackflug bewirken. Nicht sogleich nach der Ausleitung anbremsen, Sackflugrisiko. Häufiger B-Leinen-Stall belastet das Material und wird deshalb von einigen Herstellern nicht empfohlen. Da sich die Gleitschirmmodelle beim B-Stall unterschiedlich verhalten, ist dieses Manöver im Handbuch des Herstellers genau beschrieben.

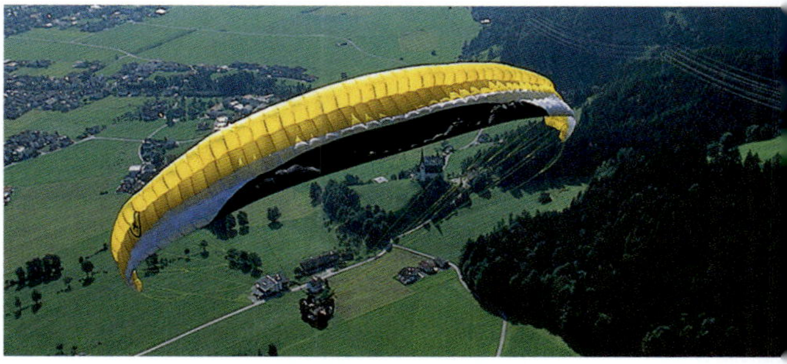

B-Stall, schneller und sicherer Abstieg für Vielflieger. Erstes Üben nur in großer Flughöhe!

8.8 Starkwindlandung

Bei Starkwind und auch bei zu erwartendem starkem Talwind mit ausreichend Höhe mit Vorhaltung den Landeplatz anfliegen und rechtzeitig die Situation am Landeplatz beobachten. Windzeiger und eigene Fahrt über Grund vom GPS ablesen. Nie über den Landepatz hinausfliegen. Schon ein Vollkreis kann weit hinter das Landefeld führen und man kommt kaum mehr gegen den Wind zurück. Höhe wie bei der Starkwindlandevolte beschrieben, durch Achtern, also ein Hin- und Herdriften, leicht luvseitig vom Landeplatz abbauen. Der Höhenabbau kann durch die Geschwindigkeitssteuerung durch mehr oder weniger Bremsen stark beeinflusst

BEI SEHR VIEL WIND AM LANDEPLATZ

Ist der Schirm mit C-/D-Tragegurten am Boden, mit schnellen Laufschritten zum Schirm, den Stabilo greifen und sofort den Schirm zusammenraffen, damit er nicht mehr Luft fasst.

WICHTIG

- Bei zunehmendem Wind besteht die Gefahr, in das Lee getrieben zu werden.
- Wettertendenzen beachten, Wind kann noch zusätzlich auffrischen.
- Der Gleitwinkel wird bei zunehmendem Gegenwind immer schlechter, sodass der vorgesehene Landeplatz nicht erreicht werden kann.
- Bergrücken bilden lange Wirbelzöpfe aus.
- Ist der Landeplatz von Bäumen oder Hindernissen umgeben, starke Turbulenzen in Bodennähe.

werden. Dabei nicht überbremsen. Vor allem bei turbulenter Luft ist mit Klappern zu rechnen. Fliegt man dabei bereits stark angebremst und will durch noch stärkeres instinktives Bremsen an der noch offenen Seite den Klapper öffnen, kann der Schirm plötzlich auf der noch offenen Seite negativ mit großem Höhenverlust wegdrehen. Hohe Unfallgefahr. Gerade bei viel Wind ist der Gleitschirm sehr feinfühlig aktiv zu steuern. Schon deshalb gilt für Beginner, nicht bei Starkwind zu fliegen.

Vermeidungsstrategie: Länger fliegen und später landen, wenn der Wind nachlässt. Bei Talwindsystemen höher gelegenen Landeplatz wählen, der dem Talwindsystem nicht so ausgesetzt ist. Toplanden, also erst gar nicht in den Talwind eintauchen.

Bergung des Gleitschirmes, Schirm killen: Von der Flugposition in der Luft muss nun der Schirm noch durch die Powerzone zu Boden gebracht werden. Diese Bergung des Schirmes ist beim Groundhandling zu üben. Die sichere Beherrschung bei viel

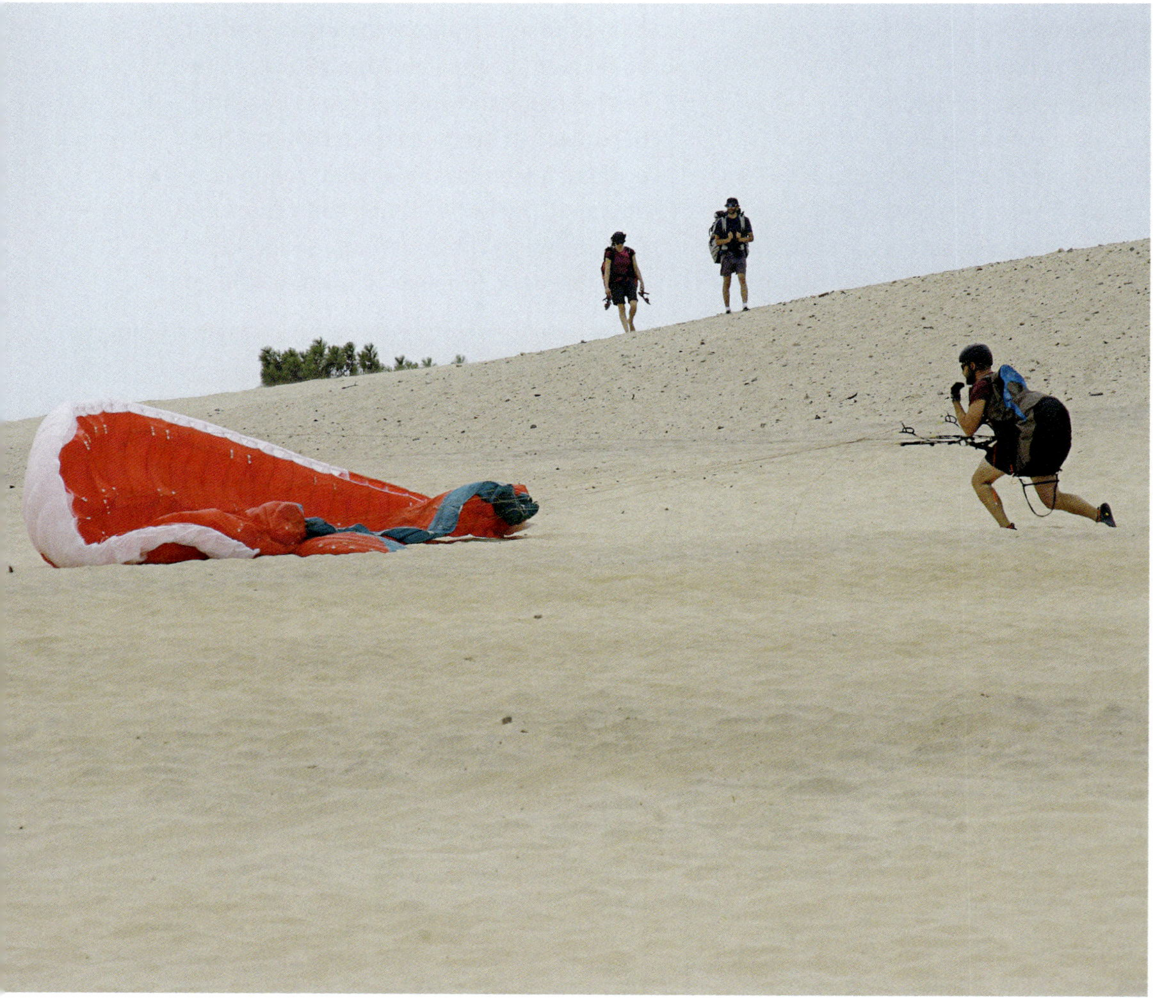

In der Powerzone: Dem Schirm entgegenlaufen bei viel Wind nimmt den Druck aus dem Segel.

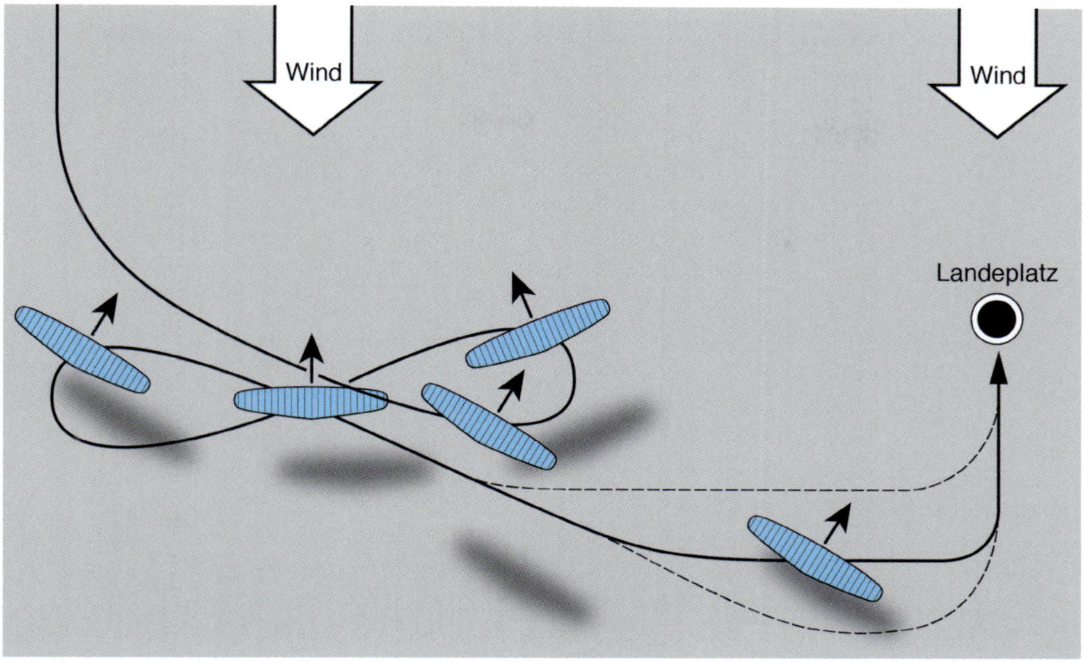

Starkwindlandevolte: Um bei starkem Wind sicher einzulanden, darf man sich keinesfalls beim Höhenabbau hinter den Landeplatz treiben lassen. Deshalb ist feinfühliges Abachtern der Höhe in Position empfehlenswert und bei laminarem Wind auch einfach. Bei strengen, thermischen Bedingungen an Landeplätzen mit Talwindsystem wird die Landung deutlich anspruchsvoller und erfordert ein wohldosiertes Spiel mit den Steuerleinen. Immer auf Tuchfühlung bleiben, den Schirm fliegen lassen, nie zu stark durchbremsen. Vorsicht: Wer dauernd zu stark durchgebremst abachtert, riskiert einen einseitigen Strömungsabriss, wenn in einer Kurve einseitig noch stärker angebremst wird.

Wind muss blitzschnell erfolgen. Jedes Zögern, jeder Fehlgriff kann zur Folge haben, dass der Schirm in die Powerzone abkippt und dort bleibt. Somit wird der Pilot über den Acker gezogen.

Handling: den Gleitschirm an den hinteren C-/D-Tragegurten mit den Händen von oben greifen und kräftig durchziehen, also den Schirm killen und dabei dem Schirm mit einigen Laufschritten entgegenlaufen. Damit ist der Druck aus dem Schirm.

8.9 Toplandung

Bei sehr guten Verhältnissen und Startüberhöhung kann wieder auf dem Startplatz gelandet werden, wenn dieser groß genug und dabei hindernisfrei ist. Dies gilt sowohl für die Steilküste und die Düne als auch für Toplandeplätze im Gebirge. Je nach Windstärke und Geländesituation gilt es, den Landebereich zu erkennen, in dem man sich nicht mehr im starken Aufwindband, aber auch noch nicht in der turbulenten, rückwärtsgerichteten Leezone befindet. Wer noch keine Erfahrung mit Toplandungen hat und die örtliche Situation nicht kennt, holt sich vorab eine Einweisung von erfahrenen Fluggebietskennern.

Toplandung an Hangkanten

Die Landevolte erfolgt wie bei der Starkwindlandung.

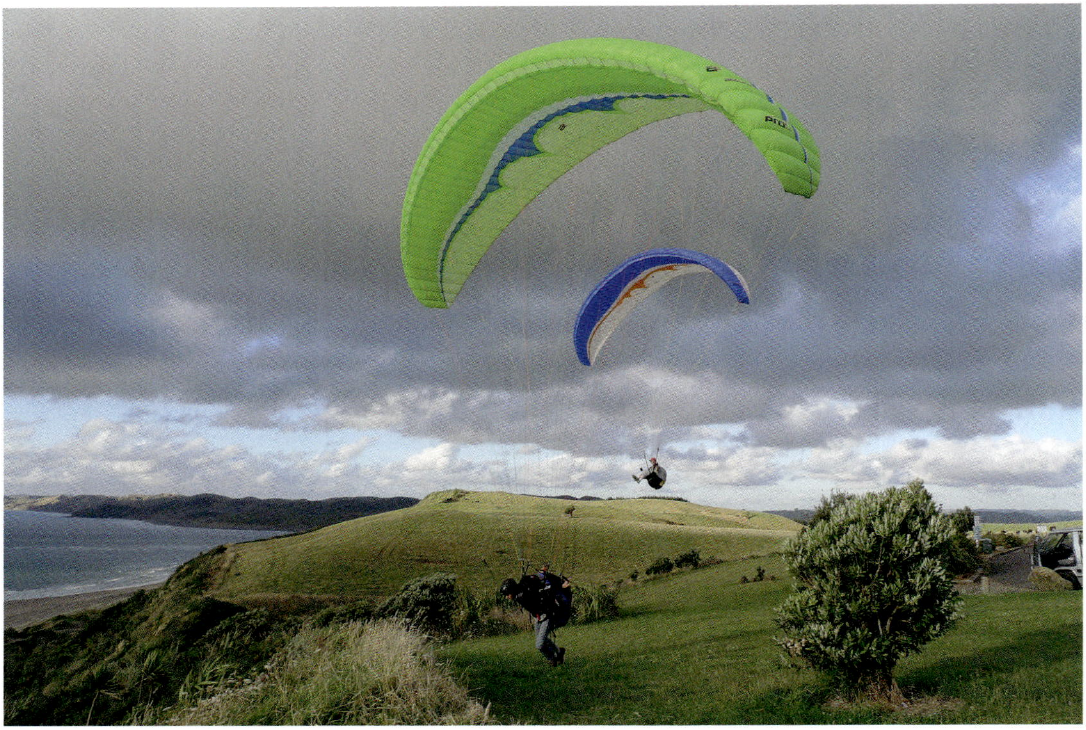

Der vordere Pilot startet gerade wieder nach einer Toplandung, während sich der hintere Pilot im Aufwindband über der Hangkante gut oben halten kann.

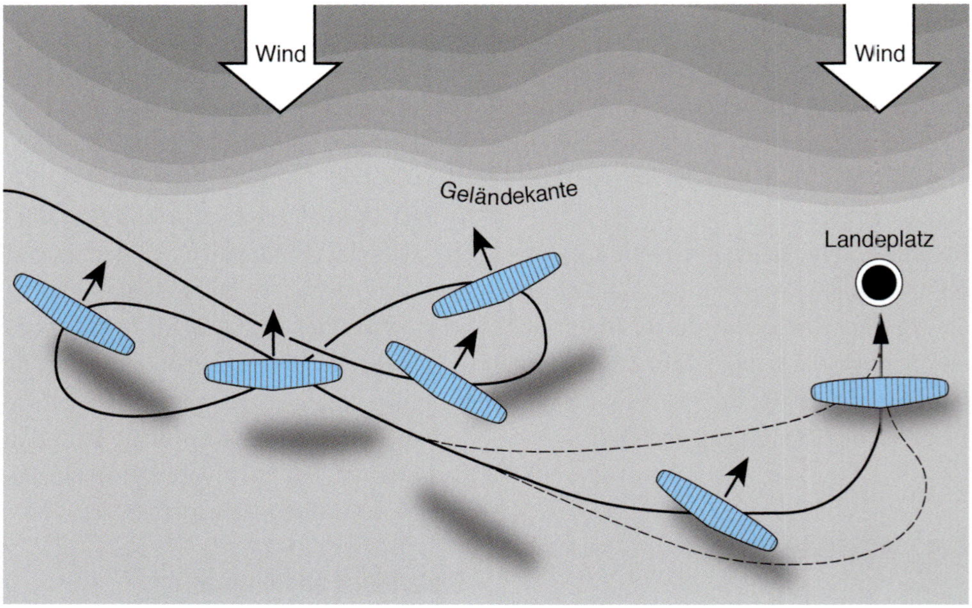

Toplandung an Hangkanten: Gefahrlos wird bei stärkerem Wind nur in dem sicheren Bereich kurz hinter dem Aufwindband und der sich leewärts befindlichen turbulenten Zone gelandet.

Der Pilot bleibt auf Höhe des Landeplatzes, fliegt aber entfernt davon, um auch anderen Piloten die Landung zu ermöglichen.

Dabei macht er sich in einer achterförmigen Flugbahn mit den Windbedingungen vertraut. Er beobachtet die Windzeiger und bei geringer Höhe fliegt er schräg vorhaltend auf den Landeplatz zu, um kurz vorher den Schirm gegen den Wind zu drehen. Nur für das Aufsetzen gibt er kurz Bremse, um danach den Schirm ohne Bremse noch in der Luft zu halten.

Nun muss zur Schirmbergung ein blitzschnelles Manöver erfolgen, um den Schirm schnell zu bergen. Umdrehen und sofort den Schirm je nach Windstärke mit den Bremsleinen, besser mit den C-/D-Leinen stallen, also herunterziehen. Dabei weiter Druck durch Entgegenlaufen zum Schirm herausnehmen. Ist der Schirm am Boden, nötigenfalls den Schirm bergen, indem man zu einem Stabiloende läuft und es festhält.

FÜR TOPLANDING GILT

- Nur ebene oder leicht abschüssige Landepunkte anfliegen, damit eventuell wieder durchgestartet oder bei Gefahr leicht abgedreht werden kann.
- Exakte Landeeinteilung unter Berücksichtigung der Windverhältnisse am Landeplatz.
- Bei stärkerem Gegenwind Landeanflug wie bei Starkwindlandung (auf die Leezone hinter dem Gipfel aufpassen).
- Niemals mit dem Wind landen wollen. Meist ist der Wind in Gratnähe wesentlich stärker, und man wird in das Lee abgetrieben. Deswegen das Segel rechtzeitig in den Wind drehen.
- Zum Toplanding mit Achterkreisen Höhe abbauen, da bei Vollkreisen in Gipfelnähe bei stärkerem Wind der seitliche Versatz in Richtung Lee sehr groß ist.

AKTIV FLIEGEN

Der Pilot ist mit den Steuerleinen immer auf »Tuchfühlung«, spürt damit alle Segeltendenzen und reagiert feinfühlig darauf. So kann er das Segel »gegenhalten«, »drehen lassen«, »zurückhalten«, »freigeben« oder »zentrieren«. Der Pilot befindet sich mit seiner ganzen Wahrnehmung im Fluggeschehen. Intuitiv bringt er seine Flugerfahrung aktiv ein, um durch angepasstes Steuerleinenspiel z. B. Thermik zu zentrieren oder Klapper bereits im Ansatz zu begrenzen.

TOPLANDING SOLLTE NUR VERSUCHT WERDEN, WENN

- ein konstanter laminarer Wind, der nicht zu stark sein darf, ansteht;
- das Landegelände gefahrlos von mehreren Seiten angeflogen werden kann;
- dabei keine Personen gefährdet werden (Zuschauer, andere Gleitsegel- oder Deltapiloten);
- der Pilot das Segel unter allen Bedingungen beherrscht.

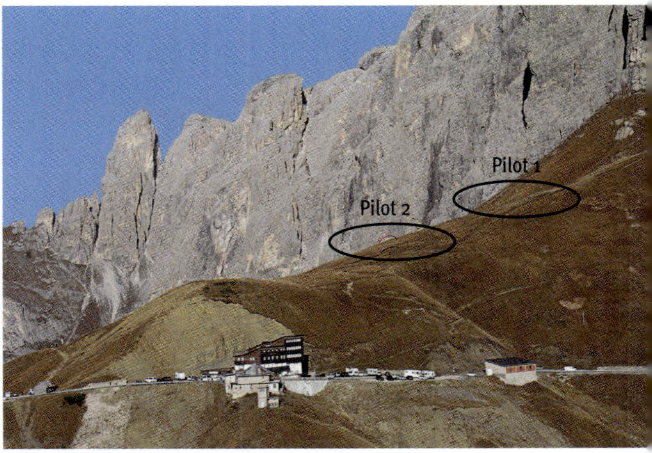

Toplandungen am Sellajoch, Dolomiten: Man kann am fast gleichen Ort sicher oder mit Problemen landen. Es sind kleine Unterschiede, die doch viel bewirken. Pilot 1 versucht relativ früh in der thermisch noch sehr aktiven Zeit und direkt an der Hangkante zu landen (siehe Ende Kap. 17.3). Pilot 2 lässt sich Zeit, »parkt« bzw. fliegt länger und wartet, bis am späteren Nachmittag die Luft ruhiger wird. Er wählt den Landeplatz etwas tiefer und landet etwas weiter von der Hangkante zurückgesetzt problemlos (siehe Kap. 8.9).

Starkwindlandung an einer Hangkante

Die Landesituation: Der Pilot hat sich bis ca. 16.30 Uhr in der Luft gehalten. Gegen Abend bläst der Grundwind noch immer mit gut 30 km/h aus SW, aber die thermischen Ablösungen, die die Windspitze am Sellajoch, Dolomiten, selbst im Herbst teilweise auf über 50 km/h anschwellen lassen, werden schwächer. Als Landeplatz wählt er den Platz leicht von der Kante nach hinten versetzt. So ist die Schirmkappe nicht in der starken Aufwindzone, aber auch noch nicht im verwirbelten Leebereich.

Der Landeanflug (1 und 2) erfolgt geradlinig ohne viel Bremse. Es folgt noch eine kleine Richtungskorrektur (3) exakt in den Wind. Erst kurz vor der Landung (4) bremst der Pilot sehr kurz stark ab. Schon während er stehend landet (5), ist der Pilot dabei, wegen des starken Gegenwindes die Bremsen bereits wieder freizugeben.

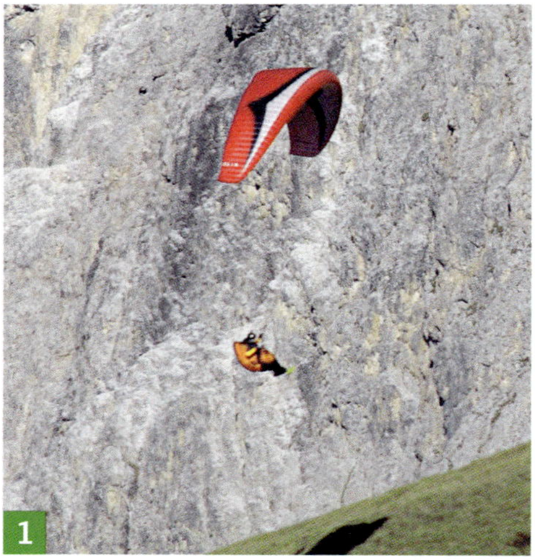
1

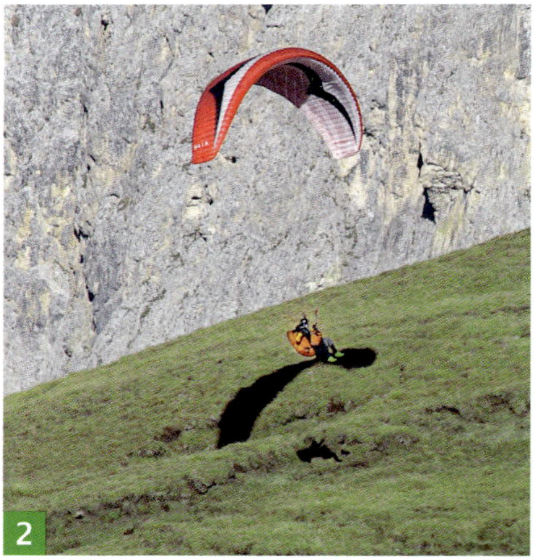
2

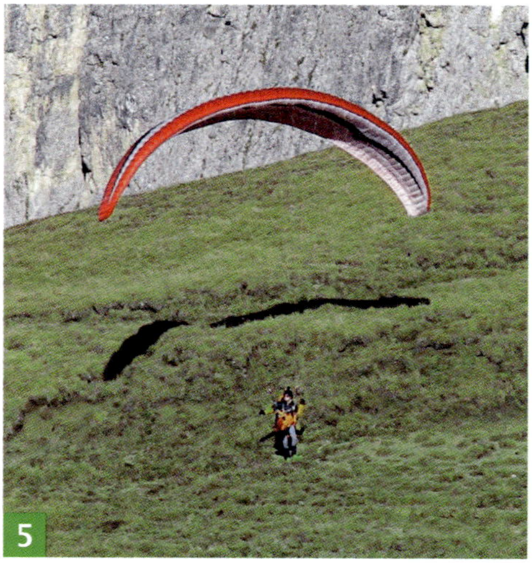
5

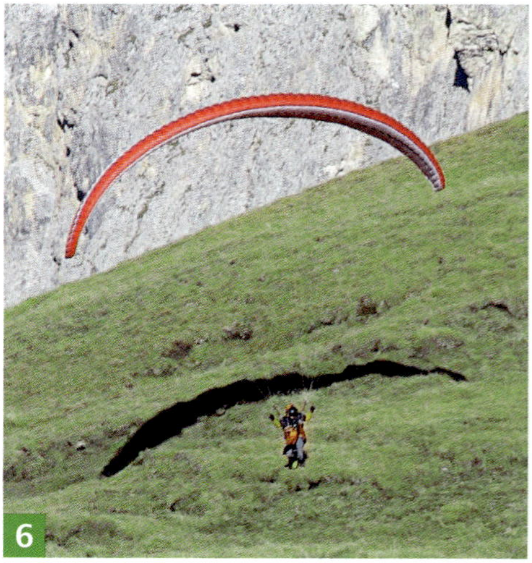
6

Ansonsten besteht Gefahr, dass der Schirm nach hinten abkippt und den Piloten wegen des großen Winddrucks mitschleifen würde. Das Abkippen des Schirmes verhindert der Pilot nun durch Beschleunigung (6).

Dazu fasst der Pilot die A-Gurte, gibt somit keine Bremse, beschleunigt kurz und stabilisiert damit den Schirm, der nun ruhig über dem Piloten steht. Nun kommt der entscheidende Moment, um den Schirm sicher zu bergen.

Der Pilot lässt den Schirm fliegen, dreht sich sehr, sehr schnell zum Schirm, läuft dabei sofort dem Schirm entgegen, zieht dabei die C- oder D-Tragegurte und lässt die Kappe während der Laufbewegung abkippen.

Den Druck, den die Kappe durchläuft, bis sie aus der Powerzone des Windfensters ist, baut der Pilot mit weit über 5 Meter Laufstrecke ab (zwischen 7 und 8). Der Schirm fällt dabei zusammen. Der Pilot hält mit den gezogenen hinteren D- oder C-Tragegurten den Schirm auf den Boden (8).

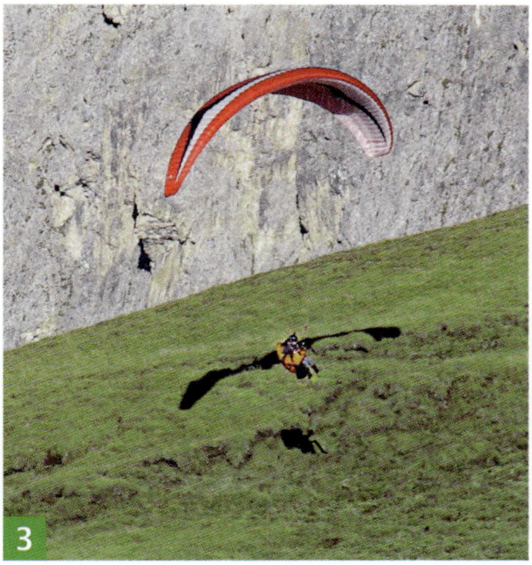
3

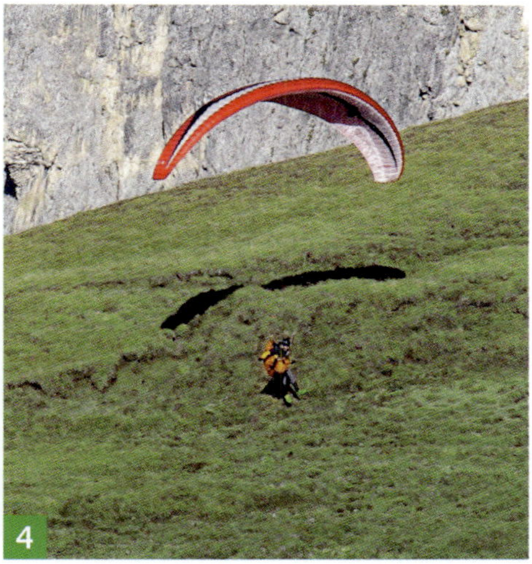
4

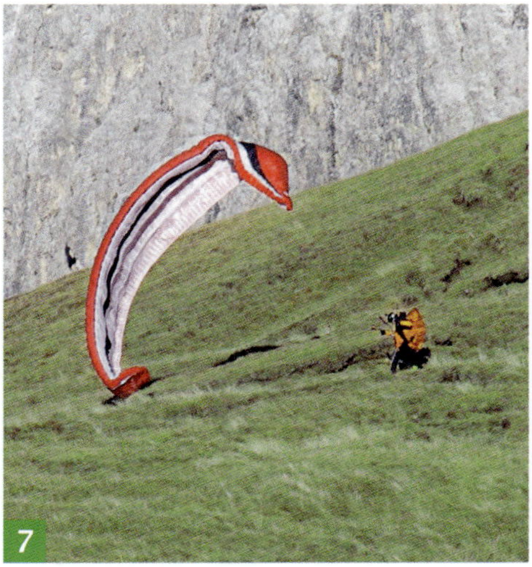
7

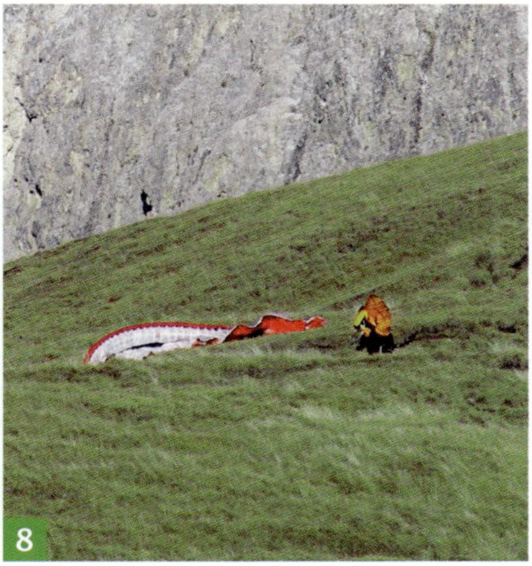
8

9 Außenlandung

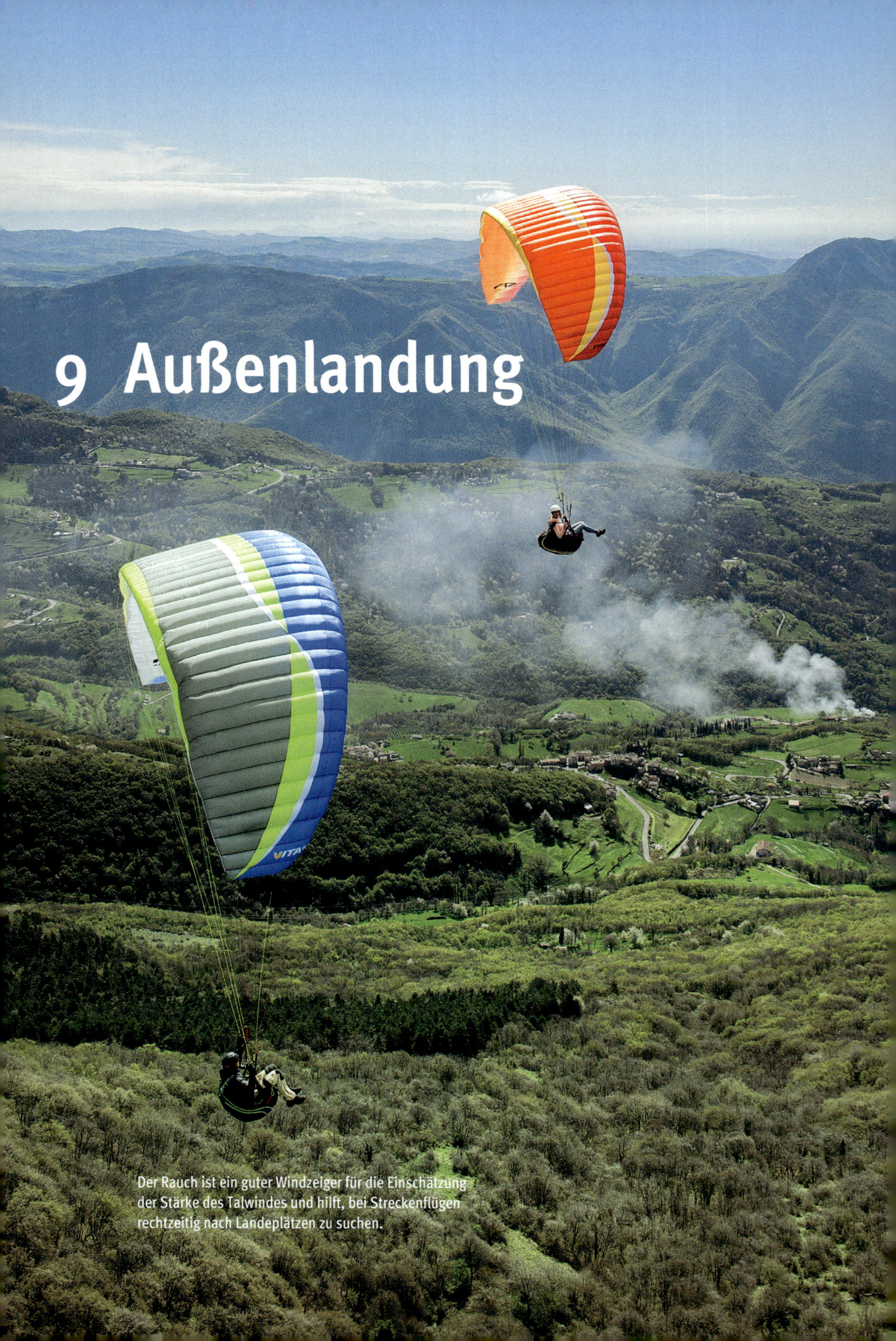

Der Rauch ist ein guter Windzeiger für die Einschätzung der Stärke des Talwindes und hilft, bei Streckenflügen rechtzeitig nach Landeplätzen zu suchen.

Jeder Pilot, der sich auf einen Streckenflug wagt, eine neue Walk & Tour ausprobiert oder auf Expedition in unbekannte Fluggebiete geht, wird mit dem Thema Außenlandung automatisch konfrontiert. Unter einer Außenlandung versteht man eine Landung abseits von offiziellen Landeplätzen. Die Gründe dafür können vielfältig sein, z.B. starker Talwind verhindert das Erreichen des Landeplatzes, wegen einer Abschattung setzt der Thermikofen aus, der eingeplante Hangaufwind ist einfach zu schwach, um noch zur nächsten Hangkante zu kommen, wo bereits der nächste Thermikbart warten sollte. Es kann aber auch sein, dass man total genervt von den ruppigen Verhältnissen einfach keine Lust mehr hat, sich noch einige Kilometer weiter zu hangeln. Der Entscheidung »Da lande ich jetzt« gehen jedoch viele Überlegungen voraus, die oft sehr schnell ablaufen müssen, um auch sicher wieder auf dem Boden zu stehen.

SICHER LANDEN – GEPLANTE AUSSENLANDUNG

Gezielt landen ist nicht gleichzusetzen mit sicher landen. Es macht keinen Sinn, auf Biegen und Brechen zu versuchen, das Ziel, den offiziellen Landeplatz zu erreichen, wenn bei vorausschauender Flugweise abzusehen ist, dass der offizielle Landeplatz nur knapp oder gar nicht zu erreichen ist. Zur Risikominimierung im Gleitschirmsport gehört es, individuelle Entscheidungen zugunsten der eigenen Sicherheit zu treffen, um gegebenenfalls eine sichere Außenlandung vorzubereiten und durchzuführen.

9.1 Das Landekonzept – wo lande ich?

Je nach Gelände muss die Entscheidung, wo zu landen ist, mehr oder weniger früh –

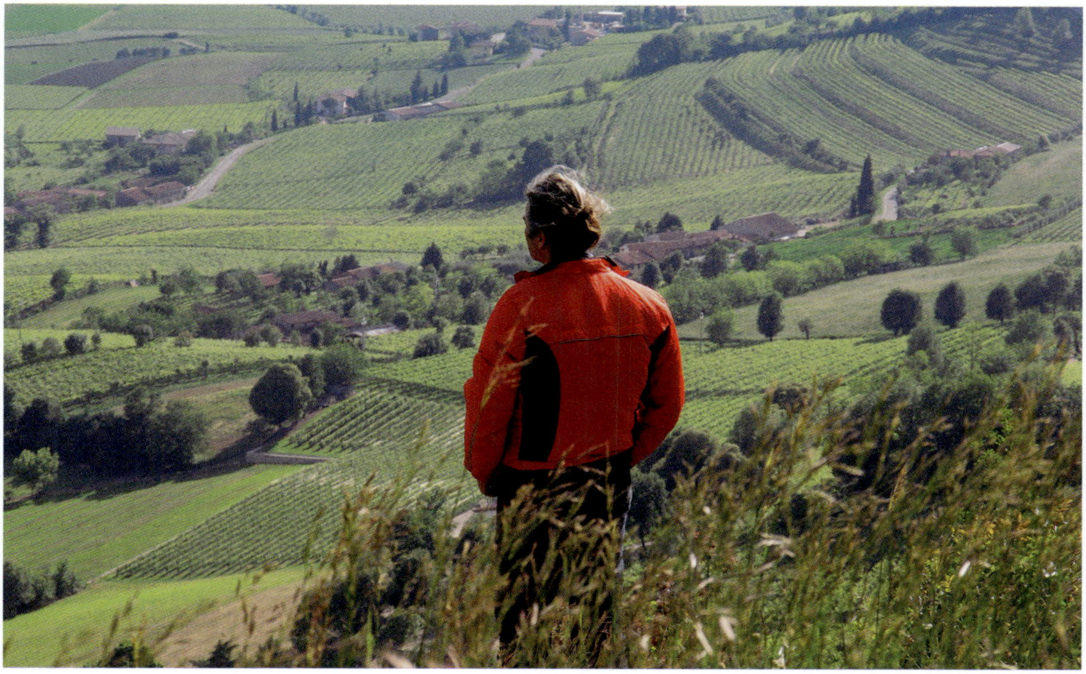

Unbekannter Startplatz in den Colli Berichi, Italien – wo landen, wenn es nicht trägt?

also mit ausreichender Flughöhe – fallen. Bei wenigen und anspruchsvollen Landemöglichkeiten ist die hohe, also rechtzeitige Planung des Landekonzepts weitaus wichtiger als wenn weite, hindernislose Landeflächen vorhanden sind.

9.2 Wie beurteile ich den Landeplatz?

› Wo gibt es große, freie Flächen, die möglichst ohne große Hangneigung und Hügel oder Senken sind?
› Sind Hindernisse vorhanden (Leitungen, Seilbahnen, Masten, Bäume, Plantagen, Mauern, Zäune, Gräben)?
› Können ein Lee oder einzelne Turbulenzen durch Hindernisse vorhanden sein?
› Ist die Fläche in Bezug auf Windstärke und Windrichtung überhaupt zu erreichen und sicher anzufliegen (Talwind)?
› Wo entsteht kein Flurschaden (abgeerntete Felder und Wiesen)?

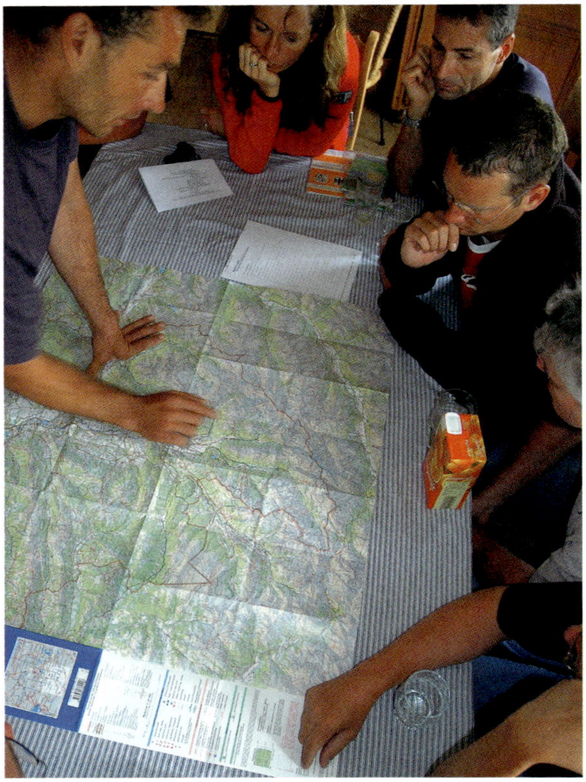

Vorbereitung auf den Streckenflug; dazu gehört auch die Suche nach möglichen Außenlandeplätzen.

9.3 Welche Windzeiger gibt es zur Beurteilung von Windrichtung und Windstärke?

› Rauch, Fahnen, Staubfahnen von Fahrzeugen auf Erdstraßen, sich biegende Bäume, Getreide oder hohes Gras, Windräder, Boote, die an Bojen befestigt sind, fahrende Segelboote, Kiter, Surfer, Wasseroberfläche (Wellenrichtung, Windböenstriche, glattes Wasser im Lee vom Ufer).
› Landende Gleitschirme, die durch den Piloten noch im Wind gehalten werden.
› Windversatz über Grund beim Achtern, Kreisen oder Queren vom Tal.
› Eigener Schatten am Boden.
› GPS.

9.4 Höhe abbauen und Landeanflug

Oft ist der übliche Weg über die Landevolte nicht möglich, weil der Wind zu stark oder das Tal zu eng ist. Hier wird man durch möglichst gleichmäßige, ruhig geflogene Achter gegen den Wind solange die Höhe abbauen, bis der oft knappe Landeanflug möglich ist. So kommt es auch nicht zu einer radikalen 180-Grad-Wendung, weil der Pilot plötzlich entdeckt, dass er viel zu schnell über Grund fliegt, da der Wind

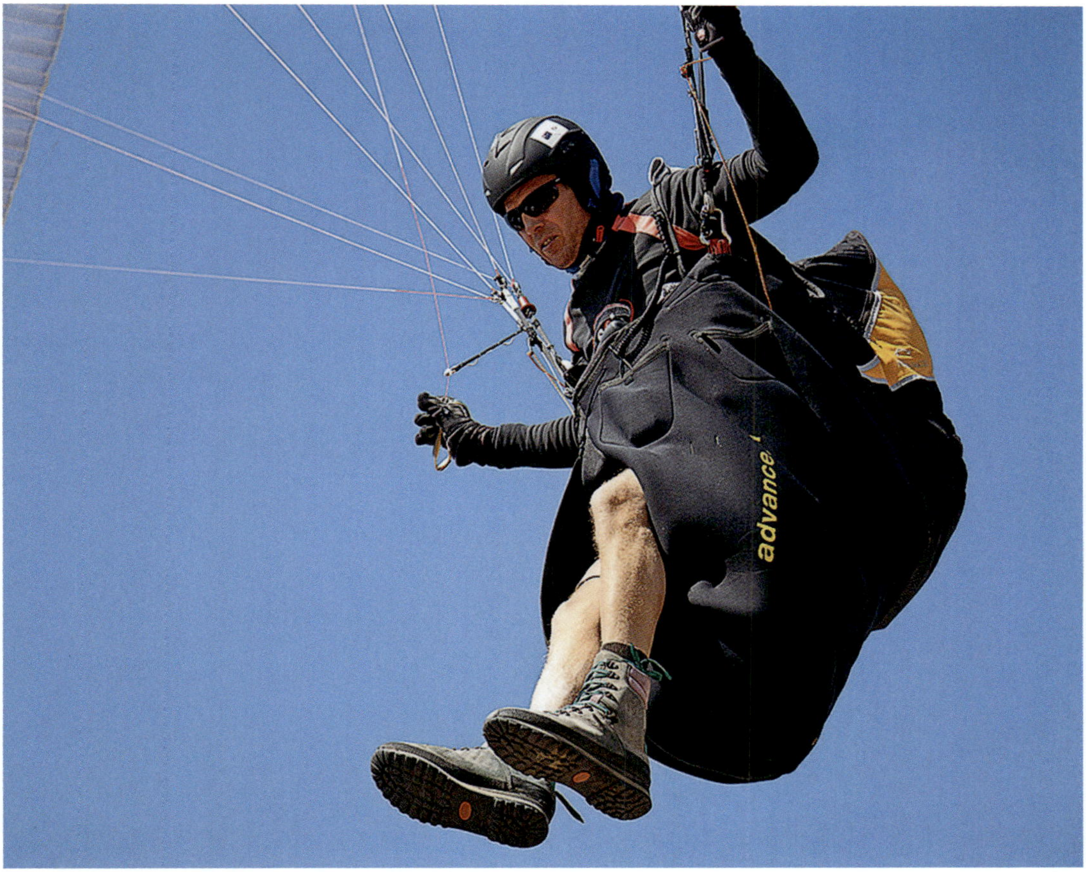

Zur Landung aus dem Fußsack und in die aufrechte Position

aus genau der entgegengesetzten Richtung kommt, als er angenommen hatte. Das Achtern knapp über Grund ist sehr gut beim Soaren zu üben. Piloten, die dies gewohnt sind, steuern meist viel feinfühliger.

9.5 Nach der Landung

Nach der Landung den Schirm sofort zusammenraffen, um damit den noch fliegenden Piloten zu zeigen, dass alles in Ordnung ist. Den Landeplatz möglichst ohne Flurschaden zu verursachen verlassen und am Feldrand packen. Falls Rückholer unterwegs sind: Funk/Handy anschalten und laut stellen, Position (GPS) durchgeben, auffindbaren Treffpunkt klar definieren und bestätigen lassen. Funkgerät angeschaltet lassen, bis der Rückholer da ist. Ganz nebenbei ist es auf dem Land üblich, sich Zeit zu nehmen und auf die Einheimischen zuzugehen, etwas über den tollen Flug zu erzählen und sich, falls die Wiese oder das Feld etwas in Mitleidenschaft geraten ist, zu entschuldigen oder sogar eine Wiedergutmachung anzubieten. Bauern leben vom Ernteertrag und wir Piloten brauchen deren Landewiesen.

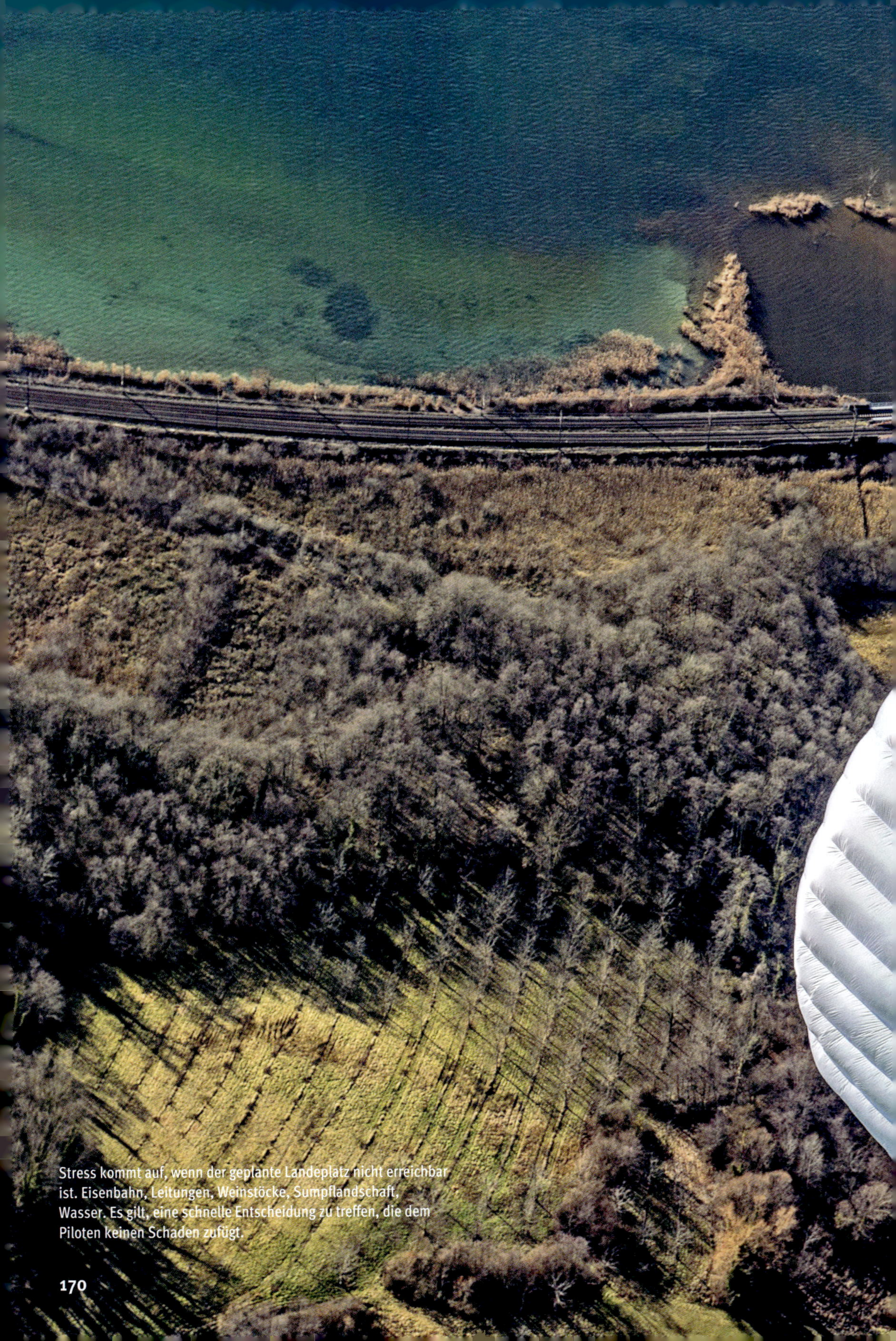

Stress kommt auf, wenn der geplante Landeplatz nicht erreichbar ist. Eisenbahn, Leitungen, Weinstöcke, Sumpflandschaft, Wasser. Es gilt, eine schnelle Entscheidung zu treffen, die dem Piloten keinen Schaden zufügt.

10 Notlandungen

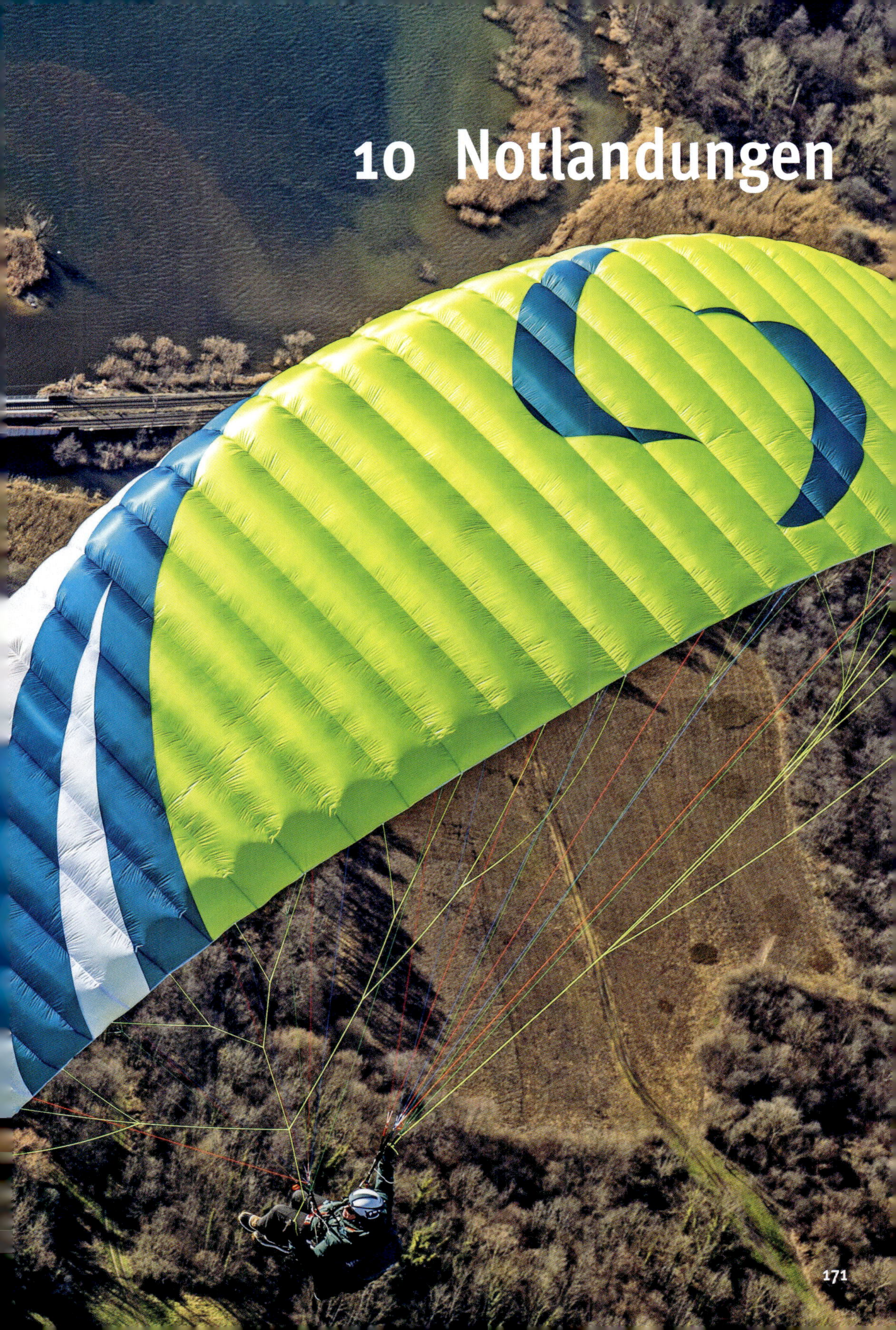

Der Unterschied zwischen einer Außenlandung und Notlandung ist, dass es bei Notlandungen keine weitere Landealternative gibt und dadurch oft ein erhebliches Verletzungsrisiko besteht. Notlandungen sind meist Manöver des letzten Augenblicks. Fehlende Übersicht und mangelnde Flugplanung sind die Hauptgründe. Oft ist es ein Orientierungsverlust und die Fehleinschätzung der Flugleistung des Gleitschirmes. Starker Talwind oder der Versuch, die letzte Thermik noch mitzunehmen, können zu bedrohlichen Flugsituationen führen. Bei Notlandungen wird der bestmögliche Landeplatz gesucht und zielstrebig angeflogen, um eine Crashlandung in unwegsamem Gelände zu vermeiden. Als Notlandeplatz eignen sich Flächen ohne hohen Bewuchs. Ist das Notlandefeld sehr klein, wird die Höhe über Hindernissen wie Wald oder Fels abgebaut, um den Endanflug kurz zu halten. Wasserlandungen in der Brandung oder in Bächen können tödlich enden und sind absolut zu vermeiden.

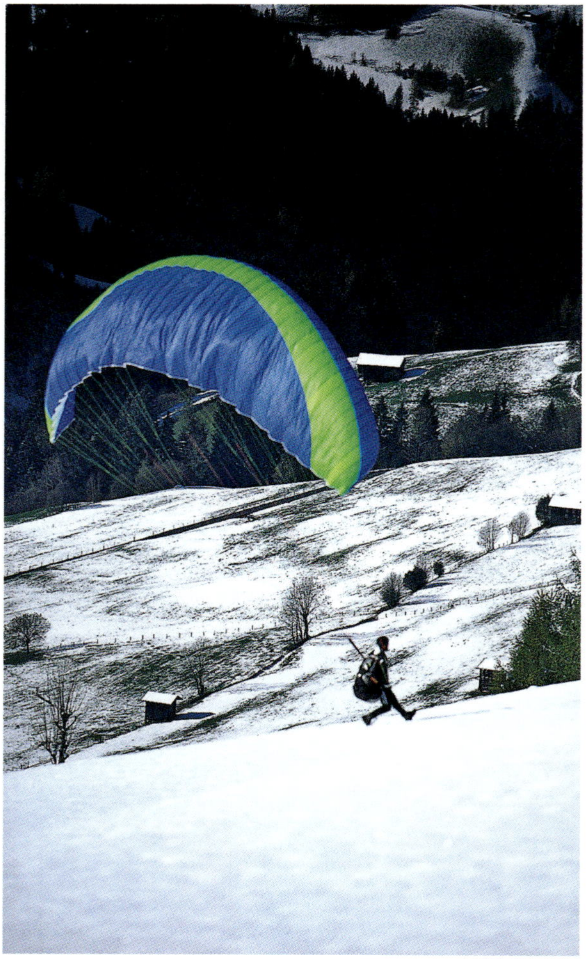

Am Hang grundsätzlich quer landen. Frontaler Anflug = Lebensgefahr

10.1 Hanglandung

Normale Landeplätze sind weitgehend eben und in der Regel hindernisfrei. Wird in Hanglagen gelandet, kommt es oft durch das Geländeprofil oder Baumreihen zusätzlich noch zu Rotoren, die die Landung erschweren und bei der Auswahl des Hanglandeplatzes zu beachten sind.

Vorgehensweise:

Durch Fliegen oberhalb des geplanten Notlandeplatzes Windverhältnisse und Beschaffenheit des Notlandeplatzes beobachten und die Landeeinteilung vorbereiten. Gegenanflug parallel zum Hang mit Rücken- oder Querwind. Für den Queranflug kurven wir vom Hang weg und kommen für den Endanflug wieder parallel zum Hang zurück. Die Landung muss quer zum Hang erfolgen. Die Landung erfolgt nun wie gewohnt. Nach dem Aufsetzen den Schirm besser zum Hang hin abkippen lassen, ansonsten besteht bei stärkerem Wind die Gefahr, wieder in die Luft gerissen zu werden. Vorsicht auch vor Absturz bei sehr steilen Wiesenhängen. Wegen der extrem hohen Verletzungsgefahr niemals frontal zum Hang landen.

Vermeidungsstrategie:
Hanglandungen sind in der Regel Außenlandungen bei Streckenflügen. Hanglandungen sind im Gegensatz zu Baumlandungen oder Wasserlandungen für erfahrene Piloten gut machbar, beherbergen jedoch einige Risiken, die bei Landungen auf weiten Flächen oder noch besser auf offiziellen Landeplätzen nicht vorhanden sind. Bietet sich kein anderer Landeplatz an, können durch rechtzeitiges Planen der Hanglandung noch aus großer Höhe die Lage und die Verhältnisse am Hanglandeplatz abgecheckt werden. Wie wird der Wind sein? Die Geländestruktur vor und nach dem Hang im Hinblick auf mögliche Seitenrotoren? Wie ist am besten anzufliegen? Mit dem GPS und der Beobachtung der Windzeiger in Anbetracht des Talwindsystems lässt sich meist eine verlässliche Aussage zur vorherrschenden Windrichtung machen. Bei Hanglandungen im Alm- und hindernisfreien Gelände ist hauptsächlich auf die Geländestruktur im Hinblick auf Rotoren zu achten. Besser auf einer Hangkuppe als in einer Hangfalte landen.
Im geneigten Gelände immer quer zum Hang landen.

10.2 Notlandung auf Bäumen

Was ist, wenn eben kein ordentlicher Landeplatz vorhanden ist, man schon viel zu tief ist, um überhaupt noch irgendwohin zu fliegen, der Wind gewaltig bläst oder von einer anderen Richtung kommt als gedacht, die schöne freie Fläche sich als Weinberg entpuppt, wenn also alles anders kommt, als man geplant hat? Da gilt es dann, nicht durch panikhafte und

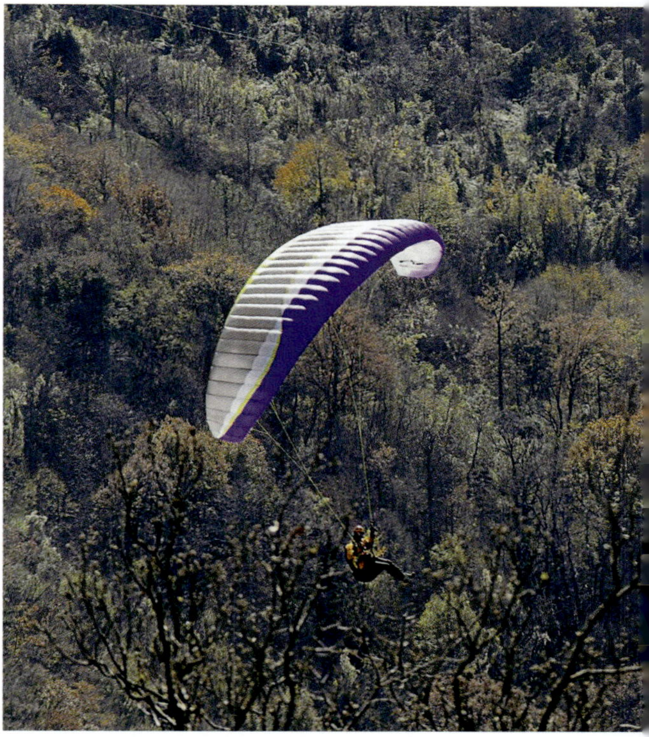

Ohne Landemöglichkeit verflogen: Bei einer Baumlandung sollte es wenigstens ein Nadelbaum sein, der direkt angeflogen wird.

hektische, sehr gewagte Manöver vom Himmel zu fallen. Jeder Sturz aus geringer Höhe birgt größte Verletzungsgefahr. Pendler, starke Klapper, schnelle Drehungen sind deshalb knapp über dem Boden absolut zu vermeiden. Lieber mit Seitenwind landen, als durch eine extreme Steuerbewegung den vielleicht ohnehin schon fast zu stark angebremsten Schirm mit einseitigem Strömungsabriss in den Boden krachen zu lassen. Manchmal ist selbst ein beherztes, aber kontrolliertes Anfliegen eines Nadelbaumes weit weniger gefährlich als der Versuch, riskant vorbeizufliegen und dabei mit der Flügelaußenseite hängenzubleiben. Plötzlich herumgerissen zu werden und so aus noch relativ großer Höhe ungebremst in einer vielleicht mit Felsen durchsetzten Wiese aufzuschlagen, ist nicht erstrebenswert. Ist eine Baumlandung unvermeidlich, den Baum zentral anfliegen, kurz vor der Berührung wie bei einer normalen Landung stark bremsen (ausflaren), Hände schützend vor das Gesicht und nach der Baumlandung festhalten. Das geht bei Nadelbäumen ganz gut. Am Baum sich selbst sichern mit einer Schlinge, die im Gurtzeug schon vorbereitet ist. Laubbäume sind als Notlandebäume schwieriger zu kalkulieren. Lässt sich eine Landung hier nicht vermeiden, ist es besser, im Kronenbereich zu landen, da die Äste weiter unten kaum zu greifen sind und man unweigerlich zu Boden fällt, während bei einer Kronenlandung sich der Schirm mit großer Wahrscheinlichkeit verhängt und so einen Absturz verhindert. Gewässer wie die Brandung oder ein fließender Bach sind absolut zu vermeiden, da man durch den Schirm mitgerissen wird.

Ist eine Baumlandung unvermeidlich, wird ein möglichst niedriger und dichter Baum zielstrebig angeflogen. Oberstes Ziel ist dabei, sich festhalten zu können und nicht abzustürzen.

› Gezielter Anflug des Stammes.

› Den Schirm wie bei der normalen Landung stark abbremsen.

› Sofort einen stabilen Ast oder den Stamm ergreifen.

› Sich selbst vor einem weiteren Absturz sichern (Bandschlinge mit Sicherungskarabiner, Haupttragegurte oder Fangleinen am Baum verknoten).

› Bei hohen Bäumen Absturzrisiko.

Auf Helfer warten, Rettungsleine verwenden.

Vermeidungsstrategie:

Bewaldete Taleinschnitte wegen Turbulenzen oder Gegenwind meiden. Bei ausreichend Höhe vom Berg abfliegen, um bewaldete Zonen auch bei größerem Sinken überqueren zu können. Während steiler Bergwald durchaus thermisch aktiv sein kann, sind dunkle Wälder in flachen Zonen thermisch tot. Es ist sogar mit erhöhtem Sinken zu rechnen. Talwindsysteme auch im Flachland beachten. Hangkanten suchen und sich daran entlanghangeln, um aus Waldgebieten sicher herauszukommen. Besser auf dem Hangrücken fliegen als über selbst unscheinbar wirkenden Senken oder Tälchen. Bei starkem Gegenwind rechtzeitig Alternativen im Flugweg suchen bzw. einen sicheren Außenlandeplatz ansteuern. Weit laufen ist allemal besser, als hoch im Baum zu hängen. Der Gleitschirm ist danach meist Schrott.

10.3 Notlandung in Gewässern

Wasserlandungen können gefährlich sein, da Segel, Ausrüstung und Kleidung beim Schwimmen stark behindern und Gefahr besteht, sich zu verheddern. Bei Flügen über Wasser (Sicherheitstraining) und fehlenden Landemöglichkeiten (Küstensoaring) muss eine Schwimmweste getragen werden. Landungen in Fließgewässern sind lebensgefährlich.

Vor der Wasserlandung:

› Brustschnalle und alle behindernden Beschläge lösen.

› Beinschlaufen so weit lockern, dass man nach der Landung aus dem Gurtzeug herauskann, bzw. kurz vor der Landung öffnen (Risiko Protektor: Pilot kann unter das Wasser gedrückt werden).

› Kleidung und Schuhe öffnen, es schwimmt sich ohne Schuhe leichter.

› Gegen den Wind landen.

Im Wasser:

› Steigt man sofort aus dem Gurt, verfängt man sich in den Fangleinen, Ruhe bewahren, sich von den Leinen befreien.

› Sofort einige Meter gegen den Wind bzw. gegen die Strömung von der Kappe wegschwimmen; nicht versuchen, die Kappe zu bergen.

› Ist man in Ufernähe, an Land schwimmen und, wenn möglich, den Protektor/das Gurtzeug als Auftriebshilfe verwenden.

› In Seemitte bleibt man besser beim Segel. Die Wasserlandung wurde sicher beobachtet, und es ist für ein Bergungsboot leichter, ein auf dem Wasser schwimmendes Segel als einen Menschen zu finden. Kraftsparend schwimmen und den Protektor/das Gurtzeug als Auftriebshilfe verwenden.

Vermeidungsstrategie:

Übersicht bei der Flugwegplanung behalten. Wasserlandungen in Bächen sind meist Manöver des letzten Augenblicks. Da wurde irgendwas übersehen. Wasserlandungen in der Brandung und Fließgewässern sind die Folge von erhöhter Risikobereitschaft bei der Wahl des Fluggeländes und der Flugbedingungen. Bei Streckenflügen geht es um den letzten Kilometer, beim Küstensoaring wird die Flut nicht einberechnet, die den schmalen Sandstrand, der zur Landung geplant war, zügig überspült. Wasserlandungen lassen sich durch vorausschauendes Fliegen vermeiden. Einzige Ausnahme ist das Sicherheitstraining über Wasser. Das ist jedoch unter Aufsicht von Flugschulen, die entsprechende Ausrüstung, wie ein Motorboot zur Rettung, bereithalten. Privates Sicherheitstraining über Wasser ohne entsprechende Logistik kann ebenfalls lebensgefährlich werden.

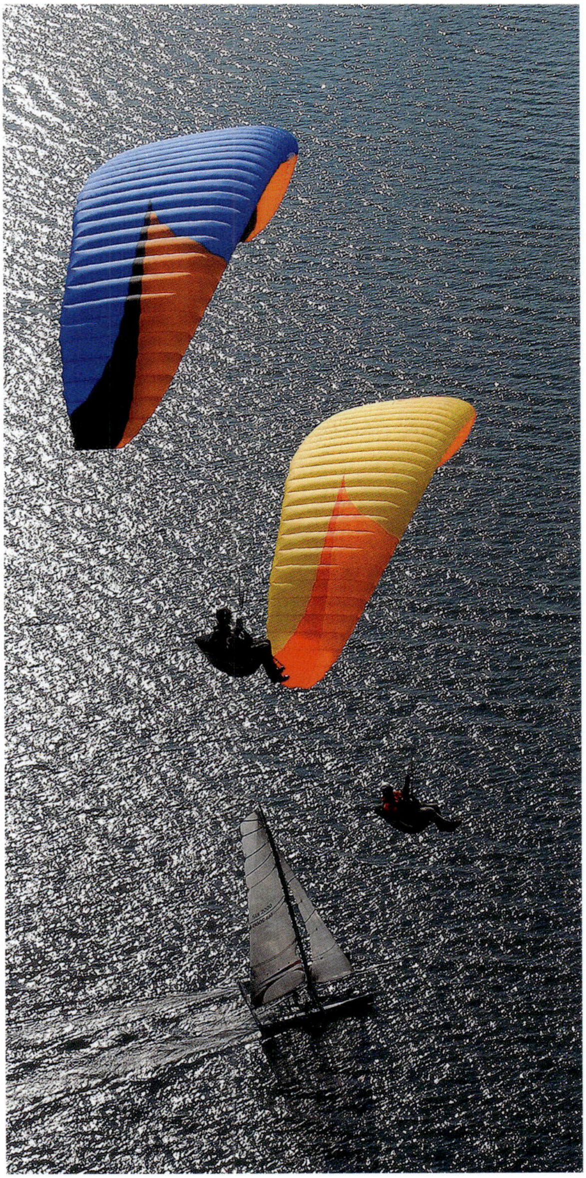

Risiko ungeplante Wasserlandung: Segelboote sind gute Windzeiger.

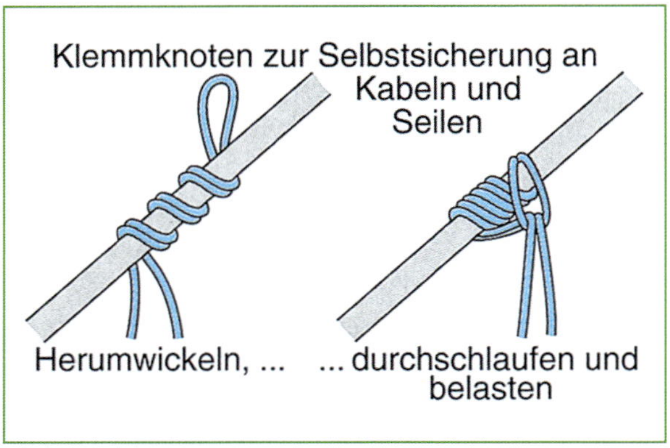

Klemmknoten

10.4 Hängenbleiben in Leitungen und Kabeln

Absolute Lebensgefahr durch Stromschlag und Absturz. Die Leitungen selbst sind kaum zu erkennen, aber die regelmäßig angeordneten Masten zeigen den Verlauf an. Leitungen und Materialseilbahnen sind in Landkarten verzeichnet. Ausreichende Flughöhe in unbekannten Gebieten halten. Problematisch sind Heuseile in Trogtälern. Diese spannen sich weit ohne Stützen und sind deshalb aus der Luft kaum zu erkennen.

Stromleitungen und Seile von Bahnen nie unterfliegen. Abstand halten.

› Bei Stromleitungen muss zur Bergung die Spannung abgeschaltet werden (keine Eigenbergung!). Bergung nur nach Spannungsfreischaltung vom Elektrizitätswerk! Lebensgefahr für Pilot und Retter!

› Bei Bergbahnen muss sofort der Betrieb eingestellt werden.

Vermeidungsstrategie:

Fluggebietserkundung auf Vereinswebseiten oder der Flugschule. Landkarten nach Bahnen, Heuseilen und Stromleitungen sichten. Schon aus großer Höhe nach ausgeschlagenen Lichtungen, die geradlinig verlaufen, Ausschau halten. In Trogtälern ist grundsätzlich Abstand vom Hang zu halten. Vor allem, wenn es eine Hochterrasse mit Almen, Hütten oder Bergbahnen gibt. Hütten und Almen werden meist über Materialseilbahnen oder Heubahnen versorgt. Schwierig zu erkennen sind Seile von Holzfällarbeiten zum Abtransport von Baumstämmen. Diese sind nur sporadisch im Einsatz. Also bei Gebietsunkenntnis immer Abstand halten und aus der Talmitte heraus den Landeplatz ansteuern.

10.5 Notlandung mit Landefall

Notlandungen mit stark erhöhtem Sinken sind Landungen, denen ein massives Problem im Flug vorausgeeilt ist. Es kann sich dabei um Landungen im Sackflug, massive Kappenstörungen knapp über dem Boden mit stark erhöhtem Sinken oder auch um eine Landung mit dem Rettungsschirm handeln.

Bei diesen Notlandungen fehlt die Phase des Landeanflugs mit dem weichen Abfangen. Um größere Verletzungen zu vermeiden, ist als letzte Möglichkeit der Landefall empfehlenswert. Dies ist die

WICHTIG

Bei der Landung im Landefall dürfen die Hände, Ellenbogen und der Kopf den Boden nicht berühren. Der Körper muss frei über Fußballen, Unterschenkel, Oberschenkel, Hüfte und den Rücken über den Boden abrollen können, um dabei die Fallenergie zu vernichten.

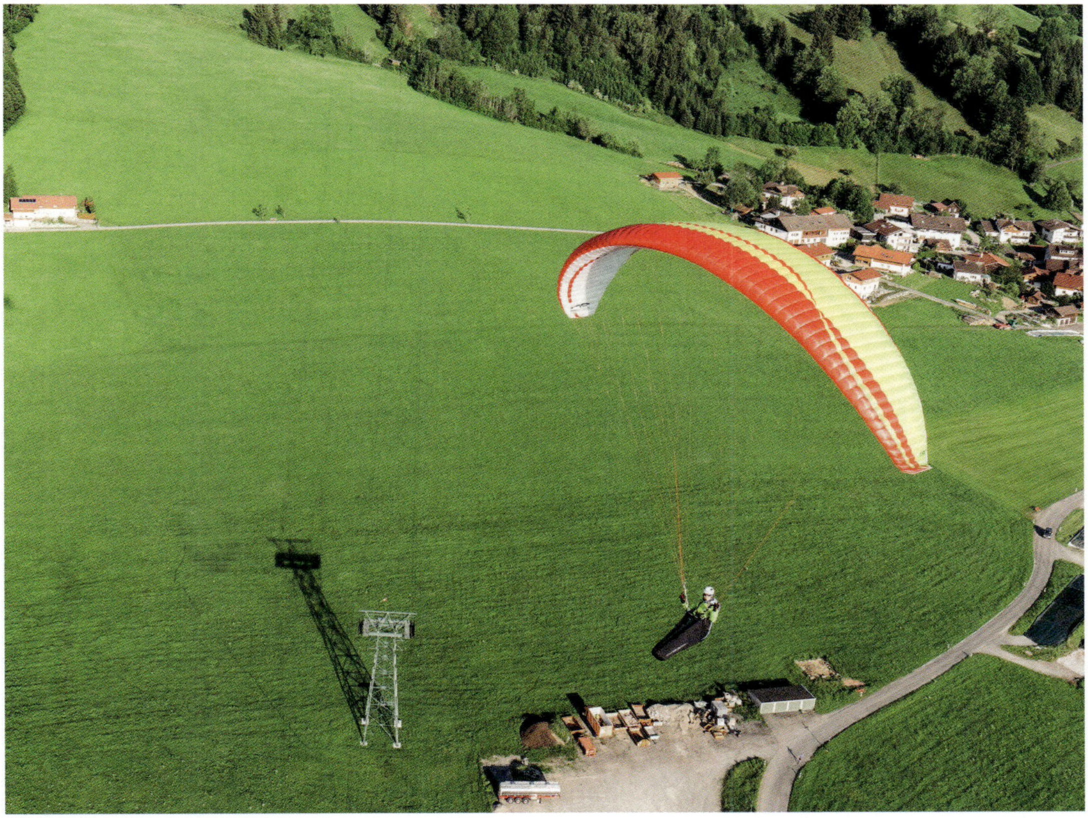

Durch den Schattenwurf und die Säule sind die Kabel der Seilbahn gut zu sehen. Anders wäre es bei diffusem Licht, Gegenlicht, Nebel oder wenn ein Kabel wie bei einer Heubahn in Trogtälern ganz ohne Stützen hoch über Grund gespannt ist. Deshalb immer die Vorabinfos über das Fluggebiet einholen. Bei Streckenflügen bleibt vorausschauendes Fliegen gepaart mit Erfahrung.

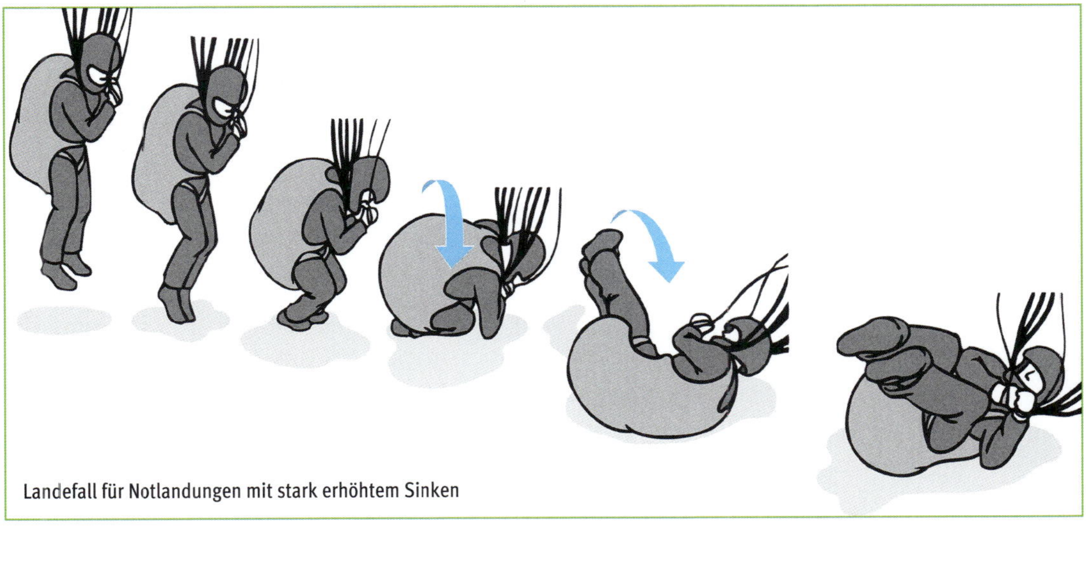

Landefall für Notlandungen mit stark erhöhtem Sinken

LANDEHALTUNG KURZ VOR DER LANDUNG

- Füße zusammen
- Beine leicht angewinkelt
- Arme am Körper halten, den Sturz nicht mit den Händen abfangen
- Den Blick im 45°-Winkel nach vorn
- Wenn irgend möglich, gegen den Wind landen

Landefall

- Füße zusammen leicht seitlich angewinkelt und Fußspitzen nach unten
- Arme angewinkelt seitlich am Körper mit Händen nach oben
- Kinn auf die Brust
- Körperspannung aufbauen
- Seitliches Abrollen

Landetechnik, die Fallschirmspringer bei harten Landungen anwenden, da bei stehenden Landungsversuchen das Verletzungsrisiko durch Fuß- oder Beinbrüche deutlich höher ist. Die Protektoren der Gleitschirmgurtzeuge schützen vor diesen Verletzungen nicht, leisten aber bei einem Landefall gute Dienste, um die Wirbelsäule zu schützen, wenn der Pilot seitlich drehend auf den Boden aufschlägt und abrollt.

Landehaltung und Landefalltechnik

Ist eine harte Landung unumgänglich, nimmt der Pilot kurz vor der Landung die Beine zusammen, winkelt diese leicht seitlich an und legt die angewinkelten Arme so an den Körper, dass die Hände nach oben zeigen. Im Augenblick des Aufpralls auf den Boden tragen die Haltung und die aufgebaute Körperspannung dazu bei, dass der Pilot schräg drehend abrollt. Die Idee des Landefalles ist, die Fallenergie wie eine Knautschzone eines Autos abzufangen und die Energie durch eine schräge Körperabrollbewegung zu vernichten. Keinesfalls darf mit den Händen versucht werden, den Sturz abzufangen. Ein Handgelenk- oder Armbruch ist dabei sehr wahrscheinlich.

10.6 Rückwärtslandung bei zu viel Wind

Bei zu viel Wind einlanden zu müssen, ist kein erfreuliches Gefühl. Vor allem, wenn sich kein anderer Landeplatz anbietet, der dem Wind nicht so ausgesetzt ist. Der Gleitschirm bewegt sich über Grund mehr oder weniger rückwärts.
Die Landeeinteilung hat deshalb keinen Gegenanflug. Man ist sogar gezwungen leicht vor dem Landeplatz den Schirm in Windrichtung zu drehen und sich so rückwärts auf den Landeplatz zuzubewegen. Keine Bremse, doch immer bremsbereit bei Kappenstörungen geht es gegen den Grund. Aufgesetzt wird im Gurtzeug stehend und danach je nach Windstärke auf dem Rückenprototektor rückwärts sich schleifen lassen. D- bzw. C-Tragegurte durchziehen, um den Druck aus dem Segel zu nehmen. Dabei sollten die Tragegurte bereits beim Aufsetzen auf den Boden in den Händen sein, später sind diese aus der Schleifposition am Boden nur schwer zu erreichen. Nun geht es darum, möglichst zügig den Körper zum Schirm zu drehen um die volle Schirmkontrolle zu behalten. Da der Wind wegen des Windgradienten direkt am Boden oft deutlich geringer wird, fällt die Rückwärtsfahrt meist geringer aus, als noch 20 Meter höher in der Luft.

Vermeidungsstrategie:
Als eine Vermeidungsstrategie gilt bei starken Talwindsystemen, eher auf einem höher gelegenen Plateau oder sogar topzulanden. Einige Piloten bleiben auch extra lange in der Luft und warten damit bis zum Abend, bis der starke Talwind nachlässt. Für Gelegenheitspiloten gilt an stark thermischen Tagen: früh starten und noch vor Einsetzen des starken Talwindes landen. Mittagspause machen und erst am Spätnachmittag nochmals fliegen.

10.7 Rückenwindlandung

Mit dem Wind landen bedeutet Eigengeschwindigkeit des Fluggerätes plus Windgeschwindigkeit. Es wird auf jeden Fall eine schnelle Landung, die kein Pilot durch schnelles Laufen stehend landen wird. Selbst das starke Durchbremsen kurz vor dem Aufsetzen verlangsamt den Schirm nur unwesentlich. Der Pilot wird nun über den Acker geschliffen. Mit angezogenen Beinen gelingt es meist, sich auf die Seite oder noch besser auf den Protektor zu drehen. Die Schleiflandung endet meist ohne Verletzungen. Lediglich das Gurtzeug benötigt Reinigung.

Verletzungsrisiko:
Eine Schleiflandung ist immer einem kopflosen, unvorbereiteten extremen Manöver vorzuziehen, bei dem knapp über dem Boden versucht wird, den Schirm doch noch in den Wind zu drehen. Hier kann es zu üblen Verletzungen kommen.

Vermeidungsstrategie:
Lokale Windverhältnisse erfragen. Rechtzeitig mit ausreichender Höhe den Landeplatz anfliegen, die Verhältnisse am Boden beobachten. Auf Windsack, Fahnen sonstige Windzeiger wie Bäume, Rauch, wehendes Gras und Büsche im Umfeld achten. GPS beobachten. Fahrt über Grund während des Höhenabbaues in Position beachten. Landerichtung wählen und im Landeanflug bei der Entscheidung bleiben.

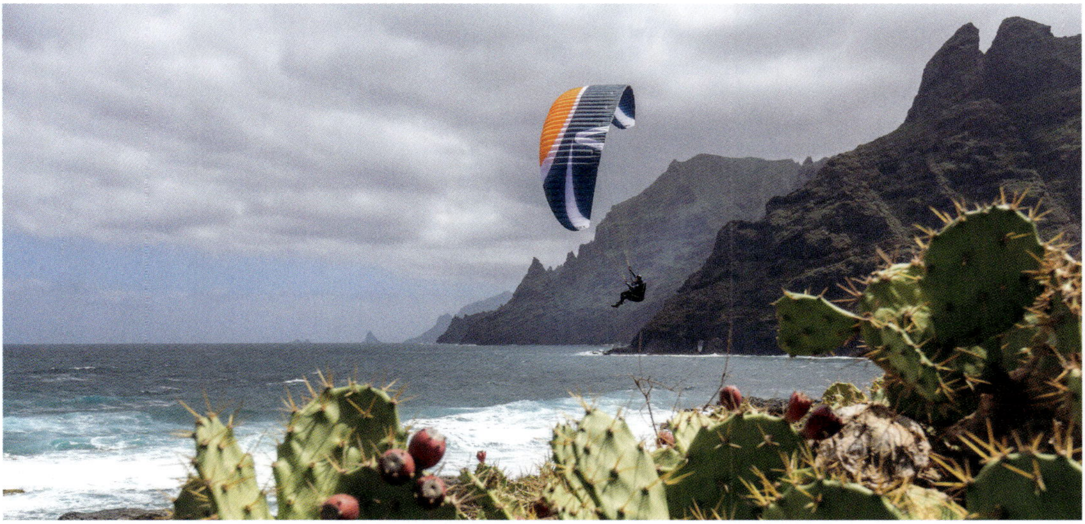

Je nach Windverhältnissen kann sich die Landeeinteilung anspruchsvoll gestalten.

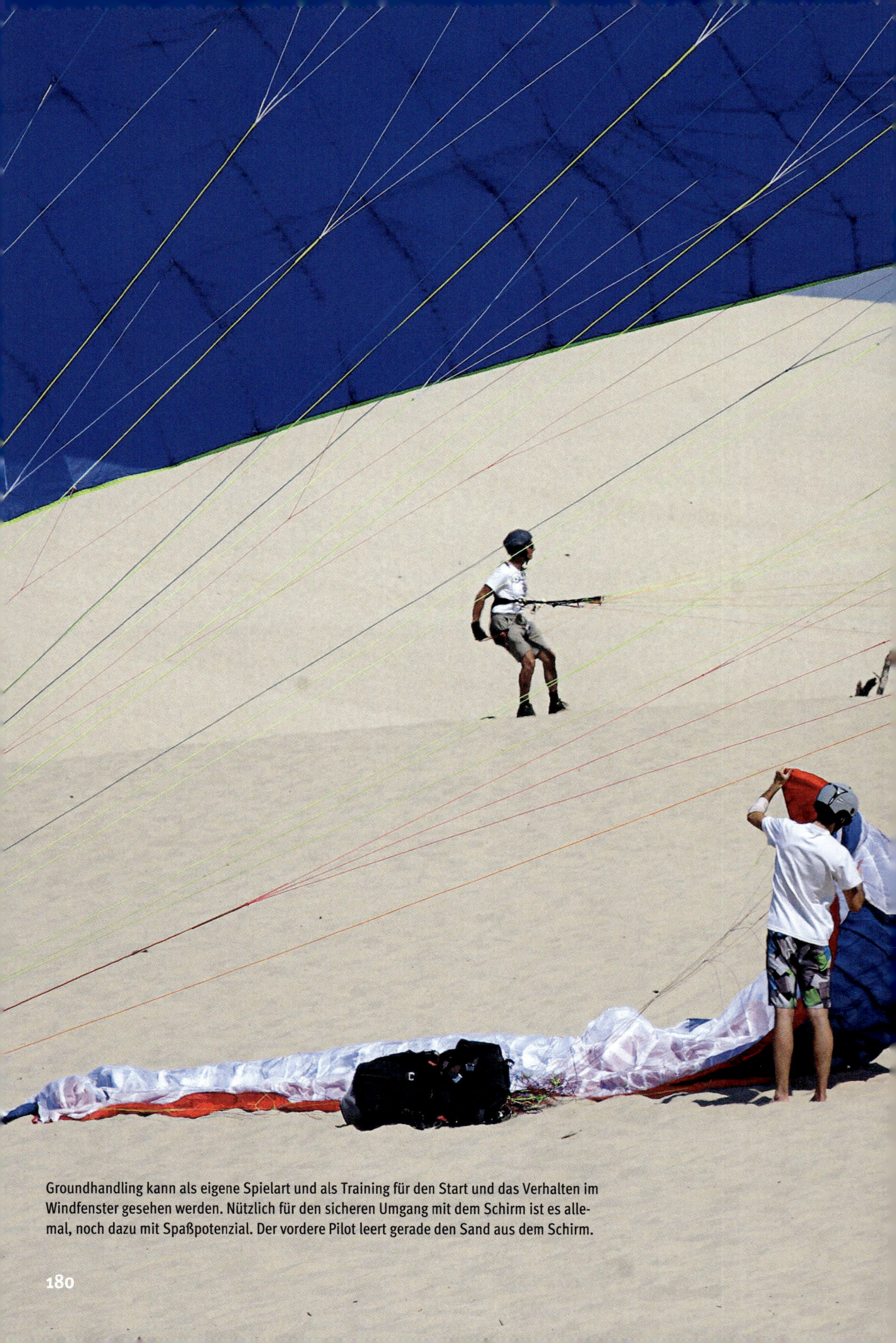

Groundhandling kann als eigene Spielart und als Training für den Start und das Verhalten im Windfenster gesehen werden. Nützlich für den sicheren Umgang mit dem Schirm ist es allemal, noch dazu mit Spaßpotenzial. Der vordere Pilot leert gerade den Sand aus dem Schirm.

11 Groundhandling

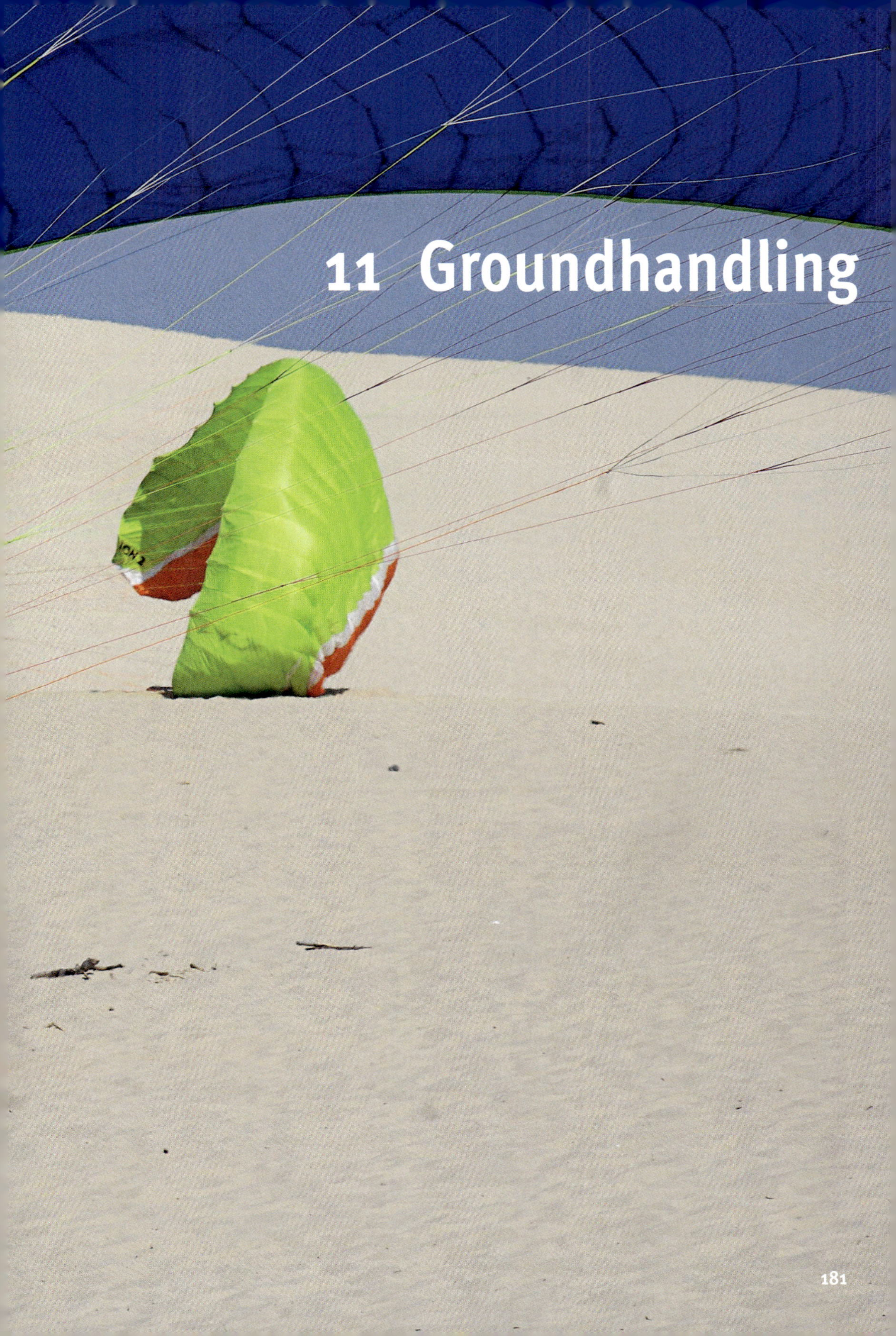

Groundhandling, das »Bodenhandling«, ist das Spielen mit dem Gleitschirm im Wind auf der flachen Wiese. Für Gleitschirmflieger ist das Groundhandling eine gute Ergänzung zum Fliegen. Es vermittelt gute Einblicke in die aerodynamischen Eigenheiten des Gleitschirms. Dass Üben Spaß machen kann, wird jeder feststellen, der mit etwas Ausdauer die ersten Anfangsschwierigkeiten überwindet und konsequent die Möglichkeit nutzt, um das Groundhandling zu praktizieren.

11.1 Voraussetzungen

Freies, offenes Gelände ohne weitere Hindernisse (Stromleitungen, Bäume, Lee usw.), passendes Gurtzeug, Helm, Lederhandschuhe, feste Schuhe, körperbedeckende Kleidung sind wichtig, auch wenn Badewetter ist. Ein gutmütiger Gleitschirm mit geringer Streckung ist besser als ein Hochleister, der die Ohren hochnimmt. Nie alleine und bei Sturm üben. Pausen einlegen, da vor allem am Anfang viel körperlicher Einsatz und volle Konzentration gefordert sind, ansonsten besteht ernsthafte Verletzungsgefahr.

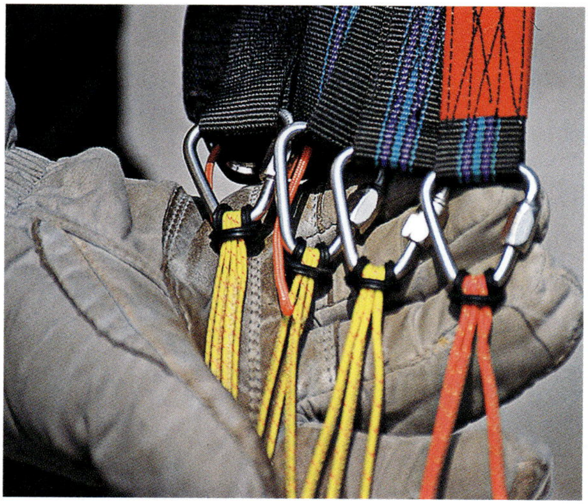

Lederhandschuhe, Leinen und Leinenschlösser sind das Steuerwerk für das Groundhandling.

11.2 Performance-Technik

Wer Kitesurfern zuschaut oder auch selbst mal einen Kite in der Luft gesteuert hat, kann beobachten, wie feinfühlig sich diese Geräte auch bei stärkstem Wind steuern lassen. Folglich sollte dies auch mit einem Gleitschirm möglich sein. Bei fliegbarem Wind geht dies auch ganz gut mit den Steuerleinen. Gleitschirm aufziehen mit den A-Gurten, danach wird mit den Steuerleinen gesteuert.
Ist der Wind relativ stark, kann man an den Startplätzen jedoch regelmäßig beobachten, dass dies doch gar nicht so einfach ist. Der Schirm schießt über, oft kommt der Griff zu den Bremsleinen zu spät. Sicherlich ist diese Technik ganz gut in den Griff zu bekommen, es geht jedoch auch anders. Das Segel lässt sich auch nur mit den Haupttragegurten steuern, ganz ohne Steuerleinen. Dies erscheint erst einmal ungewohnt, wird aber zum tollen Spaß.

Vorbereitung

Startvorbereitungen mit 5-Punkte-Startcheck, rückwärts zum rund ausgelegten Segel stehend, die A- und B-Leinen leicht gespannt. Die Bremsschlaufen werden nicht gegriffen.

Aufziehtechnik nur mit Tragegurten

Nun werden die C-/D-Leinenschlösser direkt von oben herab fest gegriffen und fixiert. Danach geht es leicht in die Hocke.

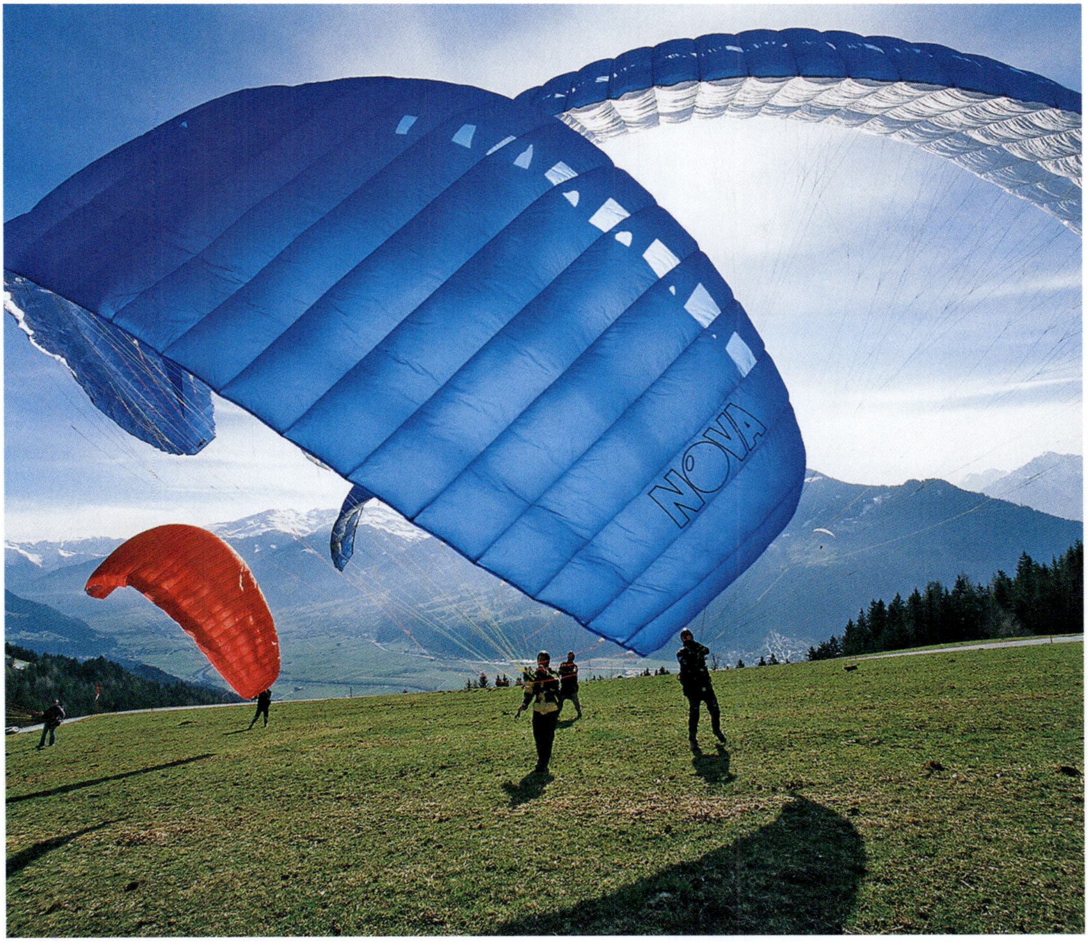

Groundhandling-Übungen am Boden bei wenig Wind mit gutmütigen Gleitschirmen, um mit dem Segelverhalten vertraut zu werden

Den Impuls zum Hochsteigen bekommt der Schirm durch zusätzliches leichtes Zurücknehmen des Oberkörpers. Das Segel steigt nun nach oben.

Sollte dies nicht gleich klappen, kann auch mit den A-Gurten, wiederum aus der Hocke, der Startimpuls gegeben werden. Steigt das Segel, wird jedoch sofort von oben auf C/D umgegriffen.

Das Segel steigt weiter und steht über dem Piloten.

Das Überschießen des Segels wird nur durch mehr oder weniger Zug auf C/D verhindert. So lässt sich der Schirm gut korrigieren und in den Wind stellen. Sollte der Schirm wieder abkippen, geht es erneut in die Hocke, Körpereinsatz ist gefragt. Genügt dies nicht, kann mit einer Hand auf A oder auch nur eine A-Leine gegriffen werden, um den Steigimpuls zu erhöhen.

Start

Nun könnte wie gewohnt gestartet werden, wobei es vorbereitend gut ist, die Steuerleine schon lose über den Daumen (keine Schlinge!) laufen zu lassen. Alles ist

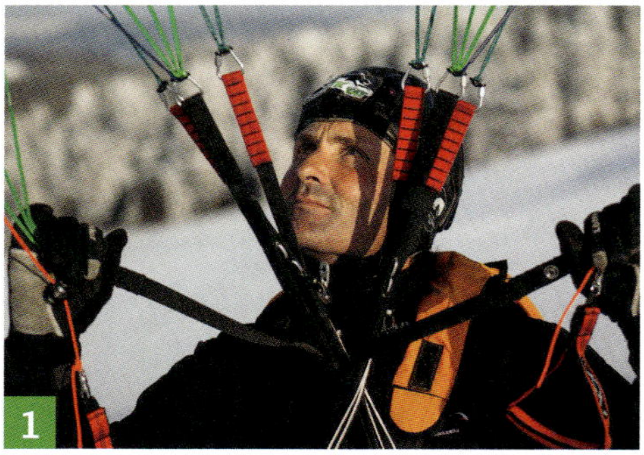

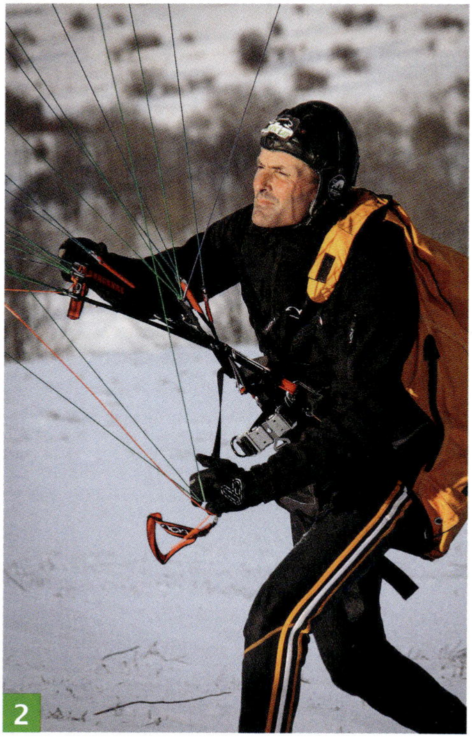

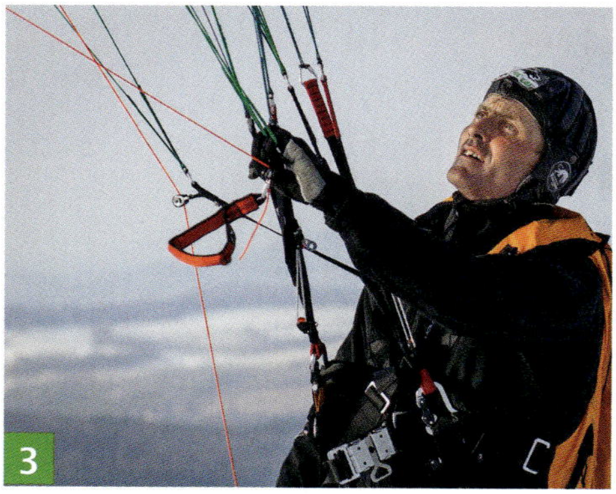

1 Die Grundhaltung beim Groundhandling. Mike Küng steuert mit den hinteren Tragegurten, die von oben gegriffen werden.

2 Körpereinsatz und hohe Laufbereitschaft sind die Grundvoraussetzung beim Groundhandling. Dem Schirm folgen, wenn nötig, Widerstand leisten, steuern mit den hinteren Traggurten, aber auch abwechselnd mit den Bremsen. Groundhandling ist ein Spiel mit dem ganzen Körper.

3 Feinfühlig steuern und den Schirm konstant im Wind halten funktioniert durch das der Windsituation angepasste Wechselspiel der Hände an den hinteren Tragegurten oder an der Bremse.

4 Dem Aushebeln ist durch das Absetzen des Piloten in das Gurtzeug entgegenzuwirken. Die Hände an den Tragegurten haben die steuernde Funktion, halten aber nicht den Zug des Schirmes. Wird zu viel Zug von den Händen übernommen, reagiert der Schirm auf die starken Steuerimpulse unkontrolliert. Er wird unruhig und taucht so gerne zur Seite ab.

5 Will der Schirm nach hinten abtauchen und den Piloten über das Gelände ziehen, weil er dem Wind zu viel Widerstand leistet (siehe Windfenster), wird der Schirm wieder zum Steigen gebracht, indem der Pilot tief in die Hocke geht. Zugleich wird die Bewegung durch mehr oder weniger starkes Lösen der hinteren Tragegurte feinfühlig gesteuert.

6 Fortgeschrittenes Groundhandling. Das kräftige Anziehen der hinteren Tragegurte fördert bei starkem Wind eine kurze Auftriebserhöhung, die auch im flachen Gelände ausreicht, den Piloten kurzzeitig abheben zu lassen. Der Dynamic Jump (Parajump) entsteht durch kräftiges Rückwärts-Abstoßen Richtung Wind und wird mit den Traggurten unterstützt.

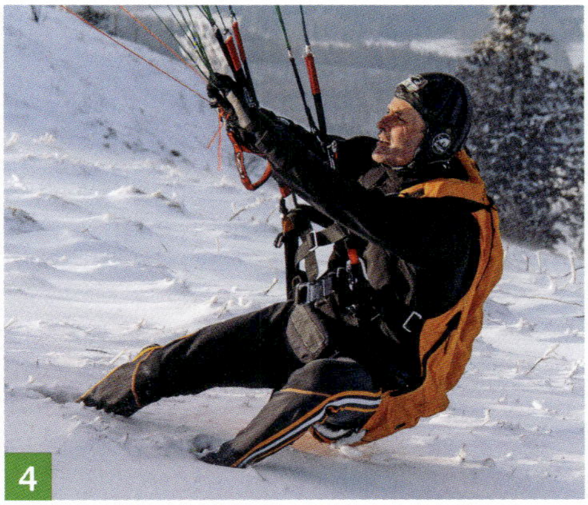

4

WICHTIG

Der Schirm sinkt: C-/D-Leinenschlösser mit von oben gegriffenen Händen fixieren. Durch Hocke und zurücklehnenden Oberkörper Impuls geben. Falls notwendig, durch Umgreifen auf A den Impuls zum Steigen noch verstärken.
Der Schirm steigt: Hände auf C-/D-Leinenschlösser und dosierter Zug. Mit dem Körper leicht nachgeben, eventuell Böen mit wenigen Schritten weich abfedern. Nicht laufen, sondern zu starken Druck über C/D abfangen.

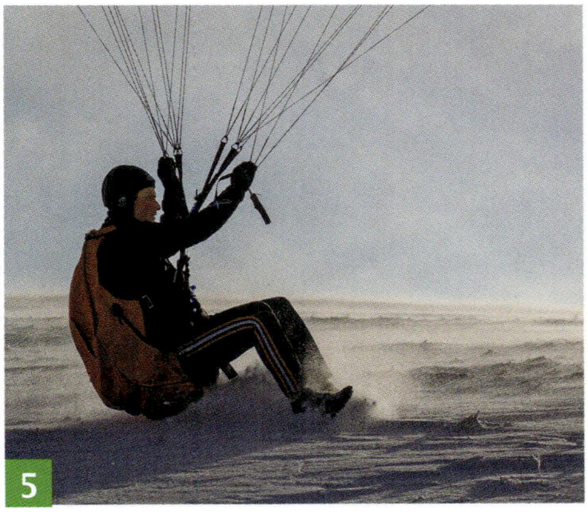

5

nun wie immer: richtig ausdrehen, Steuerleinen greifen, Kontrollblick, beschleunigen und abheben.
Die Tragegurt-Aufziehtechnik mit Körpereinsatz eignet sich grundsätzlich hervorragend, um sicher und dosiert bei stärkerem Wind zu starten.

11.3 Groundhandling-Training

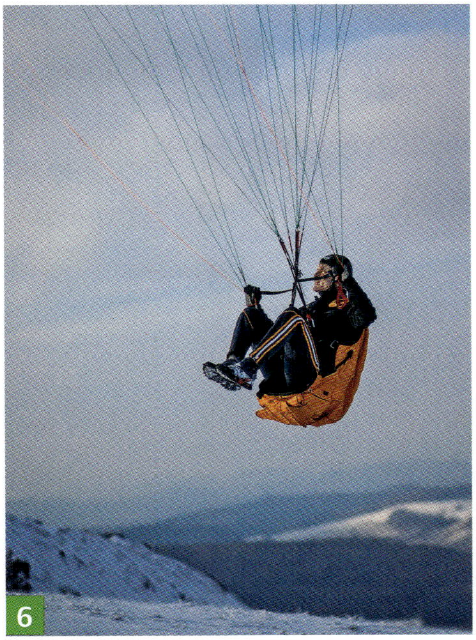

6

Wer das Aufziehen ausprobiert hat, wird bald merken, dass dies Training braucht. Nun geht es los. Aufziehgrundhaltung einnehmen. Hände von oben auf C/D und den Schirm mit Oberkörpereinsatz steigen lassen, aber nur bis zur Hälfte. Mit Zug auf C/D den Schirm wieder runterbringen und gleich wieder steigen lassen, also rauf und runter. Das ist anstrengend, aber dadurch werden die Bewegungen Körperhocke, Oberkörper nach hinten lehnen, Hände steuern mit C/D immer koordinierter.
Wenn das klappt, kann man das Segel auf gut 2/3 steigen lassen. Nun beginnt dasselbe Spiel von vorne. Es geht so lange auf und ab, bis dies sicher beherrscht wird. Wichtig ist dabei, den Körper wirklich miteinzubeziehen und nicht nur mit den Ar-

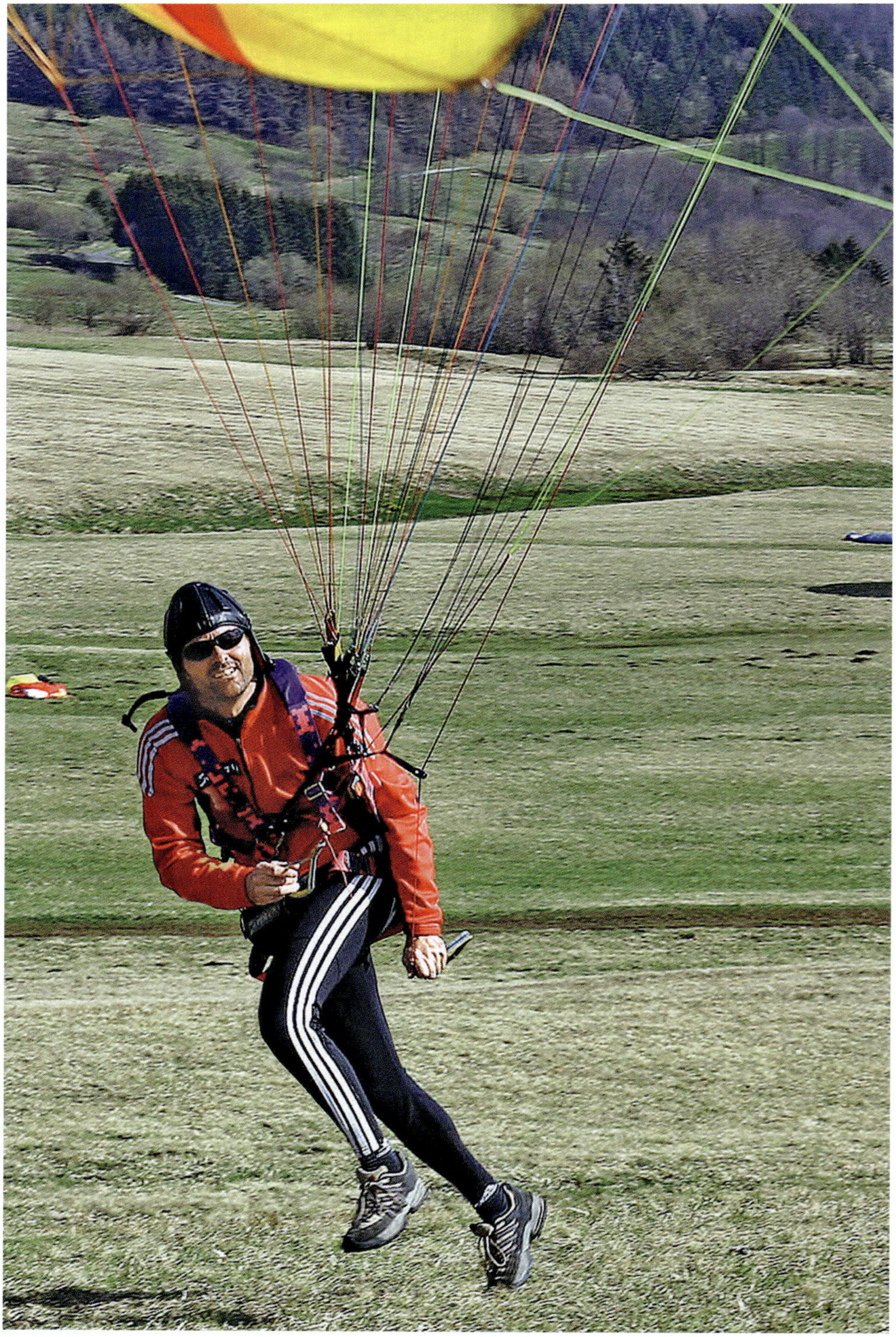

Das Segel unterlaufen und dabei links gegensteuernd den Schirm im Wind halten

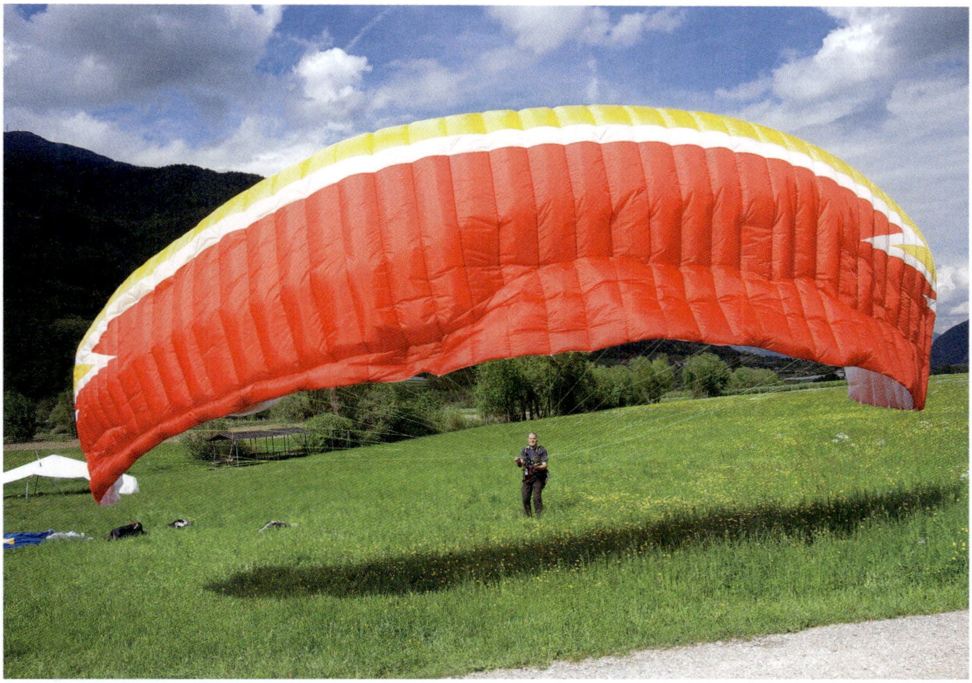

Jede Möglichkeit zum Groundhandling nutzen. Hier neben dem Landeplatz in Levico Therme, Italien

men zu arbeiten. Natürlich wird man bei diesem Training nicht nur auf der Stelle stehen. Bewegung ist angesagt, vor allem wenn der Wind böig ist. Rechtzeitiges, weiches Nachgeben verhindert, dass man plötzlich ausgehebelt wird. So lernt man mit der Zeit die Kraft des Windes kennen und baut eine Beziehung dazu auf.

»Wechselspiel-Übung« zur Vertiefung

Man versucht bei ausreichend starkem Wind den Schirm nur bis ca. 1 m über den Boden zu stellen und ihn dort leicht auf und ab tanzend zu halten. Dies geht wunderbar mit dem Wechselspiel C-/D- und A-Leinen. Natürlich den Körper dabei nicht vergessen, so wird das Spiel richtig rund.

Bei Gefahr, mitgeschliffen zu werden:

Gerät der Schirm außer Kontrolle, nicht die Steuerleinen fassen, sondern mit den B-Leinen konsequent einen B-Stall verursachen.

11.4 Erweitertes Groundhandling-Training

Wer mit den C-/D-Übungen gut zurechtkommt, kann nun versuchen, den Schirm nur noch mit D zu führen. Hände von oben auf die D-Leinenschlösser. Dies braucht etwas Übung, es können auch die D-Leinen gegriffen werden, die jedoch nie gewickelt werden dürfen (Verletzungsgefahr). Bei zu starkem Zug gleich wieder C/D greifen, stabilisieren und sofort wieder zurück auf D. Dabei wie immer den Körpereinsatz nicht vergessen. Ohne Körpereinsatz werden die Bewegungen und die Schirmkontrolle nicht wirklich rund.

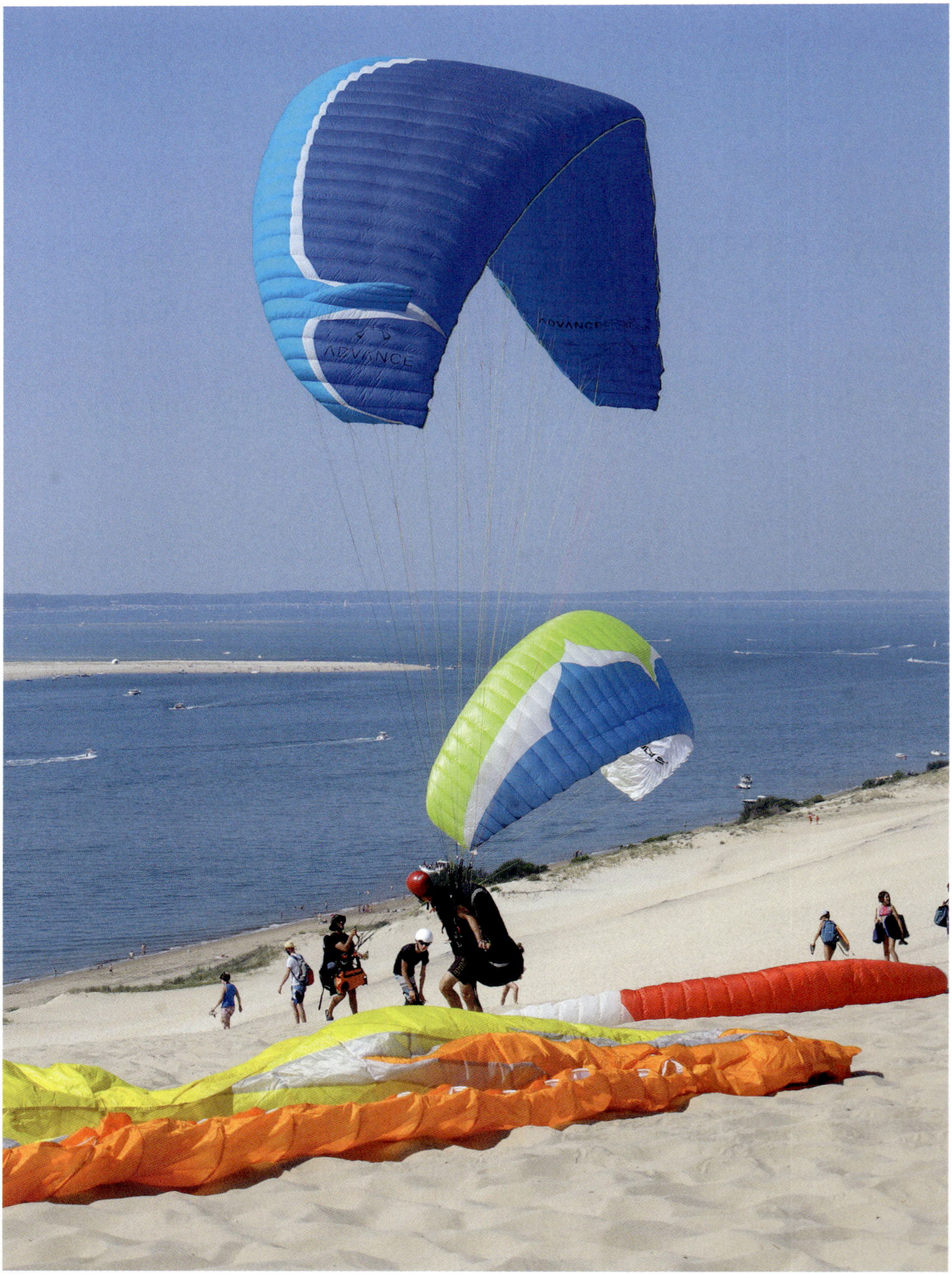

Namibia, Chile, Portugal, Dänemark, Holland, Litauen oder Frankreich. Dünen sind der Playground für das Groundhandling.

Körperkoordinationsübung

Wer mit seiner Körperkoordination Schwierigkeiten hat, übt noch mal einige Stunden mit C/D und achtet vor allem auf das eigene Körperspiel. Hockstellung, Oberkörper zurück, das Segel steigt. Nachlassen, aufrichten, das Segel sinkt erneut, in die Hocke usw. Das Becken ist wie die Beine dabei nicht starr. Bewegung ist erlaubt. Man kann dabei auch gut ausprobieren, was das Segel macht, wenn die Schritte leicht zur Seite gehen.

Weitere Übungen

Weitere Übungen und Einsatzgebiete ergeben sich, wenn die beschriebenen Übungen sicher beherrscht werden. Spannend wird es, wenn z. B. der Gleitschirm auch bei starkem Wind nur noch mit den Fingern, die einzelne D-Leinen halten, wie ein Lenkdrache im Wind geführt wird. Übungen wie die Cobra-Starttechnik kommen aus der Kite-Szene. Die volle Bandbreite der Manöver und Übungen kann in speziellen Weiterbildungsseminaren erlernt und praktiziert werden.

11.5 Groundhandling an der Düne

Es gelten die gleichen Regeln und Handhabungen wie auf der Wiese. Jedoch ist Sand gerade an einer Düne viel weicher und damit ideal, um mit dem Schirm im Wind zu spielen. Besonders toll ist es, sich im Liegen kontrolliert über den Sand ziehen zu lassen oder den Schirm so zu steuern, dass es mit großen Schritten die Düne hinaufgeht. Viele Flugschulen bieten dafür Kurse und Flugreisen zu den großen Dünen der Welt an.

Doch aufgepasst, Groundhandling spielt sich bis auf kleine kurze Momente auf dem Boden ab. Hier ist absolute Schirmkontrolle mit viel Spaß zu üben und stundenlang zu praktizieren. Nun gibt es noch eine Zwischenstufe zwischen Groundhandling und Fliegen. Wagga-Flying – das bodennahe Freestyle-Fliegen. Es ist sehr verlockend, sich einige Meter über den Sand zu bewegen, um mit Speed den Fuß oder die Hand durch den Sand schleifen zu lassen. Toll und bei Könnern wunderbar anzusehen. Dieser Versuch darf jedoch erst unternommen werden, wenn die Schirmbeherrschung beim

SCHIRMHANDLING ZWISCHEN WINDFENSTERRAND UND POWERZONENBEGINN

Sich einen Platz zum Üben auf einer freien Wiese oder Sandfläche suchen. Nie direkt am Soaring-Startplatz üben.
Mit dem Rückwärtsaufziehen beginnen zu üben. In Bewegung bleiben und sich in alle 4 Richtungen gehend bewegen und dabei den Schirm über sich halten.
Versuchen, den Schirm am Rand des Windfensters zu halten, und sich dann kontrolliert wegziehen lassen.
Geht das gut, sich am besten einen Hang hochziehen lassen. Natürlich nicht schleifend über den Boden, sondern mitlaufend.
Immer wieder üben, aus der Laufstellung heraus in die Starthaltung zu kommen, also Schirm gegen den Wind stellen, in der Luft halten und starten und abheben.
Kleine Hüpfer machen und gleich wieder landen. Erneut mit dem Schirm laufen und wieder starten. Mit der Zeit wird das Schirmgefühl immer besser und der Schirm kann auch nur mit ganz feinen Steuerbewegungen im Windfenster gehalten und kontrolliert werden.
Danach sich steigern und bei leichtem Seitenwind probieren. Gelingen diese Übungen gut, ist genug Platz und herrscht ein laminarer Wind vor, kann man sich in die Luft wagen und mit dem Fuß eine Spur durch den Sand ziehen.

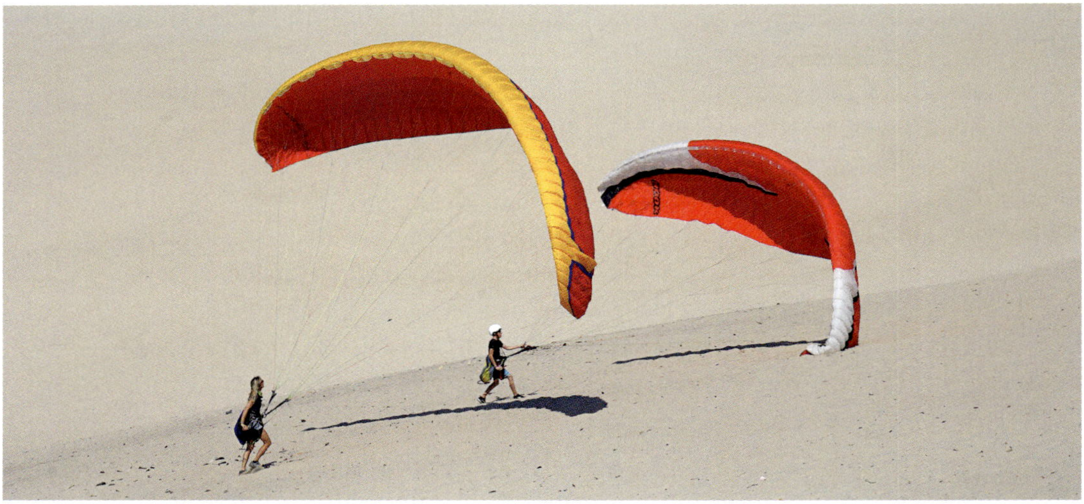

Gehen mit dem Gleitschirm am Windfensterrand ist eine Grundübung beim Groundhandling und perfektioniert das Schirmgefühl.

Groundhandeln wirklich auch bei mehr Wind beherrscht wird. Wagga-Style funktioniert nur bei viel Wind! Wie weich Sand auch sein mag, aus 5 Metern Höhe in einer schnellen, ungeplanten Rotation auf dem Boden einzuschlagen, zieht schwere Verletzungen nach sich. Auch an den Dünen in Chile, Namibia, Holland, Dänemark oder Litauen.

Sand im Getriebe

Ein Motor bleibt stehen, ein Gleitschirm kann abstürzen. Ganz unbemerkt sammeln wir beim Groundhandling Sand mit dem Schirm auf. Das kann sich im Laufe eines Tages im guten Kilobereich bewegen. Deshalb darauf achten und regelmäßig ausleeren.

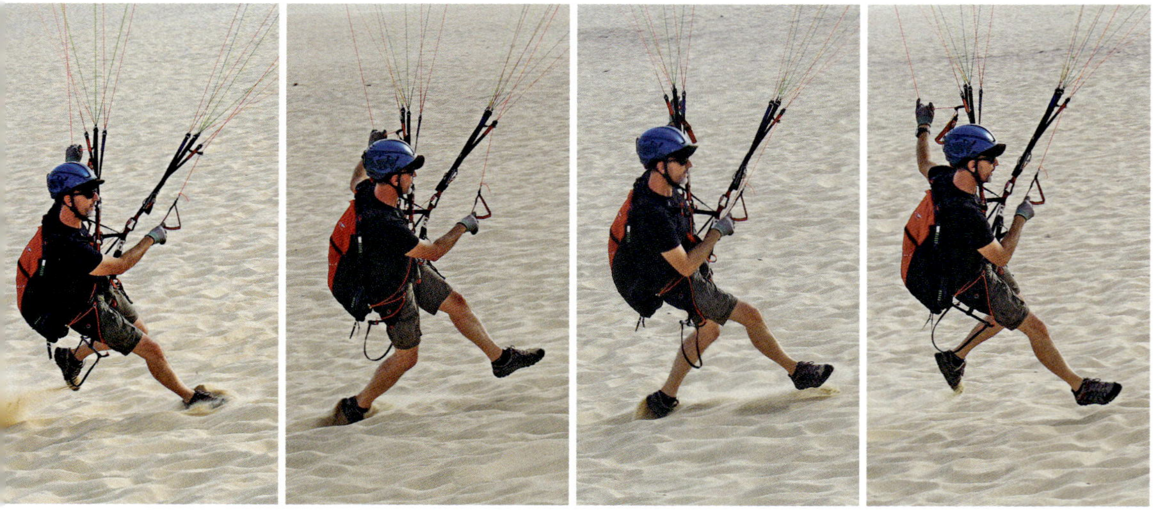

Laufübung mit dem Schirm hangaufwärts. Der Schirm wird durch feinfühliges Steuern mit beiden Bremsleinen schräg zum Wind etwas am Rand der Powerzone gehalten, damit ausreichend Druck im Segel ist, dass der Pilot leicht unterstützt durch den Schirm den Hang hinauflaufen kann.

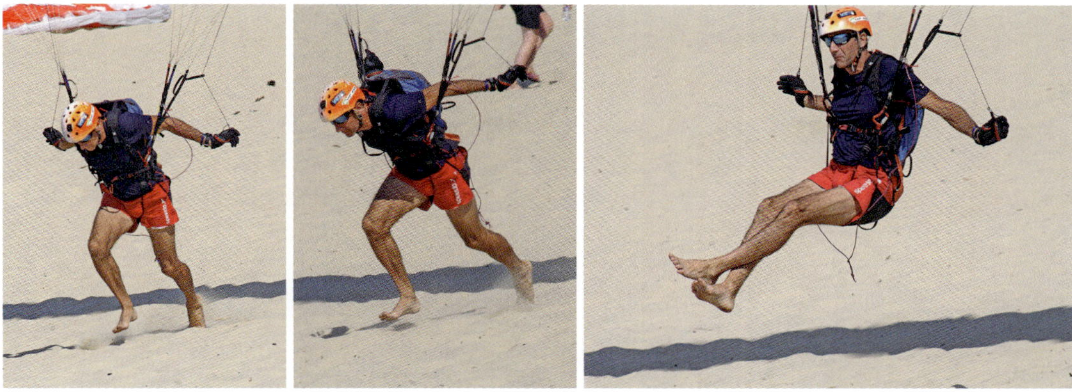

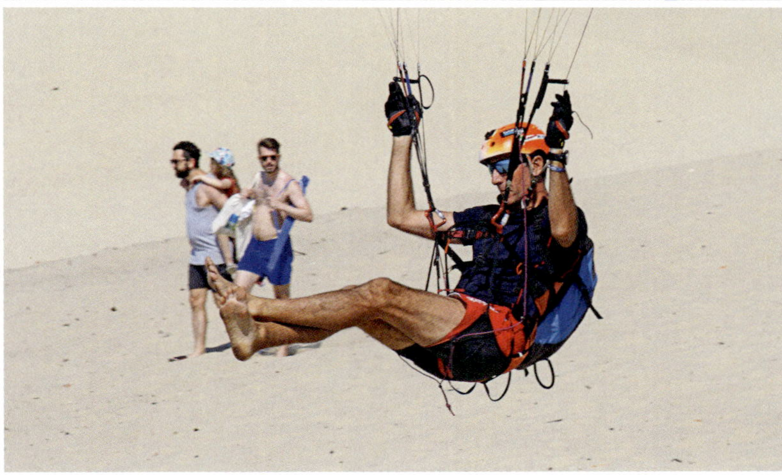

Übung dynamische Startbeschleunigung. Der Schirm steht nach einem Rückwärtsstart über dem Piloten. Es folgt die Beschleunigungsphase mit vorgelegtem Körper, um den Druck aufzubauen. Startimpuls durch die Steuerleinen und abheben. Der Pilot lässt danach sofort den Schirm laufen, also die Bremse fühlen und bremsbereit, aber er setzt keinerlei Bremse. Damit ist voller Spielraum für weitere Manöver. Würde der Pilot die Bremsen angezogen behalten, entstehen kritische Flugsituationen, wenn für ein Manöver noch weiter angebremst würde.

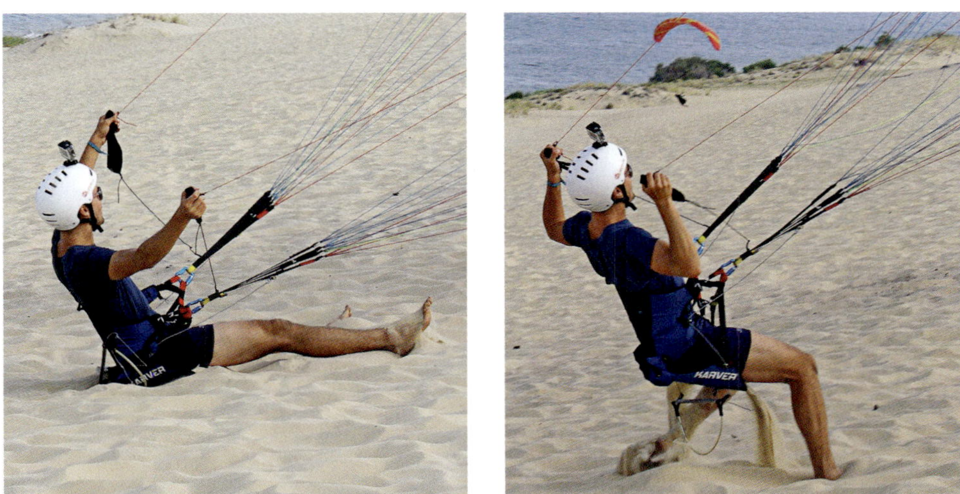

Übung Schirmdruck variieren. Hier lässt sich der Pilot mit dem Schirm aus der Sitzposition hochheben. Der Pilot hat die Steuerschlaufen mit einer zusätzlichen Schnur an den Haupttragegurten verlängert befestigt. So sind die Steuerschlaufen immer leicht erreichbar.

Tage an der Düne

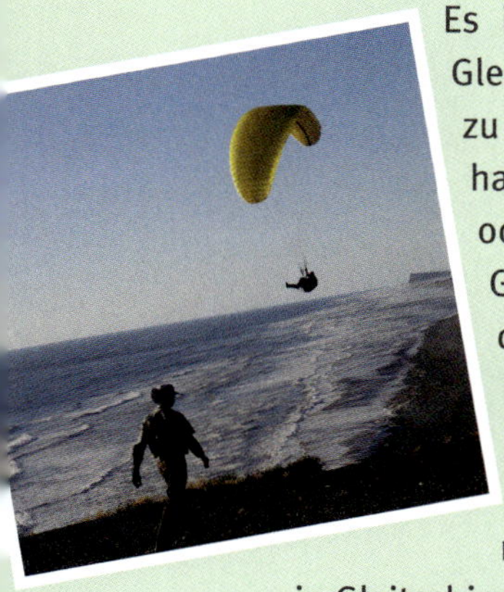

Es ist ein Traum, mit einem Gleitschirm an einer Düne zu sein. Egal, ob es Groundhandling, Wagga-Flying oder Soaring ist. Die großen Gleitschirmdünen befinden sich an tollen Plätzen in der Welt, sind am Meer und werden deshalb von einem wunderbar laminaren Wind angeströmt, den wir Gleitschirmflieger brauchen. Meinen ersten Dünenflug hatte ich irgendwo in Italien. Ein kleiner Hüpfer, gar nicht wert, den Schirm auszupacken, wenn ich heute die Fotos ansehe. Aber welch einen Spaß hatte ich an diesem Sandhaufen von Minidüne. Später in Chile war die Sache schon anders, Sand, wohin das Auge blickte, einfach nur Sand, in der Ferne das Meer und der Wind. Irgendwo in dieser Sandweite waren Gleitschirme. Einige am Boden beim Groundhandeln, andere zogen Achter in der Luft. Dazwischen immer wieder einige Cracks, die für meine Augen sehr waghalsig flogen. Sie schienen es wirklich zu können. Hatten die absolute Schirmbeherrschung. Beim Nachfragen am Abend an der Bar sagte einer der wettergegerbten Gesichter dieser Gleitschirmmeister, dass er versuche, mehr in der Luft, als in seinem eigentlichen Job zu sein. Er sei verrückt nach Gleitschirmfliegen. Mit dieser Aussage relativierte sich schnell mein Anspruch, hier mitzuhalten. Sicher fliegen bedeutet, sich seines Könnens- und Trainingszustandes bewusst zu sein und dementsprechend seine Flugziele zu setzen.

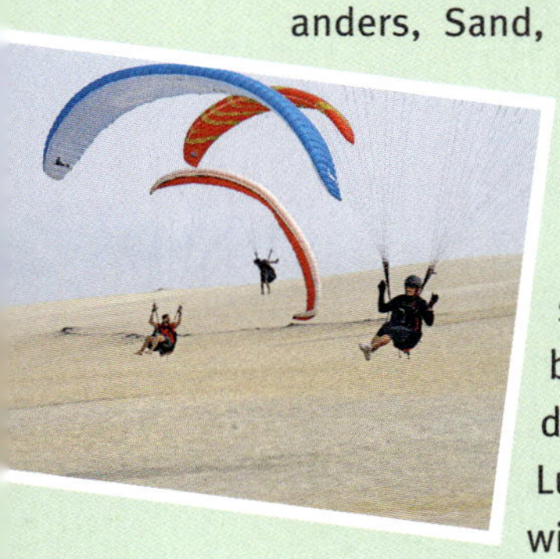

Jahre später war es eine Düne in Europa, die mich schon lange faszinierte. Hindernisfreie Sandflächen, nette Leute, Brot, Käse und Rotwein und diese Sonnenuntergänge. Als ich ankam, war unter den Fliegern, die teilweise mit organisierten Gruppen da waren, der Frust groß. Seit Tagen war kaum Wind und wenn, voll von der Seite. Fliegertalk über Ausrüstung, große Taten und besondere Erlebnisse waberten durch die Stunden voller Flugsehnsucht. Am nächsten Tag, blies der Wind, leider immer noch zu seitlich. Kein Fliegen, aber auf dem Boden sollte es gehen. Also den Schirm raus und los ging es mit dem Groundhandeln. Als fauler Mensch versuchte ich es gleich ziemlich weit oben. Doch gleich am Anfang hebelte mich der Schirm, obwohl nur kurzzeitig in der Powerzone stehend, derart aus, dass ich voll durch den Sand gezogen wurde. Da hatte ich wohl den C-Tragegurt beim Umfassen nicht gleich erwischt. Ok, also doch weiter die Düne hinunter und es ging wieder los. Mit der Zeit entspannte ich mich, meine Körperbewegungen und der Schirmkontakt wurden besser. Die Koordination funktionierte und der Spaß wurde immer mehr. Gegen Spätnachmittag war ich kräftemäßig total am Ende und merkte, dass ich dehydriert war. An der Düne in praller Sonne braucht man eben mehr als eine kleine Flasche Wasser.

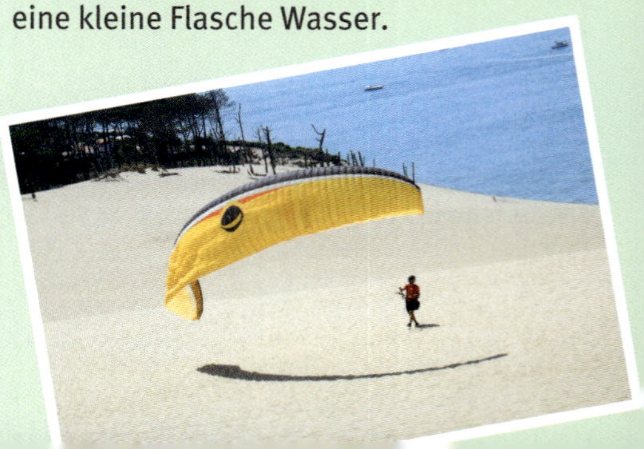

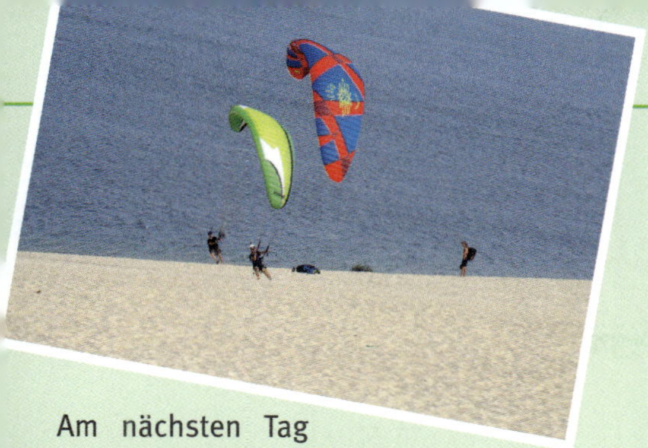

Am nächsten Tag konnte ich mich kaum rühren. Muskelkater pur. Gut, dass der Wind etwas nachgelassen hatte und sich, welch Glück, auf Seebriese gedreht hatte. Zeit für Soaring. Diesmal startete ich von ganz unten weg. Erst mal etwas Groundhandling, um den Schirm und meinen Körper besser zu spüren. Dann arbeitete ich mich langsam die Düne hinauf und ab ging es in die Luft. Die Gleitschirmreisegruppen waren bereits auf dem Weg nach Hause und wir waren nur noch ein kleiner Haufen von ca. 20 Piloten und einigen kommerziellen Tandempiloten. So hatte ich das Gefühl, die große Düne fast für mich alleine zu haben. Starten, Soaren, Einlanden, Starten, Soaren ... Am Nachmittag fühlte ich mich fit genug, um mit den Füßen meine Spur in den Sand zu ziehen. Es war einer dieser Glücksmomente im Leben, die unvergesslich bleiben. Wie damals der erste Streckenflug, der Biwakflug oder am Vulkan in Patagonien. So viele Glücksmomente. Natürlich war ich versucht, noch etwas waghalsiger zu kurven, doch ein Hubschraubereinsatz, der alle zum Landen zwang, brachte mich rechtzeitig auf den Boden meines Könnens zurück. Ein sehr guter Pilot war nah am Tandemstartplatz abgestürzt. Er übte schon den ganzen Tag ein neues Freestyle-Manöver und war vermutlich den Turbulenzen eines leichten Lees ganz am Hang zu nahe gekommen. Betretene Stille, man sah aus der Ferne den Notarzteinsatz und irgendwann den Hubschrauber mit dem Verunglückten abfliegen. Nachdenklich flog ich danach noch die Düne ab, sog die tolle Landschaft und das in der Sonne gleisende Meer mit den vielen Booten in mich auf. Dafür hatte ich vorher überhaupt keine Wahrnehmung. Gleitschirmfliegen findet in der Natur statt und ist gerade deshalb so faszinierend und bereichert das Leben auf wundervolle Weise. Das möchte ich noch möglichst lange so erleben. Erst kurz vor Sonnenuntergang ging ich landen, holte mir eine Decke, Brot, Käse und Wein, um bei Sonnenuntergang das Leben zu genießen.

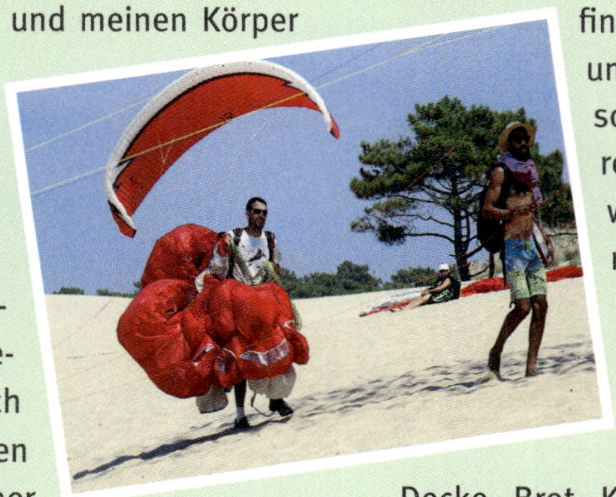

(Anmerkung: Einige Dünenfluggebiete sind von der Sperrung bedroht, weil der Freizeitdruck immer höher wird, die Regeln teilweise nicht eingehalten werden und es auch an einer großen Düne eng wird, wenn über 100 Piloten auf einmal fliegen. Dazu kommt es regelmäßig zu schweren Gleitschirmunfällen. Respektiere bei aller Begeisterung die eigenen Grenzen. Wagga-Style ist bodennahes Acro, das beherrscht man nicht an einem Tag.)

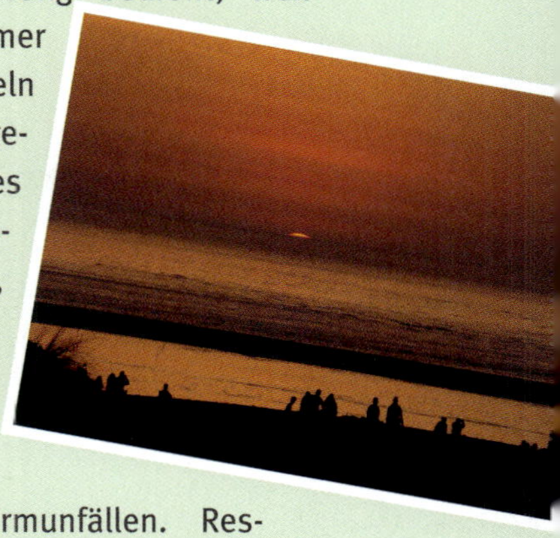

12 Windenschlepp

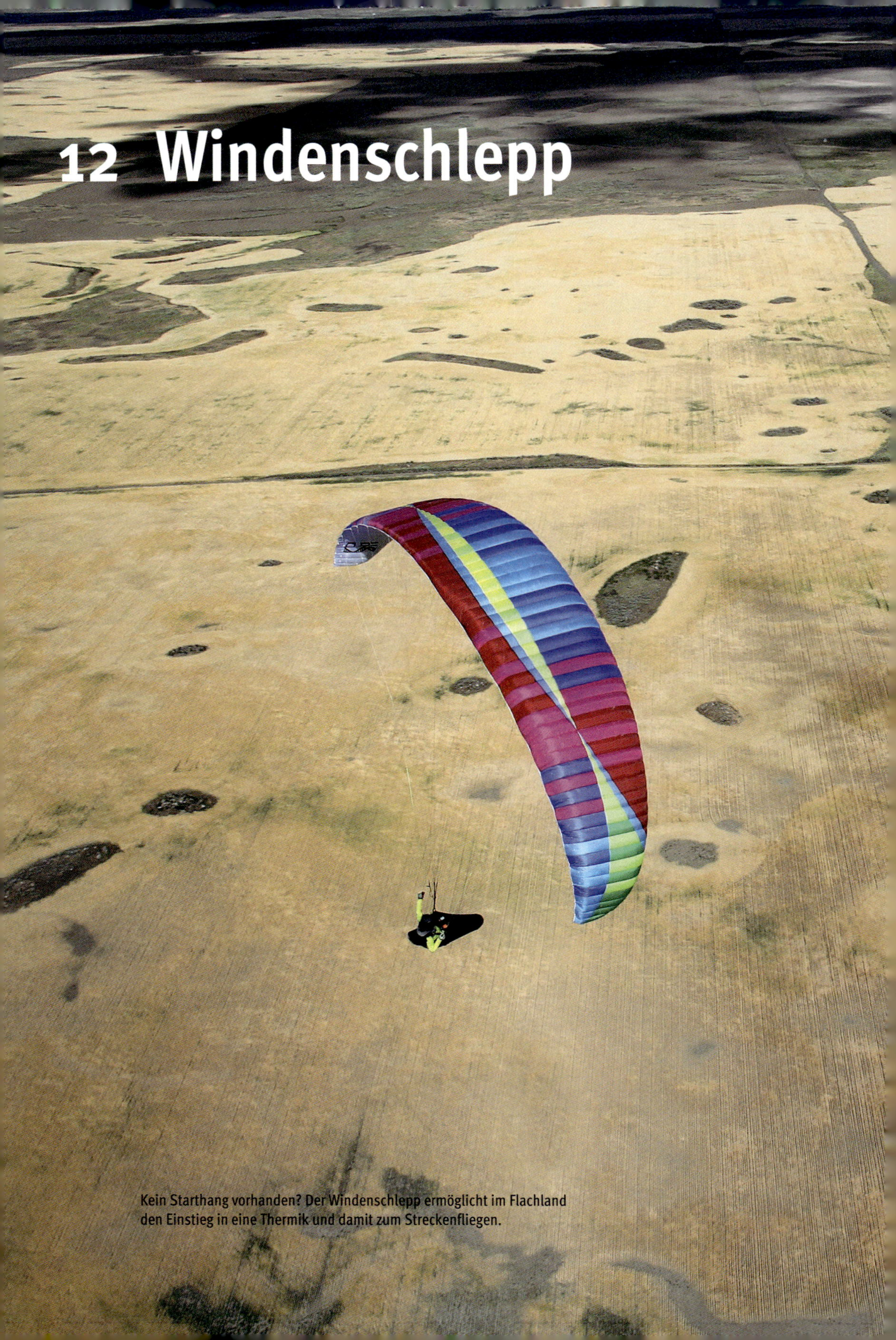

Kein Starthang vorhanden? Der Windenschlepp ermöglicht im Flachland den Einstieg in eine Thermik und damit zum Streckenfliegen.

Dank der Seilwinde eröffnen sich für Gleitschirmflieger auch im Flachland optimale Flugmöglichkeiten. Die einfache und sichere Handhabung der Seilwinde erlaubt den Einsatz auch für weniger routinierte Piloten. An thermisch aktiven Tagen lassen sich sogar größere Streckenflüge im Flachland durchführen, was den Windenschlepp selbst für erfahrene Piloten interessant macht.

Als Pilot benötigt man eine Windenschleppeinweisung. Auch die Ausbildung zum Gleitschirmflieger ist direkt an der Winde möglich. Die Gleitschirmausrüstung muss für den Windenschlepp zugelassen sein.

12.1 Die Ausrüstung

Abrollwinde

Von der Abrollwinde wird das Schleppseil während des Schleppvorgangs abgerollt. Der Grundschleppzug wird durch einen langsam fahrenden Pkw erzeugt, an dessen Heck (Kofferraum oder Anhängerkupplung) die Abrollwinde befestigt ist. Der Windenführer, der im Kofferraum sitzt und die Winde bedient, regelt die Zugkraft, indem er die Abrolltrommel mehr oder weniger stark abbremst. Abrollwinden sind klein, leicht, unkompliziert zu bedienen und verhältnismäßig preisgünstig. Da die Startfrequenz gering ist, eignet sich die Abrollwinde für kleine Schleppgemeinschaften.

Stationäre Winde

Die stationäre Winde ist mit einem Motor ausgestattet, der das vorher ausgelegte Seil während des Schleppvorgangs mit einer bestimmten Zugkraft aufspult. Die Schleppfrequenz ist sehr hoch und kann durch eine Doppeltrommelwinde noch gesteigert werden. Da der Anschaffungspreis groß ist, werden stationäre Winden von Flugschulen und Clubs betrieben.

Alle verwendeten Seilwinden müssen eine Zulassung besitzen und mit einer Kappvorrichtung, die im Notfall das Zugseil trennt, versehen sein. Für die Bedienung und den ordnungsgemäßen Zustand ist der Windenführer verantwortlich.

Schleppseil/Vorseil

Als Schleppseil wird ein Kunststoffseil (selten noch ein Stahlseil) verwendet. Am Schleppseilende befindet sich zur Verbindung zwischen Pilot und Schleppseil das Vorseil. Es besteht aus dem Reffseil (nur bei Stahlseilen), dem Seilfallschirm, einer Sollbruchstelle mit 200 daN und dem Abstandsseil, an dessen Ende sich der GS-Pilot einhängt. Ist ein nur für Hängegleiter notwendiges Gabelseil vorhanden, benutzt der GS-Pilot das längere Ende des Gabelseils zur Verbindung mit seiner Schleppklinke.

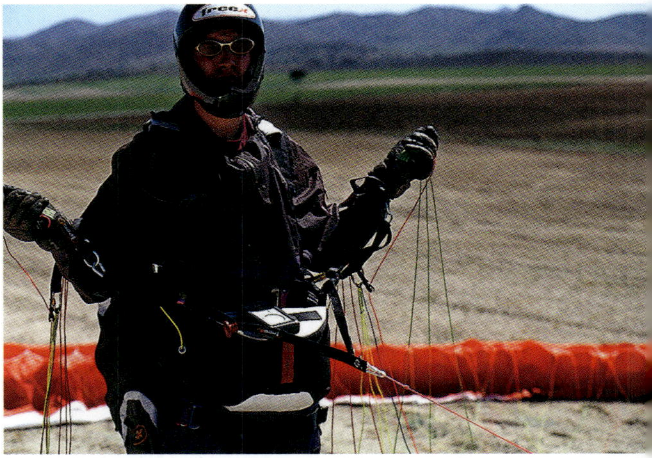

Startcheck abgeschlossen, Schleppseil eingehängt. Der Windenführer wartet nun auf das Kommando des Piloten, damit es losgehen kann.

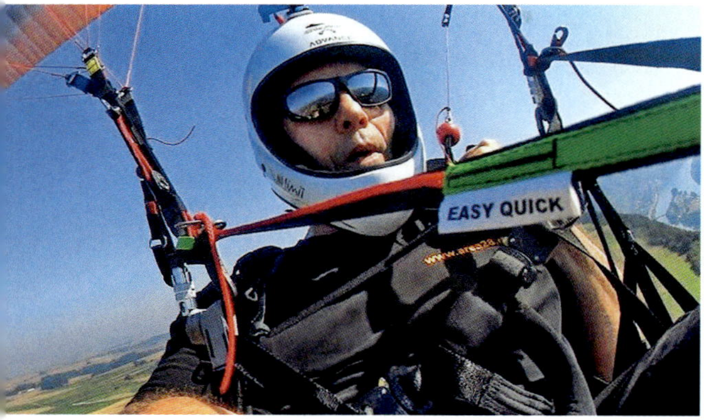

Textilschleppklinke im Einsatz

Schleppklinke

Die Schleppklinke ist eine jederzeit trennbare Verbindung zwischen Pilot und Schleppseil. Sie besteht aus einem Textilband, das links und rechts am Gurtzeug befestigt wird, und einem Mechanismus, der im geschlossenen Zustand das Schleppseil fixiert. Durch einen Auslösegriff kann sich der Pilot auch unter Zuglast sofort vom Schleppseil trennen. Die Schleppklinke darf nicht zu tief am Gurtzeug montiert werden, da sonst beim

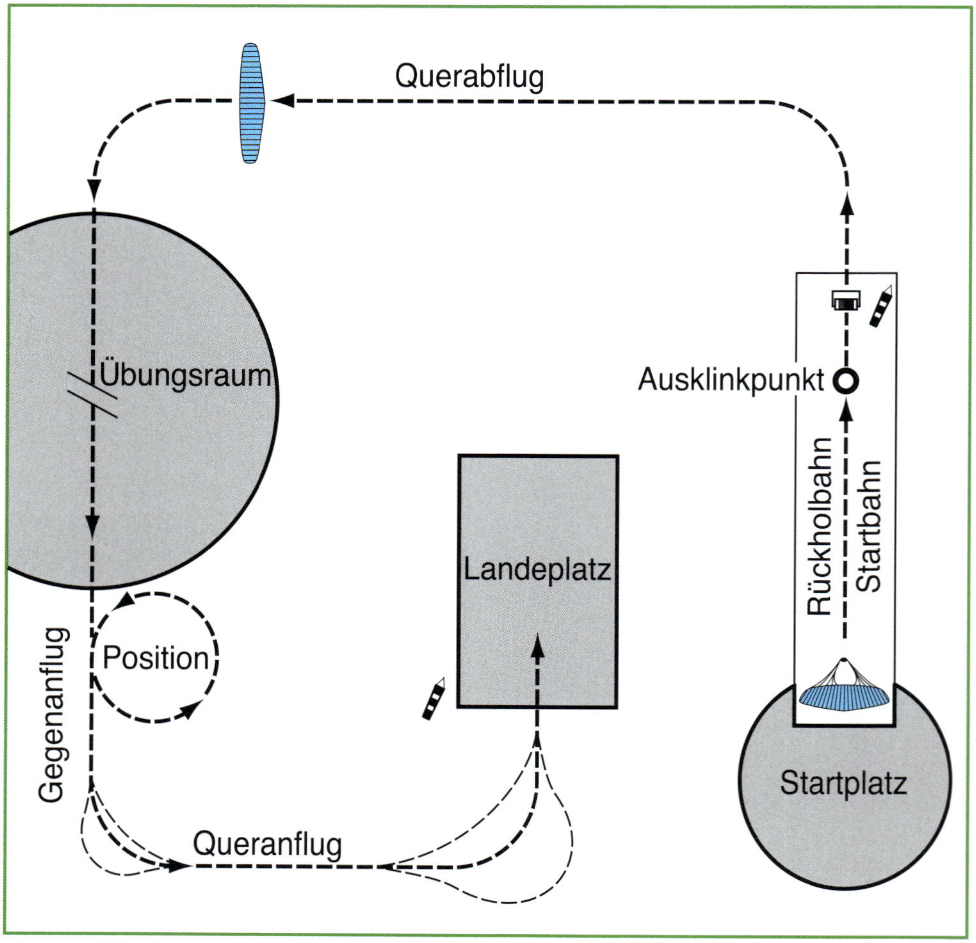

Schleppflugplatz. Wichtig: Nach dem Start ist der Startraum zu verlassen und in den Übungsraum abzufliegen oder auf Strecke zu gehen. Um den Schleppbetrieb nicht zu stören, geschieht der Landeanflug (auch hier in Position, Gegen- und Queranflug gegliedert) außerhalb des Startbereichs!

Schlepp der Pilot zu weit vor dem Segel hängt. Dies führt bei Seilriss oder Ausklinken unter Zug zu starkem Durchpendeln des Gleitsegels. Besitzt ein Gurtzeug Befestigungspunkte für die Schleppklinke, sind diese auch zu benutzen. Dies gilt auch für die Windenschlepphilfe, die bei einigen Gleitschirmen notwendig ist.

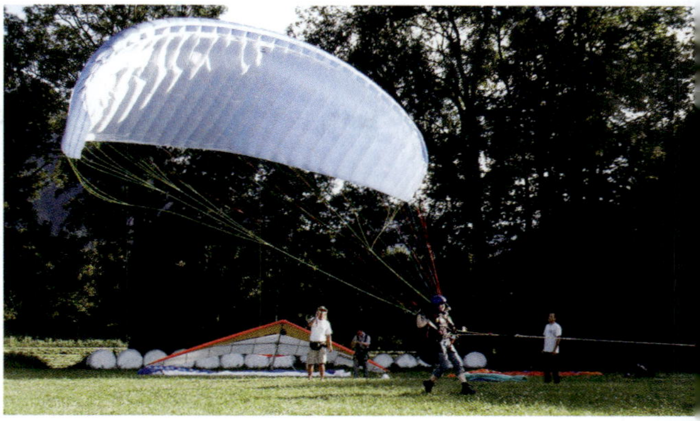

Der Pilot zieht den Gleitschirm auf, der Windenfahrer unterstützt durch fein dosierten Zug.

Ausrüstung des Piloten

Es können alle Gleitsegel und Gurtzeuge verwendet werden, die Musterprüfung besitzen und für den Schleppbetrieb zugelassen sind. Für Anfänger sind gutmütige Gleitsegel eher geeignet, da diese nicht so feinfühlig sind und somit Pilotenfehler leichter verzeihen. Gleitsegel, die zu Sackflug neigen oder schwer zu starten sind, sind weniger geeignet.

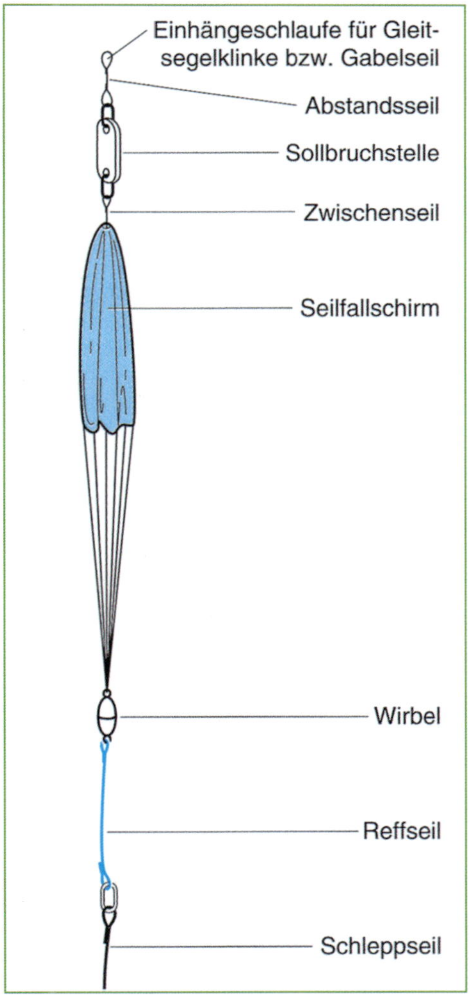

Aufbau Vorseil (verkürzte Darstellung)

12.2 Die Schleppmannschaft

Windenführer

Der Windenführer bedient die Seilwinde und ist für den einwandfreien Zustand des Geräts verantwortlich. Er benötigt eine Windenführerberechtigung. Erfahrene Windenführer mit Gefühl für den Schlepp tragen entscheidend zum sicheren Schleppbetrieb bei.

Startleiter

Der Startleiter befindet sich an der Startstelle und überwacht den gesamten Schleppbetrieb. Er bedient das Sprechfunkgerät, überprüft die Seilauslegung, klinkt das Schleppseil am Piloten ein und überwacht den Luftraum.

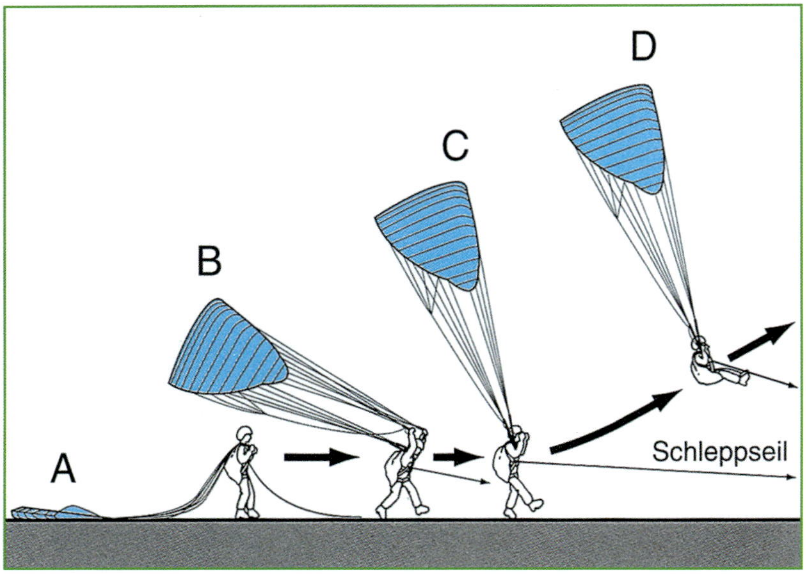

Schleppstart:
A: Der Pilot ist startklar. Der Windenführer gibt nach dem Kommando »Seil anziehen« leichten Zug auf das Schleppseil.
B: Nach dem Kommando »Fertig« zieht der Pilot den Gleitschirm auf. Der Windenführer unterstützt durch leichten Seilzug.
C: Der Pilot kontrolliert den aufgezogenen Gleitschirm und gibt das Kommando »Start«, wenn alles in Ordnung ist.

Seilrückholer

Der Seilrückholer bringt das Schleppseil, das nach dem Ausklinken am Seilfallschirm zu Boden fällt, zum Startplatz zurück.

12.3 Der Schleppbetrieb

Der Start erfordert ein exaktes Zusammenspiel zwischen dem Piloten und dem Windenführer. Deshalb müssen Kommandos und Abläufe exakt eingehalten werden. Der Startleiter hat eine überwachende Funktion. Vor dem Start müssen folgende Voraussetzungen gegeben sein (siehe dazu außerdem auch Kapitel 6.1 Startvorbereitungen):

- Das Schleppseil muss geradlinig, hindernisfrei und ohne Schlaufenbildung und Seilüberlagerungen ausgelegt sein.
- Es muss Sicht- und Sprechfunkverbindung zwischen Windenführer und Startstelle (Pilot und Startleiter) bestehen.
- Im Schleppbereich dürfen sich keine weiteren Personen befinden.
- Bei Zuschauern sollte das Fluggelände abgesperrt sein.
- Die komplette Ausrüstung (Winde, Schleppklinke, Pilotenausrüstung) muss in der Vorbereitungsphase auf Funktionstüchtigkeit überprüft worden sein.

Startvorbereitung

Der Pilot betritt den Startraum, legt den Gleitschirm gegen den Wind aus (siehe Abschnitt 6.1) und macht sich startklar. Zusätzlich muss noch die Schleppklinke fest am Gurtzeug fixiert werden. Damit sich der Windenführer auf den Schlepp richtig einstellen kann, benötigt er Informationen über den Piloten und das Fluggerät.
Der Windenführer benötigt diese Information, um den maximalen Schleppzug für den Piloten einzuhalten. Hier gilt, dass der maximale Schleppzug dem Körpergewicht des Piloten entsprechen soll, maximal aber 90 kp nicht überschreiten darf.

Der Pilot und der Windenführer sind somit startklar. Der Startleiter überprüft zusätzlich die Startvorbereitungen. Eine gelbe Rundumleuchte an der Winde signalisiert den Schleppbetrieb.

› Durchsage von Startstelle an Windenführer

›› *Antworten vom Windenführer an Startstelle*

› Gerätemuster (Modell)

›› *Wiederholung*

› Pilot (Gewicht), ggf. Passagier

›› *Wiederholung*

› Sonstige Informationen

›› *Keine Wiederholung*

Start des Schleppvorgangs

Es folgen die Kommandos:

› Durchsage von Startstelle (Pilot) an Windenführer

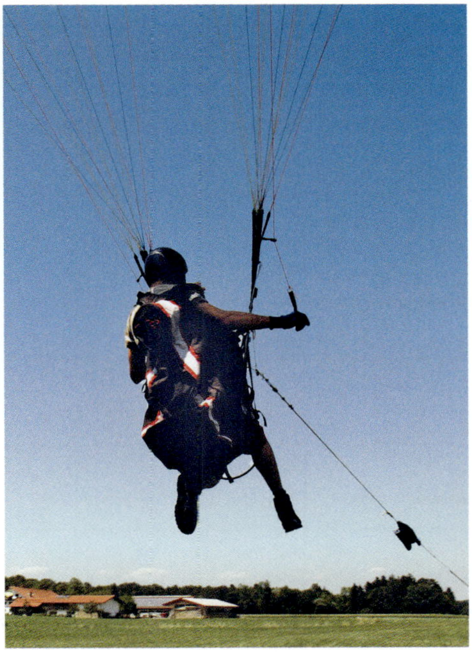

Kurz nach dem Abheben gibt der Pilot hier zu viel Bremse. Das erhöht das Sackflugrisiko. Also Bremsen auf und der Schirm steigt sicher gleichmäßig.

›› *Antworten vom Windenführer an Startstelle (Pilot)*

› 1. »Pilot und Gerät startklar«

›› *»Winde startklar«*

Der Startleiter hängt nun das Schleppseil in die Schleppklinke ein. Der Pilot befindet sich in Startstellung und ist bereit, den Gleitschirm aufzuziehen.

› 2. »Pilot eingehängt«

›› *»Pilot eingehängt«*

› 3. »Seil anziehen«

›› »Seil straff«

Der Windenführer strafft langsam das Seil, bis der Pilot einen leichten Zug spürt.

› 4. »Fertig«

›› Keine Wiederholung

Leichte Zugkrafterhöhung

Der Pilot zieht nach dem Kommando »Fertig« den Gleitschirm auf. Steht der Gleitschirm über dem Piloten und ist der **Kontrollblick** durchgeführt, folgt der Start.

› 5. »Start«

›› Keine Wiederholung

Startdurchführung

Hörbereitschaft

Der Windenführer steigert jetzt den Schleppzug. Der Pilot hebt sofort ab und steigt nach oben. Während des gesamten Schleppvorgangs darf der Pilot den Gleitschirm nicht angebremst fliegen. Der Startleiter überwacht den Startvorgang. Sollte der Pilot oder der Windenführer einen Fehler machen oder ein Kommando vergessen, muss durch das Kommando »Halt Stopp, Halt Stopp« (mehrmals) der Start sofort unterbrochen werden.

Im Notfall:

› 6. »Halt Stopp« (mehrmals)

›› *Keine Wiederholung*

Gas weg, notfalls kappen

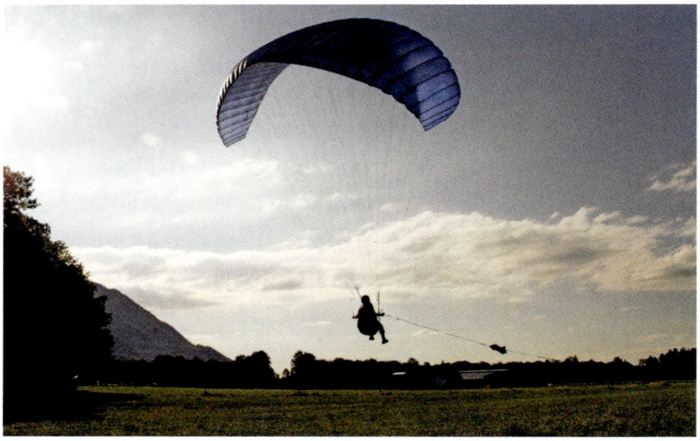

Abgehoben – der Pilot bremst hier zu viel, der Windenführer achtet auf konstanten Zug und beobachtet dabei den Schirm und den Piloten genau, um sofort reagieren zu können.

Kommandodialog zwischen Startstelle und Windenführer für den Vorwärtsstart

Startstelle (Pilot/Startleiter)		Windenführer	Aktion an der Winde
Durchsage von Pilot (ggf. Passagier, Pilotengewicht, Gerätemuster, sonstige Informationen)		Jeweils Wiederholung der Durchsagen oder am Ende »Verstanden«	-----
»Pilot und Gerät startklar« (ggf. »Pilot, Passagier und Gerät startklar«)		»Winde startklar«	-----
»Pilot eingehängt« (ggf. »Pilot und Passagier eingehängt«)		»Pilot eingehängt« (ggf. »Pilot und Passagier eingehängt«)	-----
»Seil anziehen«		-----	Windenfahrer zieht das Seil straff
»Seil straff«		»Seil straff«	-----
»Fertig«		-----	Leichte Zugkrafterhöhung
»Start«		-----	Windenfahrer beginnt den Schlepp
Im Notfall »Halt Stopp – Halt Stopp« (mehrfach)		-----	Schlepp abbrechen, notfalls Seil kappen

Signale des Piloten aus der Luft an den Windenführer

Pilot in der Luft	Windenführer	Aktion an der Winde
Grätschen der Beine (anhaltend) soll heißen »langsamer«.	→ -----	Windenfahrer reduziert die Schleppgeschwindigkeit.
Radfahrbewegung (mehrmals) soll heißen »schneller«.	→ -----	Windenfahrer erhöht die Schleppgeschwindigkeit.
Grätschen der Beine (mehrmals) soll heißen »Gas weg zum Ausklinken«.	→ ----	Windenfahrer verringert den Schleppzug und stoppt den Schlepp.

Besonderheit für den Windenschlepp unter 150 m Schleppseillänge ohne Sprechfunk

Beim Windenschlepp mit kurzem Schleppweg von weniger als 150 m zwischen Startstelle und der Schleppwinde oder dem Schleppfahrzeug kann auf die Sprechverbindung verzichtet werden. Stattdessen werden folgende Zeichen verwendet.

Pilot in der Luft	Windenführer	Aktion an der Winde
»Pilot und Gerät startklar« und »Pilot eingehängt«	*Arm hoch*	*seitlich winken*
»Seil anziehen«	*Arm waagrecht*	----
»Fertig« und »Start«	*Arm unten*	----
»Halt Stopp«	*Arme schwenken*	----

Rückwärtsstart an der Schleppwinde

Bei stärkerem Wind und bei Schirmen, die sich leicht rückwärts aufziehen lassen, kann es sinnvoll sein, rückwärts zu starten. Dies muss jedoch unbedingt vor dem Start angekündigt und mit dem Startleiter und dem Windenführer besprochen werden.

Rückwärtsstart bei leichtem Wind

Die Besonderheit beim Rückwärtsstart ist, dass der Pilot vor der Phase »Seil straff« mit dem Rücken und dem Einhängepunkt genau gegen die Schlepprichtung steht. Dafür benötigt der Pilot ausreichend Bewegungsfreiheit. Deshalb sollte der Windenführer dem Schleppseil etwas Luft lassen, aber dabei kein Schlappseil bilden. Nun zieht der Pilot den Gleitschirm auf, bis der Schirm über dem Piloten steht.

Er dreht sich aus und hält den Schirm kontrolliert über sich. Das Schleppseil wird nun gestrafft. Jetzt ist der Moment gekommen, in dem Pilot und Winde wie bei einem Vorwärtsstart bereit sind zum Start. Das Kommando »Fertig« folgt, der Windenfahrer erhöht die Zugkraft, es erfolgt das Kommando »Start« und der Schlepp beginnt.

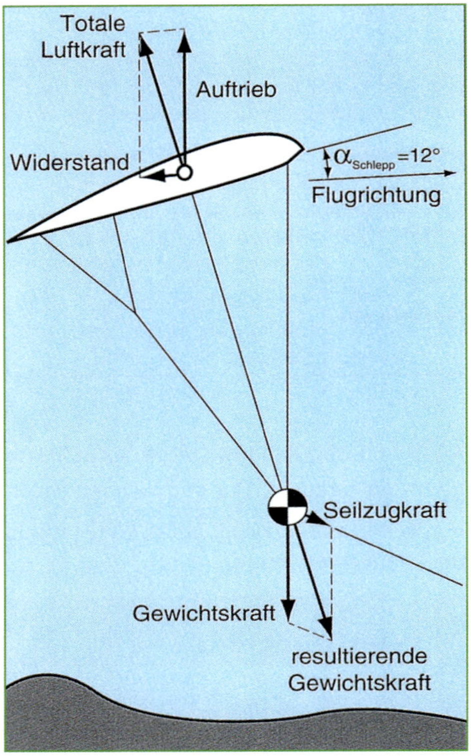

Das Kräfteparallelogramm im Schleppflug

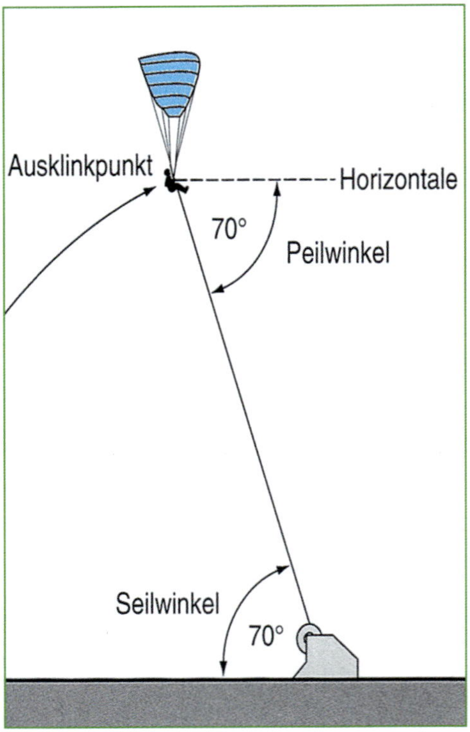

Der Ausklinkpunkt ist bei einem Seil- bzw. Peilwinkel von 70° erreicht.

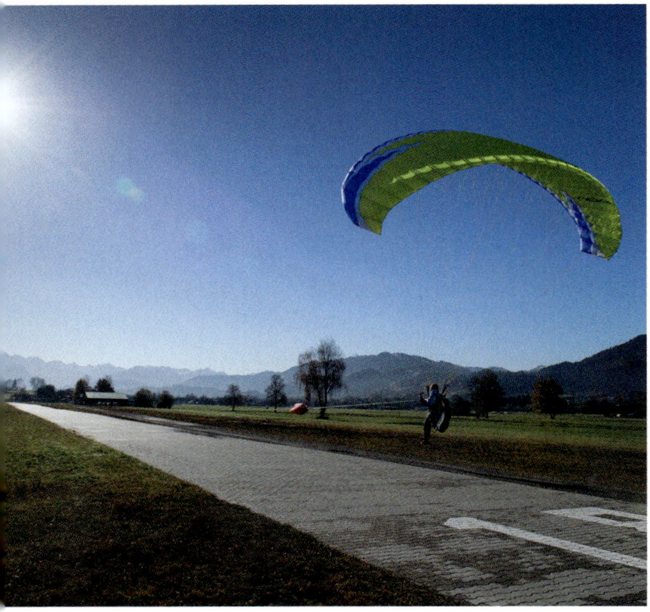

Alles richtig: Der Pilot ist mit der Bremse nur auf Tuchfühlung.

Rückwärtsstart bei starkem Wind

Bei starkem Wind wird der Windenführer die Winde sogar auskuppeln, um dem Piloten den Raum zu lassen, den er benötigt, um dem Schirm beim Aufziehen etwas entgegenlaufen zu können, da der den Öffnungsstoß abfangen muss. Steht der Schirm über dem Piloten und der Pilot ist in Schlepprichtung ausgedreht, kuppelt der Windenfahrer wieder ein und strafft das Seil. Es erfolgt der übliche Startablauf.

Schleppflug

Beim Schleppflug befindet sich durch den Zug des Schleppseils der Pilot vor dem Gleitsegel. Damit es zu keinem ungewollten Strömungsabriss kommt, darf

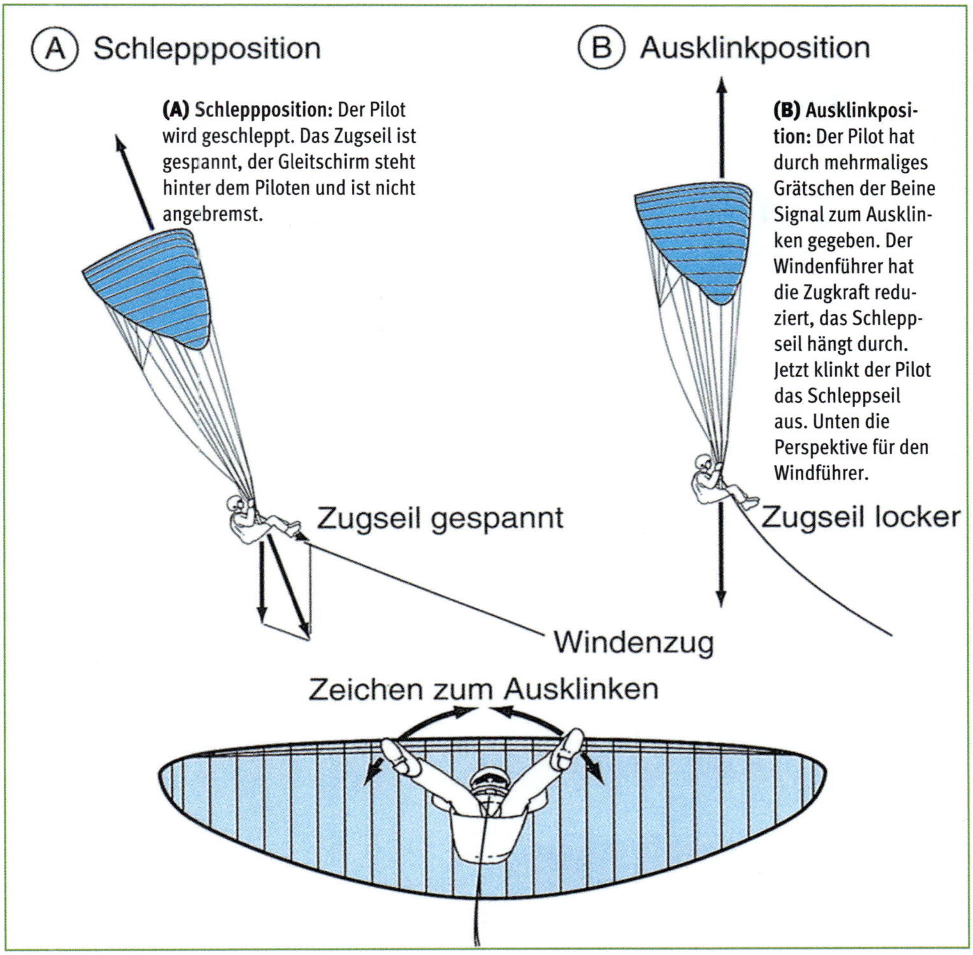

das Gleitsegel während des Schleppvorgangs unter keinen Umständen angebremst geflogen werden. Bei Seitenwind kann der Pilot jedoch mit der entsprechenden Steuerleine den Gleitschirm in Schlepprichtung vorsichtig korrigieren. Kleine Pendler können ebenfalls vorsichtig korrigiert werden. Da ein Seilriss nie ganz ausgeschlossen werden kann, darf der Windenführer erst in Sicherheitshöhe auf den Maximalzug gehen. Er wird deshalb nach dem Abheben des Piloten den Zug langsam steigern. Damit sich der Pilot mit dem Windenführer verständigen kann, gibt es eine einfache **Zeichensprache** mit den Beinen.

Während des Start- und Schleppvorgangs darf das Gleitsegel nicht angebremst geflogen werden – erhöhte Unfallgefahr!

ZEICHEN DES PILOTEN AN DEN WINDENFÜHRER

- Grätschen der Beine (anhaltend), soll heißen »langsamer«.
- Radfahrbewegungen (mehrmals), soll heißen »schneller«.
- Grätschen der Beine (mehrmals), soll heißen »Gas weg zum Ausklinken«.

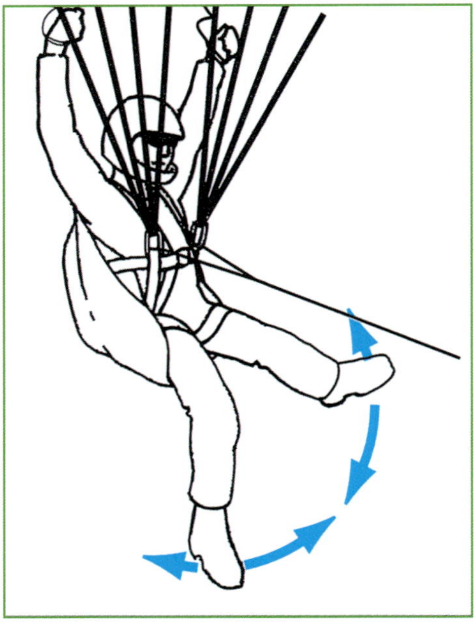

Beinegrätschen als Ausklinksignal an den Windenführer

Das Ausklinken aus dem Schleppseil darf erst erfolgen,
- wenn das Kommando zum Ausklinken erfolgt ist,
- wenn kein Schleppzug auf dem Seil ist.

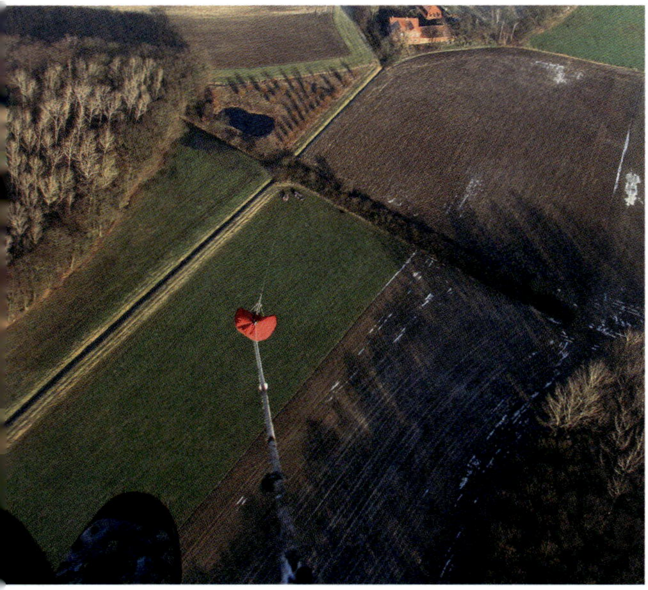

Der Pilot ist kurz vor dem Ausklinken. Die Abdrift durch den Wind ist deutlich zu sehen.

Ausklinken

Ist die Schlepphöhe erreicht, gibt der Pilot dem Windenführer durch mehrmaliges Grätschen der Beine Signal, dass er ausklinken will. Der Windenführer nimmt das Gas weg, die Seilspannung wird geringer. Ist kein Schleppzug auf dem Seil, klinkt der Pilot das Schleppseil aus. Dazu betätigt er den Öffnungsmechanismus an der Schleppklinke. Wichtig ist hierbei, dass der Pilot wirklich erst ausklinkt, wenn kein Schleppzug auf dem Seil ist. Würde zu früh ausgeklinkt werden, käme es zu starken Segelpendlern. Erkennt der Pilot die Schlepphöhe nicht selbst, wird der Windenführer von sich aus bei maximaler Schlepphöhe das Gas wegnehmen. Der Schleppzug wird geringer. Der Pilot muss jetzt trotzdem dem Windenführer mit den Beinen das Signal zum Ausklinken geben. Auch hier darf der Pilot erst ausklinken, wenn keinerlei Schleppzug auf dem Seil ist.

Freier Flug

Nach dem Ausklinken gelten die allgemeinen Flugregeln und Vorsichtsmaßnahmen. An thermisch aktiven Tagen lassen sich beachtliche Flughöhen erreichen. Wichtig ist jedoch immer, rechtzeitig den Wind am Landeplatz zu beobachten, um eine ordentliche Landevolte fliegen zu können und somit sich und andere Piloten, die noch in der Luft sind, nicht zu gefährden.

Landevolte

Die Landevolte wird wie in Abschnitt 7.3 (S.122) beschrieben geflogen.
Die Landung erfolgt immer gegen den Wind.

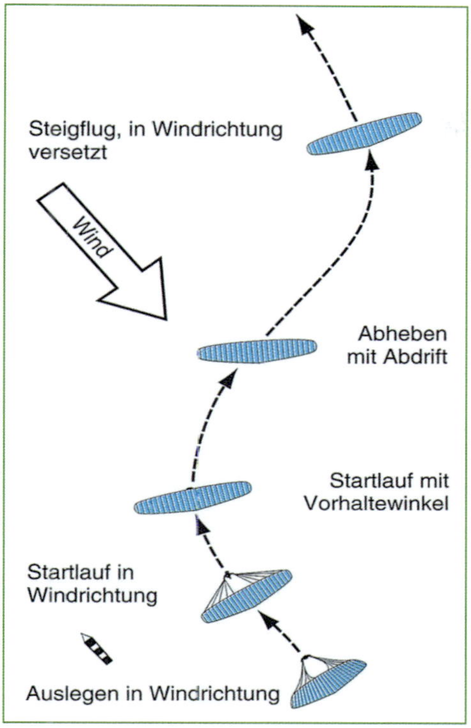

Schleppen bei Seitenwind: Ausgelegt wird in Windrichtung, und auch der Startlauf weicht von der Schlepprichtung ab. Mit dem Abheben dreht sich der Schirm automatisch in Schlepprichtung. Allerdings kommt es durch Windversatz zur Abdrift, auf die man mit leichtem Gegensteuern reagiert.

Landung

Die Landung erfolgt wie in Abschnitt 6.5 (Seite 111) beschrieben. Zur Landung rechtzeitig im Gurtzeug aufrichten.

12.4 Schlepp für Fortgeschrittene

Schlepp bei stärkerem Wind

Gerade im Flachland herrschen oft stärkere Windverhältnisse. Ist die Windgeschwindigkeit deutlich unter der Eigengeschwindigkeit des Gleitsegels, ist ein Schleppbetrieb für erfahrene Piloten ohne großes Risiko möglich.

Die Windgeschwindigkeit muss deutlich unter der Maximalgeschwindigkeit des Gleitsegels liegen.

Bei stärkerem Wind muss mit deutlich weniger Seilzug geschleppt werden. Der Pilot steigt wesentlich steiler nach oben. Es wird eine größere Ausklinkhöhe erreicht.

Zu beachten ist, dass in zunehmender Höhe die Windstärke zunimmt. Dies kann in der Praxis dazu führen, dass der Pilot auf der Stelle steht oder sogar rückwärts fliegt. Gerade dann ist es wichtig, dass der Pilot nicht zu früh ausklinkt, damit man nicht im Lee von Bäumen oder Häusern landen muss.

Schlepp bei Seitenwind

Der optimale Start ist genau gegen den Wind. Lässt das Schleppgelände die Ausrichtung der Winde nicht zu, ist ein Schlepp bei leichtem Seitenwind für erfahrene Piloten gefahrlos möglich. Der Seitenwind darf dabei maximal im 45°-Winkel anstehen und darf nicht böig sein. Das Schleppgelände muss weiträumig sein, um eine Abdrift gefahrlos zu ermöglichen.

Der Pilot legt den Schirm in Windrichtung und nicht in Schlepprichtung aus. Der Start erfolgt ebenfalls genau gegen den Wind. Ist der Schirm über dem Piloten und der Windenführer erhöht den Zug, richtet sich der Schirm mehr und mehr in Richtung des Schleppzugs. Ist die Abhebegeschwindigkeit erreicht, hat sich der Gleitschirm in Richtung des Schleppzugs ausgerichtet.

Nach dem Abheben wird der Gleitschirm je nach Windstärke leicht seitlich versetzt. Man spricht von einer Abdrift. Durch leichtes Gegensteuern hält man den Schirm in Schlepprichtung. Man fliegt nun mit **Vorhaltewinkel**. Ein leichter Versatz zur ei-

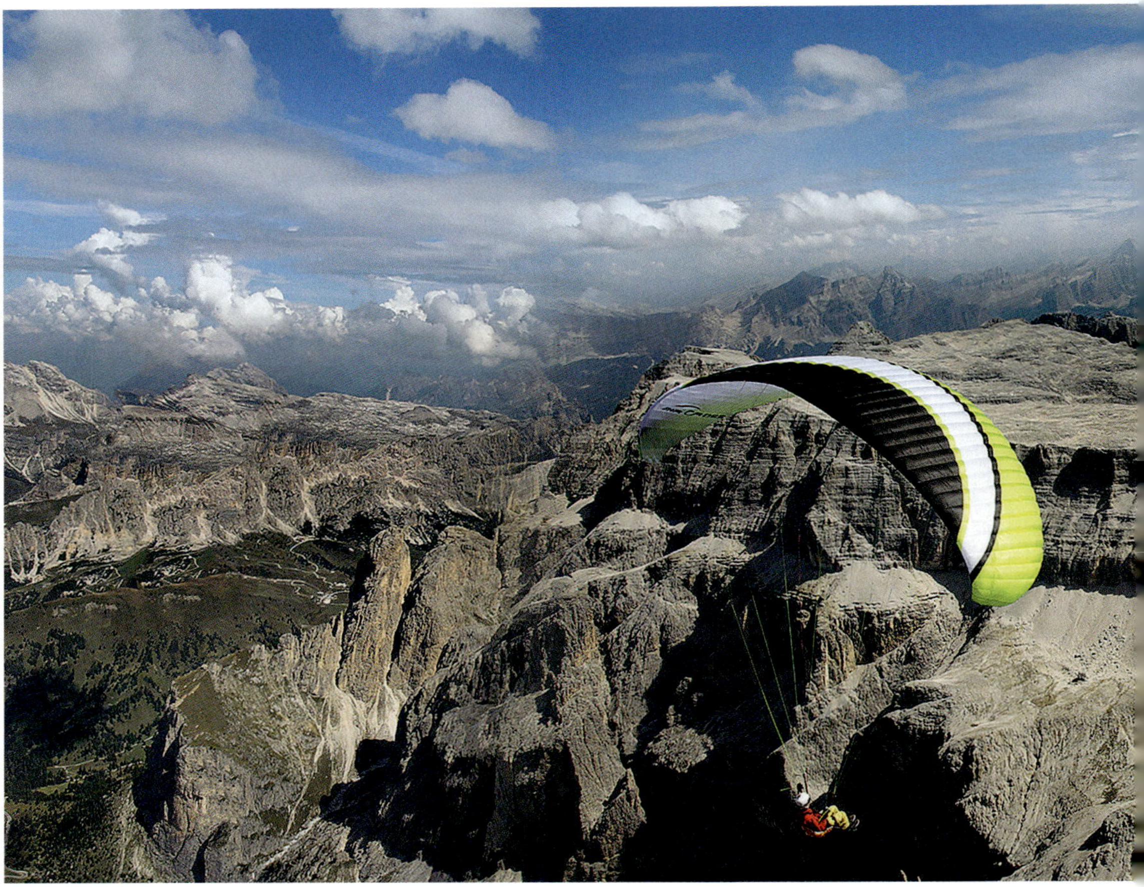

gentlichen Schlepprichtung ist nicht von Nachteil. Es kann dadurch sogar eine etwas höhere Ausklinkhöhe erreicht werden.

Schlepp bei Thermik

Je nach Intensität der Thermik erfordert der Schlepp an thermisch aktiven Tagen viel Erfahrung und Gefühl vom Windenführer. Der Pilot muss seinen Gleitschirm beherrschen und ein Gefühl dafür entwickelt haben. Durch die thermischen Ablösungen wird der Schlepp zu einer sehr ruppigen Angelegenheit. Deshalb darf aus Sicherheitsgründen nur mit sehr geringem Zug geschleppt werden, damit der plötzlich auftretende Zug, der durch eine aufsteigende Ablösung erzeugt wird, ausgeglichen werden kann. Ist der Schleppzug zu stark, kann die Sollbruchstelle am Schleppseil brechen. An sogenannten Hammertagen, das sind Tage mit besonderer thermischer Aktivität mit Steigwerten um die 3 bis 5 m/s, birgt der Schleppbetrieb erhöhte Risiken.

12.5 Gefahrensituationen

Sackflug

Ist beim Start der Schirm nicht über dem Piloten, sondern hängt noch hinter dem Piloten, besteht höchstes Sackflugrisiko,

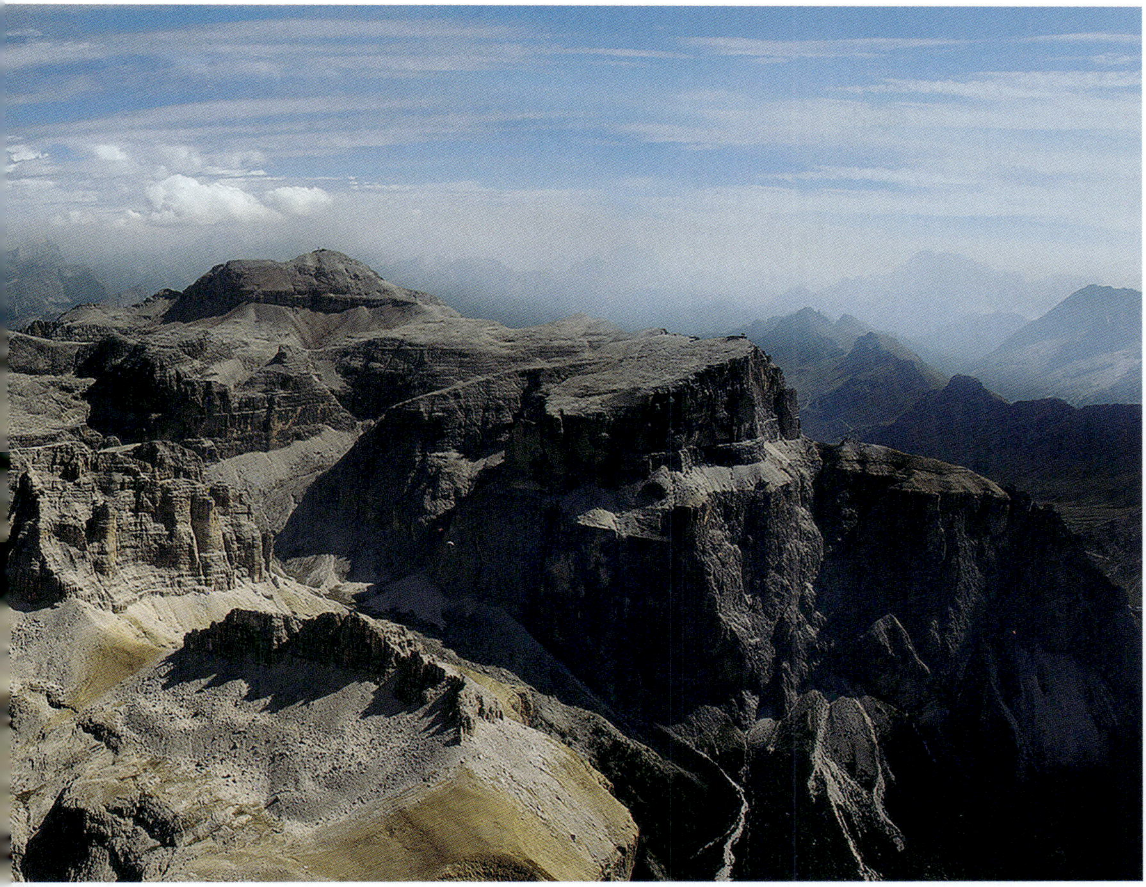

Winden- oder Bergstart: Nur mit Thermikanschluss wird es ein längerer Flug. Dolomiten.

wenn der Pilot so in die Luft geschleppt wird (s. Kap. 7.4). Der Windenfahrer darf jetzt keinesfalls plötzlich den Zug nachlassen. Der Schirm würde stark pendeln, in Bodennähe ein extremes Verletzungsrisiko. Keinesfalls darf der Pilot zusätzlich anbremsen. Der Windenfahrer lässt nun den Piloten sachte unter Zug sicher ab.

Seilriss

Ein Seilriss kann in Bodennähe gefährlich sein, wenn mit zu viel Zug geschleppt wurde. Es kommt dann zu starken Pendelbewegungen, die gerade in Bodennähe gefährlich sind. Im Extremfall kann es zu einem Pendelstall kommen. Wird mit geringem, also richtigem Seilzug geschleppt, kann der Pilot die leichten Pendler gut auffangen. Er kann sicher landen.

Lockout

Unter einem Lockout versteht man das seitliche Abschmieren des Fluggeräts unter starkem Seilzug. Zu einem Lockout kann es nur kommen, wenn der seitliche Versatz sehr groß ist und der Windenführer den Zug nicht nachlässt. Sollte es trotzdem zu solch einer Situation kommen, muss der Pilot rechtzeitig ausklinken.

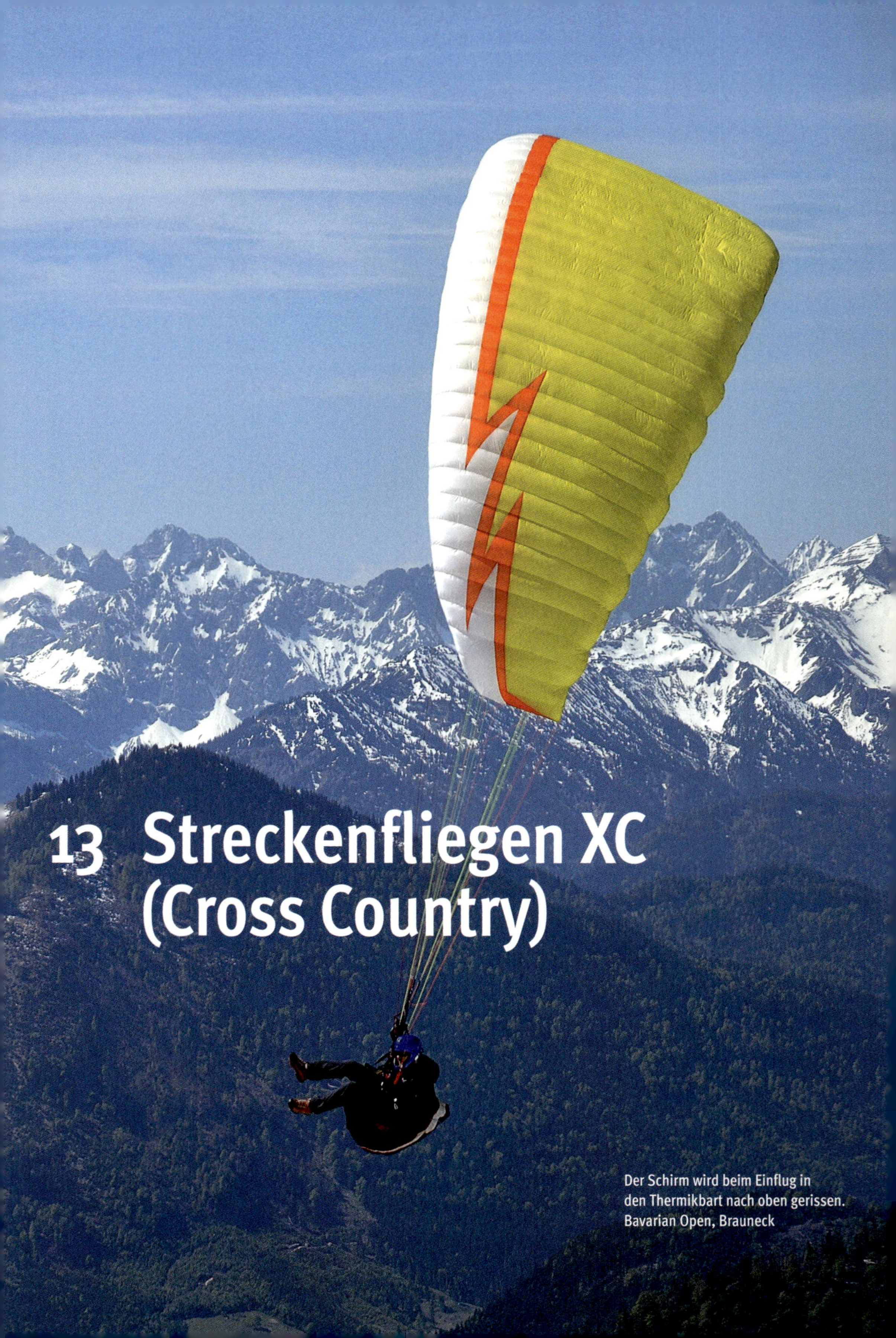

13 Streckenfliegen XC (Cross Country)

Der Schirm wird beim Einflug in den Thermikbart nach oben gerissen. Bavarian Open, Brauneck

»Auf Strecke gehen« bedeutet, sich vom vertrauten Luftraum eines Fluggebiets zu lösen und sich mithilfe von Thermik und Wind auf eine selbst gewählte Flugroute zu begeben mit dem Ziel, dabei möglichst weit zu kommen bzw. ganz bestimmte Wendepunkte zu erreichen. Streckenflugsüchtige nutzen jede Gelegenheit, um »auf Strecke« zu gehen, wenn sich wieder mal eine gute Streckenflugwetterlage zusammenbraut.

Für viele Gleitschirmflieger ist erst das Streckenfliegen die hohe Kunst des Gleitschirmfliegens. Die Anforderungen sind, je nach Streckenflugziel, auch entsprechend hoch. Oft ist man dabei alleine unterwegs, hat keine Anhaltspunkte in der Luft und ist voll auf sich gestellt. Mal sucht man schon ganz tief unten verzweifelt nach einem Thermikbart, später ist man nur als kleiner Punkt am Himmel auszumachen und kann so selbst weite Täler queren. Streckenfliegen erfordert neben den fliegerischen Voraussetzungen gute Schirmbeherrschung auch in kritischen Situationen und ein hohes Maß an psychischer Stärke. Dabei ist immer wieder zwischen dem Ehrgeiz, weit zu kommen, und der realen Flugsituation mit den Risiken, die durch das Wetter, die Tageszeit oder auch durch die orografischen Bedingungen gegeben sind, abzuwägen. Mentale Stärke und körperliche Belastbarkeit können dabei durch regelmäßiges Training verbessert werden. Dazu steigt die Flugsicherheit. Gute Streckenflieger haben meist einen enormen Erfahrungsschatz, der sich aus den unterschiedlichsten Streckenflugsituationen gebildet hat. Wer sich das erste Mal auf Strecke begibt, sollte deshalb die Ziele nicht zu hoch stecken und lieber gezielt kleine Aufgaben meistern, die sich im Laufe der Zeit verbinden lassen. Kartenkunde und Navigation gehören ebenso dazu wie die Flugdokumentation mit Kombigerät und GPS.

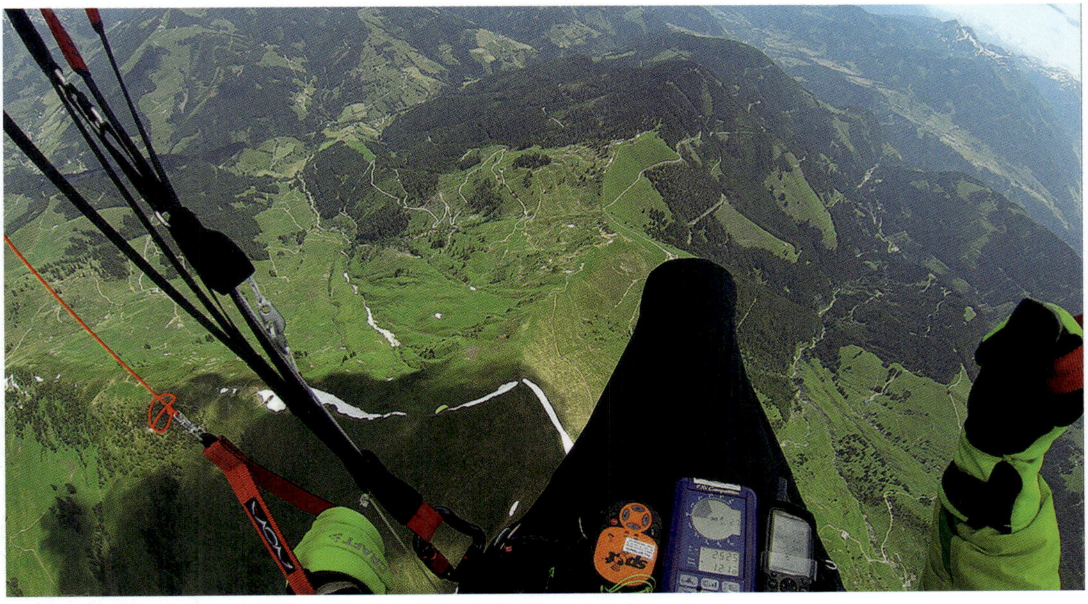

Auf Streckenflug. Die Beine im Fußsack und die Fluginstrumente gut im Blick (Till Gottbrath)

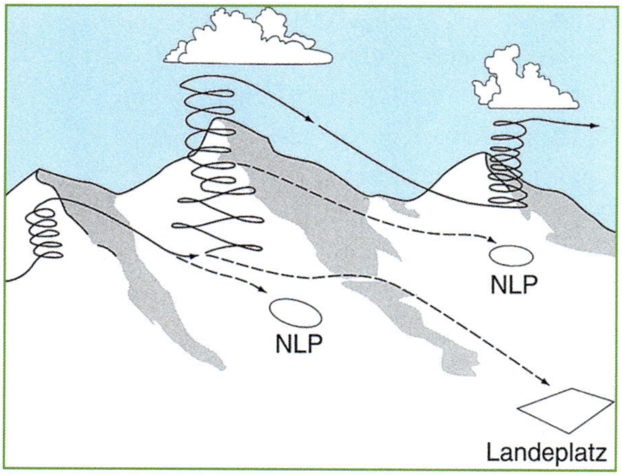

Streckenfliegen: Die sonnenbeschienenen Hänge werden zum Thermikfliegen genutzt. In Hanghöhe wird in Achterkreisen vom Hang weggekurvt, über dem Grat kann gekreist werden. Je nach Abflughöhe aus dem Bart wird entweder ein Notlandeplatz (NLP) oder der Anschluss an einen weiteren Bart angesteuert.

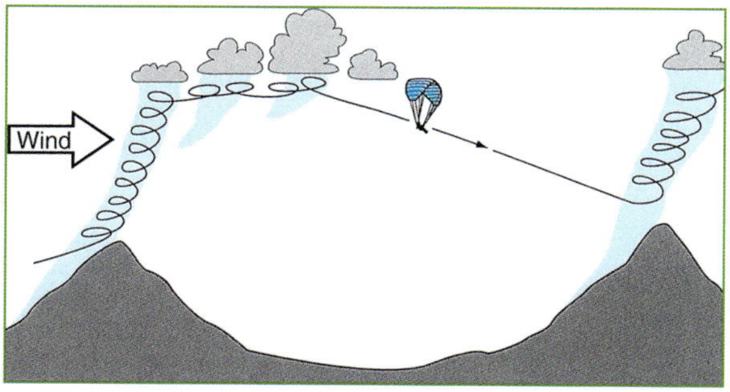

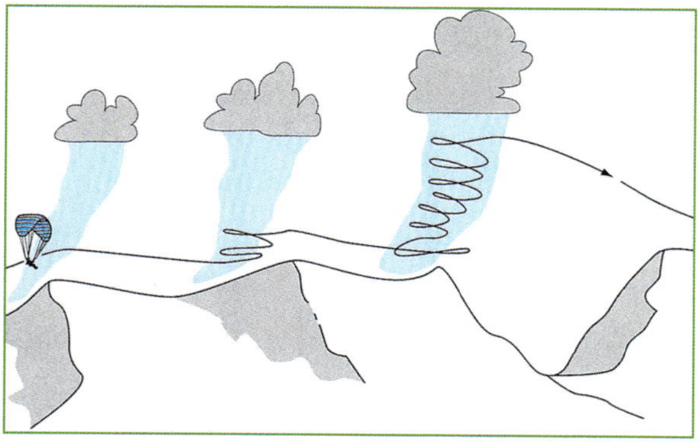

Oben: **Talquerung** unter Ausnutzung von Thermik: Der Pilot kämpft sich im Hangaufwind in Achterschleifen nach oben. Erst am Grat kann er in der Thermik kreisen.
Unten: **Streckenfliegen in strukturiertem Gelände** erfordert ausreichende Höhenreserven, je nach Topografie.

13.1 Streckenflugplanung

Vor dem Flug steht die Planung. Mithilfe einer topografischen Karte, am besten im Maßstab 1:50 000, kann man bereits zu Hause die Flugroute mit den Start- und Landeplätzen festlegen. Auch Flugvarianten und Notlandeplätze sollen eingeplant werden. Im Gebirge eignen sich südlich exponierte Bergketten mit kleinen Taleinschnitten für die Streckenflugeinsteiger am besten. Hier sind die Flugentfernungen bis zum nächsten Thermikbart oder Hangaufwind kurz. Man kann weitgehend im hangnahen Bereich fliegen und die thermischen wie dynamischen Komponenten nutzen. Sind größere Täler zu queren und der Pilot »schafft« es, auf der anderen Talseite wieder nach oben zu kommen, handelt es sich bereits um beachtliche Pilotenleistungen. Um ein großes Tal zu queren, ist es sehr hilfreich, schon vorher ungefähr zu wissen, mit welcher Abflughöhe man sicher die andere Talseite in ausreichender Höhe erreicht. Schon geringer Gegenwind oder Abwind lassen die Flugleistungen enorm schrumpfen. Wer auf Strecke geht, muss sich im Klaren sein, dass er den nächsten Thermikbart vielleicht nicht erreicht und notlanden muss. Deswegen sollten Streckenflüge nicht knapp über unwegsames Gelände ohne jegliche Notlandeplätze führen. Bei längeren Flügen ist laufend die Wetterentwicklung zu beobachten. Schnell baut sich ein lokales Wärmegewitter auf oder eine Kaltfront zieht auf.

XC-Vorbereitung/Flugbuch

Mit einer Software, wie z. B. dem ParaFlightBook, lassen sich Wegpunkte, Lufträume und Wettkampfrouten laden. Damit werden die Fluggebiets- und Streckenvorbereitung, das Zeichnen von Routen, das Anlegen von Thermikkarten anhand vorhandener Flüge und die Fluganalyse ermöglicht. Der Flug wird vom Fluggerät heruntergeladen und kann auch auf die XC-Server hochgeladen werden.

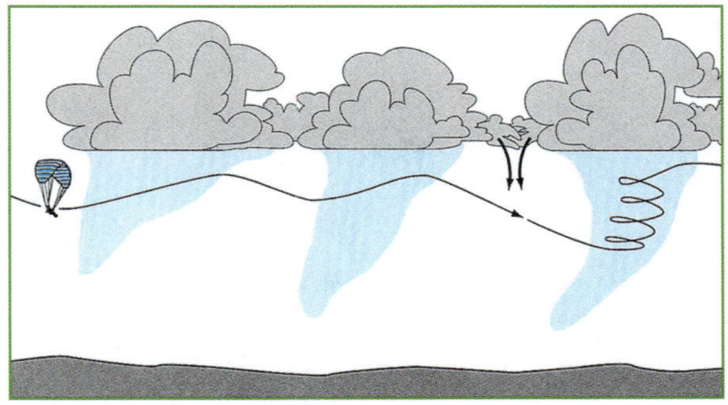

Streckenflug unter Ausnutzung von Thermik im **Flachland**

Kartenkunde

Für alle Flüge, die den Bereich eines Fluggebiets verlassen, ist eine Flugplanung erforderlich. Gebräuchlich sind dabei zwei Kartentypen in Kombination. Die topografische Karte und die ICAO-Luftfahrtkarte. Während die topografische Karte ein genaues Relief der Erdoberfläche wiedergibt, ist die ICAO-Karte dazu da, über die jeweiligen Flugsicherungszustände, also Sperrzonen und Sicherheitsbeschränkungen, Auskunft zu geben.

Luftraumbeschränkungen und ICAO-Karte

Die ICAO-Luftfahrtkarte wird jährlich neu aufgelegt und zeigt die Luftraumstruktur und deren Luftraumbeschränkungen.

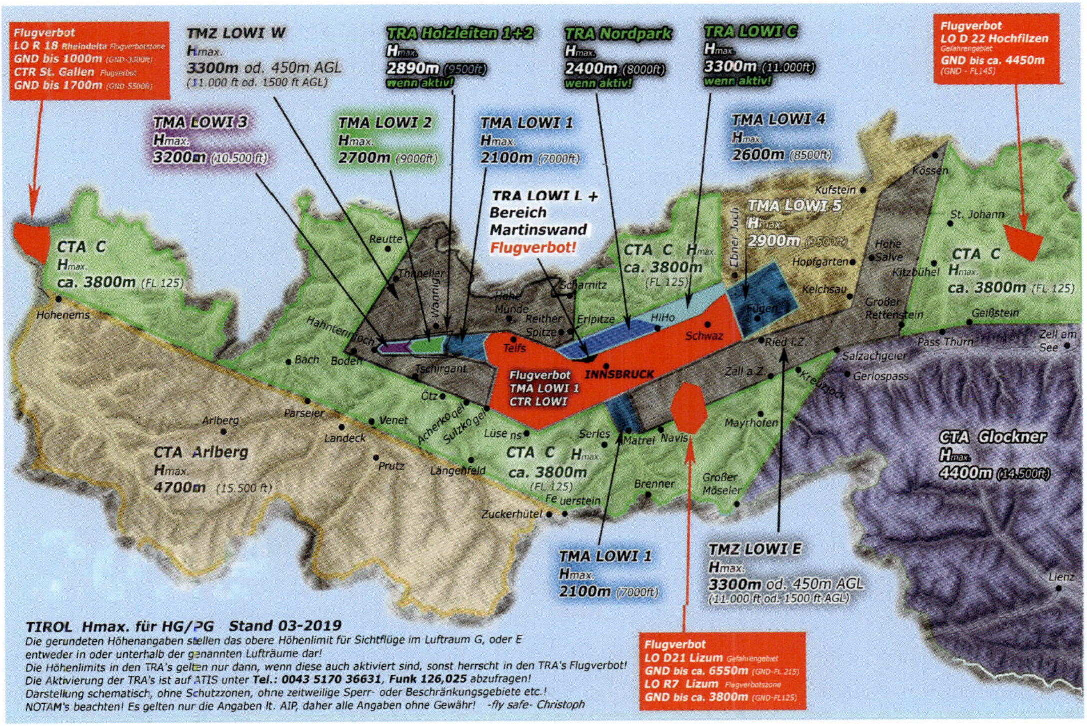

Beispiel gesperrte Lufträume in Tirol. Ein Flug über Innsbruck ist unmöglich und wegen des Linienflugverkehrs auch lebensgefährlich. Deshalb ICAO-Karten beachten und bei Streckenflügen tagesaktuell die kurzfristigen Sperrungen, NOTAM genannt, abfragen.

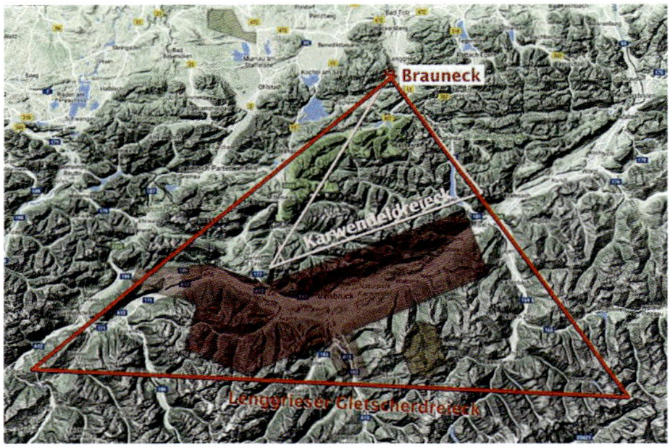

Beispiel, gesperrte Lufträume umfliegen: Einfach querfeldein fliegen geht nicht. Der Luftraum um Innsbruck ist totales Sperrgebiet wegen des Linienflugverkehrs. Hier ein Beispiel, dass ein großer Streckenflug deshalb schwierig werden kann. Marcel Dürr gelang mit guter Planung sein 241 km großes Dreieck.

Sie stellt einen Teilbereich des unteren Luftraums, von GND bis FL 100, also vom Boden einer Flughöhe von 10.000 ft (3048 m), dar. Ziel ist, Kollisionen zu vermeiden. Für Gleitschirmflieger ist vor allem der untere Luftraum wichtig. Meist gibt es Luftraumsperrungen in der Nähe von Flughäfen oder Truppenübungsplätzen. Das Befliegen eines gesperrten Luftraumes ist strafbar. Streckenflüge, die durch einen gesperrten Luftraum verlaufen, werden nicht gewertet. Hilfreich sind Fluginstrumente, die die gesperrten Zonen während des Fluges anzeigen.

Topografische Karte

Durch die hohe Auflösung im **Maßstab 1:50 000** bzw. sogar **1:25 000** ist die Detailtreue für eine Flugplanung ausreichend gut. Obwohl die Karte nur zweidimensional ist, lässt sich durch die Darstellungsart mit Schattierung und vielen Einzelinformationen ein sehr plastisches Bild erzeugen, das neben den Distanzen noch viele weitere Rückschlüsse auf mögliche Flugrouten zulässt. Die Höhenunterschiede werden mit **Höhenlinien** angegeben. Alle anderen Eintragungen sind in der **Kartenlegende** erklärt. Darin lassen sich alle wichtigen Informationen herauslesen. Die Höhenlinien geben Auskunft über Hangneigung und Geländeformen, z. B. Mulden, Hangkanten, Abbrüche, Grate oder Taleinschnitte. Stehen die Linien enger, fällt das Gelände steiler ab, verbreitern sich die Abstände, wird die Hangneigung flacher. Ebenso kann die Art der Bodenbedeckung abgelesen werden. Wälder, Wiesen, Fels oder Schotter sind durch Symbole und entsprechende Farbgebung kenntlich gemacht und man kann sich Gedanken über mögliche Thermikentwicklungen machen. Werden die aktuellen Wetterdaten in die Karte interpretiert, kann man weitere wertvolle Informationen gewinnen. So lassen sich durchaus Rückschlüsse auf lokale Windverhältnisse ziehen. Taleinschnitte mit Trichterwirkung und Düseneffekt oder Soaringmöglichkeiten an Berghängen sind zu erkennen. Leewirkungen und Kantenrotoren lassen sich ebenfalls abschätzen. Gebirgszüge können z.B den Wind abschatten, breite Täler deuten auf eigene Windsysteme und Windablenkungen hin.

13.2 Navigation

Horizontale Navigation

Wird mittels Landkarten vorgenommen, in die das Koordinatensystem der Erde zur Positionsbestimmung eingetragen ist. Für Gleitschirmflieger eignen sich dabei besonders die topografischen Kar-

> - Windrichtung und Windgeschwindigkeit beeinflussen den Gleitwinkel – und damit die Reichweite – enorm.
>   **Vereinfacht gilt:** Je stärker der Rückenwind, umso größer die Gleitleistung.
>   **Umgekehrt gilt:** Je stärker der Gegenwind, umso kleiner die Gleitleistung. Somit wird aus Gleitzahl 6 bei 20 km/h Gegenwind ca. Gleitzahl 3 = halbe Reichweite.
> - Großflächige Abschattungen sind meist Zonen ohne Thermik. Vor dem Abflug deswegen Wolkenentwicklung beobachten und den richtigen Abflugzeitpunkt wählen.
> - In der Talmitte kann es größere Abwindzonen geben, die besonders über großen Wasserflächen stärker sind.

ten, die neben dem Gitternetz auch das Relief der Landschaft wiedergeben. Für die **Navigation mit dem GPS** lassen sich aus der Karte auch alle relevanten Koordinaten ablesen. Diese Wegpunkte werden im GPS gespeichert und können während des Flugs zur Navigation verwendet werden. Entfernungen zwischen zwei Punkten oder auch mehreren Punkten (geknickte Bahn, Dreieck) können mittels eines Kursdreiecks (Lineal) abgelesen werden. Dazu wird die cm-Angabe mit dem Maßstab umgerechnet.

Vorher sollte man jedoch wissen, dass ein Maßstab von 1:50 000 bedeutet, dass 1 cm auf der Karte 50 000 cm, also 500 m in Wirklichkeit entsprechen. Somit entsprechen z. B. 3 cm auf der Karte in Wirklichkeit 1,5 km.

$$\text{Maßstab} = \frac{\text{Distanz auf der Karte}}{\text{Distanz auf der Erde (Wirklichkeit)}}$$

Die Karte gibt auch Auskunft darüber, ob man z. B. von Punkt A nur mit dem reinen Gleitflug den gedachten Zielpunkt B anfliegen kann. Mit einem Sicherheitsfaktor multipliziert, kann man so feststellen, ob z. B. Notlandeplätze von einer geplanten Flugroute aus noch sicher erreicht werden können. Natürlich wird dies immer ein theoretischer Wert bleiben, da unter realen Flugbedingungen ganz andere Verhältnisse herrschen. Trotzdem lässt sich dadurch zumindest etwas Sicherheit in eine **Flugroutenplanung** einbauen, sodass der Pilot bei großem Höhenverlust doch frühzeitig in Richtung **Notlandemöglichkeiten** fliegen kann, anstatt in einem engen Tal eine riskante Notlandung zu erleben.

Soll der genaue Kurs aufgezeichnet werden, benötigt man ein Kurs- oder Geodreieck, um die entsprechenden Winkel (rechtsweisende Kurse, rwK) zu entnehmen. Die Werte müssen jedoch umgerechnet werden. Alle topografischen Karten sind gegen Nord ausgerichtet, so kann jederzeit mit einem Kompass die genaue Position festgestellt werden. In der Praxis wird man jedoch alle Eckdaten für einen geplanten Flug in ein GPS-System eingeben, um später genau diesem eingegebenen Kurs folgen zu können.

Berechnung einer Talquerung aus der Karte

Das folgende Rechenbeispiel zeigt uns, dass wir einiges an Startplatzüberhöhung benötigen, um sicher ans Ziel zu kommen. Schon geringer Gegenwind oder Abwind lassen die Flugleistungen enorm schrumpfen. Ein Gleitsegel ist immer noch das langsamste Fluggerät.

Die **Entfernung** von Abflugpunkt A zum Zielpunkt B beträgt z. B. 4 km (bei Karten-

Unterschiedliche Reisegeschwindigkeiten und Ankunftshöhen bei **Gegen- und Rückenwind**

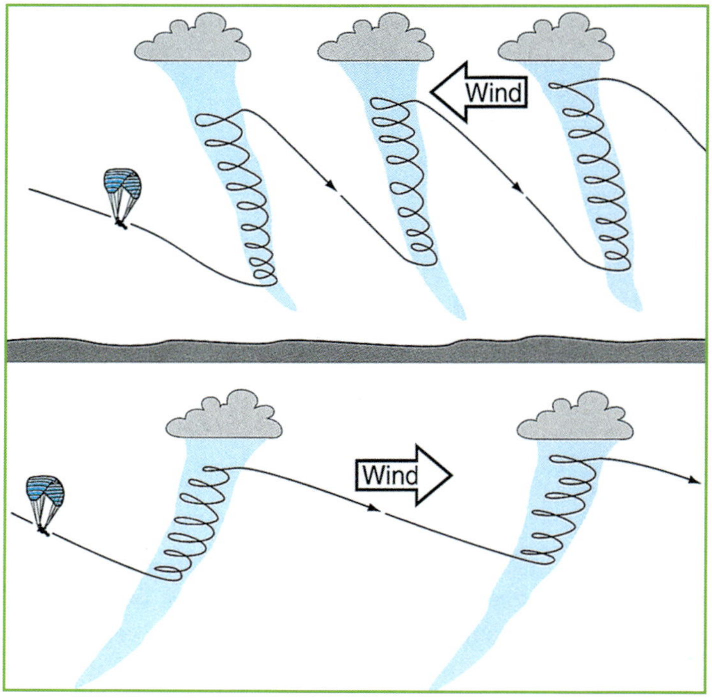

maßstab 1:50 000 = 8 cm). Für Gleitzahl 8 ergibt sich so:

$$\frac{\text{Strecke in km}}{\text{Gleitzahl}} = \text{notwendige Höhe über Zielhöhe}$$

(Details Kap. 4.7 Gleitzahl und Gleitverhältnis)

$$\frac{4\text{ km}}{8} = 0{,}5\text{ km}$$

Der Karte entnimmt man die **Zielhöhe.** In diesem Beispiel beträgt die Zielhöhe von Punkt B 2000 m.

Zielhöhe + notwendige Höhe über Zielhöhe = Abflughöhe 2000 m + 500 m = 2500 m.

Wir brauchen also am Abflugpunkt A mindestens 2500 m über Normalnull.

Der errechnete Wert kann beim Gleitsegel nur als grober Anhaltspunkt dienen, da noch einige Faktoren dabei berücksichtigt werden müssen.

Es ist immer besser, mit etwas mehr Höhe anzukommen, als sich mühselig am gegenüberliegenden Bergrücken hochkämpfen zu müssen. Andererseits kann im Wettbewerb Zeit eingespart werden, wenn schon bei ausreichender Höhe abgeflogen wird. Streckenfliegen erfordert viel Erfahrung und vor allem konstantes Fliegen. Eine gute Flugtaktik wird durch intensives Kartenstudium unterstützt.

Beim Thermikfliegen darauf achten, dass man ausreichend Abstand zur saugenden Wolkenbasis hält.

Einbeziehen von Wind

Aus der Geschwindigkeitspolare lässt sich die Gleitzahl bei Gegen- oder Rückenwind ablesen. Dies gilt ausschließlich bei Windrichtungen, die der Kursrichtung entsprechen. Weht der Wind seitlich zum geplanten Kurs, ergibt sich eine **Abdrift**, und nur

die Komponente in oder gegen die Kursrichtung verändert unsere Gleitzahl.
Diese Windkomponenten lassen sich geometrisch oder rechnerisch ermitteln. Windrichtung und Kurs schließen den Winkel a ein. Multiplizieren wir den Cosinuswert (cos a) mit der Windgeschwindigkeit, erhalten wir die Teilkomponente des Windes, die unsere Reichweite verkürzt oder verlängert. Um wie viel, entnehmen wir der Geschwindigkeitspolare. Überschlägig gilt folgende Formel:

$$\text{Gleitzahlerniedrigung oder -erhöhung} = \frac{\text{Windgeschwindigkeit der Kursrichtung}}{\text{Geschwindigkeit bestes Gleiten}} \times \text{Gleitzahl}$$

Geometrisches Einbeziehen von Wind

Haben wir unsere Kurslinie in der Karte von A nach B eingetragen, wird im Punkt B der Vektor für den Wind angesetzt. Weil Winde nach der Richtung benannt sind, aus der sie wehen, addieren oder subtrahieren wir 180°, um sie in der Richtung, in der sie wehen, einzeichnen zu können. Die Länge eines Vektors orientiert sich an der Länge der Kurslinie. Die Kurslänge bzw. die Distanz, die wir fliegen wollen, wird gleichgesetzt mit der Geschwindigkeit des besten Gleitens, beispielsweise mit 8 m/s.
Liegt die Windgeschwindigkeit bei 6 m/s, muss die Vektorlänge 6/8 bzw. 3/4 der Kurslänge betragen. Punkt A wird mit der Spitze des Windpfeils verbunden und ergibt die neue Flugroute, wenn wir die Abdrift durch den Wind nicht kompensieren würden. (Die eventuelle Resthöhe am Endpunkt der Kurslinie bleibt gleich der beim geflogenen Kurs.)

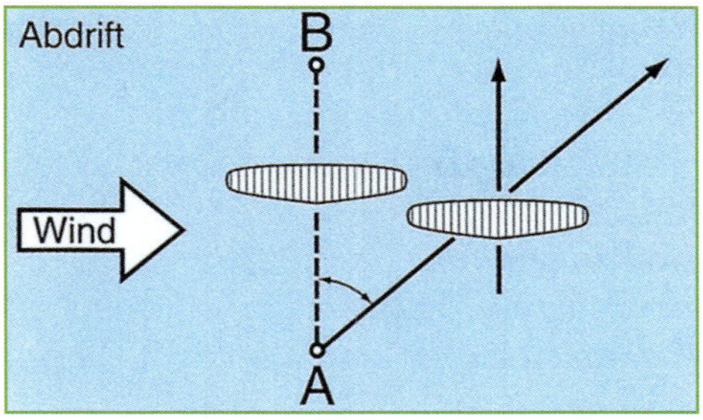

Abdrift: Bei Seitenwind wird man vom Kurs A–B durch seitlichen Versatz (Abdrift) abgetrieben. Als Abdriftwinkel wird der Winkel zwischen Sollkurs (A–B) und Kurs über Grund bezeichnet.

Abdrift

Eine Abdrift lässt sich durch den **Vorhaltewinkel** kompensieren. Er entspricht in etwa dem Abdriftwinkel und kann aus der Zeichnung entnommen werden. In der Praxis wird man z. B. über eine Landeplatzpeilung seinen Gleitschirm so gegen den Wind stellen, dass man geradeaus auf den Landeplatz (oder Peilpunkt) zufliegt, dadurch wird die Abdrift automatisch kompensiert. Praktischen Nutzen haben **Reichweiteberechnungen.** Es lassen sich auch günstige Windkonstellationen berechnen, bei denen ein sonst riskanter Flug gefahrlos möglich wird. Vor allem bei Ziel-Rückkehr-Flügen wird die Windkomponente entscheidend. Flughilfen können auch berechnete Abflughöhen sein, um Hindernisse zu überbrücken, selbst bei Gegenwind oder Zonen höheren Sinkens.

Vertikale Navigation

Erfolgt über den Höhenmesser und ist bei Luftraumbeschränkungen oder bei taktischem Fliegen über Strecke nötig.

› **QFE:** Über den aktuellen Luftdruckwert eines Ortes (= QFE) wird der Nullwert des Höhenmessers angeglichen. Er zeigt dann

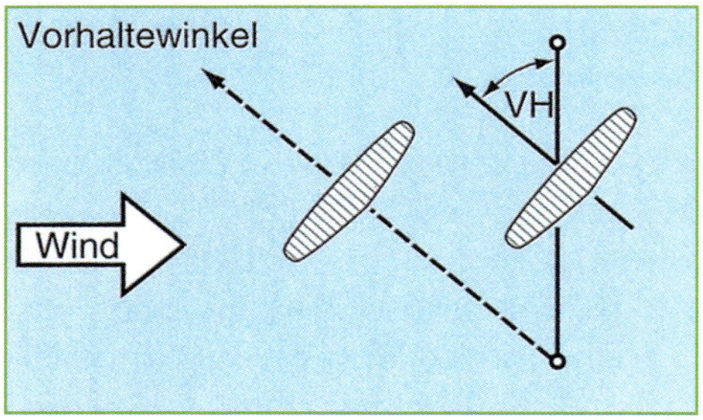

Vorhaltewinkel: Er entspricht in etwa dem Abdriftwinkel und kompensiert den Seitenwind, damit der Sollkurs geflogen werden kann.

die Höhe über Grund, bezogen auf diesen Messpunkt.

› **QNH:** Berücksichtigen wir die Höhe des Ortes über dem Meeresspiegel (MSL, NN) und justieren unseren Höhenmesser auf diesen Wert, zeigt er die Absolutwerte (= QNH).

Luftdruckschwankungen verändern Höhenmesserangaben (1 hPa, 1 mbar = 10 m).

Terrestrische Navigation

Die terrestrische Navigation ist die Orientierung an Geländebesonderheiten. Die topografische Karte zeigt markante Geländepunkte, die uns bei der Orientierung und Kurseinhaltung unterstützen:

› **Fixpunkte:** Seen, Berggipfel, Ortschaften, Kapellen.

› **Auffanglinien:** Straßen, Flussläufe, Täler, Eisenbahn.

› **Landschaftsmerkmale:** Wald, Alleen, Moore, Gletscher, Felder.

13.3 Thermik für Streckenflieger

Thermik ist, vor allem wenn man sie für Streckenflüge nutzen will und man darauf angewiesen ist, um weiterzukommen, ein komplexes System, in dem viele verschiedene Faktoren miteinander wirken. Es ist meist unmöglich, mehrmals hintereinander exakt die gleichen Situationen anzutreffen. Durch den tageszeitlichen Verlauf, die Schwankungen im Windsystem und die Alterung von Hochdruckgebieten verändern sich stetig die Bedingungen. Deshalb werden die Einflussgrößen zum Verständnis gesondert betrachtet. Die folgenden Informationen über Boden, Orografie, Wind, Bewölkung und die zeitlichen Abläufe ändern aber nichts an der Tatsache, dass man sich an die jeweilige Tagessituation immer wieder neu herantasten muss.

Boden/Untergrund

Die **Geländeoberfläche** hat entscheidenden Einfluss auf die Thermikbildung. Unterschiedliche Charakteristika wie Oberflächenbeschaffenheit, Bodenbedeckung und Unterlage können auch gegenläufig zusammenwirken. Die zwei wesentlichen Größen für die Erwärmung des Bodens sind:

› *Absorption bzw. Reflexion (Albedo).*

› *Wärmeleitfähigkeit, spezifische Wärmekapazität.*

Je mehr eine Fläche absorbiert, also aufnimmt, desto mehr Strahlung kann sie in Wärme umwandeln. Bei einer hohen **Albedo (= Reflexion)** erwärmt sich der Boden weniger stark, da viel Strahlung reflektiert wird. Also steht für die Absorption und Erwärmung auch weniger Energie zur Verfügung.

Ein Boden mit hoher Wärmeleitfähigkeit wirkt wie ein Verzögerer in der Landschaft – hier dauert es länger, bis eine bestimmte Oberflächentemperatur erreicht ist. Thermik kann, wenn überhaupt, dabei auch zeitlich verzögert beginnen, jedoch auch länger anhalten.

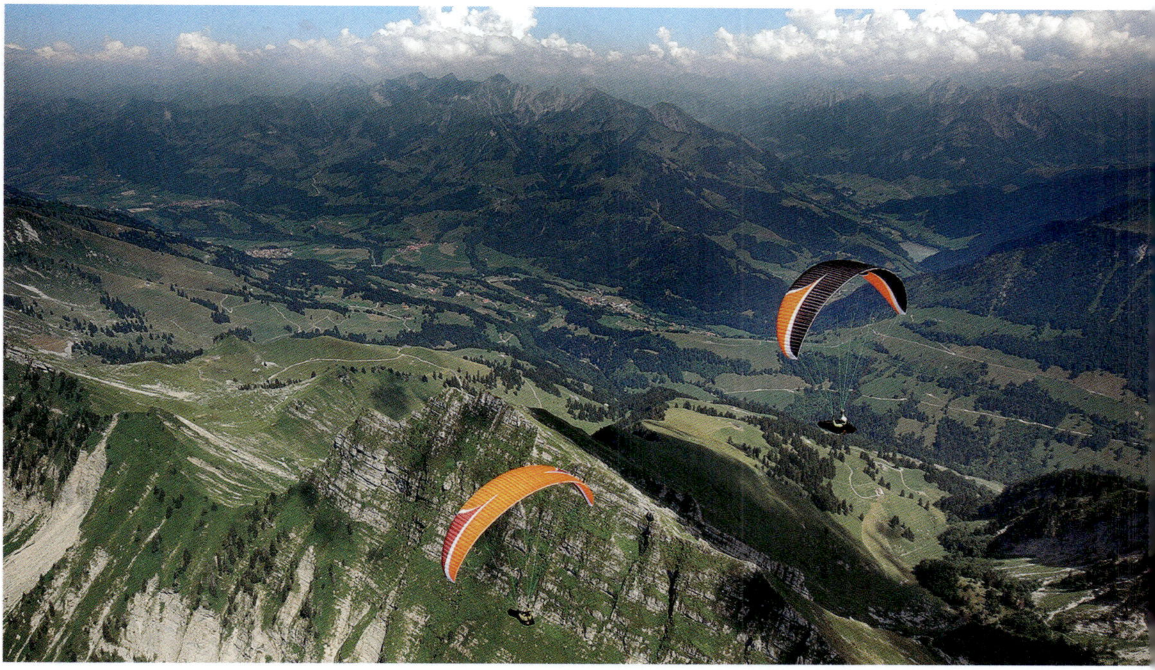

Der steile Berghang sorgt aufgrund der schon länger aufheizenden Sonneneinstrahlung für weiteren Höhengewinn der Streckenflieger.

Wärmeleitfähigkeit und Albedo sind zusammen zu betrachten. Je dunkler, umso größer die Absorption, je heller, umso stärker die Reflexion.
Je rauer, desto größer die Absorption, je glatter, umso stärker die Reflexion.

Reflexionswerte (Albedowerte)

Asphalt	5–10 %
Nadelwald	5–15 %
Laubwald	10–20 %
Gras	10–20 %
Getreide	15–25 %
Nasser Sand	20–30 %
Trockener Sand	35–45 %
Altschnee	40–70 %
Neuschnee	75–95 %

Über die zu erwartende Bodenaufheizung sagt der Albedowert jedoch nicht viel aus. Sonst wären ja Wälder ideal für die Bildung von Thermik. Wälder sind jedoch gewöhnlich feucht und Wasser ist ein besonders guter Wärmeleiter. Die Wärme wird abgeleitet und die Oberflächentemperatur ist deshalb gegenüber trockenen Flächen geringer. Dazu kommt noch, dass Pflanzen durch Assimilation erhebliche Mengen an Wasser verdunsten. So verdunstet ein großer Laubbaum pro Tag um die drei Tonnen Wasser. Durch die Verdunstung wird der Luft zusätzlich Wärme entzogen. Deshalb ist über Wäldern sehr selten Thermik anzutreffen.

Wasser leitet Wärme 20-mal besser als Luft.

Es macht deshalb schon große Unterschiede, ob eine Fläche feucht oder trocken ist. Eine frisch gemähte Wiese hat noch relativ hohe Verdunstungsraten. Doch bereits einen Tag später kann sie

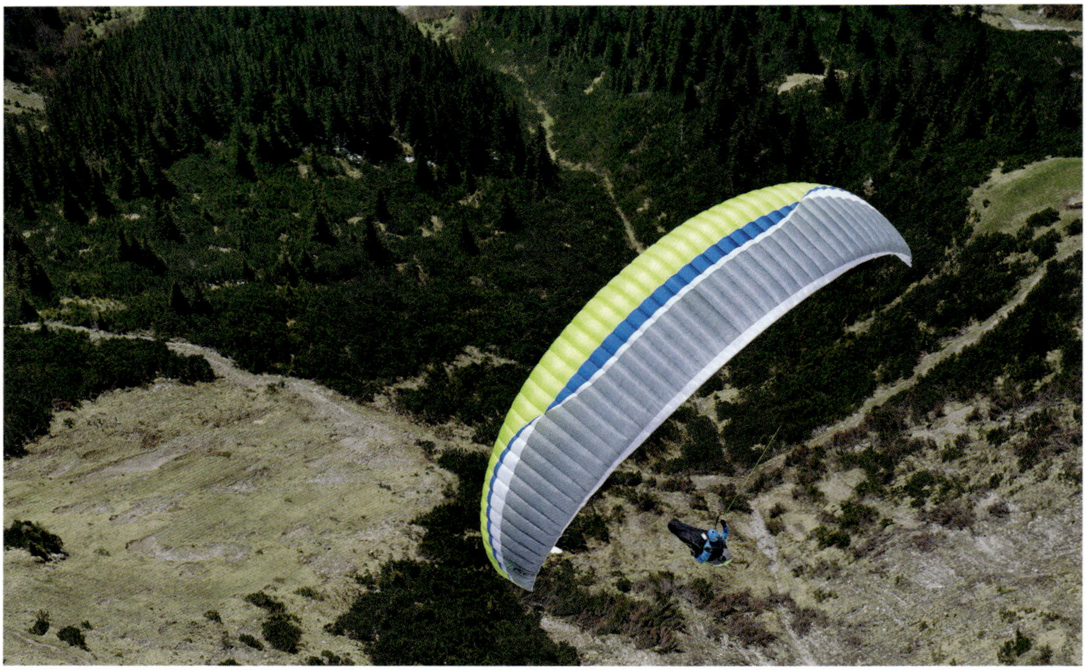

Thermik ist hier zu erwarten. Hangsüdseite mit Rinnen. Bewachsen mit niedrigen, sich schnell aufheizenden Latschenzonen, die weiter oben von sehr trockenen Grashängen abgelöst werden. Diese heizen sich sehr schnell auf. Die Rinnen bündeln kaminartig die aufsteigenden warmen Luftmassen, die wiederum aufgeheizte Oberfächenluft pulsierend aufnehmen, sich als größere Thermik pulsierend ablösen und sich zum Thermikbart ausbilden.

durch die trockene Heuschicht und die zahlreichen eingeschlossenen Luftschichten ein guter Thermikspender sein. Auch die Pflanzenart kann Unterschiede in der Aufheizung bewirken: Messungen der Luft über einem Getreidefeld ergaben 3 °C Temperaturüberhöhung, über einem Kartoffelfeld dagegen 5 °C.

Einfluss der Bodenoberfläche auf die Thermik:

–/– **Wasser:** stark verzögerte Erwärmung, hohe Wärmeleitfähigkeit, unterbindet Thermik weitgehend. Auch Seen beeinflussen das Lokalklima in Richtung Ausgeglichenheit.

–/– **Schnee, Gletscher, Firn:** extrem hohe Albedo, besonders von Neuschnee; äußerst wenig Strahlung kann sich in Wärme umwandeln, dazu tiefe Eigentemperatur und Verdunstung. Altschnee und schmelzender Schnee: etwas verringerter Negativeinfluss.

–/+ **Moor:** da Feuchtgebiet, gewöhnlich hohe Verdunstungsraten. Hochmoore können jedoch vollkommen trockene Torfböden mit Heidevegetation besitzen: Eine geringe Albedo fördert zusätzlich gute Erwärmung.

– **Wald:** Laubwald wegen höherer Verdunstungsrate nachteiliger als Nadelwald. Leicht wärmespeichernde Wirkung, insbesondere von feuchten Talauen: Abendthermik. Sonst Abwindbereiche. Lichte Kiefernwälder auf sandigem Grund: oft gute Thermik. Wälder lassen sich auch im Spätwinter thermisch nutzen: Die Stämme und dunklen Baumkronen absorbieren reichlich Strahlung und können die Umgebungsluft so weit erwärmen, dass leichte Thermik einsetzt. Lichtungen sind oft sichere Thermikauslöser!

+ **Niederwald, Buschvegetation:** trockener als Wälder. Strahlung kann oft bis auf den Boden durchdringen, aufgeheizte Luftschicht wird zunächst festgehalten und kann sich kompakt ablösen. Mitunter gute Thermik.

+ Felder: gewöhnlich gute Thermikaussichten, je reifer die Feldfrucht, umso weniger Verdunstung, umso größere Aufheizung. Trockener, gepflügter Acker ist wegen der Durchlüftung und der Lufteinschlüsse gut isolierend, daher Aufheizung. Wird frisch gepflügt oder bewässert, entsteht Verdunstungskälte.

++/– **Wiesen:** sehr unterschiedlich, je nach Vegetationsform, sei es Ried, Sumpfwiese oder trockener Magerrasen. Je trockener, je »magerer«, umso besser. Je mehr Kraut, desto größere Assimilationsfläche, desto größere Verdunstung: Gemähte Wiesen sind besser als ungemähte. Besonders gut isolierend ist trockenes Heu nach der Mahd.

+/– **Fels, Asphalt, Beton:** Gestein besitzt eine relativ hohe Wärmeleitfähigkeit, jedoch geringer als Wasser. Deshalb setzt die Erwärmung von Gestein mit einiger Verzögerung ein (erst später anfliegen), dafür wegen geringer Albedo oft gute Aufheizung und lohnender Thermikauslöser. Strahlt Wärme dafür länger ab. Nach sonst abklingender Thermik kann man hier noch fündig werden.

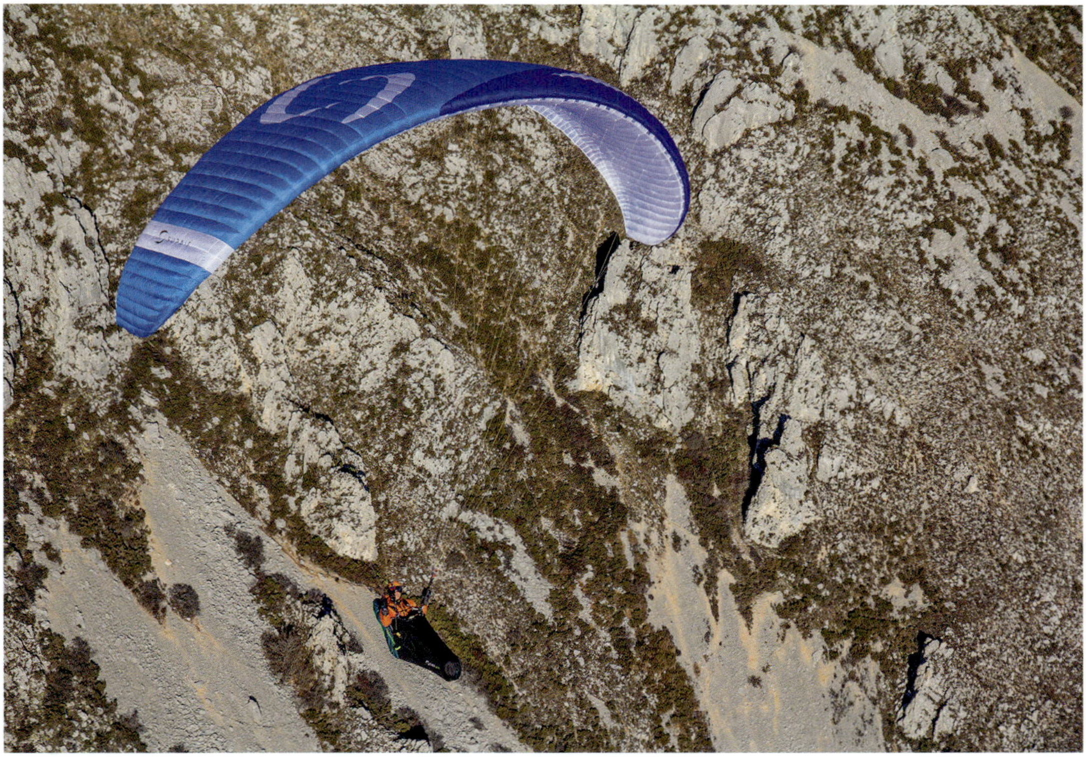

Felshänge erwärmen sich nur langsam. Deshalb trägt es hier erst später als z. B. bei trockenen Erdböden.

Geländeformen

Da sich der Einfallwinkel der Sonne sowohl tages- wie jahreszeitlich ändert, spielt die Geländeneigung und **Exposition** für die Erwärmung eine wesentliche Rolle. Im Jahresmittel sind die Süd-, Südwest- und Westhänge die wärmsten. Im Sommer heizen sich sogar die Südosthänge mehr als die Südhänge auf, weil letztere im Tagesverlauf zunehmend durch aufkommende Quellbewölkung abgeschattet werden.

Bezogen auf den Nordhang ist
ein Osthang um 20 %
ein Südhang um 40 %
ein Westhang um 30 %
im Jahresmittel wärmer.

Für das **Streckenfliegen** ergeben sich aus der optimalen Exposition wichtige Taktiken: Vormittags ist es am ergiebigsten, die Südhänge der Längstäler (West-Ost) in Westrichtung zu befliegen. Am Nachmittag eignen sich Quertäler (Nord-Süd) besser, doch lassen sich vielfach zu breite Täler mit dem Gleitschirm noch nicht überbrücken. Dann ist es ratsam, dieselbe Strecke entlang dem Südhang wieder zurückzufliegen.

Die optimale Bodenerwärmung ergibt sich aus der senkrechten Einstrahlung. So ist eine Hangneigung, die zum Einfallswinkel senkrecht steht, meist thermisch günstiger.

Morgens und abends deshalb steilere Hänge mit der jeweils günstigsten Exposition anfliegen, zu Mittag dürfen die Flanken flacher geneigt sein. Kare und Bergeinschnitte, die sich nach oben hin verjüngen, können Thermik regelrecht bündeln. Dieser Düseneffekt kann in Verbindung mit dynamischen Hangaufwinden auch bei schwacher Thermik ausreichend sein, um zu steigen. Entsprechend zu meiden sind solche Verengungen bei stark thermischen Verhältnissen.

Die Geländeform, ob *konkav* oder *konvex*, wirkt sich ebenso auf die Erwärmung aus: Rücken (konvex) erwärmen sich im Schnitt um 10 % mehr als ein flaches Feld, während eine Mulde (konkav) um 10 bis 30 % kühler als die Ebene bleibt.

Wichtige **Thermikbarrieren** stellen Flüsse und Gewässer dar. Ihre Wirkung ist vor allem bei vorhergehender kühler Witterung massiv. Zumindest im näheren Leebereich des Gewässers (Windrichtung vom Gewässer abgewandt) ist keinerlei Thermik zu erwarten. Deshalb ist vor der Überquerung von Gewässern deutlich mehr Höhe zu machen, als sonst üblich wäre. Vor allem, wenn das Gewässer gegen den Wind überflogen werden muss.

Wasserlandungen im Fluss sind gefährlich. Nicht versuchen, leeseitig Gewässer zu queren!

Luvseitig können Gewässer durch einen Kältekeil sogar thermikauslösend wirken. Hier sollte man die Thermik für eine sichere Überflughöhe nutzen. Nach einer warmen Witterungsperiode bei entsprechender Wassertemperatur müssen diese Effekte nicht mehr, zumindest nicht mehr so stark auftreten.

Flachland

Bezüglich der Thermik gibt es auch Unterschiede zwischen Gebirge und Flachland. Während im Gebirge eine Art Kamineffekt vorherrscht, der sich durch ständige Strömung auszeichnet, trifft man im Flachland eher **»pulsierende« Thermik** an. Zudem sind die Gebirge dunst- und staubfreier als das Flachland. Es kann sich aufgrund der höheren Einstrahlung besser Thermik entwickeln, dafür ist sie meist enger und bildet schmalere Schläuche aus als im Flachland.

Windeinfluss

Stärkerer Wind wirkt negativ auf die Thermik. Die Bodenwärme wird auf eine größere Schicht verwirbelt. Blasen werden vom Boden abgerissen, bevor sie den optimalen Auftrieb entwickeln können. Es kommt zu sehr ruppiger, **»zerrissener« Thermik**. Ihre Quellwolke (Cumulus) kann sich nicht optimal ausbilden, sodass diese Thermik auch nur von kurzer Dauer ist.

Im Flachland (Windenstarter!), wo der Wind im Allgemeinen viel laminarer weht, lassen sich Bärte noch bei höheren Geschwindigkeiten als im Bergland ausfliegen. Im Gebirge müssen sich die Aufwinde entsprechend stärker durchsetzen und benötigen ausgedehntere Wärmequellen. Auch der Windzuwachs in der Höhe, also der **Windgradient**, ist von maßgeblichem Einfluss. Die Windscherung, Zu- oder Abnahme in der Höhe sollte 3 km/h pro 100 Höhenmeter nicht überschreiten, um den Thermikfluss nicht zu unterbrechen.

Nur bei schwachen Winden (Windscherungen <3 km/h auf 100 Höhenmetern) kann sich optimale Thermik ausbilden.

Ein Thermikbart wird entsprechend dem Windgradienten verlagert: Nimmt die Geschwindigkeit in der Höhe zu, so driftet er leeseitig, also mit dem Wind, in der Höhe ab. Steigt man tiefer ein, muss man ihn luvseitig der Wolke vorgelagert anfliegen!

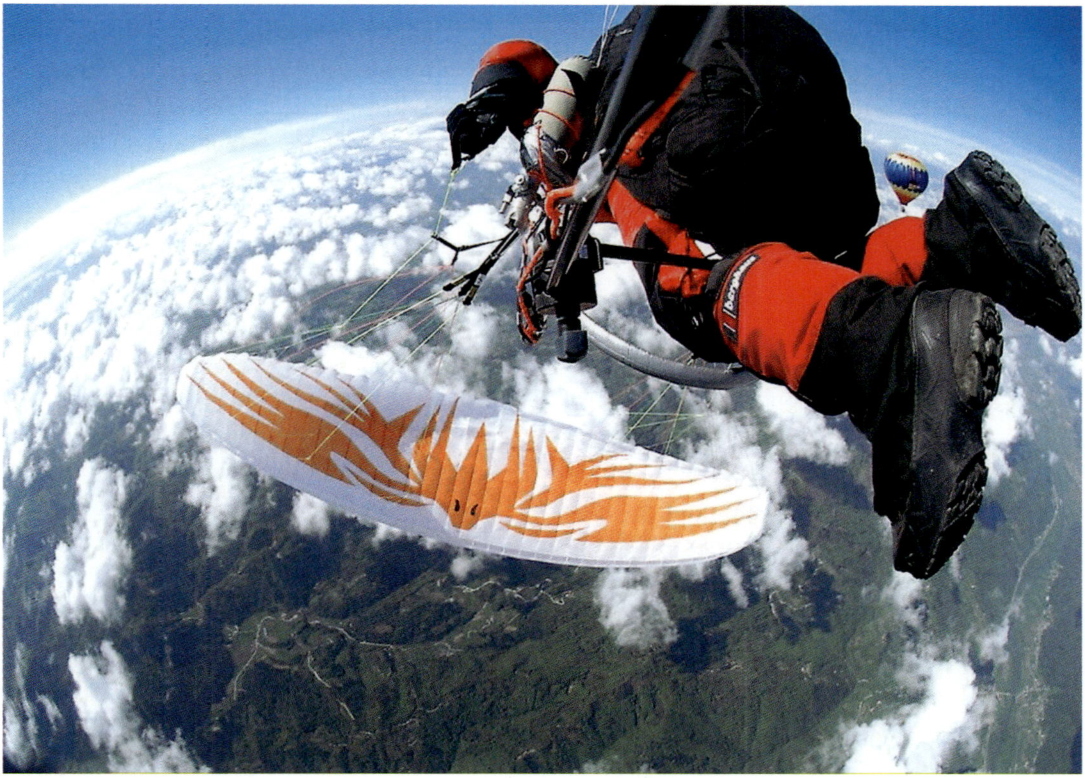

High above mit Sauerstoff: über den Wolken; gut zu sehen: die Wolken und die entsprechende Abschattung am Boden

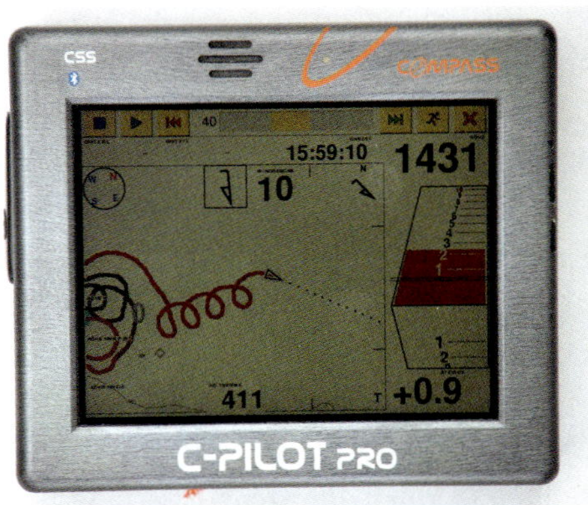

Die Technik hilft: Das Vario zeigt die zurückliegende Wegstrecke mit Steigen (rot) an. Fällt man aus der Thermik, findet man dadurch den Thermikbereich schnell wieder. Rechts sieht man die aktuellen Steigwerte des ideal zentrierten Thermikbartes.

Wandert die Thermikquelle mit dem Wind, werden gerne kleinere Thermikkörper aufgesogen. Geschwindigkeitssteigerungen in der Höhe können auch zu **Cumuluswellen** führen. Die Wolke wirkt wie ein Hindernis, und ähnlich dem Hangaufwind bildet sich luvseitig ein »Wolkenaufwind« (= Cumuluswelle) aus. Die Wolke kann eine regelrechte Abrollbewegung ausführen, sodass der Thermikschlauch luvseitig bis zur Wolkenobergrenze reicht.

Luvthermik

Wird ein Sonnenhang direkt vom Wind angeströmt, entwickelt sich **Luvthermik**. Dynamische Aufwinde können sie zwar zerreißen, gewöhnlich führt sie aber zur Verstärkung des Hangaufwinds. Liegt die Sonnenseite im Windschatten, spricht man von **Leethermik**. Sie kann sich ungestört entfalten und stark entwickeln. In Verbindung mit Leewirbeln und Windscherungen können aber heftige Turbulenzen den Schirm zum Einklappen bringen.

Auslösung

Der Impuls zum Ablösen von Thermikblasen kann sehr verschieden sein:

- durch Schall (Lufterschütterung),
- durch Temperaturgegensätze, wie sie an Flüssen, Schneegrenzen oder Wolkenschatten etc. herrschen,
- durch Bewegungen, etwa von Fahrzeugen, Windenstart, Luftbewegungen,
- durch Abscherung an Kanten, wenn leichter Wind Warmluft über Bergkanten und Waldränder drückt.

Bewölkung

Bewölkungsdichte

Zu große Wolkenfelder können den Boden reichlich abschatten, sodass thermische Entwicklungen nicht mehr möglich sind. Die Oberflächentemperatur sinkt bei Abschattung äußerst schnell ab. Deshalb vermögen auch einzelne Wolken Thermikblasen loszulösen, weil sie sehr schnell lokale kleine Kaltluftkeile ausbilden. Mit dem Vorrücken des Schattens mähen sie quasi vor sich die Heißluftschicht ab. Leider bewegen sich die Wolken meist so schnell, dass ein Verfolgen der Schattengrenze mit dem Gleitschirm unmöglich ist. Überschreitet die Gesamtbewölkung den Deckungsgrad von 5/8, wenn also der Himmel etwas über die Hälfte bewölkt ist, schwächt die Thermik zunehmend ab bzw. wird ganz unterdrückt.

Wolkenstraßen

Sobald sich aber einzelne Wolken zu **Wolkenstraßen** formieren, bilden sich stabilere Aufwindzonen, die auch noch bei höheren Bedeckungsgraden wirksam bleiben. Sie erfahren nur eine Abschwächung, weil sich immer mehr »Wolkenleichen«

am Himmel befinden. Die Schwierigkeit besteht dann darin, die aufwindwirksamen von den »toten« Wolken zu unterscheiden. Liegt eine diffuse Schicht von Cirruswolken hoch in der Luft, muss die Thermik nicht unterbunden werden, wird aber abgeschwächt, sodass sie auch später einsetzt und früher endet. Eine Schichtbewölkung in mittleren Höhen bringt die Thermik dagegen zum Erliegen. Setzt vormittags starke thermische Entwicklung ein, kann zu Mittag das 5/8-Deckungsniveau erreicht sein. Dann stellt sich eine **Mittagsflaute** ein.

Optimal ist ein Bewölkungsgrad von 1/8 bis 3/8 Cumuluswolken.

Die Strahlung wird noch wenig behindert, und alle Wolken sind Indikatoren für brauchbare Aufwinde. Allerdings liegen sie weit auseinander, meist außer Gleitschirmreichweite. Hier kommt es wesentlich auf die Basishöhe der Quellwolken an. Je höher sie reicht, desto größer ist die Chance, in den nächsten Bart einzusteigen.

Maximales Steigen findet man im unteren Drittel der Konvektionssäule (Thermikbart) und knapp unterhalb der Cumulusbasis. Dies beruht auf der zusätzlichen Sogwirkung durch die frei werdende Kondensationswärme. Die Lage des maximalen Steigens ist meist unter dem dunkelsten Punkt der Wolkenbasis auszumachen, nur ist er durch Licht-/Schattenwirkungen nicht immer klar zu erkennen.

Je höher die Wolkenbasis, desto größeres Steigen.

Je größer die Wolke, desto größeres Steigen.

Großes Steigen geht oft einher mit starken vertikalen Windscherungen.

Die Rate des **mittleren Steigens** verhält sich annähernd linear zur jeweiligen Basishöhe der Wolke. Ob sich die Basis auf 1000 m oder 2000 m befindet, macht sich in der doppelten Steigrate bemerkbar, bei 3000 m gar in der dreifachen! Im Segelflugwetterbericht werden diese Basishöhen bekannt gegeben. Sie lassen sich auch vom Boden aus bestimmen, wenn die Taupunkttemperatur (bzw. Taupunktdifferenz) bekannt ist:

Basishöhe über Grund = Taupunktdifferenz (Temperatur minus Taupunkt) x 125 m

› **Wolkenaufbau:**

Bei sehr feuchtem Boden kann nutzbare Thermik fehlen, obwohl sauber geformte Cumuluswolken in optimaler Deckung am Himmel stehen. Normalerweise sind aber symmetrisch geformte, scharf umrissene, blumenkohlartige Cumuluswolken optimale Thermikzeiger. Mächtige Quellwolken

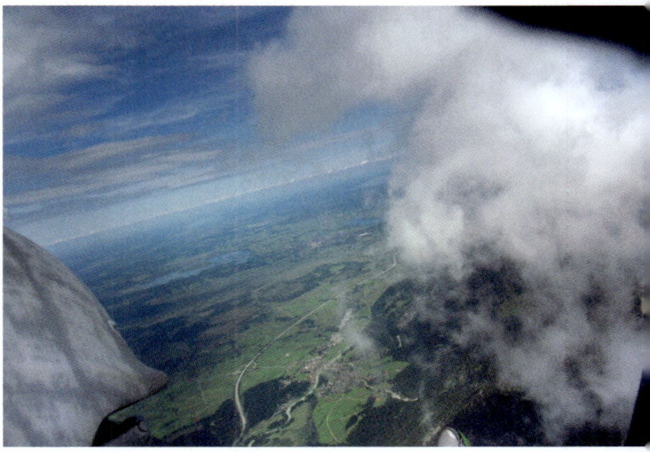

Hier kondensiert die warme Luft aus dem Thermikbart und bildet eine Wolke aus. Da die Wolkenbildung sehr schnell gehen kann und dabei die Sicht verloren geht, gilt es, das Thermikzentrum sofort zu verlassen und an den gerade entstehenden Wolkenrand zu fliegen. Dort findet man meist noch zerrissene Aufwinde. Da der Höhengewinn nur noch minimal ist, sollte besser schon vorher zügig zur nächsten Thermikquelle weitergeflogen werden.

entwickeln immer stärkere Bärte als flach ausgebildete Cumuli oder Blauthermik.

Blauthermik

Bei Blauthermik fehlen die Wolken gänzlich. Entweder ist die aufsteigende Luft zu trocken oder sie erreicht nicht ihren Taupunkt. Die Kondensation bleibt aus, keinerlei Wolken stehen an der Obergrenze des Barts.

Die **Wolkenform** sagt viel über die in der Höhe herrschenden Winde, über die Thermikstärke und ihre Ausdehnung aus. Die exakte Geschwindigkeit der Wolken lässt sich leicht aus der Schattenwanderung über dem Grund ermitteln. Wie der Wind dann in der Höhe zu- oder abnimmt, lässt sich aus der Wolkenform interpretieren. Bilden sich kippende Türme, Neigungen und Asymmetrien aus, so nimmt der Wind in der Abkipprichtung zu. Je größer die Windscherungen sind, desto ungünstiger wirken sie sich auf die Thermik aus. Ähnlich der Wolkencharakteristik mag auch unterhalb der Thermikbart abdriften. Er ist entsprechend luvseitig vorgelagert aufzusuchen. Eine symmetrisch ausgebildete Cumuluswolke kündet von relativ geringen Windgeschwindigkeiten. Je höher sie sich aufbauscht, desto stärker sind die Aufwinde. Flachere Cumuluswolken sind meist die Folge einer Inversionsschicht an der Wolkenoberseite.

Ein grobes Maß für die Abschätzung der Aufwindstärke sind die Bewegungsvorgänge an den Wolkenrändern und vor allem an der Oberseite. Pulsieren, Expansion und Auflösung verraten auch, in welchem Bereich die Wolke am optimalsten anzufliegen wäre. Blumenkohlartige Expansionen zeigen aktiven Thermikbereich an, während bei Zerfaserung und Zerfall der Wolkenstruktur schon Abwinde einsetzen. Die Wolkengebilde halten sich auch noch lange nach Thermikende, unterscheiden sich aber wie gesagt in der Struktur.

› **Zeitliches Optimum:**

Die Wahrscheinlichkeit für einen guten Thermiktag hängt stark von der meteorologischen Vorgeschichte ab. Am Folgetag von Witterungen mit starkem Niederschlag ist noch keine Thermik zu erwarten, da viel Strahlungsenergie allein für die Abtrocknung des Bodens benötigt wird.

Trotzdem muss dies nicht unbedingt heißen, dass bei Rückseitenwetter oder Zwischenhochs niemals Thermik auftritt. Mitunter kann beim Zusammentreffen günstiger Bedingungen und wenn am Vortag weniger als fünf Liter Niederschlag pro Quadratmeter niedergingen, selbst im Zwischenhoch und besonders auf der Rückseite der Kaltfront gut fliegbare Thermik auftreten.

Bei einer lang andauernden Hochdrucklage verschlechtern sich die Bedingungen für Thermik eher. Mit der Alterung der Luftmasse vergrößert sich die Neigung zu einer Inversion oder verstärkt sie zunehmend.

Pro Hochdrucktag beginnt die Thermik eine Stunde später. Je später die Thermik beginnt, desto früher endet sie auch.

› **Tagesverlauf:**

Vormittags herrschen noch »enge« Thermiken vor. Sie können von einem Gleitschirm gut ausgenutzt werden, nur muss wesentlich genauer zentriert werden als zu einem späteren Zeitpunkt. Denn zum

Nachmittag hin weiten sich die Bärte auf, wobei auch ihre Steigrate zunimmt. Auch die Basishöhe der Quellwolken verändert sich im Tagesverlauf. Durch die zunehmende Erwärmung nimmt ihr Niveau zu – die Wolken steigen zum Nachmittag hin höher. Für die Streckenflugplanung ist es von entscheidender Bedeutung, dass man zum günstigsten Zeitpunkt startet. Die Wolkenbasis muss für Gleitschirmflieger verhältnismäßig hoch liegen, mittags um ca. 3000 m. Und selbst dann ist es fraglich, ob der Einstieg in den benachbarten Bart geschafft werden kann. Günstig ist es, die Flugstrecke entlang von Bergzügen zu legen und Wolken bei der Überquerung von Tälern anzufliegen.

Thermische Totzeit

Zeitverschiebungen in der Thermikauslösung ergeben sich auch durch die Art des Untergrunds (**thermische Totzeit**). Je nach Wärmeleitfähigkeit verschiebt sich die thermische Entwicklung bis zu mehreren Stunden, hält dafür entsprechend länger an:

- bei durchlüfteten, trockenen Böden 0–15 min
- bei Beton, Asphalt (Gebäude etc.) 1–2 h
- bei Fels, Stein 1,5–2,5 h
- bei niedrigen Pflanzenbeständen 2,5–3 h

13.4 Flugbuch, XC-Dokumentation und Planung

Für viele Gleitschirmflieger ist es interessant, die eigenen Streckenflüge später am PC ansehen und analysieren zu können. Verbände empfehlen zudem, ein Flugbuch als Nachweis der Flugpraxis zu führen. Hier würde ein handschriftlich geführtes Flugbuch genügen, jedoch bieten elektronische Flugbücher eine Vielzahl von interessanten Funktionen, die sich hervorragend zur Streckenflugplanung eignen und es ermöglichen, die Flüge auf XC-Server hochzuladen. Voraussetzung dafür sind Fluginstrumente mit GPS, die Flugdaten speichern und damit die Möglichkeit bie-

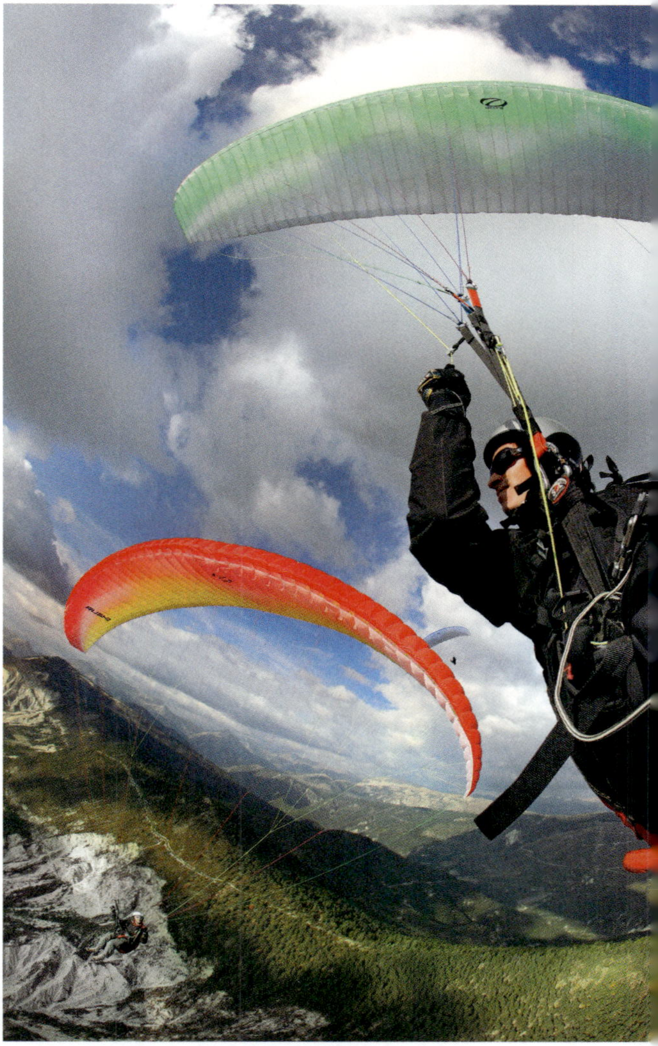
In Moustiers-Sainte-Marie, Frankreich, zum Streckenfliegen

ten, die Daten in das Programm auszulesen. Die Beschäftigung mit der Analyse der eigenen Streckenflüge kann auch dazu beitragen, das Medium Luft besser zu verstehen, um mit diesem Wissen besser und sicherer zu fliegen.

Das Flugbuch, der Flugdatenspeicher

Flüge können mit allen Daten vom Fluginstrument aus im Flugbuch gespeichert werden. Die Erkennung von Startplatz und Fluggebiet, Land oder Zeitzone erfolgt automatisch. So ist das ganze Fliegerleben auf einen Blick zu sehen. Im Infobereich können für Flüge mit GPS-Daten verschiedene Modi eingestellt und passend zum Flug aktualisiert werden. Die gefilterten Daten des Flugbuchs können in verschiedene Reports (Flugbuch, Statistik, Tandem, Fluglehrernachweis etc.) ausgegeben und gedruckt werden. Flugbücher, wie das ParaFlightBook, enthalten einen eigenen Bildbetrachter.

Karten, Wegepunkte und Lufträume

Tracks, Wegpunkte und Lufträume werden mit Kartenunterstützung angezeigt, ebenso die Thermikanalyse. Dabei werden wahlweise eigene Rasterkarten oder Google Maps verwendet. Wegpunkte und selbst Lufträume werden direkt auf der Karte eingetragen. Lufträume werden einfach mit der Maus gezeichnet – so können z. B. gefährliche Leegebiete leicht in Datenform und auf Instrumente gebracht werden. Es ist möglich, einen Flugurlaub optimal mit eigenen Fluggebietskarten inklusive der Thermikquellen vorzubereiten.

XC-Optimierung & Upload

Auch FAI-Routenplaner mit XC-Optimierung sind integriert. Eine interne XC-Optimierung mit einstellbaren Faktoren berechnet die Flüge, und die Aufgabenart mit dem besten Ergebnis wird beim Flug hinterlegt. Die optimierten Flüge können so direkt am XC-Server hochgeladen werden.

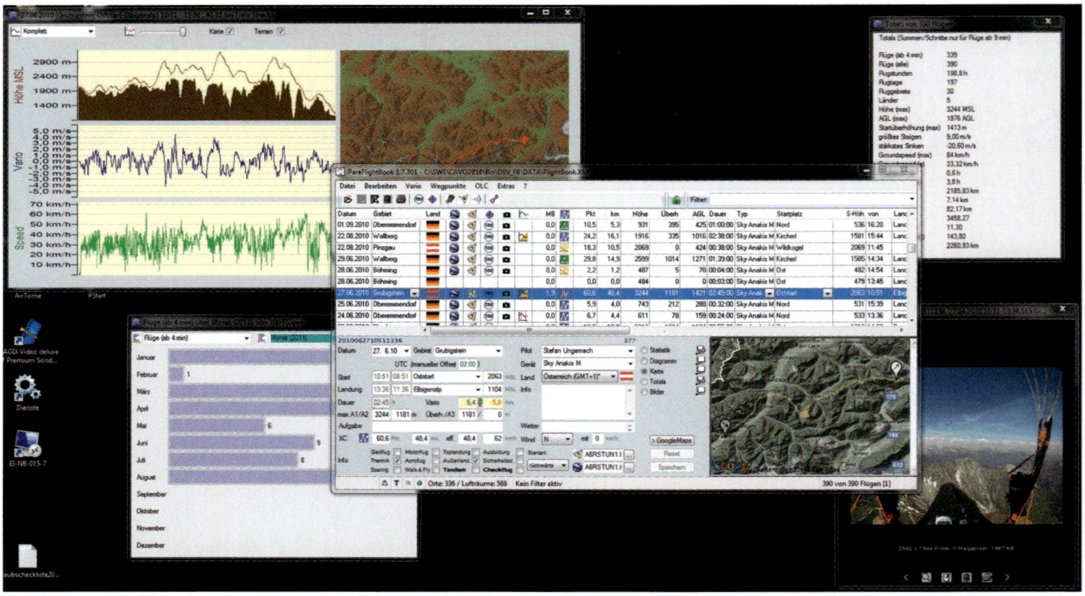

Vielfältige Möglichkeiten der Fluganalyse bieten elektronische Flugbücher.

Auf Strecke

Wieder mal fliegen am Hausberg. Rauf mit der Bahn, oben die bekannten Gesichter. Einige sind eifrige Streckenflieger, die schon startbereit sind. Konzentriert beobachtend, wann aus den ersten zarten Ablösungen tragfähige Momente entstehen, um daraus einen weiten Flug zu basteln. Wer früh wegkommt, kann auch weiter fliegen. Es ist ein Tag für das Karwendeldreieck und ich stehe ebenfalls bereit zu starten. Doch mein Leben besteht aus noch vielen anderen Dingen und ich habe einen Termin am Abend. Also wieder mal die kleine Runde, wie so oft. Am sicheren Hausberg, dem Brauneck bleiben? Sicher fliegen, ohne Risiko einer Außenlandung, bekanntes Terrain, verlässliche Thermikbärte, der große Landeplatz, das Auto am Parkplatz, nach dem Flug das Landebier.

Die Ersten starten jetzt, machen mühsam etwas Höhe, können sich gerade so oben halten. Ich zögere, warte noch etwas, will sicher hochkommen. Lange hält es mich nicht, diesmal starte ich früher als sonst, erwische gleich eine gute Ablösung und drehe auf. 1,6 m/s steigen, nicht schlecht für die Tageszeit. Gut erwischt. Da kommt ein Impuls, den ich sonst nie habe. Ich könnte noch höher, aber ich trete den Fußbeschleuniger und steuere schnurstracks in Neuland. Bewaldete Buckel unter mir, Almen, Südosthänge, die sich in der Vormittagssonne schon gut aufgeheizt haben, Hangkanten, an denen der nächste Thermikbart wartet. Ich schaue zurück. Hinter mir fliegen einige Schirme, die Cracks, die das Karwendeldreieck fliegen wollen. Gerade drehe ich über einer Berg-

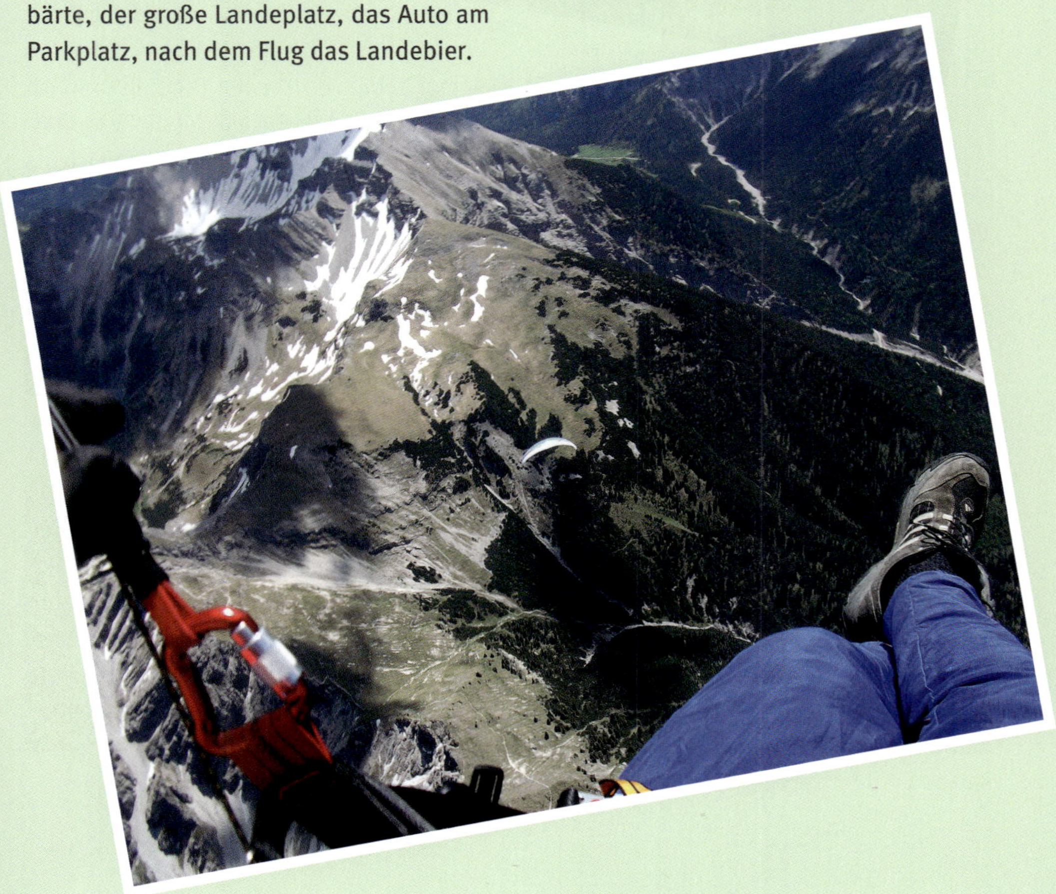

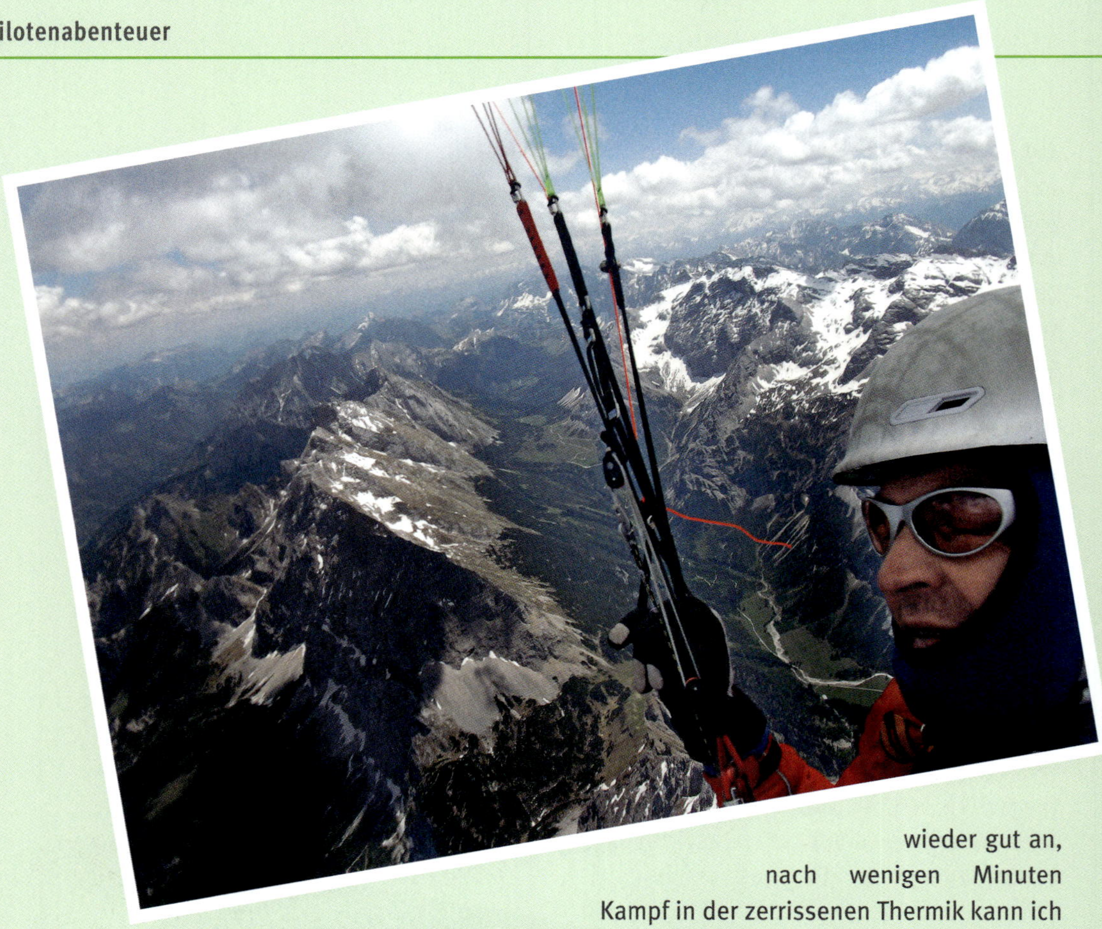

kuppe auf, um gleich danach den Sprung in das Vorkarwendel zu wagen. Unter mir die junge Isar. Bald bin ich an der Soiengruppe angekommen. Die Truppe hinter mir folgt, kommt kaum näher. Was treibt mich voran? Am Eckpunkt der Soiengruppe, erwische ich einen tollen Bart. Ab bis zur Basis auf ca. 2700 Meter, schnurstracks weiter Richtung Mittenwald. Es geht schnell abwärts, zu schnell. Kurz vor Mittenwald bin ich auf ca. 1800 Höhenmeter angekommen. Die kalte Nordseite der 4er-Spitze trägt natürlich nicht. Für die Westseite ist es zu früh. Also zurück zum Hang und in die S-Flanken des Wörnerkessels flüchten, um diese für den dringend notwendigen Aufstieg zu nutzen. Zäh und zaghaft erreiche ich den Wörnersattel. Erst dort springt der Thermikmotor wieder gut an, nach wenigen Minuten Kampf in der zerrissenen Thermik kann ich zentrieren und drehe wieder auf 2700 Höhenmeter auf. Das Karwendel kenne ich als Bergsteiger gut, wilde zerklüftete Steinhaufen, bröseliger Kalk, schroffe, trockene Felsen. So fliege ich über den scharfen Kalkgrat der Karwendelspitze auf die Südostseite. Sicher trägt mich die Thermik bis nach Scharnitz. Dort begegne ich einem, der den direkten Weg geschafft hat, wir drehen gemeinsam auf und die Reise geht zusammen weiter bis nach Seefeld. Da durchzuckt es mich, als die Hohe Munde so gewaltig auf der anderen Talseite steht.

Ich erinnere mich an eine meiner ersten Skitouren und den grandiosen Blick in das Tal. Wie ein Magnet zieht mich der Berg an. Neuland. Der leichte Ostwind schiebt mich über das Tal und hilft die fehlende Thermik zu überbrücken. An der Schulter angekommen, wähne ich mich schon sicher, warte auf den jeden Augenblick einsetzenden starken Thermikbart aus der Südflanke, die vom Inntal heraufzieht. Stattdessen, völlig unerwartet, bekomme ich eine große Watsche. Der Schirm, gerade noch voll im Speedsystem stehend, klappt urplötzlich weit und großflächig ein, viel Höhe hatte ich noch nicht über der Hangkante.

Instinktiv betätige ich sehr kurz die Steuerleinen, um ein Wegdrehen zu verhindern, trotzdem dreht der Schirm schlagartig weg, der Höhenverlust ist enorm. Ich habe keine Orientierung, Blick zum Schirm, Gedanken an den Rettungsschirm. Kann ich den Gleitschirm kontrollieren? Der Schirm muss fliegen können – also lass den Schirm fliegen, sage ich mir. So wie der Klapper gekommen ist, ist auch gleich alles wieder im grünen Bereich. Stabil und voll fliegt der Schirm. Die Windscherung von Ostwind und der plötzlich aus dem Inntal einsetzenden starken Thermik hatte ich falsch eingeschätzt. Die Atmung beruhigt sich wieder. Ich setze neue Ziele, gebe das Karwendeldreieck mit dem bei Ost gewagten Wendepunkt Hohe Munde auf und nehme mir vor, mich mit dem Ostwind zur Zugspitze tragen zu lassen, um in Garmisch den Zug in Richtung Abendtermin nehmen zu können.

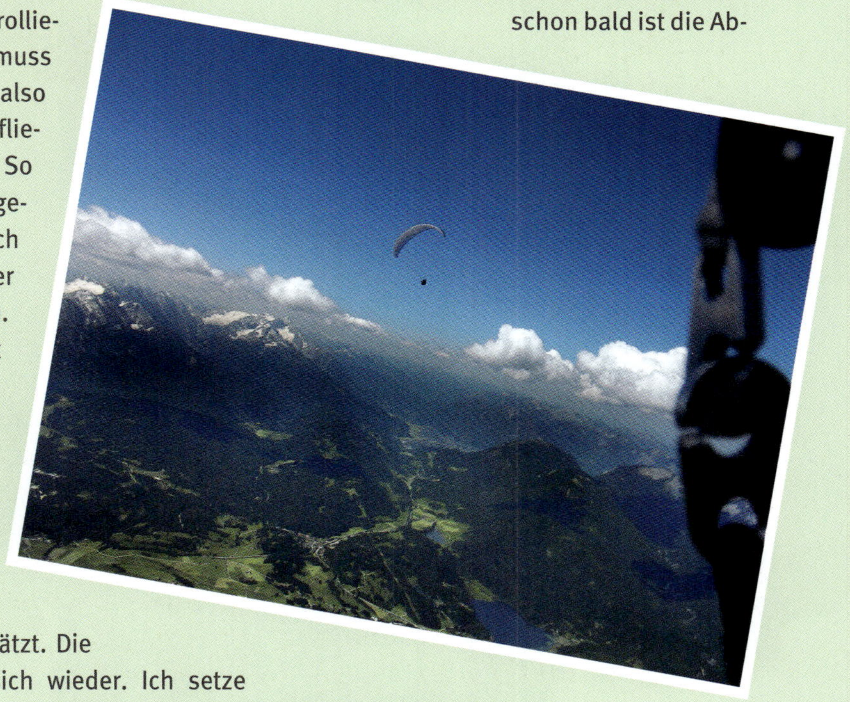

Da noch Zeit ist und ich noch nie über die berühmten Wände der Schüsselkar- und Scharnitzspitze, die ich aus meinen Kletterzeiten gut kenne, geflogen bin, halte ich darauf zu. An der Wangalm steht ein toller Thermikbart, und so kann ich in aller Ruhe meine Kletterrouten nochmals aus einer anderen Perspektive betrachten.

Der lange Kamm zur Zugspitze ist schnell abgeflogen, leider trägt es mich nicht über die Zugspitze, so fliege ich im weiten Bogen mit sicherem Abstand in den Lermooser Kessel ein, um danach, mit weniger als 50 Meter über dem Grund auf der S-Seite des Daniels anzukommen. Der trockene, licht bewaldete Hang trägt, und schon bald ist die Abflughöhe erreicht, um mich nach Garmisch durchzuhangeln. Zurück zum Auto reicht es nicht mehr, aber der Zug bringt mich gerade noch rechtzeitig und zufrieden zu meinem Abendtermin.

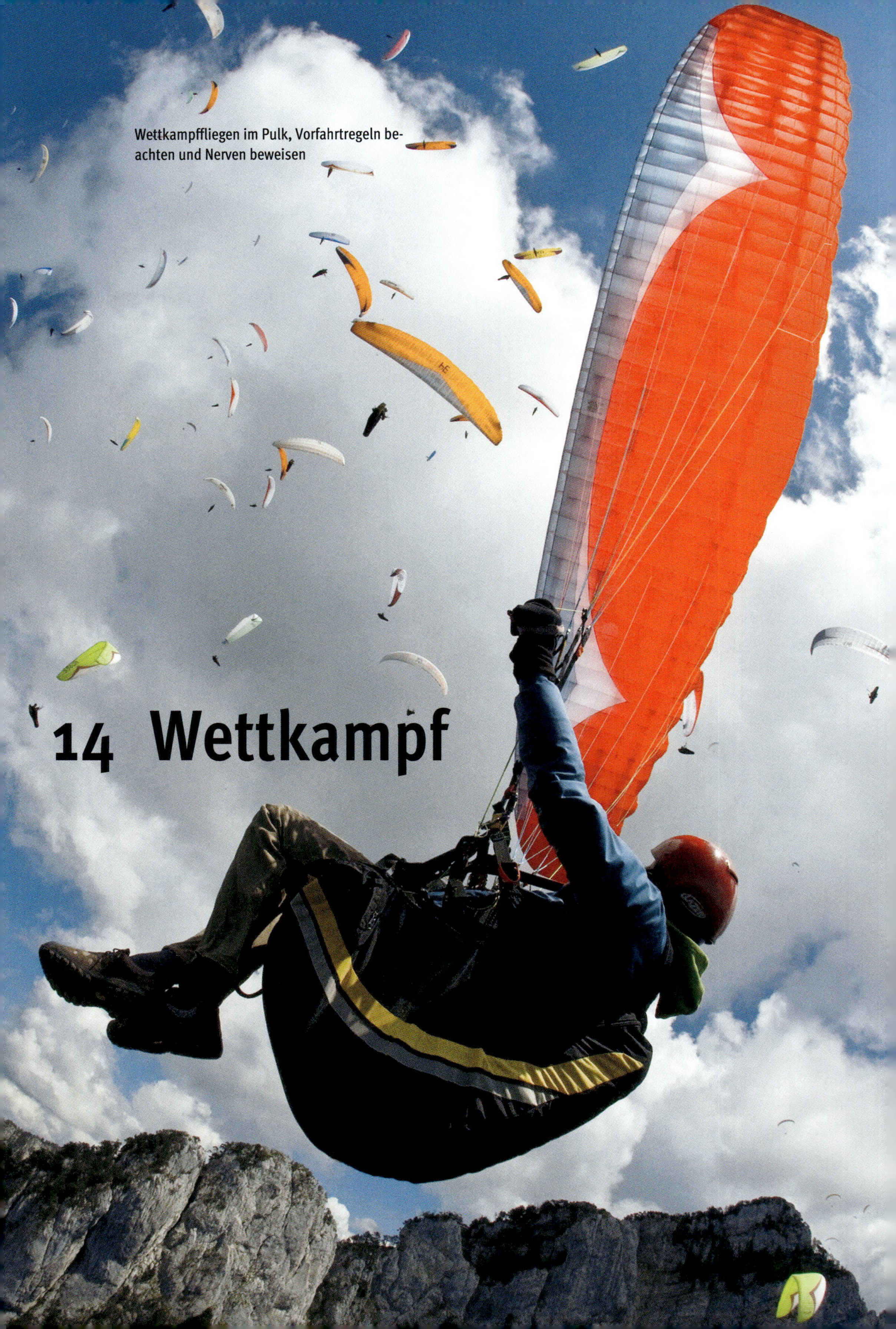

Wettkampffliegen im Pulk, Vorfahrtregeln beachten und Nerven beweisen

14 Wettkampf

Wie in allen Sportarten ermöglichen Wettkämpfe wie Club-, Landes-, Europa- und Weltmeisterschaften das Kräftemessen. In den meisten Ländern gibt es eine eigene Gleitsegelliga, aus der in Ranglisten-Wettbewerben das Nationalteam und der Landesmeister ermittelt werden. Ein Wettkampf besteht aus mehreren Flugaufgaben, deren Einzelergebnisse mittels eines Punktesystems zusammen bewertet werden. Um in die Spitzengruppe zu fliegen, sind eine gute Flugtaktik und konstante Leistungen in allen Durchgängen notwendig. Besonders interessant für ambitionierte Gleitschirmflieger sind Cross-Country-Flüge, kurz XC oder auch Streckenfüge genannt. XC-Flüge kann jeder Pilot auf einem XC-Server selber dokumentieren. Durch die Dokumentation der Flüge auf dem XC-Server sind die Flüge (Track) im Internet für jeden nachverfolgbar. Obwohl jeder Pilot für sich alleine seine Strecken fliegt, entstehen durch die Onlinedokumentation spannende Wettkämpfe und oft auch viele Fliegerfreundschaften.
Aktuelle Infos und XC-Server:
www.xcontest.org, www.dhv-xc.de, www.paraglidingforum.com, www.fai.org

14.1 Dokumentation und Wertung von XC-Flügen

Die Dokumentation von XC-Flügen erfolgt ausschließlich mit Fluginstrumenten wie dem GPS, dem Kombifluginstrument oder einem Logger. Für die Wertung von Flügen ist immer eine Höhenaufzeichnung (barometrische Höhe oder GPS-Höhe) in der eingereichten IGC-Datei erforderlich. XC-Flüge bedürfen keiner Fluganmeldung und werden vom Piloten auf einen XC-Server hochgeladen. Die Details sind in den Wettkampfausschreibungen beschrieben.

Bewertung

Bei XC-Flügen werden je nach Aufgabe Punkte vergeben, die sich aus der Flugdistanz in km und dem Wertungsfaktor ergeben. Diese Wertungsfaktoren können je nach Wettkampf, Land und Verein nach den örtlichen Gegebenheiten unterschiedlich sein und sind den Wettkampfausschreibungen zu entnehmen. So sind beim World XC der FAI die Faktoren für die Aufgaben »Freie Strecke« 1,00, das »Flache

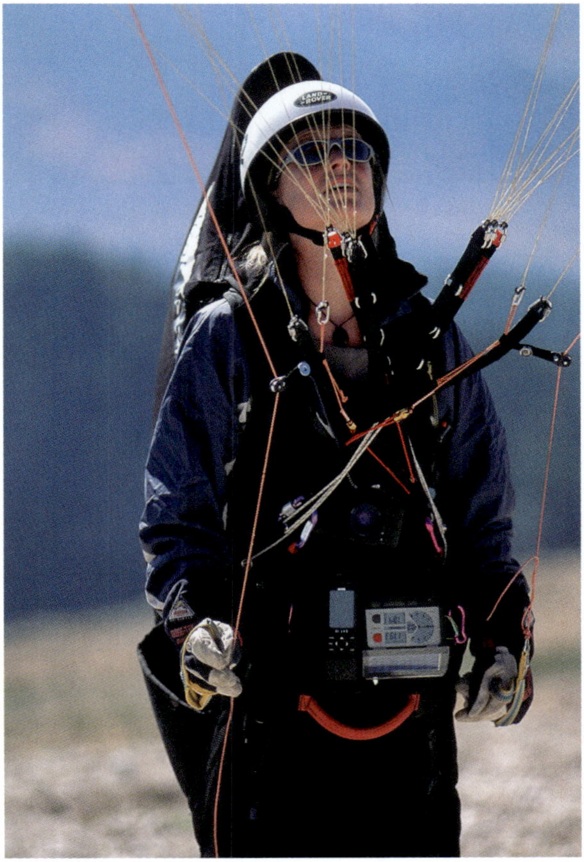

Mit voller Konzentration und Instrumentierung zur Navigation geht es gleich auf Streckenrekordjagd.

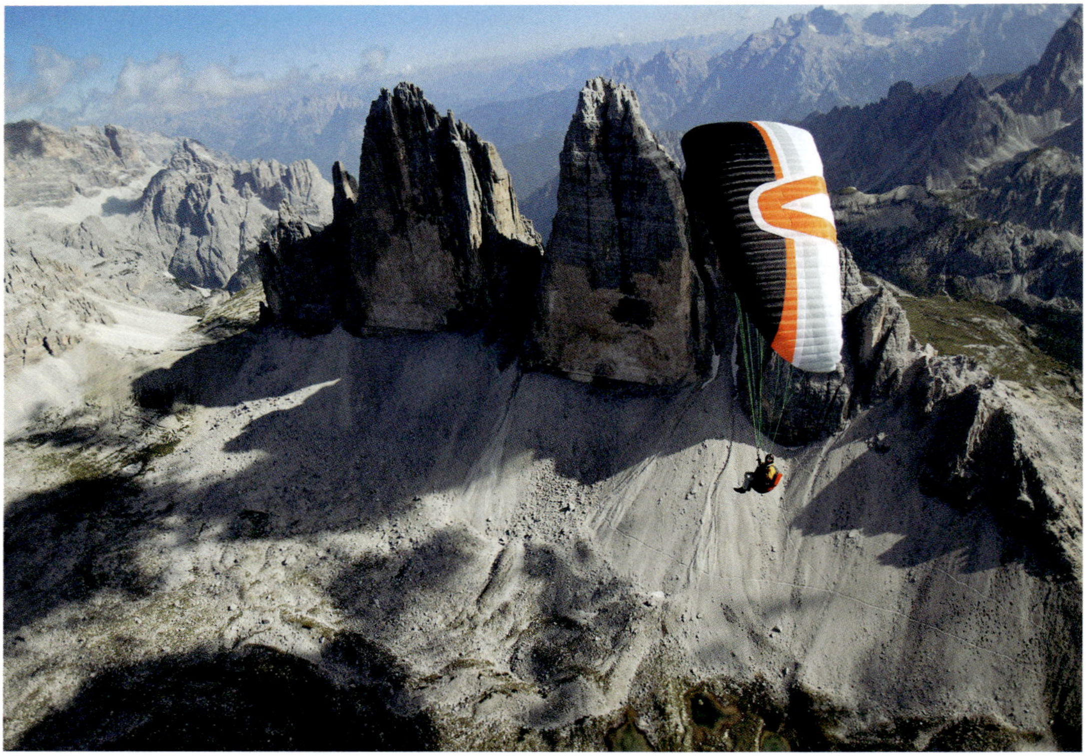

Bei sehr guten Streckenflugbedingungen über den Drei Zinnen, Dolomiten (© M. Scheel/azoom.ch)

Dreieck« 1,20 und das »FAI-Dreieck« 1,40. Bei vielen XContest-Länderwertungen oder dem DHV-XC sind die Faktoren für die Aufgaben »Freie Strecke« 1,50, »Flaches Dreieck« 1,75 und »FAI-Dreieck« 2,00.

Wertungsstrecke

Auf dem aufgezeichneten Flugweg werden nach dem Flug der Abflugpunkt, bis zu drei Wegpunkte und der Endpunkt so positioniert, dass die Punktezahl (Kilometer x Faktor), vom Abflugpunkt um die bis zu drei Wegpunkte bis zum Endpunkt, möglichst groß wird.

Ein Flug kann als Dreiecksflug gewertet werden, wenn die Entfernung zwischen Abflugpunkt und Endpunkt weniger als 20 % der durch die drei Wegpunkte definierten Dreiecksstrecke beträgt. Als Wertungsstrecke gilt dann die Dreiecksstrecke um die drei Wegpunkte reduziert um den Abstand zwischen Abflugpunkt und Endpunkt. Bei der Startart »Schlepp« wird die Schleppstrecke nicht gewertet.

Meldung und Auswertung des Fluges

Der Flug mit den persönlichen Daten und der IGC-Datei ist per Internet meist innerhalb einer Frist von 2 Wochen auf den jeweiligen XC-Server zu übertragen. Der jeweilige XC-Server berechnet dabei automatisch die höchst erreichbare Punktezahl für den eingereichten Flug. Alternativ ermöglicht z. B. das Auswerteprogramm MaxPunkte die manuelle Optimierung von Flügen.

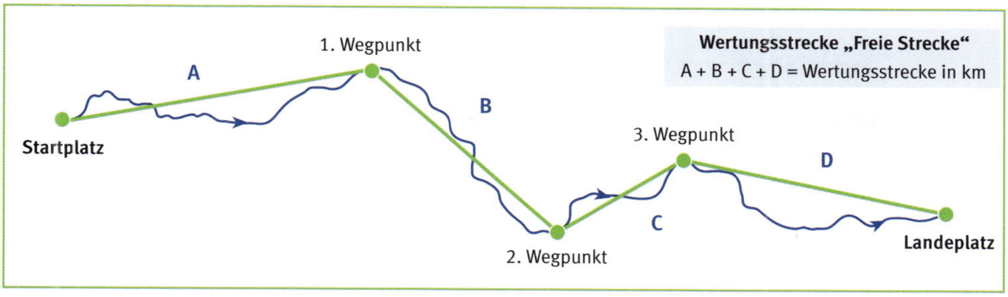

Beispiel freie Strecke – one way. Freie Strecke ist im Flachland die übliche Flugart bei viel Wind – »one way«! Im Gebirge eignen sich die Bergrücken der langen Ost-/West-Täler ideal für freie Strecken.

Anzahl der gewerteten Flüge

Es können beliebig viele Flüge eingereicht werden. Für die Wertung wird je nach Ausschreibung jedoch nur eine bestimmte Anzahl von Flügen gewertet.

14.2 Streckenflugaufgaben

Freie Strecke

Bei der »freien Strecke« werden zwischen Abflugpunkt und Endpunkt (Landeplatz) bis zu drei Wegpunkte gelegt. Mit der Wertung der freien Strecke über drei Wegpunkte können so interessante Flugrouten entstehen. Ist ein Dreiecksflug nicht innerhalb der 20-%-Regel, dann wird der Flug als freie Strecke gewertet.

› Taktik:

Im Gebirge eignen sich besonders lange Gebirgsketten, deren Hänge südseitig exponiert sind und unter Ausnutzung von Thermik und Hangaufwind abgeflogen werden. Vormittags wird man sich mehr an die SO-Hänge halten, um Höhe zu machen. Nachmittags kommen die SW-Hänge mehr zum Tragen. Im Flachland sind weite Strecken erst möglich, wenn sich Wolkenstraßen bilden, bei denen der Abstand der Wolken eng genug ist, wodurch es dem Gleitsegelpiloten möglich wird, immer wieder Thermikanschluss zu finden. Ein konstanter, stärkerer Wind begünstigt einen Flug, wenn zudem ausreichende Thermiktätigkeit vorhanden und die Wolkenbasis nicht zu tief ist.

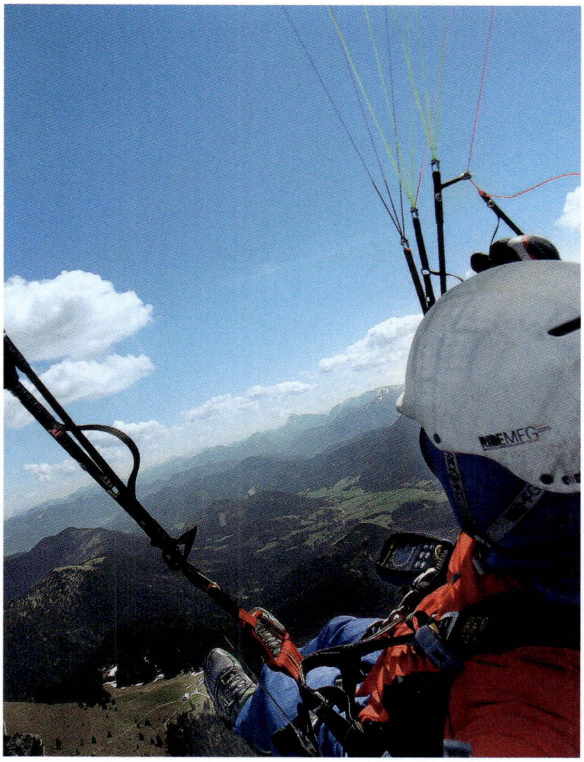

Mit voll getretenem Speedsystem geht es mit Maximalgeschwindigkeit zum nächsten Thermikbart.

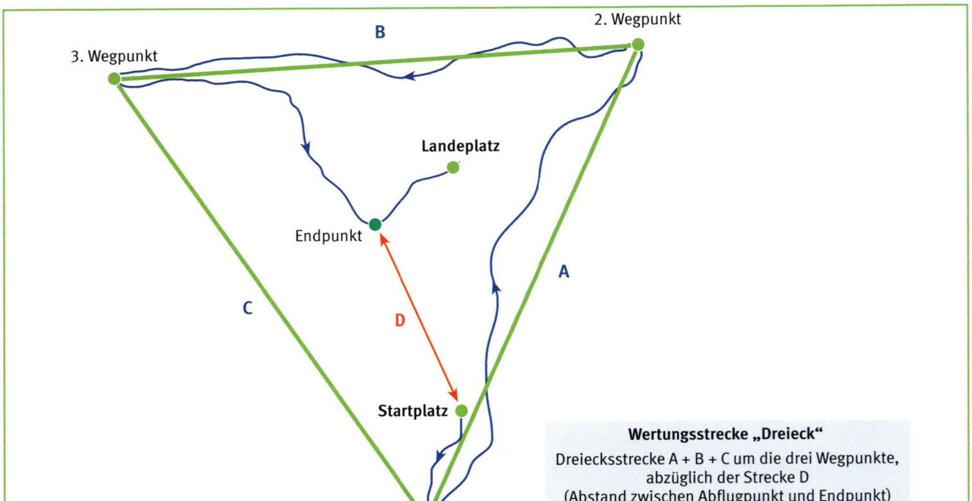

Beispiel FAI-Dreieck

Dreiecksflug

Dreiecksflüge sind die schwierigsten Streckenflugaufgaben. Man unterscheidet hierbei zwischen dem etwas leichteren flachen Dreieck und dem FAI-Dreieck.

Flaches Dreieck

Unter flachem Dreieck versteht man ein Dreieck, bei dem ein Schenkel des Dreiecks kleiner oder gleich 28 % der Gesamtstrecke ist.

FAI-Dreieck

Als FAI-Dreieck darf ein Flug bezeichnet werden, bei dem alle Schenkel des Dreiecks über 28 % der Gesamtstrecke betragen und in angegebener Reihenfolge geflogen werden.

Ein Flug wird als Dreiecksflug gewertet, wenn die Entfernung (Strecke D) zwischen Abflugpunkt (in diesem Fall der Startplatz) und dem Endpunkt weniger als 20 % der gesamten Dreiecksstrecke (A+B+C) beträgt.

› Flugtaktik bei Dreiecksflügen:

Ideale Voraussetzung für große Dreiecksflüge ist ein thermisch aktiver Tag und schwachwindige Verhältnisse. Die geplante Route sollte so gelegt werden, dass der tageszeitlich unterschiedliche Sonnenstand berücksichtigt wird. Während Ziel-

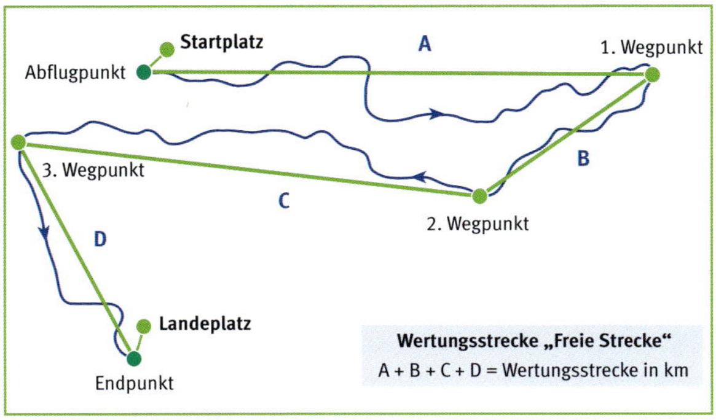

Beispiel mit Möglichkeiten zum »flachen Dreieck« oder zur »freien Strecke«
Der Pilot hat sich für freie Strecke entschieden, als er seine Flugstrecke C nicht Richtung Abflugpunkt legt, um das flache Dreieck zu schließen, sondern zum 3. Wegpunkt verlängert. Zusätzlich verlängert er mit der Strecke D um weitere Flugkilometer. Dies bringt mehr Punkte als das ursprünglich geplante flache Dreieck.

Rückkehr-Flüge an Bergketten entlanggehen, müssen beim Dreiecksflug im Gebirge meist ein oder mehrere weitere Täler überquert werden. Deshalb sind besonders die Talwindsysteme bei der Planung zu berücksichtigen. Wenn beim Dreiecksflug noch Flugzeit übrig bleibt, so kann man die Wertung des Dreiecks noch verbessern, indem man versucht, die Strecke D so weit wie möglich zu verkleinern. Flächiges Fliegen, also ein FAI-Dreieck, bei welchem keine Seite kleiner als 28 % ist, bringt bei Einhaltung der 20-%-Regelung also am meisten Punkte.

14.3 Sonstige Wettbewerbe

Neben den Streckenflugwettbewerben lassen sich auch andere Aufgaben finden, um einen Wettbewerb gestalten zu können. Solche Wettbewerbe werden meist im Rahmen von Vereinsaktivitäten durchgeführt. So kann z. B. ein Schätzflug gemacht werden, bei dem das Flugziel festgelegt ist und der Pilot vor dem Start die Flugzeit angibt. Wer danach möglichst nahe der geschätzten Zeit ist, wird der Sieger. Beim Bojenflug muss eine bestimmte, durch Bojen ausgesteckte Flugroute ein oder mehrmals abgeflogen werden. Es kann dabei auch eine Touch-and-go-Flugaufgabe eingebaut werden. Der Pilot muss dabei an einem geeigneten, höher gelegenen Landeplatz kurz zwischenlanden oder eine Boje berühren. Zeitflüge mit Minimal- oder Maximalzeiten, Punktlandungen sowie Gleitwinkelflüge oder auch Groundhandling-Aufgaben haben einen hohen Spaßfaktor für Fun-Wettbewerbe.

WICHTIG

Wettkampffliegen ist ein Sport, der Fairness verlangt. Mit übertriebenem Ehrgeiz gefährdet man sich selbst und die anderen Piloten.

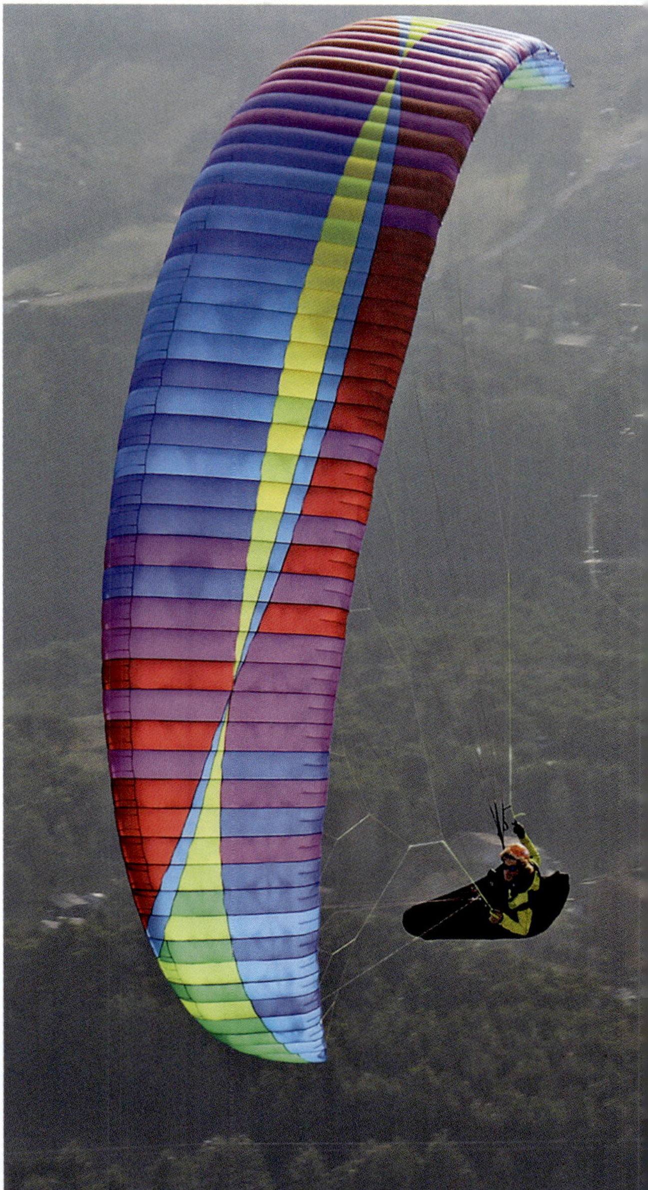

Kreisen in der Thermik. Für lange Streckenflüge sind Liegegurtzeuge sehr komfortabel.

15 Hike & Fly/Biwakfliegen/Gleitschirmreisen/Expeditionen

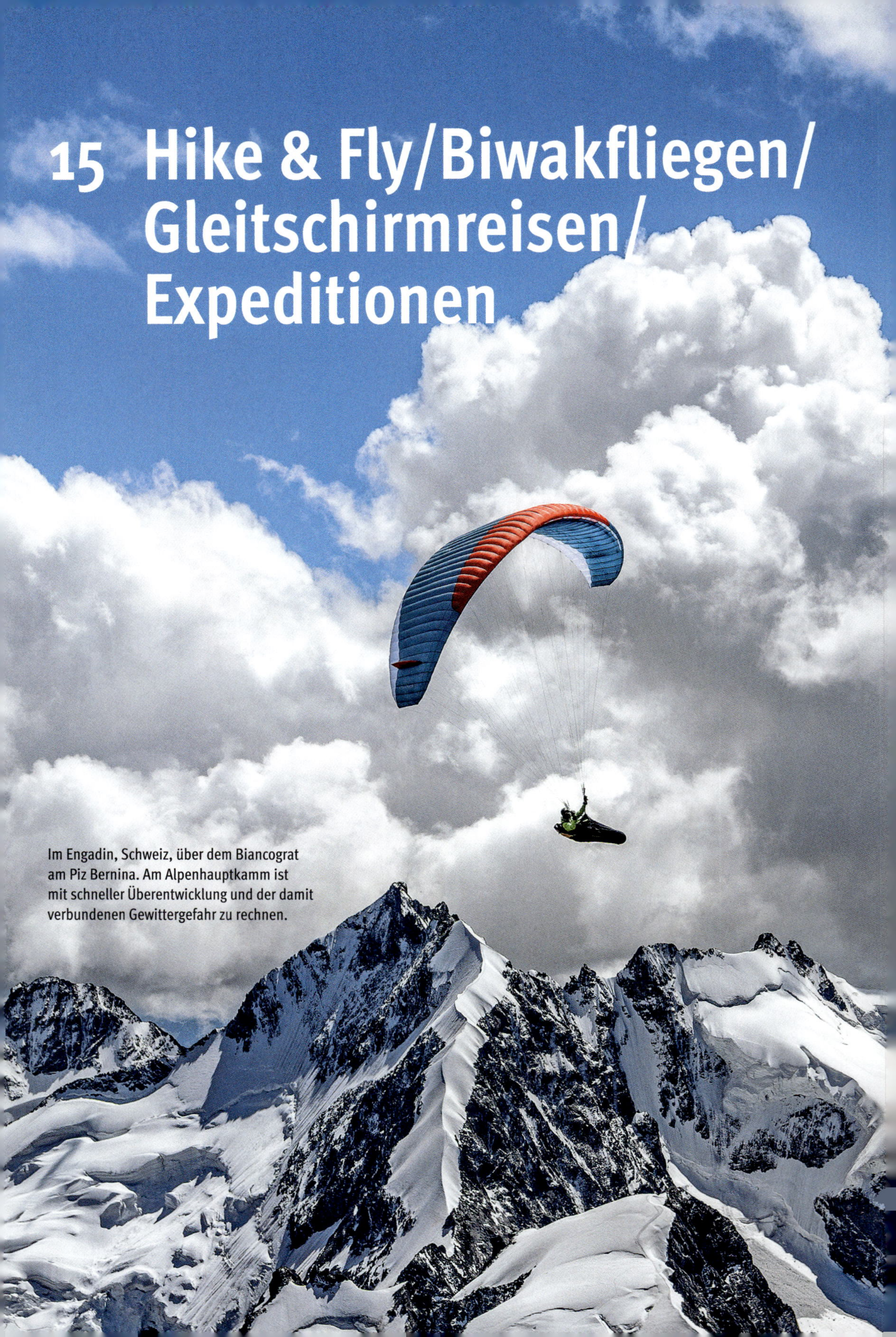

Im Engadin, Schweiz, über dem Biancograt am Piz Bernina. Am Alpenhauptkamm ist mit schneller Überentwicklung und der damit verbundenen Gewittergefahr zu rechnen.

15.1 Hike & Fly (alpines Gleitschirmfliegen)

Das alpine Gleitschirmfliegen erweitert das Flugerlebnis um eine weitere Komponente, deren Faszination schwer zu beschreiben ist. Der Anteil derer, die mit dem Gleitschirm auf dem Rücken in Richtung Gipfel laufen, ist im Verhältnis gering. Der schweißtreibende Aufstieg mit dem trotz Leichtausrüstung schweren Rucksack ist Geschmackssache. Bei den alpinen Gleitschirmfliegern steht nicht nur das Fliegen im Vordergrund. Der oft stundenlange Aufstieg mit der Ungewissheit, ob überhaupt ein Start möglich ist, bedarf schon einer gewissen Vorliebe für das Bergsteigen. Darin liegt ein besonderer Reiz, der ursprünglich für die Verbreitung des Gleitschirmsportes sorgte. Es waren die Bergsteiger, die von der Idee fasziniert waren, vom Berg zu schweben, anstatt Knie belastend zu Tal zu laufen. Nach wie vor ist es etwas Besonderes, von einem Alpengipfel zu starten und bei guten Bedingungen die Grate und Bergrücken abzufliegen. Für viele hat es einen besonderen Reiz, einen neuen Hike-&-Fly-Berg für sich zu entdecken. Meist fehlen am Start wie auch in der Luft weitere Piloten. Jeder ist auf sich gestellt, die Start- und Flugbedingungen zu beurteilen und auch die Tour vorzubereiten. Es fehlen sowohl Webcam, Windansage als auch meist der Windsack am Start- und Landeplatz. Beschreibungen und kurze Videoclips machen inzwischen die Vorbereitung leichter, doch am Berg selbst sind die eigenen, wohlbedachten Entscheidungen gefragt. Dazu braucht man entsprechende Kondition und alpine Erfahrung. Was für Bergsteiger selbstverständlich ist, müssen sich alpin unerfahrene Gleitschirmflieger erst aneignen. Jedoch gibt es auch viele bergsteigerisch wie flugtechnisch einfache Hike-&-Fly-Ziele, die gerade für den Anfang zu empfehlen sind.

> **HIKE-&-FLY-RISIKEN**
>
> **Subjektive Gefahren:**
> - Fehleinschätzung der Lage
> - Überschätzung des eigenen Könnens
> - zeitliches Verschätzen
> - mangelhafte Ausrüstung
> - schlechte Flugplanung
> - schlechte Kondition
> - psychische Überlastung
> - Vernachlässigung des Startchecks
>
> **Objektive Gefahren**
> Sie sind naturbedingt und entstehen ohne menschliches Zutun.
> - Allgemeine Gefahren des Hochgebirges: Stein- und Eisschlag, Wettersturz, Lawinengefahr, Gletscherspalten etc.
> - Allgemeine Fluggefahren: Holzerseile, Kabel, Heu-, Lawinen-, Material-, Seilbahnen, Bäume, schwieriges Startgelände wie z. B., steile Grashänge, Geröllhalden, Felsabbrüche ohne Startabbruchmöglichkeit etc.

Vorbereitung

Wetter, Wetter und noch einmal Wetter. Die langfristige und regelmäßige Wetterbeobachtung ist für Alpinflieger unabdingbar. Dazu kommt die Beurteilung der lokalen Gegebenheiten wie das Talwindsystem und der Gefahren, die z. B. von Stromleitungen und den fast unsichtbaren Drahtseilen der Materialseilbahnen ausgehen. Die Betrachtung mit Google Earth hilft zwar, aber Seile sind meist nicht zu erkennen. Eine aktuelle topografische Wanderkarte hilft hier weiter. Es sind meist alle

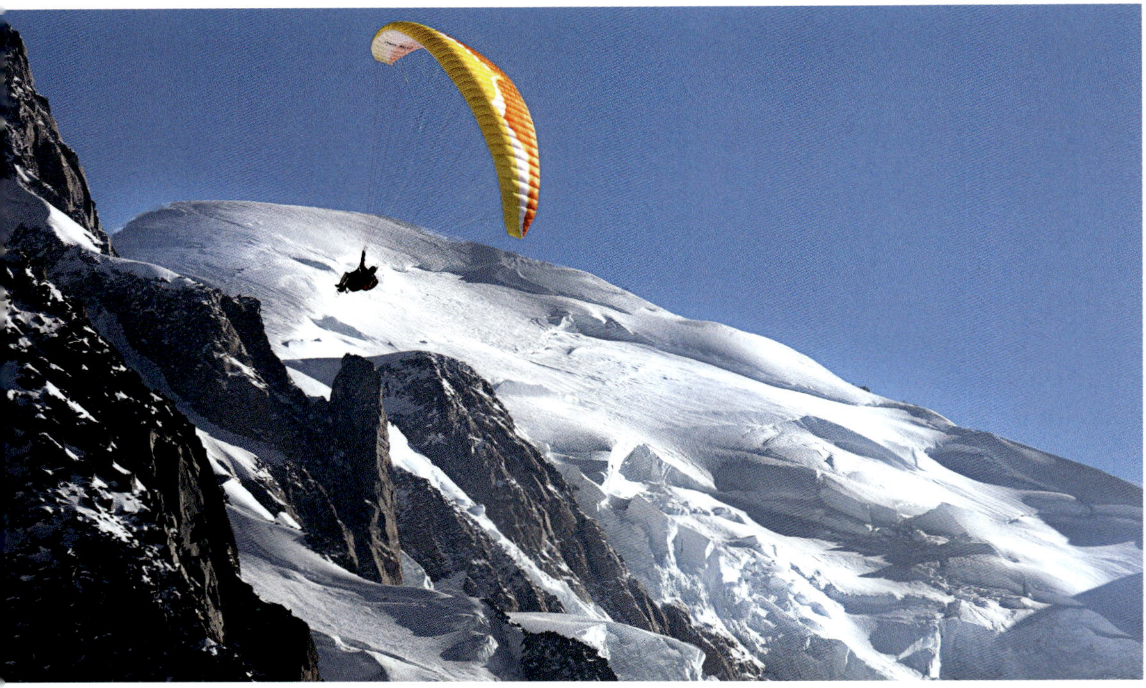

Am Mont Blanc, Chamonix, Frankreich: Fliegen im Hochgebirge, besonders in Gletscherregionen hat besonderen Reiz. Hier notlanden zu müssen und plötzlich ohne Hochgebirgsausrüstung Fußgänger zu sein, kann allerdings lebensgefährlich werden.

Kabel, sonstige Hindernisse und vor allem die Aufstiegsrouten eingezeichnet. Egal, ob man sich für die elektronische oder die Papierversion entscheidet, die Vorbereitung gehört zum alpinen Gleitschirmfliegen. Der Anstieg ist mit der zusätzlichen Last der Gleitschirmausrüstung mühsam und erfordert einiges an Kondition. Für Ziele bis 1000 Höhenmeter ist eine gute Allgemeinkondition ausreichend, um auch für Zwischenfälle noch genügend Kraftreserven zu haben. Darüber hinaus ist regelmäßiges Ausdauertraining von Vorteil.

Ausbildung

Wer am alpinen Gleitschirmfliegen Gefallen findet, tut gut daran, die ersten Touren mit erfahrenen Hike-&-Flyern oder einer Flugschule zu unternehmen. Vorteil ist, dass man eine Gefahreneinweisung erhält, nicht alleine unterwegs ist und so mit der Zeit selbst Erfahrung sammeln kann. Wer in das hochalpine Gelände will, sich für Gletscher- oder Klettertouren interessiert, wendet sich am besten an die alpinen Vereine, Alpinschulen oder alpin orientierte Fluglehrer, die auch eine Bergführerausbildung besitzen. Für Hochtouren ist der Umgang mit Seil- und Sicherungstechnik lebenswichtig. Fliegerisch ist eine sichere Schirmbeherrschung auch bei stärkerem Wind und bei Turbulenzen Voraussetzung. Um allen Startbedingungen gerecht zu werden, ist eine gute Vorwärts- wie Rückwärtsstarttechnik für die eigene Sicherheit von Vorteil. Auch die Landung kann erhöhte Anforderungen an den Piloten stellen. Nicht immer gibt es ideale Landewiesen, auch fehlt meist ein Windsack bei Außenlandungen. Für alpine Flüge gelten die gleichen Regeln wie für das Streckenfliegen. Man ist auf sich selbst gestellt und dabei in Bezug auf Startplatz und Flugroutenwahl ganz frei. Dies ist gerade am Anfang eher ungewohnt und kann den Adrenalinspiegel schon etwas steigern.

Ausrüstung

Die persönliche Ausrüstung wird so gewählt, dass sie beiden Funktionen gerecht wird. Man kann sagen, dass sich eine gute Bergausrüstung auch zum Gleitschirmfliegen eignet. Die Gleitschirmausrüstung muss in erster Linie sicher, klein packbar und entsprechend leicht sein. Eine leichte Ausrüstung passt gut in einen großen Alpinrucksack und wiegt unter 10 kg. Dazu kommt noch die persönliche Ausrüstung, Brotzeit, Getränk, Foto und die Notfallausrüstung. Die Gleitschirmausrüstung sollte den Sicherheitsstandards genügen. Helm, Rettungsschirm und Protektor sind mit dabei. Das Angebot an Leichtausrüstung ist groß. Sehr leicht und klein packbare Gleitschirme haben wegen des dünneren Tuches oft eine geringere Lebensdauer. Ein Alpingleitschirm sollte leicht zu starten sein, da der Startweg im Gebirge oft kurz und steinig ist. Eine hohe Grundgeschwindigkeit und ein stabiles Flugverhalten sind gerade bei stärkerem Wind und ruppiger Luft sicherheitsrelevant. Gute Bergsteiger-

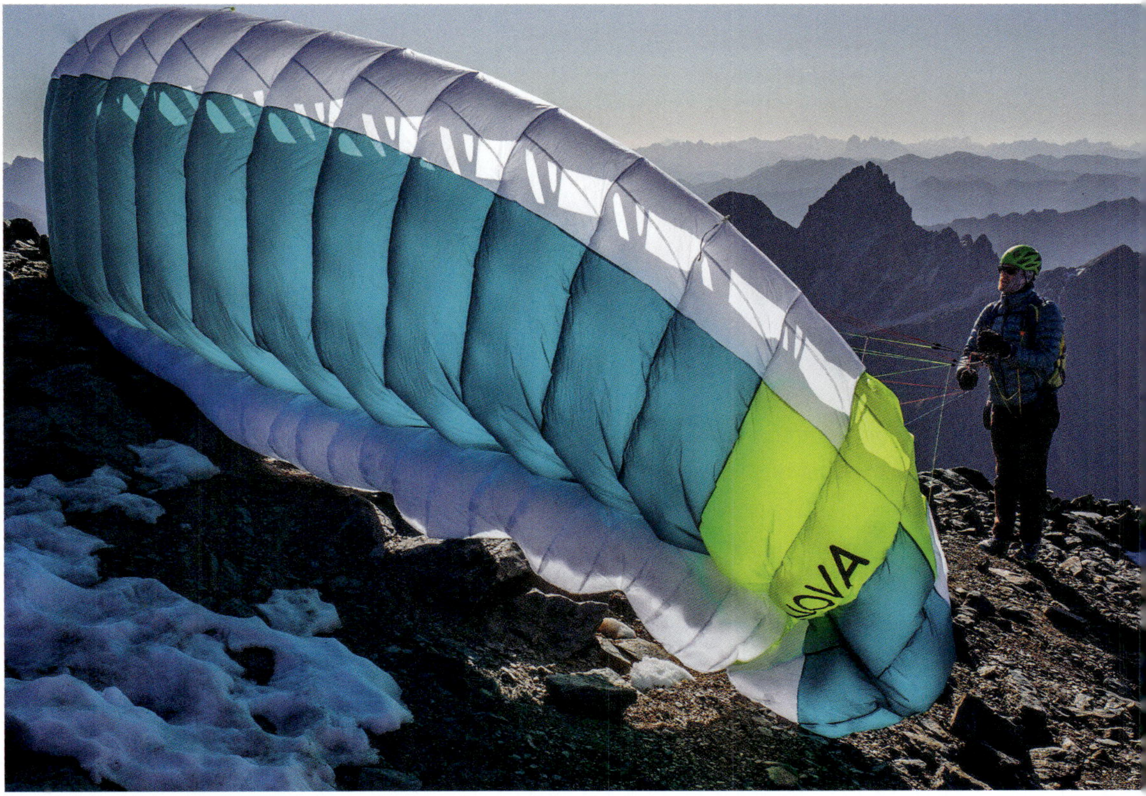

Start im Hochgebirge: kaum Startraum, viele Steine, an denen sich Leinen und Tuch verhängen können, meist stärkerer Wind. Bei Hike-&-Fly-Touren kann man nie ganz sicher sein, ob der Start an dem Tag möglich ist. Aber auch ohne Flug bleibt das Naturerleben.

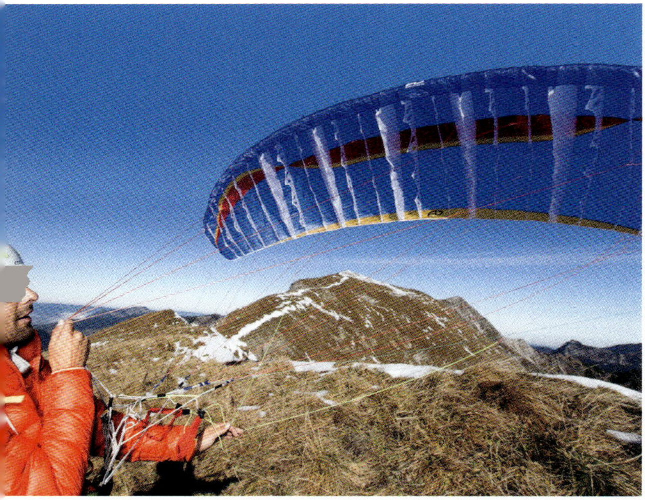

Single-Skin-Gleitschirme sind Leichtgewichte für Hike-&-Fly-Touren.

schirme sollen leicht und auch bei etwas Seitenwind fehlerverzeihend starten.

Besonders leicht und klein packbar sind Single-Skin-Gleitschirme, die aufgrund des fehlenden Untersegels keinen klassischen Zellaufbau besitzen und nur aus einem Obersegel bestehen. Bemerkenswert ist das einfache Startverhalten.

Bleibt die Frage, ob eine kleine oder normale Größe gewählt wird. Diese Entscheidung muss jeder Pilot für sich treffen. So sind kleine Flächen sehr schnell und wendig und dabei klein packbar und sehr leicht, jedoch steigen damit auch die Pilotenanforderungen. Das Alpingurtzeug ist spartanischer und teilweise ohne Sitzbrett ausgeführt, um Packvolumen und Gewicht zu sparen. Bei Wendegurtzeugen ist der Packsack integriert, natürlich auch um Gewicht zu sparen. Ein Staudruckprotektor ist inzwischen Standard. Für Hochgebirgstouren ist oft ein Hochgebirgsrucksack mit gutem Tragekomfort sowie Befestigungsmöglichkeiten für Eispickel und Skistöcke zweckmäßig.

15.2 Biwakfliegen

Unter Biwakfliegen versteht man alpines Gleitschirmfliegen über mehrere Tage hinweg. Dabei wird bewusst im Freien übernachtet, also biwakiert. Eines der großen Ziele ist es z.B., einen Gebirgszug oder sogar die gesamten Alpen mit dem Gleitschirm zu überqueren. Es ist ein besonderes Erlebnis, auf einem Berggipfel einen Sonnenuntergang oder -aufgang zu erleben. Damit dies komfortabel genug ist, kommt zur alpinen Gleitschirmausrüstung zusätzlich die Biwakausrüstung mit Schlafsack, Isoliermatte, Biwaksack oder einem Leichtzelt sowie der zusätzliche Proviant hinzu. Für die warme Suppe am Abend und den dampfenden Kaffee zum Sonnenaufgang darf ein leichter Kocher nicht fehlen. Da es am Gipfel meist keine Quellen gibt, ist ausreichend Flüssigkeit mitzunehmen. Bei mehrtägigen Flugsafaris steigt der Anspruch an die Kondition und an die persönliche Flugerfahrung, da Wind- und Wetterbedingungen über mehrere Tage schlecht planbar sind. So kann es sein, dass man an einem Tag nicht in die Luft kommt oder den geplanten Landeplatz nicht erreicht. Wer im Gebirge fliegt, braucht Erfahrung mit Außenlandungen. Da das Gelände meist Neuland ist, also Start- und Landeplätze sowie die ganze Region unbekannt sind, ist eine hohe Flexibilität und ein sehr gutes Einschätzungsvermögen der augenblicklichen Flugbedingungen wichtig. Deshalb ist es dringend empfehlenswert, sich durch mehrere Vorbereitungstouren auf unterschiedlich anspruchsvolle alpine Flugberge entsprechend Erfahrung anzueignen. Gemeinsam mit Freunden machen Biwaktouren noch mehr Spaß und sind zudem sicherer, da immer jemand da ist, der im Notfall für Hilfe sorgen kann. Mit den X-Alp ist Biwakfliegen sogar als Wettbewerb populär geworden. Hierbei geht es darum, wer als Erster eine größere Strecke in möglichst wenig Tagen nur zu Fuß und mit dem Gleitschirm bewältigt.

15.3 Gleitschirmreisen und Trainings

Den Gleitschirmfliegern steht die Welt offen. Traumziele gibt es rund um den Globus mit ganz unterschiedlichen Flugbedingungen, klimatischen und kulturellen Eigenheiten. Das thermisch extrem aktive und windige Brasilien für die großen Strecken, die Möglichkeit, Bade- und Gleitschirmurlaub zu verbinden, wie z. B. in der Türkei, Spanien, Montenegro, Lanzarote oder Australien. Kultur und Gleitschirm, kein Problem: Sizilien, Griechenland oder darf es auch Peru sein? Erfahrungen an der Düne sammeln und bis in den Sonnenuntergang hinein fliegen? Chile, Namibia, Portugal, Dänemark, Niederlande oder Litauen wären dafür super. Familie und Gleitschirmfliegen – auch dies lässt sich gut vereinbaren, wenn der Pilot auch mal bereit ist, ohne ständigen Blick auf die aufkommende Thermik entspannt mit der Familie am Strand zu liegen oder einen gemeinsamen Ausflug zu unternehmen. Bekannte Fluggebiete bieten dafür eine ideale Infrastruktur von der Unterkunft bis hin zum Shuttleservice sowie der obligatorischen Fliegerbar mit angrenzendem Spielplatz für die Kinder. Noch komfortabler ist es, sich einer Flugschule anzuvertrauen, um zusammen mit einer Gruppe gleichgesinnter Piloten neue Fluggebiete mit Fluglehrerbetreuung kennenzulernen. Dies ist vor allem für Gelegenheitspiloten zu empfehlen, da unmittelbar von der Erfahrung der professionellen Reisebetreuung profitiert wird. Ein nicht zu unterschätzender Sicherheitsaspekt.

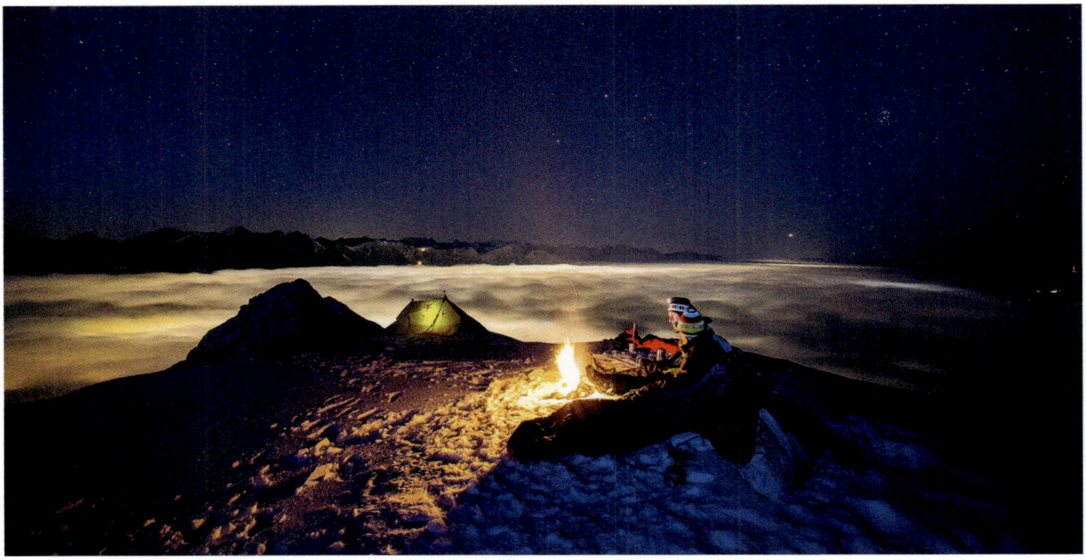

Kaltes Biwak über Innsbruck mit Vorfreude auf den Flug in den Sonnenaufgang

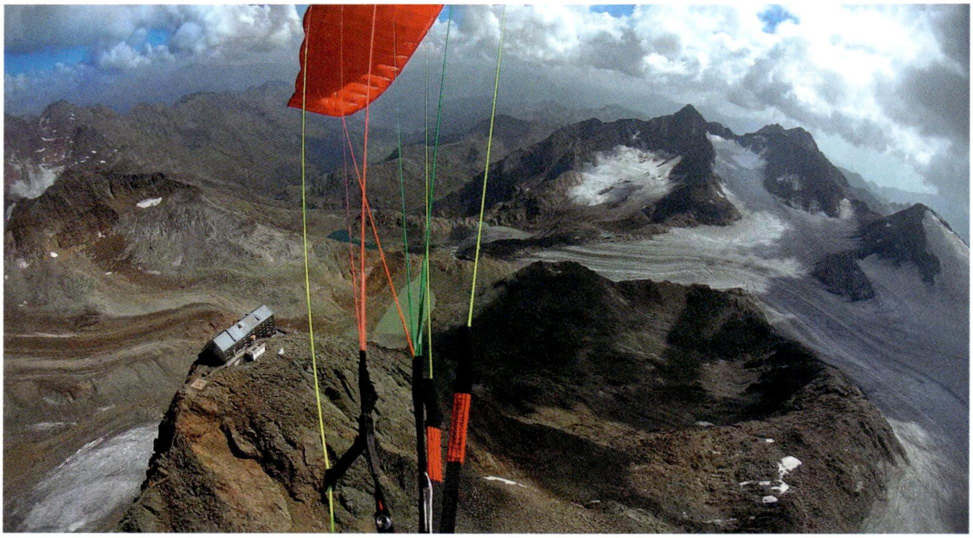

Walk-&-Fly-Tour am Wilden Freiger, Stubaier Alpen, mit Flug über das Becherhaus nach Italien

15.4 Expeditionen

Mit dem Gleitschirm in exponierten und sehr selten besuchten Ecken der Welt unterwegs zu sein, hat für einige einen besonderen Reiz: Als Erster von einem bestimmten Berg zu fliegen, mit der Seilwinde weit ab von üblichen Streckenfluggebieten den vielleicht ultimativen Streckenflug zu starten oder auch in einem exotischen Urlaubsland den Gleitschirm dabeizuhaben, um von einem Vulkan zu starten. Hier geht es nicht um eine Gleitschirmreise in bekannte Fluggebiete, sondern in die fliegerisch unbekannte Welt, die damit auch erhöhte Risiken bietet. Diese Art von Flugerlebnis braucht meist eine spezielle Vorbereitung, da oft nicht auf Erfahrungswerte und Literatur zurückgegriffen werden kann. Zudem kommt dazu, dass wir mit den oft völlig anderen Wetterverhältnissen nicht vertraut sind. Expeditionen bieten neben dem geplanten Flugerlebnis Gelegenheit, Land und Leute auf besondere Art kennenzulernen. Mit dem Gleitschirm ist man in vielen Regionen der Erde sehr schnell Tagesgespräch und dementsprechend wird einem meist mit großer Offenheit und viel Gastfreundschaft begegnet. Hauptaufwand bei Expeditionen ist die Organisation, um überhaupt zu dem geplanten Fluggebiet zu kommen. Flugtechnisch gibt es je nach Gebiet und Höhenlage einige wichtige Besonderheiten.

Große Höhen, Expeditionsberge

Wer von hohen Bergen fliegen will, den erwarten eine meist raue und extreme Welt, in der hohe Windgeschwindigkeiten, tiefe Temperaturen und stark verminderter Luftdruck besondere Ansprüche an den Gleitschirmflieger stellen. So herrscht in 5500 m Höhe nur noch die Hälfte des Normaldrucks. Dies hat physische wie psychische Konsequenzen bis hin zu fliegerischen Problemen. Werden große Höhenunterschiede schnell überwunden, kann es zu körperlichen Höhenanpassungsstörungen kommen. Sie zeigen sich in verstärkter Atmung, Schwindel, Kopfschmerz und Müdigkeit. Im Extremfall tritt sogar die **Höhenkrankheit** ein, die das Denken und Handeln stark beeinträchtigt und bis zu Ödemen und dem Tod führt. Durch entsprechend langsame Anpassung an die Höhe kann dies jedoch weitgehend vermieden werden. Man unterscheidet hier zwischen **Adaption** und **Akklimatisation.** Bei der Adaption verhindert der Körper durch eigene Sofortmaßnahmen den **Sauerstoffmangel**, bei der Akklimatisation stellt sich der Körper langfristiger auf die

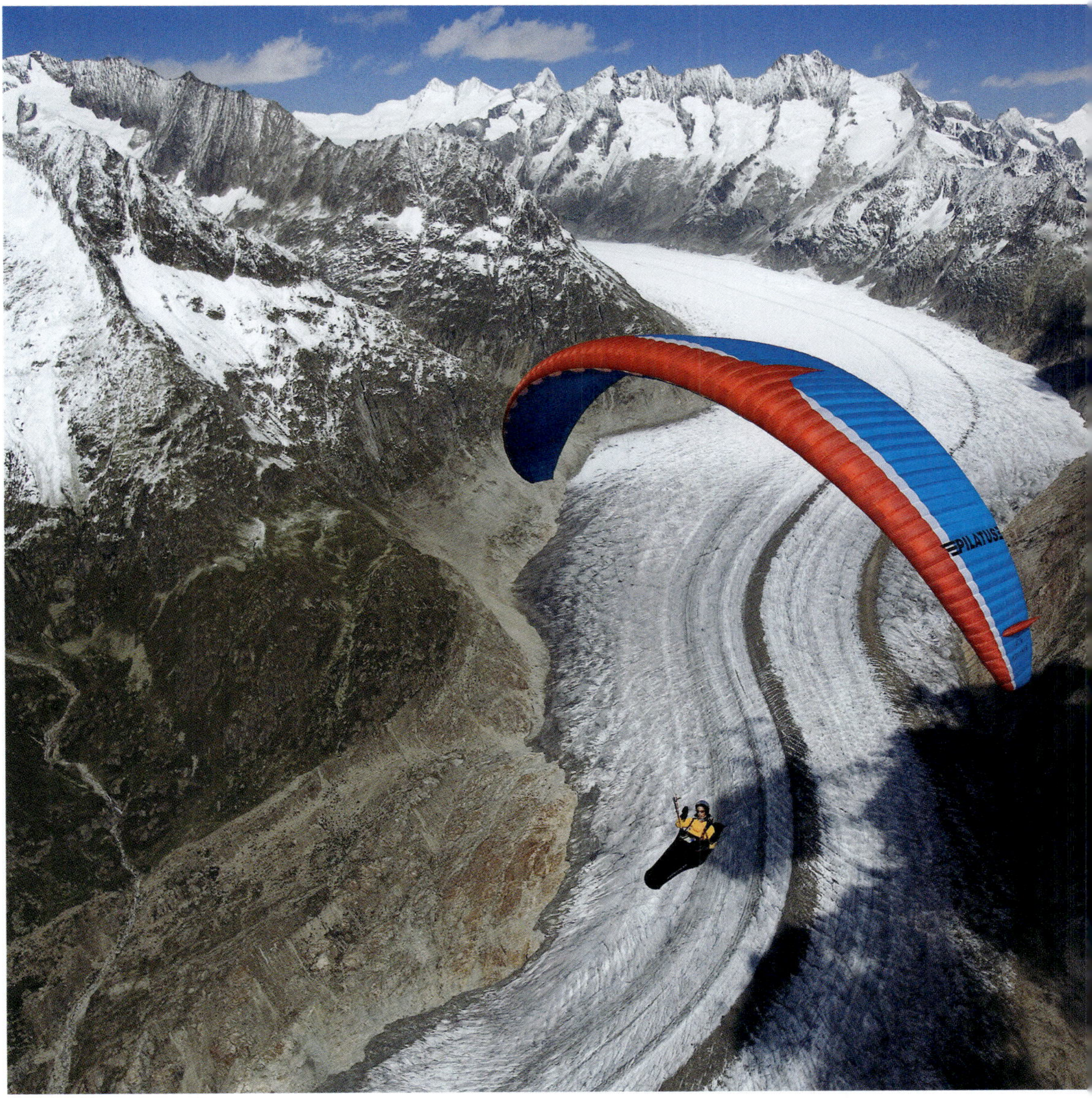

Fliegen in Fiesch, Schweiz. Im Hintergrund der Aletschgletscher. Wer sich hier weiter in das Hochgebirge hineinwagt, braucht entsprechende alpine Ausrüstung und Erfahrung.

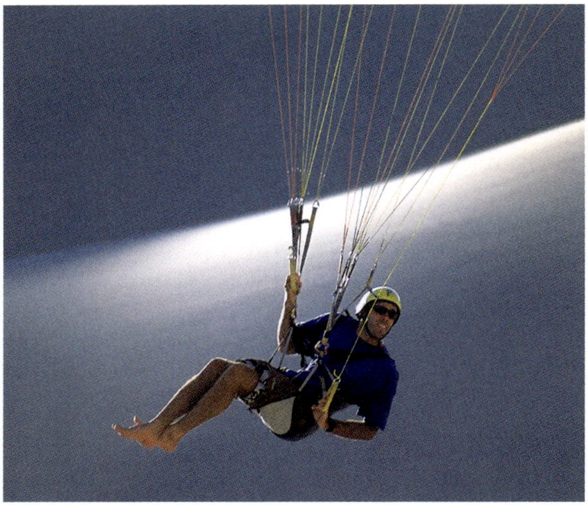

Weicher Sand und laminarer Aufwind in Peru, ideal zum Soaren

Höhensituation ein. Ausführlich wird dieses Thema in der Bergliteratur in der Rubrik Höhenbergsteigen behandelt.

Adaption = Sofortanpassung
Akklimatisation = Langzeitanpassung
Erfahrungswerte für die Akklimatisation:
Höhenunterschied von

2000 m	*1–3 Tage*
3000 m	*2–4 Tage*
4000 m	*3–6 Tage*
5000 m	*2–3 Wochen*

Die Erhöhung des Talpulses um mehr als 20 % zeigt meist unzureichende Akklimatisation an.

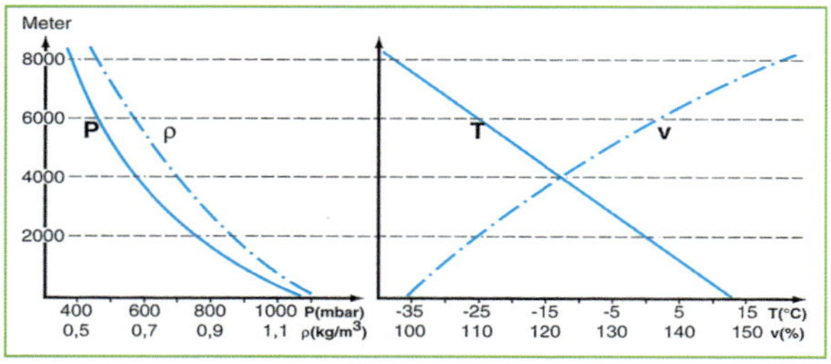

Druck- und Dichteverteilung (Pρ), **Temperaturabfall** (T) und **Geschwindigkeitszunahme** (v) mit der Höhe. Der Geschwindigkeitszuwachs betrifft sowohl die Vorwärts- als auch die Sinkgeschwindigkeit.

› **Fliegerische Probleme:**
Die Luftdichte nimmt bei zunehmender Höhe mit dem Druckabfall ab. Der halbe Wert für die Luftdichte ist bei progressivem Abfall in 6600 m Höhe erreicht. Aus der Aerodynamik (siehe Abschnitt 4.2, Auftrieb) wissen wir, dass die Luftdichte für den **Auftrieb** und den Widerstand eine Rolle spielt.

$$FA = cA \cdot A \cdot \frac{\rho v^2}{2}$$

› Auf 6600 m halbiert sich der Auftrieb.
Bei 6600 m Höhe halbiert sich die Dichte und wir haben nurmehr den halben Auftrieb. Somit nimmt die Sinkgeschwindigkeit zu und die **Startgeschwindigkeit** muss sogar um 41 % erhöht werden. Diese Tatsache sollte also bei der Startplatzwahl, der Flugroute und bei der Landung berücksichtigt werden.
Da es von fast allen Gebieten der Erde mittlerweile topografische Karten gibt, ist zumindest eine grobe Planung der Flugroute unter Berücksichtigung der besonderen Bedingungen sinnvoll und möglich.

Wüsten und Trockengebiete

Durch das besondere Klima ergeben sich in Wüsten spezielle Flugbedingungen. Wüsten bestehen nur zu kleinen Teilen aus Sanddünengebieten. Fliegerisch interessant sind auch die Gebirge und Vulkanregionen. Es herrscht in diesen ariden Gebieten das **Kontinentalklima** mit extremen Temperaturunterschieden zwischen Tag und Nacht und sehr geringer Luftfeuchtigkeit. Meist weht ein laminarer, wenig kräftiger Wind, der vor allem in den Dünenregionen das **Soaren** ermöglicht. Es gibt jedoch auch starke thermische Ablösungen mit entsprechenden Turbulenzen.

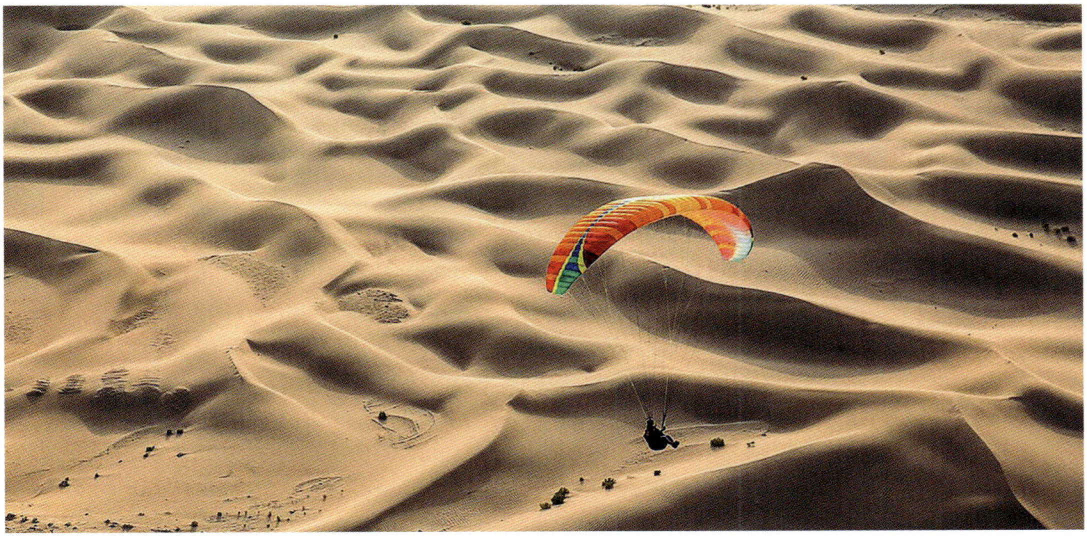

In Marokko an hohen Sanddünen im laminaren Aufwindband soaren

Besonders gut kann man an den bis zu 400 m hohen **Sterndünen** fliegen. Diese standorttreuen Gebilde bieten immer einen geeigneten Startplatz. Da die meisten Gleitschirme hinten geschlossen sind, kann sich der Sand gut einlagern. An silikonisierten Tüchern haftet der Sand zusätzlich gut. Sand wirkt zudem wie Schmirgelpapier.

Tropen und Feuchtgebiete

In den Tropen gibt es viele interessante Flugmöglichkeiten, die jedoch durch die dichte

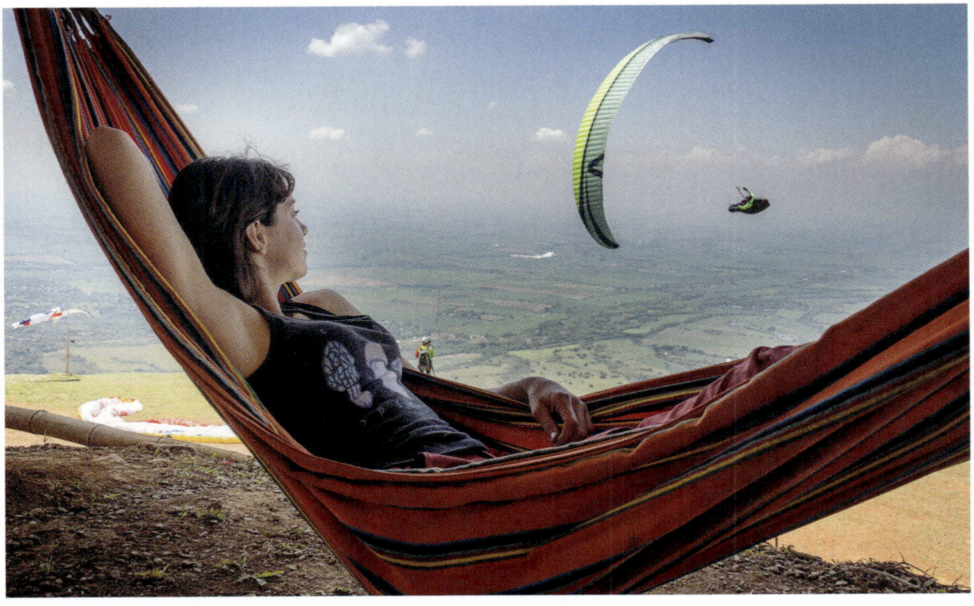

Urlaub und Gleitschirmfliegen: Bei organisierten Gleitschirmreisen geht das auch zusammen sehr gut.

Vegetation mangels geeigneter Notlandeplätze nicht zu Streckenflügen einladen.
Meist herrschen bei **Tropenklima** auch keine besonders guten Streckenflugbedingungen, da das Tropenklima überwiegend konstant ist. Im **Kalmengürtel**, einem Bereich zwischen 10° nördlich und 10° südlich des Äquators, gibt es ein permanentes Tiefdruckgebiet mit Temperaturen über 20 °C. Es gibt meist nur Unterscheidungen in **Regen-** und **Trockenzeiten**. Durch die hohe Luftfeuchte kann der Gleitschirm schon innerhalb weniger Tage **Stockflecken** ansetzen. Tropische Hochgebirge sind meist einfach zu besteigen, benötigen aber eine eher alpine Ausrüstung, da die Temperaturen nach oben hin stark abnehmen.

Vulkane

Im Wesentlichen ist von Vulkanen genauso wie von allen anderen Bergen zu fliegen, es sei denn, es handelt sich um einen noch aktiven Vulkan wie den Ätna oder den Stromboli. Bei aktiven Vulkanen besteht zum einen immer das Risiko eines neuen Ausbruchs, zum anderen sorgen die entweichenden **Gase** mit Temperaturen bis über 1000 °C für eine ganz eigene **Winddynamik**. Es ist deshalb sicherlich ratsam, sich vom eigentlichen **Krater** fernzuhalten und mit ausreichend Abstand an diesen Vulkanen zu fliegen. An Vulkanen herrschen oft durch die exponierte Lage besonders hohe Windgeschwindigkeiten. Schöne Flugziele sind z. B. in der Türkei der Ararat, der Kilimandscharo in Kenia oder die Vulkane in Südamerika. Vorsicht ist bei Start und Landung geboten. Das poröse **Lavagestein** ist extrem scharfkantig und zerstört selbst bei vorsichtiger Handhabung sehr schnell das Tuch.

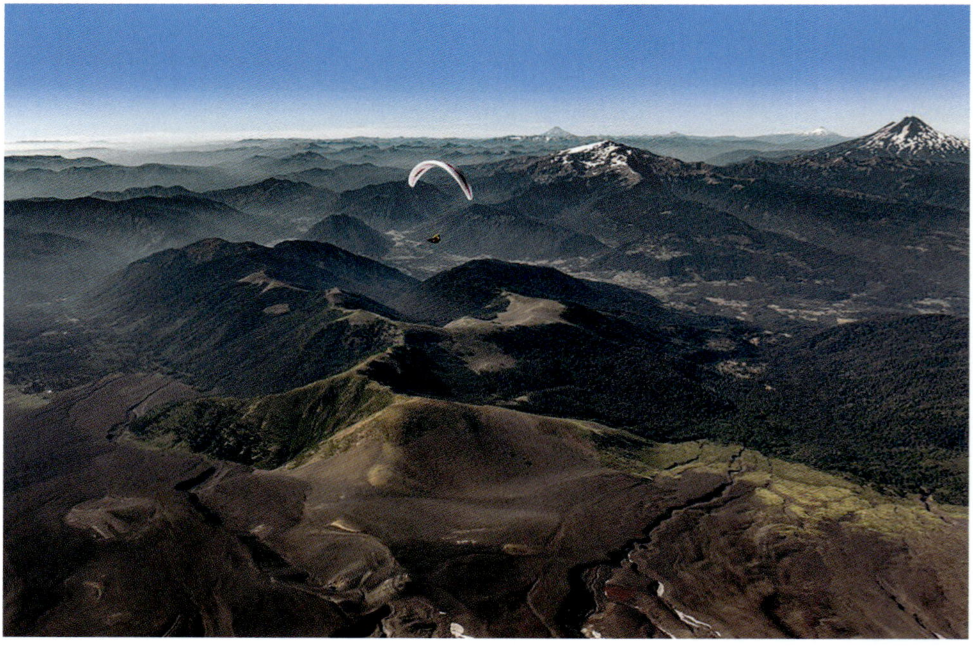

Die Windverhältnisse an Vulkanen haben ein Eigenleben, da es mächtige Solitärerhebungen sind, die von den Luftmassen umströmt werden.

Hike & Fly – ein Herbsttag mit dem Gleitschirm

10 kg Ausrüstung, dazu warme Klamotten, Kamera, Brotzeit und Getränk, also gute 14 kg soll ich die 1200 Höhenmeter hinauftragen, meint so ganz nebenbei am Fliegerstammtisch ein Kollege. »Geh mit, morgen ist ein super Bergtag, der Wind passt und die Herbststimmung wird dich begeistern.« So sage ich zu, es soll meine erste Hike-&-Fly-Tour werden. 7 Uhr Abfahrt. Wollt ihr mich foltern?

Pünktlich stehe ich mit gepacktem Gleitschirmrucksack am Treffpunkt. Wir sind vier Flieger. Zwei davon Bergsteiger und Flieger und wir zwei vom Club der Bergbahnfahrer, die gewohnt sind, etwas länger zu schlafen, um erst mit der einsetzenden Thermik gegen Mittag am Start zu sein. So sorgfältig hatte ich zuvor noch nie meine Ausrüstung gepackt. »Ja kein Gramm zu viel, nur das Notwendigste mitnehmen.« Die Worte des Kollegen hallen noch durch meinen Kopf, als ich nach einer guten Stunde des Aufwärtssteigens merke, wie schwer der Rucksack auf meinen Schultern lastet. Er lastet nicht, nein, er drückt und ich schwitze. Die Bergsteigerkollegen steigen mit gleichmäßigen Schritten voran, unterhalten sich über dies und das. Wir, die Newcomer, quatschen am Anfang noch mit, aber mangels ausreichender Atemluft verstummen wir bald, fragen lediglich, wie lange die Plagerei noch dauern würde. Nach eineinhalb Stunden heißt es, wir hätten die Hälfte geschafft. Pause. Die 14 kg fallen wie ein Stein vom Rücken. Ohne Rucksack fühle ich mich gleich wie ein junges Reh. Nach 10 Minuten drängen die Bergsteiger zum Weitergehen, die Sonne würde bald in den Hang scheinen und der Latschengürtel, den es zu durchqueren gilt, würde unangenehm heiß werden.

Recht haben sie, mein Kopf glüht, die Kehle wird trocken und der Ausblick – atemberaubend, wenn nicht gerade der Schweiß von der Stirn in die Augen tropft. Nun gilt es, Hand anzulegen, eine Felspassage lässt den Puls steigen, es bleibt keine Wahl. Wir kommen auf eine Gratschulter,

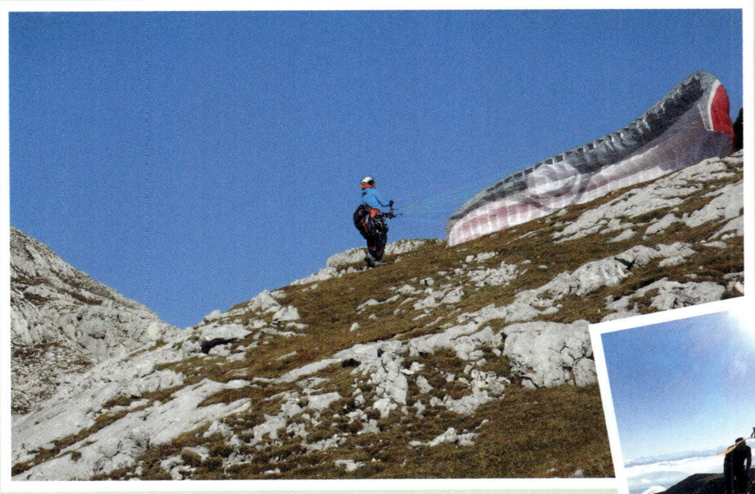

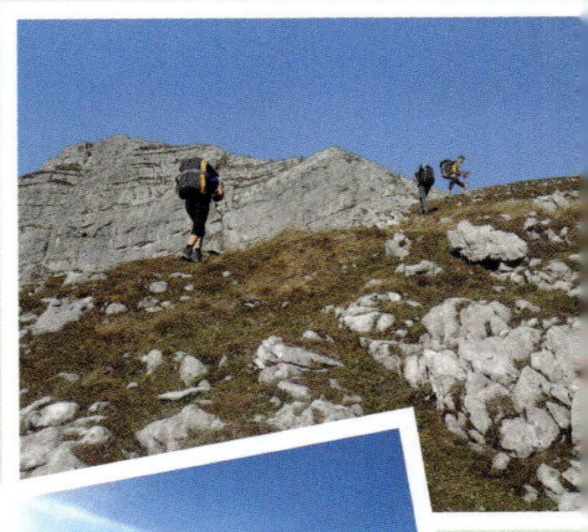

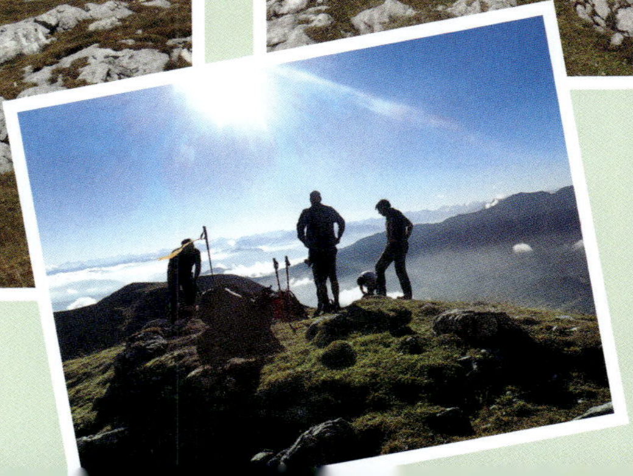

der Gipfel ist in Sicht, steiler Fels, wo soll man hier starten? Etwas mulmig ist es mir schon den ganzen Weg zumute. Wie wird der Startplatz sein? Eine kleine Wiese, felsdurchsetzt, taucht auf. Kurz bevor der steile und felsige Gipfelaufbau beginnt, sitzen die Bergsteiger auf ihren Packsäcken. Sie waren viel schneller und machen bereits Brotzeit. Endlich angekommen, den Gipfelaufbau spare ich mir. Die Zeit nutze ich lieber, um das Startgelände zu erkunden. Leichter Wind aus dem felsigen Kar, die Wiese ist eher eine Schutthalde, die mit Gras durchsetzt ist, der Fels scharfkantig. Ich denke an meinen schönen, fast neuen, makellosen Gleitschirm. Die Hangneigung ist o. k., aber der Startlauf wird kurz werden, nach gut fünf Metern liegen große Felsblöcke im Weg, danach ein kleiner Felsabbruch. Natürlich gibt es hier keinen Windsack. Der Landeplatz ist eine schräge Wiese im Tal, ebenfalls ohne Windsack. Am Nachmittag soll der Talwind dort sehr kräftig sein. Ungewohnt ist auch, dass kein weiterer Gleitschirm in der Luft ist. Am Berg zu fliegen, das macht sehr wohl einen Unterschied. Viele Dinge, die mir sonst an den beliebten Flugbergen Sicherheit gaben, sind hier nicht vorhanden. Gut, dass ich nicht alleine unterwegs bin. Meine Bergsteigerkollegen kennen den Flugberg, erklären uns, wo Thermik zu erwarten ist, warnen uns vor dem Grat, der starke Rotoren bei Westwind hervorruft. Es ist leichter Westwind angesagt. Kalt war es in der Nacht auch, also hoffen wir auch noch auf anständige Thermik. Erste Ablösungen deuten sich an, der Windhauch streift über das Gesicht. Grashalme bewegen sich mal mehr, mal weniger. Wir machen uns fertig. Der Startplatz lässt genau für einen Schirm Platz. Wir teilen uns so ein, dass ein erfahrener Bergflieger zuerst startet, dann wir Bergneulinge und der sicherste Bergstarter zuletzt. Die Ablösungen werden stärker, stark genug für den Rückwärtsstart. Ich bin froh, als Dritter starten zu dürfen. So kann ich mich gut an den anderen in der Luft orientieren. Meine Vorflieger hatten einen guten Start, erstaunlich, dass keine Leine an den scharfen Felsen hängen geblieben ist. Mein Herz pumpt. Wie aufgeregt ich doch in dem fremden Gelände bin. Check und nochmals 5-Punkte-Check, ein aufmunternder Blick vom Bergsteigerkollegen, Warten auf die Ablösung. Einige karge Grashalme bewegen sich, auch den Schirm habe ich bereits aufge-

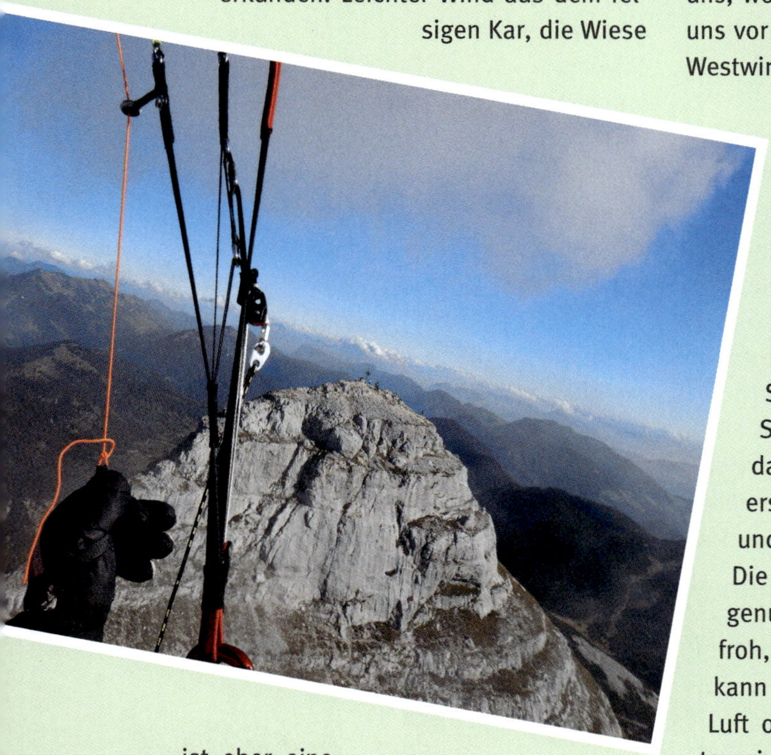

schüttelt. Die Eintrittskante liegt in der Mitte offen, da spüre ich die Ablösung an den Wangen. Aufziehen, der Schirm steigt, steht über mir, keine Leine ist am scharfen Fels hängen geblieben, anbremsen, ausdrehen, ich spüre den Druck am Sitzgurt. Bereits nach drei zügigen Schritten trägt der Schirm, die großen scharfkantigen Felsbrocken bleiben unter mir. Der Aufwind trägt mich höher, ich fliege an der Hangkante entlang, mache Höhe und kann bald den ersten Kreis fliegen, etwas steigen, danach falle ich aus der leichten Thermik heraus. Zurück zur Hangkante, wieder nur leichtes Steigen. Es geht auf und ab. Da startet der Profi. Irgendwie dreht er sofort auf, macht mehr Höhe als ich, ich folge ihm, steige ebenfalls besser. Nun bin ich wieder im gewohnten Flugmodus. Die beiden zuerst Gestarteten kommen näher, versuchen, in den doch schon beachtlichen Thermikbart einzusteigen, doch so richtig gelingt dies nur unserem Profi. Er kreist inzwischen 50 Meter über uns und ist gleich über dem 2486 m hohen Gipfel. Langsam erkunde ich das Gelände, versuche zu lesen, wo sich der Westwind und die Thermik treffen könnten, wo es regelmäßig pulst. Ich erinnere mich an die thermischen Totzeiten des Untergrundes. Der schneeweiße Kalkfels ist noch lange nicht von der Sonne erwärmt, der Latschengürtel und die darunter liegende absolut trockene Erde waren schon beim Aufstieg unangenehm warm. Deshalb steigt unser Profi weiter draußen, etwas weiter weg vom felsigen Gratrücken, deutlich besser als direkt am Hang.

Es dauert, bis auch ich den Gipfel überfliegen kann. Die Bergsteiger, die dort Brotzeit machen, winken mir zu. Ich fliege zur Südkante des Gipfelaufbaues und sehe den kletternden Seilschaften von oben zu. Einige Dolen kreisen mit mir, zeigen mir den nächsten Thermikbart an. In weitem Bogen fliege ich die Bergkette ab, um mit großer Höhe zur anderen Talseite zu queren. Von oben sehe ich den anderen beim Landen zu, spiele mich, den Aufwind ausnützend, an einem licht bewaldeten Köpfchen, um bald darauf quer zur schrägen Almwiese zu landen. Mit glücklichen Augen sitzen vier durstige Gleitschirmfliegerkollegen auf der Terrasse der nahen Alm und lassen es sich gut gehen. Die Aufstiegsstrapazen sind dabei schnell vergessen.

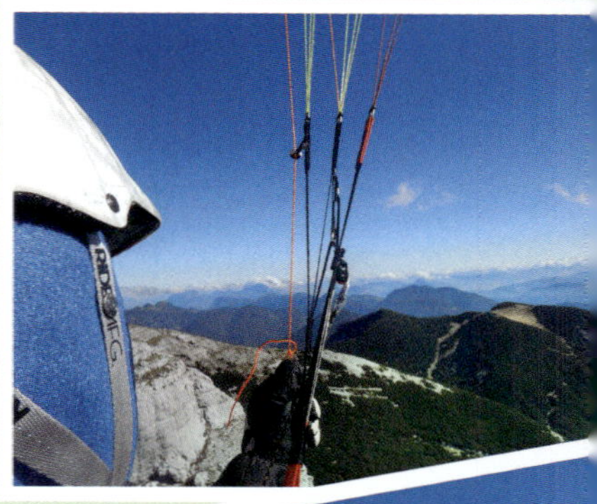

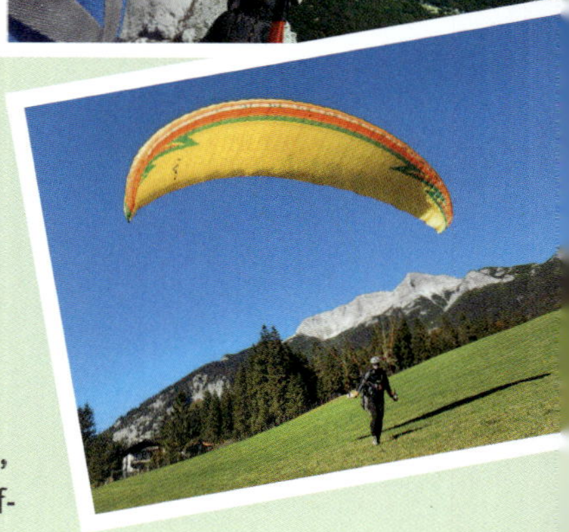

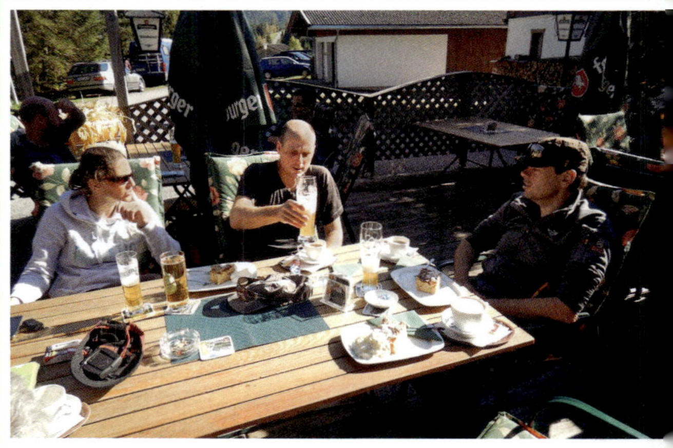

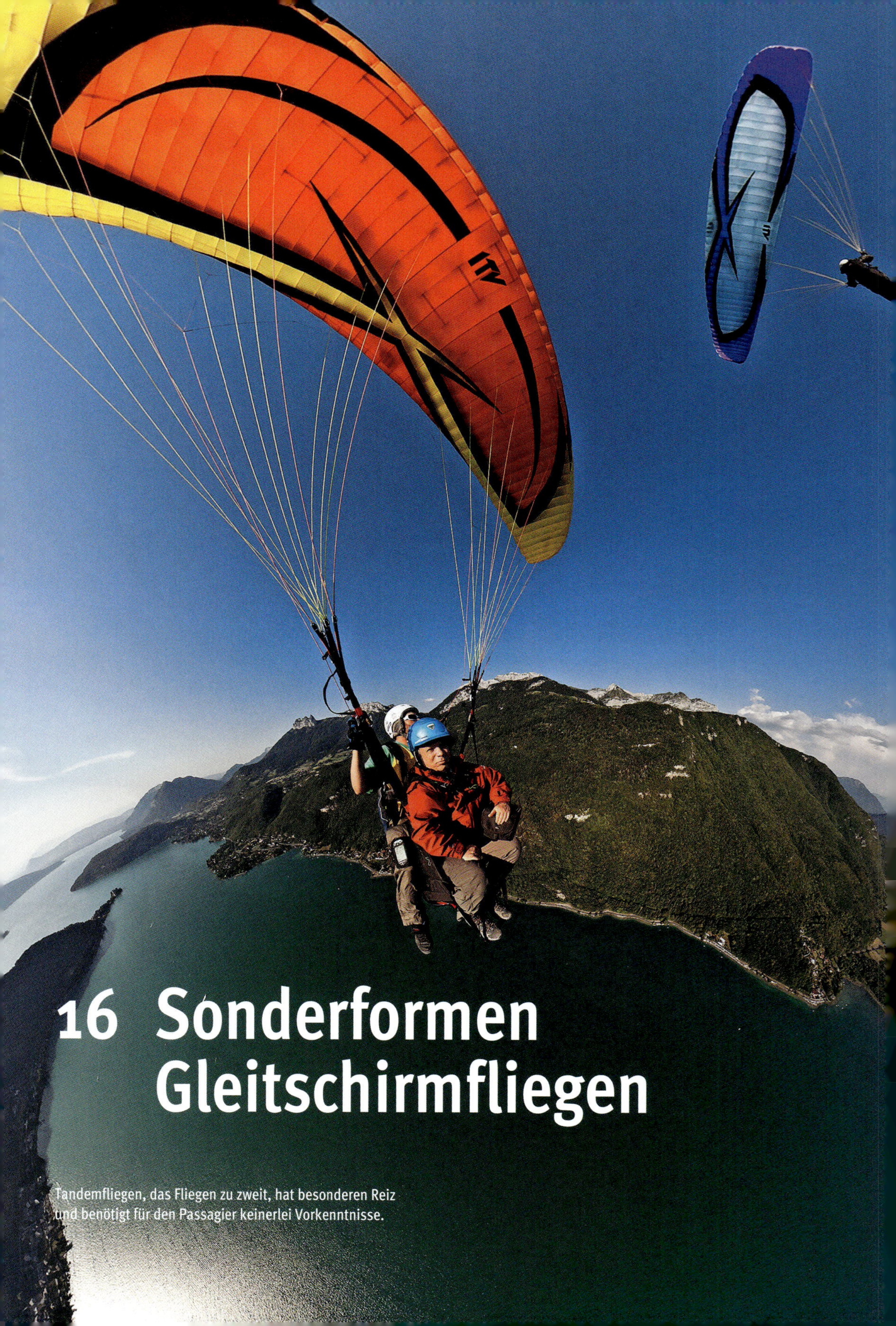

16 Sonderformen Gleitschirmfliegen

Tandemfliegen, das Fliegen zu zweit, hat besonderen Reiz und benötigt für den Passagier keinerlei Vorkenntnisse.

16.1 Tandemfliegen (Biplace)

Tandemschirme sind spezielle Gleitschirme mit mehr Fläche, die sich besonders zum Fliegen zu zweit eignen. Der Passagier wird vor dem Piloten eingehängt. Der Pilot übernimmt die Steuerung. Beim Start und der Landung, die wie beim Sologleitschirm erfolgt, hat der Passagier die Aufgabe, aktiv mitzulaufen. Sind die Bedingungen optimal, ist Tandemfliegen ungefährlich und ein großes Vergnügen. Tandemfliegen ist nur mit einer Zusatzausbildung erlaubt.
Der Pilot übernimmt die volle Verantwortung für den Passagier.

16.2 Fliegen mit Ski und Snowboard

Im Winter ergeben sich ganz neue Möglichkeiten, Skifahren oder Snowboarden und Fliegen zu verbinden. Start und Landung sind oft leichter als zu Fuß.

Skistart (Ski, Fatty, Bigfoot)

Die Startvorbereitungen erfolgen wie beim Fußstart. Damit das Segel auf dem glatten Schnee nicht wegrutscht, wird es im Schnee fixiert: Mit der flachen Hand taucht man das Obersegel unterhalb der Eintrittskante an einigen Stellen unter die Schneeoberfläche, um die verbleibende Falte im Schnee festzupressen.
Damit sich die Leinen nicht an den Skiern verhängen können, werden alle Leinen in das Segel gelegt. Nun wird das Gurtzeug angelegt. Nachdem die Skier festgeschnallt sind, werden die Tragegurte wie gewohnt aufgenommen. Dicht an die Hinterkante

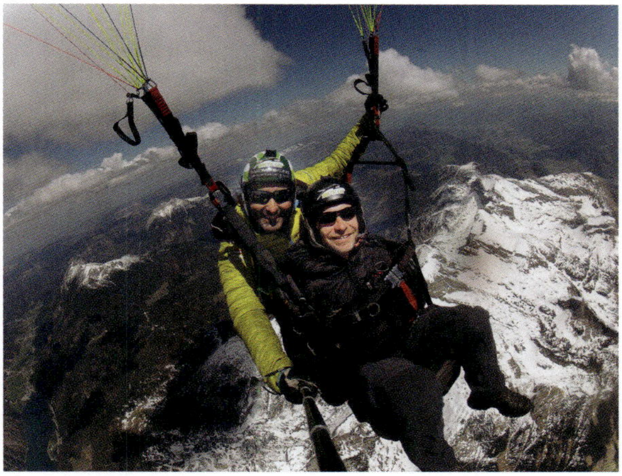

Flugspaß zu zweit: Der Pilot übernimmt volle Verantwortung für den Passagier!

stellen, damit Raum für die Beschleunigung bleibt, bis die Leinen sich spannen. Bei sehr flachen Hängen macht man mit Schlittschuhschritten zusätzlich Fahrt. Im steilen Startgelände kann man die Skier direkt in Fahrtrichtung in den Schnee stecken und nach vorne wegstarten.

Snowboardstart

Für das Snowboard muss die Hangneigung größer sein, um genug Schwung zu holen. Zunächst das Snowboard querstellen, aufziehen und umspringen. Ist die Startgeschwindigkeit so groß, dass das Segel zu tragen beginnt, heben wir durch leichtes Anbremsen des Schirms ab.

Landung mit Ski und Snowboard

Die Landeeinteilung und die Landung erfolgen wie gewohnt. Mit Skiern kann aber auch deutlich schneller gelandet werden, da der Schwung in Vorwärtsfahrt umgewandelt wird. Kurz vor der Bodenberührung werden lediglich die Skispitzen bzw. das Snowboard leicht nach oben gehoben oder gekippt. Zu berücksichtigen ist, dass man tief in den Schnee einsinken kann und dadurch einen Überschlag nach vorne riskiert.

16.3 Speedflying und »Touch, Glide and Go«

In weitem, hindernisfreiem Gelände mit flachen Hängen kann man zwischendurch auch längere Passagen halb fliegend, halb fahrend zurücklegen. Dies ist besonders bei Neuschnee ein echtes Erlebnis, das jedoch gute Schirmbeherrschung voraussetzt. In Skigebieten darf nicht auf der offiziellen Piste gelandet werden, da Kollisionsgefahr mit den Pistenbenutzern besteht. Das Gelände muss so beschaffen sein, dass man nach dem Touch, Glide and Go wieder ausreichend Höhe gewinnt, um sicher zum Landeplatz zu kommen.
Um den Hang halb fliegend, halb fahrend zu bewältigen, wird ein gleichmäßig geneigtes Hangstück wie zur Landung angeflogen, wobei mit der Hangneigung getoucht wird. Zum Zeitpunkt des Aufsetzens (**Touch Phase**) muss der Pilot unbedingt aufrecht im Gurtzeug sitzen. Gleich nach dem Aufsetzen werden die Steuerleinen so weit gelöst, dass der Schirm nicht nach hinten abkippt, sondern weiterhin über dem Piloten steht. Durch mehr oder weniger starkes Anbremsen kontrolliert man die Fahrtgeschwindigkeit so, dass man immer kurz vor dem Abhebepunkt dahingleitet (**Glide-Phase**). Will man erneut abheben, wird durch Lösen der Steuerleinen die Fahrtgeschwindigkeit erhöht. Durch kurzes Anbremsen ist man wieder in der Luft (**Go-Phase**). Nun kann man das Landen, Gleiten und Abheben (Touch, Glide and Go) nach Geländestruktur wiederholen. Besonders gut geht dies mit speziellen Speedparaglidern. In einigen Ländern benötigt man eine Extralizenz.
Speedflying ist meist nur auf extra ausgewiesenen Skipisten erlaubt.

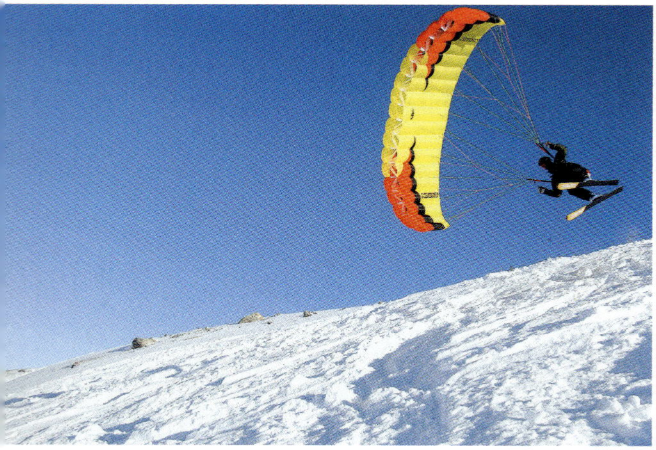

Speedparagliding mit kleinem Speedparaglider

16.4 Motorschirm/E-Antrieb

Das kleinste vom Boden startfähige »Flugzeug« ist ein Gleitschirm mit Rucksackmotor. Ein mit einem Druckpropeller versehener Benzinmotor von 15 bis 25 PS läuft in einem Schutzkäfig mit Umsetzungsgetriebe. Wie ein Rucksack wird das 12 bis 25 kg schwere Gerät auf den Rücken gesetzt und gestartet. Gas wird gegeben über eine Mund- oder Handklemme. Der Gleitschirm wird wie gewöhnlich gegen den Wind aufgezogen. Sobald der Schirm profiliert über dem Piloten steht, beißt man in die Klemme und gibt Gas. Schnell und wirkungsvoll wird Höhe gemacht, und die beliebige Steuerbarkeit wie bei einem Flugzeug wird den Flieger überwältigen. Rechtlich wird der motorisierte Gleitschirm wie ein Ultraleicht behandelt. Man benö-

tigt eine Lizenz für Motorschirme. Gestartet und gelandet werden darf ohne Ausnahmegenehmigung nur auf Flugplätzen. Der E-Motor ist deutlich leiser und einfacher in der Handhabung. Die Leistung und die Laufzeit wird durch die Akkuleistung begrenzt. Es besteht damit die Möglichkeit, im Flachland zu starten und den Einstieg in die Thermik zu finden.
Aktuelle Infos:
www.dulv.de
www.paramotors.xcontest.org

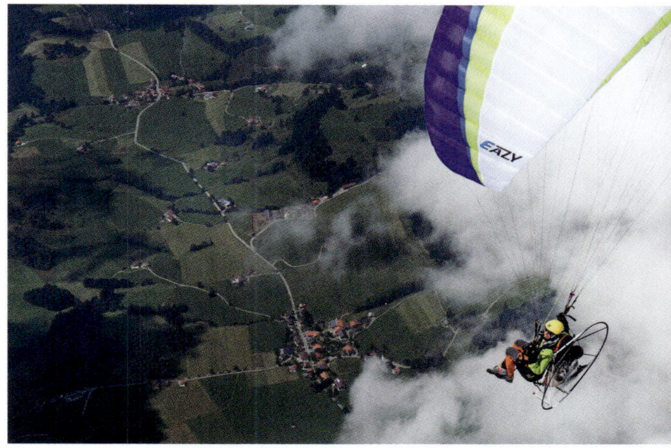

Eine eigene Fangemeinde haben die Motorschirmflieger, die sich nicht ganz leise ohne Starthilfe selbstständig in die Lüfte schwingen können.

16.5 Akrobatikfliegen (Acro)

Acro-Fliegen ist eine ganz eigene Spielart des Gleitschirmfliegens. Es wird alleine oder als Synchron-Akrobatikfliegen ausgeführt. Dabei werden verschiedene Figuren geflogen, wie z. B. Wingover, symmetrische und asymmetrische Spirale, Looping, Flyback, SAT, Loop-Tumbling, Tumbling, Helicopter, Bodenspirale, AssChopper oder Mac-Twist. Diese Flugfiguren werden bei Wettkämpfen nach Schwierigkeitsgrad, Ausführungsqualität und Überleitungsharmonie bewertet.

Geflogen wird bei hoher Flächenbelastung mit speziellen Acro-Gleitschirmen, die besonders schnell und wendig sind. Reguläre Seriengleitschirme sind in der Regel nicht für den Acro-Flug geeignet. Die Acro-Fliegerei ist bei unprofessioneller Herangehensweise sehr gefährlich. Insbesondere bei den neuen Figuren besteht das Risiko, ins Gleitschirmsegel zu fallen oder mehrfach einzutwisten. Extrem viel Training und Verständnis für die Abläufe der Flugfiguren ist erforderlich. Top-Acro-Piloten trainieren nahezu täglich, nur so bekommt man die nötige Routine. 500 bis 1000 Flüge im Jahr sind hier der notwendige Standard. Ambitionierte Nachwuchspiloten sollten sich nur mit fachkundiger Anleitung und bei entsprechenden Sicherheitsvorkehrungen an diese Extremflugmanöver herantasten.
Acro-Fliegen ist extrem risikoreich und in vielen Ländern verboten.
Aktuelle Infos:
www.justacro.com
www.paragliding-davos.ch

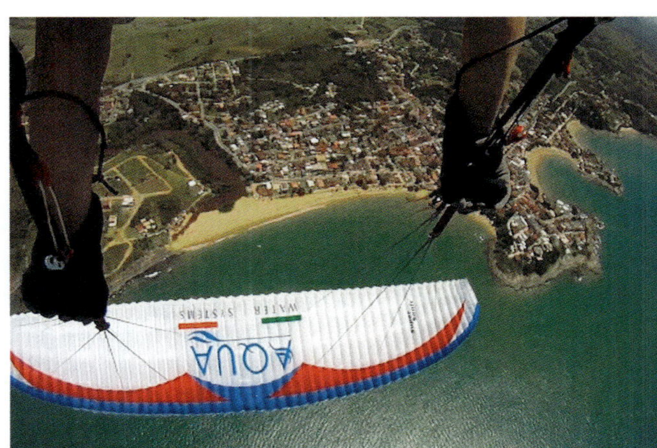

Der »Infinity-Tumbling« über Brasiliens Badestränden

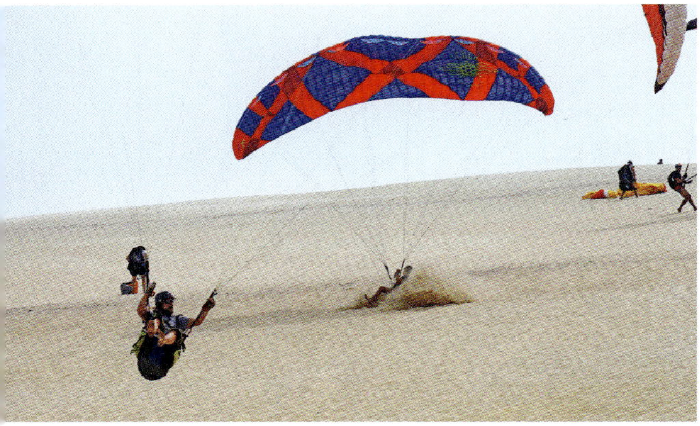

Bei einem leichten Crash aus der Flugfahrt staubt nur der Sand auf. Erfolgt der Crash jedoch ohne Fahrt von oben aus der Höhe, wirkt Sand wie ein Betonboden mit großem Verletzungsrisiko.

16.6 Bodennahes Fliegen – Freestyle/Wagga-Style

1986 sorgte ein Film von dem französischen Gleitschirmkonstrukteur Michel Werli für Aufsehen, als er mit waghalsigen Manövern knapp über dem Boden barfuß und mit kurzer Hose im Hangaufwind an der Düne mit den Füßen seine Spur durch den Sand zog. Wagga-Style ist Freestyle-Fliegen, das einem Tanz über einen Wiesenhang oder durch den Sand einer Düne gleicht. Grundvoraussetzungen sind die absolut sichere Beherrschung des Gleitschirms zu Boden und in der Luft und ein optimales Fluggelände, das konstant laminar vom Wind angeströmt wird. Bodennah fliegen bedeutet auch, keine Höhenreserve bei einem Flugfehler zu haben. Wagga unterscheidet sich vom Hang- und Dünensoaren durch Acro-Manöver mit Bodenberührung. Wagga-Style darf man mal nicht so eben bei einem Kurztrip an die Düne ausprobieren. Bleibt da besser beim Groundhandling und in der Luft beim Soaren oder besucht einen Extrakurs bei Experten.

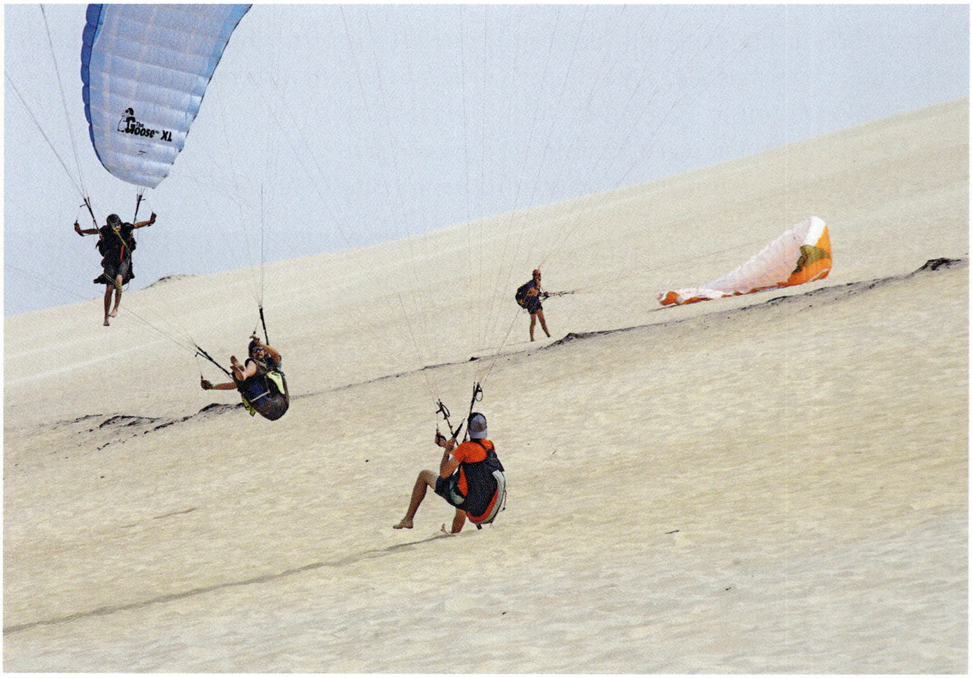

Freestyle-Fliegen knapp über laminar angeströmten Wiesen- oder Sandhängen

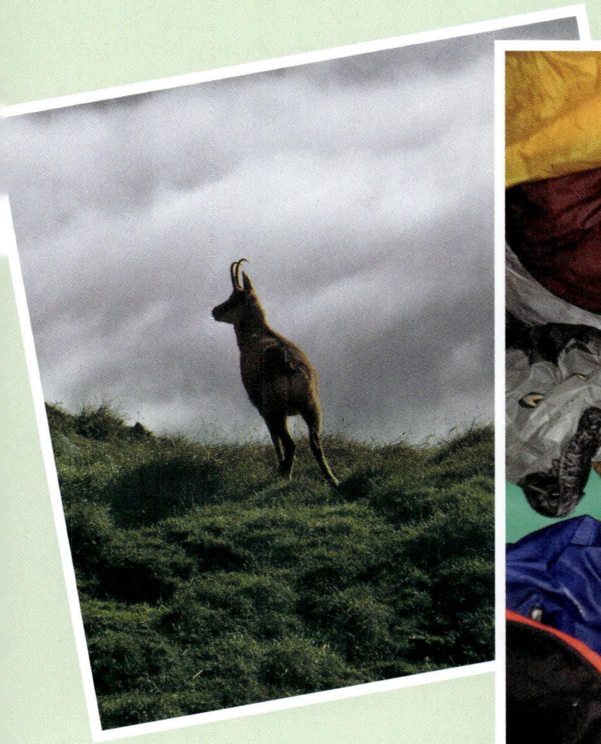

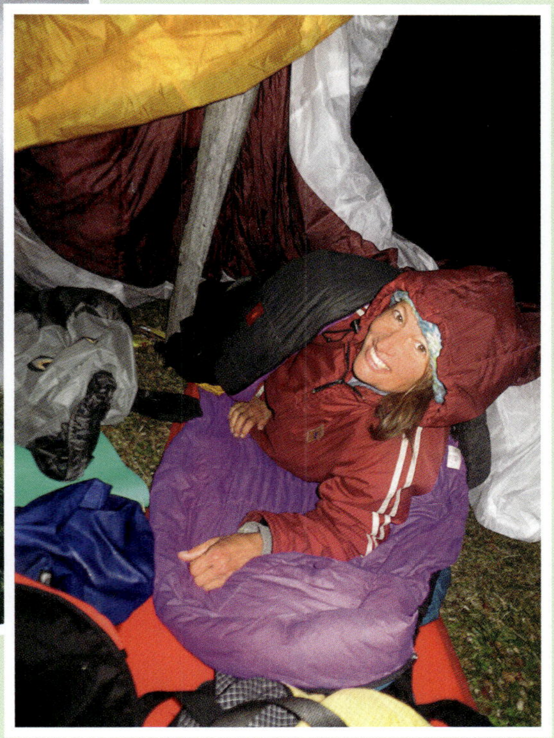

Fliegst du mit?

Eigentlich hatte ich aufgegeben – meine Frau will es weder selbst probieren noch mit mir fliegen. Nein, sie hat nichts gegen das Gleitschirmfliegen. Fährt mit nach Italien und holt mich nach einem Streckenflug mit dem Auto wieder ab. Unsere Bergtouren schauen so aus, dass wir zusammen auf den Berg laufen, ich fliege und sie läuft wieder runter. Echt praktisch – so werde ich immer wieder abgeholt, egal wohin ich auch fliege. Doch ganz zufrieden war ich nie damit, obwohl ich der Nutznießer war. Dann kam der Anruf von Martin. Oktober, bester Wetterbericht, 1200 Höhenmeter zu laufen, sternklare Nacht, oben übernachten.

Ich wollte mit meiner Frau sowieso in die Berge, warum nicht mitgehen? »Flieg doch mit deiner Frau«, meinte Martin, »einen leichten Tandemschirm habe ich gerade da.« »Hola Frau, wir gehen auf den Berg und fliegen zusammen, o. k.?« »O. k.«, sagte sie. So einfach war die Entscheidung.

Packen, es wird Frost haben, richtig kalt soll es werden. Schlafsack, Daunenjacke, die warmen Handschuhe, für die Frau die weiche Biwakmatte.

Der Rucksack ist nicht leicht, als wir am nächsten Tag am Nachmittag die sonnendurchflutete Flanke angehen. Meine Frau ist stiller als sonst, läuft, ich schleppe. Diese geniale Aussicht vom Gipfel, erster Schnee, Ruhe, kaum Wind, der Alpen-

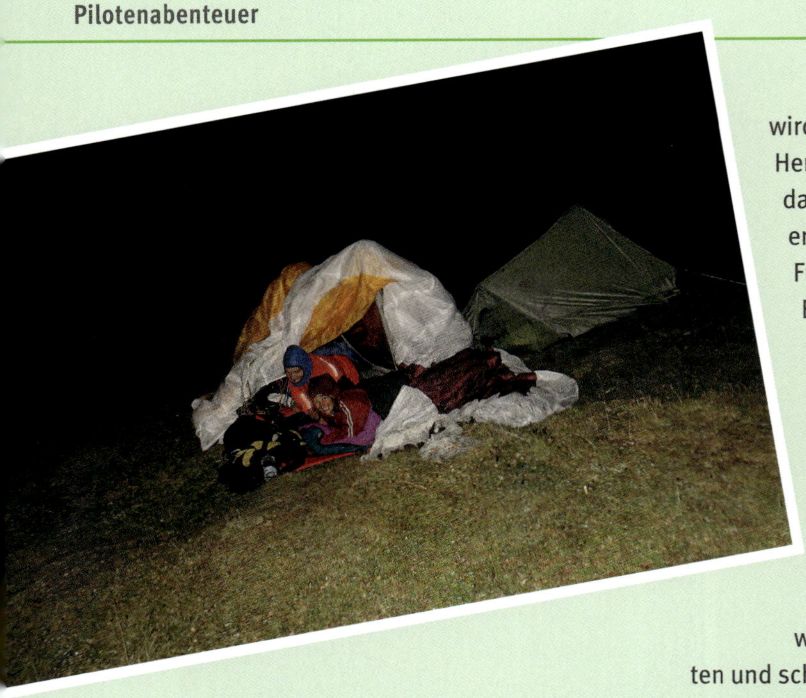

hauptkamm ist komplett weiß. Die Sonne taucht uns in das warme Abendlicht, kalt ist es schon jetzt. Fotos, jemand hat Wein dabei. Die Sterne tauchen auf, wir reden kein Wort über das Fliegen. Friedliche Spannung liegt in der Luft.

Der Schlafsack ist trotz des aus dem Gleitschirm notdürftig gebauten Zeltes außen mit einer Eisschicht überzogen, als es hell wird. Sonnenaufgang, hier ist die Herrlichkeit auf Erden daheim. Es dauert lange, bis die Sonne Kraft entwickelt, uns zu wärmen. Meine Frau ist immer noch sehr still. Bescheidenes Frühstück und schauen, schauen, man kann sich gar nicht sattsehen. Dieses unbändige Blau des Himmels, das Funkeln der Sonnenstrahlen in den Eiskristallen, die sich an den Grashalmen festhalten. Langsam beginnt es zu tauen, die Windstille weicht einer leichten Brise, warten und schauen, wird es tragen?

Gurtzeug anlegen, Erklärungen zum Start, die großen Augen meiner Frau, die Halt suchen, jeden Zweifel ausräumen, ob der gemeinsame Flug wohl gut gehen wird. Kontrolle der Gurtzeuge, der Wind passt, das Startgelände dazu. Den Schirm bogenförmig auslegen, aufschütteln, einhängen. Startcheck.

Go … laufen, laufen, Schirmkontrolle, beschleunigen, ab geht es – ich fliege nach

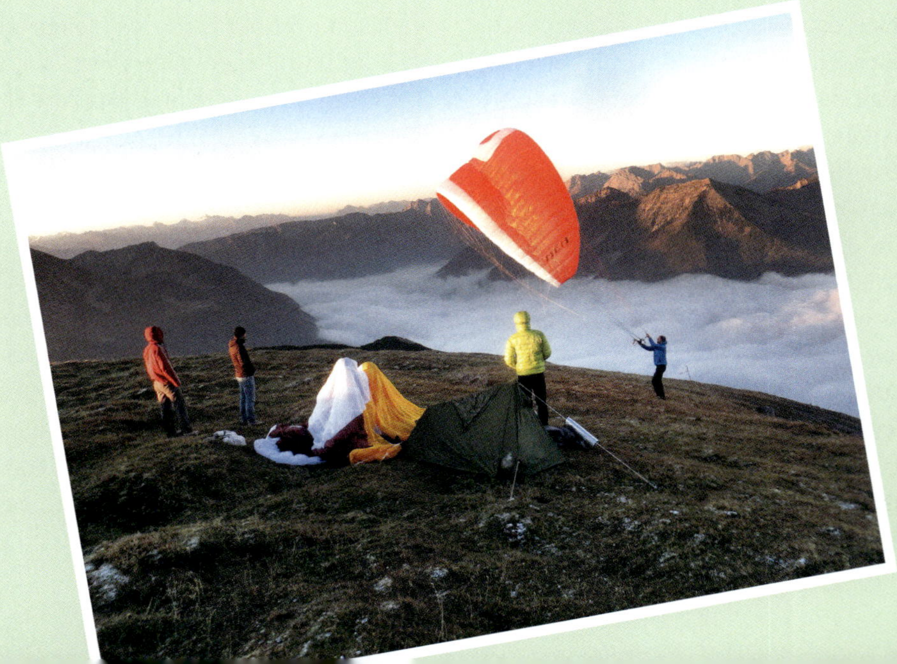

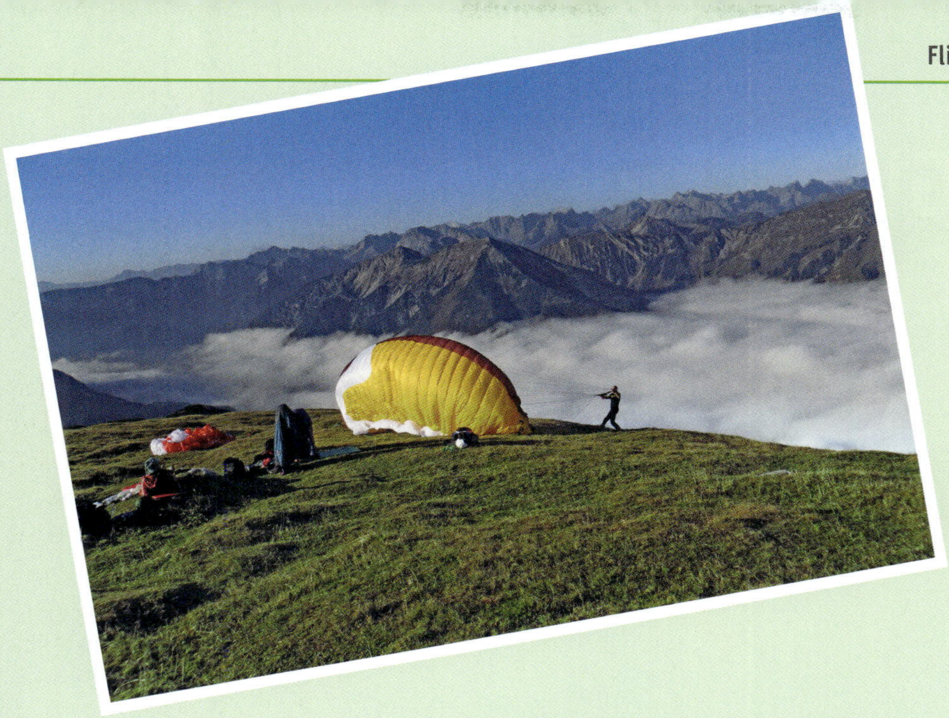

so vielen Jahren mit meiner Frau. So ein Glück. Gleiten, schauen, etwas steigen, nicht genug, sich lange zu halten. Die Verlockung ist groß, so hoch oben etwas sportlicher zu fliegen. Es ist meine Entscheidung als Pilot, ob der Passagier den Flug genießen kann oder ob ich Angst hervorrufe. Ich entscheide mich für die Genussvariante, nicht meine, sondern die des Passagiers. Erst den Bergrücken abfliegen mit geringstem Sinken, danach hoch über das Tal, den See. Klein liegen unten das Dorf, die Autos, Spaziergänger als Punkte. Zeit, zu schauen, den Wind zu spüren, Zeit, sich auf eine andere Art zu begegnen, etwas Neues gemeinsam zu erleben.

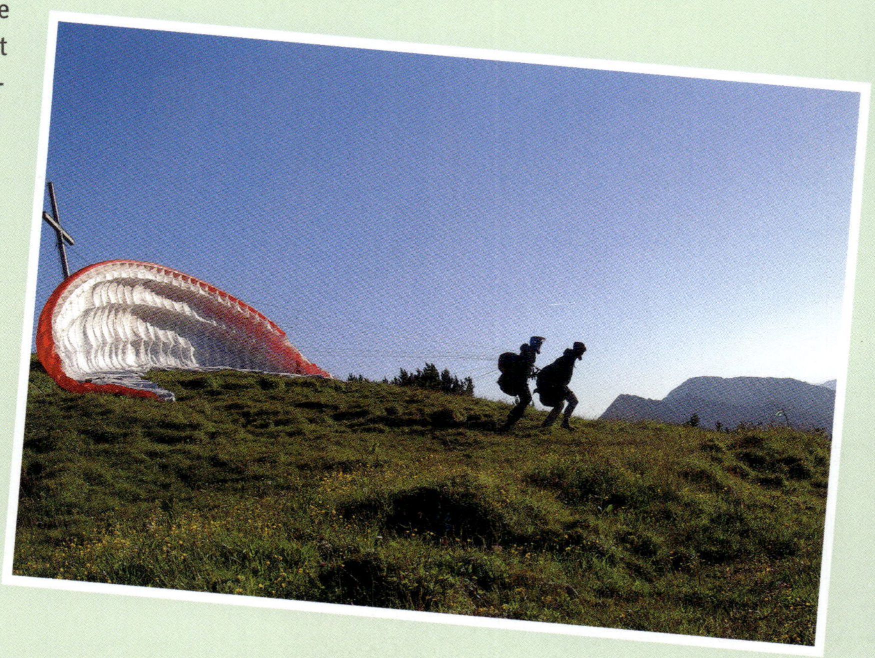

Landeanflug, wieder mit den Füßen auf dem Boden. Ein strahlendes Gesicht, glückliche Augen.

Ich fliege wie früher meist alleine, aber seit unserem gemeinsamen Tandemflug versteht meine Frau, wenn ich bei bestimmten Wetterbedingungen unruhig werde, auf kein Familienfest gehe, sondern einfach nur zum Fliegen will.

17 Gleitschirmunfälle/ Erste Hilfe

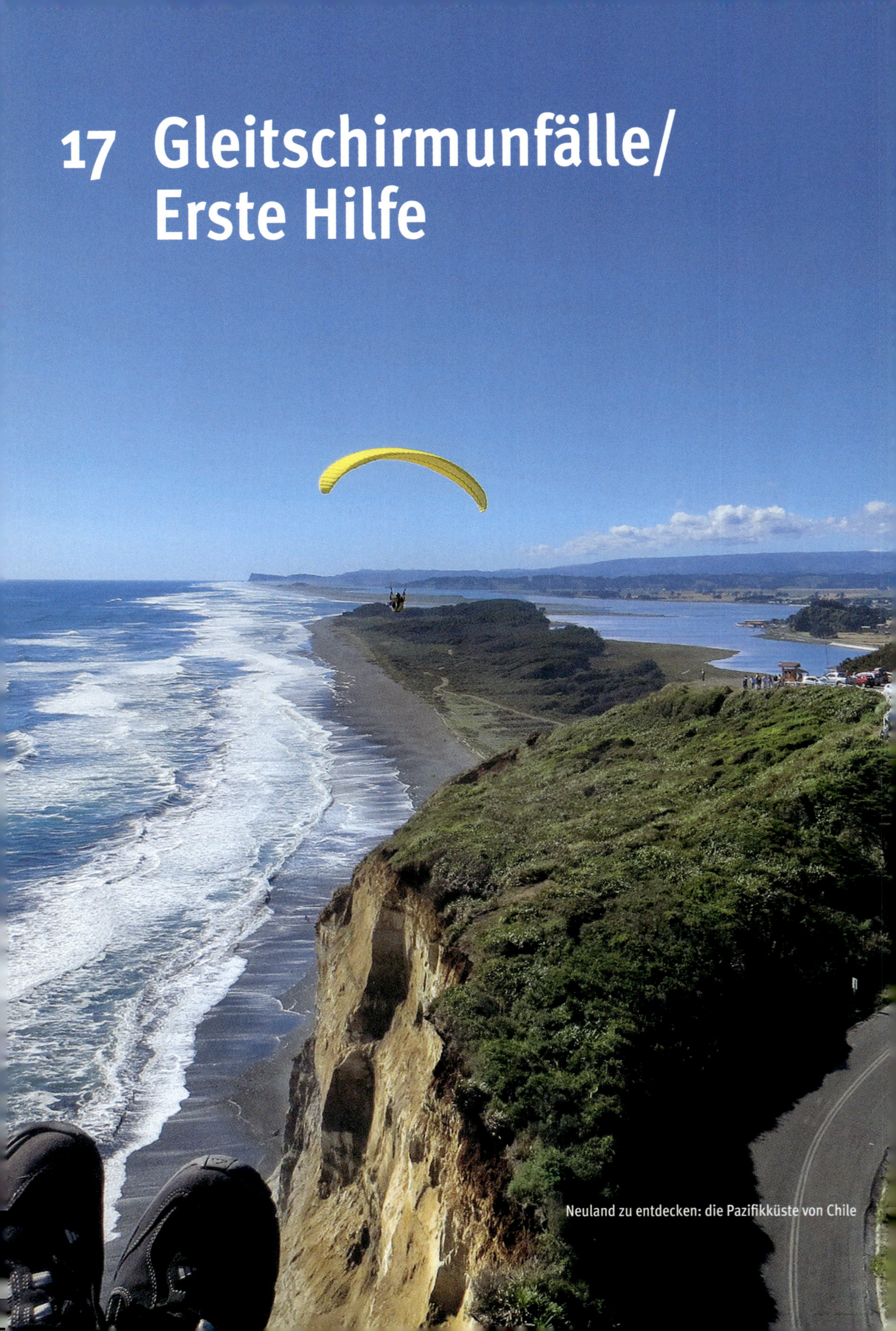

Neuland zu entdecken: die Pazifikküste von Chile

Gleitschirmfliegen gehört nicht zu den Risikosportarten. Trotzdem kann es zu Unfällen kommen, die eine Erstversorgung notwendig machen. In erster Linie sind die Extremitäten betroffen. Bei falschem Startabbruch oder einer Crashlandung kann es zu Zerrungen, Prellungen, Verstauchungen, aber auch zu Bänderrissen und Brüchen kommen. Die richtige Ausrüstung wie Helm, Handschuhe und griffige, knöchelhohe Schuhe, aber auch die Protektoren sollen vor schlimmeren Verletzungen schützen. Ein Erste-Hilfe-Kurs ist von Zeit zu Zeit zu wiederholen.

Regeln bei Unfällen:

- Das oberste Gebot heißt: Ruhe bewahren, keine unüberlegten Handlungen. Zuerst die Situation erfassen und dann die Vorgehensweise überlegen.
- Sicherung des Verletzten bzw. Selbstsicherung vor Absturz im exponierten Gelände.
- Erstversorgung des Verletzten (bzw. Selbstversorgung).
- Ist keine Bergung möglich, Hilfe holen bzw. alpines Notsignal.

17.1 Alpines Notsignal/ Rettung anfordern

6-mal pro Minute ein Zeichen geben.
1 Minute Pause, danach wiederholen.
Zeichen können durch Rufen, Pfeifen oder durch Winken gegeben werden. An gut sichtbaren Plätzen unbedingt den Gleitschirm auslegen und damit den Unfallplatz markieren. Meist ist ein Handy der schnellste Helfer.

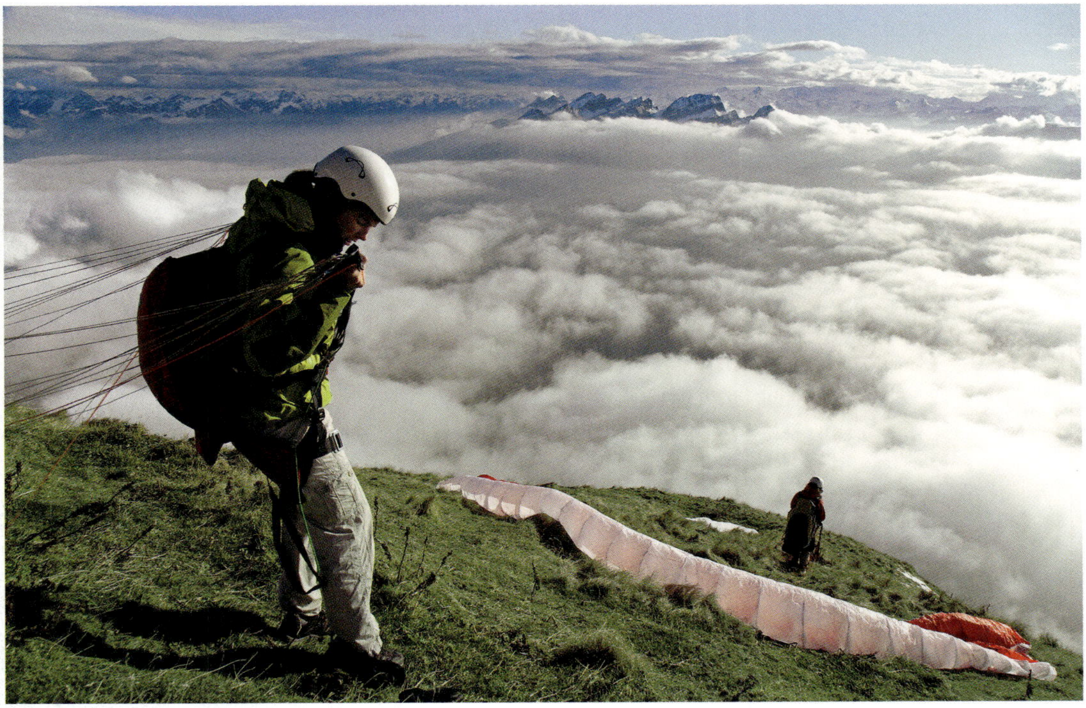

Alpiner Start, Wildhaus, Schweiz

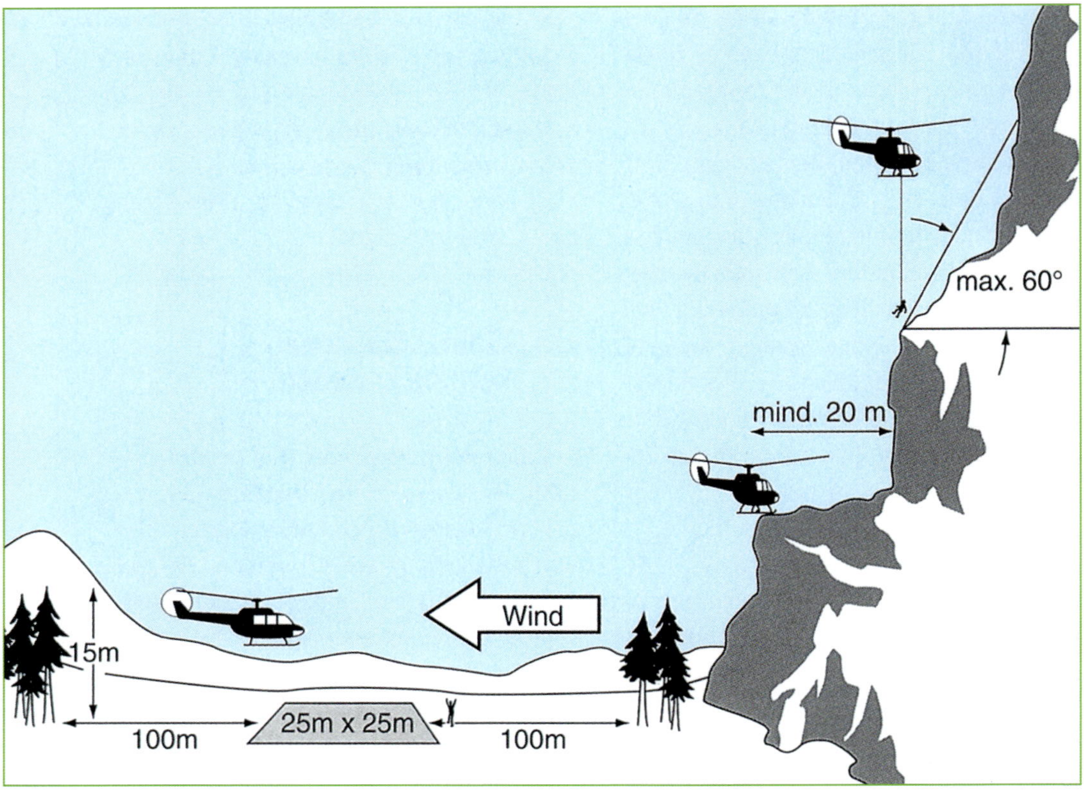

Hubschraubereinweisung: Der Hilfesuchende weist den Helikopter 10 m vor einem geeigneten Landeplatz mit freier Anflugmöglichkeit ein. Er befindet sich mit dem Rücken zum Wind. Zu beachten ist, dass ein Hubschrauber nicht näher als 20 m an Felswände heranfliegen kann und die Hangneigung nicht mehr als 60° betragen darf.

Den Rettern wird mitgeteilt:
WAS ist passiert?
(Art der Verletzung)
WER ist verletzt?
(Zahl der Verletzten)
WO befindet sich der Verletzte?
(genaue Ortsangabe)
WIE sind die Umstände?
(Gelände, Wetter, Wind, Hindernisse)

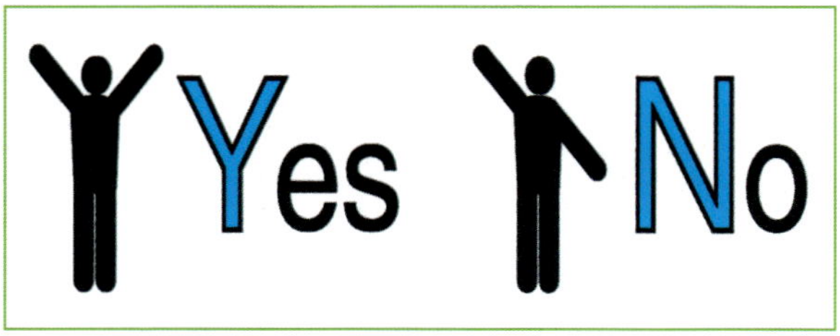

Armzeichen für »**Yes**« und »**No**« bei Hubschraubereinsatz im Gebirge

Wird Hilfe angefordert, ist sachlich mitzuteilen, was genau vorgefallen ist, damit die Retter entsprechende Maßnahmen wie z. B. einen Hubschraubereinsatz organisieren können.

17.2 Hubschrauberbergung

In schwierigem Gelände und bei größeren Verletzungen wird in der Regel versucht, die Bergung mit einem Hubschrauber

ERSTE-HILFE-SET

Es enthält	*Verwendungszweck*
› Wundschnellverband	› kleine Wunden
› Verbandstrips	› kleine Wunden
› Verbandspäckchen	› stark blutende, größere Wunden
› Mullbinde	› Stabilisierung, Ruhigstellung
› Leukoplast	› Fixieren
› Dreieckstuch	› Verstauchung, Bruch
› Elastische Binde	› Verstauchung
› Rettungsdecke	› Wärmeschutz, optisches Signal
› Signalpfeife	› Akustisches Notsignal
› Kappschere	› Fangleinen/Gurte kappen, schneiden
› Rettungsleine	› Nachziehen von Bergungsmaterial
› Schmerzmittel	› Linderung der Schmerzen

durchzuführen. Der Pilot findet den Verletzten am besten, wenn das Gleitsegel gut sichtbar ausgelegt wird. Ist ein Hubschrauber im Anflug und hat den Verletzten entdeckt, zeigt ein Helfer an, ob Hilfe notwendig ist.
Wenn sichergestellt ist, dass vom Hubschrauberpiloten die Unfallstelle entdeckt ist, sind alle Ausrüstungsteile, insbesondere der Gleitschirm oder ein noch offener Rettungsschirm sofort zu verstauen, damit der Hubschrauber sicher landen kann.

Landeplatz für den Hubschrauber:

- › freier Platz von 25 x 25 m
- › flaches Gelände ohne Mulden
- › feste Unterlage (Schnee festtreten)
- › hindernisfreier Anflugbereich
- › Anzeigen der Windrichtung durch einen Einweiser, der ca. 10 m vor dem Landefeld mit dem Rücken zum Wind und erhobenen Armen den Hubschrauber einweist.

17.3 Erste-Hilfe-Set

Bei jedem Flug besteht die Möglichkeit, selbst in einen Unfall verwickelt zu sein oder als Außenstehender zu einem Unfall zu stoßen. Deshalb sollte es für jeden Gleitschirmflieger selbstverständlich sein, ein Erste-Hilfe-Set mit sich zu führen.
In schweren Fällen den Notarzt verständigen (besonders bei Schock, Bewusstlosigkeit, starken Blutungen, Wirbel- und Schädelverletzungen).

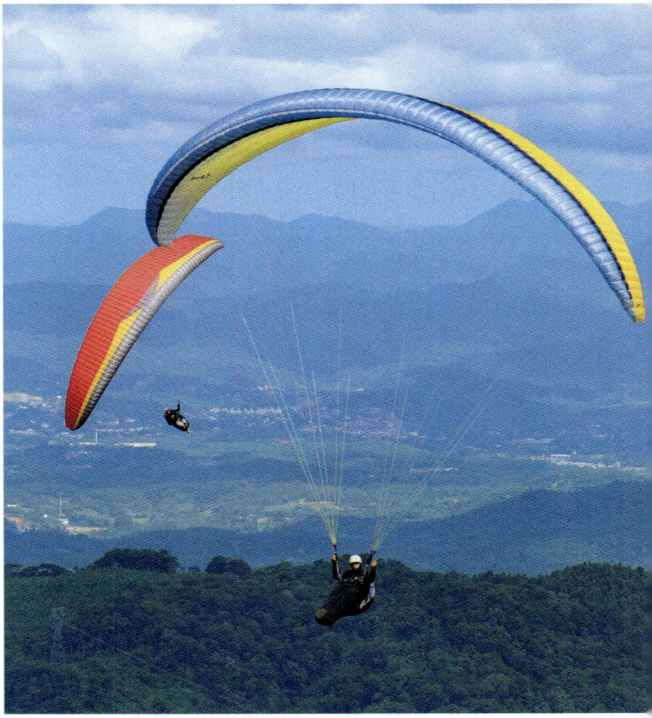

Wenn es großflächig trägt, erreicht man auch mit geringer Flughöhe weite Strecken.

Verunglückte Toplandung bei Starkwind am Sellajoch, Dolomiten.

Ausgangslage: Herbsttag mit starkem SW-Wind um 35 km/h, dazu starke thermische Ablösungen. Blauthermik mit Basishöhe bei ca. 3200 Metern (siehe Kapitel 8.9).

Ablauf der Landung: Der Pilot entschließt sich, vor dem Gratrücken zu landen und setzt zum Landeanflug an (1, 2) und macht nur geringe Vorwärtsfahrt bei wenig Sinken. Der Schirm steht nun an der Hangkante noch im Aufwindband in der Luft. (3) Aufgerichtet im Gurtzeug hat der Pilot die Bremsen stärker betätigt. Der Schirm ist so zwar stabil, aber da direkt an der Hangkante der Aufwind stärker wird, hebt es den Piloten wieder leicht nach hinten fliegend in die Höhe (4, 5). Als der Wind wieder etwas nachlässt, macht er leicht Vorwärtsfahrt und sinkt (6). Er kommt zur Landung (7). Nun entsteht ein kritischer Moment. Es gilt nun, den Schirm trotz des starken Windes schnell aus dem Windfenster zu Boden zu bekommen. Der Schirm kippt jedoch schon ab, als der Pilot gerade dabei ist, sich zum Schirm zu drehen (8). Durch die große Angriffsfläche der Kappe, die in der Powerzone voll vom Wind getroffen

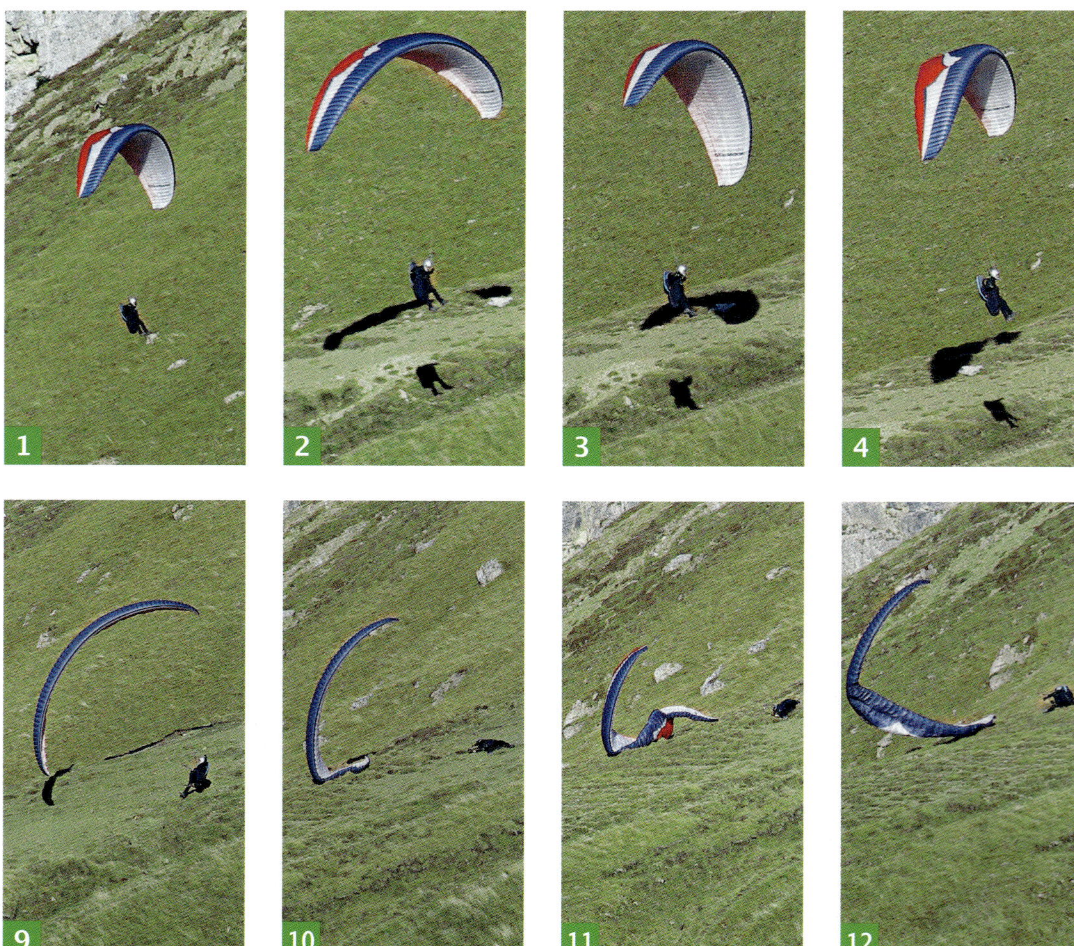

wird, hebelt es den Piloten, der versucht, sich gegen den Schirmdruck zu stemmen, unkontrolliert aus (9). Er wird über den Boden gezogen (10). Im flachen Gelände scheint es, dass der Winddruck abnimmt, und der Pilot will sich wenigstens in die sitzende Position drehen, um wieder Kontrolle zu erlangen (11). Der Schirm steigt wieder (12), zieht dabei den Piloten hoch und hebelt den Piloten aus, der sich erneut total unkontrolliert überschlägt (13, 14). Erst als der Schirm hinter der Hangkante im Lee liegt (15), geht die für den Piloten wohl unerwartete Reise mit Schrecken zu Ende.

Bei Starkwind: Landung noch etwas vor der Hangkante planen. Bremsen aufmachen, also nicht durchbremsen nach dem Landen! Man wird sonst unweigerlich über den Acker oder schlimmer, über Felsen oder über den Grat gezogen. Bei Starkwind ist viel Erfahrung notwendig, um den Landebereich zwischen den sich hinter der Hangkante aufbauenden Leerotoren und dem stärkeren Hangaufwind direkt an der Hangkante zu bestimmen. Dazu kommt noch, ein Windloch zwischen möglichen starken thermischen Ablösungen zu finden und alle Abläufe zur Bergung des Schirms extrem schnell durchzuführen.

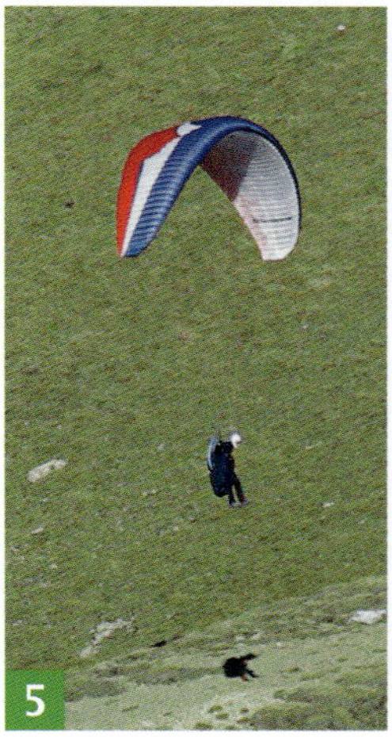
5

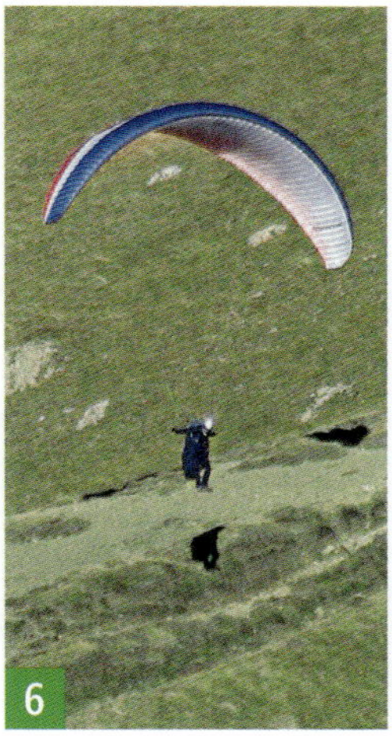
6

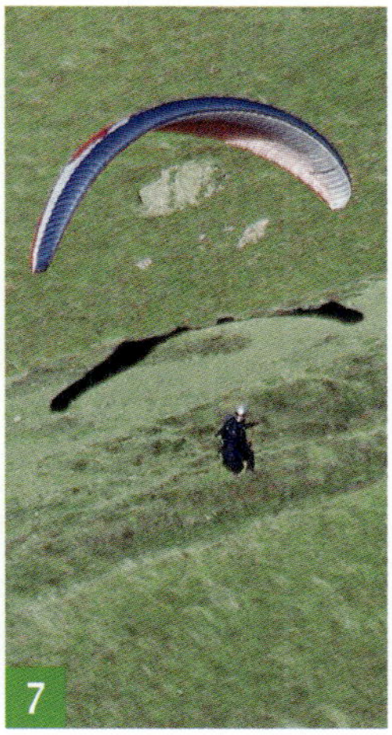
7

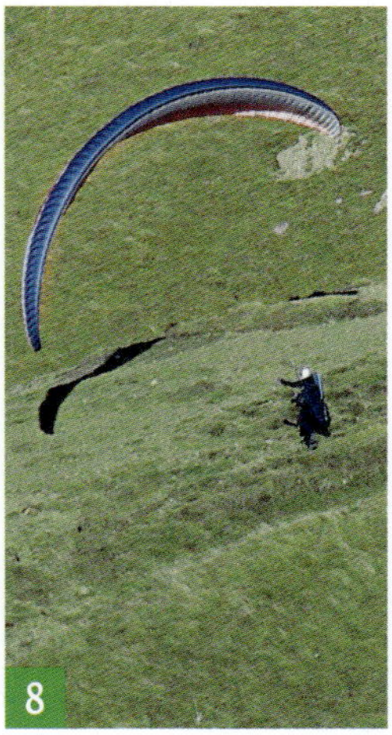
8

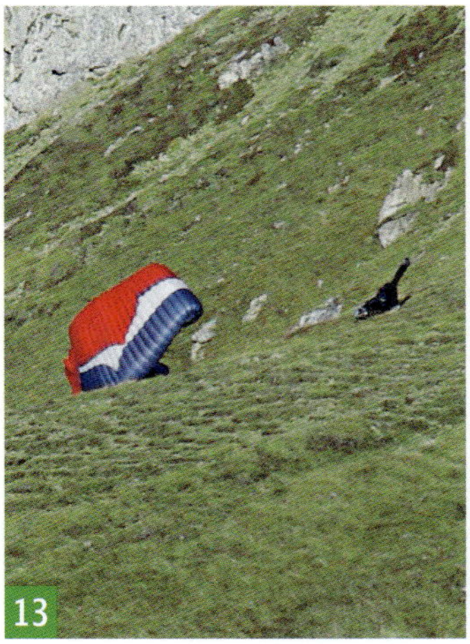
13

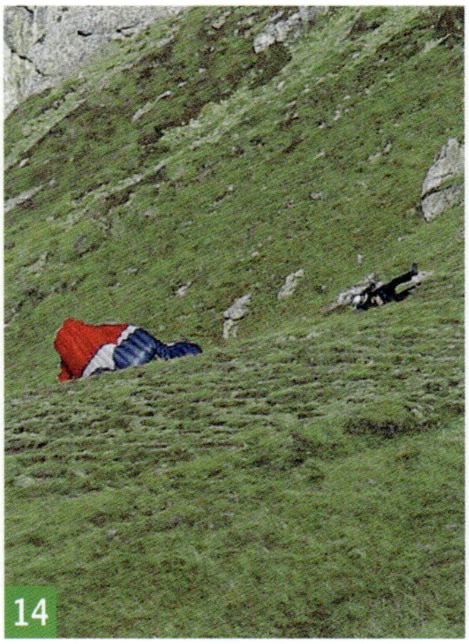
14

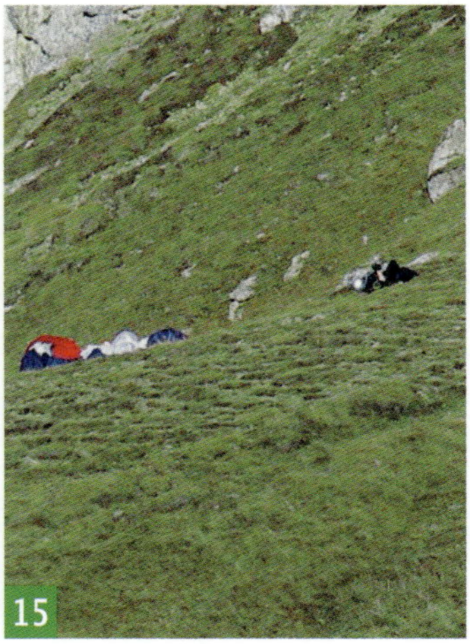
15

18 Sicher Gleitschirm fliegen nach der Ausbildung

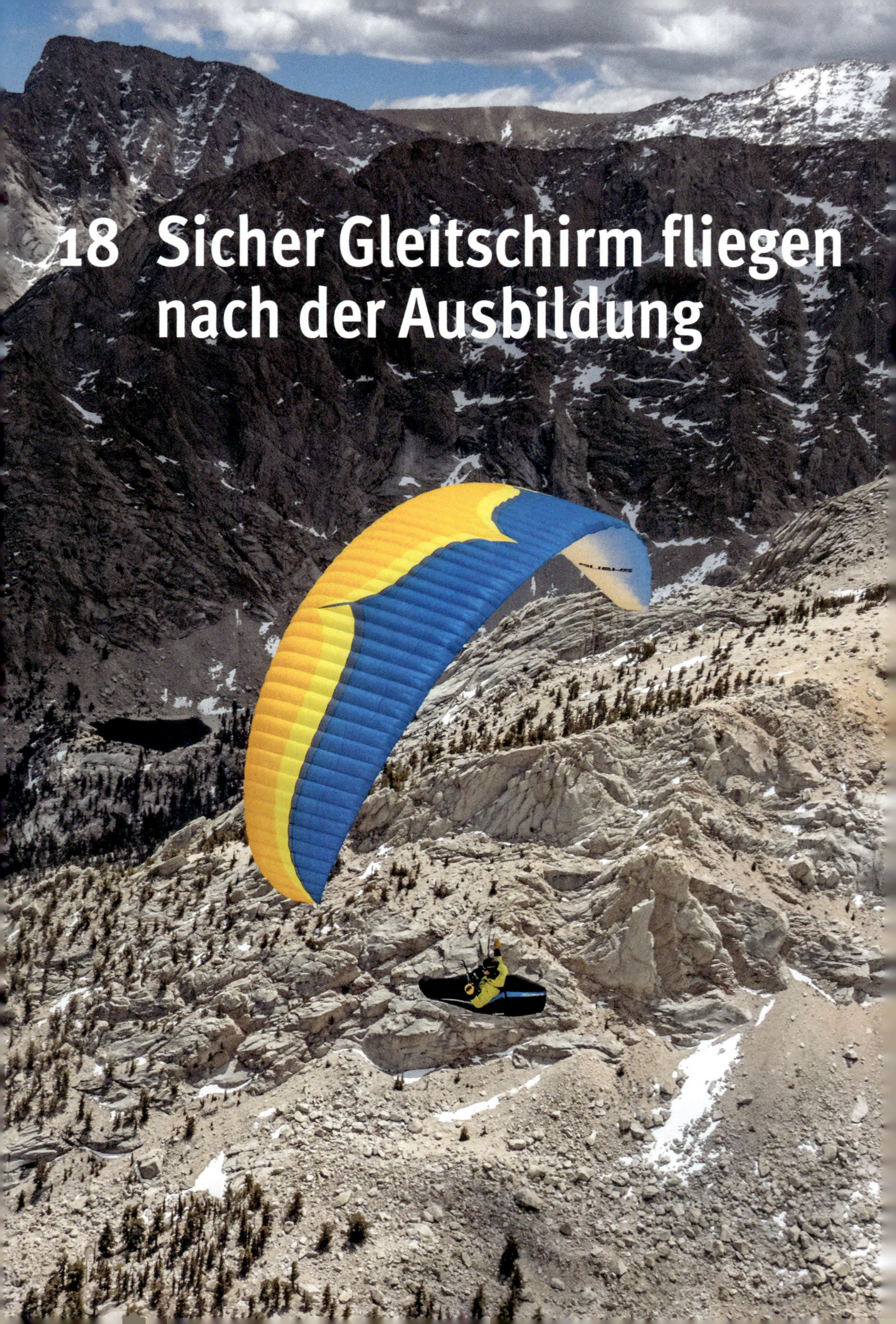

18.1 Sicher Gleitschirm fliegen nach Ausbildung und Wiedereinstieg

Es gibt verschiedene Kriterien für Beginner, Wiedereinsteiger und Gelegenheitspiloten zum selbstständigen Gleitschirmfliegen nach der Ausbildung. Um sicher Gleitschirm zu fliegen, müssen viele Faktoren zusammenspielen. Je weniger Flugerfahrung vorhanden ist, umso mehr ist darauf zu achten, jegliche Stressfaktoren auszuschalten, die einen Gleitschirmflug sehr schnell zu einer gefährlichen Angelegenheit werden lassen. Erst mit zunehmender Erfahrung und ausreichendem Training kann man als Gleitschirmpilot seinen Flughorizont individuell erweitern. Gerade für die ersten eigenständigen Flüge, die erste Flugsaison oder nach langer Flugpause ist ein dem Pilotenkönnen angepasstes Fluggebiet in Verbindung mit optimalen Flugbedingungen entscheidend für stressfreie Flüge. Sicheres Gleitschirmfliegen hängt von wenigstens 5 Punkten ab, die bei Beachtung zusammen für Sicherheit und Flugfreude sorgen.

Pilot

- Beherrscht sein Handwerkszeug.
- Ist mental und körperlich in guter Verfassung.
- Hat sich z. B. durch Groundhandling und am Übungshang mit dem eigenen Gleitschirm vertraut gemacht und intensiv geübt.

Streckenfliegen in den USA, Owen's Valley – Oft sind die Flugbedingungen durchaus anspruchsvoll und ungewohnt. Deshalb bedürfen Flugreisen in neue Fluggebiete einer sehr guten Vorbereitung und einem vertiefenden Training bei unterschiedlichen Flugbedingungen.

Ausrüstung

- Dem Pilotenkönnen angepasstes Fluggerät mit vertrautem Flugverhalten.
- Komfortables Gurtzeug mit gefühlt sicherer Sitzposition.
- Bequeme Kleidung und ein Helm, der freie Sicht für den Kontrollblick zulässt.

Technik

- Vario und GPS zur Orientierung in der Luft. Das GPS ermöglicht die Beurteilung der Fluggeschwindigkeit über Grund und damit das Feststellen der Windrichtung und Windstärke. Diese Informationen geben Sicherheit und entstressen den Landeanflug und die Landung enorm.

Fluggelände

- Ein Fluggebiet, das man bereits während der Höhenflugschulung kennengelernt hat, ist ideal für erste selbstständige Flüge. Man kennt das Gebiet schon, hat im Zweifel sogar noch die Flugschule im Rücken.
- Ausreichend Fluggebietsinformationen zur Vorbereitung durch Lektüre und Internet und persönlichen Erfahrungsaustausch, z. B. in GS-Clubs.
- Vor Ort kann der Landeplatz besichtigt werden, es gibt Infotafeln.
- Die Möglichkeit, erfahrene Piloten, Fluglehrer oder einen Startleiter konkret zu fragen, ob die Flugbedingungen gerade gut sind und wie sich die Bedingungen in den nächsten Stunden ändern können. Die Locals kennen sich aus, wissen, welche Risiken und Möglichkeiten das Fluggebiet birgt. Wer nicht fragt, riskiert böse Erfahrungen. Der Aspekt, erfahrene Fluglehrer oder Piloten fragen zu können, wie sie die Wind- und Wetterbedingungen einschät-

zen, sollte vorrangig bei der Auswahl des Fluggebietes sein.

- Einfaches Startgelände mit ausreichend Startabbruchmöglichkeiten.
- Fluggelände mit sicherem Flugweg ohne bedrohliche Hindernisse wie Starkstromleitungen, Heuseile, Seilbahnen, Winddüsen oder starke Thermikspots, die durchflogen werden müssen.
- Großes, hindernisfreies Landefeld, das eine klare, stressfreie Landeeinteilung ermöglicht. Herrschen Thermikbedingungen vor, prüfen, ob in unmittelbarer Nähe des Bereiches, der für die Landevolte und den Landeanflug vorgesehen ist, starke Thermikquellen wie z. B. Fabrikdächer oder trockene Heuwiesen vorhanden sind, die für turbulente Luft sorgen könnten. Die dadurch selbst knapp über dem Boden entstehenden Fahrstuhleffekte erzeugen enormen Stress. Zudem sollten vor allem bei stärkerem Wind keine starken Leefallen wie Baumreihen oder Gebäude in unmittelbarer Nähe vorhanden sein, die den Landestress durch Turbulenzen und dem daraus resultierenden möglichen Schirmeinklappen, enorm erhöhen können.
- Der Pilot sollte sich bei seinen ersten eigenständigen Flügen im neuen Fluggebiet voll auf den Flug und die sichere Landung konzentrieren können, um so Sicherheit und Selbstvertrauen aufzubauen. Dieses Erfahrungspolster wird für spätere, kritischere Landesituationen gebraucht. Ein Zuviel an neuen, ungeübten Risikosituationen erhöht die Gefahr von Fehlentscheidungen.

Flugbedingungen

- Aktuelle Windbedingungen am Startplatz sollten dem Ideal entsprechen. Also Wind von vorne, keine starken thermischen Ablösungen, adäquate Windgeschwindigkeit, die einen sicheren Start und Flug ermöglicht.
- Sind Thermikbedingungen für den Flugtag vorhergesagt, besser vor und nach der einsetzenden Thermikzeit fliegen.
- Lokale Talwindsysteme beachten. Nachfragen, bis wann man noch sicher landen kann. Dies ist sehr wichtig, wenn man sich an die ersten Thermikflüge herantraut und vor lauter Begeisterung, nun endlich stundenlang in der Luft bleiben zu können, nicht mehr an die Landung denkt, die bei starkem Talwind schnell risikoreich sein kann, da man durch die falsche Beurteilung den Landeanflug falsch plant und den Landeplatz nicht erreicht oder schlimmstenfalls sogar beim Landen rückwärts fliegt. Selbst an schönsten Landeplätzen geraten Landungen bei starkem Talwind zum Risiko.
- Der Flugweg sollte so gewählt werden, dass keine starken Thermikquellen oder Winddüsen durchflogen werden müssen, die eine plötzliche, für den unerfahrenen Piloten unerwartete Risikosituation hervorrufen könnten. Deshalb Flüge bei starken Thermikbedingungen meiden.
- Auch während des Fluges laufend die Wolkenentwicklung beobachten, sofort von stark saugenden Wolken wegfliegen. Das Risiko, einen Schnellabstieg durchführen zu müssen, absolut vermeiden.
- Der eigenen Intuition vertrauen. Daran denken, dass andere Piloten auch Fehler machen oder ein erhöhtes Risiko eingehen. Nicht starten, wenn nicht alles passt. Andere Piloten sind vielleicht erfahrener oder risikobereiter. Höre auf dein Bauchgefühl.
- Besser, einen Flug nicht zu machen, als durch eine traumatische Flugerfahrung das Gleitschirmfliegen aufzugeben oder

in Zukunft die Angst mitfliegen zu lassen. Triff deine Entscheidung und lass dich nicht drängen. Spürst du hohen Stress, fliege nicht. Es gibt noch viele gute Flugtage in deinem Leben.

Einen guten Überblick über Fluggebiete mit vielen Infos und Adressen findet man z. B. unter www.paragliding365.com oder www.paraglidingspots.com, bei den Verbänden und ganz persönlich und direkt bei den entsprechenden Flugschulen der ausgewählten Region. Viele Flugschulen bieten betreute Einweisungen oder Flugsafaris an. Bei den Safaris erhalten Piloten eine professionelle Gebietseinweisung durch den leitenden Fluglehrer. Wegen seiner guten Orts- und Wetterkenntnisse ist dies mit eine der besten Möglichkeiten, interessante Fluggebiete sicher kennenzulernen.

18.2 Risikominimierung im Gleitschirmsport

Der Spruch, »Übung macht den Meister« kann beim Gleitschirmfliegen umgewandelt werden auf »regelmäßiges Üben minimiert das Verletzungsrisiko«.

Piloten, die sich auf den Flug vorbereiten, Wind und Wetterbedingungen prüfen und bei sicheren Bedingungen fliegen, vermeiden hohes Risiko. Warum passieren dennoch klar vermeidbare Unfälle? Dem Thema hat sich die Studie »Flieg, aber nur nicht auf die Nase – Flugsicherheit beim Gleitschirmfliegen« von Sebastian Bender angenommen.

Lernen durch Beobachten

Scheint das Flugrisiko zu hoch, bleib auf dem Boden! Es gibt noch viele tolle Flugtage. Start- und Flugstress und die möglichen schlimmen Unfallfolgen bei Fehleinschätzung der Flugsituation sind es nicht wert. Also: Fliege nur, wenn es Spaß macht. Ansonsten nutze den Tag am Boden, um einige Stunden andere Piloten bei ihren Startvorbereitungen, Starts, Flugverhalten und den Landungen zu beobachten. Analysiere die jeweiligen Situationen. Sicherlich ist dabei jede Menge zu lernen. Suche den Kontakt zu anderen Piloten, die sich in der gleichen Situation befinden, und tauscht euch aus, besprecht eure Analysen. Erfahrungsaustausch trägt dazu bei, sicherer zu fliegen und Flugsituationen besser beurteilen zu können.

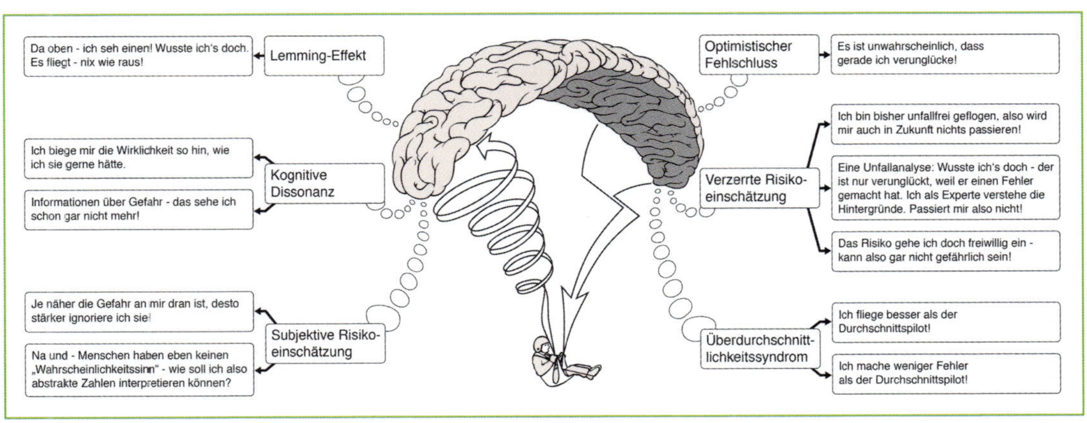

19 Tipps und Tricks

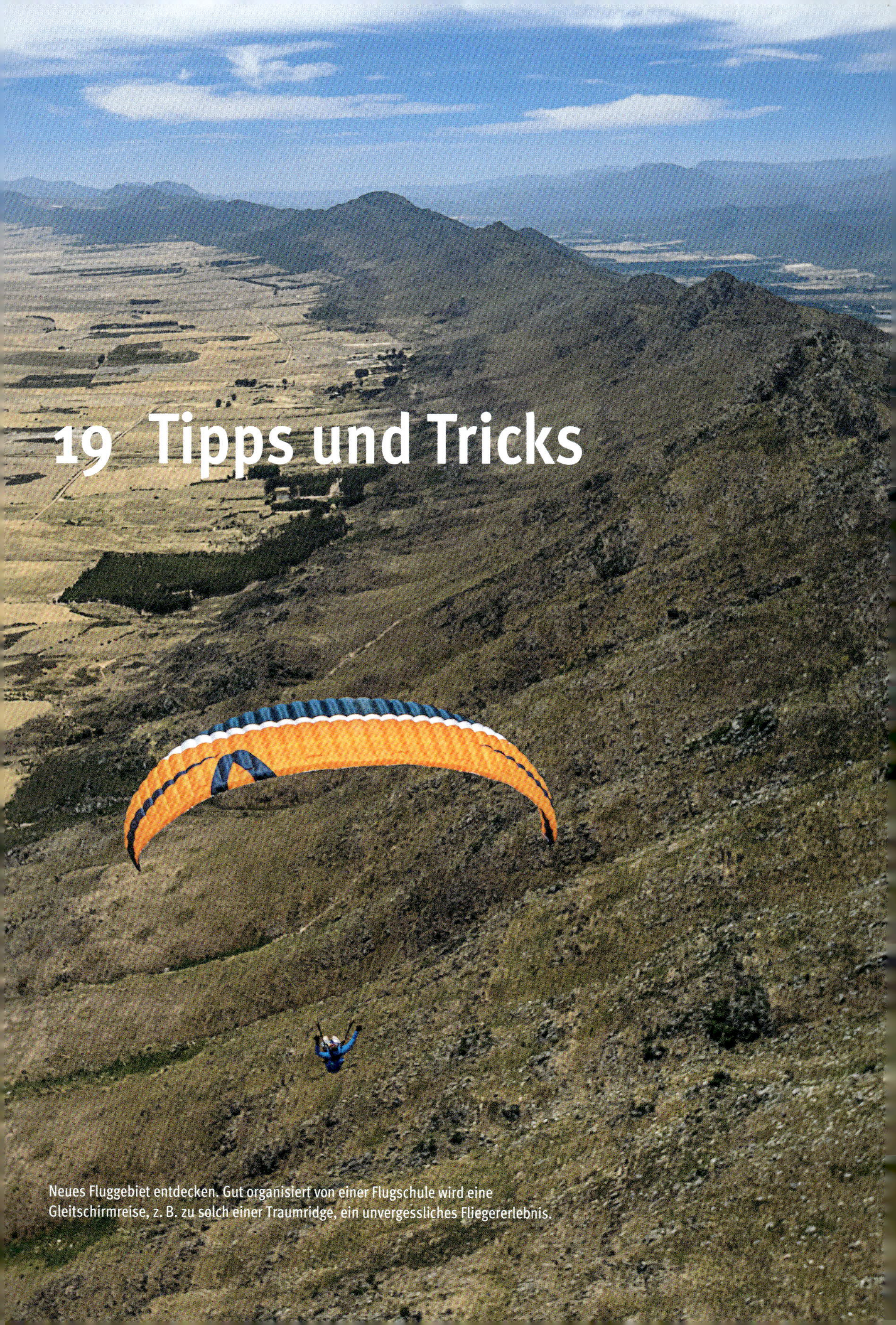

Neues Fluggebiet entdecken. Gut organisiert von einer Flugschule wird eine Gleitschirmreise, z. B. zu solch einer Traumridge, ein unvergessliches Fliegererlebnis.

19.1 Entwirren der Fangleinen

Fehlstart, man hat sich in den Leinen verheddert oder der Schirm musste aus einem Busch geborgen werden. Es herrscht also Chaos. Man sucht sich einen windgeschützten Platz, legt den Schirm locker aus und entwirrt Leinenknäuel so weit, dass diese locker liegen. Nun hält die äußerste A-Leine direkt an der Kappe und streift alle über ihr liegenden Fangleinen bis über die Tragegurte/das Gurtzeug. Dann wird die gegenüberliegende äußerste A-Leine vom Schirm herabgefahren und wieder alle Fangleinen bis über die Tragegurte/das Gurtzeug geschoben, und schon ist der Schirm komplett entwirrt. Zum Transport hat sich bewährt, die Haupttragegurte in einen Tragegurtsack zu verstauen oder vom Tragegurt das Ende mit der Aufhängung in das andere Aufhängungsende zu stecken. So lassen sich bei den Startvorbereitungen die Tragegurte mit dem entsprechenden Leinenpaket leicht trennen und damit sicher und unverdreht mit dem Gurtzeug verbinden.

19.2 Sand/Dreck im Schirm

Beim Groundhandling kommen Sand, Erde, kleine Steine, Blätter oder Grasschnitt in den Schirm. Wird es viel, können schon 1 bis 2 kg Gewicht zusammenkommen. Es ist dadurch schon zu schweren Unfällen gekommen, da die Flugeigenschaften massiv verändert werden. Deshalb beim Groundhandling darauf achten und die Kappe regelmäßig prüfen und ausleeren. Sind Öffnungen an der Hinterkante und am Stabilo vorhanden, diese öffnen, den Schirm hochhalten, schütteln und

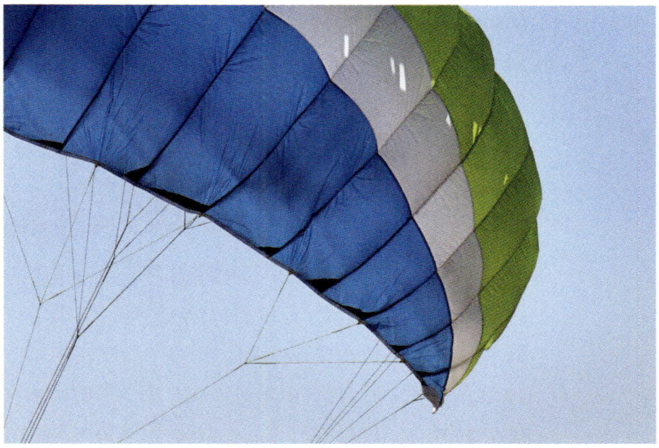

Beim Groundhandeln am Strand und an der Düne sammelt der Gleitschirm fast unbemerkt Sand auf. So wird der Schirm Sandkorn für Sandkorn schwerer und beeinflusst zunehmend die Flugsicherheit negativ. Deshalb kontrollieren und den Schirm ausleeren.

leeren. Ansonsten geht das auch über die Eintrittskante. Dabei muss jede Zelle einzeln geleert werden. Dies geht am besten, wenn man zu zweit oder zu dritt ist. Zwei halten den Schirm hoch, der Dritte reinigt. Leider lädt sich der Schirm durch die Reibung und Bewegung elektrostatisch auf und je nach Tuch haften Dreck und Sand besonders gut am Tuch. Hier hilft die statische Entladung mit einem um die 50 cm langen Metallstab oder Blechstreifen, der keine scharfen Kanten haben darf. Schirm hochhalten oder aufhängen, mit dem Metall von beiden Seiten von oben nach unten entlangfahren, der Sand fällt vom Tuch ab. Schirm ausleeren. Eventuell wiederholen.

19.3 Wohin mit dem Vario und GPS?

Je nach Gurtzeug bieten sich verschiedene Möglichkeiten an. Bei einem Sitzgurtzeug kann ein Frontcockpit dafür gute Dienste leisten. Aber auch die Befestigung an einem Tragegurt oder auf dem Oberschenkel ist möglich. Das Cockpit ist spitze, aber umständlich beim Start einzuhängen. Es blockiert auch die Sicht auf die Bein- und Brustschnallen und erfordert Sorgfalt beim Startcheck. Die Befestigung an Tragegurt oder mittels einer Biegebefestigung am Gurtzeug ist von der Ablesbarkeit super, aber es können sich beim Start Leinen daran verhängen. Die Beinbefestigung ist sehr einfach und sicher, wenn eine Sicherungseinrichtung gegen Verrutschen vorhanden ist. Gut ist, dass sich Leinen kaum daran verhängen können. Eine tolle Sache für Wenigflieger.

19.4 Studie zu Retterauslösungen

Die Studie des britischen Professors Dr. Matt Wilkes von der Universität Portsmouth über Pilotenverhalten bei der Auslösung des Rettungsgerätes zeigt, dass viele Piloten den Rettergriff schwer finden. 85 % der Piloten greifen an die Hüfte. Blöd, wenn der Rettergriff da nicht ist. Ist der Rettergriff entdeckt, wird von über 70 % der Piloten nach oben gezogen. Dies ist die natürliche, intuitive Zugrichtung, da haben wir Kraft. Löst der Retter dabei nicht aus, wird stärker gezogen und leider keine andere Zugrichtung ausprobiert. Gurtzeugeigene Innencontainer haben bei der Auslösung große Vorteile. Bleibt, auch auf eine kurze Verbindung zwischen Auslösegriff und Innencontainer zu achten. Zu lange Verbindungen verhindern, dass das Rettungsgerät kräftig und damit weit weg geschleudert werden kann. Der Retterfraß, also das Risiko, dass der Rettungsschirm in den Leinen des Gleitschirmes landet und verzögert oder schlecht öffnet, ist vorprogrammiert. Frontcontainer, also Rettungsgeräte, die im Brustbereich des Piloten angebracht sind, funktionieren gut, aber nur, wenn der Container auch nach unten hin ausreichend befestigt ist. Bleibt dem Piloten nur, mit seinem Gurtzeug und eingebautem Rettungsgerät die Auslösung an einem G-Force-Trainingsgerät zu üben. Das kostet Geld, aber kann von großem Nutzen für Leib und Leben sein.
Anmerkung: Die Tests fanden an einer Seilkonstruktion in einer Turnhalle statt.

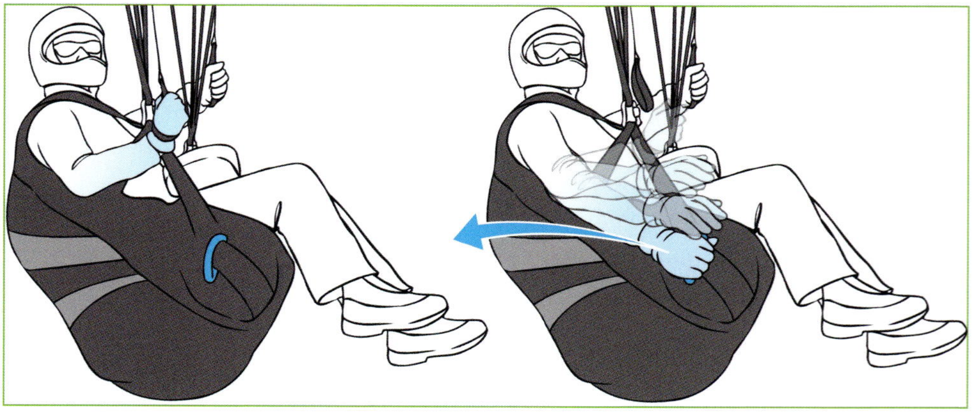

Eine im Ernstfall überlebenswichtige Übung: Das mehrfache Üben eines Ernstfalls gedanklich, aber auch praktisch geht damit los, den Auslösegriff sicher zu finden, zu greifen und die Auslöserichtung seitlich nach oben zu praktizieren. Dabei stellt sich schnell heraus, ob dies aus der eingestellten Sitzposition überhaupt möglich ist und ob die Länge der Verbindung vom Griff zum Retterpaket korrekt ist. Ist diese zu lang, verpufft die Energie zum Wegschleudern.

19.5 Trockentraining/Ausildung am G-Force-Trainer

Retterwerfen kann z. B. in einer Turnhalle simuliert werden. Dabei kann der Pilot mit seinem Gurtzeug an den Ringen hängend geschaukelt und eingedreht werden. Noch realistischer ist ein Training im G-Force-Trainer, einer Maschine, die ähnlich einem Kettenkarusell den Piloten mit Kräften bis zu 7 G, also 7-facher Erdanziehung, beschleunigt.

Beim Training wird der Umgang mit dynamischen Kräften, wie sie beim Gleitschirmfliegen auftreten können, (Spirale, Einklapper oder Spiralsturz nach Klappern mit Verhängern) erfahren. Erst unter Fliehkraftbelastung erkennt man, wie entscheidend die Körperhaltung oder die Gurtzeugeinstellung sein kann. Wer dazu keine Möglichkeit hat, sollte zumindest bei einer Flugschule in einem Gestell für Gurtzeuge mit dem eigenen, für den Flug eingestellten Gurtzeug mit verbundenen Augen den Rettergriff finden und die Auslösung üben. Dem Ernstfall kommt diese einfache Trockenübung leider nicht sehr nahe.

19.6 Leerweg der Steuerleine prüfen

Die Hinterkante des Gleitschirmes und damit die Bremsspinnen liegen oft in der Erde oder im Sand. Dadurch können sich die Leinen verkürzen. Deshalb ist ein regelmäßiger Leerwegcheck wichtig.

Während des Fluges sollen bei unbetätigter losgelassener Bremse die Steuerleinen leicht ausbauchen, also vom Fahrtwind leicht nach hinten durchgebogen werden.

Die Hinterkante soll bei gelöster Bremse absolut frei, also nicht – auch nicht leicht – heruntergezogen sein. Dies gilt für die ganze Breite der Bremsspinne. Es darf kein Knick in der Hinterkante sein.

Leerwegcheck:

Bremsen in die Hand und die Bremsleinen leicht spannen, bis die Leinen der Bremsspinne, die an der Hinterkante des Gleitschirms ansetzen, gerade beginnen, die Hinterkante leicht herabzuziehen. (Bremse beginnt zu greifen). Wie viel Weg ist nun von der Bremsrolle am Haupttragegurt bis zum Knoten am Griff? Als Grundregel gelten hier 10 bis max. 15 cm. Details sind beim jeweiligen Hersteller nachzufragen.

Nun erfolgt der Leerwegcheck mit betätigtem Beschleuniger. Korrekt ist, wenn der Schirm bei freien Bremsen nun nicht angebremst fliegt.

19.7 Richtige Starttechnik: Vorwärtsstart oder Rückwärtsstart?

Je nach Flugschule, Land und Fluggebiet werden Anfänger mit der Vorwärts- oder/ und Rückwärtsstarttechnik konfrontiert. Nun bleibt die Frage, was besser ist.

Grundsätzlich darf man sagen: Die Starttechnik, die zu 100 % vom Piloten beherrscht wird. Jedoch darf das Ziel sein, beide Starttechniken sehr sicher zu beherrschen.

Dies kann beim Groundhandling super geübt werden. Am Berg gelten jedoch andere Gesetze. Der Pilot muss sich im steileren

Gelände und bei thermischen Bedingungen sicher fühlen. Klar ist es einfacher, bei viel Wind rückwärts zu starten und bei null Wind einen souveränen Vorwärtsstart hinzulegen. Trefft die für euch sicherste Entscheidung, auch wenn alle anderen anders starten. Dazu bleibt immer die Möglichkeit, nicht zu starten. Es gibt auch schöne Tage ohne Gleitschirmfliegen. Sicherlich!
Rückwärtsstarter dürfen bei viel Wind auch mal früher ausdrehen, damit dies nicht in der Luft getwistet passieren muss. Da kann beim Start vieles schief gehen. Bleibt noch zu sagen, dass immer sehr zügig ausgedreht wird. Es geht immer um volle Schirmkontrolle.

19.8 Leinen an der Ausrüstung verhängt

Beim Start z. B. an Schuhen, die Schnürhaken besitzen oder an einem Helm, der eigentlich zum Skifahren gedacht ist und auf der Rückseite einen Haken hat um eine Skibrille zu befestigen. Ein toller Gleitschirmfilm vom eigenen Flug, eine super Sache, aber wenn die Kamera auf dem Helm montiert ist, können sich die Leinen beim Start oder auch bei einem heftigen Klapper daran verfangen. Es ist schon vorgekommen, dass nach dem Klapper der Schirm so weit vorschießt, dass der Pilot in die lockere Leinen hineinfällt oder die Leinen ihn streifen. Bleibt nur eine Leine an der Kamera hängen, wird der Pilot sogar noch stranguliert, bekommt keine Luft mehr, zugleich soll er den Schirm kontrollieren und versuchen, die Leine oder am besten gleich den ganzen Helm zu lösen. Puh, auf den Stress kann man verzichten.
Auch an einer Variohalterung, die weit vom Gurtzeug herausragt, kann sich eine Leine verhängen. Sogar an einem schlecht platzierten Rettergriff. Also die Ausrüstung auch auf solche unfallträchtigen Eventualitäten hin überprüfen.

19.9 Toll zu lesen

• *Vom Wind. Wie die Luftströme Leben, Land und Leute prägen*, Jan DeBlieu, BtB Taschenbuch
Kein Flugbuch, aber wow, was für ein Buch zum Thema Wind. Die Frau lebt den Wind und macht Wind erfahrbar. So einfach hat noch niemand unser Zirkulationssystem erklärt und Wind greifbar beschrieben. Lasst euch die Haare im Wind zerzausen und von der Meeresströmung dahintragen.
• *Das Thermikbuch* und *Das Streckenflugbuch* von Burkhard Martens, Verlag Thermikwolke.de
Vertiefende, gut bebilderte Literatur, eine schöne Ergänzung zum Thema, wenn man schon »airborne« ist und dazu lernen will.
• *50 Wege zum besseren Piloten*, Bruce Goldsmith, Verlag Cross Country International
Ergänzende Lektüre für Regentage, wenn bereits Flugerfahrung vorhanden ist.
Leider nicht ganz gelungen übersetzt.
• *Thermik*, https://thermik.cloud
Versorgt die Fliegerwelt seit Jahren mit guten Infos, aktuellen Tests und Fluggebietsbeschreibungen.
• *Lu-Glidz – Der Gleitschirmblog* von Lucian Haas
https://lu-glidz.blogspot.com/
Viele gute Infos, Hintergründe und Meinungen rund um die Gleitschirmszene.

Anhang

- Fluggebiete
- Ausbildung und Luftrecht
- Infos, Adressen und Links

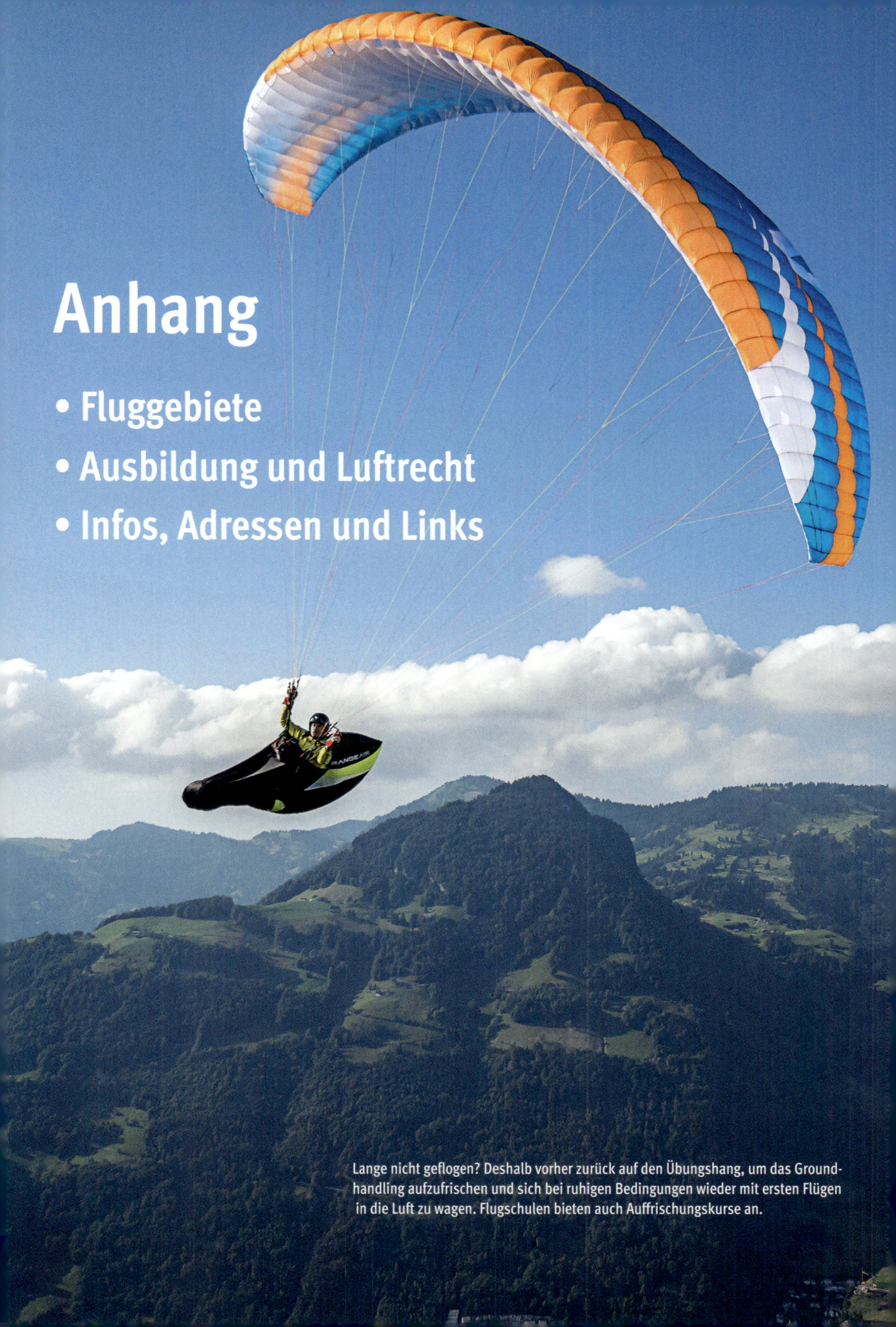

Lange nicht geflogen? Deshalb vorher zurück auf den Übungshang, um das Groundhandling aufzufrischen und sich bei ruhigen Bedingungen wieder mit ersten Flügen in die Luft zu wagen. Flugschulen bieten auch Auffrischungskurse an.

Fluggebiete

In dieser Liste sind Fluggebiete aufgenommen, die zu den beliebtesten und am meisten frequentierten Fluggebieten Europas zählen. Sie haben meist den Vorteil, dass auch eine sehr gute Infrastruktur vorhanden ist. Start- und Landeplätze sowie der Transport sind geregelt. Umfassende Infos sind in der Datenbank der Website von www.paraglidingspots.com oder www.paragliding365.com zu finden, die inzwischen weit über 10 000 Fluggebiete aus der ganzen Welt verzeichnet. Zusätzlich sind aktuelle Adressen, lokale Wetter- und Geländeinfos, die Koordinaten sowie aktuelle Ortsinformationen mit Fliegertreffs und Unterkünften abzurufen.

Die 222 beliebtesten Fluggebiete Europas

Region	Ort	Fluggebiet	Startrichtung	Höhe Landeplatz	Höhe Start	Bahn	GPS-Startplatz	GPS-Landeplatz
Dänemark								
	Lökken	Rubjerg Knude	w	4	86			
	Humlum	Toftum Bjerge	n; nw	15	50			
	Hanstholm	Hamborg	n; ne	45	50		57° 07' 00" N,08° 37' 00" O	
Deutschland								
BW	Neuffen/Beuren	Neuffen	n; ne; w	450	720		48° 33' 23" N,9° 24' 20" O	48° 32' 55" N,9° 23' 24" O
BW	Baden-Baden	Merkur West u. Ost	ne; sw; nw	250	650	x	48° 45' 53.6" N,008° 16' 45.4" O	48° 45' 47.5" N,008° 15' 42.8" O
BW	Schriesheim	Ölberg-Schriesheim	sw; w	390	455		49° 27' 52.25" N,8° 40' 43.84" O	49° 27' 36.97" N,8° 40' 2.42" O
BW	Elzach	Gschasi	sw; w; nw	460	940		48° 11' 10.99" N,8° 7' 43.51" O	48° 11' 42.07" N,8° 6' 33.11" O
BW	Oppenau	Zuflucht	s; w	630	930		48° 29' 50" N,8° 13' 49" O	48° 29' 17" N,8° 13' 51" O
BW	Oppenau	Schäfersfeld	ne; e	305	770		48° 26' 10" N,8° 9' 8" O	48° 27' 04" N,8° 9' 55" O
BW	Freiburg	Schauinsland	w	490	1180	x	47° 54' 35.50" N,07° 53' 22" O	47° 55' 59" N,07° 51' 54" O
BW	Badenweiler	Hochblauen	n; ne; se; s; sw; nw	0	1165		47° 46' 0" N,07° 42' 0" O	
Bayern	Lenggries	Brauneck	n; ne; e; se; sw	720	1550	x	47° 39' 50" N,11° 31' 29" O	47° 40' 26" N,11° 33' 27" O
Bayern	Oberstdorf	Nebelhorn	s; sw	1100	2224	x	47° 25' 20" N,10° 20' 33" O	47° 24' 25.96" N,10° 18' 58.96" O
Bayern	Schwangau	Tegelberg	n; e; w	890	1720	x		47° 34' 12.7" N,10° 45' 21.5" O
Bayern	Rottach-Egern	Wallberg	n; w; nw	970	1722	x	47° 39' 46.20" N,11° 47' 38.58" O	47° 40' 31.80" N,11° 46' 15.12" O
Bayern	Pfronten	Breitenberg	n; ne; e; se	850	1680	x		
Bayern	Bergen	Hochfelln	n; se; sw	1110	1671	x	47° 45' 00" N,12° 33' 00" O	47° 48' 00" N,12° 32' 00" O
Bayern	Grainbach	Hochries	n; ne; e; se; s; sw; w; nw	880	1567	x	47° 44' 55" N,12° 15' 03" O	47° 46' 18" N,12° 13' 51" O
Bayern	Hindelang	Hindelang	n; ne; e; s; sw; w; nw	825	1650	x	47° 31' 05" N,10° 22' 36" O	47° 30' 00" N,10° 22' 04" O
Bayern	Aschau	Kampenwand	n; nw	620	1520	x	47° 45' 26" N,12° 21' 8" O	47° 46' 38" N,12° 19' 51" O
Bayern	Bad Tölz	Blomberg	ne; e; nw	470	1180	x	47° 43' 58.25" N,11° 30' 29.45" O	47° 44' 58.72" N,11° 30' 29.54" O
Bayern	Buching	Buchenberg	ne; nw	820	1142	x		
Bayern	Ruhpolding	Rauschberg	n; se; s; w	652	1645	x	47° 43' 58.85" N,12° 41' 8.56" O	
Bayern	Garmisch-Partenk.	Osterfelder	n; ne; e	735	2033	x	47° 26' 17" N,11° 2' 59" O	47° 28' 28" N,11° 03' 38" O
Bayern	Garmisch-Partenk.	Wank	ne; se; s; sw	724	1720	x	47° 30' 21" N,11° 08' 52" O	47° 29' 40" N,11° 09' 57" O
Bayern	Bad Kohlgrub	Hörnle	n; nw; ne	950	1450	x	47° 38' 42.96" N,11° 02' 55.15" O	47° 39' 38.56" N,11° 02' 55.15" O
Bayern	Immenstadt	Mittag	ne; se; nw	728	1462	x	47° 32' 13" N,10° 13' 0" O	47° 33' 4" N,10° 14' 42" O
Bayern	Oberstaufen	Hochgrat	s; nw	850	1800	x	47° 29' 00" N,10° 04' 00" O	47° 30' 00" N,10° 03' 00" O
Bayern	Ruhpolding	Unternberg	n; s; nw	652	1450	x	47° 43' 42" N,12° 38' 19" O	47° 44' 41" N,12° 37' 39" O
Bayern	Oberammergau	Laber	nw	840	1688	x	47° 35' 10.27" N,11° 06' 12.54" O	47° 36' 1.08" N,11° 04' 44.2" O
Bayern	Gerolfingen	Hesselberg	n; s	0	190		49° 05' 0" N,10° 31' 0" O	
Bayern	Bolsterlang	Weiherkopf	ne; e; se	900	1665	x	47° 27' 55" N,10° 12' 04" O	47° 27' 42" N,10° 13' 36" O
Bayern	Garmisch-Partenk.	Hausberg	ne	724	1250	x	47° 27' 56" N,11° 05' 54" O	47° 28' 57" N,11° 05' 40" O
Bayern	Nesselwang	Alpspitze	n; ne	600	1550	x	47° 36' 03" N,10° 29' 58" O	47° 37' 040" N,10° 29' 58" O
Bayern	Marquartstein	Hochplatte	e	540	1010	x	47° 45' 36.8" N,12° 25' 25.4" O	47° 46' 02.9" N,12° 27' 26.3" O
Bayern	Garmisch-Partenk.	Zugspitze	se; s	724	2964	x	47° 25' 0" N,10° 59' 0" O	
Bayern	Dietmansried	Schrattenbach		750	840		47° 50' 52" N,010° 17' 51" O	47° 50' 53" N,010° 17' 53" O

Region	Ort	Fluggebiet	Startrichtung	Höhe Landeplatz	Höhe Start	Bahn	GPS-Startplatz	GPS-Lande-platz
Bayern	Bayrischzell	Vogelsang	n; ne; w	750	1563			
Bayern	Schönau/Königss.	Jenner	e; se; s; sw; w; nw	623	1874	x	47° 34' 47" N,13° 01' 31" O	47° 36' 35" N,12° 58' 39" O
Hessen	Gersfeld	Wasserkuppe	ne; e; se; s; sw; w; nw	55	950		50° 29' 49.97" N,9° 56' 14.42" O	50° 29' 45.68" N,9° 56' 13.44" O
Hessen	Fränk.-Crumbach	Erlau	e	210	365		49° 44' 34.7" N,8° 49' 20.5" O	49° 44' 31.3" N,8° 50' 0.0" O
Niedersachs.	Goslar	Rammelsberg	nw	350	600		51° 53' 24" N,10° 25' 49" O	51° 53' 42" N,10° 25' 44" O
NRW	Neukirchen-Vluyn	Halde Norddeutschl.	n; se; sw	0	76		51° 28' 09" N,6° 33' 46" O	
NRW	Neuss Holzheim	Holzheim	ne; sw	65	65		51° 08' 29.56' N,6° 37' 34.48" O	51° 8' 52.86" N,6° 38' 11.48" O
NRW	Herscheid	Nordhelle	n; nw	110	610		51° 9' 5" N,7° 45' 17" O	51° 9' 16" N,7° 45' 15" O
NRW	Höxter/Godelheim	Brunsberg	e; se	96	300		51° 44' 23" N,09° 21' 26" O	
NRW	Sprockhövel	Mellbeck	n; w; nw	219	50		51° 18' 42" N,7° 11' 12" O	51° 18' 46" N,7° 11' 09" O
Frankreich								
Aquitanien	Arcachon	Dune de Pyla	w	0	117			44° 35' 15.36" N,1° 12' 50.00" W
Elsass	Le Markstein	Treh Markstein	ne; s; sw; w; nw	529	1206		47° 55' 32.91" N,7° 0' 38.8" O	47° 54' 4.23" N,6° 58' 57.41" O
Elsass	Sewen	Ballon d'Alsace	e; s; nw	600	1247		47° 49' 19.00" N,6° 50' 44.00" O	47° 48' 55.00" N,006° 51' 23.00" O
Elsass	Urbès	Gustiberg	s	460	890		47° 53' 37.37" N,6° 56' 04.06" O	
Elsass	Urbés	Petit Drumont	ne; e	460	1180		47° 53' 55" N,06° 55' 10" O	
Alpes-CdAzur	Roquebrune	Monaco – Mont Gros	e; se; s; sw	0	690		43° 45' 59" N,7° 26' 37" O	43° 45' 33" N,007° 27' 21" O
Alpes-CdAzur	Gourdon	Gourdon	e; se; s; sw	800	1180		43° 43' 32" N,6° 56' 49" O	43° 43' 34" N,6° 57' 34" O
Alpes-CdAzur	St. Andre les Alp.	St. Andre les Alpes	s; sw	890	1540		43° 58' 36" N,6° 29' 29" O	43° 57' 31" N,6° 30' 36" O
Alpes-CdAzur	St Vinc. Les Forts	St Vincent Les Forts	sw; w	810	1280		44° 26' 36" N,6° 22' 17" O	44° 26' 34" N,06° 22' 18" O
Rhone-Alpes	Doussard	Col de La Forclaz	w; nw	450	1150		45° 48' 50.5" N,6° 14' 49.5" O	45° 46' 54.6" N,6° 13' 14.7" O
Rhone-Alpes	Talloires	Planfait	s; sw; w; nw	558	949		45° 51' 11.83" N,6° 13' 22.98" O	45° 50' 56.19" N,006° 12' 50.1" O
Griechenland								
Inseln	Avdou/Kreta	Avdou/Kreta	n; w; nw	233	500		35° 12' 59.16" N,25° 25' 38.81" O	35° 13' 44.71" N,25° 25' 33.76" O
w. Griechenl.	Lefkas	Kathisma	s; sw; w	0	130			38° 49' 39" N,20° 42' 07" O
Italien								
Friaul	Meduno	Monte Valinis		256	1160			
Latium	Norma	Norma	sw; w	252	430		41° 35' 28" N,12° 57' 25" O	41° 34' 52" N,12° 56' 31" O
Lombardei	Laveno	Laveno	se; s	200	1062	x	45° 55' 17" N,08° 40' 27" O	45° 53' 48" N,08° 38' 18" O
Lombardei	Gera Lario	Monte Mezzo	se; s	200	1200		46° 11' 36.4" N,9° 23' 08.8" O	46° 11' 16.1" N,9° 21' 39.1" O
Lombardei	Suello bei Erba	Cornizzolo	se; s; sw	250	1240			45° 49' 03.0" N,009° 19' 06.7" O
Piemont	S. Maria Maggiore	Valle Vigezzo	e; s; sw	816	1840	x	46° 09' 45.7" N,8° 28' 31" O	46° 7' 58.5" N,8° 27' 18.5" O
Sardinien	Alghero	Speranza	sw; w; nw	7	452		40° 30' 28" N,8° 23' 01" O	40° 30' 18" N,8° 23' 11" O
TR-Südtirol	Sand in Taufers	Speikboden	ne; se; s; sw	860	2350	x	46° 55' 34.62" N,11° 58' 03.90" O	46° 54' 42.36" N,11° 57' 40.50" O
TR-Südtirol	Campitello	Col Rodella	n; ne; e; se; s; sw; w; nw	1407	2387	x	46° 29' 50" N,11° 45' 13" O	46° 28' 35" N,11° 44' 58" O
TR-Südtirol	Saltaus	Hirzer	s; sw; w	450	2750	x	46° 44' 1.5" N,11° 13' 39.6" O	46° 43' 26.5" N,11° 12' 0.7" O
TR-Südtirol	Mals/Schleis	Watles/Prämajur	e; se; s	1050	1750	x	46° 42' 10" N,10° 30' 20" O	46° 41' 34" N,10° 31' 45" O
TR-Südtirol	Bruneck	Kronplatz	ne; se; s; sw; nw	835	2275	x		46° 46' 21.7" N,11° 56' 28.5" O
TR-Südtirol	Molveno	Pradel/Tovre	se; s; sw	830	1480	x		
TR-Südtirol	Rodeneck – Luson	Lüsen Alm	s	984	1700		46° 45' 45" N,011° 45' 13" O	
TR-Südtirol	Sand in Taufers	Ahornach (Acereto)	s	856	1334		46° 56' 48" N,12° 02' 39" O	46° 54' 43" N,11° 57' 41" O
TR-Südtirol	Meransen	Gitschberg	e; se; s	1414	2512	x	46° 51' 10" N,011° 41' 20" O	46° 48' 50" N,011° 39' 33" O
TR-Südtirol	Seis/Suisi	Spitzbühl/Seiser Alm	se; sw; w; nw	1004	1980	x		46° 32' 00" N,011° 34' 0" O
TR-Südtirol	Levico	Vetriolo/Panarotta	n; s; w	515	1500		46° 02' 56" N,11° 19' 42" O	46° 00' 33.2" N,11° 19' 57.3" O
TR-Südtirol	St. Andrä, Mairdorf	Plose – Brien	n; s; sw; w	925	2447	x	46° 41' 16" N,11° 42' 44" O	46° 42' 41" N,011° 40' 55" O
TR-Südtirol	Lana (Meran)	Vigiljoch – San Vigilio	e; se; s; sw	305	1350	x	46° 37' 32" N,11° 07' 08" O	
Umbrien	Norcia	Castelluccio	ne; e; se; sw; w; nw	619	2500		42° 48' 37.00" N,13° 10' 55.77" O	42° 48' 23" N,13° 11' 53" O
Umbrien	Sigillo	Monte Cucco	ne; sw	481	1180		43° 21' 28" N,12° 44' 57" O	43° 20' 33" N,12° 43' 36" O
Venetien	Bassano del Grappa	Bassano	e; se; s; sw; w	115	850		45° 49' 24" N,11° 46' 05" O	45° 48' 22" N,011° 47' 07" O
Venetien	Malcesine	Monte Baldo	e; w	89	2218	x	45° 46' 28.20" N,10° 51' 36.72" O	45° 46' 55.08" N,10° 49' 3.12" O
Venetien	Feltre	Monte Avena	ne; se; s; w	261	1450		46° 01' 47.8" N,11° 49' 03.0" O	46° 00' 15" N,011° 49' 27" O
Kroatien								
	Tribalj	Tribalj	s; sw	122	780			
	Buzet	Buzet	se; s; sw	153	500		45° 26' 39.9" N,13° 57' 54.9" O	45° 25' 26.9" N,13° 58' 7.6" O

Region	Ort	Fluggebiet	Startrichtung	Höhe Landeplatz	Höhe Start	Bahn	GPS-Startplatz	GPS-Landeplatz
	Rijeka/Opatja	Ucka	e; se; s; sw; w; nw	0	1379		45° 17' 12" N,14° 12' 11" O	45° 17' 43.7" N,14° 08' 08.3" O
	Makarska/Biokovo	Makarska/Biokovo		0	1300	x	43° 18' 11.3" N,17° 03' 07.5" O	43° 18' 50.1" N,16° 59' 47.3" O
Lichtenstein								
	Vaduz	FL	n; ne; se; s; sw; w; nw	450	1685	x	47° 6' 9.8" N,9° 37' 13" O	47° 7' 39.88" N,9° 31' 18.67" O
Niederlande								
	Zoutelande	Zoutelande	sw	0	49		51° 29' 43" N,3° 29' 50" O	51° 29' 38" N,3° 29' 38" O
	Wijk aan Zee	Wijk aan Zee	w	0	20	x	52° 30' 3.32" N,4° 35' 19.11" O	52° 30' 3.32" N,4° 35' 19.11" O
Österreich								
Kärnten	Greifenburg	Emberger Alm	se; s;	645	1940		46° 46' 36" N,13° 09' 02" O	46° 44' 46" N,13° 11' 31" O
Kärnten	Annenheim	Gerlitzen	ne; e; se; s; sw; w	505	1911	x	46° 41' 37.04" N,13° 55' 16.70" O	
Kärnten	Spittal	Goldeck	ne; se; s; w; nw	550	2142	x	46° 45' 33" N,13° 27' 29" O	46° 47' 34" N,13° 29' 04" O
Niederöster.	Maiersdorf	Hohe Wand	e; se; s; sw;	450	1100			47° 49' 00" N,16° 3' 0" O
Niederöster.	Mitterbach	Gemeindealpe	e; se; s; sw; w; nw	789	1626	x	47° 48' 40" N,15° 14' 49" O	47° 48' 40" N,15° 17' 33"
Niederöster.	Lackenhof	Ötscher	n; w; nw	810	1895	x	47° 51' 22" N,15° 10' 59" O	47° 52' 11" N,15° 09' 41" O
Niederöster.	Lilienfeld	Muckenkogel	n; ne; e; s; sw; w; nw	542	1310	x		47° 56' 45" N,15° 35' 59" O
Niederöster.	Hirschwang	Ra	e; se	577	2007	x	47° 43' 0.27" N,15° 46' 46.32" O	47° 42' 25.92" N,15° 48' 52.5" O
Oberöster.	Obertraun	Krippenstein	ne; e; se; w; nw	510	2109	x	47° 31' 28.08" N,13° 41' 30.12" O	47° 33' 27.36" N,13° 40' 52.02" O
Oberöster.	Hinterstoder	Hutterer Hoess	n; w	660	1800	x	47° 39' 52.94" N,14° 09' 58.02" O	47° 41' 55.78" N,014° 09' 05.2" O
Osttirol	Lienz	Zettersfeld	e; se; s; sw	670	2213	x	46° 51' 00.9" N,12° 47' 09.0" O	46° 49' 52" N,12° 45' 35" O
Osttirol	Sillian	Thurntaler	s; sw; w	1103	2400	x	46° 46' 2.6" N,12° 23' 46.4" O	46° 45' 00" N,12° 25' 49" O
Osttirol	Obertilliach	Golzentipp	se; s; sw; w	1450	2317	x	46° 43' 10.6" N,12° 37' 28.6" O	46° 42' 21.2" N,12° 36' 41" O
Salzburg	Zell am See	Schmittenhöhe	se; s; sw; nw	757	1965	x	47° 19' 42.07" N,12° 44' 11.41" O	47° 17' 18.5" N,12° 44' 44.5" O
Salzburg	Werfenweng	Bischling	e; se; s; w	930	1835	x	47° 27' 47.16" N,13° 17' 53.88" O	47° 27' 32.59" N,13° 16' 8.54" O
Salzburg	Neuk., Bramberg	Wildkogel	n; se; s; sw	859	2225	x	47° 16' 46" N,12° 17' 46" O	47° 16' 22" N,12° 20' 31" O
Salzburg	Fürstenbrunn	Untersberg	n; w	459	1805	x		47° 45' 7.8" N,12° 59' 40.5" O
Salzburg	St. Gilgen	Zwölferhorn	n; ne; e; se; s; nw	524	1522	x	47° 44' 35" N,13° 22' 11" O	47° 46' 06" N,13° 21' 43" O
Salzburg	Dorfgastein	Fulseck	n; e; se; sw; w; nw	830	2033	x	47° 14' 15" N,13° 08' 55" O	47° 15' 01.9" N,13° 06' 08.7" O
Salzburg	St. Wolfgang	Schafberg	se; s; sw	539	1782	x	47° 46' 35" N,13° 25' 56" O	47° 44' 09" N,13° 25' 45" O
Salzburg	Aigen	Gaisberg	n; e; w	440	1280		47° 48' 16" N,13° 06' 38.3" O	47° 46' 50.28" N,13° 5' 17.11" O
Salzburg	Abtenau	Abtenau-Karkogel	se; s; sw; w; nw	715	2100	x	47° 32' 43" N,13° 21' 33" O	47° 33' 29" N,13° 21' 8" O
Salzburg	Flachau-Wagrain	Grießenkar	n; ne; e; w	860	1840	x	47° 19' 27.44" N,13° 20' 51.18" O	47° 20' 3.80" N,13° 18' 25.37" O
Salzburg	Bad Gastein	Stubnerkogel		870	2240	x	47° 06' 59" N,013° 06' 18" O	
Salzburg	Hollersbach	Pihapperspitze	n; nw	812	1144		47° 15' 55.11" N,12° 25' 37.47" O	47° 15' 55.11" N,12° 25' 37.47" O
Steiermark	St. Radegund	Schöckel/Schöckl	n; e; se; s; nw	718	1445	x	47° 12' 3" N,15° 28' 33" O	47° 11' 9.18" N,15° 29' 2.18" O
Steiermark	Ramsau	Dachstein	s; sw	1135	2995	x	47° 28' 32.5" N,13° 36' 23.2" O	47° 25' 23.6" N,13° 39' 19.8" O
Steiermark	Stubenberg a. See	Kulm	ne; e; se; s; w; nw	395	975			
Steiermark	Gröbming	Stoderzinken	n; se; s; nw	770	2048		47° 27' 36" N,13° 49' 48" O	47° 26' 56" N,13° 52' 00" O
Steiermark	Altaussee	Loser	e; se; s; sw	723	1837	x	47° 39' 46.8" N,013° 46' 40" O	47° 38' 25.8" N,013° 46' 00" O
Steiermark	Haus im Ennstal	Hauser Kaibling	n; ne; e; se; sw; nw	780	2000	x	47° 22' 31.32" N,13° 46' 37.44" O	47° 24' 30.84" N,13° 45' 51.78" O
Steiermark	Teichalm	Heulantsch	sw	1170	1470		47° 21' 28" N,15° 28' 51" O	47° 21' 18" N,15° 28' 15" O
Steiermark	Präbichl	Polster	n; ne; se; s; sw; w	1200	1910	x	47° 31' 56.05" N,014° 57' 37.61" O	47° 31' 12.83" N,014° 57' 23.7" O
Tirol	Kössen	Unterberghorn	n; ne; e; w	589	1720	x	47° 37' 28" N,12° 26' 14" O	47° 40' 00" N,12° 24' 00" O
Tirol	A-6675 Tannheim	Neunerköpfle	n; ne; e; sw; w; nw	1120	1864	x	47° 29' 56.8" N,10° 31' 31.5" O	47° 30' 01.3" N,10° 31' 20.0" O
Tirol	Hopfgarten/Söll	Hohe Salve	n; e; se; s; sw; w; nw	620	1829	x	47° 27' 55" N,12° 12' 15" O	47° 26' 42" N,12° 09' 28" O
Tirol	Westendorf	Choralpe	ne; e; se; sw; w	785	1800	x	47° 24' 49" N,12° 14' 50" O	47° 25' 43" N,12° 12' 50" O
Tirol	Bach im Lechtal	Jöchelspitze	e; se; s; sw	1066	2200	x	47° 16' 57" N,10° 21' 33" O	
Tirol	Fulpmes	Kreuzjoch, Elfer	n; e; se; s	973	2170	x		47° 10' 00" N,11° 20' 59" O
Tirol	Maurach, Achensee	Rofangebirge	sw; w; nw	955	1829	x	47° 26' 41" N,11° 45' 51" O	47° 25' 24" N,11° 44' 44.3" O
Tirol	Mayrhofen	Finkenberg	n; ne; s; sw; w; nw	630	2100	x		47° 10' 0" N,11° 52' 00" O
Tirol	Neustift	Elfer	n; nw	1000	1812	x	47° 5' 54.7" N,11° 19' 27.1" O	47° 6' 46.09" N,11° 18' 55.04" O
Tirol	Reutte/Höfen	Hahnenkamm	e; se; sw; w;	880	1805	x	47° 28' 0" N,10° 39' 0" O	47° 28' 0" N,10° 40' 0" O
Tirol	Niederau	Markbachjoch	n	850	1448	x	47° 25' 54.9" N,12° 5' 39.3" O	47° 26' 51.8" N,12° 5' 34.9" O
Tirol	Hippach	Arbiskopf	ne; e; se; s; sw	582	2133		47° 12' 2.32" N,11° 50' 45.88" O	47° 10' 52.73" N,11° 52' 12.96" O
Tirol	Ischgl	Pardatschgrat, Idjoch	n; s; sw; w; nw	1400	2872	x	46° 59' 32" N,10° 19' 31" O	47° 00' 41" N,10° 17' 14" O

Region	Ort	Fluggebiet	Startrichtung	Höhe Landeplatz	Höhe Start	Bahn	GPS-Startplatz	GPS-Landeplatz
Tirol	Pertisau	Zwölferkopf	n; e; w	954	1464	x	47° 25' 39.06" N,11° 41' 46.32" O	47° 26' 15.69" N,11° 42' 3.94" O
Tirol	Ellmau	Hartkaiser	n; ne; e; se; s; sw; w; nw	800	1550	x		47° 30' 49" N,12° 17' 40" O
Tirol	Seefeld	Seefeld	n; ne; sw; w; nw	1180	2200	x	47° 19' 43" N,11° 13' 36" O	47° 19' 29" N,11° 11' 44" O
Tirol	Kitzbühel	Hahnenkamm	n; se	790	1665	x	47° 25' 08" N,12° 22' 00" O	47° 27' 01" N,12° 22' 59" O
Tirol	Zams	Venet	n; ne; se; s; sw; w; nw	767	2208	x	47° 8' 47.19" N,10° 37' 34.77" O	47° 9' 15" N,10° 34' 52" O
Tirol	Galtür	Predigbg., Ballunsp.	e	1568	2237			
Tirol	Oetz	Ötztal – Ötz	sw; w	780	2136	x	47° 12' 31.44" N,10° 56' 06.89" O	47° 12' 14.89" N,10° 53' 22.41" O
Vorarlberg	Andelsbuch/Bezau	Niedere	n; ne; se; s; sw; w; nw	600	1660	x	47° 24' 12.2" N,9° 56' 18.8" O	47° 24' 43" N,9° 54' 31" O
Vorarlberg	Schoppernau	Diedamskopf	se; s; sw	852	2070	x	47° 18' 48" N,10° 1' 30" O	
Vorarlberg	Schnifis	Schnifnerberg	se; s; sw	659	1330	x	47° 13' 42" N,9° 44' 22" O	47° 12' 50" N,9° 44' 03" O
Vorarlberg	Bregenz	Pfänder	w; nw	400	1064	x	47° 30' 00" N,09° 46' 21" O	
Vorarlberg	Schruns	Hochjoch	s; sw; w; nw	690	2289	x	47° 4' 8.27" N,9° 58' 23.79" O	47° 04' 58" N,9° 55' 02" O
Portugal								
Algarve	Vila do Bispo	Praia da Cordoama	w; nw	0	85	x	37° 06' 32.40" N,8° 56' 11.11" W	37° 06' 25.50" N,8° 56' 17.82" W
Madeira	Madalena do Mar	Arco da Calheta	s; sw; w; nw	5	450		32° 42' 29.80" N,17° 08' 29.00" W	32° 42' 10.10" N, 17° 08' 14.7" W
Schweiz								
AR	Schwägalp	Säntis	s; sw	1352	2340	x	47° 14' 45.99" N,9° 20' 46.01" O	47° 11' 43.52" N,9° 18' 11.89" O
AR	Wasserauen	Ebenalp	n; w; nw	867	1590	x	47° 17' 02.92" N,9° 24' 37.97" O	47° 17' 01.39" N,9° 25' 37.26" O
AR	Brülisau	Hoher Kasten	n; s; sw; w; nw	922	1795	x	47° 17' 10" N,9° 29' 11" O	47° 17' 47" N,9° 27' 30" O
AR	Jakobsbad	Kronberg	n; ne; s; sw; w; nw	920	1663	x	47° 17' 29.67" N,9° 19' 37.59" O	47° 19' 11" N,9° 19' 46" O
AR	Altstätten	St Anton	se; s	440	1105		47° 24' 39" N,9° 32' 33" O	
Bern	Grindelwald	First, Pfingstegg	n; s; sw	1110	2167	x	46° 39' 28.39" N,8° 3' 18.81" O	46° 37' 11.15" N,8° 1' 47.22" O
Bern	Mülenen	Niesen	se; s; sw; w	692	2363	x	46° 38' 43" N,7° 39' 04" O	46° 39' 21" N,7° 41' 11" O
Bern	Interlaken	Jungfraujoch	n; s; nw	560	3460	x	46° 32' 51.78" N,7° 58' 32.93" O	46° 41' 7.41" N,007° 51' 31.99" O
Bern	Interlaken	Niederhorn	s; w	563	1950	x	46° 42' 40" N,7° 46' 41" O	46° 40' 50.39" N,7° 49' 26.01" O
Bern	Interlaken	Amisbüel	s	563	1374		46° 42' 08.58" N,7° 49' 19.97" O	46° 40' 50.39" N,7° 49' 26.02" O
Bern	Meiringen	Planplatten	se; s; sw; w	600	2245	x	46° 44' 15.52" N,8° 12' 13.98" O	46° 43' 21.5" N,8° 11' 55.4" O
Bern	Adelboden	Schwandfeldspitz	n; s	1348	2027	x	46° 29' 49.11" N,7° 32' 30.24" O	46° 28' 45.47" N,7° 33' 32.74" O
Bern	Wengen Lauterbr.	Männlichen	e; se; sw; w; nw	1275	2220	x	46° 37' 6.61" N,7° 56' 19.17" O	46° 37' 13.14" N,8° 1' 45.89" O
Bern	Interlaken	Schynige Platte	w; nw	575	1640	x	46° 39' 28.04" N,7° 54' 8.78" O	46° 40' 30.27" N,7° 52' 32.87" O
Bern	Stechelberg	Schiltgrat Mürren	e; se	860	2100	x	46° 33' 25.1" N,7° 52' 22.39" O	46° 33' 24" N,7° 54' 05" O
Bern	Aalp – Brienz	Aalp Skiberg	n; nw	560	1590		46° 42' 58.7" N,008° 02' 06.0" O	46° 44' 30.86" N,8° 3' 5.54" O
Bern	Stechelberg	Schilthorn (Piz Gloria)	ne; sw	880	2940	x	46° 33' 33" N,7° 50' 07" O	46° 33' 24" N,7° 54' 05" O
Glarus	Braunwald	Gumen – Gumengrat	se; s; sw	635	2042	x	46° 57' 36" N,8° 59' 14.75" O	46° 55' 47" N,9° 00' 30" O
Glarus	Mollis	Fronalp-Fronalpstock	n; sw; w; nw	445	1340		47° 4' 18" N,9° 5' 28" O	47° 5' 2.81" N,9° 4' 8.54" O
Graubünden	Fanas/Grüsch	Fanas-Sassauna	se; s; sw; w	907	2700	x	47° 00' 02" N,9° 40' 58.5" O	46° 59' 030" N,009° 40' 010" O
Graubünden	Flims	Cassons und Naraus	se; s; sw	1100	2700	x	46° 51' 38.77" N,9° 16' 03.97" O	46° 50' 9.98" N,9° 16' 53.81" O
Graubünden	Flims und Larnags	Crap Sogn Gion	n; ne; se; s; sw; w; nw	1100	2220	x	46° 50' 04.11" N,09° 12' 54.50" O	46° 50' 9.98" N,9° 16' 53.81" O
Graubünden	Davos	Jakobshorn	n; e; sw; w; nw	1583	2590	x	46° 46' 47.69" N,9° 50' 58.89" O	46° 47' 22.19" N,9° 49' 19.02" O
Graubünden	Scuol – Schuls	Motta Naluns	e; se; s; sw	1250	2800	x	46° 48' 32.74" N,10° 16' 23.57" O	46° 47' 38.79" N,10° 17' 04.45" O
Graubünden	Arosa	Weisshorn	n; ne; e; sw	1720	2643	x	46° 47' 19.1" N,9° 38' 21.0" O	46° 47' 4.4" N,9° 40' 59.0" O
Graubünden	Lenzerheide	Parpaner Rothorn	e; se; s; sw	1547	2861	x	46° 44' 28.4" N,9° 36' 9.04" O	46° 44' 39.17" N,9° 33' 8.28" O
Graubünden	Klosters	Gotschnagrat	n; e; se; s; sw; nw	1200	2285	x	46° 51' 31.61" N,9° 50' 38.55" O	46° 51' 56" N,9° 53' 18" O
Jura	Nods	Chasseral	n; se	850	1607		47° 7' 36.99" N,7° 2' 47.98" O	47° 6' 40" N,7° 4' 35" O
Luzern	Luzern	Pilatus	se; s; sw; w; nw	490	2132	x	46° 58' 45.55" N,8° 15' 16.44" O	46° 57' 4.2" N,8° 16' 27.5" O
Luzern	Marbach	Marbachegg	n; s; nw	871	1480	x	46° 50' 06" N,007° 54' 16" O	46° 50' 28.3" N,007° 53' 07.0" O
Nidwalden	Emmetten	Niederbauen	n; ne; s; sw; w; nw	762	1580	x	46° 56' 48.4" N,8° 32' 12.8" O	46° 57' 26.9" N,8° 31' 00.3" O
Nidwalden	Wolfenschiessen	Büelen	ne; e	550	1100	x	46° 52' 51.32" N,8° 21' 55.81" O	46° 52' 58.89" N,8° 22' 36.94" O

Region	Ort	Fluggebiet	Startrichtung	Höhe Landeplatz	Höhe Start	Bahn	GPS-Startplatz	GPS-Landeplatz
Nidwalden	Wolfenschiessen	Brändlen	s; sw; w; nw	1050	1490	x	46° 54' 18" N,8° 24' 34.60" O	46° 54' 18.53" N,8° 23' 53.38" O
Nidwalden	Beckenried	Klewenalp	n; ne; s; nw	436	1593	x	46° 56' 25.95" N,8° 28' 32.01" O	46° 58' 0.74" N,8° 28' 4.41" O
Nidwalden	Dallenwil	Haldigrat	n; ne; sw; w; nw	495	1937	x	46° 54' 13.67" N,8° 26' 28.12" O	46° 55' 41.39" N,8° 23' 47.08" O
Obwalden	Engelberg	Brunni – Engelberg	s; sw; w; nw	1000	1875	x	46° 50' 33.4" N,008° 24' 36.3" O	46° 49' 1.74" N,8° 24' 50.95" O
Obwalden	Engelberg	Fürenalp – Engelberg	s; sw; w	1000	1900	x	46° 48' 19" N,8° 27' 55" O	46° 47' 58.95" N,8° 27' 17.91" O
Obwalden	Engelberg	Titlis	nw	998	3238	x	46° 46' 23.25" N,008° 26' 6.07" O	46° 57' 32.79" N,8° 21' 20.49" O
Schwyz	Arth/Kuessnacht	Rigi	n; ne; se; s; sw; nw	416	1797	x	47° 01' 44" N,8° 31' 17" O	47° 04' 05" N,8° 26' 13" O
Schwyz	Stoos	Fronalpstock	n; ne; e; s; sw; w; nw	1275	1922	x	46° 58' 21.2" N,8° 38' 13.6" O	47° 00' 04" N,8° 35' 25.2" O
Schwyz	Weglosen	Hoch, Ybring, Sternen	w; nw	1123	1880	x	46° 59' 57" N,8° 48' 2" O	47° 1' 12" N,8° 48' 36" O
Schwyz	Gross	Hummel	n; ne	890	1330		47° 5' 54.52" N,8° 46' 21.5" O	47° 06' 30.9" N,8° 46' 49" O
Schwyz	Brunnen	Urmiberg	ne; s; nw	440	1140	x	47° 00' 43" N,8° 35' 26" O	47° 00' 04" N,8° 35' 29" O
Solothurn	Oberdorf	Weissenstein	se; s	620	1284		47° 15' 4.59" N,7° 30' 34.8" O	47° 14' 0.37" N,7° 29' 43" O
Solothurn	Günsberg	Niederwiler Stierenb.	se; s; sw	624	1160		47° 16' 13.21" N,7° 33' 36.76" O	47° 15' 44.49" N,7° 34' 17" O
St. Gallen	Walenstadt	Alp Schrina	se; s; sw	420	1320		47° 08' 32" N,9° 16' 01" O	47° 07' 24" N,9° 18' 30" O
St. Gallen	Unterterzen	Flumserberg	n; ne; e; se; w; nw	426	2222	x	47° 4' 8.44" N,9° 15' 3.46" O	47° 7' 24" N,9° 18' 30" O
St. Gallen	Walenstadt	Hinterrugg	se; s; sw; w; nw	427	2306		47° 9' 19" N,9° 18' 08" O	47° 7' 26" N,9° 18' 27" O
St. Gallen	Unterwasser	Chäserrugg	ne; e; s	906	2262	x	47° 9' 10" N,9° 18' 36" O	47° 11' 43" N,9° 18' 27" O
St. Gallen	Wangs	Pizol	n; e; se; s	485	2227	x	46° 58' 47.44" N,9° 26' 10.71" O	47° 2' 20.53" N,9° 25' 51" O
St. Gallen	Rorschach	Rorschacher Berg	n; nw	395	960			
Tessin	Locarno	Cimetta	se; sw	260	1672	x	46° 12' 1" N,8° 47' 18" O	46° 09' 15" N,8° 46' 58" O
Tessin	Miglieglia	Monte Lema	se; s; nw	706	1619	x	46° 02' 25.3" N,8° 49' 54.3" O	46° 1' 32.40" N,8° 51' 34.33" O
Tessin	Mendrisio	Monte Generoso	se; s; sw	350	1703	x	45° 55' 48" N,9° 01' 17" O	45° 54' 14" N,8° 58' 32" O
Uri	Andermatt	Gurschen, Gemsstock	n; ne; s; w; nw	1440	2962	x	46° 36' 12.7" N,8° 36' 35.03" O	46° 37' 54" N,8° 35' 31.3" O
Uri	Urnerboden	Fisetengrat	n; ne; e; se; w; nw	1360	2088	x	46° 53' 6.58" N,8° 55' 53.61" O	46° 53' 19.08" N,8° 54' 16.21" O
Wallis	Fiesch	Kühboden, Eggish.	e; se; s; sw	1050	2200	x	46° 24' 16.23" N,08° 05' 40.87" O	46° 24' 32.3" N,8° 8' 15.8" O
Wallis	Verbier	Verbier	se; s; sw; w	2200	1490	x	46° 05' 24.4" N,7° 15' 07.5" O	46° 04' 19.5" N,7° 13' 33.1" O
Zug	Oberwil bei Zug	Zugerberg	sw; w; nw	425	947	x	47° 08' 53" N,8° 32' 9" O	47° 08' 58.52" N,8° 30' 48" O
Zürich	Zürich	Albis	n; ne	433	730		47° 19' 22" N,8° 30' 3" O	47° 19' 37" N,8° 30' 28.24" O
Zürich	Egg	Pfannenstiel	n; ne; e; nw	600	810		47° 17' 24.8" N,8° 40' 31.22" O	47° 17' 46.44" N,8° 40' 57.24" O
Zürich	Ried b. Gibswil	Wald, Alp Scheidegg	sw; w	760	1200		47° 18' 13" N,8° 56' 36" O	47° 18' 38" N,8° 54' 44" O
Zürich	Oberrieden	Oberrieden	n; ne; nw	556	556		47° 16' 1.92" N,8° 34' 30.39" O	47° 16' 1.92" N,8° 34' 30.39" O
Slowenien								
	Kobarid	Stol	s	234	1400		46° 16' 36" N,13° 28' 40" O	46° 14' 8" N,13° 27' 3" O
	Tolmin	Kobala	e; se; s; sw; w	180	1080		46° 10' 52" N,13° 46' 48" O	46° 14' 35" N,13° 34' 20" O
	Nova Gorica	Lijak/Lijac	s; sw; w	68	591		45° 57' 48" N,13° 43' 24" O	45° 56' 51" N,13° 42' 44" O
Spanien								
Andalusien	Algodonales	Sierra de Lijar	se; s; sw; nw	641	1030		36° 53' 55.85" N,5° 23' 36.55" W	36° 53' 40.49" N,5° 22' 07.46" W
Andalusien	Almunecar	Alfamar	sw; w	0	540		36° 45' 48.8" N,3° 37' 53.1" W	36° 44' 36.07" N,03° 39' 47.3" W
Balearen	Alcudia	Puig de Sant Marti	ne; e	1	250			39° 50' 24.28" N,3° 06' 22.36" O
Kanaren	Adeje	Taucho	s; sw; w; nw	310	754		28° 08' 41.48" N,16° 44' 9.06" W	28° 05' 53.86" N,16° 45' 08.5" W
Valencia	Santa Pola	Santa Pola	ne; e; se	0	124		38° 13' 11" N,0° 30' 56" W	38° 13' 11" N,0° 30' 40" W
Tschechien								
	Krupka	Mückentürmchen	se	246	710	x		
	Rana bei Louny	Rana		300	457			50° 24' 37" N,13° 46' 23" O
Türkei								
	Pammukale	Dinamit Tepe		297	360			

Ausbildung und Luftrecht

18.1 Ausbildung und Luftrecht Deutschland (Quelle: www.dhv.de)

Um als Deutscher in Deutschland mit dem Gleitschirm fliegen zu dürfen, ist eine Pilotenlizenz (Flugschein), eine Haftpflichtversicherung und eine zugelassene Gleitschirmausrüstung erforderlich. Das Mindestalter zum Erwerb der Pilotenlizenz A beträgt 16 Jahre. Alle aktuellen und rechtsverbindlichen Infos rund um die Ausbildung, das Luftrecht sowie ein Verzeichnis aller ausbildenden Flugschulen sind auf der Website des Deutschen Hängegleiter Verbandes DHV zu finden: www.dhv.de.

Die Ausbildung zur A- und B-Lizenz
Grundausbildung und Lernausweis

Die Grundausbildung umfasst Aufzieh-, Steuerungs- und Laufübungen in flachem Gelände, mindestens 20 Flüge mit Höhenunterschieden bis zu 100 Metern und fünf Stunden Theorieunterricht. Sie dauert etwa drei bis sieben Tage und kann sowohl am Hang als auch im Windenschlepp erfolgen. Nach bestandener flugschulinterner Prüfung wird ein Lernausweis erteilt, der dem Flugschüler erlaubt Übungsflüge im Flugauftrag der Flugschule ohne Fluglehreraufsicht in dem ihm bekannten Übungsgelände durchzuführen. Den Lernausweis gibt es jedoch nur für Übungsflüge am Hang und nicht für den Windenschlepp.

Höhenflugausweis

Im nächsten Kursabschnitt stehen neben der Perfektionierung von Start und Landung verschiedene Flugmanöver und eine praktische Gefahreneinweisung auf dem Ausbildungsprogramm. Im theoretischen Unterricht wird die Materie der Sachgebiete Meteorologie, Luftrecht, Technik und Flugpraxis vertieft. Um zur flugschulinternen Prüfung zugelassen zu werden, sind mindestens zehn Höhenflüge über 300 Meter und die abgeschlossene theoretische Ausbildung notwendig. Mit dem Höhenflugausweis darf der Flugschüler im Flugauftrag der Flugschule ohne anwesenden Fluglehrer Übungsflüge in dem Höhenfluggelände durchführen, in welchem die praktische Ausbildung stattgefunden hat. Ist die Flugausbildung im Windenschlepp erfolgt, muss vor Erteilung des Höhenflugausweises die »Einweisung Windenschleppstart« vollständig abgeschlossen sein. Der Höhenflugausweis ist drei Jahre gültig und kann durch eine Fluglehrereinweisung von mindestens fünf Höhenflügen auch auf andere Höhenfluggelände erweitert werden. Die Ausbildung zum Höhenflugausweis dauert zwischen vier bis acht Flugtage.

A-Lizenz

Die praktische Ausbildung zum A-Schein umfasst insgesamt mindestens 40 Höhenflüge. Die meisten davon (mindestens 25) müssen unter der Aufsicht und Anleitung von zwei Fluglehrern, je einem am Start- und Landeplatz, absolviert werden. Von den Höhenflügen, die der Flugschüler ohne Fluglehreraufsicht mit seinem Höhenflugausweis durchführt, werden maximal 15 auf die Ausbildung angerechnet.
Sind alle praktischen und theoretischen Ausbildungsinhalte absolviert worden, steht die DHV-Pilotenprüfung an. Ein DHV-Prüfer bewertet dabei einen Prüfungsflug und die schriftliche theoretische Prüfung. Nach bestandener Prüfung erhält man die A-Lizenz (A-Schein), in der die erlaubten Startarten (Hangstart und/oder Windenschleppstart) eingetragen sind. Die Lizenz ist unbefristet gültig.

B-Lizenz

Für die Durchführung von Streckenflügen (Überlandflügen) ist die B-Lizenz (B-Schein), die Überlandberechtigung, erforderlich. Dazu muss der Pilot einen von einer Flugschule bestätigten Flugpraxisnachweis von 20 Höhenflügen mit einer Flugdauer von jeweils mehr als 30 Minuten erbringen und eine praktische Ausbildung in einer Flugschule absolvieren. Schwerpunkt hierbei ist eine praktische Gefahreneinweisung sowie Übungsstreckenflüge unter Fluglehreraufsicht. Die theoretische Ausbildung (15 Stunden) umfasst die Sachgebiete Navigation auf Streckenflügen, Meteorologie, Luftrecht und Verhalten in besonderen Fällen. Zur Ausbildung gehört Überlandflug von mindestens zehn Kilometern Distanz. Die Theorieprüfung erfolgt durch einen DHV-Prüfer.

Einweisung für die Startart Hang oder Seilwinde

Eine zusätzliche Startart kann durch eine Theorie- und Praxisschulung, die mit einer flugschulinternen Prüfung endet, erlangt werden. Die jeweilige Startart, die in der Prüfung abgenommen wurde, ist der Lizenz nachgetragen.

Passagierflugberechtigung
Um Tandem, also mit einem Passagier, fliegen zu dürfen, ist die Passagierflugberechtigung erforderlich. Voraussetzungen: A-Lizenz seit mindestens 24 Monaten, Flugbuchnachweis von mindestens 200 Höhenflügen nach Erteilung der A-Lizenz, Volljährigkeit und ein praktischer Eingangstest im Alleinflug vor einem DHV-Prüfer, der überdurchschnittliche fliegerische Fähigkeiten nachweist. Nach bestandener Vorauswahlprüfung folgen vier Stunden Theorie in Luftrecht, Technik und Verhalten in besonderen Fällen sowie ein Flug mit einem Fluglehrer und zehn Flüge mit Inhabern gültiger Flugscheine unter Aufsicht eines Fluglehrers. Zusätzlich wird nach der Ausbildung ein Flugpraxisnachweis gefordert (30 von einer Flugschule bestätigte Höhenflüge, davon 15 unter Fluglehreraufsicht mit Inhabern einer Lizenz). Die Prüfung nimmt ein DHV-Prüfer ab. Die Berechtigung wird je nach Pilotenlizenz mit oder ohne Überlandberechtigung eingetragen und ist jeweils für drei Jahre gültig. Sie kann durch einen Checkflug verlängert werden.

Luftrecht Deutschland
Der DHV hat im Auftrag vom Bundesverkehrsministerium Richtlinien für die Flugausbildung entwickelt, die für alle Flugschulen in Deutschland bindend sind. Die detaillierten Informationen zu der »Ausbildungs- und Prüfungsordnung für Gleitschirmflieger« und den Lehrplänen des DHV sowie dem deutschen Luftrecht sind zu finden unter: www.dhv.de.
Der gesetzliche Rahmen für Gleitschirmflieger ist im Luftverkehrsgesetz (LuftVG) abgesteckt. Einzelheiten für das Durchführen des LuftVG sind in den Rechtsverordnungen geregelt. Die Rechtsverordnungen umfassen die Bereiche Luftverkehrsordnung (LuftVO), Luftverkehrszulassungsordnung (LuftVZO), Verordnung über Luftfahrtpersonal (LuftPersV), Luftgeräteprüfverordung (LuftGerPV), Betriebsordnung für Luftfahrtgerät (LuftBO). Zusätzlich zu diesen Rechtsverordnungen erlässt der DHV als Beauftragter des Bundesministeriums für Verkehr, Bau und Stadtentwicklung (BMVBS) die Ausbildungs-, Prüfungs- (APO) und Flugbetriebsordnung (FBO). Der DHV als Beauftragter unterliegt der Rechts- und Fachaufsicht des Luftfahrtbundesamts (LBA). Aktuelle Infos zur Luftraumstruktur und ICAO-Karten findet man beim DHV und der Deutschen Flugsicherung: www.dfs.de.

18.2 Ausbildung und Luftrecht Österreich (Quelle: www.fva.at)

Um als Österreicher in Österreich mit dem Gleitschirm fliegen zu dürfen, sind ein Pilotenschein und eine Haftpflichtversicherung notwendig. Das Mindestalter für die Teilnahme an der Ausbildung ist 14 Jahre. Pilotenscheinausstellung mit 15 Jahren. Die österreichische Ausbildung wurde 1996 mit der deutschen Ausbildung harmonisiert, so sind die Ausbildungsrichtlinien und Lehrpläne gegenseitig abgestimmt. Damit besteht die Möglichkeit, ohne bürokratischen Aufwand einen Teil der Ausbildung in Österreich bzw. in Deutschland zu machen. Weitere Auskünfte zu Ausbildung und Prüfung sowie das Verzeichnis aller ausbildenden Flugschulen sind auf der Website des Flugschulverbandes Austria FVA www.fva.at zu finden.

Grundausbildung bis zur Schulbestätigung
Die Grundausbildung umfasst das Kennenlernen der Ausrüstung, Start- und Laufübungen am flachen Hang, Körperhaltung und Landetechnik, erste Flugübungen am Übungshang, Steuerung, Kurvenflug, Geschwindigkeitsregelung und Landung. Dazu kommen fünf Höhenflüge über 300 Höhenmeter mit Kurvenflug bis Vollkreis, Landeeinteilung und Landung. Die Theorie umfasst zwölf Einheiten in Materialkunde, Aerodynamik, Luftrecht, Wetterkunde und Flugpraxis. Am Ende gibt es eine interne Überprüfung der theoretischen Kenntnisse durch die Flugschule. Nach erfolgreicher Ausbildung und der Vollendung des 15. Lebensjahres wird eine Schulbestätigung ausgestellt, die berechtigt, selbstständige Flüge in zugelassenen Schulgeländen der österreichischen Flugschulen mit Flugauftrag durchzuführen.

Ausbildung bis zum Paragleiter-Pilotenschein
Die Ausbildung zum Pilotenschein ist intensiv und umfasst 20 Unterrichtseinheiten in den Gegenständen Paragleiterkunde, Aerodynamik, Meteorologie, Luftrecht, Flugpraxis einschließlich Geländekunde und Umweltschutz, Erste Hilfe bei Unfällen und Flugmedizin. In der Praxis sind 40 Höhenflüge vorgeschrieben, wobei 25 Flüge unter Fluglehreraufsicht erfolgen müssen und 15 Flüge selbstständig in Schulgeländen österreichischer Flugschulen erfolgen können. Flugübungen wie die Schnelle Acht, Speedsystemfliegen, Ohrenanlegen, Rollen und Nicken über die Achsen, Simulation kleiner Klapper werden nach Funkanweisung geübt. Dazu kommen verschiedene Starttechniken, die Landeeinteilung sowie kontrollierte Landungen bei verschiedenen Windbedingungen. Nach der theoretischen

Prüfung und dem praktischen Prüfungsflug wird auf Antrag der Pilotenschein für Paragleiter vom Österreichischen Aero-Club ausgestellt.

Überlandberechtigung – Streckenflugschein
Für die Durchführung von Streckenflügen (Überlandflügen) ist die Überlandberechtigung notwendig. Dazu sind 15 Unterrichtseinheiten in den Gegenständen Navigation, Geografie, Meteorologie und Luftrecht notwendig. Die Praxisausbildung umfasst 20 Höhenflüge, davon mindestens zehn mit einem Höhenunterschied von mehr als 500 Metern und mindestens zehn mit einer Flugdauer von wenigstens je einer halben Stunde. Zehn dieser Flüge müssen unter Aufsicht und Anleitung eines Fluglehrers absolviert werden. Dabei können während eines Sicherheits-, Performance- oder Flugtechniktrainings die verschiedenen vorgeschriebenen Flugübungen (Flugtechnik und Abstiegshilfen) absolviert werden, während man bei einem Thermik- oder Streckenflugkurs verschiedene Techniken des Thermikfliegens erlernt und damit die Flüge über einer halben Stunde absolviert. Zehn Flüge können auch selbstständig mit Flugauftrag absolviert werden. Es erfolgt eine schriftliche Prüfung und es ist ein dokumentierter Streckenflug mit einer Länge von mindestens zehn Kilometern auf einer festgelegten Übungsstrecke einer Flugschule zu absolvieren. Nach bestandener Prüfung wird der Antrag auf Erteilung der Überlandberechtigung von der Flugschule geprüft und dann an den Österreichischen Aero-Club weitergeleitet. Dieser trägt die Erweiterung in den Pilotenschein für Paragleiter ein.

Erweiterung des Pilotenscheines auf die Startart Winde
Für die Erweiterung sind vier Unterrichtseinheiten in den Gegenständen Gerätekunde, Organisation des Schleppbetriebes, Verhalten in besonderen Fällen einschließlich Gefahreneinweisung und eine praktische Ausbildung von mindestens zehn Starts an der Winde sowie zehn Startleitungen unter Aufsicht und Anleitung eines Fluglehrers notwendig. Nach der flugschulinternen Prüfung kann die Eintragung der Startart Winde in den Paragleiter-Pilotenschein erfolgen. Es besteht auch die Möglichkeit, den Paragleiter-Pilotenschein nur an der Winde zu absolvieren. Details unter www.fva.at. Ein Start am Berg ist damit nicht erlaubt und bedarf der Erweiterung auf die Startart Hang.

Doppelsitzerberechtigung (Tandem)

Für Doppelsitzerflüge ist die Doppelsitzerberechtigung notwendig. Voraussetzungen: Pilotenschein seit 24 Monaten, Flugbuchnachweis von mindestens 200 Höhenflügen nach Erteilung des Pilotenscheins, Volljährigkeit, ein fliegerärztliches Attest und ein praktischer Eingangstest im Alleinflug vor einem ÖAeC- oder DHV-Prüfer, der überdurchschnittliche fliegerische Fähigkeiten nachweist. Nach bestandener Vorauswahlprüfung folgen vier Unterrichtseinheiten in den Gegenständen Hänge- bzw. Paragleiterkunde (Technik), Flugpraxis, Luftrecht und Passagiereinweisung sowie ein Flug mit einem Fluglehrer und zehn Flüge mit Inhabern gültiger Flugscheine unter Aufsicht eines Fluglehrers. Zusätzlich wird nach der Ausbildung ein Flugpraxisnachweis gefordert. Darüber ist Protokoll zu führen (30 von einer Flugschule bestätigte Höhenflüge, davon 15 unter Fluglehreraufsicht mit Inhabern einer Lizenz). Die Prüfung nimmt ein ÖAeC- oder DHV-Prüfer ab. Der Eingangstest kann auch auf Video aufgezeichnet werden und an einen Prüfer des ÖAeC bzw. an den DHV gesendet werden. Der Antrag auf Erteilung der Doppelsitzerberechtigung wird von der Flugschule geprüft und an den Österreichischen Aero-Club weitergeleitet. Dieser trägt dann die Erweiterung in den Pilotenschein für Paragleiter ein. Die Berechtigung wird je nach Pilotenlizenz mit oder ohne Überlandberechtigung in die Pilotenlizenz eingetragen und ist je-

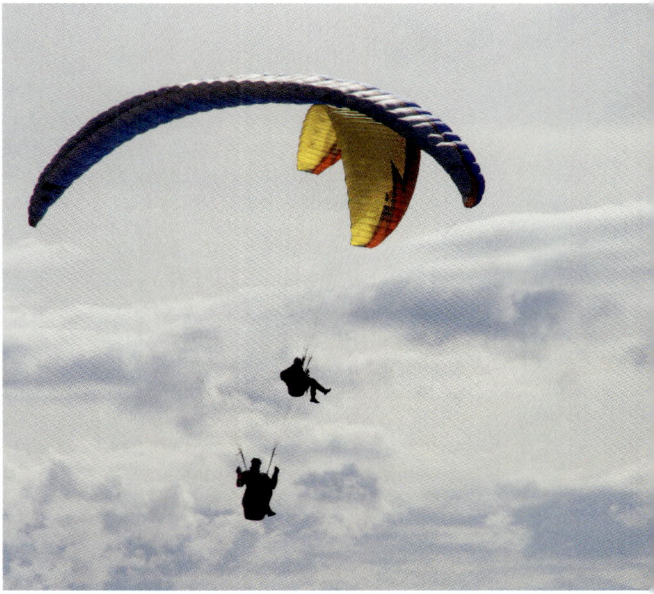

Aktives Fliegen in der Thermik, der vordere Pilot ist gerade aus dem Thermikbart gefallen, der zweite Pilot hat dies beobachtet und will versuchen, den Thermikbart zu finden. Sollte Pilot 1 zum Thermikbart zurückkehren, sind die Vorfahrtsregeln zu beachten.

weils für drei Jahre gültig. Sie kann durch einen Checkflug verlängert werden.

Luftrecht in Österreich
Alle Infos rund um die Ausbildung sind beim Flugschulverband Austria www.fva.at zu finden. Die aktuellen Lehrpläne der Paragleiterausbildung sind zusätzlich beim Österreichischen Aero-Club hinterlegt: www.aeroclub.at. Das Luftfahrtgesetz LFG (BGBl Nr. 253/1957) und alle Änderungen bis BGBl Nr. 83/2008 sind beim Rechtsinformationsdienst des Bundeskanzleramtes www.ris.bka.gv.at herunterzuladen. Das LFG und wichtige Verordnungen wie die Zivilluftfahrtverordnung ZLPV in der geltenden Fassung findet man unter www.bmimi.gv.at/themen/verkehr/luftfahrt.html.

18.3 Ausbildung und Luftrecht Schweiz (Quelle: www.shv-fsvl.ch)

Um als Schweizer in der Schweiz mit dem Gleitschirm fliegen zu dürfen, sind ein Brevet (Flugschein), eine Haftpflichtversicherung und ein Kennzeichen im Schirm notwendig. Zur Ausbildung muss ein vom Schweizerischen Hängegleiterverband SHV als typengeprüft anerkannter Gleitschirm geflogen werden. Das Mindestalter zum Erwerb des Brevets beträgt 16 Jahre. Ein Verzeichnis der ausbildenden Flugschulen ist auf der Website des SHV zu finden. www.shv-fsvl.ch.

Die Ausbildung zum Piloten-Brevet

Übungshang
Die ersten drei bis fünf Tage findet das Praxistraining am Übungshang statt. Hier macht man sich mit dem Schirm vertraut (Auslegen, Aufziehen, Zusammenpacken), danach lernt man das Starten und Landen und macht schon die ersten kleinen Flüge.

Höhenflüge
Unter Aufsicht des Fluglehrers absolviert man die ersten Höhenflüge – anfangs immer mit direktem Funkkontakt zum Lehrer. Für jeden Flug erhält man vom Fluglehrer einen Flugauftrag. So absolviert man in der Ausbildung alle Flugmanöver gemäß dem SHV-Kontrollblatt.

Theoretische Prüfung
Zur Vorbereitung gibt es einen Ordner mit Prüfungsfragen oder die SHV-Test-Software. Die Prüfung ist während der Ausbildung abzulegen. Es werden fünf Fächer getestet: Fluglehre, Materialkunde, Flugpraxis, Meteo und Gesetzgebung.

Praktische Prüfung
Um sich für die praktische Prüfung anzumelden, braucht man mindestens 50 Höhenflüge in fünf verschiedenen Fluggebieten. Es werden folgende Punkte getestet: Startvorbereitung (5-Punkte-Check, Fragen zum Luftraum), Start, Flugprogramm (zwei Programme), Landeeinteilung und Landung.

Die Ausbildung zum Biplace-/Tandem-Piloten

Biplace-B-Brevet (Pilot – Pilot)
Mit dem Brevet Biplace B kann man nur mit anderen (brevetierten) Piloten als Passagier fliegen. Die Prüfung besteht nur aus einem praktischen Teil. Dies ist dieselbe Prüfung wie die praktische Pilotenprüfung – einfach mit einem Biplace-Schirm und einem Passagier. Um an der Prüfung teilzunehmen, muss man: seit mindestens einem Jahr im Besitz des Piloten-Brevets sein, danach mindestens 150 Höhenflüge absolviert haben, einen Instruktionsflug mit einem (Biplace-)Fluglehrer gemacht haben und zehn Biplace-Übungsflüge unter Aufsicht eines Fluglehrers nachweisen können.

Biplace-A-Brevet (Pilot – Passagier)
Die Prüfung besteht aus Theorie (gleiche Prüfung wie Pilotenprüfung plus ein zusätzlicher Teil »Passagierbetreuung«) und zwei praktischen Prüfungen (Solo-Teil und Biplace-Teil).
Als Zulassungsbedingung muss man das 20. Lebensjahr vollendet haben, seit 6 Monaten das Biplace-B-Brevet besitzen und 40 dokumentierte Flüge in fünf verschiedenen Gebieten mit mindestens drei verschiedenen Gleitschirmpiloten als Passagier vorweisen können.

Die Ausbildung zum Speedflying

Um legal Speedflying zu betreiben, ist die Erweiterung des Gleitschirmbrevets zum Speedflyer notwendig. Die Ausbildung inklusive Prüfung kann bei einem Speedflying-Instruktor abgelegt werden.

Acro
Für Akobatikflüge ist keine extra Regelung vorhanden. Da in der Schweiz keine Pflicht besteht, nur homologierte Schirme zu fliegen, ist das Fliegen von Acro-Schirmen erlaubt.

Luftrecht Schweiz

In der Schweiz wird die Ausbildung der Piloten und deren Prüfung vom SHV im Auftrag des BAZL durchgeführt. Der Ablauf ist in den Weisungen geregelt, die durch das Bundesamt für Zivilluftfahrt BAZL genehmigt sind und auf der Website des SHV www.shv-fsvl.ch zum Download bereitstehen. Hier sind unter anderem die Zulassungsbedingungen zur Prüfung und die genauen Flugaufgaben beschrieben. Die rechtliche Basis dafür ist die Verordnung 748941 über Luftfahrzeuge besonderer Kategorien (VLK) unter www.admin.ch, Suche nach 748941. Die Luftraum-Reglementierungen werden vom Bundesamt für Zivilluftfahrt (BAZL) erlassen (Regulator) und von www.skyguide.ch (Serviceprovider) publiziert. Gleitschirme müssen auf der Unterseite ein Kennzeichen tragen; diese werden vom SHV verwaltet. An den vom SHV durchgeführten Gleitschirmprüfungen dürfen nur vom SHV typengeprüfte Gleitschirme eingesetzt werden. In der Praxis werden heute kaum ungeprüfte Geräte geflogen.

Aktuelle Infos für die Schweiz
Alle aktuellen Infos, Downloads und Regeln zur Ausbildung, den Flugscheinen, der Prüfung und dem Schweizer Luftrecht sind aktuell zu finden auf der Verbandswebsite www.shv-fsvl.ch. Das Verbandsmagazin ist der Swiss Glider.

Luftraumbeschränkungen (DABS/NOTAM/VFR)
Um sich mit dem Luftraum der Schweiz vertraut zu machen, ist die Lektüre der kurzen und übersichtlichen Broschüre »Luftraum Schweiz« sehr zu empfehlen. Wer sich die Lufträume der Schweiz auf sein Vario herunterladen möchte, kann mit einer »Datenlizenz für Ausländer« das entsprechende Login für www.flyland.ch erwerben (www.shv-fsvl.ch/service/shop/ausl-piloten-foreign-pilots/). Vor Flügen in der Schweiz ist jedenfalls das DABS zu konsultieren, welches die aktuellen Luftraumbeschränkungen grafisch darstellt.

18.4 Fliegen im Ausland/IPPI-Card (Quelle: Landesverbände)

Um als Gleitschirmflieger auch im Ausland legal fliegen zu dürfen, ist vor dem Flug abzuklären, ob die eigene Lizenz im jeweiligen Land anerkannt wird. Nützlich kann in jedem Fall die IPPI-Card (International-Pilot-Proficiency-Information-Card) sein, die gegenseitige Anerkennung der Flugscheine regelt und über die jeweiligen Landesverbände zu beziehen ist.

Deutschland
Gastflüge von ausländischen Piloten sind mit einer IPPI-Card Level 4 oder 5 erlaubt. Für Schweizer und österreichische Piloten genügt eine gültige Lizenz ohne IPPI-Card.

Österreich

Gastflüge von ausländischen Piloten sind mit einer IPPI-Card Level 4 oder 5 erlaubt. Für Schweizer und deutsche Piloten genügt eine gültige Lizenz ohne IPPI-Card. Es sind die besonderen Luftraumstrukturen z. B. für Innsbruck zu beachten. Der Gleitschirm sollte ein Kennzeichen tragen.

Schweiz

Gastflüge von ausländischen Piloten sind mit einer IPPI-Card Level 4 oder 5 erlaubt. Für deutsche und österreichische Piloten genügt eine gültige Lizenz ohne IPPI-Card. Auch gelegentliche nicht kommerzielle Tandemflüge sind mit einem gleichwertigen ausländischen Brevet erlaubt. Der Gleitschirm sollte ein Kennzeichen tragen.

Frankreich

Gastflüge sind mit der IPPI-Card erlaubt. Ebenso sind nicht kommerzielle Tandemflüge erlaubt.

Italien
Gastflüge sind mit der IPPI-Card erlaubt. Ebenso sind nicht kommerzielle Tandemflüge erlaubt. Geflogen darf nur im unkontrollierten Luftraum G. Für die Dolomitenregion gilt die Sonderregel, dass eine rote und grüne Rauchfackel für den Notfall mitgeführt werden muss.

Sonstiges Europa/Weltweit
Gastflüge sind in der Regel mit der IPPI-Card erlaubt. Tandemflüge sind meist verboten. Da sich die Gesetzeslage ändern kann, empfiehlt es sich, aktuell bei den Länderverbänden nachzufragen.

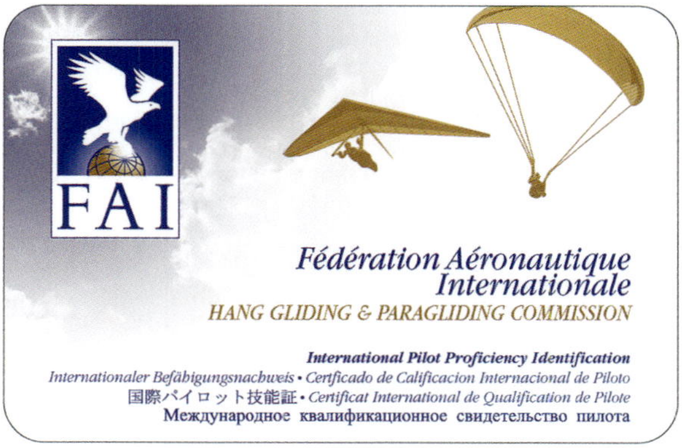

Die IPPI-Card (International-Pilot-Proficiency-Information-Card) ist ein System zur Einstufung des Ausbildunglevels eines Piloten. Damit können die unterschiedlichen internationalen Ausbildungssysteme und Lizenzarten einfach miteinander verglichen werden. Dies ist eine Voraussetzung zur Anerkennung ausländischer Lizenzen.

Infos, Adressen und Links

Ausbildung/Flugschulen

Flugschulen in Deutschland: www.dhv.de
Flugschulen in Österreich:
https://aeroclub.at/de/fliegenlernen/clubfinder
Flugschulen in der Schweiz: www.shv-fsvl.ch

Verbände

Die Verbände sind die offiziellen Stellen, die den Gleitschirmsport nach außen hin vertreten und sich um alle Belange des Gleitschirmsportes kümmern.

Deutscher Hängegleiterverband e.V. (DHV)
Am Hoffeld 4, 83703 Gmund am Tegernsee;
Tel. +49/(0)8022/9 67 50; www.dhv.de

Österreichischer Aero-Club (ÖAeC)
Prinz-Eugen-Straße 12; A-1040 Wien;
Tel. +43/(0)1/5 05 10 28; www.aeroclub.at

Schweizerischer Hängegleiter Verband (SHV/FSVL)
Seefeldstr. 224; CH-8008 Zürich;
Tel. +41/(0)44/3 87 46 80; www.shv-fsvl.ch

Adressen und Betriebszeiten von Seilbahnen

Seilbahninfos für Europa und Weltweit
www.skiresort.de

Verband Deutscher Seilbahnen
www.seilbahnen.de

Österreich
www.seilbahnen.at und www.deine-berge.de

Schweizer Seilbahnverband
www.seilbahnen.org

Kursbücher der SBB:
www.sbb.ch/fahrplan

Seilbahnen Frankreich
www.domaines-skiables.fr

Wetterinfos

Das Internet bietet eine Fülle von Infos. Lokale, zeitnahe Wetterinfos gibt es über Flugschulen, Vereine, Bergbahnen, Wetternetze und Webcams mit Windanzeige.

Wind und Wetter

www.windguru.cz
Wetter-/Windprognose weltweit

www.windfinder.com
Wetter-/Windprognose weltweit

www.paraglidingmap.com
Wettervorhersagen in Verbindung mit Gleitschirmstartplätzen in aller Welt

www.wunderground.com
Wetter, Wind, Webcams

www.allmetsat.com
Wetter, Satelliten, Links

http://thermal.kk7.ch
Thermikkarte

http://www.wetterzentrale.de
viele Klima- und Wetterinfo

www.windy.com
aktuelle Winddaten und Infos.

www.wetter3.de
Linksammlung von Wetterseiten

http://meteovolo.it
Interaktive Wetterseite

www.meteo-parapente.com
Temps und Winddiagramme

www.maschinenring.de/wetter
Agrarwetter mit Windanzeige

Wettervorhersagen Deutschland: (0049)
› www.dwd.de, Deutscher Wetterdienst (Wetter, Flugwetter, Satellit)
› www.wetter.com
› https://kachelmannwetter.com/
› www.wetteronline.de
› www.alpenverein.de/DAV-Services/Bergwetter
› www.wetterzentrale.de, Wetterkarten

Wettervorhersagen Schweiz: (0041)
› www.meteoschweiz.ch
› www.wetteronline.de
› https://meteolink.ch/

Wettervorhersagen Österreich: (0043)
› www.austrocontrol.at
› www.wetteronline.de
› Österreichischer Alpenverein OEAV (www.alpenverein.at/wetter)

Wettervorhersagen Italien: (0039)
› www.meteo.it
› http://wetter.provinz.bz.it/suedtirolwetter.asp
› www.wetter.it

Wettervorhersagen Frankreich: (0033)
› www.meteociel.fr
› www.lachainemeteo.com

Wettervorhersagen Spanien: (0034)
› Instituto Nacional de Meteorología (www.aemet.es)

Allgemeine Infos

www.bergfex.de
Webcams der Alpen

www.wolkenatlas.de
Wolken in allen Arten und Formen

https://berndgassner.de/thermix/

Piloten Forum
www.gleitschirmdrachenforum.de
www.paraglidingforum.com
https://gleitschirm-forum.ch/

Fluggebiete
www.paraglidingearth.com
Weltweite Datenbank

www.paragliding365.com
Aktuelle Fluggebietsdatenbank

www.paraglidingmap.com
Fluggebiete mit Windanzeige

http://paraglidingstart.info/
Fluggebiete mit Windanzeige

www.shv-fsvl.ch
Schweizer Fluggebiete und Infotafeln dazu

www.where2fly.ch
Fluggebiete-App

www.dhv.de
Geländedatenbank

Hike & Fly
www.paraalpin.info
Gute Infos von Sepp Schwitzer

www.hikeandfly.org
Gleitwinkelplaner

XC-Server
www.xcontest.org

www.dhv-xc.de

www.paraglidingforum.com
Leonardo-XC-Datenbank, Forum
XC-Planer

www.paraflightbook.de

www.xcsoar.org

https://flyxc.app

https://berndgassner.de/thermix

www.openflightmaps.org

https://airspace.xcontest.org

www.thermalmap.info

https://skysight.io
Wind im 100m Raster

Gleitschirm-Apps

XCTrack App

XCSoar App

XCGuide App

FlyMe App

Gleitschirm Cockpit App

XCDisplay App

XCTherm App

MyParaGuide App

Rega-App für Notfälle (CH)

Notfall-App: SOS-EU-ALP

Fachmagazine/Literatur

Thermik
www.thermik.at
Online Gleitschirmmagazin

https://lu-glidz.blogspot.de
Gleitschirmblog von Lucian Haas

Cross- Country
www.xcmag.com
Engl. GS- und Drachenmagazin

https://vol-passion.fr/
Französische Verbandsinfos

www.free.aero
Onlinemagazin

Verbandszeitschriften wie Swiss Glider, DHV-Info usw. sind über die Verbände zu beziehen.

Kontakt, Anregungen und Kritik:

Toni Schlager
paraglidingbook@gmx.net

Register

Autor: Toni Schlager ist begeisterter Gleitschirmflieger der ersten Stunde. 1986 brachte er die ersten Gleitschirme aus Frankreich mit. Als Test- und Wettkampfpilot konnte er alle Spielarten des Gleitschirmfliegens kennen lernen. Heute findet er sein Glück bei Hike-&-Fly-Touren und genießt bei alpinen Streckenflügen die Welt von oben. Auf Reisen ist die Gleitschirmausrüstung immer mit dabei. Dazu gehört neben dem Bergsteigen eine weitere Windsportart zu seinen Leidenschaften: Das Segeln – eine ideale Ergänzung. Bei sehr viel Wind geht es auf das Wasser, ist moderater Wind, wird geflogen. Die Elemente der Natur sind sein Lebenselixier. Gleitschirmfliegen, Bergsteigen, Skitouren und das Segeln sorgen immer wieder für neue Glücksmomente. Einfach draußen sein – das ist sein Leben.

Danksagung: Herzlicher Dank an alle, die mitgeholfen haben, dass dieses Buch entstehen konnte, insbesondere an: Petra Schlager, Hannes Schmalzl, Rainer Scheltdorf, Martin Scheel, Hannes Papesh, Carsten Peter, Gerhard Spieler, Martin Schwarz, Mirko Kauselmann, Gerd Halbeis, Christoph Weber, Knut Miesner, Res Hotz, Anna Rehrl, Stefan Ungemach, Wolfgang Dertnig, Raphael Völtl, Mike Küng, Simon Campiche, Knut Jäger, Walter Schrempf, Wolf Schneider, Michael König, Sepp Schwitzer, Till Gottbrath, Markus Milz, Fam. Hörburger, Sebastian Bender, den Gleitschirmkonstrukteuren und Herstellern Weltweit, sowie allen Freunden und der Familie für die Unterstützung, die Geduld und die konstruktiven Rückmeldungen.

Impressum

Verantwortlich: Julia Vogl, Julia Körber
Lektorat: Christian Schneider
Layout: BUCHFLINK Rüdiger Wagner
Repro: LUDWIG:media
Herstellung: Alexander Knoll
Printed in Slovenia by Florjancic Tisk

★★★★★

Sind Sie mit diesem Titel zufrieden? Dann würden wir uns über Ihre Weiterempfehlung freuen.
Erzählen Sie es im Freundeskreis, berichten Sie Ihrem Buchhändler, oder bewerten Sie bei Onlinekauf. Und wenn Sie Kritik, Korrekturen, Aktualisierungen haben, freuen wir uns über Ihre Nachricht an: paraglidingbook@gmx.net.

Unser komplettes Programm finden Sie unter www.bruckmann.de

In diesem Buch wird aus Gründen der besseren Lesbarkeit das generische Maskulinum verwendet. Weibliche und anderweitige Geschlechteridentitäten werden dabei ausdrücklich mitgemeint, soweit es für die Aussage erforderlich ist.

Bildnachweis Active Zone, Markus Berghaus: S.204; Andy Busslinger, Advance Archiv: 26, 94, 236; Aerosport Archiv: S. 76 unten, 231; Air Design Archiv: S. 43, 55, 88, 116/117, 240, 166, 173, 177, 218, 253; Aircross Archiv: S. 206/207; Altmann, Franz: S. 147 links, 149 unten; azoom.ch, Martin Scheel: S. 16, 57, 86, 91 oben, 114 oben, 131, 135, 196, 230, 232, 243, 259; Bauer, Monika: S. 10; Bayrische Drachen- und Gleitschirmschule, Wolf Schneider: S. 45, alle 6 Bilder; Bergbahnen Andeslbuch: S 125; BGD Bruce Goldsmith Design: S. 22 links, 105, 194, 235, 245 oben; Brendl, Stefanie, Hall, Jimmy: S. 130 links, 156, 244; Flugschule Hochries: Rafael Völtl: S. 104/105, 197, 199, 200; Flugschule Wasserkuppe: S. 184/185 Serie; fly-zone, Rainer Scheltdorf: S. 112 Serie, 140/141 Serie; GIN Paraglider Archiv: S. 39; GIN Paraglider, Jerome Maupoint: S. 46, 96; Gründhammer Markus: S. 221, 241; High Adventure, Urs Haari: S. 13; Icaro: S. 24, 64, 142, 109 oben, 219; Independence Archiv: S. 34, 35, 56; ITV, Tristan Shu: S. 2/3, 250, Titelbild; Kauselmann, Mirko: S. 222; Kiphard Gunter, Area28: S. 196; Krismer Christop: S. 211; Küng, Mike: S. 186, 251; Le Chouka: S.41; Marcel Dürr: S. 212; Murillo, Xaver (Archiv): S. 11; Niviuk Archiv: S. 79, 175, 217, 252; Nova Archiv: S. 12, 111, 151, 239, Rückseite; Nova, Till Gottbrath: S. 108 unten, 208, 209, 168; Nova: Manuel Fasser, S. 8; Nova, Robert Kleinhans: S. 202; OnAir Flugschule: S. 124; Ozone:Archiv S. 225; Ozone, Oliver Laugero: S. 238; Ozone, Girard Antoine: S. 246; Ozone, Tuttle Cherrise: S. 264; Papesh, Hannes: S. 48, 50, 132; ParaFlightBook, Stefan Ungemach: S. 226; Paratech, Wolfgang Lang: S. 114 Serie unten; Pfeiffer, Christine: S. 195; PHI Sails: S. 105, S. 144/145; Pro Design, Archiv: S. 137, 161; Schlager Petra: S. 22 rechts, 103, 126/127 Serie, 130 rechts, 139, 152/153 Serie, 167, 281, Klappe hinten; Schlager Tom: S. 111; Schlager, Toni: S. 9, 16, 32, 35, 37, 38 oben u. Unten, 39, 92, 99/100/101 Serie, 102, 106/107 Serie, 109 unten, 110, Serie, 115 Serie, 128/129 Serie, 158 Serie, 160, 163, 164/165 Serie, 180/181, 187, 188, 190 oben, 190 Serie, 191 Serie oben, 191 Serie unten, 192/193 Serie, 223, 227/228/229 Serie, 233, 247/248/249 Serie, 254 oben, 254 unten, 255/256/257 Serie, 258, 262/263 Serie, 269; Schmalzl, Hannes: S. 75/76 Serie, 91 rechts unten, 108 oben Serie, 121, 133, 172, 157, 159, 149 oben, 182, 183; Schrempf, Walter: S. 147 rechts, Schwarz, Martin: S. 36 Serie; Schwitzer, Sepp: 242; Sky Paraglider: S. 60; Skyart, Christian Gruber, S. 30/31; Skyart, Andy Pfister: S. 24; Skyman, Markus Gründhammer, S. 21, Skywalk Archiv, S. 4, 6, 17, 18/19, 179, 245, 265, 273; SOL, Ademir Fernando Prodi: S. 51, 150, 261; SOL Archiv: S. 253; SUP AIR, France: S. 32, 170/171; SUP AIR Charlie King: S. 219; Swing Archiv: S. 30, 123, 136; Turnpoint, Detlev Schmidt: S. 36, 82; Turnpoint, Wölk, Felix: S. 14; UP Archiv: S. 121; UP, Wolfgang Ehn: S. 74; U-Turn, Ernst Strobl: S. 61; U-Turn, Andy Busslinger: S. 95; 1. Drachenflieger- und Paragleiterclub Salzburg: S 124; S.42, von o.l. nach u.r.: Syride, FlyMaster, FlyMaster, Le Chouka, Air³, Skybean, Stodeus, XC Tracer, Fairhaven, Naviter, Skytraxx.

Sämtliche Grafiken erstellte Toni Schlager, reingezeichnet von Georg Sojer, Ruhpolding, mit folgenden Ausnahmen:
Advance: S. 20, 23, 25 oben u. unten; Bender Sebastian (Vorlage) Reinzeichnung Georg Sojer: S. 267; UP Paragliding: S. 29, 32 rechts oben; Sky Paraglider: S. 33; Christiane v. Solodkoff: S 59; Entstehung eines Tiefs. Mit Genehmigung von GEO-Magazin, Hamburg. Illustration: © Carl W.Röhrig, Hamburg: S. 71; Wetterlagen. Mit freundlicher Genehmigung entnommen aus: Urs Lötscher/Thomas Zeller, Gleitschirmfliegen: S. 97 und 98; DFS, Luftraumstruktur der BRD: Rückseite innen; Wikipedia: S. 67, 68, 70, 72, 73; Wolfgang Dertnig: S. 233, 234 oben u. unten.

Titelbild: Über dem Lac d'Annecy,Frankreich (ITV, Tristan Shu), Oben links die Fluginstrumente: Fa. Syride und Fa. Air³
Umschlagrückseite: Start vom Elfer, Stubaital, Tirol (NOVA Archiv)

Die Deutsche Nationalbibliothek verzeichnet diese Publikation in der Deutschen Nationalbibliografie; detaillierte bibliografische Daten sind im Internet über http://dnb.d-nb.de abrufbar.

Vollständig überarbeitete Neuauflage

ISBN 978-3-7343-1856-6